TUREGG

Lehrbuch des Verwaltungsrechts

Lehrbücher und Grundrisse der Rechtswissenschaft

Zwanzigster Band

BERLIN 1950

Walter de Gruyter & Co.

vormals G. J. Göschen'sche Verlagshandlung · J. Guttentag, Verlagsbuchhandlung · Georg Reimer · Karl J. Trübner · Veit & Comp.

Lehrbuch des Verwaltungsrechts

von

Kurt Egon von Turegg

BERLIN 1950

Walter de Gruyter & Co.

vormals G. J. Göschen'sche Verlagshandlung · J. Guttentag, Verlagsbuchhandlung · Georg Reimer · Karl J. Trübner · Veit & Comp.

Archiv-Nr. 23 05 50 / 20

Gesamtherstellung: Sam. Lucas GmbH., Wuppertal-Elberfeld

VORWORT

Durch das Wiederaufleben der Verwaltungsgerichtsbarkeit, das für weite Gebiete unseres deutschen Vaterlandes mit der Einführung der Generalklausel verknüpft ist, erlangt das Verwaltungsrecht für die Allgemeinheit eine bisher nicht gekannte Bedeutung. Diese Entwicklung richtet sich nicht g e g e n etwas, nicht gegen das Zivilrecht und seinen Herrschaftsbereich, sondern sie arbeitet f ü r etwas, nämlich für das Volk. Gerade weil das Verwaltungsrecht nun oft in justiziellem Gewand erscheint, verschwindet der Gegensatz zwischen Zivilrecht und Verwaltungsrecht zugunsten einer organischen Verbindung beider Rechtsgebiete. Wer heute als Lernender mehr mit öffentlichem Recht befaßt wird, als das in der Vergangenheit geschah, fasse die Gewichtsverlagerung nicht als zusätzlichen schweren Ballast auf, sondern als Abrundung seines allgemeinen juristischen Wissens. Die Kenntnisse in dem einen Rechtszweig kommen notwendigerweise dem anderen Rechtszweig zugute.

So ist es das eine Hauptanliegen dieses Lehrbuches, dem Verwaltungsrecht das Odium der Separatwissenschaft zu nehmen und bei jeder nur möglichen Gelegenheit auf den Zusammenhang mit der gesamten übrigen Rechtsordnung hinzuweisen.

Das zweite Anliegen ist die Werbung für eine andere Synthese, derjenigen zwischen Praxis und Wissenschaft. Was die Wissenschaft denkt, ohne die Praxis zu berücksichtigen, ist für die Beteiligten uninteressant. Was die Praxis tut, ohne die Erkenntnisse der Wissenschaft zu berücksichtigen, ist für die Beteiligten gefährlich, denn solche Entscheidungen sind nicht hieb- und stichfest und haben notwendigerweise nur ein kurzes Leben. Allein die gemeinschaftliche Arbeit beider ist zweckvoll.

Die Schrift erscheint in einem Augenblick, da auf verwaltungsrechtlichem Gebiet noch alles in Fluß ist oder wieder in Fluß geraten ist. Viele Gegenstände werden daher nur dargestellt, ohne daß es möglich oder zweckvoll wäre, eine allgemein gültige Lösung zu geben. Das gilt für die allgemeinen Lehren sowohl für die einzelnen Verwaltungszweige. Für sie insbesondere tritt die nie zu umgehende Schwierigkeit der Auswahl hinzu. Denn die gründliche Schilderung eines jeden Zweiges verlangt Jahre intensiver Arbeit, und die Kürzung auf den Rahmen eines Lehrbuches benötigt fast die gleiche Zeit. So will die hier versuchte Darstellung nur eine beispielhafte Auswahl geben, die insbesondere dem Lernenden zeigt, welch großes Gebiet im Verwaltungsrecht noch außerhalb der allgemeinen Lehren vorhanden ist, aber auch, wie sehr die einzelnen Verwaltungszweige trotz vieler Sonderregelungen in jenen ruhen.

Die Darstellung folgt nicht immer der bisher herrschenden Lehre, wenngleich sie sie stets kennzeichnet. Denn eine neue Zeit — und jede Zeit ist neu, auch wenn man sie nicht als die schönste aller aufgehenden Tage begrüßt — verlangt eine ihr entsprechende Betrachtungsweise. Was früher war, paßt heute oft nicht mehr, und es wäre unehrlich, das zu verheimlichen. Für neue Erkenntnisse kann im Rahmen eines Lehrbuches besser geworben werden als in einem kleinen Leitfaden. Doch muß die Untermauerung mancher in großen Zügen mitgeteilter Gedanken notwendigerweise künftigen Einzeldarstellungen vorbehalten bleiben.

Hoffentlich ist es mir gelungen, wenigstens in etwa das erstrebte Ziel zu erreichen und vor allem dem Lernenden eine Ahnung von der Wichtigkeit eines gegenwartsgemäßen Verwaltungsrechts zu geben. Dem Verlag möchte ich an dieser Stelle Dank sagen für die Geduld, mit der er während des Druckes durch die rasante Entwicklung notwendig gewordene Ergänzungen und Abänderungen anzubringen erlaubte. So vermag die Schrift im Augenblick ihres Erscheinens in den meisten Punkten den neuesten Stand der Entwicklung zu berücksichtigen.

Köln, im Juli 1950.

DR. JUR. HABIL. FRHR. V. TUREGG
OBERVERWALTUNGSGERICHTSRAT
Beigeordneter a. D.
Lehrbeauftragter an der Universität Köln

Einige technische Hinweise

Die Schrifttumsverzeichnisse befinden sich am Ende eines jeden Kapitels. Sie enthalten im wesentlichen die seit 1931 erschienenen Schriften mit Ausnahme der unverwertbaren Darstellungen aus der Zeit zwischen 1933 und 1945. Wegen des älteren Schrifttums kann auf die nahezu lückenlosen Angaben in dem Verwaltungsrechtslehrbuch von Walter Jellinek verwiesen werden. Nicht in den Schrifttumsverzeichnissen zitiert, wenngleich im Text in erkennbarer Weise verwertet, sind die Veröffentlichungen in den verwaltungsrechtlichen Fachzeitschriften „Die öffentliche Verwaltung" und „Deutsches Verwaltungsblatt", früher „Deutsche Verwaltung".

Von einem besonderen Verzeichnis der Abkürzungen wurde abgesehen, weil die üblichen, allgemein bekannten, insbesondere vom Deutschen Juristentag empfohlenen Abkürzungen verwandt sind.

INHALT

5. Kapitel: Quellen des Verwaltungsrechts

2. Abschnitt: MATERIELLES VERWALTUNGSRECHT

6. Kapitel: Subjekte des Verwaltungsrechts

9. Kapitel: Öffentliche Sachen

3. Abschnitt: VERFAHREN

10. Kapitel: Beschwerde

11. Kapitel: Verwaltungsgerichtsbarkeit

II. Teil

Einzelne Verwaltungszweige

ALLGEMEINE ARBEITSUNTERLAGEN

Lehrbücher des Verwaltungsrechts

Fleiner, Fritz, Institutionen des deutschen Verwaltungsrechts. Tübingen 1928 (8. Aufl.).

Forsthoff, Ernst, Lehrbuch des Verwaltungsrechts. I. Bd. Allgemeiner Teil. München—Berlin 1950.

Giese, Friedrich-Neuwiem, Erhard-Cahn, Ernst, Deutsches Verwaltungsrecht. Berlin—Wien 1930.

Giese, Friedrich, Allgemeines Verwaltungsrecht. Tübingen 1948.

Hatschek, Julius, Lehrbuch des deutschen und preußischen Verwaltungsrechts. Leipzig 1931 (7. und 8. Aufl., herausgegeben von Paul Kurtzig).

Herrnritt, Rudolf Hermann, Österreichisches Verwaltungsrecht. Tübingen 1925

Holling, Werner, Verwaltung und Verwaltungsrecht. Berlin 1947.

Jellinek, Walter, Verwaltungsrecht. Berlin 1931, unveränderter Neudruck 1948.

Jerusalem, Franz, Grundriß des Verwaltungsrechts. Frankfurt a. M. 1947.

Köhler, Ludwig v., Grundlehren des deutschen Verwaltungsrechts. Stuttgart—Berlin 1935

Koellreutter, Otto, Der Aufbau des deutschen Führerstaates. In: Die Verwaltungsakademie, Band 1, Gruppe 2, Beitrag 19.

Köttgen, Arnold, Deutsche Verwaltung. Mannheim, Berlin, Leipzig 1942 (3. Aufl.).

Maunz, Theodor, Verwaltung. Hamburg 1937.

Mayer, Otto, Deutsches Verwaltungsrecht. München—Leipzig 1924 (3. Aufl.).

Merkl, Adolf, Allgemeines Verwaltungsrecht. Wien—Berlin 1927.

Meyer, Georg-Dochow, Franz, Lehrbuch des deutschen Verwaltungsrechts. München—Leipzig 1913—1915.

Nebinger, Robert, Verwaltungsrecht, Allgemeiner Teil. Stuttgart 1946.

Peters, Hans, Lehrbuch der Verwaltung. Berlin—Göttingen—Heidelberg 1949.

Piloty, R.-Schneider, Franz, Grundriß des Verwaltungsrechts in Bayern und dem Deutschen Reich. Leipzig 1930 (4. und 5. Aufl.).

Schoen, Deutsches Verwaltungsrecht. In: Kohlers Enzyklopädie. 1914 (7. Aufl.).

Turegg, Kurt-Egon v., Verwaltung. Berlin 1949 (Leitfaden).

Schriftenreihen

Grundriß des Verwaltungsrechts. Herausgegeben von L. Ambrosius, Verlag L. Schwann, Düsseldorf 1948 ff.

Das Besoldungsrecht der Beamten. Bearbeitet von L. Ambrosius.

Das Ortsklassenverzeichnis. Bearbeitet von H. J. Wirth.

Das Versorgungsrecht. Bearbeitet von L. Ambrosius.

Das Reisekostenrecht der Beamten. Bearbeitet von L. Ambrosius.

Das Umzugskostenrecht einschl. Trennungsentschädigung usw. Bearbeitet von L. Köhnen.

Die Wohnraumbewirtschaftung. Bearbeitet von E. Dundalek — H. zur Nieden.

Das Tarifrecht der Angestellten im öffentlichen Dienst (TO.A.). Bearbeitet von L. Ambrosius.

Das Tarifrecht der Lohnempfänger im öffentlichen Dienst (TO.B.). Bearbeitet von L. Köhnen.

Beihilfen, Unterstützungen und Vorschüsse. Bearbeitet von L. Köhnen.

Der Verwaltungsbeamte. Herausgegeben von Dr. jur A. Rehkopp, Dr. jur. F. Gollasch, Verw.-Dipl.-Ing. G. Kubsch, Verlag Otto Schwartz & Co., Göttingen.

Geplante oder erschienene Grundrisse über: Verwaltungskunde, Gemeindeverfassung und Gemeindeverwaltung, Beamten- und Arbeitsrecht, Polizei und öffentliche Ordnung. Schul- und Kulturwesen.

Der Verwaltungsdienst. Herausgegeben von Regierungsdirektor L. Hamann und Stadtdirektor K. Jellinghaus. Verlag W. Kohlhammer, Stuttgart und Köln.

Band 1: Kassen-, Rechnungs- und Prüfungswesen.

Band 2: Gemeindliches Haushaltsrecht.

Band 3: Öffentliche Fürsorge.

Band 4: Allgemeine Staatslehre.

Band 5: Deutsche Sozialversicherung.

Band 6: Kommunale Verwaltungspraxis.

Band 7: Verwaltungsrecht.

Band 8: Gemeinderecht.

Band 9: Grundgesetz der Bundesrepublik.

Band 10: Steuerrecht.

Band 11: Die Aufgaben der öffentlichen Ordnungsämter.

Band 12: Beamten- und Tarifrecht.

Band 13: Schulrecht.

Band 14: Finanzwissenschaft.

Band 15: Die Statistik der Verwaltungspraxis.

Band 16: Bürokunde.

Die Verwaltungsschule. Neckar-Verlag Herbert Holtzhauer GmbH., Schwenningen a. N.

Geplante oder erschienene Grundrisse über allgemeine Verwaltungskunde, Organisationskunde, einzelne Zweige des Verwaltungsrechts.

Neue verwaltungsgerichtliche Entscheidungssammlungen

Jahrbuch der Entscheidungen des thüringischen Oberverwaltungsgerichts. Jahrgang 1946/47 ff.

Entscheidungen des Landesverwaltungsgerichts Schleswig (Beilagen zum Amtsblatt für Schleswig-Holstein).

Entscheidungen des hessischen Verwaltungsgerichtshofs (In: Staatsanzeiger für das Land Hessen).

Entscheidungen des nord-württemberg-badischen Verwaltungsgerichtshofs (In: Staatsanzeiger für das Land Nord-Württemberg-Baden).

Sammlung von Entscheidungen des bayrischen Verwaltungsgerichtshofs. München, Neue Folge ab 1949.

Entscheidungen des Obersten Finanzgerichtshofs München (In: Amtsblatt des württemberg-badischen Finanzministeriums Stuttgart).

Entscheidungen der Oberverwaltungsgerichte von Nordrhein-Westfalen, Niedersachsen, Schleswig-Holstein, Münster, ab 1950.

erwaltungsrechtsprechung in Deutschland. Sammlung oberstrichterlicher Entscheidungen aus dem Verfassungs- und Verwaltungsrecht. Herausgegeben von Dr. Wilhelm Bauer und Georg Ziegler. München—Berlin 1948 ff.

Deutsche Rechtsprechung. Bleckede a. d. Elbe 1949 ff.

Gesetzessammlungen

Brauchitsch, M. v., Verwaltungsgesetze für Preußen. Neu herausgegeben von Bill Drews und Gerhard Lassar. Berlin 1927 ff.

Bleyer, Sammlung bayrischer Justiz- und Verwaltungsgesetze. München 1914.

Bühler O., Verwaltungsgesetze des Reichs und Preußens. Berlin und Leipzig 1931.

Sartorius, Karl, Sammmlung von Reichsgesetzen staats- und verwaltungsrechtlichen Inhalts. München 1927.

— Verfassungs- und Verwaltungsgesetze. München—Berlin 1950 ff.

Stier-Somlo-Köttgen, Sammlung preußischer Gesetze staats- und verwaltungsrechtlichen Inhalts. München 1932.

Weber, Werner, Verwaltungsgesetze. München—Berlin 1948.

Der Neuaufbau in Deutschlands Wirtschaft und Verwaltung in den einzelnen Besatzungszonen (Loseblattsammlung). 3 Bände, Minden 1947 ff.

Nachschlagewerke

v. Bitter, Handwörterbuch der preußischen Verwaltung. 1928 (3. Aufl.).

Blattei, Handbuch Nr. 17 Verwaltungsrecht. Herausgegeben im Forkel-Verlag. Stuttgart 1946 ff.

Graf Hue de Grais-Peters, Handbuch der Verfassung und Verwaltung in Preußen und im Reich. 1931 (25. Aufl.).

Gärtner-Löser-Schneider, Handwörterbuch der Verwaltungspraxis, 1930.

Mosel, Handwörterbuch des Verwaltungsrechts. Leipzig 1938 (14. Aufl.)

v. Stengel-Fleischmann, Wörterbuch des deutschen Verwaltungsrechts. 1914 (2. Aufl.).

Zeitschriften

Archiv des öffentlichen Rechts. Tübingen.

Zeitschrift für öffentliches Recht. Wien.

Deutsches Verwaltungblatt (früher: Deutsche Verwaltung). Zeitschrift für Verwaltungsrecht. Hamburg.

Die öffentliche Verwaltung. Zeitschrift für Verwaltungsrecht und Verwaltungspolitik. Stuttgart und Hagen i. W.

Justiz und Verwaltung. Hamburg

Der öffentliche Dienst. Stuttgart und Köln.

Bis 1945:

Annalen des deutschen Rechts.

Reichsverwaltungsblatt, früher: Preußisches Verwaltungsblatt.

Staats- und Selbstverwaltung.

Auch die allgemeinen rechtswissenschaftlichen Zeitschriften bringen laufend verwaltungsrechtliche Beiträge.

I. Teil

Allgemeine Lehren

1. Abschnitt

GRUNDLAGEN

Erstes Kapitel

Begriff der Verwaltung

1. Verfassung und Verwaltung

Der Mensch unterscheidet sich vom Tier dadurch, daß er nach bestimmten Plänen handelt. Instinkt und undurchdachte Reaktionen mögen auch bei ihm eine Rolle spielen. Aber alle Handlungen von einiger Bedeutung werden vorher durchdacht, und der durch die Handlung eintretende Erfolg oder Mißerfolg wird wenigstens in groben Zügen erwartet, erhofft oder befürchtet. Wenn die Geistesarbeit des Entschlusses oder Beschlusses beendet ist, wird er in der Wirklichkeit durchgeführt, wobei es dann von der Stärke und Geschicklichkeit des Durchführenden und von den äußeren Umständen abhängt, welches Ergebnis die Durchführung hat, ob die Wirklichkeit dem im Entschluß enthaltenden Zukunftsbild entspricht oder nicht.

Genau wie der Einzelmensch verhalten sich menschliche Gemeinschaften. Auch sie werden zu einer solchen im Unterschied zu tierischen Horden erst dann, wenn sie fähig sind, als Gemeinschaft bestimmte Entschlüsse oder Beschlüsse zu fassen. Diese Beschlüsse müssen, wenn die Gemeinschaft nach außen in Erscheinung treten will, in der Wirklichkeit durchgeführt werden. Wiederholt sich der Vorgang, so entsteht ein sinnvoller Aufbau der Handlungen der Gemeinschaft. Sie lebt ein menschlich vernünftiges Leben wie der Einzelmensch.

Um ein solches Leben führen zu können, bedarf der Einzelmensch eines geordneten Körpers, der ihm sowohl die Entschlußfassung als auch die Durchführung des Entschlusses ermöglicht. Genau so bedarf die Gemeinschaft einer bestimmten Ordnung, die dafür sorgt, daß sie einen Willen bilden und vollziehen kann und ferner, daß die Stellung der Gemeinschaft zu ihren Mitgliedern und Beziehungen der Mitglieder untereinander geregelt werden.

Eine der wichtigsten menschlichen Gemeinschaften ist der Staat. Auch er muß einen Willen bilden und muß, um nach außen in Erscheinung zu treten, diesen Willen in die Tat umsetzen, in der Wirklichkeit vollziehen.

Die Willensbildung kann voller Dynamik, voller Unruhe sein. Man denke an parlamentarische Kämpfe oder auch an blutige Bürgerkriege, wenn darum gestritten wird, welche Haltung der Staat nach innen und außen einnehmen soll. Wenn diese Kämpfe abgeschlossen und zu einem Ergebnis gekommen sind, steht das Ergebnis als etwas Festes, jedem Sichtbares und von allen zu Schauendes da. Die Beschlüsse sind das ruhende, statische Element des Staates. Welchen technischen Namen man den Beschlüssen gibt, ist gleichgültig. Man hat sich seit langem daran gewöhnt, sie in zwei Gruppen zu teilen: die Verfassung und die einfachen Gesetze.

Verfassung ist ein besonders feierlicher und auf lange Sicht gefaßter Beschluß, gleich dem Vorsatz eines Menschen, der für sein ferneres Leben bestimmte Grundsätze aufstellt. Sie wird im allgemeinen als eine rechtliche Ordnung angesehen, die das Verhältnis der obersten Staatsstellen untereinander, die Rechtsbeziehungen zwischen Staat und Staatsbürger und die Staatsfunktionen regelt[1]).

Einfache Gesetze geben die Richtlinien für einzelne Lebenserscheinungen. Sie können leichter umgestoßen werden als die von vornherein für ein weiteres zukünftiges Leben gedachte Verfassung. Wir sind nun allen menschlichen Beschlüssen gegenüber skeptisch geworden, nachdem wir in den letzten Jahrzehnten soviel feierlich proklamierte Verfassungen aus äußeren oder auch aus inneren Gründen haben zusammenbrechen sehen.

Der Gesetzespositivismus entspricht daher heute nicht mehr den Bedürfnissen der Zeit. Er erlebte seine Blüte in der zweiten Hälfte des vorigen Jahrhunderts[2]). Schon um die Jahrhundertwende zeigte sich hiergegen eine immer kräftiger werdende Opposition, das Freirecht, aus den verschiedensten Quellen stammend und zu den verschiedensten Ergebnissen gelangend. Eines der wichtigsten, wenn auch nicht einheitlich erarbeiteten Ergebnisse war eine weitgehende Entthronung des Gesetzes, das vielfach nur als ein beson-

[1]) Vgl. Georg Jellinek, Allg. Staatslehre, S. 337 ff. Fruchtbar für den Begriff der Verfassung war die Kontroverse des Positivismus mit der Wiener Schule; vgl. Felix Somlo, S. 309, und Kelsen, Allg. Staatslehre, S. 249; Roß, Theorie der Rechtsquellen, S. 350. — Aristoteles, Politik IV, 1 meint: „Die Verfassung ist jene Ordnung für die Staaten, die sich auf die Magistraturen bezieht, die Art ihrer Verteilung regelt und bestimmt, welches der herrschende Faktor im Staat und welches das Ziel der jeweiligen politischen Gemeinschaft ist; die Gesetze aber sind es, die, gesondert von jenen Verfassungsbestimmungen, die Norm abgeben, nach der die Regierenden regieren und den Übertretern wehren sollen."

[2]) Die ältere Literatur ist weitgehend berücksichtigt, z. B. bei Verdroß, Das Problem des freien Ermessens und die Freirechtsbewegung; Kornfeld, Allg. Rechtslehre und Jurisprudenz.

ders hervorgehobenes Muster auf den Hintergrund des nicht positiven Rechtsbegriffs hervortritt. Hinzu kommen politisch bedingte Bedenken gegen Bestand und Wirkung der jeweilig in Kraft befindlichen Gesetze. Diese Bedenken sind notwendigerweise in politisch unruhigen Zeiten besonders stark. Trotzdem aber sind Verfassung und Gesetze, solange sie bestehen, das statische Rückgrad des Staates.

Die Verwirklichung der Entschlüsse, ihre Durchsetzung oder Durchführung in der Wirklichkeit ist Verwaltung im allgemeinsten und weitesten Sinne. Diese Tätigkeit ist von der Entschlußfassung grundsätzlich verschieden. Denn jeder Entschluß zeigt erst in der Wirklichkeit, was er bedeutet. Die am grünen Tisch gefaßten Gedanken können, sobald sie Wirklichkeit werden, aus sich heraus zu Folgen führen, an die niemand gedacht hat. Hinzu treten die äußeren Einflüsse. Auch sie sind im voraus nicht alle abzusehen, aber sie sind geeignet, die Entschlüsse ganz gründlich zu verändern. Da wäre es sinnwidrig, falsch und geradezu unmenschlich, den einmal theoretisch konzipierten Weg starr weiterzugehen. Vielmehr ist ein ständiges Lavieren notwendig, ein ständiges Bestreben, die durch Verfassung und Gesetze geschaffene Grundlage in die zweckmäßigste und nützlichste Form zu bringen. So ist Verwaltung voller Dynamik. Sie ist die „handelnde Staatsgewalt"[1]).

Der Vergleich des Verhältnisses zwischen anordnendem Wollen und vollziehender Tat mit Gesetzgebung und Verwaltung ist nur ein Gleichnis und stellt nicht etwa eine Lösung der komplizierten Beziehungen der beiden Staatstätigkeiten dar. Das hat bereits Aristoteles als einer der ersten, der sich in für uns sichtbarer Weise mit diesen Fragen beschäftigte, festgestellt. Die Betrachtung von weit über hundert Verfassungen, die für seine Staatslehre die Grundlage bildeten, veranlaßten ihn, vor jeder schablonenmäßigen Abgrenzung zu warnen[2]).

Die handelnde Staatsgewalt nun wieder kann sich in drei verschiedenen Funktionen äußern. Entweder sie wendet im voraus möglichst genau gestaltete Regeln auf einzelne Tatbestände in im voraus möglichst genau festgelegten Formen an. Hierbei handelt es sich häufig um Korrekturen in der Vergangenheit begangener Fehler einzelner Personen. Das ist vorwiegend die Aufgabe der Rechtsprechung. Oder aber die handelnde Staatsgewalt faßt jeden beliebigen Tatbestand an, um ihn nach dem Ideal der Gesetze zu formen und sie tut es mit allen geistigen, technischen und ökonomischen

---

1) Fleiner, Institutionen, S. 120.

2) Politik IV, 14. 1297 b ff.

Mitteln, die die Gesetze nicht verbieten. Hierbei ist die Einhaltung bestimmter Formen häufig nicht möglich oder unzweckmäßig. Oder schließlich die handelnde Staatsgewalt beschäftigt sich mit der Gestaltung der wirtschaftlichen Beziehungen der im Staat lebenden Personen. Das alles ist in groben Zügen die Tätigkeit der Rechtsprechung, der öffentlichen Verwaltung und der Wirtschaftslenkung.

Verwaltung in einem derartig engeren Sinne ist der Gegenstand, mit dem sich das Verwaltungsrecht befaßt[1]).

2. Regierung und Verwaltung

Eine Grenze für die Verwaltung ergibt sich aus dem Begriff selbst ohne Rücksicht auf seine geschichtliche Gebundenheit. Verwaltung ist eine dienende Tätigkeit. Verwalten ist weniger als walten. Dies zeigt schon die romanische Bezeichnung Administration in verschiedenen Sprachen, worin das Wort Minister oder minus enthalten ist.

Demgegenüber bedeutet nach dem deutschen Sprachgebrauch walten dasselbe wie regieren. Regieren ist eine richtunggebende Tätigkeit von Männern oder Stellen, die an der Spitze einer Gemeinschaft, so auch des Staates, stehen.

Verwalten ist demnach die Tätigkeit innerhalb der von der Regierung gegebenen Richtlinien. Zur Regierung gehörig werden aufzufassen sein z. B. die Gestaltung der Beziehungen zwischen Staaten, auch zwischen den Gliedstaaten eines Bundesstaates, das Aufstellen von Verwaltungsprogrammen, die Gestaltung wirtschaftlicher Richtlinien.

Die Beachtung des Unterschiedes zwischen Regierung und Verwaltung ist außerordentlich wichtig. Ein Gemeinwesen kann nicht gedeihen, wenn die an der Spitze stehende Regierung sich allzu sehr um Einzelheiten kümmert. Das führt zu einem ungesunden Zentralismus, der technisch nur durchführbar ist, wenn jede an der Spitze stehende Regierungsstelle sich einen besonderen Apparat von Sonderbehörden schafft. Sie hat dann notwendigerweise das Bestreben, durch die verschiedenen Instanzen hindurch unmittelbar auch in der untersten Instanz im Einzelfall tätig zu werden. Die Erfahrung lehrt jedoch, daß hierbei ein Nebeneinanderregieren und ständige Unordnung die Folge ist.

3. Grundlage der Begriffsbildung

Von der Verwaltung als Tätigkeit sind zu unterscheiden die die Verwaltung durchführende Person, Stelle, Dienststelle, Instanz usw. Sie werden ebenfalls in laxer Weise häufig als Ver-

[1]) Georg Jellinek, Gesetz und Verordnung, S. 385.

waltung bezeichnet, wodurch außerordentlich viele Mißverständnisse entstehen können.

Will man auch die Verwaltungsorganisation als Verwaltung bezeichnen, so ist erforderlich, dies irgendwie kenntlich zu machen, etwa durch die Worte Verwaltung im organisatorischen Sinn. Die Verwaltungstätigkeit ist dann aufzufassen als Verwaltung im gegenständlichen Sinn (z. B. § 4 EGGVG.). Es empfiehlt sich jedoch, Wort und Begriff Verwaltung auf Verwaltungstätigkeit zu beschränken und die Organisation als Verwaltungsorganisation, Verwaltungsaufbau oder dgl. zu bezeichnen. Rechtstheoretisch ist eine für alle Zeiten und alle Orte gültige Begriffsbestimmung weder der Verwaltung noch der Verwaltungsorganisation zu gewinnen. Vielmehr kann in etwa Klarheit nur geschaffen werden durch eine Betrachtung der Lösungen in den verschiedenen Zeiten und durch verschiedene Staatsformen.

4. Entwicklung des Begriffs

a) Antike

Durch griechische Staatslehrer wurden bereits einige Gedanken erörtert, die auch später immer wieder in Erscheinung treten. Die Festlegung eines Verwaltungsbegriffs beginnt mit seiner Unterscheidung von der Rechtsetzung. Hierbei treten die organisatorischen Fragen in den Hintergrund. Nach Platons Ansicht ist Verwaltung mindestens ebenso wichtig wie Gesetzgebung. Insbesondere hält er es für „einfältig“, Gesetze über Einzelheiten zu geben. Denn die edle menschliche Haltung, auf die im Staate alles ankommt, entsteht weder noch bleibt sie, „durch Wort und Schrift zum Gesetz gemacht“[1]). Und gar „über Markt und Marktverkehr, über die Erhebung von Zöllen“ usw. den leitenden Stellen im Staate etwas vorschreiben zu wollen, hält er für unanständig. Er überläßt der Gesetzgebung im Grunde nur drei Aufgaben, nämlich die Größe des Staates festzulegen, die ständische Gliederung aufrechtzuerhalten und schließlich jede Neuerung im Erziehungswesen zu unterdrücken[2]). Aristoteles grenzt die Tätigkeiten nicht so streng voneinander ab, sondern meint, daß weitgehend der Einzelfall entscheiden müsse. Allgemeine Richtlinien werden durch das Gesetz gegeben (νομος). Für den Einzelfall ist eine von ihm zu unterscheidende klärende Entscheidung erforderlich (φηψισμα). Das ist eine nur gegenständliche Unterscheidung

---

1) Politeia p. 425 b.

2) Den im „Staatsmann“ enthaltenen Gedanken, daß im Staat überhaupt keine absolut bindenden Gesetze vorhanden sein sollten, sondern der Herrscher nach der aus der Idee der Gerechtigkeit schöpfenden philosophischen Einsicht für jeden Einzelfall die ihm innewohnende Norm finden soll, geben die „Gesetze“ als nicht realisierbar auf.

von Gesetzgebung und Verwaltung. Organisatorisch liegt bei Aristoteles im Anschluß an die athenische und andere direkte Demokratien beides bei den gleichen Stellen. Sowohl die Gesetzgebung als auch Verwaltungsmaßnahmen für den Einzelfall erfolgen durch Volksbeschluß. Insbesondere denkt Aristoteles auch dann, wenn er verschiedene Teile innerhalb der Staatstätigkeit unterscheidet, nicht an die Erledigung dieser Tätigkeiten durch verschiedene Staatsorgane. Beachtlich sind für ihn immer nur materielle Unterschiede[1]). In diesem Zusammenhang äußert Aristoteles zum ersten Male die späterhin so oft wiederholte Ansicht, daß Gesetze stets Allgemeinsätze seien, während sich die Verwaltung mit der Durchführung staatlicher Maßnahmen im konkreten Einzelfall zu befassen habe[2]).

Die Unterscheidung von Gesetzgebung und Verwaltung, je nachdem ob eine abstrakte, eine unbestimmte Vielzahl von Fällen normierende Regel oder eine den Einzelfall regelnde Bestimmung geschaffen werden soll, wird dann später von der griechischen Philosophie und Rechtslehre, namentlich unter dem Einfluß der Stoa, scharf betont[3]).

Die römische Republik kommt zu den gleichen Unterscheidungen, wobei wohl weitgehend das griechische Vorbild maßgeblich ist. Eine organisatorische Trennung beider Staatstätigkeiten findet nicht statt. Die leges, denen später die plebiscita gleichgestellt werden, setzen nicht nur Rechtsregeln, sondern regeln auch eine Menge Verwaltungsfragen, wie z. B. die Gründung von Kolonien, die Assignation von Gemeindeland an Private, die Verleihung des Bürgerrechts, Verbannungen. Im Laufe der Zeit wandelte sich das Verhältnis zwischen der Vertretung der Bürgerschaft einerseits und Magistraten und Senat anderseits. Je stärker die Stellung der Plebs wurde, desto größer war die Zahl der Verwaltungssachen, die die Komitien an sich zogen oder hinsichtlich welcher sie sich die Entscheidung vorbehielten[4]). Die Erledigung erfolgte in einheitlicher Form durch Beschluß der Zenturiats- oder später auch der Tributkomitien. Gegen das Ende der Republik und während des Prinzipats verschwand der Unterschied zwischen Gesetzgebung und Verwaltung allmählich. Die Grenzlinien zwischen lex, senatus consultum und magistratischem Edikt einerseits und den Konstitutionen der Principes wurden immer unklarer,

---

[1]) Politik IV, 14. 1297 ff.

[2]) Politik III, 15; vgl. die eingehenden Erörterungen bei Georg Jellinek, Gesetz und Verordnung, S. 38, 39.

[3]) Noch erkennbar in den Digesten L 2 D der legg. 1, 3 in Äußerungen des Chrysyppos, die dort aufgenommen sind.

[4]) Karlowa, Römische Rechtsgeschichte I, S. 410 ff., Mommsen, Röm. Staatsrecht III, 1.

bis schließlich mit der Errichtung der zunächst tatsächlichen, seit Diokletian auch rechtlich absoluten Monarchie sich die gesamte Rechtsetzung und die gesamte Verwaltung in der Hand des Kaisertums vereinte.

Am längsten hielt sich noch die Selbständigkeit der Rechtsprechung, die zur Zeit der absoluten Monarchie jedoch ebenfalls völlig in den Machtbefugnissen des Kaisers aufging.

Diese Vorgänge sind bedeutungsvoll für die Entwicklung des Verwaltungsbegriffs in allen Zeiten und für seine Festlegung in der Gegenwart und den ihr unmittelbar vorausgehenden Perioden.

b) Älterer Justizstaat

Anderseits genügt ein Rückgriff bis zum Beginn der Neuzeit, um zu einer für die Gegenwart ausreichenden Klärung zu kommen. Das Reichsrecht dieser Zeit sieht die Gesetzgebung als einen Bestandteil der Staatsgewalt an, der nur mit Zustimmung des Volkes, praktisch der an seine Stelle getretenen meliores terrae, also späterhin der Reichsstände, angewandt werden kann. Seit dem Westfälischen Frieden erwarben die Reichsstände in weitem Umfang die Landeshoheit und schrieben sich ein Koimperium zu, so daß sie für sich nicht nur ein Zustimmungsrecht an den Reichsgesetzen, sondern Anteil an ihrem Erlaß in Anspruch nahmen. Dementsprechend traten auch die Verwaltungsbefugnisse der Zentralgewalt immer mehr in den Hintergrund. Wo überhaupt seit dem 16. Jahrhundert noch von Reichs wegen verwaltet wurde, geschah das durch die Reichskreise und durch die Landeshoheit im Auftrage des Reichs[1]). Wie auf vielen anderen Gebieten traten auch hier die einzelnen Territorien an seine Stelle. In ihnen bestand zunächst noch eine in etwa den Verhältnissen im Reich parallel laufende Mitwirkung der Stände in allen Staatsangelegenheiten, insbesondere der Gesetzgebung. Die Stellung der Landesherren wurde jedoch auf dem Gebiet der inneren Verwaltung ständig stärker. Von nicht zu unterschätzender Wichtigkeit waren die Lehren der Reformatoren, die durch äußere Ereignisse gezwungen wurden, die kirchliche Organisation mehr und mehr in den Staat einzubauen. Sie gewannen dadurch an der Existenz des Staates in seiner jeweiligen Form ein vitales eigenes Interesse. Seine Rechtfertigung ergab sich aus der Erfüllung seiner Pflichten ihnen gegenüber, weshalb der Paulinische Satz, daß alle Obrigkeit von Gott stamme, eine bis dahin nicht gekannte Bedeutung erlangte. Die Landesherren begannen, sich als Träger der ihrer Ansicht nach unveräußerlichen und unteilbaren Staatsgewalt zu betrachten. Sie hielten sich für verpflichtet, alles dasjenige anzuordnen

---

1) Vgl. z. B. Ordnung und Reformation guter Polizei von 1530, Tit. 23 ff.

und, um ein damals aufkommendes Wort zu gebrauchen, zu verordnen, was für die irdische Glückseligkeit und das himmlische Seelenheil der Untertanen erforderlich schien[1]), ohne sich dabei an das ständische Gesetzgebungsverfahren zu halten.

Für den einzelnen Staatsbürger und seine Angelegenheiten war es — wenigstens zunächst — von nicht allzu erheblicher Bedeutung, durch welche Stelle eine ihn betreffende Maßnahme des Staates erging. Denn die um diese Zeit in Praxis und Theorie zur Herrschaft gelangende Auffassung ging davon aus, daß die Beziehungen zwischen der öffentlichen Gewalt und den einzelnen Bürgern durch die Entscheidung ordentlicher Gerichte zu regeln seien. Diese Auffassung ist maßgeblich für die Staatsform, die als älterer Justizstaat bezeichnet wird. Da die Anfänge des Systems in Deutschland mit dem Beginn der territorialen Staaten zusammenfielen, konkurrierten von vornherein mehrere Gerichte untereinander. Es bedeutete zunächst noch einen Sieg der zentralen Reichsleitung, als 1495 die Einsetzung eines Reichskammergerichts gelang. Dieses Gericht, das seinen Sitz in Frankfurt, später in Speyer, seit 1693 bis zu seinem Ende im Jahre 1806 in Wetzlar hatte, stand über den territorialen Gerichten. Es konnte Streitigkeiten zwischen reichsunmittelbaren oder reichsmittelbaren Gewalten erledigen, aber auch Meinungsverschiedenheiten zwischen Behörden und Untertanen klären. Gegenüber den Landesgerichten hatte das Reichskammergericht den Vorzug der Unabhängigkeit von landesherrlichen Befehlen. Außer dem Reichskammergericht konnte für gewisse Fälle der einige Zeit später begründete Reichshofrat in Wien angerufen werden.

Die prozessuale Form für die Austragung von Meinungsverschiedenheiten für die öffentliche Verwaltung ist nur denkbar bei einer entsprechenden Ansicht über die öffentliche Gewalt. Die Staatsgewalt und überhaupt die öffentliche Gewalt wird hiernach nicht als Einheit angesehen. Man kennt keine Einheit des Imperiums. Sie ist vielmehr eine Summe der von Fall zu Fall vom Inhaber zu beweisenden Hoheitsrechte oder Regalien[2]). Diesen Regalien stehen die ebenfalls zu beweisenden wohlerworbenen Rechte (jura quaesita) der Untertanen gegenüber. Lange Zeit sind alle Arten von Rechten grundsätzlich gleichberechtigt. Immer häufiger aber wird das Vorliegen eines Staatsnotrechts (jus emines) anerkannt, welches den Landesherren allmählich ein tatsächliches Übergewicht ver-

---

1) Gierke, Genossenschaftsrecht I, S. 536.

2) Z. B. Pütter, Institutiones, § 223; Moser, Landeshoheit, S. 390 ff.

leiht. Es entspricht allerdings justizstaatlichem Denken, auch demjenigen, der einem jus emines weichen muß, eine Entschädigung zuzubilligen.

Beispiel: Wildfangrecht der Kurpfalz.

Im Mittelalter kam der Fremde, der irgendwo zuzog, unter die neue Grundherrschaft. Sie „fing den Wilden", d. h. den Fremden, ein. Bei dem meist herrschenden Menschenmangel hatte jede Grundherrschaft ein Interesse an recht regem Zuzug. Zuständig war regelmäßig die örtliche Herrschaft des Zuzugsortes. In diesen allgemeinen Rechtszustand schnitt ein Sonderrecht der Kurpfalz ein. Der Kurfürst von der Pfalz behauptete seit dem Beginn des 15. Jahrhunderts ein ihm zustehendes Wildfangrecht auch für die seinem Land benachbarten Gebiete anderer Territorien. Diese zunächst unsicheren Rechtsansprüche wurden durch kaiserliches Privileg vom 3. 9. 1518 bestätigt. Wie nicht anders zu erwarten, führte das zu ständigen Reibereien mit den Nachbarn. Zu Beginn des 17. Jahrhunderts erhob die Reichsritterschaft am Rhein und in Franken Klage vor dem Reichskammergericht, weil der Kurfürst von der Pfalz in ihren Gebieten sich widerrechtlich die Gerichtsbarkeit angemaßt habe. Im Laufe des Prozesses wurden von den Parteien die Gutachten namhafter Juristen produziert. So berief sich z. B. Kur-Mainz auf ein Gutachten von Johann Heinrich Boecler, die Kurpfalz auf ein solches von Samuel Pufendorf. Das Reichskammergericht kam nicht zu einer Entscheidung. Vielmehr wurde der Streit im Jahre 1667 entschieden durch ein französisch-schwedisches Schiedsgericht, dessen Zuständigkeit zwar der Kaiser bis zuletzt bestritt, auf welches sich aber die beteiligten deutschen Höfe geeinigt hatten [1]).

Von vornherein war es unmöglich, sämtliche Angelegenheiten der öffentlichen Verwaltung vor ordentliche Gerichte zu bringen. Ein Teil schied sofort aus und unterlag nicht der richterlichen Nachprüfung. Diese Angelegenheiten waren die Regierungssachen im Gegensatz zu den Justizsachen, die durch die ordentlichen Gerichte nachprüfbar waren. Die Grenze ist flüssig und häufig Gegenstand langwieriger Prozesse.

Allmählich aber verschob sie sich auch hier immer mehr zugunsten der Regierungssachen. Die Stellung der Landesherren wurde, gestützt auf ihre nunmehr religiös fundierte Berufung, sodann infolge der mit der Neuzeit beginnenden naturrechtlichen eudämonistischen Anschauung vom Staatszweck immer stärker[2]). Die Aufgaben, die vom Staat nach dieser Ansicht zu erledigen waren und die automatisch infolge der größeren Kompliziertheit der allgemeinen Lebensverhältnisse allmählich immer umfangreicher werdenden Eingriffe der Allgemeinheit in den Lebensbereich

---

[1]) Einzelheiten bei Stammler, Deutsches Rechtsleben, S. 242 ff.

[2]) Mayer, Deutsches Verwaltungsrecht I, S. 27 ff.

des einzelnen wurden vom Landesherrn erledigt. Da so seine Aufgaben und Rechte sich an dem Staatszweck maßen, lag es nahe, daß er sich nun umgekehrt auf die salus publica berief, um von ihm behauptete Rechte, die häufig in der Form von jura eminentes auftraten, ausüben zu können. Das geschah dann allmählich unabhängig davon, ob seine Anordnungen der bisherigen Rechtslage und den bisher bestehenden Rechten widersprachen oder nicht.

c) Absoluter Staat

So kam schließlich seit dem beginnenden 17. Jahrhundert die gesamte Staatsgewalt in die Hand des Landesherrn, der zum absoluten Monarchen wurde. Damit verschwand jeder materielle und organisatorische Unterschied zwischen einzelnen Staatsmaßnahmen. Der absolute Monarch war für alles verantwortlich, ihm war alles verantwortlich. Er regierte, verwaltete, setzte Recht und sprach Recht nach den Richtlinien und in den Formen, die ihm geeignet erschienen. Die herrschende naturrechtliche Theorie unterbaute diese Stellung des Landesherrn, „da nach Naturrecht und allgemeinem Staatsrecht eigentlicher und ordentlicher Weise nur Regent und Untertan existieren“[1]). Als Grund für die Entstehung eines solchen Verhältnisses nahm diese Lehre einen Staatsgründungsvertrag an, für den das Volk dem Fürsten alle Befugnisse, deren er zur Förderung der allgemeinen Wohlfahrt bedarf, übertragen hatte. Es ist „principium, daß ein Landesherr alles dasjenige tun kann, was zum gemeinen Besten und zur Wohlfahrt des Landes gereicht“. Dann muß er aber auch volle Berechtigung auf diesem Gebiet haben derart, „daß kein subditus sich hierbei eines begründeten juris contra dicendi anmaßen kann“[2]). Die wohlerworbenen Rechte wurden dadurch bedeutungslos, denn jedes derartige Recht mußte weichen, „sobald es mit der Wohlfahrt des ganzen in Collision kömmt und aus diesem Grunde die Aufhebung desselben notwendig wird“[3]).

In dem jus emines geht sowohl die früher noch davon unterschiedene Gesetzgebung (jus legis constituendae) als auch die oberste Rechtsprechungsgewalt auf. Alle Rechte und Pflichten des Staates gegen seine

1) Pütter, Beyträge I, S. 165. Es wurden aber auch, insbesondere aus Süddeutschland stammende, Gegenstimmen laut, z. B. Moser, Von der teutschen Reichstände Landen, § 1187: „Weiter bedient man sich schon jetzt als einer Universal-Staatsmedizin des Grundes: Das Beste und die Erfordernis des Staates ist das höchste und oberste Gesetz, welches allen anderen Gesetzen, Verträgen, Freiheiten, Herkommen und Verjährungen derogiert und den Regenten berechtigt, das Nötige zu verfügen, die Verträge und Privilegien wieder aufzuheben.“

2) v. Cramer, Wetzlarische Nebenstunden, 13. Teil, S. 1 ff., 87 ff.

3) Gönner, Staatsrecht, S. 775.

Bürger und Schutzverwandten vereinigen sich in dem Oberhaupt desselben. Das Recht, Gesetze und die allgemeinen Polizeiverordnungen zu geben, dieselben wieder aufzuheben und Erklärungen darüber mit Gesetzeskraft zu erteilen, ist ein Majestätsrecht (pr.ALR. §§ 1, 6, II, 13).

Die Gesetzgebung wird nur innerhalb des Behördenapparates von der übrigen Verwaltungstätigkeit unterschieden, indem man bestimmte Gegenstände als in einem besonderen Verfahren zu regeln bezeichnet[1]). Als Gesetz versteht man dabei eine „Verordnung, durch welche die besonderen Rechte des Bürgers bestimmt oder die gemeinen Rechte abgeändert, ergänzt oder erklärt werden sollten" (Einl. pr. ALR. § 7).

Auch die Rechtsprechung ist lediglich aus Gründen der Zweckmäßigkeit und Arbeitsteilung auf besondere Gerichtsbehörden übertragen, so z. B. für Brandenburg-Preußen durch ein Reglement von 1749, wonach „regulariter alle Prozeßsachen, welche das Interesse privatim vel jura partium quarum interest betreffen, bei denen jedenorts bestellten ordentlichen Justizcollegies verordnet und dediziert werden müssen." Aber jederzeit besteht bei dieser Kabinettsjustiz die Möglichkeit des Eingriffs des Fürsten durch einen Machtspruch.

Beispiel: Fall des Wassermüllers Arnold in der Neumark. Christ. Arnold, Pommerzig-Neumark hatte von seinem Vater eine Erbmühle, die seit langem im Besitz der Familie Arnold war, gekauft. Als Erbbesitzer mußte er an die gebietende Herrschaft, den Grafen von Schmettau, Pacht zahlen. Hierzu war er seiner Behauptung nach seit 1771 nicht mehr in der Lage, weil sein Nachbar, der Landrat von Gersdorf, der am Oberlauf des Wassers, welches die Mühle trieb, ein Gut besaß, Wasser zum Teil für sich gebrauchte und damit den regelmäßigen Lauf der Mühle verhinderte. 1779 mußte der Müller zwangsräumen, nachdem das Gericht zu Gunsten des Verpächters Schmettau entschieden hatte mit dem Hinweis, daß Arnold sich an den Landrat von Gersdorf halten müsse. Der Ersteher überließ die Mühle von Gersdorf, der sie an einen Dritten weiterverkaufte. Nach längeren Verhandlungen vor den Verwaltungsbehörden verklagte Arnold darauf von Gersdorf mit dem Antrag auf Wiedereinräumung der Mühle. Er machte verschiedene Klagegründe geltend, verlor aber auch diesen Prozeß mit einer kleinen Ausnahme in erster Instanz (Neumärkische Regierung, Urteil vom 28. 10. 1779). In das darauf von Arnold eingeleitete Rechtsmittelverfahren vor dem Kammergericht in Berlin griff der König ein. Er verwies die Sache nochmals an die Neumärkische Regierung. Wiederum entschied diese zu Ungunsten des Müllers aus den gleichen Gründen wie bisher. Das Kammergericht bestätigte als nächste und höchste Gerichtsinstanz dieses Urteil. Als es sich auf Vorhalt des Königs weigerte, seinen Standpunkt zu

[1]) Wenzel, Der Begriff des Gesetzes, S. 14 ff., führt das im einzelnen aus.

ändern, erließ dieser am 11. 12. 1779 Kabinettsordres, wodurch die Eröffnung eines Strafverfahrens gegen die beteiligten Richter befohlen wurde. Durch Machtspruch vom 3. 1. 1780 verurteilte der König darauf die Kammergerichtsräte, die an dem Urteil mitgewirkt hatten, zu Festungshaft. Schon am 20. 12. 1779 hatte Arnold seine Mühle wiederbekommen. Er erhielt weiterhin Schadensersatz, der von den verurteilten Richtern zu zahlen war [1]).

d) Rechtsstaat

Die deutsche Rechtslehre konnte angesichts der alles beherrschenden Praxis des absoluten Staates keine seiner Ansicht entgegengesetzte Auffassung entwickeln. Es fehlt zwar nicht an einzelnen Versuchen, die einheitliche Staatsgewalt ihrem verschiedenartigen Inhalt gemäß aufzuspalten [2]). Im allgemeinen aber hatte sich das Naturrecht des 18. Jahrhunderts mit den herrschenden Zuständen ausgesöhnt.

aa) Der Anstoß zur weiteren Entwicklung kam vom Ausland. Er wirkte aus verschiedener Richtung und ist mit den Namen Locke, Montesquieu und Rousseau verknüpft.

John Locke hat die Entwicklung eines seit Jahrhunderten andauernden Kampfes zwischen Krone und Parlament in England vor Augen, der durch die glorreiche Revolution von 1688 vorerst mit einer Zuständigkeitsbegrenzung beider Mächte beendet war. Bis dahin konnte der König ordonnances und proclamations ohne und statutes mit Zustimmung der Stände erlassen [3]), wodurch er weitgehend diejenigen Aufgaben, die wir als Verwaltungsmaßnahmen bezeichnen, unabhängig vom Parlament erledigte oder hinsichtlich welcher er, ge-

---

[1]) Eingehende Schilderung und Würdigung dieses Falles bei Stammler, Deutsches Rechtsleben I, S. 413 ff.

[2]) So forderte z. B. Althusius zu Beginn des 17. Jahrhunderts für das ganze große Gebiet der Staatstätigkeit, das wir heute Verwaltung nennen, feste Regeln, die es von der sonstigen Staatstätigkeit trennen. — Gierke, Althusius, S. 20 ff. — Hugo Grotius, De jure belli ac pacis l. I, c. III, VI, 2, stellt in Anlehnung an die aristotelische Einteilung die Gesetzgebung als die auf das Allgemeine gerichtete Funktion der auf Erledigung der Einzelangelegenheiten gerichteten Staatstätigkeit gegenüber. Von dieser, zerfallend in die äußere und die Finanzverwaltung, unterscheidet er dann noch die auf das dominium gerichtete richterliche Tätigkeit. Pufendorf, De jure naturae et gentium, VII, spricht von verschiedenen Gewalten im Staat, einer potestas legislatoria, potestas poenas sumendi, potestas judiciaria, potestas belli et pacis idemque foederum feriendorum. Sie sind jedoch nicht partes potentiales und können nicht durch verschiedene Staatsorgane ausgeübt werden nisi regularis forma civitatis corrumpatur et irregulare corpus resultet, male firmo dumtaxat pacta cohaerens. Es bleibt also auch bei ihm bei der einheitlichen Staatsgewalt.

[3]) Gneist, Englische Verfassungsgeschichte, S. 378; Hatschek, Engl. Verfassungsgeschichte, S. 386.

stützt auf die sogenannte *Prärogative*, Gesetze erließ. Durch die bill of rights vom Dezember 1689 wurde die neue alleinige Zuständigkeit des Parlaments für die Gesetzgebung festgelegt. Die Prärogative wurde wesentlich eingeschränkt. Diese Schwankungen veranlaßte die englische Staatsrechtslehre, die *Grenze zwischen Gesetzgebungstätigkeit des Parlaments und verwaltender Tätigkeit der Krone in ein System* zu bringen.

Locke[1]) stellte dabei in seiner Theorie den König weit freier, als er es in seiner Zeit in Wirklichkeit war[2]). Er unterscheidet *drei Gewalten im Staat*, die *gesetzgebende*, die *vollziehende* und die *föderative*. Die erste ordnet an, wie die Kräfte des Staates verwendet werden können zur Erhaltung der Gesellschaft und ihrer Glieder, die zweite verwirklicht die Gesetze und bewahrt ihre Kraft, die dritte (federative power) entscheidet über Krieg und Frieden, Bündnisse und sonstige Staatsverträge. Organisatorisch sind die beiden letzten am besten in einer Hand vereinigt, während die erste von ihnen getrennt ist. Die *gesetzgebende Gewalt* steht als die *höchste dem Volk* zu. Die beiden anderen sind ihr *grundsätzlich untergeordnet. Trotzdem* aber besitzt die *vollziehende Gewalt eine eigene politische Existenz*. Locke vertritt mit aller Entschiedenheit den Standpunkt, daß eine königliche *Prärogative* nötig sei. Da die Gesetze doch nicht alle Einzelheiten voraussehen können, soll der König die tatsächliche Macht, die in seiner Hand liegt, im öffentlichen Interesse without a rule anwenden können[3]). Die auf Grund seiner Prärogative festgelegten Sonderbestimmungen treten dann *selbständig neben das Gesetz* und füllen den Raum aus, den es freigelassen hat. Der Grundsatz von der Vorherrschaft der Gesetzgebung wird für alle Fälle zugunsten der Exekutive durchbrochen, für die der Gesetzgeber keinen Gebrauch von seinen Rechten gemacht hat. *Verwaltung ist demnach mehr als bloße Vollziehung der Gesetze*[4]).

---

1) On civil goverment.

2) Geschichtlich gesehen ist das ein Rückschlag gegen die Machtsteigerung und Übergriffe des Langen Parlaments, vgl. insbes. §§ 135 ff.

3) § 160 Since in some goverments the law making pover is not always in being and is ussually too numerous, and too slow for the dispatch requisite to provide for all accidents and necessities that may concern the public, to make such laws as wich do no harm, if they are executed with an inflexible rigour on all occasions and upon all persons that may come in their way; therefore there is a latitude left to the executive power, to do many things of choice which the laws do not prescribe.

4) Eine eingehende Schilderung der Lehre Locke findet sich bei G. Jellinek, Gesetz und Verordnung, S. 64 ff, die allerdings teilweise in Wirklichkeit darin nicht enthaltene Gedanken der konstitutionellen Doktrin hinein interpretiert.

Für den Franzosen Montesquieu, der weitgehend auf den Arbeiten von Locke fußt, war die Gefahr eines Übergriffes der Parlamentsherrschaft noch niemals in den Bereich der Wirklichkeit getreten. So wendet sich seine Lehre zunächst gegen das absolute Königstum[1]). Wie in der absoluten Monarchie üblich, bestanden zwischen den einzelnen Arten der Willensäußerung des Königs nur interne Verwaltungsunterschiede. So war die Eintragung (enregistrement) der königlichen Verordnungen durch die formell unabhängigen alten Gerichtshöfe, die Parlamente, in ein Protokoll nötig, wenn diese ordonnances die Gerichte verpflichten sollten. Bei Widerstreben der Parlamente konnte der König die Eintragung jedoch befehlen[2]). Anderseits aber gelang es den Parlamenten oft, auch über die Leute des Königs Gewalt zu bekommen und deren Amtstätigkeit durch Urteile zu kontrollieren. Alles das führte zu für die Bürger nachteiligen Unklarheiten[3]). Montesquieu wandte sich deshalb auch gegen Übergriffe der Parlamente. Im Ergebnis fordert er die scharfe Trennung der Gesetzgebung von der Gesetzesanwendung[4]). Die Gewalten sollten sich das Gleichgewicht halten. Pour qu'on ne puisse abuser du pouvoir, il faut que, par la disposition des choses, le pouvoir arrête le pouvoir. Diese beiden Gewalten müssen unter allen Umständen organisatorisch getrennt werden. Nach der Trennung jedoch kann von einer inhaltlichen Gleichberechtigung nicht mehr die Rede sein. Die gesetzgebende Gewalt wird ohne nähere Erklärung und infolgedessen etwas vage als der allgemeine Wille bezeichnet. Die Exekutive ist nichts anderes als die Vollziehung dieses Willens und so notwendigerweise der Legeslative untergeordnet, n'étant l'un que la volonté générale de l'état, et l'autre que l'exécution de cette volonté générale. Von der Prärogative des Königs oder einer sonstigen Gesetzgebung einer Staatsstelle außerhalb des Parlaments wird niemals gesprochen. In gewissem Umfang baut Montesquieu die richterliche Gewalt (pouvoir de juger) in die Staatstätigkeit ein, die Locke als executive power bezeichnete. Der Gedanke von der inhaltlichen Unselbständigkeit der vollziehenden Gewalt wurde durch die wissenschaftlichen Nachfolger Montesquieu's mit aller Schärfe herausgearbeitet[5]).

---

1) Pietsch, S. 1 ff.

2) Richard Schmidt, Allgemeine Staatslehre II, S. 660 ff.

3) Otto Mayer, Theorie des französischen Verwaltungsrechts, S. 87 ff.

4) De l'esprit des lois, l. 11, c 6.

5) Vgl. z. B. Delolme, La constitution d'Angleterre, Paris 1771.

Rousseau setzt sich für das konträre Gegenteil der absoluten Monarchie ein, die absolute Volkssouveränität. Er lehnt jede Gewaltenteilung ab und erhebt die innere und äußere Einheit der Staatsgewalt wiederum zum leitenden Prinzip. Diese Staatsgewalt soll beim Volke liegen, dessen Wille die Quelle aller staatlichen Anordnungen ist. Regierung und Verwaltung sind nur dazu da, den Willen zu vollziehen und dem einzelnen Bürger zu vermitteln[1]). Ihre untergeordnete Stellung führt dazu, daß sie lediglich Anordnungen in Einzelfällen treffen können. So taucht hier die alte aristotelische Auffassung wieder auf, wonach der Gesetzgeber sich abstrakt mit allgemeinen Tatbeständen befaßt, während die Verwaltung nur den konkreten Einzelfall regelt. Nach Rousseau verhält sich die Gesetzgebung zur Verwaltung wie der menschliche Wille zu der menschlichen Tat. Der Vergleich wird von ihm wörtlich genommen.

bb) Die deutsche Entwicklung der Zeit des Konstitutionalismus steht deutlich unter dem Einfluß dieser drei Auffassungen.

Die geringsten Folgen hatten die Gedanken Rousseaus. Entgegen seiner Auffassung wurde die Gewaltenteilung, zunächst zwar nur weitgehend auf dem Papier, nach 1848 allmählich aber auch tatsächlich wenigstens grundsätzlich durchgeführt. Sein Gedanke, daß die Verwaltung nur konkrete Einzelfälle regeln dürfe, setzte sich trotz einer erheblichen Anhängerschaft auf die Dauer ebenfalls nicht durch[2]).

Die konstitutionelle Praxis und Lehre schloß sich zu Beginn des 19. Jahrhunderts, wenn sie überhaupt eine Gewaltentrennung annahm, an Locke an. Das monarchische Prinzip hatte sich, gestützt vor allem auf Art. 57 der Wiener Schlußakte vom

---

[1]) Contrat social 1. III, c. 1: Qu'est ce donc que le gouvernement? Un corps intermédiaire établi entre les sujets et le souverain pour leur mutuelle correspondance, chargé de l'exécution des lois et du maintien de la liberté tant civile que politique.

[2]) Den Standpunkt, daß Allgemeinheit ein wesentliches Merkmal des Gesetzes sei, vertreten: von Rönne, Staatsrecht der preußischen Monarchie, I, S. 327 ff.; Jhering, Zweck im Recht I, S. 327 ff.; G. Meyer, Der Begriff des Rechts, in: Grünhuts Zeitschrift Bd. 8 (1881), S. 157; Meyer-Anschütz, Lehrbuch des Deutschen Staatsrechtes 1914 (7. Aufl.), S. 27; O. Mayer, Deutsches Verwaltungsrecht I, S. 77 ff; W. Jellinek, Gesetz, Gesetzesanwendung, S. 139. — Die Lehre hat ihre geschichtliche Grundlage im Kampf der Aufklärung gegen den fürstlichen Absolutismus. An die Stelle des persönlichen Befehls soll die generelle unverbrüchliche Norm treten. Diese Idee hatte schon in der hochmittelalterlichen scholastischen Auffassung vom Gesetz als Ausfluß der göttlichen Vernunft und Gerechtigkeit Ausdruck gewonnen; näheres vgl. Scheuner, Gesetz und Einzelanordnung, S. 197. Seit dem Ende des 19. Jahrhunderts wurde sie allmählich zugunsten der nun herrschenden Ansicht verlassen.

15. Mai 1820, der den Monarchen als Träger der gesamten Staatsgewalt bezeichnete, in Deutschland wiederum durchgesetzt. Danach war Regierung, Verwaltung und Gesetzgebung in der Hand des Monarchen vereint. Ein Unterschied gegenüber der Zeit des Absolutismus bestand nur darin, daß die territorialen Stände im gewissen Umfang ein Mitbestimmungsrecht bei der Gesetzgebung hatten. Art. 13 der Deutschen Bundesakte vom 8. Juli 1815 ordnete an: „In allen deutschen Staaten wird eine landständische Verfassung stattfinden." Die Landstände sollten bei der Gesetzgebung mitwirken. Als Gesetz faßte man im Anschluß an die Kodifikationen der Zeit der absoluten Monarchie und unter Hinweis auf die Lehre von Locke und seiner Nachfolger alle Eingriffe in Freiheit und Eigentum der Bürger auf[1]).

Dieser Begriff ist jedoch derartig ungenau, daß schon die Grundlage des Mitwirkungsrechts der Landstände unsicher war. Zudem war es den einzelnen Verfassungen, die nach dem Befreiungskrieg erlassen wurden, anheimgegeben, in welchem Umfang sie die Stände beteiligen wollten. In manchen Staaten war ihre Wirksamkeit auf ein konsultatives Votum beschränkt[2]). Nur wenige Verfassungen bestimmten, daß ein Gesetz, eben ein Eingriff in Freiheit und Eigentum der Bürger nicht ergehen dürfe, wenn die Landstände nicht zuvor zugestimmt hatten[3]). Jede andere Staatstätigkeit war, sofern sie nicht als Justiz aufgefaßt wurde, Verwaltung, die der Monarch unbeschränkt ausübte.

Ein großer Teil des Schrifttums begleitete diese Entwicklung erklärend ohne Widerspruch, ohne insbesondere auf die völlige Ignorierung der französischen und englischen Vorbilder aufmerksam zu machen[4]). Die

---

1) Die Freiheits- und Eigentumsklausel taucht zunächst bei Locke auf, nach dessen Ansicht der Staat den Zweck hat, Freiheit und Eigentum des Bürgers zu schützen (On civil goverment § 127, ferner §§ 149, 227 ff). Die Formel mag dann über die englischen Kolonien in Amerika nach Frankreich gelangt sein und von dort nach Deutschland. Hier interessierte sich vor allem Justus Möser dafür. Aber auch die Gesetze der aufgeklärten Monarchie sind davon beeinflußt, z. B. § 7 Einl. pr. ALR. Stein führte den Begriff dann wörtlich in die nassauische Verfassung vom 1./2. 9. 1814 ein. Sein weitergehender Versuch, eine allgemeine Einführung der Klausel in alle Verfassungen zu erreichen, scheiterte an dem Widerstand Österreichs. So ist die Klausel nur in einigen Verfassungen anzutreffen. Näheres vgl. Rosin, Gesetz und Verordnung nach Badischem Staatsrecht, S. 53; Hubrich, Die Entwicklung, S. 97 ff.

2) Z. B. Hann. Patent vom 7. 12. 1819; für Preußen: Provinzialständegesetz vom 5. 6. 1823.

3) Z. B. Nassauische Verfassung vom 1./2. 9. 1814; Sachsen-Weimarer Grundgesetz vom 5. 5. 1816.

4) Statt vieler: Weiß, Deutsches Staatsrecht, S. 672.

Lehre von der Gewaltenteilung wird von vielen ausdrücklich abgelehnt[1]). Andere begnügen sich mit der materiellen Unterscheidung von Gesetzgebung, Verwaltung und Rechtsprechung, belassen aber alle Tätigkeit in der Hand des Monarchen ohne irgendeine organisatorische Trennung[2]).

Die Julirevolution von 1830 brachte den deutschen Staaten Verfassungen, auch wo sie bisher noch nicht vorhanden waren. Als *Grenze der Verwaltung im Verhältnis zur Gesetzgebung* sah man immer noch die *Freiheits- und Eigentumsklausel* an. So wurde die Gesetzgebung in ganz bestimmtem Rahmen aus der übrigen Staats- und Verwaltungstätigkeit herausgenommen[3]). Der Text dieser Verfassungen sagt im allgemeinen nicht klar und eindeutig, ob und in welchem Umfang eine Gewaltenteilung besteht. Aber innerhalb der Rechtslehre machte sich jetzt eine Strömung bemerkbar, die die bisher übliche Ablehnung der Montesquieu'schen Gedanken aufgab[4]). Dann tauchte aber sogleich die *Frage* auf, *ob die Verwaltung* nichts anderes sei als die Vollziehung der Gesetze oder ob sie *neben der Rechtsetzung gleichberechtigt stehe* und ein von dieser unbeeinflußtes Gebiet beherrsche.

Erst die Vorgänge der Zeit *nach 1848* bringen in den Verfassungen ein klares Bekenntnis zur *Gewaltenteilung*. In den absolutistisch regierten Staaten, wie z. B. in Preußen, konnte das nur dadurch erfolgen, daß die bisher im wesentlichen unbeschränkte Regierungsgewalt des Königs durch eine gesetzgebende und eine rechtsprechende Gewalt beschränkt wurde[5]). Damit blieb aber im Zweifel oder bei angeblichen oder tatsächlichen Lücken im Gesetz der König zuständig. Die *Praxis entschied sich* so, wenn das auch nicht ausdrücklich zur Sprache

---

1) An der Spitze Hegel, Philosophie des Rechts, § 272: Das Prinzip der Gewaltenteilung bringt „teils falsche Bestimmung der absoluten Selbständigkeit der Gewalten gegeneinander, teils die Einseitigkeit, ihr Verhältnis zueinander als ein Negatives, als gegenseitige Beschränkung . . . Mit der Selbständigkeit der Gewalten ist die Zertrümmerung des Staates unmittelbar gesetzt." Vgl. auch Aretin-Rotteck, Staatsrecht, S. 387; Maurenbrecher, Staatsrecht, S. 229.

2) Aretin-Rotteck S. 32.

3) § 87 Sächs. Verfassung von 1831, § 95 Hessische Verfassung von 1831, § 85 Hannov. Verfassung von 1853.

4) Zu nennen ist hier auch Stahl, Philosophie des Rechts II, S. 195: Die Verwaltung befaßt sich mit all den Vorschriften, die sich auf die „öffentlichen Funktionen im Gebiet der Polizei, der Finanzen, des Militärs usw." beziehen, S. 389. Sie setzt kein Recht, sondern hat nur „die Leitung der gemeinsamen Tätigkeit für Zwecke".
auf die stenographischen Berichte der Session von 1889 der Preuß. 2. Kammer, S. 2119 ff.

5) Näheres bei Anschütz, Gegenwärtige Theorien, S. 10 ff.

kam, der Sache nach für Locke gegen Montesquieu. Die Überlegenheit der von Heer und Beamtentum getragenen Exekutive über die Legislative war unbestreitbar.

Die Lehre erfaßte diese Unterscheidung zunächst noch nicht klar, sondern begnügte sich mit der Beschreibung und Erklärung der Funktionsteilung, wobei man großen Wert auf die verschiedene Organisation legte[1]). Im Laufe der Zeit aber nahm sie eindeutig die Haltung der Praxis ein[2]). Für Lorenz von Stein ist nichts „unverständiger, als von einer Unterordnung der Vollziehung unter das Gesetz zu reden"[3]). Die von Arndt begründete Lehre vom selbständigen Verordnungsrecht, die jedoch nicht von der herrschenden Meinung übernommen wurde, vor allem aber die bis heute herrschende von Laband begründete Lehre vom Gesetz im formellen und materiellen Sinn dienen der Stütze dieser Ansicht[4]).

Im Ergebnis wurde die so des Näheren festgelegte Gewaltenteilung der eine Grundsatz des deutschen Rechtsstaates. (Vgl. Art. 20 Abs. 2 westd. GG.)

cc) Damit im engen Zusammenhang steht der zweite wichtige Grundsatz, daß kein den Betroffenen belastender Verwaltungsakt ohne gesetzliche Grundlage ergehen darf[5]). „Der Staat realisiert die sittlichen Ideen nur in der Weise des Rechts."[6]) Dieser Grundsatz entspricht der gleichliegenden strafrechtlichen Forderung: Nulla poena sine lege. Schon Montesquieu hatte sie erhoben,

[1]) Ein ganz auffallendes Beispiel sind von diesem Gesichtspunkt aus die Darlegungen von Stahl. Er steht seinem Herzen nach völlig auf Seiten der Monarchie. Infolgedessen sucht er der Regierung ein Gebiet zu reservieren, das frei ist von dem Einfluß der Gesetzgebung und des Parlaments. „Das Wesen der eigentlichen Regierung aber ist es, unabhängig vom Gesetz etwas Neues, Positives in freier schöpferischer Tätigkeit hervorzubringen, die Zustände nach Zwecken zu fördern." (A. a. O. S. 195.) Trotzdem ist er derart beeinflußt von den liberalen Strömungen seiner Zeit, daß er an anderer Stelle dem Gesetz und der Gesetzgebung die unbedingte Herrschaft über die Verwaltung zugesteht. Auf alles das, was in die Rechtssphäre des Individuum eingreift, das „Rechtsverhältnis der Untertanenfreiheit gegenüber der Staatsgewalt", soll die Verwaltung und Regierung keinen Einfluß haben (S. 385 ff).

[2]) Die Ansicht, daß der König auf die Vollziehung der Gesetze beschränkt sei, vertritt noch Rönne, II, S. 366, als Ausnahme.

[3]) Lorenz von Stein, Verwaltungslehre, I, S. 73,

[4]) Näheres vgl. unten Kapitel 6. Auch heute noch wird dieser Standpunkt vertreten, vgl. z. B. Nebinger, Verwaltungsrecht, S. 2.

[5]) Dieser Grundsatz ist nicht auf das Verwaltungsrecht beschränkt, wie z. B. Merkl, Allgemeines Verwaltungsrecht, S. 99 ff., richtig betont. Er ist aber auch hier von besonderer Bedeutung.

[6]) Stahl, a. a. O. S. 136.

wenn er meint, niemand dürfe zu Handlungen gezwungen werden, zu denen nicht das Gesetz verpflichtet. Der Grundsatz wurde dann später immer wiederholt[1]). Es genügt also nicht, die Berufung auf eine Anordnung der vorgesetzten Behörde, sondern als letztes Glied muß immer ein Gesetz vorhanden sein. Diese sogenannte Gesetzmäßigkeit der Verwaltung [2]) läßt sich in zwei Formen durchführen. Denkbar ist, daß der Gesetzgeber nur allgemeine gesetzliche Richtlinien gibt. Eine solche Regelung durch „Kautschukbestimmungen" kann möglicherweise den einzelnen Dienststellen zu viel Freiheit lassen.

Beispiel:

Art. 48 WRV. § 10, II, 17 pr. ALR.; § 14 pr. PVG. von 1931.

Die andere Lösungsmöglichkeit ist die der erschöpfenden enumerativen Aufzählung von Tatbeständen, welche durch die Verwaltung zu regeln sind.

Beispiel:

So vorwiegend in Süddeutschland: Bad. Polizeistrafgesetzbuch vom 31. 10. 1863, Bayr. Polizeistrafgesetzbuch vom 26. 12. 1871, Württ. Polizeistrafgesetzbuch vom 27. 12. 1871.

Alle Verwaltung ausübenden Stellen haben selbst darüber zu wachen, daß sie nur nach den in der gesetzlich vorgeschriebenen Form veröffentlichten staatlichen Willensakten handeln. Sie müssen also alle Verwaltungsvorschriften einschließlich der Gesetze auf ihre Rechtsmäßigkeit prüfen[3]).

In der Gesetzmäßigkeit der Verwaltung enthalten ist die Notwendigkeit gleicher Behandlung sämtlicher Gewaltunterworfenen. Dieser Grundsatz der Gleichheit setzt in der Verwaltung nicht nur Gleichheit der Rechtslage, sondern auch Gleichheit der tatsächlichen Voraussetzungen voraus[4]).

---

[1]) Manche treten mit Entschiedenheit für diesen Grundsatz ein, so z. B. Jellinek, Verwaltungsrecht, S. 83. Andere machen geltend, daß sich die Verwaltungspraxis doch niemals in vollem Umfange danach richte, so z. B. Peters, Grenzen der kommunalen Selbstverwaltung, S. 225 ff.

[2]) „Die Gesetzmäßigkeit der Verwaltung macht das Wesen des Rechtsstaates aus." — BadVGH. in: Ztschr. f. bad. Verw. 1927, 111; 1928, 38. — Art. 64 Abs. EWVRO: „Verwaltungsakte, die von einem einzelnen ein bestimmtes Tun, Dulden oder Unterlassen fordern, sind nur auf Grund einer Ermächtigung durch Rechtsvorschrift zulässig." — Das Recht der Abgabenerhebung im weitesten Sinn kann nur durch Gesetz begründet werden. — Bayr. VGH. 50, 171. — Art. 28 westd. GG.

[3]) Jellinek, Gesetz und Verordnung, S. 410. — Wegen des Nachprüfungsrechts des Verwaltungsrichters vgl. unter S. 261.

[4]) Bayr. VGH. 50, 23, Pr. OVG. 76, 122 (Unterschiedliche Behandlung der Bekenner verschiedener Religionen ist unzulässig); 80, 42. — Von der Gleichheit vor dem Gesetz, einer verwaltungsrechtlichen Frage, ist zu unterscheiden die Gleichheit im Gesetz, einer staatsrechtlichen Frage; vgl. Kontrollratsgesetz Nr. 2.

e) Neuer Justizstaat

Gleichzeitig mit der Gesetzgebung wurde in Deutschland die Rechtsprechung endgültig von der Regierung gelöst. Nachdem sie vorher ein durch besondere Verwaltungsvorschriften kenntlich gemachter Zweig der Regierung war, wurde sie um die Mitte des 19. Jahrhunderts zur selbständigen Staatsfunktion. Die organisatorische Trennung war nichts Neues, da es Gerichte immer schon gegeben hatte. Neu war die gegenständliche Trennung, wonach das Staatsoberhaupt grundsätzlich sich jeder Einmischung in die richterliche Tätigkeit zu enthalten hatte.

Wenn man die Rechtmäßigkeit der Verwaltung errichtete, lag es nahe, die Durchführung dieses Satzes im Einzelfall durch die nunmehr unabhängigen und nur dem Gesetz unterworfenen ordentlichen Gerichte überprüfen zu lassen. Sie mußten allerdings anders aufgebaut und zusammengesetzt sein, als die bisher schon manchen deutschen Staaten bekannten Behörden, der „Verwaltungsrechtspflege" oder „Administrativjustiz"[1]), bei denen von Unabhängigkeit der Richter weitgehend nicht die Rede sein konnte und die noch unter anderen Mängeln litten. So legte die Frankfurter Reichsverfassung von 1849 in § 182 fest: „Die Verwaltungsrechtspflege hört auf; über alle Rechtsverletzungen entscheiden die Gerichte."

Dieser Gedanke, für den vor allem der kurhessische Jurist Otto Bähr[2]) eintrat, wurde jedoch nicht im ganzen deutschen Gebiet verwirklicht[3]). Er wurde zurückgedrängt durch den anderen Gedanken, die Verwaltungsmaßnahmen durch besondere Gerichte, nicht die ordentlichen zivilen und Strafgerichte, überprüfen zu lassen. Hierfür trat vor allem der Berliner Strafrechtslehrer Rudolf von Gneist ein, der auf die Zweckmäßigkeit der Besetzung der Gerichte, die sich mit Verwaltungsangelegenheit zu befassen haben, mit verwaltungskundigen Richtern hinweist[4]). Immerhin hatten die Versuche, die ordentlichen Gerichte einzuschalten, dahin geführt, die Stellung der an den Verwaltungsgerichten tätigen Richter, insbesondere ihre persönliche Unabhängigkeit, derjenigen der Richter der ordentlichen Gerichte anzugleichen[5]).

1) Z. B. Sächs. A-Gesetz vom 28. 1. 1835, wonach solche Verwaltungsgerichte in Streitigkeiten über Erwerb und Verlust der Staatsangehörigkeit oder die Verbindlichkeit der Staats- und Kommunalabgaben entschieden.

2) Rechtsstaat, S. 137 ff.

3) So in Kurhessen selbst, gestützt auf das alte landesherrliche Edikt vom 26. 11. 1743, in Oldenburg, Braunschweig und den Hansestädten (Bremisches Gesetz vom 21. 2. 1854, Hamburgisches Gesetz vom 23. 4. 1879, Lübeckisches Gesetz vom 6. 12. 1916), wo alternativ die Anrufung des Verwaltungsgerichts oder des ordentlichen Gerichts in einigen Fällen zugelassen wird (§ 15).

4) Rechtsstaat, S. 167 ff.

5 Näheres über die Einführung in den einzelnen Ländern vgl. unten 11. Kapt.

f) Moderne Staatsformen ohne Gewaltenteilung

In der Zeit zwischen 1933 und 1945 wurde im Deutschen Reich der Unterschied zwischen den Staatsfunktionen verwischt. Infolgedessen mischte sich die Verwaltung in Angelegenheiten der Gesetzgebung (z. B. Führerbefehl, Führererlaß) und der Rechtsprechung (Justizleitung und Justizlenkung).

Entsprechend der Vorstellung Rousseau's von der absoluten Macht des souveränen Volkes lehnen die Verfassungen der Länder der Ostzone die Gewaltenteilung ab. Die Gesetzgebung ist ausschließlich Sache des Landtages, soweit das Volk durch Volksentscheid nicht unmittelbar selbst eingreift. Regierung und Verwaltung sind vom Parlament gänzlich abhängig. Sie müssen die vom Landtag aufgestellten Grundsätze befolgen und sie sind ständig an die oberste Kontrolle des Landtages gebunden. Der Landtag ist nicht ein Organ des Landes neben anderen Organen sondern der „höchste demokratische Willensträger" oder das „höchste demokratische Organ des Landes" (Art. 26 sächs. Verf., Art. 9 brand. Verf., Art. 22 meckl. Verf., Art. 24 sachs.-anh. Verf., Art. 8 thür. Verf. usw.). In Mecklenburg, Sachsen und Brandenburg übt er sogar eine direkte Kontrolle über die Rechtspflege aus. Auf dem gleichen Standpunkt wie die Landesverfassungen steht Art. 50 Verf. d. d. R.: „Höchstes Organ der Republik ist die Volkskammer"[1]). Die rechtliche und politische Tragweite einer solchen Regelung wird erst deutlich, wenn man bedenkt, daß die Volksvertretungen aus nahezu oppositionslosen Blockparteien bestehen.

5. Negative Abgrenzung

Wenn nun nach Kenntnis der verschiedenen Anschauungen und ihrer Durchführung ein eindeutiger Verwaltungsbegriff geprägt werden soll, so ist das nur möglich in Abgrenzung von anderen Funktionen der Staatsgewalt. Auszugehen ist von eben dieser Gewalt. Verwaltung ist das Tätigwerden eines Trägers der öffentlichen Gewalt. Sie ist nicht Rechtsetzung, sie gibt keine Gesetze[2]). Sie spricht nicht Recht[3]) und beschäftigt sich nicht mit der Wirtschaftsgestaltung. Alle staatliche Tätigkeit, die nach Ausscheidung dieser drei Komplexe übrig bleibt, ist Verwaltung.

---

[1]) Schon die Erörterungen zu den Verfassungsberatungen des Deutschen Volksrates der Ostzone hoben hervor, daß eine Gewaltenteilung unter Gleichberechtigung der Funktionen der Durchführung des Grundsatzes der Demokratie, wonach das Volk der alleinige Träger der nationalen Selbstorganisation sei, im Wege stehe. Vgl. Schultes, In. NJ. 1948, S. 177.

[2]) Vgl. unten 5. Kapt.

[3]) Vgl. unten 2. Kapt.

Sie ist abhängig von der Rechtsetzung und deshalb mit ihr auf alle Fälle besonders eng verbunden. Dabei sind zwei Möglichkeiten vorhanden: Entweder geben die Gesetze nur die Grenzen der Verwaltung an, die jedoch sich innerhalb dieser allgemeinen Grenzen, die möglicherweise nur durch die Verfassung gezogen sind, frei entfalten kann. Eine solche Tätigkeit wird weitgehend Regierung sein und deshalb aus dem Begriff der Verwaltung im engeren Sinn ausscheiden müssen[1]). Oder die Verwaltung ist nichts anderes als die Vollziehung der Gesetze, sei es eines einzelnen Gesetzes, sei es des gesamten in den Gesetzen festgelegten Geistes der staatlichen Rechtsordnung.

6. Mittel der Verwaltung

Sämtliche Mittel sind nach Treu und Glauben anzuwenden in dem Sinn, wie dieser Grundsatz z. B. in §§ 157 und 242 BGB. festgelegt ist[2]). Der Art nach kann die Verwaltung grundsätzlich genau die gleichen Mittel benutzen, wie jeder Private. Der Grundsatz erleidet jedoch zwei Ausnahmen.

Die Verwaltung kann teilweise mehr tun als private Personen, indem sie die dem Staat zur Verfügung stehende Herrschergewalt, sein Imperium, in Anspruch nimmt. Kraft des Imperiums hat der Staat die Möglichkeit, seinen Bürgern und auch Staatsfremden, diesen meist in völkerrechtlich bestimmtem Umfang, zu befehlen und sie zur Befolgung seiner Befehle zu zwingen. Eine solche Herrschermacht besitzt in der Gegenwart außer dem Staat niemand anders, nachdem die übrigen Herrschaftsbefugnisse von Menschen über Menschen, mit Ausnahme einiger familienrechtlichen Bestimmungen, verschwunden sind. Bei vielen öffentlichen Verwaltungsgeschäften wird der Staat von den ihm zustehenden Mitteln vollen Gebrauch machen.

Die öffentliche Verwaltung ist jedoch unter Umständen auch in ihren Mitteln beschränkter als Private. Dieser Umstand brauchte in der Vergangenheit weit weniger beachtet zu werden als heute. Der Zusammenbruch der politischen und wirtschaftlichen Grundlagen, auf denen das Leben der Gemeinschaft beruht, kann den einzelnen möglicherweise zur Erhaltung seiner Existenz zu illegalen Handlungen zwingen. Derartige Handlungen mögen moralisch noch so sehr gerechtfertigt sein,

---

[1]) Die noch von Fleiner, S. 5, unbedenklich vorgenommene Bezeichnung der Regierung als Unterbegriff der Verwaltung im engeren Sinne — wohl in Erinnerung an die Terminologie des Polizeistaates und des Frühkonstitutionalismus — ist mit Rücksicht auf die verschiedene Bedeutung von Regierung und Verwaltung nicht mehr zu halten.

[2]) Pr. OVG. 83, 144; 90, 253; 92, 37. — Darüber hinaus ist der Satz von Bedeutung für die Betrachtung der Rechtshandlung; vgl. unten S. 121.

sie bleiben illegal, solange nicht die positive Rechtsordnung geändert wird. Rechtlich können sie im Einzelfall möglicherweise notdürftig durch die Grundsätze der aequitas konsumiert werden. Eine Änderung der Rechtsordnung ist selbst beim Vorliegen eines Zwiespaltes zwischen Moralität und Legalität nicht immer möglich, weil niemand die Folgen derartiger Abänderung abzusehen vermag. Infolgedessen kann es vorkommen, daß die öffentliche Meinung und auch Behörden stillschweigend moralisch gerechtfertigte, aber illegale Handlungen Privater dulden. Die öffentliche Verwaltung selbst muß sich jedoch auf diesem Gebiet in weit engerem Rahmen halten, um nicht die Rechtsordnung und damit die Grundlage des Zusammenlebens der Gemeinschaft zu gefährden.

Beispiel:

Eine Großstadt konnte im Jahre 1947 zu den auf sie entfallenden Kohlenzuteilungen von einer Grube eine zusätzliche Menge Kohlen erhalten, die sie in die Lage versetzte, eine Zusatzzuteilung an die Bevölkerung vorzunehmen. Sie mußte sich die Kohle an der Grube abholen, besaß aber keinen Treibstoff, um den nur durch LKW. möglichen Transport durchzuführen. Sie tauschte nun einen Teil der Kohle gegen Treibstoff durch Vermittlung einer Person, die „ungenannt zu bleiben wünschte". Mit Hilfe dieses Treibstoffes konnte die Kohle geholt werden, und jede Familie der Stadt erhielt einen zusätzlichen Zentner Kohle. Das Geschäft verstieß objektiv gegen die Preis- und Wirtschaftsstrafbestimmungen.

Schrifttum

Anschütz, Gerhard, Die gegenwärtigen Theorien über den Begriff der gesetzgebenden Gewalt und den Umfang des königlichen Verordnungsrechts nach preußischem Staatsrecht. Tübingen und Leipzig 1901 (2. Aufl.).

Aretin, Joh. Christ. Frhr. v., Staatsrecht der konstitutionellen Monarchie. Fortgesetzt von Karl v. Rotteck. Altenburg 1824—1828.

Arndt, Das selbständige Verordnungsrecht. Berlin 1902.

Baehr, Otto, Der Rechtsstaat. Kassel 1864.

Cramer, Johann Ulrich v., Wetzlarische Nebenstunden. Ulm 1755—1773.

Dennewitz, Bodo, Die Systeme des Verwaltungsrechts. Hamburg 1948.

Delolme, L., La constitution d'Angleterre. Paris 1771.

Gerber, Carl Friedrich v., Grundzüge des deutschen Staatsrechts. Leipzig 1880 (3. Aufl.).

Gierke, Otto v., Johannes Althusius und die Entwicklung der naturrechtlichen Staatstheorien. Breslau 1929 (4. Ausg.).

— Das deutsche Genossenschaftsrecht. Berlin 1868—1913.

Gneist, Rudolf, Englische Verfassungsgeschichte. Berlin 1882.

— Das englische Verwaltungsrecht der Gegenwart in Vergleichung mit dem deutschen Verwaltungssystem. Berlin 1883—1884 (3. Aufl.).

— Der Rechtsstaat. Berlin 1872.

Gönner, Nicolaus Thaddäus, Teutsches Staatsrecht. Landshut 1804.
— Über Gesetzgebung und Rechtswissenschaft in unserer Zeit. Erlangen 1815.
Hatschek, Julius, Englische Verfassungsgeschichte bis zum Regierungsantritt der Königin Viktoria. München und Berlin 1913.
Hegel, Georg Wilhelm Friedrich, Grundlinien der Philosophie des Rechts. Neu herausgegeben von Georg Lasson. Leipzig 1921 (2. Aufl.).
Hubrich, Eduard, Die Entwicklung der Gesetzpublikation in Preußen. Berlin 1918.
Ihering, Rudolf v., Zweck im Recht. Leipzig 1877—1883.
Jellinek, Georg, Gesetz und Verordnung. Freiburg 1887 (anastatischer Neudruck Tübingen 1919).
— Allgemeine Staatslehre. Berlin 1922 (3. Aufl.).
Jellinek, Walter, Der fehlerhafte Staatsakt. Berlin 1908.
— Gesetz und Gesetzesanwendung und Zweckmäßigkeitserwägung. Tübingen 1913.
Karlowa, Otto, Römische Rechtsgeschichte. Leipzig 1885—1901.
Kelsen, Hans, Zur Lehre vom öffentlichen Rechtsgeschäft. In: ArchöffR., Bd. 31 (1913), S. 203.
— Allgemeine Staatslehre. Berlin 1925.
Kornfeld, Ignatz, Allgemeine Rechtslehre und Jurisprudenz. Berlin—Leipzig 1920.
Locke, John, The works of John Locke. Bd. 5 (On civil government). London 1812.
Maurenbrecher, Romeo, Grundsätze des heutigen deutschen Staatsrechts. Frankfurt a. M. 1847 (3. Aufl.).
Metzner, Richard, Die Staatstheorie des John Locke nach seinem zweiten Traktat „Über die bürgerliche Regierung“. Berlin 1903 (Heidelberger Dissertation).
Mohl, Robert v., Das Staatsrecht des Königreichs Württemberg. Tübingen 1829—1831.
Mommsen, Theodor, Römisches Staatsrecht. Leipzig 1887 ff.
Montesquieu, Charles de Secondat, De l'esprit des lois. Ausg. Paris 1897.
Moser, Johann Jakob, Von der teutschen Reichsstände Landen. Frankfurt a. M. und Leipzig 1769.
— Von der Landeshoheit in Regierungssachen. Frankfurt a. M. und Leipzig 1772.
Pietsch, Theodor, Über das Verhältnis der politischen Theorie Lockes zu Montesquieus Lehre. Breslau 1887 (Berliner Dissertation).
Pütter, Johann Stephan, Institutiones juris publici germanici. Göttingen 1782.
— Beyträge zum Teutschen Staats- und Fürstenrecht. Göttingen 1779.
Pufendorf, Samuel, De jure naturae et gentium, Londini Scanorum 1672.
Rönne, Ludwig v., Das Staatsrecht der Preußischen Monarchie. Leipzig 1881—1882 (4. Aufl.).
Roß, Alf, Theorie der Rechtsquellen. Leipzig und Wien 1929.

Rotteck, Carl v., Lehrbuch des Vernunftsrechts und der Staatswissenschaften. 2. Bd.: Lehrbuch der allgemeinen Staatslehre. Stuttgart 1830.
Rousseau, Jean Jaques, Du contrat social ou principes du droit politique. Ausg. Paris 1896.
Sauer, W., Nassau unter dem Minister von Marschall. In: Annalen des Vereins für Nassauische Altertümer und Geschichtsforschung, Bd. 20 (1890), S. 79 ff.
Savelkouls, Hermann, Das englische Kabinettsystem. München 1934.
Schmidt, Richard, Allgemeine Staatslehre. Leipzig 1901—1903.
Schüle, Adolf, Staat und Selbstverwaltung in England. Berlin 1933.
Schultes, Karl, Um die deutsche Verfassung. In: Neue Justiz 1948, S. 177.
Somlo, Felix, Juristische Grundlehre, Leipzig 1917.
Stahl, Friedrich Julius, Die Philosophie des Rechts. 2. Bd.: Rechts- und Staatslehre auf der Grundlage christlicher Weltanschauung. Heidelberg 1870 (4. Aufl.).
Stein, Lorenz v., Die Verwaltungslehre. 1. Bd.: Die vollziehende Gewalt. Stuttgart 1869.
Stammler, Rudolf, Deutsches Rechtsleben in alter und neuer Zeit. Charlottenburg 1928.
Thoma, Richard, Der Vorbehalt des Gesetzes im preußischen Verfassungsrecht. In: Festgabe für O. Mayer, S. 167 ff., Tübingen 1916.
Weidner, Otto, Der Grundsatz der Gewaltenteilung und die Weimarer Reichsverfassung. Breslau 1932.
Weiß, Karl Eduard, System des deutschen Staatsrechts. Regensburg 1843.
Wenzel, Max, Der Begriff des Gesetzes. Berlin 1920
Zoepfl, Heinrich, Grundsätze des gemeinen deutschen Staatsrechts. Leipzig und Heidelberg 1863 (5. Aufl.).

Zweites Kapitel

Verwaltung als Staatsfunktion

I. Grundlagen

Der Grundsatz der Gewaltenteilung kann nicht kompromißlos durchgeführt werden. Ein so kompliziertes Gebilde wie der moderne Staat arbeitet nicht mit mathematischer Exaktheit. In bezug auf die Verwaltung sind es hauptsächlich zwei Komplexe, die Unklarheiten aufkommen lassen.

Verwaltung im gegenständlichen Sinn wird nicht nur von Verwaltungsbehörden durchgeführt. Vielmehr befassen sich auch Staatsstellen, die primär für Rechtsetzung und Rechtsprechung zuständig sind, mit Verwaltungsaufgaben. Umgekehrt kann es vorkommen, daß sich Verwaltungsbehörden mit Rechtsprechung oder Rechtsetzung befassen.

Die **G r e n z e n** der einzelnen Staatsfunktionen sind nicht immer klar und eindeutig. Es finden Übergriffe der Behörden der einen Funktion in den gegenständlichen Aufgabenbereich und möglicherweise auch die Organisation einer anderen Funktion statt.

2. Gesetzgebung und Verwaltung

Gesetzgebung bedeutet die Schaffung von Gesetzen[1]). Das besagt aber nicht, daß sich die Tätigkeit der Staatsstellen, die sich hauptsächlich mit der Gesetzgebung zu befassen haben, im modernen Rechtsstaat also die **P a r l a m e n t e**, in dem Erlaß von Gesetzen erschöpft. Wie in früherer Zeit so üben sie auch heute in **A u s n a h m e f ä l l e n V e r w a l t u n g** aus. Hierzu kann sich die Rechtswissenschaft nur unter Beachtung der jeweils vorhandenen positiven Rechtsätze äußern[2]). Einer der bedeutendsten Fälle ist das Budgetrecht[3]).

V e r w a l t u n g s b e h ö r d e n können auch im modernen Rechtsstaat **R e c h t s e t z e n**. Denkbar ist der Erlaß von Rechtsverordnungen in den verschiedenen Gewändern dieser Einrichtung[4]). Hierbei handelt es sich meist um dem Tatsachenmaterial nach leicht erkennbare und übersichtliche Fälle. Doch wird der Gegenstand für die Rechtswissenschaft dadurch kompliziert, daß die Tatsache und der Umfang der Gesetzgebungsbefugnis durch Verwaltungsbehörden einer der wichtigsten Punkte der Innenpolitik ist. Von seiner Behandlung hängt der Staatsaufbau wesentlich ab. So ist es verständlich, daß die Rechtswissenschaft oft in den Dienst der Politik gestellt wurde. Hiergegen ist nichts zu sagen, wenn es in offener Weise geschieht. Auf jeden Fall gehört es zu den Aufgaben der Wissenschaft, klar und deutlich darzulegen, wo die objektive Rechtsdarstellung aufhört und die subjektive politische Ansicht beginnt.

---

1) „Das Wort Gesetz gehört zu den vieldeutigsten in der Sprache der Wissenschaft und des täglichen Lebens", so G. Jellinek, Gesetz und Verordnung, S. 226, der in diesem Werk eine auch noch für die Gegenwart grundlegende Betrachtung über das Wesen des Gesetzes bringt; vgl. auch Wenzel, Der Begriff des Gesetzes, S. 32 ff. oder für die Wiener Schule Ross, Rechtsquellen, S. 371 ff. — Die Klärung des Begriffes Gesetz muß in einer verwaltungsrechtlichen Darstellung vorausgesetzt werden. Sie ist Sache der Staatslehre und des Staatsrechts.

2) Diese Fälle, sowie diejenigen, in denen Rechtssetzungsstellen ausnahmsweise Recht sprechen, sind im Staatsrecht zu erörtern. Vgl. z. B. über englische Grundlagen Hatschek, Engl. Verfassungsgeschichte, S. 250 ff., für das Staatsrecht der deutschen Republik Stier-Somlo, Reichsverfassung.

3) Das Budgetrecht war ein Lieblingsgegenstand der konstitutionellen Lehre, vgl. z. B. Laband, Staatsrecht IV, S. 522 ff.

4) Vgl. unten 5. Kapitel.

3. Rechtsprechung und Verwaltung

a) Unterscheidung

Im Gegensatz zur Unterscheidung zwischen Rechtsetzung und Verwaltung ist der Unterschied zwischen Rechtsprechung und Verwaltung nicht bloß aus für den Einzelfall vorhandenen positiven Vorschriften ersichtlich. Vielmehr ist Klarheit oft nur durch den Rückgriff auf die allgemeinen Rechtsgrundlagen des staatlichen Rechts zu gewinnen. Staat und Recht sind nach der Auffassung des Rechtsstaates zwar zwei unmittelbar verbundene, aber doch je in sich geschlossene, der Verwirklichung je eine besonderen Wertidee dienende Bereiche des geistigen Lebens[1]). Im Rechtsstaat sind nun sowohl Rechtsprechung als auch Verwaltung auf das engste mit dem Recht verbunden. Das ist wohl der tiefere Grund, weshalb die Unterscheidung beider Funktionen in der Vergangenheit so schwer zu erreichen war. Er macht es auch verständlich, weshalb heute noch oder wieder der Unterschied mit tiefem Mißtrauen betrachtet wird und weshalb für die Praxis und Rechtslehre, die die Unterscheidung grundsätzlich anerkennen, ihre Feststellung im Einzelfall so schwer ist. Als allgemeine Richtlinie kann festgestellt werden, daß die Verwaltung das Recht nicht um seiner selbst willen anwendet, unbekümmert um das an letzter Stelle des jeweiligen Vorganges stehende Ergebnis, sondern daß sie bei ihren Handlungen immer das zu erreichende Ziel vor Augen hat. Das Recht ist bei ihr also Mittel zum Zweck. Wenn das im Sinne einer ordnungsgemäßen Verwaltungsführung erstrebenswerte Ziel ohne Anwendung von Rechtssätzen erreicht werden kann, hat die Verwaltung ebenfalls ihre Pflicht getan. Demgegenüber ist die Rechtsprechung viel enger mit dem Recht verbunden. Das Recht ist für sie nicht Selbstzweck[2]) in dem Sinne des Satzes: Fiat justitia, pereat mundus. Auf diese einfache Formel läßt sich der Unterschied nicht bringen, denn auch die ordentlichen Gerichte haben das wirtschaftliche und soziale Ziel, das sie mit ihrer Entscheidung erreichen wollen oder das ganz einfach ohne ihr Zutun, aber infolge ihrer Entscheidung sich ergibt, nie aus dem Auge zu verlieren. Aber in der Form ihres Vorgehens und hinsichtlich des Inhaltes der von ihnen zu bearbeitenden Gegebenheiten sind die Gerichte viel enger an das objektive Recht gebunden als die Verwaltungsbehörden. Und schließlich kann es vorkommen, daß für Gerichtsentscheidungen die Rechtsanwendung wirklich einmal Selbstzweck wird, nämlich dann, wenn

[1]) So Smend, Verfassung und Verfassungsrecht, S. 98.

[2]) Diese vom Liberalismus, z. B. Fleiner, Institutionen, S. 7, vertretene Ansicht ist nicht mehr aufrechtzuerhalten.

unabhängig von allen Folgen wirtschaftlicher oder sozialer Art die Rechtslage geklärt werden soll. Wenn man will, kann man die gesamte gerichtliche Tätigkeit unter dem Begriff Rechtspflege zusammenfassen. Dabei darf nur nicht übersehen werden, daß der Begriff kein rein formeller ist in dem Sinne, daß jede objektiv richtige oder auch rechtswissenschaftlich haltbare Anwendung des Rechts allein Rechtspflege wäre. Rechtspflege ist notwendigerweise auch die materiell oder die subjektiv richtige Anwendung des Rechts, sodaß es Unrechtspflege ist, wenn an möglicherweise durchaus korrekt angewandten Paragraphen Menschenschicksale zerbrechen, ohne daß ganz bewußt ein Opfer des einzelnen für die Gemeinschaft verlangt zu werden braucht.

Sowohl Gerichte als Verwaltungsstellen haben zu gestalten und zu entscheiden. Das erste ist nicht allein der Verwaltung und das zweite nicht allein der Rechtspflege vorbehalten. Denn auch die Verwaltung entscheidet in feststellenden (deklaratorischen, entscheidenden) Verwaltungsakten[1]) oder in Verwaltungsgerichtsurteilen[2]) und umgekehrt gestaltet das Gericht, z. B. in der freiwilligen Gerichtsbarkeit oder durch Scheidungsurteile.

So liegt es nicht nur in politischen Vorurteilen, sondern im Gegenstand selbst begründet, wenn sich in den deutschen Ländern die Trennung zwischen Verwaltung und Rechtsprechung langsam und in immer neuen Anläufen vollzog. In Preußen, das als Musterbeispiel für die Verhältnisse in anderen Ländern gelten kann, spielt sie erstmalig eine Rolle in dem Ressortreglement vom 26. Dezember 1808 über die verbesserte Einrichtung der Provinzial-, Polizei- und Finanzbehörden. Das Reglement unterscheidet nach dem Vorgang des älteren Justizstaates Hoheits-, Polizei- und Justizsachen. Justizsachen sind organisatorisch alle Sachen, die vor die Gerichte kommen; und vor die Gerichte kommen alle Sachen, von denen das im Gesetz gesagt oder nach Wesen und Aufbau des Gesetzes anzunehmen ist. Schon hier zeigt sich, daß die sachliche Zuständigkeit der ordentlichen Gerichte durch die Aufzählung der im Gesetz erfaßten Tatbestände, sei es ihrer Spezies, sei es ihrer Gattung nach, umschrieben wird. Hierzu zählen z. B. alle Kammeralsachen, das sind die Angelegenheiten, in denen der Fiskus als Beklagter in Anspruch genommen wird (§§ 34, 41 des Reglements). Polizeisachen sind die Angelegenheiten staatlicher Tätigkeit, bei denen eine derart enge Bindung an die Gesetze nicht festzustellen ist. Es erleichterte die Trennung kaum, daß damals die Staatsgewalt nicht als ein einheitliches Imperium, sondern —

[1]) Vgl. unten S. 162.
[2]) Vgl. unten S. 271.

historisch und entwicklungsmäßig durchaus richtig — als ein Bündel verschiedener, wenn auch an einer Stelle ruhender Rechte angesehen wurde. Denn diese Rechte waren nach Inhalt und Herkunft so verschieden, daß sie gegenüber der sichtbar in der Person des Staatsoberhauptes in Erscheinung tretenden Einheit der tatsächlichen Staatsgewalt nicht ins Gewicht fallen und ihr vor allem kein zu einem System zusammengefaßte Gruppeneinteilung von Rechten gegenüberstellen konnten. Für die Bildung der Auffassung, daß es sich bei der Staatsgewalt nicht nur um eine in der Person des Staatsoberhauptes liegende, gewissermaßen physische, sondern um eine ideelle Einheit handelt und dann wiederum für die Trennung dieser Gewalt in mehrere Funktionen waren andere, nämlich logische und dogmatische Überlegungen und Erkenntnisse maßgeblich.

Bei dieser Aufspaltung in mehrere Funktionen nun steht das nach außen Sichtbare zunächst im Vordergrund. Das hat eine bis heute nachwirkende Folge: Man sieht die Trennung der Funktionen in erster Linie in der Organisation. Die Zuweisung der verschiedenen von den verschiedenen Funktionen zu erledigenden Aufgaben an bestimmte Behörden ist das äußere Zeichen der vollzogenen Gewaltentrennung. Der Inhalt der staatsgewaltlichen Funktion tritt dabei häufig in den Hintergrund. Insbesondere die Gesetzespraxis betrachtet die Gewaltentrennung zwar nicht ausschließlich oder grundsätzlich[1]), aber doch tatsächlich weitgehend vom Standpunkt der Zuweisung einer Aufgabe an Gericht oder Verwaltungsbehörde aus.

Beispiel:

„Zwecks Gewährleistung einer vollständigen Trennung des Rechtswesens von der politischen Verwaltung und ihren Einflüssen wird verordnet, daß alle Staatsbeamten, die sich mit dem Rechtswesen beschäftigen, einschließlich aller Mitglieder der Staatsanwaltschaft auch weiterhin der Überwachung und Verwaltung von Behörden unterstehen, die heute oder in einem späteren Zeitpunkte die Funktionen des Reichsjustizministeriums in der britischen Zone ausüben werden." Anweisung der brit. Militärregierung betreffend Trennung von Justiz und Verwaltung vom 1. 3. 1946, Justizblatt für den Oberlandesgerichtsbezirk Köln 1946, S. 51.

Auch die Rechtslehre geht häufig nicht aus von dem verschiedenen Inhalt der staatlichen Akte, sondern von der verschiedenen staatsrechtlichen Stellung der Organe, welche zur Vornahme der staatlichen Geschäfte berufen sind[2]).

---

[1]) § 4 EGGVG. geht z. B. von einem gegenständlichen Begriff der Verwaltung aus.

[2]) So z. B. Laband, Staatsrecht II, S. 162.

Das darf aber nicht darüber hinwegtäuschen, daß Verwaltung und Rechtsprechung sich einzig und allein nach ihrem Inhalt unterscheiden und daß die Inanspruchnahme der einen oder anderen Behörde lediglich eine Folge der durch den Inhalt bewirkten Zuweisung des einzelnen Falles an die eine oder andere Funktion ist[1]).

Auf diesen Grundlagen baut die wichtigste Bestimmung für die Abgrenzung der Verwaltung von der Rechtsprechung, § 13 GVG., auf: Vor die ordentlichen Gerichte gehören alle bürgerlichen Rechtsstreitigkeiten und Strafsachen, für welche nicht entweder die Zuständigkeit von Verwaltungsbehörden oder Verwaltungsgerichten begründet ist oder reichsgesetzlich besondere Gerichte bestellt oder zugelassen sind. Diese Bestimmung ist wörtlich auch in die allgemeine Anweisung für Richter Nr. 2 der Militärregierung übernommen worden. Sie eröffnet den Rechtsweg, wo Reichs- und Landesgesetze ihn ausdrücklich zubilligen oder wo es sich in Ermanglung solcher Vorschriften um eine bürgerlich-rechtliche Streitigkeit handelt (§ 3 EGZPO.). Allerdings befaßt sich § 13 GVG. nur mit der streitigen Gerichtsbarkeit: Die Rechtsprechung in Zivil- und Strafsachen wird der Justiz übertragen. Schon wegen dieser Beschränkung ist § 13 GVG. nicht als Kodifikation der Gewaltenteilung aufzufassen. Die Beschränkung hat weiterhin zur Folge, daß die Zuständigkeit der ordentlichen Zivil- und Strafgerichte die gleiche ist, unabhängig davon, ob eine Verwaltungsgerichtsbarkeit besteht oder nicht und unabhängig davon, ob diese nach der Generalklausel arbeitet oder nicht (vgl. hierzu § 22 Abs. 3 brit. VO. Nr. 165; § 22 Abs. 1 südd. VGG.). Die Frage der Zuordnung einer Angelegenheit zu einem bestimmten Verfahren oder Rechtsweg ist eine verfahrensrechtliche. Die Zulässigkeit des Rechtswegs ist für den Zivilprozeß eine Prozeßvoraussetzung

b) Verwaltungssachen vor ordentlichen Gerichten.

Für die Rechtsprechung zuständig sind grundsätzlich die ordentlichen Gerichte. Die Aufgabe der Gerichte ist im wesentlichen die Erfassung und Beurteilung von in der Vergangenheit liegenden Ereignissen, wenngleich weite Gebiete der Justiz, so z. B. die freiwillige Gerichtsbarkeit, rechtsgestaltend wirken. Die Rechtsprechungsstellen klären, was Rechtens ist entweder zur Entscheidung von — meist privaten — Streitig-

[1]) Die übermäßige Betonung des organisatorischen Unterschiedes in der konstitutionellen Lehre führte manche zu der Ansicht, daß diese Lehre die Theorie von der Gewaltentrennung grundsätzlich verneinte; so G. Jellinek, Gesetz und Verordnung, S. 366.

keiten, die Zivilrechtspflege, oder zur Bestrafung, die Strafrechtspflege. Die Entscheidung der Frage, was als bürgerlichrechtliche Streitigkeit im Sinne des § 13 GVG. anzusehen ist, richtet sich nach dem Sachvortrag des Klägers im gerichtlichen Verfahren[1]). Auf den materiellrechtlichen Inhalt dieses Vortrages kommt es an, nicht auf den Wortlaut der Anträge[2]) oder die Rechtsauffassung des Klägers[3]). Behauptet der Kläger in schlüssiger Weise das Vorliegen eines zivilrechtlichen Verhältnisses, aus dem er den Klageanspruch herleitet, dann liegt eine bürgerlich-rechtliche und keine verwaltungs-rechtliche Streitigkeit vor. Der Kläger muß den erhobenen Anspruch aus irgendeiner Bestimmung des bürgerlichen Rechts rechtfertigen[4]), sei es aus Vertrag, aus Geschäftsführung ohne Auftrag, aus ungerechtfertigter Bereicherung, aus unerlaubter Handlung, oder aus einem dinglichen Rechtsverhältnis. Darauf, ob die aufgestellten tatsächlichen Behauptungen den erhobenen Anspruch rechtfertigen können oder doch wenigstens eine Möglichkeit hierfür ersehen lassen, kommt es nicht an. Diese Frage entscheidet sich erst bei der später einsetzenden sachlichen Prüfung des Klageanspruchs. Eine Ausnahme von dem Grundsatz besteht nur für das Gebiet der Staatshaftung. Hier müssen die tatsächlichen Behauptungen wenigstens die Möglichkeit einer Verantwortlichkeit des Staates erkennen lassen, sodaß schon für die Entscheidung über die Zulässigkeit des Rechtsweges eine gewisse Nachprüfung des tatsächlichen Vorbringens des Klägers auf seine rechtliche Begründetheit hin geboten ist[5]).

Nicht von ausschlaggebender Bedeutung ist die Natur der Parteien. Der ordentliche Rechtsweg ist insbesondere nicht nur für Rechtsstreitigkeiten zwischen Privatpersonen zulässig. Durch § 4 EG ZPO. wird für bürgerliche Rechtsstreitigkeiten dem Landesrecht der Ausschluß dieses Rechtsweges, weil als Partei der Staat oder eine öffentlich-rechtliche Körperschaft beteiligt ist, ausdrücklich verboten[6]).

Beispiel:

Eine Gemeinde befiehlt einem Mieter eines ihr gehörenden Hauses die Räumung binnen einer bestimmten kurzen Frist. Der Mieter beantragt bei

---

[1]) Baumbach, ZPO., § 13 GVG., Anmerkung D.

[2]) RGZ. 105, 39; 108, 167.

[3]) RGZ. 146, 426; 162, 233; 167, 312.

[4]) Krückmann, in: JW. 1925, S. 777.

[5]) Wegen des Inhaltes des öffentlichen Rechtsverhältnisses vgl. unten S. 55.

[6]) Anderer Ansicht anscheinend Kleinrahm, in: MDR. 1948, S. 109. — Otto Mayer, Verwaltungsrecht I, S. 15, oder Fleiner, Institutionen, S. 119, vertraten den Standpunkt, daß ein öffentlich-rechtliches Rechtsverhältnis nur bei Beteiligung eines „herrschaftlichen“ Subjektes vorliege.

dem Amtsgericht den Erlaß einer einstweiligen Verfügung dahin, daß der Gemeinde untersagt wird, ohne gerichtliches vollstreckbares Räumungsurteil die Räumung des Hauses vorzunehmen. Der Rechtsweg ist nicht deshalb unzulässig, weil die eine Partei keine Privatperson ist. (Landgericht Koblenz vom 9. 12. 1947 in: MDR. 1948 S. 80.)

Umgekehrt bewirkt nicht schon die Beteiligung einer Obrigkeitsperson, daß ein öffentliches Rechtsverhältnis entsteht.

Beispiel:

Die Vereinbarung eines Bürgermeisters mit den Wirten der Gemeinde, wonach diese den unverheirateten Lehrern im Ort abwechselnd Verköstigung gewähren sollen, erzeugt nicht ohne weiteres öffentliche Pflichten der Wirte. — Zeitschr. f. bad. Verw. 1924, S. 64.

„Die von einem Vertreter in Ausübung seiner Vertretungsmacht über Vermögensstücke (Privatrechte) des Vertretenen getroffenen Verfügungen werden grundsätzlich ihres privatrechtlichen Charakters nicht dadurch entkleidet, daß der Vertreter eine Behörde ist." — Sächs. OVG. 27, 286; 32, 16.

Keinen Anhaltspunkt bietet die Entstehungsart der rechtlichen Beziehungen zwischen den Parteien. Es können auch aus Anlaß bestimmter Rechtsverhältnisse weitere Rechtsverhältnisse entstehen, die dann jeweils entsprechend ihrem eigenen Wesen zu beurteilen sind[1]).

Der ordentliche Rechtsweg wird nicht dadurch ausgeschlossen, daß sich der Beklagte auf ein im öffentlichen Recht wurzelndes Gegenrecht beruft. Maßgeblich bleibt immer der Klagevortrag[2]).

Beispiel:

Der Eigentümer eines PKW. verklagt eine Gemeinde auf Herausgabe des ihr nach RLG zugewiesenen PKW. mit der Behauptung, die Inanspruchnahmeverfügung sei widerrufen worden. Die Beklagte bestreitet das und stützt ihre Herausgabeweigerung auf diese Verfügung. Die Einwendung nimmt dem Rechtsstreit nicht seinen bürgerlich-rechtlichen Charakter. (LG. Hagen vom 23. 1. 1948 in Justizministerialblatt Nordrhein-Westfalen 1948, S. 169)[3]).

Der Überblick zeigt, wie verschieden die Gesichtspunkte sind, aus denen sich die Zugehörigkeit des einen oder anderen Gegenstandes zum Privatrecht oder zum öffentlichen Recht ergibt. Hinzu tritt noch die nach verschiedenen Zeiten verschiedene Betrachtungsweise. So ist nicht

---

[1]) Vgl unten S. 75.

[2]) So ständige Rechtsprechung des Reichsgerichts, z. B. RGZ. 123, 183; 125, 396; 157, 116; Seufferts Archiv, 78, 151. — Wertvolle Hinweise über die Methodik der Prüfung bei Baumbach a. a. O. Anm. 3; auch Hamelbeck, DRZ. 1949, 299.

[3]) Vgl. ferner Landgericht Hagen: MDR. 1947, 233; Landgericht Frankfurt in: NJW. 1947, 106; Jellinek in: SJZ. 1946, 176; Kleinrahm in: Haus und Wohunng, 1947, 379.

zu verkennen, daß in neuerer Zeit viele Dinge nach öffentlichem Recht beurteilt werden, während ehedem nur Privatrecht für sie zur Anwendung kam. Die Lehre von der „bürgerlich-rechtlichen Streitigkeit kraft Tradition“[1]), sucht das Verfahren von derartigen Meinungsänderungen zu lösen. Die Lehre bedeutet, daß alle Ansprüche, die zur Zeit des Erlasses der Reichsjustizgesetze (1877 bis 1879) als zivilrechtliche angesehen wurden, weiterhin vor die Zivilgerichte gehören, unabhängig davon, ob sie späterhin einmal als öffentlich-rechtliche qualifiziert worden sind[2]).

Von dem Grundsatz, daß für alle bürgerlich-rechtlichen Streitigkeiten und Strafsachen die ordentlichen Gerichte zuständig sind, gibt es, wie § 13 GVG. zeigt, Ausnahmen. Die Behandlung einzelner Streitgegenstände, die ihrem Inhalt nach bürgerlich-rechtlich sind, kann kraft positiven Rechtes anderen Behörden übertragen werden. Zur Ausschließung des Rechtsweges in solchen Fällen ist stets ein besonderes Gesetz erforderlich[3]), welches nicht der Verfassung widersprechen darf[4]). An die Stelle des ordentlichen Gerichts können nur Verwaltungsstellen einschließlich der Verwaltungsgerichte, keine Privatpersonen treten[5]). Der Rechtsweg darf nicht wegen der Person des Betroffenen ausgeschlossen werden und ihn so jeden Rechtsschutzes berauben[6]). In Abweichung von § 13 GVG. verbietet Art. 92 westd. GG. die Zuweisung bürgerlicher Rechtsstreitigkeiten an Verwaltungsbehörden[7]). Dadurch wird jedoch die gesetzliche Übertragung der Zuständigkeit auf Verwaltungsgerichte nicht ausgeschlossen. Strafsachen konnten und können nie durch Landesgesetz den ordentlichen Gerichten entzogen und auf Verwaltungsbehörden einschließlich der Verwaltungsgerichte übertragen werden[8]).

Beispiel:

Reichsrechtlich: Wehrmachtsversorgungsgesetz vom 19. 9. 1925 (§ 91), Aufwertungsgesetz vom 16. 7. 1925 (§ 69).
Landesrechtlich: Preußische Jagdordnung von 1907.

---

[1]) Der Name stammt von Lassar Erstattungsanspruch, S. 81.
[2]) Bestritten! Bejahend: RGZ. 92, 310 (Grundlegende Entscheidung), 166, 228; Stein-Jonas, ZPO. Anm. II B 3 vor § 1; LVG. Hamburg in: MDR. 1949 S. 312 mit zustimmender Anm. von Schack; Bettermann, MDR. 1949,394. Verneinend für Westdeutschland wegen der Generalklausel im Verwaltungsstreitverfahren: Ule, DRZ. 1949 10. Beiheft und ZJBl. brit. Zone 1949, 61; Baumbach, GVG. § 13 Anm. 1 B.
[3]) RGZ. 89, 209, Landesgesetz stets nur für ein Land!
[4]) RGZ. 111, 279.
[5]) RGZ. 107, 323.
[6]) RGZ. 106, 40.
[7]) Dernedde, in: ZJB. brit. Z. 1949, 101; Strauß, SJZ. 1949, 525.
[8]) Wegen der Übertragung von Strafsachen auf die Verwaltung unten S. 375.

Umgekehrt rücken die ordentlichen Gerichte in zwei Richtungen an die Verwaltungstätigkeit heran. Das große Gebiet der freiwilligen Gerichtsbarkeit weist ihnen schöpferische Aufgaben zu, ein Gestalten der Ereignisse auch für die Zukunft. Sodann kann ihnen die Entscheidung über Gegenstände übertragen werden, die weder freiwillige Gerichtsbarkeit noch Zivil- oder Strafrechtspflege sind. Ob von dieser Möglichkeit Gebrauch gemacht wird, hängt von der allgemeinen Ansicht über den Einsatz der verschiedenen Behörden ab. Ausnahmsweise ist also bei öffentlich-rechtlicher Natur des Klageanspruchs der Rechtsweg zulässig, wenn das Gesetz den Anspruch den Gerichten zur Behandlung im ordentlichen Prozeßverfahren zuweist[1]). Diese Regelung trifft dann auch die sich aus einem solchen Rechtsverhältnis ergebenden Rechtsansprüche.

Von öffentlich-rechtlichen Ansprüchen, für die der ordentliche Rechtsweg offen steht, sind insbesondere zu erwähnen:

a) Manche öffentlich-rechtlichen Entschädigungsansprüche gegen den Staat. Sie sind gegeben, wenn der Staat für ein im Rahmen eines Gesetzes vorgenommenes Vorgehen Entschädigung gewährt. Besonders hervorzuheben sind:

aa) Aufopferungsansprüche, wie sie z. B. in §§ 74, 75 Einleitung pr. ALR. festgelegt sind. Darunter zu verstehen ist die Aufopferung eines besonderen Rechtes, welches einem wichtigeren Recht weichen muß[2]).

Beispiel:

Eine Quelle wird im Verfolg von Desinfektionsarbeiten gemäß dem Reichsreblausgesetz vom 6. 7. 1904, §§ 6 ff. verunreinigt. Durch die Quelle wird eine Wasserleitung gespeist. Während der Zeit der Desinfektionsarbeiten ist diese unbenutzbar. Der Eigentümer opfert ein Recht auf, kann aber Entschädigung gemäß § 75 Einleitung ALR. verlangen, die er vor dem ordentlichen Gericht geltend macht. (RGZ. 64, 184).

bb) Ansprüche aus polizeilichem Notstand. Wenn ein rechtmäßiger Betrieb wegen überwiegender Gefahren für die Allgemeinheit untersagt werden muß (§ 51 GewO., § 70 pr.PVG.), hat der Betroffene einen Schadenersatzanspruch, den er vor dem ordentlichen Gericht geltend machen kann.

cc) Entschädigungsansprüche aus Enteignung, sofern der ordentliche Rechtsweg nicht ausdrücklich ausgeschlossen ist[3]).

1) RGZ. 164, 226.

2) Vgl. unten S. 232 ff.

3) Wegen der einzelnen Enteignungsgesetze vgl. unten S. 231.

b) Die Nachprüfung polizeilicher Strafverfügungen (z. B. § 62 pr.PVG.), sofern diese Einrichtung noch besteht[1]).

c) Vermögensrechtliche Ansprüche der Beamten, Ruhestandsbeamten und Hinterbliebenen (§§ 142, 182 DBG.), sofern die neuen landesrechtlichen Beamtengesetze nicht andere Bestimmungen enthalten[2]), sowie die Einwendung des Beamten gegen seine Erstattungspflicht nach § 8 des Erstattungsgesetzes vom 18. April 1937 — RGBL. I, 161 — Hat eine beamtenrechtliche Verfügung einer Behörde neben vermögensrechtlichen Folgen auch einen Eingriff in Nichtvermögensrechte zur Folge, so steht es dem betroffenen Beamten frei, den Sachverhalt nach seiner Wahl den Verwaltungsgerichten oder den bürgerlichen Gerichten zu unterbreiten[3]). Art. 33 Abs. 5 westd. GG. hält diese Bestimmung aufrecht.

d) Entschädigungsansprüche gegen den Staat und des Staates aus Amtspflichtverletzungen. Nach Art. 131 WRV. und entsprechend Art. 34 westd. GG. ist der ordentliche Rechtsweg insbesondere gangbar, wenn ein Willkürakt vorliegt[4]) und wenn ein besonders geordneter Verwaltungsschutz fehlt[5]).

e) Einige Ansprüche auf Spezialgebieten (z. B. Steuerstreitigkeiten — Reichszuwachssteuergesetz —, pr. Gesetz betreffend die Erweiterung des Rechtsweges vom 24. Mai 1861).

In den letzten Jahrzehnten ist jedoch das Bestreben zu beobachten, für die Erledigung besonders qualifizierter Rechtsstreitigkeiten auch besondere Gerichte einzusetzen. Das hängt mit der modernen Tendenz zusammen, das Privatrecht zugunsten des Verwaltungsrechts zurückzudrängen[6]).

---

[1]) Vgl. unten S. 370.

[2]) Maßgeblich sind § 71 GVG., §§ 142, 182 DBG. und § 13 Erlaß des Führers und Reichskanzlers über die Errichtung des Reichsverwaltungsgerichts vom 3. 4. 1941 — RGBl. I S. 201 —. Der in § 13 in Aussicht genommene Zeitpunkt des Inkrafttretens kam nicht, weil der RdI. ihn nicht festgesetzt hat. Andererseits sind für Ansprüche eines Beamten aus seinem Beamtenverhältnis, die nicht ausschließlich vermögensrechtlicher Natur sind, die Verwaltungsgerichte zuständig (VO. Nr. 10 und 141 brit. MilReg.; vgl. Verwaltungsgericht Hamburg vom 10. 6. 1948 in: MR. 1948, S. 261).

[3]) Hess. VGH. vom 5. 8. 1947, in: Arch. öff. R. 1948, S. 351.

[4]) RGZ. 118, 229.

[5]) Baumbach, a. a. O., Anmerkung 1 C.

[6]) Vgl. hierzu Urteil des OLG. Stuttgart vom 22. 10. 1947 in: SJZ. 1947, 615; 1948, 89.

c) Verwaltungssachen vor Verwaltungsbehörden

Die Erledigung von Verwaltungsgeschäften obliegt grundsätzlich den Verwaltungsbehörden[1]). Sie üben im wesentlichen eine schöpferische Tätigkeit aus, nämlich die Gestaltung von Rechtsverhältnissen oder tatsächlichen Handlungen für Gegenwart und Zukunft. Aber es gibt auch entscheidende (deklaratorische, feststellende) Verwaltungsakte und schließlich bringen die Verwaltungsgerichtsentscheidungen oft keine Gestaltung, sondern eine Entscheidung.

Ausnahmsweise greifen Verwaltungsbehörden in beschränktem Umfang in die Aufgaben der Rechtsprechung ein. Das wichtigste Beispiel ist die Möglichkeit der Verhängung von Verwaltungsstrafen[2]). Die Verwaltungsgerichtsbarkeit ist eine Sonderregelung, die wegen ihres selbständigen Charakters nicht als Ausnahme des allgemeinen Grundsatzes zu bezeichnen ist.

4. Folgen der durchgeführten Trennung von Verwaltung und Rechtsprechung

a) Fehlende Befehlsbefugnisse

Die bei den beiden Funktionen tätig werdenden Staatsstellen haben gegenseitig keine Befehlsbefugnisse. Sie sind unabhängig voneinander. Diese Unabhängigkeit ist in den Gesetzen zwar nicht für die Verwaltung, aber doch mit Klarheit für die Justiz ausgesprochen (§ 189 StPO.). Auch Artikel 102 WRV. oder entsprechend Art. 97 Abs. 1 westd. GG., wonach die Gerichte oder die Richter nur dem Gesetz unterworfen sind, legt nach einhelliger Ansicht die Unabhängigkeit der Gerichte von der Verwaltung fest.

Jedoch findet der Grundsatz der richterlichen Nichtgebundenheit an die Entscheidungen anderer Behörden seine Schranke an der bindenden Kraft rechtsgestaltender Verwaltungsakte im Gegensatz zu bloß beurteilenden oder überprüfenden Verwaltungsakten[3]). Das folgt aus der Selbständigkeit des Aufgabenbereichs der Verwaltung. Sie würde beeinträchtigt, wenn die Gerichte schrankenlos auch die rechtsgestaltenden Verwaltungsakte für ungültig erklären und dadurch in den Gang der Geschäfte der Verwaltungsbehörden eingreifen könnten[4]).

---

[1]) Näheres über Behörden vgl. unten S. 297 ff.

[2]) Vgl. unten S. 284.

[3]) Vgl. unten S. 161

[4]) RGZ. 161, 288; 164, 15; 168, 137.

Wenn die Gerichte bei der Entscheidung der Rechtsstreitigkeiten Anordnungen der Verwaltung berücksichtigen, so liegt darin keine Unterordnung unter die Verwaltung, sondern die Berücksichtigung erfolgt wegen der gesetzlichen Lage oder sie wird vorgenommen wie die Berücksichtigung des Parteivorbringens für den einzelnen Fall.

Die auch über den Richter ausgeübte Dienstaufsicht von Verwaltungsstellen ergreift nicht seine Rechtsprechungstätigkeit.

Trotz der fehlenden Befehlsbefugnisse haben sich Verwaltungs- und Justizbehörden gegenseitig Amtshilfe zu leisten, sofern Handlungen verlangt werden, die in ihre Zuständigkeit fallen. Diese Regelung ergibt sich unabhängig von dem Vorhandensein einzelner Bestimmungen aus der Erwägung, daß die Behörden der Bürger wegen da sind. Sie haben also alles zu tun, um das Funktionieren sämtlicher öffentlicher Einrichtungen zu erleichtern[1]).

b) Gegenseitige Anerkennung

Die erlassenen Akte werden gegenseitig anerkannt. Grundsätzlich müssen Verwaltungsbehörden und Justizbehörden die Akte der anderen Staatsfunktion auch dann berücksichtigen, wenn sie der Ansicht sind, daß der andere Teil sich geirrt oder seine Entscheidung unter Verkennung der Rechts- oder Sachlage erlassen hat. Diese Verpflichtung der Behörden wird als Tatbestandswirkung bezeichnet[2]).

Beispiel:

Die wohnungsamtliche Einweisung eines aus § 556 Abs. 3 BGB. zur Räumung verurteilten Untermieters ist unzulässig. OVG. Münster vom 10. 12. 1949 in MDR. 1950, 307; LG. Hamburg ebd. 290.

Nur der Akt selbst, also bei Urteilen der Urteilstenor, bei Verwaltungsakten dasjenige, was ihm entspricht, verlangt (passiv) Anerkennung, nicht aber die dem Akt vorangehende Erwägung. Die Anerkennung erfolgt (aktiv) nur in dem Akt selbst, nicht in den dem Akt vorausgehenden Erwägungen, insbesondere den Vorfragen. Bei der Prüfung einer Entscheidung der Behörde einer anderen Staatsfunktion als Vorfrage im eigenen Verfahren kann jede Behörde zu völlig anderen Ergebnissen kommen als jene Behörde der anderen Funktion, die die Sache als Haupt-

---

[1]) In der Vergangenheit gab es über diese Frage zahlreiche mehr oder weniger durch bürokratische Fachbedenken beeinflußte Auseinandersetzungen, die oft mit rechtlichen Erwägungen nichts zu tun hatten; vgl. Kormann, in Jahrb. öff. R. 1913, S. 12. Sehr eingehend neuerdings Nebinger, Verwaltungsrecht, S. 112 ff. Die Pflicht zur Amtshilfe ist manchmal in der Verfassung festgelegt, vgl. z. B. Art. 35 westd. GG.

[2]) Der Ausdruck stammt von Wach, Handbuch des deutschen Civilprozeßrechtes, Leipzig 1885, I S. 626.

frage geprüft hat[1]). Eine Feststellungswirkung, wonach auch die diesen Erwägungen zugrunde liegenden Tatsachen für alle Behörden als festgestellt gelten müssen, etwa wie die tatsächlichen Feststellungen der Tatsacheninstanzen für das Revisionsgericht (z. B. § 561 ZPO.) gibt es nicht. Wenn die Tatbestandswirkung an die bloße Tatsache des Verwaltungs- oder Justizaktes anknüpft und diesen Akt beachtet, so dient das der im allgemeinen Interesse liegenden Klarheit und Übersichtlichkeit der Maßnahmen der staatlichen Stellen. Es würde aber zu untragbaren Ergebnissen führen, wenn auch alle den Entscheidungen zugrundeliegenden Erwägungen und die in ihnen berücksichtigten Tatsachen für alle Zeit festlägen. Nur ausnahmsweise kann in einzelnen Gesetzen die Bestimmungen der staatlichen Äußerung eine die Tat feststellende Wirkung beigelegt werden, wie z. B. § 190 StGB.

Beispiel:

Der Kläger verlangt auf Grund des Artikel 131 WRV. vom Staat Schadensersatz wegen einer schuldhaften Beschlagnahme seiner Vorräte. Er verlangt damit vom Gericht nicht, daß es die Beschlagnahme als nicht vorhanden ansieht, sondern nur, daß es die der Beschlagnahme vorausgehenden Erwägungen prüft, von denen er behauptet, daß sie nicht dem Gesetz entsprechen. Diese Nachprüfung darf das Gericht vornehmen[2]).

Als Ausnahme kann das Gesetz anordnen, daß die Entscheidung der Behörde der einen Funktion von den Behörden der anderen Funktion ungeprüft übernommen werden müsse.

Beispiel:

§ 66 Devisenges. v. 12. 12. 1938 — RGBl. I S. 1734 —, wonach das Gericht an die Feststellungen der Devisenbehörde gebunden ist; § 3 PreisstrafVO. v. 26. 11. 1936 — RGBl. I S. 955 —; § 146 DBG. — vgl. OLG. Düsseldorf v. 9. 6. 1949 in DV. 1949, S. 595 —; §§ 3, 119 RDStrO.; §§ 358 Abs. 4, 405 Abs. 2, 705 Abs. 2, 901, 905, 907, 1042, 1219, 1543 RVO.; §§ 49, 89 Abs. 2 AngVG.; § 105 RKnappschG.; § 3a FürsPflVO.; §§ 2, 89 PrivVersUG.; Art. 47 Befreiungsges. amerik. Zone; § 32 Ges. über Güterfernverk. v. 26. 6. 1935; § 4, 11 Ges. über Kreuzungen von Eisenbahnen und Straßen v. 4. 7. 1939.

Die Regel von der gegenseitigen Anerkennung der von der anderen Gewalt erlassenen Akte erleidet weiterhin eine Ausnahme insoweit, als nichtige Akte der einen Gewalt von der anderen nicht anerkannt zu werden brauchen[3]). Die alte Regelung ist in den letzten Jahren wieder

---

1) Vgl. Pr. OVG. 92, 99; 97, 129; in JW. 1938, S. 613; ferner unten S. 46.

2) Vgl. W. Jellinek, Verwaltungsrecht, S. 18.

3) Herrschende Lehre, z. B. Fleiner, S. 18; Jellinek, S. 17. Abweichend von manchen für österreichisches Verwaltungsverfahrensgesetz (§ 68) — wichtig für Dispensehen —; vgl. Layer, Überprüfung von Verwaltungsakten 1929 (Deutsche Staatsrechtslehrer, Heft 5).

von besonderer Bedeutung geworden. Die durch die Planwirtschaft der nationalsozialistischen Herrschaft und die Kriegs- und Nachkriegsverhältnisse verursachten Eingriffe in private Rechtssphären, insbesondere auf dem Gebiet des Enteignungsrechts (RLG.) oder der Raumbewirtschaftung veranlaßte seit dem Fortfall des staatlichen Drucks viele, auf dem Umwege über einen bürgerlichen Rechtsstreit gegen die durch die staatlichen Maßnahmen Begünstigten die Gültigkeit der Verwaltungsmaßnahme zu verneinen. Nach Einführung der Verwaltungsgerichtsbarkeit tauchen auch vor den Verwaltungsgerichten die gleichen Fragen auf. Sie sind nach den gleichen Richtlinien zu beantworten.

c) Unabhängigkeit

Grundsätzlich kann kein Gericht einen Verwaltungsakt und keine Verwaltungsbehörde einen Justizakt aufheben. Es bedeutet kein Abweichen von dem Grundsatz, wenn bei der Durchführung des einen oder anderen Aktes eine andere Behörde auf Grund anderer Gesichtspunkte eingreift und für den Einzelfall die Durchführung verhindert oder aussetzt. Denn die Durchführung ist von der Setzung des Aktes zu unterscheiden.

Beispiel:

Durch die Begnadigung werden die Folgen des Strafurteils oder eines Teiles verhindert, nicht jedoch wird der Justizakt, das Urteil selbst, aufgehoben. Die Begnadigung stellt sich dar als ein Verzicht des Staates auf seinen Strafanspruch[1]).

Wenn ein Gericht ein Räumungsurteil erlassen hat oder wenn eine Verwaltungsstelle, insbesondere das Wohnungsamt einen Räumungsbefehl durchsetzen will, kann die Polizei darauf hinweisen, daß die Räumung Gefahren für das Publikum im allgemeinen oder für einen Teil des Publikums bringt. Sie kann dann die Räumung insoweit verhindern, als der davon Betroffene obdachlos werden würde. — Pr. OVG. 92, 108.

Der Grundsatz ist zugunsten der Justiz in einigen Ausnahmefällen durchbrochen. Ausnahmsweise können Gerichte Maßnahmen der Verwaltung nachprüfen. Insbesondere ermächtigte § 13 GVG. die Länder, den ordentlichen Gerichten jede andere Streitigkeit als bürgerliche Rechtsstreitigkeiten, also auch die Aufhebung von Verwaltungsakten zu übertragen. Diese Regelung ist jedoch überholt durch Art. 107 WRV., wonach im Reich und in den Ländern Verwaltungsgerichte eingeführt werden müssen, und durch die Wiedereinführung der Verwaltungsgerichtsbarkeit nach 1945[2]). Gegen manche Bescheide der Steuerbehörden kann die Entscheidung des Strafgerichts angerufen

---

1) G. Jellinek, System der subjektiv-öffentlichen Rechte, S. 333. Pr. OVG. 89, 344.

2) Vgl. unten 11. Kapitel

werden (z. B. § 412 RAO.). Das gleiche endlich gilt für die Strafverfügungen der Polizeibehörden, sofern diese noch zulässig sind (§§ 413, 419 StPO. alte Fassung[1])).

Selbstverständlich ist, daß die Gerichte jede Verwaltungsmaßnahme auf ihre Rechtsgültigkeit und Rechtswirksamkeit hin prüfen können. Von dem Ergebnis der Prüfung ist es abhängig, ob sie die Verwaltungsmaßnahmen beachten oder nicht. Eine darüber hinausgehende allgemeine Kontrolle der Justiz über die Verwaltung gibt es nicht[2]).

5. Wirtschaftslenkung und Verwaltung

Die Dreiteilung der Staatsfunktionen in Gesetzgebung, Verwaltung und Rechtsprechung wird der modernen Gesellschaft, für die die Wirtschaft eine so große Bedeutung erlangt hat, nicht mehr gerecht. Vielmehr sprengt die Anarchie des vagabundierenden Kapitals und der funktionell nicht gebundenen Wirtschaftskräfte jeden staatlichen Aufbau. Es kommt zu einer auf die Dauer unerträglichen Divergenz zwischen der Wirklichkeit und der rechtlichen Terminologie. Die Staatsverfassungen sprechen von persönlicher und politischer Freiheit. In Wirklichkeit aber besteht wirtschaftlich Sklaverei, denn die Proletarität der Lohnarbeiter hat sich als

---

[1]) Vgl. unten S. 370

[2]) Das richterliche Prüfungsrecht von Regierungs- und Verwaltunsgakten wurde in Deutschland erstmalig in der Mitte des vorigen Jahrhunderts erörtert. Der Streit entzündete sich an den Verhältnissen in Kurhessen, wo im Jahre 1850 die Gerichte verschiedene von der Regierung ohne ständische Bewilligung erlassene Verordnungen für ungültig und nicht anwendbar erklärten. Die bis dahin herrschende Ansicht, daß jede der Form nach intakte Verwaltungsmaßnahme von den Gerichten anzuerkennen und zu berücksichtigen sei, wurde verlassen — näheres vgl. Bischof, Verfassung, Gesetz usw., in: Zeitschrift für Zivilrecht und Prozeß XVI (1840), S. 235 ff.; XVII (1841), S. 104 ff.; XVIII (1842), S. 129. — Eine gesetzliche Beschränkung des richterlichen Prüfungsrechtes enthielten noch Artikel 106, Absatz 2, pr. VU. von 1850, später vom konstitutionellen Schrifttum als absolutistisches Überrecht bezeichnet, und die Verfassungen einiger Kleinstaaten. Diese Beschränkungen verschwanden aber zugunsten der herrschend gewordenen Ansicht, daß die Gerichte die Vereinbarkeit der Verwaltungsmaßnahmen mit den Gesetzen prüfen können. — RGZ. 40, 69; 48, 84; 164, 15; 148, 137. Sodann Meyer-Anschütz, Staatsrecht, Seite 743 ff.; auch G. Jellinek, Gesetz und Verordnung, S. 396 ff., der interessante Vergleiche mit anderen Staaten bringt. — Die hier erörterte Frage betrifft nur die Kontrolle der Justiz über die Verwaltung. Eine völlig andere Frage ist die Kontrolle der Justiz über die Regierung. Die Unterscheidung kann vor allem von Bedeutung werden dort, wo Regierung und Verwaltung, möglicherweise auch Selbstverwaltung in der gleichen Instanz zusammenfließt, wie z. B. in den als Länder angesehenen Städten Berlin, Hamburg und Bremen. Für Berlin hat die Forderung der russischen Militärregierung insofern Schwierigkeiten gebracht, als die sogenannten Regierungsakte, nämlich die Entscheidungen des Magistrats-Kollegiums, jeder gerichtlichen Kontrolle entzogen werden sollten. — Näheres bei Schneider, Verwaltungsgerichtsbarkeit in Berlin, in Arch. öff. R. 1948, S. 242. — Vgl. auch unten S. 254.

die moderne Form der Sklaverei erwiesen. Sie entstand in dem Augenblick, in welchem der letzte Leibeigene aus seiner Gebundenheit entlassen wurde[1]).

Ein organischer Staatsaufbau ist deshalb nur möglich, wenn diese Umstände berücksichtigt werden. Eine Behandlung des Symptoms genügt nicht, sondern die Frage muß an der Wurzel berücksichtigt werden. Das bedeutet, daß sie bei der Qualifikation der Staatsgewalt zu erörtern ist. Eine gleichrangige Gewalt neben sich kann die politische Gemeinschaft der Menschen, als die sich der Staat darstellt, nicht dulden. Wenn die Wirtschaftslenkung so zur selbständigen Staatsfunktion wird, entsteht für die Wissenschaft die wichtige Aufgabe, eine korrekte Abgrenzung gegenüber den anderen Staatsfunktionen, also auch der Verwaltung, vorzunehmen. Diese Abgrenzung hängt wesentlich von der Art und Weise und dem Maß der Wirtschaftslenkung ab[2]).

Wie im einzelnen die Wirtschaftslenkung als Funktion der Staatsgewalt ausgebaut wird, ist eine politische Frage. Denkbar ist eine völlige Verstaatlichung der Wirtschaft, ein Staatssozialismus, auch ökonomischer Sozialismus genannt, wie er weitgehend in Rußland durchgeführt worden ist. Zur selben Art der Wirtschaftslenkung gehört die Sozialisierung durch landeseigene Betriebe, die seit 1945 in den Ländern der Ostzone vorgenommen wurde (Grundlage: Befehle Nr. 64 und 76 der SMAD. vom April 1948, Art. 24 Verf. d. d. R., Landesverfassungen). Die Einschaltung des Staates in den Wirtschaftsvorgang geschieht in der Form, daß der Landtag, also die Volksvertretung, als „der höchste demokratische Willensträger des Landes" unabhängig von jeder gerichtlichen Nachprüfbarkeit die Sozialisierung entsprechend dem einheitlich gedachten Gemeinwillen des Volkes in Übereinstimmung mit der politischen Leitung durchführt. Der Theorie nach tritt das gesamte Volk in das der Sozialisierung unterworfene Eigentum ein, ein Vorgang der als Eineignung bezeichnet wird. Es handelt sich bei dieser Lösung nicht um reinen Staatskapitalismus[3]). Vielmehr hat der einzelne Bürger und damit auch

---

[1]) Adolf Arndt, Das Problem der Wirtschaftsdemokratie, derselbe, Planwirtschaft, in: SJZ. 1946, S. 137, 169; Viktor Agartz, Sozialistische Wirtschaftspolitik, Sozialistisches Wirtschaftsprogramm, in: Volk und Zeit, Karlsruhe 1947; Franz Böhm, Die Bedeutung der Wirtschaftsordnung, in: SJZ. 1946, S. 141; Recht und wirtschaftliche Macht, in: Wirtschaftsspiegel 1946, Heft 5; Kurt Ballerstedt, Rechtsstaat und Wirtschaftslenkung, in: Arch. öff. R. 1948, S. 129 ff.

[2]) Wenn Erich Preiser, Wesen und Methoden der Wirtschaftslenkung, in: Finanzarchiv 1941, S. 229, unter völlig anderen politischen Vorzeichen die Forderung aufstellt, daß die Maßnahmen der Wirtschaftslenkung nicht nur Eingriffe in einen von sich aus in bestimmter Weise ablaufenden Prozeß sein, sondern initiativ Ablauf und Richtung der wirtschaftlichen Vorgänge bestimmen sollen, so zeigt das die objektive Notwendigkeit einer solchen Entwicklung.

[3]) Wegen der Festlegung der Begriffe „Volkseigentum" oder „Eigenwirtschaft der öffentlichen Hand" vgl. z. B. N. J. 1948, S. 145, auch KVG., S. 251 ff.

der Arbeiter des betreffenden Betriebes wenigstens theoretisch ein politisches Mitbestimmungsrecht auf dem Wege über die Wahlen zur Volksvertretung (vgl. z. B. Sachsen-Anhaltisches Gesetz vom 30. Mai 1947 über die Enteignung der Bodenschätze und Verordnung vom 23. September 1946). Ein solches System ist bisher nur bekannt geworden, gekoppelt mit der Herrschaft oppositionsloser Blockparteien. Hierbei verschwinden tatsächlich die verschiedenen Funktionen der Staatsgewalt, wodurch notwendigerweise eine rechtlich erhebliche Abgrenzung der Wirtschaftslenkung von der Verwaltung unmöglich wird.

Sozialisierung kann auch als Nationalisierung durchgeführt werden. Danach wird in dem betreffenden Staat eine nicht privatkapitalistische Stelle zum Verwalter oder Träger des sozialisierten Eigentums gemacht. Dieses System ist in Frankreich und England weitgehend durchgeführt. Auf deutschem Boden laufen entsprechende Maßnahmen in Hamburg, Berlin und in Hessen. (Hamburger Sozialisierungsplan vom 5. Februar 1947[1]), Berliner Gesetzentwurf zur Rückführung von Konzernen usw. in Gemeineigentum, Art. 40 hess. Verf., die Gemeineigentum von fiskalischem Eigentum unterscheidet.) Eine ähnliche Form der Sozialisierung ist die Kommunalisierung, wodurch Wirtschaftsbetriebe von den Gebietskörperschaften errichtet oder übernommen werden[2]).

Die Verwaltung des sozialisierten Eigentums hat in erster Linie im Rahmen der Wirtschaftslenkung selbst zu erfolgen[3]). Jedoch wird man aus Organisationsgründen vielfach Dienststellen der allgemeinen staatlichen Verwaltung auch hierfür in Anspruch nehmen. Auf dem Gebiet der Sozialisierung sind vor allem lange schon kommunale Behörden auch in wirtschaftlichen Aufgaben tätig. Wie bei der Abgrenzung der Verwaltungstätigkeit von der Rechtsprechung ist für die Wirtschaftslenkung eine inhaltliche und organisatorische Unterscheidung von der allgemeinen Staatsverwaltung zu machen. Infolgedessen können ähnliche Überschneidungen vorkommen wie in dem Grenzgebiet zwischen Verwaltung und Rechtsprechung. Für die Abgrenzung der Zuständigkeiten, die Anerkennung und Beachtung der gegenseitigen Akte oder die Unabhängigkeit oder Abhängigkeit des einen Aufgabenbereichs und seiner Handlungen von dem anderen können weitgehend

1) Abgedruckt im Sozialistischen Jahrhundert, S. 159.

2) Vgl. unten 15. Kapitel.

3) Sie gilt nur für die an der Durchführung und Erfüllung des Planes beteiligten Personen. Vgl. Drath, in: NJ. 1947, S. 236.

die Grundsätze für die entsprechenden Fragen im Verhältnis von Verwaltung und Rechtsprechung herangezogen werden. Jedoch sind zahlreiche Einzelregelungen vorhanden, so insbesondere auf dem Gebiet des Berufs- und Gewerberechts[1]).

Schrifttum

Agartz, Viktor, Sozialistische Wirtschaftspolitik. In: Volk und Zeit.
Arndt Adolf, Wirtschaftsdemokratie. In: SJZ. 1946, Sp. 169.
Ballerstedt, Kurt, Rechtsstaat und Wirtschaftslenkung. In: ArchöffR. 1948, S. 129.
Barth, Arno, Probleme des neuen Wirtschaftsrechts. In: NJ. 1948, S. 144.
Baur, Die Bindung an Entscheidungen. Berlin 1940.
Bischof, Hermann, Verfassung, Gesetz und Verordnung. In: Zeitschrift für Zivilrecht und Prozeß 1840 ff.
Böhm, Franz, Die Bedeutung der Wirtschaftsordnung. In: SJZ. 1946, Sp. 141.
— Recht und wirtschaftliche Macht. In: Wirtschaftsspiegel 1946, 5.
Coester, Richard, Die Rechtskraft der Staatsakte. München—Leipzig 1927.
Draht, Martin, Rechtliche Probleme der Wirtschaftsplanung. In: NJW. 1947, S. 236.
Jellinek, Georg, Gesetz und Verordnung. Tübingen 1919.
— System des subjektiv-öffentlichen Rechts. Freiburg 1905.
Kleinrahm, In: Haus und Wohnung 1947, S. 379; MDR. 1948, S. 109; DRZ. 1948, S. 46.
Krönig, In: MDR. 1948, S. 130.
Kuttner, Urteilswirkung außerhalb des Zivilprozesses.
Laband, Paul, Das Budjetrecht. In: Behrendts Zeitschrift 1870, S. 625.
— Das Staatsrecht des Deutschen Reichs. Tübingen 1914 (5. Aufl.)
Lange, Heinrich, Vom Gesetzesstaat zum Rechtsstaat. Tübingen 1934.
Lassar, Der Erstattungsanspruch. Berlin 1921.
Preiser, Wirtschaftslenkung. In: Finanzarchiv 1941, S. 229.
Smend, Rudolf, Verfassung und Verfassungsrecht. München—Leipzig 1928.
Wenzel, Max, Der Begriff des Gesetzes. Berlin 1920.

Das Verhältnis von Justiz und Verwaltung wird behandelt von:
Bachof, In: SJZ. 1949, 377; 1950, 161;
Bauer, In: DRZ. 1949, 395;
Bettermann, In: MDR. 1947, 44, 224; 1949, 294; 1950, 265;
Friesenhahn, In: ZJBl. brit. Z., Beiheft 4;
Hahn, In: Schl.H.A. 1949, 97;
Meiss, In: SJZ., 1947, 82; MDR. 1947 222;
Naumann, In: DV. 1948, 39;
Schneider, In: DV. 1949, 142;
Ule, In: ZJBl. brit. Z. 1949, 61; DRZ. 1949, 10. Beiheft;
Krönig, In: MDR. 1948, 130.

[1]) Vgl. unten 17. Kapt.

Drittes Kapitel

Verwaltungsarten

1. Hoheitliche Verwaltung

Jede physische oder juristische Person kann verwalten, indem sie geistige, ökonomische oder technische Mittel anwendet, um einen bestimmten Verwaltungszweck zu erreichen. Wird jedoch die Verwaltung nicht durch die einem jeden Rechtsgenossen zugänglichen Mittel durchgeführt, sondern wird sie erledigt mit Hilfe des staatlichen Imperiums, dann liegt eine besondere Art der Verwaltung, die hoheitliche Verwaltung vor. Hoheitliche Verwaltung besteht aus zwei Elementen, die nicht notwendig immer zusammentreffen, nämlich der Geltendmachung des staatlichen Imperiums und der Anwendung der Mittel zur Erreichung des Verwaltungszwecks[1]).

Die Bezeichnung hoheitliche Verwaltung ist besser als die früher übliche Bezeichnung obrigkeitliche Verwaltung[2]). Bei der hoheitlichen Verwaltung besteht eine Überordnung der Verwaltungsstelle über den einzelnen. Sie wird vollzogen durch eine besondere Art von Verwaltungsakten, die Hoheitsakte, äußerstenfalls, aber nicht immer, mit überwältigender körperlicher Gewalt.

Ein Hoheitsakt liegt vor, wenn eine mit Hoheitsrechten ausgestattete Behörde ihn setzt. Er kann auch in Erscheinung treten in einem Rechtsverhältnis zwischen Privatpersonen. Maßgeblich für das Vorliegen eines Hoheitsaktes ist demnach nicht die Rechtsnatur der Beteiligten sondern die Natur des Rechtsverhältnisses, welches entweder der Hoheitsakt selbst ist oder aus dem er sich ergibt[3]). Allerdings ist Vorsicht geboten, wenn in dem jeweiligen Rechtsverhältnis überhaupt kein Hoheitsträger sichtbar ist. Nicht jede Privatperson, der von einer Behörde etwas erlaubt ist, wird hierdurch zum Hoheitsträger oder macht, wenn man sie schon nicht als solche bezeichnen will, Hoheitsrechte

---

[1]) G. Jellinek, Gesetz und Verordnung, S. 385.

[2]) Die Terminologie ist nicht einheitlich. Peters, Verwaltung, z. B. nennt das, was hier als hoheitliche und nicht hoheitliche Verwaltung bezeichnet wird, die hoheitliche Verwaltung. Obrigkeitliche Verwaltung ist bei ihm eine Unterart der hoheitlichen Verwaltung und etwa dasjenige, was hier hoheitliche Verwaltung genannt wird.

[3]) Oberlandesgericht Hamm vom 21. 11. 1947, in: DRZ. 1948, S. 140.

geltend. In der letzten Zeit vor 1945 wurde das häufig verkannt[1]). Die Verkennung beruht auf einer Überbewertung des öffentlichen Rechts, die in der geltenden Rechtsordnung keine Stütze hat. Außerdem ist sie unerwünscht, weil sonst fast jeder Mensch wenigstens zeitweilig Beamter wäre oder doch als solcher auftreten könnte. Wenn eine Privatperson die erwähnten Befugnisse geltend macht, so sind das weitgehend nur Reflexrechte aus Hoheitsakten der Behörde selbst[2]). Das durch solche Handlungen entstehende Rechtsverhältnis zwischen den Parteien muß jeweils sehr genau daraufhin geprüft werden, ob es einen Hoheitsakt zum Gegenstand hat und damit dem öffentlichen Recht unterliegt oder ob es privatrechtlicher Natur ist.

Die Feststellung, ob ein hoheitlicher Verwaltungsakt vorliegt, ist deswegen besonders wichtig, weil derartige Verwaltungsakte grundsätzlich unempfindlich gegen Fehlerhaftigkeit sind[3]). Ein gegen ein gesetzliches Verbot verstoßender Hoheitsakt ist im Zweifel nicht nichtig. „Der hoheitliche Staat und die ihm gleichstehenden Träger öffentlicher Gewalt haben das große Vorrecht, sich irren zu dürfen[4])." Eine trotz dieses Grundsatzes vorliegende Nichtigkeit muß für jeden Einzelfall nachgewiesen werden. Die Verpflichtung trifft im allgemeinen den Betroffenen. Insbesondere haben öffentliche Urkunden stets die Vermutung der Echtheit für sich (§§ 418, 437 ZPO.). In diesem Punkt unterscheidet sich das öffentliche Recht grundsätzlich vom Privatrecht. Es kennt nicht eine dem § 134 BGB. entsprechende Bestimmung.

---

[1]) So Clemens, in: Deutsches Recht 1943, S. 475. Er hält die Klage des Leistungspflichtigen nach RLG. gegen den Leistungsempfänger deshalb für unzulässig, weil der Empfänger in jedem Fall, also auch wenn es sich um eine Privatperson handelt, als Träger öffentlich-rechtlicher Funktionen auftrete. Demgegenüber muß betont werden, daß der ordentliche Rechtsweg ganz einfach wegen des in § 26 RLG. ausgesprochenen Verbots unzulässig ist. Wenn lediglich die von Clemens vorgebrachten Gründe maßgeblich wären, so könnten die Parteien dennoch den Rechtsweg beschreiten, weil ja auf alle Fälle — materiell — ein Rechtsverhältnis zwischen ihnen besteht. Aber auch dieses Rechtsverhältnis darf eben wegen des Verbotes nach § 26 RLG. nicht zum Gegenstand eines Rechtsstreits vor den ordentlichen Gerichten gemacht werden.

[2]) Ebenso Kleinrahm, in: MDR. 1948, S. 110.

[3]) Vgl. unten 162.

[4]) Pr. OVG. in: Pr. Verwaltungsblatt, Band 42 (1921), S. 66. — Otto Mayer führt diesen — herrschenden — Grundsatz auf die von ihm sog. „Selbstbezeugung" des Staates zurück, die den privatrechtlichen Geschäften fehlt — Verwaltungsrecht I, S. 94 ff. — Gesetzliche Bestimmungen, die den Grundsatz aussprechen, sind nicht vorhanden, wie z. B. W. Jellinek in: OVG. — Festgabe S. 100 bzgl. §§ 415, 417 ff., 437 ZPO. — ausführt. Bedenken gegen die herrschende Lehre von Bettermann, in: MDR. 1949, S. 395; vgl. auch: Naumann, in DV. 1949, S. 191.

Beispiel:

Falls jemand irrtümlicherweise eine Arztrechnung erhält, verschlechtert er seine Rechtslage nicht, wenn er sich zu dieser Rechnung nicht äußert. Falls jemand dagegen irrtümlicherweise einen Steuerbescheid erhält, kann nach Ablauf der fruchtlosen Einspruchsfrist gegen ihn vollstreckt werden. Seine Rechtslage wird also durch seine Passivität verschlechtert.

Das Verwaltungsrecht befaßt sich vorwiegend mit der hoheitlichen Verwaltung.

2. Nichthoheitliche Verwaltung

Es können Zweckmäßigkeitsgründe dafür vorhanden sein, daß eine amtliche Stelle nicht mit hoheitlicher Gewalt auftritt. Für eine derartige Tätigkeit besteht keine allgemein anerkannte Begriffsbestimmung. Man ist sich darüber einig, daß in derartigen Fällen der Staat „von seiner Höhe herabsteigt und sich unter die Bürger als einer ihresgleichen mischt[1]).“

Der früher benutzte Ausdruck gesellschaftliche oder soziale Verwaltung ist mit Rücksicht auf die neuen auch dem Staat obliegenden Pflichten auf dem Gebiet der Wirtschaft bedenklich. Wie aber auch die Bezeichnung sein mag, so muß festgehalten werden, daß es sich bei der nicht hoheitlichen Verwaltung stets um öffentliche Verwaltung handelt. Bei ihr kann zum Beispiel Amtsanmaßung gemäß § 132 StGB. vorliegen[2]). Ebenso sind Art. 131 WRV. oder die an seine Seite getretenen Bestimmungen anwendbar.[3]).

Beispiel:

Maßnahmen auf dem Gebiet des Bauwesens, der Technik, der Jugendpflege, der Leibesübungen, überhaupt dort weitgehend, wo der Staat fürsorgend und helfend eingreift.

3. Fiskalische Verwaltung

a) Geschichte

Der Polizeistaat milderte die Unterworfenheit des Untertanen unter die Staatshoheit dadurch, daß er dem einzelnen weitgehend Schadensersatz für aus Hoheitsakten erlittenen Nachteile gewährte. Der Grundsatz wurde aus justizstaatlichem Denken in die neue Staatsform übernommen. Die Schadensersatzforderung gegenüber dem Staat als Hoheitsträger zu erheben, würde der staatlichen Macht und Autorität unangemessen gewesen sein. Deshalb konstruierte man eine andere Erschei-

1) G. Jellinek, Allgemeine Staatslehre, S. 622.

2) Reichsgericht in: Pr. Verwaltungsblatt, Band 48 (1927), S. 467.

3) RGZ. 91, 273.

nungsform des Staates, den Fiskus. Wer vom Staat als Hoheitsträger auf dem Gebiet der Verwaltung durch Hoheitsakte geschädigt worden war, konnte unter bestimmten näher festgelegten Voraussetzungen von dem Fiskus, dem „Prügelknaben des Staates", Ersatz und Entschädigung verlangen. Diese Zweiteilung trat nicht nur in Erscheinung in Rechtsverhältnissen aus unerlaubter Handlung, sondern auch in Vertragsverhältnissen.

Beispiel:

Der Beamte wird vom Staat zur Wahrnehmung von Hoheitsbefugnissen bestellt. Gleichzeitig schließt der Fiskus mit ihm einen zivilrechtlichen Vertrag, in dem er die Verpflichtung zur Gehaltszahlung übernimmt.

Der Staat verlangt die Zahlung von Steuern. Zu viel gezahlte Steuern können vom Fiskus mit der zivilrechtlichen condictio indebiti zurückverlangt werden.

Für die Verfahren gegen den Fiskus waren die ordentlichen Gerichte zuständig (z. B. §§ 81 ff., II, 14 pr. ALR.).

Der Grund, weshalb der Polizeistaat zum Schutze der Bürger den Fiskus benötigt, entfällt im Rechtsstaat wegen der Gesetzesgebundenheit des Staates. Trotzdem ist eine besondere Erscheinungsform des Staates im privatrechtlichen Verkehr auch hier noch erforderlich.

b) Rechtsbegriff des Fiskus

Im Rechtsstaat ist der Fiskus der Staat als Subjekt von privaten Rechtsverhältnissen. Der Staat kann in zweierlei Weise im Privatrechtsverkehr erscheinen. Entweder gestattet er, seine Handlungen nach den Normen des Zivilrechts zu beurteilen, wenn er sich ihm ausdrücklich oder stillschweigend unterworfen hat. Diese Lösung kennt das französische Recht durch die domaine privée de l'Etat. Oder aber er wird gemäß objektiven Rechtsvorschriften nach den Bestimmungen des für Private geltenden öffentlichen oder Privatrechts beurteilt, wenn diese Bestimmungen es vorschreiben.

Die erste Lösungsmöglichkeit muß den Staat für alle Fälle, in denen er sich ausdrücklich dem Privatrecht unterworfen hat, als Privatrechtssubjekt anerkennen. Es gibt hierbei neben der Rechtspersönlichkeit des Staates keine selbständige Rechtspersönlichkeit des Fiskus. Vielmehr werden die fiskalischen Aufgaben kraft der ausdrücklich im Gesetz vorhandenen Bestimmungen in dem genau festgelegten Umfang durch die einzelnen Behörden durchgeführt[1]). Die zweite Lösungsmöglichkeit betrachtet den Fiskus als

[1]) Otto Mayer, Theorie des franz. Verwaltungsrechts, S. 378; Deutsches Verwaltungsrecht, I, 3, S. 119.

selbständige Rechtspersönlichkeit, die in Erscheinung tritt, wenn der Staat irgendwelche Angelegenheiten im Zivilrecht regeln will. Der Staat kann danach sogar gegen seinen Willen in derartige Rechtsverhältnisse einbezogen und sodann gegen seinen Willen nach zivilrechtlichen Maßstäben beurteilt werden.

c) Tätigkeit des Fiskus

Eine zusammenfassende gesetzliche Regelung, die im einzelnen angibt, wann der Staat als Fiskus handelt, ist im deutschen Recht nicht vorhanden. Als allgemeine Regel ist festzustellen, daß der Staat Fiskus ist insbesondere im Zusammenhang mit den mit öffentlichen Sachen verbundenen Privatverhältnissen. So ist er immer Fiskus beim Erwerb, der Erhaltung oder Veräußerung seines Finanz- und Verwaltungsvermögens und als Eigentümer seines Finanzvermögens[1]). Hinsichtlich der Sachen im Gemeingebrauch tritt er teils als Hoheitsträger teils als Fiskus auf.

Beispiel:

Der Kläger wurde wegen Zuwiderhandlung gegen die Bestimmungen der Kriegswirtschaftsverordnung bestraft. Im Zusammenhang mit dem Strafverfahren stellte die Polizei bezugsbeschränkte Ware in ihren Diensträumen sicher. Als späterhin das Gericht die Freigabe der beschlagnahmten Waren anordnete, ergab sich, daß die Polizei sie inzwischen veräußert hatte. Der Kläger lehnte die Annahme des ihm angebotenen Erlöses ab und erhob Klage gegen den Fiskus, vertreten durch den zuständigen Polizeipräsidenten, auf Lieferung einer gleichen Menge gleichwertiger Ware. Die Beschlagnahme der Gegenstände ist zwar ein hoheitlicher Akt, sie erzeugt aber zugleich ein dem Privatrecht angehörendes vertragsähnliches Verhältnis zwischen dem Fiskus und dem Besitzer, dem die Ware weggenommen wurde. Die Grundlage des Rechtsstreits wird allein durch die mit der Beschlagnahme begründeten privatrechtlichen Beziehung zwischen Fiskus und Kläger gebildet. — Pr. OVG. 74, 461. — Ein Gericht hat eine Urkunde in Verwahrung genommen und verloren. Dafür haftet der Staat als Fiskus. — RGZ. 51, 220. — Eine Behörde hebt zollpflichtige Gegenstände auf und diese verbrennen. Der Fiskus muß Ersatz leisten. — RGZ. 67, 340.

d) Rechtliche Richtlinien

Der Fiskus ist dem Privatrecht unterworfen, fiscus jure privato utitur. Bei der Neuregelung des bürgerlichen Rechts spielte die Einordnung der juristischen Personen des öffentlichen Rechts eine bedeutende Rolle. Die ersten Entwürfe zum BGB. enthielten eine Reihe von Vorschriften, die ihre Stellung regeln sollten. Man beschränkte sich aber doch auf den Grundsatz des § 89 BGB.[2]). Darüber hinaus hat

[1]) Vgl. unten S. 202.

[2]) Pr. OVG. 82, 108 (Bürgschaftsübernahme).

der Fiskus nur ausnahmsweise eine vor anderen Rechtsträgern hervorragende Rechtsstellung, so wenn er gesetzlicher Erbe beim Fehlen sonstiger Erben wird (1936 BGB.) oder wenn er allein zur Aneignung eines herrenlosen Grundstücks berechtigt ist (§ 928 Abs. 2 BGB.). Auch für das Verfahren bestehen oft besondere Bestimmungen (z. B. § 15 EGZPO.[1]) oder Kontrollratsges. Nr. 29, wonach Geldansprüche gegen die deutsche Regierung oder gegen eine Körperschaft des öffentlichen Rechts nur mit Ermächtigung der Militärregierung verfolgt werden dürfen.

Jede Sonderbehandlung und Sonderstellung des Fiskus muß gesetzlich festgelegt sein, z. B. § 452 BGB., wonach der Postfiskus nicht Kaufmann ist. Weitgehend kann seine Stellung auch durch das Landesrecht geregelt werden.

Der Fiskus ist weiterhin dem öffentlichen Recht unterworfen, fiscus jure publico utitur. Er unterliegt dem polizeilichen und sonstigen, z. B. gewerberechtlichen Verwaltungsvorschriften (z. B. § 155 Gew.O., §§ 105a ff. Gew.O.). Falls der Staat gleichzeitig als Hoheitsträger und als Fiskus auftritt, entscheidet das im einzelnen Falle überwiegende Merkmal.

Die Steuerpflicht des Fiskus ist jetzt für jeden Einzelfall geregelt, so daß die früher vorhandene grundsätzliche Steuerunterworfenheit eine Ausnahme ist.

Beispiel:

Bei der Errichtung eines Militärschießplatzes können hoheitliche und fiskalische Belange eine Rolle spielen. — Pr. OVG. 61, 274.

Als Partei vor dem ordentlichen Gericht wird der Fiskus behandelt wie jede andere Streitpartei (§ 4 EGZPO.[2]). Das Gesetz geht grundsätzlich davon aus, daß der Fiskus seine privatrechtlichen Streitigkeiten vor den ordentlichen Gerichten austrägt. Eine diesen Grundsatz verschärfende Sonderbestimmung stellte Art. 19 Abs. 1 WRV. dar, der anordnete, daß Streitigkeiten zwischen den deutschen Ländern, sofern sie privatrechtlicher Natur waren, vor den ordentlichen Gerichten entschieden werden sollten.

Auf den beiden Rechtsgebieten des öffentlichen und privaten Rechts erscheinen mehrere Fisci. Man spricht oder sprach von einem Reichsfiskus, einem Eisenbahnfiskus, Postfiskus, Stromfiskus, Reichsmilitär-

---

[1]) Döring, Zwangsvollstreckung gegen Gemeinden, in: Bayrische Gemeindezeitung 1927, Sp. 441 ff.

[2]) Zu beachten ist z. Z. jedoch die Voraussetzung des Kontrollratsgesetzes Nr. 29.

fiskus[1]), von Länderfisci, wobei, wie in jedem Bundesstaat die Frage eine Rolle spielt, wie weit sich der Reichsfiskus in den Landesfiskus erstreckt[2]). Alle diese Fisci stehen nicht unter einheitlichem Recht, sondern sind den verschiedensten Rechtsregeln unterworfen. Hieraus ergibt sich, daß nach deutschem Recht das Vorhandensein einer eignen Rechtspersönlichkeit des Fiskus neben der des Staates abgelehnt wird. Der bereits von Otto Mayer[3]) vertretene Standpunkt hat sich durchgesetzt. Die Unterscheidung der verschiedenen Fisci bezeichnet nicht ebensoviele Personen, sondern nur Verwaltungsabteilungen[4]), stationes fisci[5]). Staat und Fiskus sind nach der herrschenden Lehre eine Einheit[6]). Der Staat ist auch dann, wenn er als Privatperson auftritt, dasselbe Rechtssubjekt, das als Herrscher erscheint.

e) Amtsbefugnisse und Haftung

Der Unterschied zwischen Staat und Fiskus ist wichtig für die Amtsbefugnisse der Amtsvertreter und für die Haftung des Staates. Der Träger bedeutender amtlicher Befugnisse braucht nicht immer auch für privatrechtliche Dinge, die sein Amtsbereich betreffen, zuständig sein.

Beispiel:

Insbesondere im militärischen oder polizeilichen Betrieb können häufig Personen in hohem Dienstrang nicht über in Staatseigentum stehende Gegenstände verfügen. — RGZ. 162, 130.

Die Handlungen hoheitlicher und fiskalischer Verwaltung müssen streng voneinander geschieden werden. Eine Behörde darf ihr eingeräumte Hoheitsbefugnisse nicht benutzen, um fiskalische Zwecke zu verfolgen, selbst dann nicht, wenn sie nicht im eigenen Interesse, sondern in demjenigen einer anderen Behörde oder einer Privatperson handelt. Insbesondere dürfen einem Verwaltungsakt nicht Bedingungen, Auflagen, Nebenbestimmungen hinzugefügt werden, die außerhalb der beiden

1) RGZ. 53, 240.

2) Gierke, Deutsches Privatrecht I, S. 477.

3) Deutsches Verwaltungsrecht I, S. 119.

4) Staudinger-Löewenfeld, BGB., 9. Aufl., § 89 Anm. 2.

5) So Fleiner, Institutionen, S. 49, mit ausgiebiger Literatur. — Pr. OVG. 81, 188 betont ausdrücklich, daß die stationes fisci keine eigene Rechtspersönlichkeit haben. — Eine Ausnahme bildet die Rechtslage der Reichsbahn nach 1919. Denn an die Stelle der fiskalischen Station Reichsbahn war kraft Gesetzes die Deutsche Reichsbahngesellschaft getreten. — Pr. OVG. 80, 172. Vgl. auch Anschütz, Kommentar zur Reichsverfassung, S. 387, Anm. 8 zu Art. 88; Lassar, Reichseigene Verwaltung unter der Weimarer Verfassung, Jahrb. öff. R. Bd. 14, S. 227. — Eingehende Besprechung der Entscheidung Pr. OVG. 81, 188 bei Gerber, Grundsätze eines allgemeinen Teils, S. 17.

6) So z. B. Jellinek, Verwaltungsrecht, S. 25, auch RGZ. 162, 130. Anderer Ansicht noch Hatschek, Verwaltungsrecht, S. 48 ff.

zunächst genannten Betätigungsfelder des Staates liegen[1]). Eine solche Maßnahme wäre Willkür und deshalb unwirksam[2]).

Die Haftung von Beamten im Sinne der Haftpflichtgesetze[3]) für fiskalische Versehen richtet sich nach §§ 31, 89, 278, 831 BGB. Die Amtshaftung für Übergriffe der öffentlichen Gewalt richtet sich nach § 839 BGB. in Verbindung mit Art. 131 WRV., oder für den Geltungsbereich des westd. GG. dessen Art. 34, wobei der Begriff „Amt" hoheitliche und nichthoheitliche Verwaltung umfaßt.

Beispiel:

Ein Schiff, das dem Staat gehört und privatwirtschaftlichen Interessen einer Behörde dient, bringt ein anderes Schiff zum Sinken. Hier haftet der Fiskus nach §§ 31,89 BGB. — RGZ. 34,38. — Ein Zollkutter tut das gleiche. Dabei tritt eine Haftung nach § 839 BGB. ein. — RGZ. 32, 146; 40, 296.

Die Haftung von Angestellten und Arbeitern, die Bedienstete des Staates oder einer öffentlich-rechtlichen Körperschaft sind, die aber nicht unter den erweiterten Beamtenbegriff fallen, richtet sich nach § 278 und § 831 BGB.[4]).

Wird Schadenersatz wegen der Ausübung von Hoheitsrechten geltend gemacht, so haftet nach außen an Stelle des Beamten der Staat oder die juristische Person des öffentlichen Rechts, in deren Dienst sich der Beamte befindet (Art. 131 WRV., Art. 34 westd. GG. in Verbindung mit § 23 DBG. oder anderen Beamtengesetzen und Reichsbeamtenhaftpflichtgesetz vom 22. Mai 1910 — RGBl. S. 798 — oder den einschlägigen Landesgesetzen). Schadenersatz ist stets nur in Geld, nicht durch Naturalrestitution zu leisten. Für die Schadenersatzklage ist ohne Rücksicht auf die Höhe das Landgericht in erster Instanz zuständig (Art. 131 WRV., Art. 34 westd. GG.; fraglich ist, ob neben Art. 34 noch landesrechtliche Bestimmungen, die den Verwaltungsgerichtsweg vorschreiben, bestehen können, wie z. B. § 6 bad. VO. vom 30. März 1947.).

Eine Haftung gleichzeitig aus mehreren Gründen nebeneinander ist nicht möglich, weil das durch Art. 131 WRV. bzw. Art. 34 westd. GG., dem Reichsbeamtenhaftpflichtgesetz vom 22. Mai 1910 und den einschlägigen Landesgesetzen ausgeschlossen ist[5]).

---

[1]) So v. Köhler, Verwaltungsrecht, S. 169.

[2]) OVG. 50, 421; 57, 486.

[3]) Vgl. unten S. 502.

[4]) Die Anwendung des § 839 BGB. neben § 831 BGB. ist nicht möglich weil § 839 eine Spezialvorschrift ist.

[5]) Wegen der Sonderbehandlung nach §§ 898 ff. RVO. vgl. z. B. RGZ. 167, 386.

f) Abgrenzung

Genaue Regeln, die klarstellen, wann der Staat als Hoheitsträger und wann er als Fiskus auftritt, sind nicht vorhanden. Der Fiskus steht im allgemeinen im Vordergrund bei der Verwaltung staatlichen Vermögens und dann, wenn der Staat in seiner Bewegungsfreiheit weniger beschränkt sein will[1]).

Beispiel:

Bei der Erteilung von Ansiedlungsgenehmigungen muß der öffentlichen Verwaltung das Glaubensbekenntnis der Siedler gleichgültig sein. Auf Grund privater Verträge jedoch können katholische und evangelische Siedlungen geschaffen werden. — Die GewO. enthält Richtlinien über das Musizieren in Gastwirtschaften. Durch einen Privatvertrag kann einem Gastwirt das Musizieren überhaupt verboten werden.

Jedoch sind Grenzen zu beachten: Der Staat darf nicht durch derartige „private" Maßnahmen Zwecke erreichen, die er mangels ausreichender hoheitlicher Befugnisse sonst nie erreicht hätte.

Beispiel:

Ein Vertrag, durch den sich ein Baulustiger einer Behörde gegenüber verpflichtet, keine Grundstücke hinzu zu erwerben, ist nichtig. — Peters, in: Verwaltungsarchiv Bd. 35, S. 353.

Durch die moderne Wirtschaftsentwicklung wird der Staat in zahlreichen Zweigen des wirtschaftlichen Lebens tätig, die ehedem ohne jede staatliche Beeinflussung bestanden[2]). Das legt die Frage nahe, ob neben der staatlichen Wirtschaftslenkung überhaupt noch Raum für das Tätigwerden des Fiskus ist. Angesichts der zahlreichen Aufgaben, die einer fiskalischen Verwaltung auch bei der gelenkten Wirtschaft verbleiben, wird die Frage zu bejahen sein.

4. Freie und gebundene Verwaltung

Gebundene Verwaltung liegt vor, wenn die Verwaltungsstellen infolge entsprechender gesetzlicher Bestimmungen bestimmte Verwaltungsakte setzen müssen. Meist sind für diesen Zwang gesetzlich genau normierte Tatbestände Voraussetzung. Bei ihrem Vorliegen hat die Verwaltungsstelle eine bestimmte Entscheidung zu treffen.

---

1) Man hat als Motiv für das Auftreten des Staates in dem einen oder dem anderen Gewand eine Parallele gezogen zu den Gründen, die einen Offizier dazu veranlassen können, Zivil statt Uniform anzuziehen. — Jellinek, Verwaltungsrecht, S. 24. — Dies scheint ein durchaus richtiger Vergleich.

2) Hoheitliche und fiskalische Maßnahmen können im gleichen Verhältnis nebeneinander bestehen. Eine allgemeine rechtliche Qualifikation solcher Fälle läßt sich kaum geben. Vgl. Kormann, System, S. 34; Gerber, Grundsätze, in Verwaltungsarchiv Bd. 36, S. 54, Pr. OVG. 76, 148; 81, 102; 82, 140.

Beispiel:

Erteilung einer Einzelhandelserlaubnis, Versagung des Wandergewerbescheins, wenn der Antragsteller unter Polizeiaufsicht steht. — § 57 GewO.

Freie Verwaltung liegt vor, wenn die zuständige Verwaltungsdienststelle einen bestimmten Verwaltungsakt setzen kann, aber nicht muß.

Beispiel:

Einbürgerung eines Ausländers nach § 8 Reichsbürgergesetz, Versagung eines Wandergewerbescheins einem Ausländer gegenüber nach § 56 d GewO.

Diese beiden Arten der Verwaltung sind nötig, weil eine völlige Enumeration sämtlicher in Betracht kommender Fälle durch das Gesetz nicht denkbar ist. Der Gesetzgeber kann nicht im voraus alle nur möglichen Tatbestände durch einzelne Bestimmungen klären. Andrerseits darf aber auch dem Verwaltungsbeamten, wenn er sich im Rahmen des Gesetzes halten soll, nicht zu große Freiheit gelassen werden. Das Gesetz muß daher sowohl den Rahmen festlegen als auch bestimmte typische Tatbestände von sich aus regeln.

Die Möglichkeit der freien und der gebundenen Verwaltung entscheidet noch nicht die Frage, ob es Verwaltung nur als Vollziehung der Gesetze gibt oder darüber hinaus auch als selbständige Funktion in gleichem Rang neben der Gesetzgebung. Auch die freie Verwaltung kann Vollziehung bestimmter Gesetze sein. Denn dabei entspricht es dem Willen des Gesetzgebers, daß die Verwaltung mit einer gewissen eigenen Initiative und in einer von selbständigen Gedanken getragenen Art und Weise durchgeführt wird. Das eben ist dann die angebrachte und vom Gesetzgeber gewünschte Vollziehung der Gesetze.

5. Ermessen

a) Begriff

Jeder Verwaltungsakt muß rechtmäßig sein; er muß das objektive Recht auf einen bestimmten Tatbestand anwenden. Er muß ferner zweckmäßig sein; er muß für den zu erreichenden Zweck das richtige Mittel in dem richtigen Umfang anwenden.

Innerhalb des Bereiches der Zweckmäßigkeit ergeben sich für die Verwaltungsmaßnahmen drei Möglichkeiten: Entweder bestimmt das Gesetz von sich aus bindend, was zweckmäßig ist. Den Verwaltungsstellen bleibt dann kein Raum für eine eigene Beurteilung. Sie haben nur den Tatbestand zu ermitteln und festzulegen und automatisch die im Gesetz vorgesehenen Handlungen vorzunehmen. Das ist der Fall der gebundenen Verwaltung.

Oder die Behörde hat ihre Entscheidung auf Grund der Würdigung tatsächlicher Merkmale oder Verhältnisse nach allgemeinen Erfahrungssätzen unter Anlegung eines objektiven Maßstabes zu treffen. In diesem Fall liegt gebundenes — von manchen auch arbiträres oder richterlich bezeichnetes — Ermessen vor. Die Art und Weise seiner Festlegung ähnelt der Feststellung der adäquaten Verursachung.

Beispiel:

Die Erteilung eines Wandergewerbescheins nach § 57 Nr. 1—5, § 57a Nr. 1 Abs. 2 GewO.

Oder schließlich das Gesetz überläßt das Handeln der Behörde ihrer eigenen Bestimmung und ihrer Entscheidung gemäß ihrer subjektiven Vorstellung von der Notwendigkeit und Zweckmäßigkeit ihres Vorgehens. Dann liegt freies Ermessen vor. Das Gesetz legt hier nur die äußersten Grenzen fest, innerhalb welcher sich die Verwaltungsmaßnahmen frei bewegen können.

„Soweit die Vornahme von Verwaltungsakten oder die Bestimmung ihres Inhalts im Ermessen der Verwaltungsbehörde liegt, ist die Entscheidung nach sachlichen Gesichtspunkten unter gerechter und billiger Abwägung des öffentliches Interesses und der Einzelinteressen zu treffen."[1])

b) Abgrenzung

Wann gebundenes und wann freies Ermessen vorliegt, ist nicht immer leicht zu ersehen[2]). Freies Ermessen wird im allgemeinen dann anzunehmen sein, wenn der Behörde in einer Kannvorschrift[3]) eine Tätigkeit zugewiesen wird oder wenn das Gesetz von einem dürfen, befugt sein oder berechtigt sein einer Behörde spricht. Sind im Gesetzestext nähere Richtlinien nicht enthalten, so muß in Anwendung der allgemeinen Auslegungsregeln auf Sinn und Zweck der gesetzlichen Bestimmung zurückgegriffen werden. Das ist nur dadurch möglich, daß die das Gesetz anwendende Behörde ihre subjektive Auffassung zum Ausdruck bringt und danach handelt, also freies Ermessen walten läßt. Besondere Schwierigkeiten bereitet die Entscheidung bei bestimmten Gesetzesbegriffen, wenn die Entscheidung einer Behörde von einer „Notwendigkeit", einem „Bedürfnis" und dergleichen abhängt. Auch hier ist die subjektive Auf-

1) Art. 65 EWVRO.

2) Eine wertvolle kasuistische Zusammenstellung bringt Krönig, in MDR. 1948, S. 130. — Vgl. auch Schmidt-Brücken, DÖV. 1949, S. 41.

3) So ausdrücklich z. B. württ. VGH., in: württ. Ztschr. f. Verw. 1924, 44; 1926, 14; sächs. OVG. 29, 106.

fassung der Behörde zum mindesten mitbestimmend, so daß sie nach freiem Ermessen vorzugehen hat[1]). In Zweifelsfällen spricht die Vermutung für die Möglichkeit der Anwendung freien Ermessens[2]).

Gebundenes und nicht freies Ermessen kommt zur Anwendung, wenn für die Auslegung eines vom Gesetz gebrauchten objektiv feststellbaren Begriffs ein gewisser Spielraum gelassen wird. Werden Rechtsfolgen z. B. aus einem „Unfall", einer „Überschwemmung", dem „achtungswürdigen Verhalten eines Beamten", von dem „Vorliegen eines öffentlichen Interesses" abhängig gemacht, so ist die Entscheidung darüber, ob ein solcher Umstand vorliegt, keine Frage des freien Ermessens. Insoweit ähnelt das Verwaltungsrecht dem Privatrecht, wo ja auch die Frage, ob z. B. gegen die „guten Sitten" oder gegen „Treu und Glauben" verstoßen wurde (§§ 138, 242, 826 BGB.), ob ein „wichtiger Grund" (§ 626 BGB.), ob „grober Unfug" vorliegt (§ 360 Ziff. 2 StGB.) oder ob „berechtigte Interessen" verletzt sind (§ 193 StGB.), nicht nach freiem Ermessen, sondern in Auslegung des Gesetzes unter Würdigung der jeweiligen tatsächlichen Umstände zu entscheiden ist[3]).

Dem Wesen der verschiedenen Staatsfunktionen entsprechend spielt das freie Ermessen innerhalb der Verwaltungsorganisation eine größere Rolle als bei der Justiz, deren Tätigkeit enger an das Gesetz gebunden ist. Die Verwaltungsbehörden müssen häufig improvisieren. Ihre Entscheidungen sind deshalb auch weniger voraussehbar, als die sich enger in den gesetzlich vorgezeichneten Bahnen bewegenden Justizakte[4]).

c) Bedeutung der Abgrenzung

Die Feststellung des Vorhandenseins von freiem oder gebundenem Ermessen ist vor allem wichtig für die Frage der gerichtlichen Nachprüfbarkeit. Insbesondere die Verwaltungsgerichte sind nach den meisten Regelungen auf die Rechtskontrolle beschränkt. Für sie sind demnach wohl Akte des gebundenen Ermessens, nicht aber solche des freien Ermessens nachprüfbar. Denn die unrichtige Anwendung oder Auslegung eines allgemeinen Erfahrungssatzes oder eines nach objektiven Maßstäben auszulegenden allgemeinen Gesetzesbegriffs ist eine Rechtsverletzung.

---

1) Die Frage wird von besonders großer Bedeutung im Gewerberecht. Hier ist die Feststellung des Bedürfnisses seit jeher stark umstritten. — Beachtliche Ausführungen hierzu: Verwaltungsrechtsordnung für Württemberg 1931, S. 230 ff.

2) So auch Peters, Verwaltung, S. 20, und: Das freie Ermessen und die richterliche Nachprüfung von Verwaltungsakten in: Beamtenjahrbuch 1935, S. 483 ff.

3) Fleiner, Institutionen, S. 144.

4) Insoweit trifft die bekannte Äußerung von Stahl, Philosophie des Rechts II, 2, S. 608, daß „für die Justiz das Recht Ziel, für die Verwaltung Schranke" sei, auch heute noch zu.

Keine Rechtsverletzung und infolgedessen nicht nachprüfbar aber ist die von der Verwaltungsbehörde getroffene Entscheidung, die sich in dem ihr vom Gesetz für ihre Tätigkeit eingeräumten Rahmen hält[1]).

Sodann ist die Entscheidung, welche Art des Ermessens vorliegt, wichtig für die Anwendung der Staatsaufsicht über Selbstverwaltungskörperschaften, insbesondere Gemeinden und Gemeindeverbände. Nach den meisten Gemeinde-, Kreis- und Städteordnungen kann im Wege der Staatsaufsicht nur die Rechtmäßigkeit, nicht aber die Zweckmäßigkeit der Maßnahmen der Selbstverwaltungskörperschaften nachgeprüft werden[2]).

d) Unrichtig angewandtes Ermessen

aa) Bei gebundenem Ermessen liegt eine Ermessensüberschreitung vor, wenn die Behörde eine falsche Auslegung und Anwendung eines auf allgemeinen Erfahrungssätzen beruhenden und somit nach einem objektiven Maßstab auszulegenden unbestimmten Gesetzesbegriffes vornimmt.

bb) Bei freiem Ermessen kann Ermessensüberschreitung vorliegen, wenn die Behörde die vom Gesetz gezogenen äußeren Grenzen überschreitet oder wenn die Entscheidung aus einem anderen Grunde fehlerhaft ist.

(1.) Die Überschreitung des äußeren Rahmens kann leicht erkennbar sein.

Beispiel:

Die Verwaltungsbehörde kann die Gewerbeerlaubnis unter bestimmten im Gesetz vorgesehenen Voraussetzungen erteilen. Sie erteilt sie auch, ohne daß diese Voraussetzungen vorliegen.

Die Überschreitung des äußeren Rahmens kann aber auch erst durch das Ergebnis des Verhaltens der Verwaltungsbehörde sichtbar werden. Das ist der Fall, wenn ihr Verhalten „in so hohem Maße fehlsam ist, daß es mit den an eine ordnungsmäßige Ver-

---

1) Freies Ermessen ist nicht ausschließlich der Tätigkeit der Verwaltung eigen. Vielmehr gibt es auch freies Ermessen bei der Rechtsprechung, z. B. §§ 145, 148, 150, 398 ZPO., §§ 53, 81 FGG., § 3 BGB., die Strafzumessung des Strafrichters. Die Ansicht, daß freies Ermessen nur im Verwaltungsrecht anzutreffen sei, hat Fleiner, Institutionen, S. 6, widerlegt. — Kein freies Ermessen in der Rechtsprechung ist die freie richterliche Überzeugung nach §§ 286, 287 ZPO., §§ 315, 319 BGB.

2) Die DGO. 1936 nahm entsprechend ihrem Grundsatz, daß sämtliche Hoheitsmaßnahmen im Staat unter unmittelbarer staatlicher Kontrolle stehen müßten, einen anderen Standpunkt ein. Sie billigte der Staatsaufsicht auch die Nachprüfung der Zweckmäßigkeit von Maßnahmen der Selbstverwaltungskörperschaften zu.

waltung zu stellenden Anforderungen schlechterdings unvereinbar ist"[1]). Die Behörde überschreitet hier inhaltlich die Grenzen des sachlichen Ermessens, „indem sich die Fehlerhaftigkeit dieser Ermessensentscheidung jedem sachlichen Beobachter ohne weiteres aufdrängt"[2]).

Beispiel:

Eine Behörde verhängt grundsätzlich und immer die höchst zulässige Ordnungsstrafe, auch bei kleinsten Verfehlungen.

(2.) Die Ermessensentscheidung kann schon durch die Art und Weise des Zustandekommens, also schon vor dem Vorliegen des Ergebnisses der behördlichen Arbeit, fehlerhaft sein. Nicht im Rahmen des ihr zustehenden freien Ermessens hat die Behörde gehandelt, wenn sie nach unsachlichen Gesichtspunkten entschieden hat, die dem Sinn und Zweck der angewandten gesetzlichen Bestimmungen nicht entsprechen[3]). Hierzu gehört auch ein Verstoß gegen Grundsätze des Rechtsstaats, wie z. B. demjenigen der Gleichheit vor dem Gesetz[4]).

Beispiel:

Die Polizei darf nicht einem einzelnen Strandbesucher das Aufstellen eines Strandkorbes verbieten, während sie es allen anderen erlaubt. — Pr. OVG. 54, 262.

Fehlerhafte Zweckmäßigkeitserwägungen sind ohne Bedeutung für die Gültigkeit des Verwaltungsaktes selbst. Denn weil das Gesetz die Werterwägungen in die Hand der Verwaltungsbehörde legt, kann nun nicht jede andere Meinung über die zweckmäßigste Anwendung der vorhandenen Mittel die Ergebnisse der behördlichen Überlegung vernichten. Sinn und Zweck des Gesetzes ist vielmehr nur dann verkannt, wenn eine nach den äußeren Ereignissen nicht beanstandbare Entscheidung infolge gesetzwidriger Erwägungen oder auch aus sachfremden Beweggründen[5]) zustande gekommen ist.

Beispiel:

Eine Polizeiverordnung verbietet dem Publikum, mit dem als Außenkommando arbeitenden Strafgefangenen zu sprechen. Die Polizeiverordnung wurde auf Bitten der Gefängnisverwaltung erlassen, um die Ordnung im inneren Strafvollzug zu sichern. Die Verordnung ist ungültig. — KGJ. 18, 351.

Die Behörde handelt ferner dann nicht im zulässigen Rahmen des freien Ermessens, wenn sie von rechtsirrtümlichen Voraussetzungen aus-

---

1) RGZ. 138, 263.

2) RGZ. 154, 121 und 153 mit Nachweis älterer Entscheidungen.

3) Pr. OVG. 55, 465.

4) So sehr klar: Fleiner, Institutionen, S. 131; Fachinger, in: NJW. 1949, S. 244.

5) RGZ. 154, 121.

geht. Rechtsirrtum liegt insbesondere dann vor, wenn sie sich gebunden glaubt, wo sie in Wirklichkeit zur Anwendung ihres freien Ermessens frei ist.

Beispiel:

Die Polizei setzt bei allen Wirten, die einmal wegen Übertretens der Polizeistunde bestraft worden sind, die Polizeistunde herab in der Meinung, daß die Bestrafung kraft Gesetzes diese Folge haben müsse. Eine solche gesetzliche Bestimmung gibt es nicht. Infolgedessen ist die Entscheidung unrichtig. — Pr. OVG. 82, 431.

Eine Behörde macht den Erlaß eines in ihr Ermessen gestellten Hoheitsaktes von der Zahlung einer Gebühr abhängig, obwohl das Gesetz eine solche Zahlung nicht vorsieht. — RGZ. 132, 180; 138, 308; pr. OVG. 54, 265[1]).

Die Grenze zwischen Ermessensüberschreitung wegen innerer Ermessensfehler und Ermessensmißbrauch ist schwer zu ziehen. Es wird dabei sein Bewenden haben müssen, den Mißbrauch als besonders schweren Fall der Überschreitung anzusehen[2]).

Sämtliche Ermessensfehler machen den Akt rechtswidrig. In vielen Fällen — nicht in allen — wird außerdem eine schadenersatzpflichtige Amtspflichtverletzung eines Beamten vorliegen[3]).

e) Vorwand

Bei den Handlungen, die dem freien Ermessen unterfallen, kann es vorkommen, daß die Behörde im Augenblick ihrer Entscheidung nicht den ganzen Sachverhalt überblickte. Sie hat dann die Möglichkeit, auch nachträglich andere Tatsachen als die zunächst berücksichtigten ihrer Entscheidung zugrunde zu legen. Ein derartiges Nachschieben von Tatsachen wird allgemein als zulässig angesehen. Es ist nicht zu verwechseln mit dem Nachschieben von Rechtsgrundlagen, der Konversion[4]).

Bei der Verwaltung kommt es auf den Wert des erstrebten Zwecks und Ziels an. Juristische Bedenken dürfen das Erreichen des Ziels nicht hindern. Infolgedessen geht die herrschende Ansicht noch einen Schritt weiter. Sie gestattet sogar, daß die Behörde für ihre Anordnung eine Be-

---

[1]) Die Ermessensfehler werden nicht immer streng vom Ermessensmißbrauch unterschieden. So bezeichnet das Reichsgericht alle groben Ermessensfehler als Ermessensmißbrauch — RGZ. 137, 156 — oder setzt Ermessensüberschreitung mit Ermessensmißbrauch gleich — RGZ. 138, 14 —.

[2]) Die Versuche von Bachof, SJZ. 1948, Sp. 746, einen qualitativen Unterschied heraus zu arbeiten, sind nicht überzeugend.

[3]) Vgl. RGZ. 120, 220; 121, 232; 124, 160; 126, 166; 129, 305; 135, 117; 138, 259; 139, 149; 141, 328; 145, 182; 147, 179; auch Reichsverwaltungsblatt 1934, S. 178, 590 und 1935, S. 31, 33, 109, 593; Schubart, in: DJZ. 1934, Sp. 909.

[4]) Vgl. unten S. 181.

gründung gibt, die dem wahren Zweck und Sinn der Anordnung nicht entspricht. Ein allgemeiner Einwand des Vorwandes wird nicht anerkannt. Nötig ist nur, daß die nach außen hin mitgeteilte Begründung den Verwaltungsakt rechtfertigt und trägt[1]). Aber es werden doch immer wieder Ausnahmen zugelassen.

Beispiel:

Eine Behörde verlangt den Abbruch eines Hauses wegen Baufälligkeit, obwohl darüber Zweifel möglich sind. In Wirklichkeit will sie im Interesse des Verkehrs die Straßenflucht frei machen. Wenn das Haus wirklich auch baufällig ist, ist der Verwaltungsakt gültig. — Pr. OVG. 65, 424. — Aber: Ein baupolizeiliches Verbot des Anbaus an einer Straße ist nicht zulässig zu dem Zweck, die Durchführung der Pläne einer Gemeinde auf Abänderung einer diese Straße kreuzenden Querstraße zu erleichtern. — Pr. OVG. 82, 425. — Die für die Ausstellung eines Fischereischeins zuständige Behörde (§ 4 Ziff. 11 1. DVO. zum Gesetz über den Fischereischein vom 21. 4. 1939 — RGBl. I S. 816 —) erklärt, sie erteilen dem Antragsteller den Schein wegen seiner lange Zeit zurückliegenden Vorstrafen nicht mehr, obwohl sie ihn in den Jahren, die diesem Bescheid vorausgingen, trotz Kenntnis der Vorstrafen erteilt hatte. In Wirklichkeit will sie die Zahl der Fischereiberechtigten einschränken. Es kommt nur darauf an, ob der Verwaltungsakt durch den nach außen mitgeteilten Grund getragen wird. — Württ. VGH. vom 16. 9. 1947 in: Verwaltungsrechtspr. I S. 74 —.

Schrifttum

Bachof, Verwaltungsger. Ermessungskontrolle. In: SJZ. 1948, Sp. 742.
Berthélemy, Henry, Traité élémentaire de droit administratif, Paris 1923.
Bettermann, in: MDR. 1947 S. 44, 0948 S. 81, 1949 S. 395, DRL. 1948 S. 776.
Clemens. In: Deutsches Recht. 1943, S. 475.
Döring, Zwangsvollstreckung gegen Gemeinden. In: Bayrische Gemeindezeitung. 1927, Sp. 441.
Drost, Heinrich, Das Ermessen des Strafrichters. Berlin 1930.
Fachinger, Überschreitung des Verwaltungsermessens, in; NJW. 49, 244,
Gerber, Hans Die Grundsätze eines allgemeinen Teils des öffentlichen Rechts in der jüngsten Rechtsprechung des preußischen Oberverwaltungsgerichts. In: Verwaltungsarchiv, 36. Bd. (1931).

[1]) Die Frage ist praktisch von großer Bedeutung. Vgl. Nebinger, Verwaltungsrecht, S. 202, oder die Ausführungen von Jellinek, Verwaltungsrecht, S. 431. — Das deutsche Recht stimmt überein mit dem französischen Verwaltungsrecht, wo das détournement du pouvoir ein große Rolle spielt und seit jeher nicht zur Aufhebung des Verwaltungsaktes führte, wenn dieser nur eben durch die nach außen zitierte Rechtsgrundlage getragen wird. — Berthélemy, Traité élémentaire du droit administratif, p. 131. — All das kann aber nur für eine gut eingespielte Verwaltung gelten. Bei Verdacht von Interessenwirtschaft ist Vorsicht am Platze!

Gierke, Otto, Deutsches Privatrecht. Leipzig 1895—1917.
Jellinek, Georg, Gesetz und Verordnung. Tübingen 1919.
— Allgemeine Staatslehre. Berlin 1919 (3. Aufl.).
Jellinek, Walter, Gesetz, Gesetzesanwendung und Zweckmäßigkeitserwägung. Tübingen 1913.
Kormann, Karl, System der rechtsgeschäftlichen Staatsakte. Berlin 1910.
Krönig, Verwaltungsgerichtliche Nachprüfung von Ermessensentscheidungen. In: MDR. 1948, S. 130.
Laun, Rudolf v., Das freie Ermessen und seine Grenzen. Berlin—Wien 1910.
— Zum Problem des freien Ermessens. In: Festschrift für Zitelmann. Bonn 1913.
Lassar, Reichseigene Verwaltung unter der Weimarer Verfassung. In: Jahböff, R., Bd. 14.
Mayer, Otto, Theorie des französischen Verwaltungsrechts 1886.
Naumann, in: DV. 1949 S. 191.
Peters, Verwaltungsarchiv Bd. 35.
Scheuner, Zur Frage der Grenzen der Nachprüfung des Ermessens durch die Gerichte. In: Verwaltungsarchiv Bd. 33, S. 68 (1928).
Stahl, Friedrich Julius, Die Philosophie des Rechts. 2. Bd.: Rechts- und Staatslehre. Heidelberg 1870 (4. Aufl.)
Tezner, F., Das freie Ermessen der Verwaltungsbehörden. Tübingen 1924.

Viertes Kapitel

Verwaltungsrecht

1. Begriff des öffentlichen Rechts

a) Zweiseitig bindende Kraft

Ubi societas, ibi jus. Dieser Satz läßt sich auch umkehren: Es gibt kein Recht, wo es keine Gesellschaft gibt. Recht setzt mehrere Personen voraus, die sich nach seinen Normen richten oder zum mindesten zu richten verpflichtet sind und an die sich seine Normen richten. Diese „zweiseitig bindende Kraft“[1]) gibt der in Betracht kommenden Bestimmung Außenwirkung. Bloße Selbstgespräche können noch kein Recht sein. Das ist bei physischen Personen sogleich einleuchtend. Der Satz gilt aber auch vom Staat und sonstigen zur Rechtsetzung fähigen Stellen. Wenn sie Regeln für ihr eigenes Verhalten aufstellen, so sind das noch keine Rechtsregeln. Bis ins einzelne gehende Dienstvorschriften, Reglements, Dienstinstruktionen z. B. über die Behandlung von Akten im Behördenbetrieb oder Dienstaufsichtsentscheidungen haben keine zweiseitig bindende Kraft. Wenn sie von den bei den betreffenden

---

1) Jhering, Zweck im Recht I, 1, S. 344.

Staatsstellen tätigen Behörden und Bediensteten dennoch beachtet werden, so liegt das nicht an den Dienstvorschriften, sondern an den Rechtsbeziehungen zwischen dem Staat und den bei seinen Behörden tätigen Personen, sei es ein Beamtenverhältnis, sei es ein Dienstvertrag. Für Dritte, also auch für Staatsbürger, die nicht durch einen besonderen Vertrag an die Befolgung der Dienstvorschrift gebunden sind, sind sie unbeachtlich. Andrerseits können Dritte keine Rechte aus ihr herleiten. Insbesondere sind keine Schadenersatzansprüche unter Berufung auf § 839 BGB. möglich, da selbst bei Verletzung einer Dienstvorschrift keine „einem Dritten gegenüber obliegende Amtspflicht" verletzt ist[1]).

b) Öffentliches Recht und Privatrecht

Das gesamte geltende Recht eines Staates, alle Rechtsnormen, die in einem Staatsgebilde gelten, werden üblicherweise in zwei große Gruppen eingeteilt: das öffentliche Recht und das Privatrecht, das auch bürgerliches Recht oder Zivilrecht genannt wird[2]).

Das öffentliche Recht regelt die Beziehungen des einzelnen oder einzelner Gruppen von Menschen zum Staat oder den Stellen, die an Stelle des Staates auftreten, oder die Beziehungen dieser Stellen untereinander. Es regelt sie unter dem Gesichtspunkt der Über- und Unterordnung. Die Betroffenen können sich freiwillig in das Unterordnungsverhältnis begeben, wie bei weiten Gebieten des Gewerberechts. Sie können aber auch hinein gezwungen werden, wie beim Strafrecht. Dem öffentlichen Recht sind zwar auch Beziehungen gleichgeordneter Partner nicht unbekannt[3]). Doch stehen bei ihm die Belange der Allgemeinheit und nicht des einzelnen im Vordergrund.

Demgegenüber geht das Privatrecht grundsätzlich von der Gleichberechtigung der von ihm Betroffenen, den einzelnen Rechtsgenossen, aus, die sich nicht kraft obrigkeitlicher Gewalt gegenübertreten[4]).

c) Abgrenzung

Eine möglichst genaue Abgrenzung beider Rechtsgebiete voneinander ist eine der wichtigsten Aufgaben der Gesetzgebung, Rechtsprechung

[1]) Diese Unterscheidung ist seit langem unbestritten. Vgl. Fleiner, Institutionen, S. 62; Laband, Staatsrecht II, S. 87. — Die Unterscheidung ist im einzelnen Fall nicht immer leicht, vgl. RGZ. 48, 84.

[2]) Vgl. unten Ziffer 3.

[3]) Otto Mayer, Verwaltungsrecht I, S. 207, spricht von öffentlich-rechtlichen Gesamtverhältnissen.

[4]) RGZ. 98, 258; 166, 228; KG. in: SJZ. 1948, 599.

und Rechtslehre. Letzter Unterscheidungsgrund ist der verfolgte Zweck.

Wenn die Rechtsnorm den Interessen der Gesamtheit dienen soll, gehört sie im allgemeinen zum öffentlichen Recht. Wenn sie einem einzelnen oder einer Gruppe von einzelnen dienen soll, gehört sie im allgemeinen zum Privatrecht. Dabei ist es eine Frage der Weltanschauung, ob man als Zweck einer Rechtsordnung die Interessenwahrung einzelner Personen für tragbar hält oder nicht. Manche Rechtsbestimmungen, so z. B. das klassische römische Eigentumsrecht oder manche sachenrechtlichen Sätze des BGB. in ihrer ursprünglichen Konzeption halten selbst eigennützige Zwecke für rechtsschutzwürdig.

Die einen Ausgleich der gegenseitigen Interessen und damit eine möglichst auch tatsächliche, nicht nur theoretische Gleichstellung aller Rechtsgenossen erstrebende Rechtsordnung mißt den Grad der Schutzwürdigkeit des Einzelinteresses an dem Interesse der Allgemeinheit. So bestimmen Art. 153 WRV., Art. 14 westd. GG., Art. 22 Verf. ddR. und die neuen Landesverfassungen, daß Eigentum verpflichtet und dem Gemeinwohl zu dienen hat.

Zu den Interessen der Gemeinschaft und der einzelnen treten diejenigen einer dritten Gruppe hinzu. In zunehmendem Maße bilden sich innerhalb des modernen Staates soziale Verbände, die mehr sind als der einzelne oder ein Bündel von addierten Einzelinteressen, die aber andererseits doch nicht der Staat oder seine Beauftragten mit delegierten Befugnissen sind. Berufsklassen im weitesten Sinn, nicht in juristisch abgestempelten Formen lebende Gesellschaften oder Vereine, ja sogar schon Familienverbände richten sich nach Rechtsnormen, die den Schutz teils der Einzelinteressen, teils der gemeinsamen Interessen der Mitglieder bezwecken. Es ist zweifelhaft, ob es sich empfiehlt, diese Normen, die man Sozialrecht oder Verbandsrecht nennen kann, als selbständige Gruppe neben die Normen des Privatrechts und des öffentlichen Rechts zu setzen[1]). Denn wenn man genauer zusieht, gehören sie entweder zum Privatrecht, wie etwa die Bestimmungen der Dienst- und Arbeitsverträge, oder sie gehören zum öffentlichen Recht, wie z. B. die Bestimmungen über den Schutz der Arbeitskraft oder die Regelung des Arbeitsvertrages nach Art. 157 WRV., also insbesondere dann, wenn der Staat durch positive Rechtssätze die Verbandsinteressen zu seinen eigenen macht.

Bei der oft vorhandenen Nähe oder gar Verzahnung öffentlicher und privater Interessen darf es nicht Wunder nehmen, daß der theoretisch

---

1) Hierfür setzt sich Gierke, Deutsches Privatrecht I, S. 26, ein.

nach dem Zweck bestimmte Unterschied fast nirgends in voller Reinheit anzutreffen ist. Daher muß der Satz, daß der Zweck die letzte Bestimmung des Unterschiedes zwischen öffentlichem und Privatrecht sei, dahin eingeschränkt werden, daß der vorwiegende Zweck maßgeblich ist. Diese Unterscheidung allerdings ist allenthalben sichtbar. Es ist daher nicht möglich, auf einen Unterschied zwischen öffentlichem und Privatrecht überhaupt zu verzichten, indem man angesichts des Fehlens scharfer Grenzen der Zweckbestimmungen überhaupt auf die Zweckbestimmung des Normeninhalts verzichtet und den Bestand eines inhalt- und stofflosen Rechts annimmt[1]). Das würde zu einer wirklichkeitsfremden im leeren Raum stehenden Begriffsjurisprudenz führen. Das tatsächlich vorhandene Gegeneinander- und Miteinanderspiel allgemeiner und privater Interessen würde dann rechtlich niemals erfaßt werden können.

Unrichtig ist es auch, zwar eine Unterscheidung nach dem Normeninhalt im einzelnen vorzunehmen, dabei aber das Privatrecht völlig im öffentlichen Recht aufgehen zu lassen. Dies Bestreben war vor allem während der national-sozialistischen Herrschaft zu beobachten. Man begründete die Ansicht damit, daß jede Rechtsnorm dem Gemeinwohl zu dienen habe. Es ist nicht zu verkennen, daß Rechtsordnungen denkbar sind, die wegen der Ausrichtung einer jeden Rechtsnorm auf das Gemeinwohl kein Privatrecht für individuelle Zwecke mehr kennen. Für die deutsche Gegenwart trifft das jedoch nicht oder noch nicht zu. Ob sich das ändern soll, kann nur durch die Politik mit politischen Mitteln geklärt werden.

d) Fortbestand des Unterschiedes

Wenn der Bestand eines besonderen Verbands- oder Sozialrechts neben öffentlichem und Privatrecht oder wenn das Aufgehen des Privatrechts in das öffentliche Recht abgelehnt wird, so ist damit nichts über den sozialen Inhalt der Rechtsnormen gesagt. Im Gegensatz zur individualistisch-liberalistischen Auffassung muß gefordert werden, daß jede Rechtsnorm sozial sei. Sozial ist nicht gleichbedeutend mit Schutzlosigkeit des Einzelinteresses. Vielmehr ist der Schutz nötig für die soziale Ordnung, sofern er nicht um seiner selbst willen besteht. Die höchste

---

1) Kelsen, Hauptprobleme der Staatsrechtslehre, Allgemeine Staatslehre, S. 231. Das Staatsrecht kennt seit langem die Kontroverse, ob die streng juristische Methode dieses Rechtszweiges von allem Inhalt der Staatstätigkeit abstrahieren soll und bei der Erfassung der rechtlichen Formen sich um den Gehalt, dem diese Formen dienen, in keiner Weise zu kümmern brauche oder ob die Form vom Inhalt abhängig sei. Für die erstere Lösung z. B. v. Martitz, Über den Begriff des konstitutionellen Gesetzes, in: Zeitschrift für die gesamte Staatswissenschaft 1880, S. 250, oder Zorn, Reichsstaatsrecht I, S. 108; für die zweite Lösung: Laband, in: Arch. öff. R. Bd. 1, S. 179, Jellinek, Gesetz und Verordnung, S. 233.

Regierungskunst ist es, die Grenze festzulegen zwischen den Eigeninteressen, die gleichzeitig im Interesse der Allgemeinheit zu schützen sind, und den Eigeninteressen, deren Schutz sich im Interesse der Allgemeinheit nicht mehr rechtfertigen läßt. Für die rechtliche Behandlung der ersteren ist Privatrecht erforderlich. Die letzteren werden weitgehend nach öffentlich-rechtlichen Normen zu behandeln sein. So behält auch von diesem Gesichtspunkt aus der Unterschied zwischen Privatrecht und öffentlichem Recht seinen guten Grund[1]).

2. Begriffsbestimmung

Verwaltungsrecht ist nicht das Recht der Verwaltungsbehörden oder das von ihnen angewandte Recht. Denn Verwaltung wird auch durchgeführt von Behörden, die nicht Verwaltungsbehörden sind, sondern die zu den Staatsfunktionen der Gesetzgebung oder der Rechtsprechung gehören.

Auch auf die jeweils von der Rechtsnorm genannte oder von ihr angesprochene Person kommt es nicht an (Subjekttheorie). Denn Verwaltung kann auch dort vorliegen, wo als Rechtsträger nur Privatpersonen sichtbar sind, sofern nur der Gegenstand der Beziehungen zwischen ihnen nicht privatrechtlicher, sondern öffentlich-rechtlicher Natur ist.

Verwaltungsrecht ist vielmehr das Recht für die Verwaltung im gegenständlichen Sinn. Es ist die rechtliche Qualifikation alles dessen, was man unter einer solchen Verwaltung versteht[2]).

3. Einteilung

Im Gegensatz zum Privatrecht ist beim Verwaltungsrecht eine allgemein anerkannte Einteilung nicht vorhanden. Die ständige Zunahme der Aufgaben der Verwaltung läßt immer neue Zweige auch der rechtlichen Behandlung entstehen. Weiterhin ist zu beachten, daß manche Rechtsgebiete aus öffentlich-rechtlichen und aus privatrechtlichen Bestandteilen zusammengesetzt sind. Das gilt z. B. für das Arbeitsrecht, das Jugendrecht oder das Berufsrecht. Diese Rechtsgebiete sowie auch lediglich nach öffentlichem Recht lebende Bereiche drängen immer mehr zu einer selbständigen rechtlichen Betrachtung. Sie enthalten Rechtsbestimmungen, die nur für sie, nicht aber für andere Zweige des Verwaltungsrechts von Bedeutung sind.

[1]) Zur herrschenden Meinung: Weyr, in Arch. öff. R. 23, S. 529, Stier-Somlo, Reichs- und Landesstaatsrecht I, S. 10 ff. Immer noch beachtlich: Friedrich Stein, Grenzen und Beziehungen zwischen Justiz und Verwaltung, 1912.

[2]) So z. B. auch Jellinek, Verwaltungsrecht, S. 39.

Trotz dieser Spezialisierung aber gibt es Rechtsvorschriften, die für sämtliche verwaltungsrechtliche Zweige eine Rolle spielen. Sie können als allgemeine Lehren den Darlegungen über die einzelnen Verwaltungsrechtzweige vorausgeschickt werden. Die allgemeinen Lehren befassen sich mit der Klarstellung des Charakters und der Grundlage von Verwaltung und Verwaltungsrecht. Sie behandeln die Rechtsquellen und die Personen des Verwaltungsrechts sowie die von den Personen gesetzten Handlungen und ihre Rechtswirkungen. Die Handlungen erstrecken sich auf Beziehungen zwischen Personen, was eine Parallelerscheinung zum zivilen Obligationenrecht darstellt, oder auf Beziehungen zwischen Personen und Sachen oder in bezug auf Sachen, wodurch eine Parallele zum zivilen Sachenrecht entsteht. Allgemeine dem zivilen Familienrecht und Erbrecht entsprechende verwaltungsrechtliche Bestimmungen sind nicht vorhanden. Hier gibt es nur einige Sondervorschriften. Die materiellrechtlichen Bestimmungen werden ergänzt durch die Darstellung des Verwaltungsrechtsweges in den einzelnen ihm bekannten Formen, wie Beschwerde, Verwaltungsstreitverfahren usw.

An die allgemeinen Lehren schließt sich die Schilderung der einzelnen Verwaltungsgegenstände und ihres Rechtes an[1]).

4. Arten der Verwaltungsvorschriften

a) Geltungsbereich

Hinsichtlich des örtlichen Geltungsbereiches unterscheidet man Reichsrecht und Landesrecht. Reichsrecht gilt auf dem ganzen Reichsgebiet. Angesichts der nach dem Zusammenbruch von 1945 eingetretenen Veränderungen ist es möglich, daß reichsrechtliche Verwaltungsvorschriften in einem Teil des Reichsgebiets gelten, in einem anderen nicht. Das ändert nichts an dem Grundsatz, sondern ist nur eine Übergangserscheinung. Sie wird beendet entweder durch eine Wiederherstellung des alten Geltungsbereichs der betreffenden Vorschrift, durch ihre völlige Aufhebung oder durch ihre gesetzliche Beschränkung auf ein bestimmtes Territorium, wodurch sie aufhört, Reichsrecht zu sein, es sei denn, daß das Reich bewußt für eine bestimmte Gegend Sonderrecht schafft. Inwieweit man Anordnungen von Zweizonenämtern, Mehrzonenämtern oder Sonderbehörden als Reichsgesetze oder stellvertretende

---

[1]) Die bisher übliche Einteilung in allgemeinen Teil und besonderen Teil wird der Entwicklung des Verwaltungsrechts nicht mehr gerecht. Über sie konnte zudem niemals Klarheit hergestellt werden, wie die völlig verschiedene Zuordnung in den verschiedenen Darstellungen, insbesondere den Verwaltungsrechtslehrbüchern ergibt.

Reichsgesetze ansehen kann, ist eine Frage des Besatzungsrechts. Gemäß der Anordnung der Besatzungsmacht sind die vom Kontrollrat erlassenen Gesetze sowie auch manche andere Anordnungen dem Reichsrecht gleichwertig.

Für die drei westlichen Besatzungszonen tritt nun neben das Reichsrecht das Bundesrecht (Art. 70 ff. westGG.) und für die Ostzone das Recht der deutschen demokratischen Republik (Art. 63 Verf.)[1]).

Landesrecht gilt für das Gebiet des die Normen erlassenden Landes. Nach dem Zusammenbruch und der Begründung der neuen deutschen Länder durch die Militärregierung gibt es zwei Gruppen von Landesrecht, nämlich das Landesrecht der neu geschaffenen Länder und das Landesrecht der früher vor 1945 bestehenden Länder, das auf den Territorien auch etwa nunmehr verschwundener Länder im bestimmten Umfange weiter gilt. Diese Doppelspurigkeit tritt vor allem bei den Ländern in Erscheinung, die auf ehemals preußischem Gebiet errichtet sind. Grundsätzlich gilt hier das alte Landesrecht weiter. Es kann sogar geschehen, daß vor 1945 außer Kraft befindliche Bestimmungen wieder angewandt werden, weil die ihre Anwendung bis 1945 hindernden Sätze im Zuge der Neuordnung, sei es infolge von Bestimmung der Militärregierung, insbesondere Kontrollratgesetz Nr. 2, oder infolge neuer landesrechtlicher Bestimmungen verschwunden sind. Konkurrenzen sind nach den allgemeinen Regeln zu klären, lex specialis derogat legi generali, lex posterior derogat legi priori. Jedoch ist immer sorgfältig zu prüfen, ob es sich wirklich um die gleichen von beiden Gesetzen erfaßten Tatbestände handelt[2]).

Die von den Zonenmilitärregierungen getroffenen Anordnungen sind nicht gleichbedeutend mit Landesrecht.

Weitere Arten des Verwaltungsrechts hinsichtlich des Geltungsbereichs gibt es nicht, also kein Provinzial- oder Kreisverwaltungsrecht oder dergleichen[3]).

b) Personen

Hinsichtlich der angesprochenen Personen unterscheidet man für jedermann geltendes Recht, jus commune, und Sonderrecht für bestimmte Personen und Kreise. Diese

---

[1]) Näheres siehe 5. Kapitel.

[2]) So auch Weber, Verwaltungsgesetze, Vorwort.

[3]) Vgl. insbesondere aber wegen der Ortsstatute, unten S. 108.

Unterscheidung ist dem Verwaltungsrecht geläufiger als anderen Rechtszweigen. Seine Einteilung beruht sogar weitgehend auf der Verschiedenheit der von den verschiedenen Sparten ergriffenen Personen[1]).

c) Tatbestand

Hinsichtlich des ergriffenen Tatbestandes unterscheidet man gemeingültiges Recht, jus generale, und für einen besonderen Fall geltendes Recht, jus speciale. Auch hier kennt das Verwaltungsrecht weit mehr Spezialvorschriften als viele andere Rechtszweige. Es ist ein Zeichen fortgeschrittener Rechtsaufbautechnik, wenn in weitem Umfang mit Generalisierung und Abstraktion gearbeitet wird. Auf diesem Gebiet ist das Privatrecht dem öffentlichen Recht überlegen. Das ist z. T. eine Folge intensiverer wissenschaftlicher Durchdringung, ergibt sich aber auch aus der Natur der Sache. Wo grundsätzlich Freiwilligkeit der Rechtsanwendung besteht, wie im Privatrecht, genügt es, wenn der Gesetzgeber einzelne Typen von Rechtsformen zur Verfügung stellt. Wem der Typ nicht paßt, braucht sich überhaupt in weitem Umfange auf Handlungen, die Rechtsfolgen haben, nicht einzulassen. Demgegenüber besteht beim Verwaltungsrecht weitgehend Rechtsanwendungszwang, indem der einzelne häufig in Verwaltungsrechtsverhältnisse gerät, ohne es zu wollen.

d) Geltungskraft

Hinsichtlich der Geltungskraft gibt es zwingendes und nachgiebiges (dispositives, ergänzendes, vermittelndes) Recht. Bei zwingendem Recht kann die Rechtsfolge unmittelbar eintreten. Es ist aber auch möglich, daß zuvor noch eine Verwaltungsmaßnahme erforderlich ist. Auf alle Fälle bestimmt das Gesetz selbst genau die materielle Rechtsfolge. Demgegenüber gibt das dispositive Recht häufig nur den äußeren Rahmen für mögliche Rechtsfolgen. Es handelt sich hierbei oft um die Grenzen, innerhalb deren das freie Ermessen einer Behörde wirken kann.

e) Inhalt

Hinsichtlich des Inhalts unterscheidet man in erster Linie Gebots-, Verbots- und Erlaubnissätze. Das Gebot bezweckt ein aktives Handeln. Es richtet sich immer nur an bestimmte einzelne Personen, die insgesamt allerdings eine große Zahl ausmachen können.

Beispiel:

Hand- und Spanndienst nach dem Reichsleistungsgesetz.

---

1) Vgl. oben Nr. 3.

Das Verbot kann sich an einen einzelnen wenden, aber auch an die Allgemeinheit, also eine unbestimmte Zahl von Personen.

Beispiel:

Verbot des Betretens einer Brücke wegen Baufälligkeit.

Die Erlaubnissätze billigen oder sanktionieren ein bestimmtes Verhalten, von dem nicht feststeht, ob es jemals eintritt. Sie legen den Rechtsstatus einer Person potentiell fest. Ob die von dem Gesetz vorgesehenen Folgen Wirklichkeit werden, hängt von außerhalb des Gesetzes liegenden Umständen, insbesondere dem Tätigwerden der vom Gesetz angesprochenen Personen ab[1]).

Beispiel:

Ausnutzung einer gewerberechtlichen Erlaubnis durch den Berechtigten.

Diese verschiedenen Normen finden ihr Spiegelbild in ihnen entsprechenden Verwaltungsakten[2]) und subjektiven Rechten[3]).

Sodann können dem Inhalt nach abgrenzende von regelnden Rechtssätzen unterschieden werden. Das abgrenzende Recht scheidet das Recht von dem rechtsleeren Raum. Wie beim Privatrecht gehören hierher vor allem die Formvorschriften oder die Sätze, die einem Sachverhalt die rechtliche Wirkung versagen.

Beispiel:

Ein nicht der richtigen Person bekanntgegebener Verwaltungsakt ist wirkungslos.

5. Verwaltungsrecht als öffentliches Recht

Der Begriff des Verwaltungsrechts leidet unter denselben Unklarheiten wie der Begriff der Verwaltung selbst. Er wird erst deutlicher bei seiner Abgrenzung von anderen Rechtsmaterien.

Deutlich ist der Unterschied zum Völkerrecht. Das Völkerrecht will die Interessen staatlicher Verbände und ihnen ähnlicher Gebilde im Verhältnis zueinander schützen. Das kann zum Teil durch Verabredungen geschehen, die gewisse Verwaltungsmaßnahmen, sei es staatlicher Stellen, sei es sonstiger vom Völkerrecht möglicherweise zu besonderen Zwecken geschaffener Einrichtungen zur Folge haben. Wenn sich zwischen den Völkerrechtssatz und seine Ausführung keine innerstaatliche Rechtsetzungsmaßnahme stellt, handelt es sich bei der Ausführung um internationales Verwaltungsrecht. Solches Recht ist ein

---

[1]) Diese Vielgestaltigkeit der Rechtsnormen entspricht der gegenwärtig herrschenden Lehre. Vgl. z. B. Wenzel, Der Begriff des Gesetzes, S. 32 ff.

[2]) Vgl. 7. Kapitel.

[3]) Vgl. 8. Kapitel.

Zweig des Völkerrechts. Wenn sich zwischen den Völkerrechtssatz und seine Ausführung innerstaatliche Rechtsetzungsmaßnahmen infolge von Transformation schieben, sind für das Verwaltungsrecht nur diese innerstaatlichen Rechtssätze, wie alle anderen Staatsgesetze, maßgebend.

Über die Grenze zu dem dritten und letzten Zweig des öffentlichen Rechts, dem Staatsrecht, ist eine einheitliche Meinung nicht herzustellen. In der Vergangenheit sahen viele Lehrbücher des Verwaltungsrechts ihre Hauptaufgabe in der Darstellung der Verwaltungsorganisation, während die Tätigkeit der Verwaltung nur jeweils bei der Schilderung der einzelnen Behörden erwähnt wurde[1]), wobei dann diese Schilderung mit dem Verwaltungsrecht identisch war. Seit langem jedoch geht man von dem Inhalt der verschiedenen Normen aus.

Angesichts der Funktionen der Staatsgewalt ist nicht zu verkennen, daß die Lehre von der Gesetzgebung zum Staatsrecht gehört. Die Gesetzgebung ist zwar ein dynamischer Vorgang. Sobald das Gesetz aber einmal besteht, ist es eine feste Grundlage des Staatswesens. Es bildet dann einen Ruhepunkt in den wechselnden Ereignissen. Sowohl die Vorgänge, die zur Bildung des Gesetzes führen, als auch die Lehre von den bestehenden Gesetzen wird daher zum Staatsrecht gerechnet.

Demgegenüber behandelt das Verwaltungsrecht die dynamischen Rechtsvorgänge innerhalb des öffentlichen Lebens, die nicht zu einem Gesetz führen.

Dieselben Gesichtspunkte wie für die Abgrenzung zum Staatsrecht sind auch für den Unterschied zwischen Verwaltungsrecht und Staatskirchenrecht maßgeblich. Reines Kirchenrecht, wie z. B. codex juris canonici, ist für das Verwaltungsrecht unbeachtlich.

Beispiel:

Für die Zugehörigkeit zu einer Kirchengemeinde im Hinblick auf die Kirchensteuer sind die Kirchensteuergesetze, z. B. pr. Gesetz vom 14. 7. 1905 (GS. S. 281), nicht aber codex juris canonici maßgeblich (pr. OVG. 89, 178). — Als „besondere Verfassung" einer Diözese i. S. des § 1033, II, 11 pr. ALR. ist das allgemeine kanonische Recht nicht anzusehen (pr. OVG. 92, 69).

Vom Strafrecht unterscheidet sich das Verwaltungsrecht durch die verschiedenen Zweckbestimmungen beider Rechtszweige. Das Strafrecht blickt in die Vergangenheit und beschäftigt sich mit begangenem Unrecht. Das Verwaltungsrecht gestaltet für die Zukunft[2]).

---

[1]) So z. B. Ernst von Meier, Das Verwaltungsrecht, in: Enzyklopädie der Rechtswissenschaften 1904 (6. Aufl.) II, S. 637 ff.

[2]) Wegen des Verwaltungsstrafrechts vgl. unten S. 293.

6. Verwaltungsrecht und Privatrecht

a) Grundlage

Die Unterscheidung des Verwaltungsrechts von dem großen Gegenspieler des öffentlichen Rechts überhaupt, dem Privatrecht, ist für die gesamte Verwaltungstätigkeit und sämtliche Staatsbürger von der größten Bedeutung. Nach der Beantwortung dieser Frage entscheidet es sich, welche Behörde tätig wird und was in Ansehung des jeweils vorliegenden Sachverhaltes in rechtlicher Hinsicht zu veranlassen ist. Auf dem Wege über die Bezeichnung der zuständigen Behörde gibt § 13 GVG. — wenigstens in groben Umrissen — das Gebiet an, welches von dem einen oder anderen Rechtszweig geregelt werden soll[1]).

b) Reichsrecht und Landesrecht

Der Unterschied ist leicht festzustellen, wenn der Gesetzestext selbst die Lösung bringt, wenn er also deutlich die Anwendung von Verwaltungsrecht oder die Anwendung von Privatrecht anordnet. In erster Linie maßgeblich ist das Reichsrecht oder die Bestimmungen, die für die Dauer der Besatzungszeit an die Stelle des Reichsrechts treten. Wenn hierdurch Rechtsmaterien als zu einem Rechtszweig gehörend geregelt sind, darf das Landesrecht entweder überhaupt keine oder jedenfalls keine andere Regelung treffen. Gerade auf dem Gebiet des Verwaltungsrechts jedoch hat das Reichsrecht seit jeher dem Landesrecht eigene Regelungen in weitem Umfange überlassen (vgl. §§ 56 bis 152 EGBGB.).

Angesichts des hierdurch unvermeidlichen verschiedenen Aufbaus und Ausbaus des Verwaltungsrechts ist es schwer, allgemeine Grenzen zwischen ihm und dem Privatrecht festzulegen.

c) Mögliche Lösungen

Die grundsätzliche Abgrenzung kann nach verschiedenen Gesichtspunkten erfolgen. Die französische Ansicht bezeichnet als Verwaltungsrecht alle im Interesse der öffentlichen Verwaltung vorgenommenen Staatshandlungen, gleichgültig, ob es sich um hoheitliche, nicht hoheitliche oder gar fiskalische Angelegenheiten handelt. Alles andere ist Privatrecht[2]). Den entgegengesetzten Standpunkt nimmt die englische Ansicht ein. Danach kann jede öffentlich-rechtliche Streitigkeit nach bürgerlichem Recht dadurch beurteilt werden, daß der Beamte wie ein Privatmann behandelt wird, sobald er tatsächlich oder auch nur nach der Behauptung des Betroffenen seine Amtsbefugnis überschritten hat. Diese Streitigkeiten muß der Beamte dann als Partei austragen.

---

[1]) Vgl. oben S. 31 ff.

[2]) Berthélémy, Traité élémentaire, p. 24.

Dem deutschen Recht sind diese beiden Regelungen fremd. Insbesondere findet eine der englischen Ansicht entsprechende Regelung in Artikel 131 WRV. keine Stütze[1]). Um unter allen Umständen ein anderes Ergebnis zu vermeiden, ist das Reichsgericht sogar von dem Grundsatz abgewichen, daß es für die Zulässigkeit des Rechtswegs nicht darauf ankommt, ob die tatsächlichen Behauptungen — ihre Wahrheit unterstellt — den gestellten Anspruch rechtfertigen können, sondern nur darauf, ob ein so aufgebauter Anspruch eine bürgerliche Rechtsstreitigkeit im Sinne § 13 GVG. ergibt: Für das Gebiet der Staatshaftung hat es das Erfordernis aufgestellt, daß die tatsächlichen Behauptungen wenigstens die Möglichkeit einer Verantwortlichkeit des Staates erkennen lassen müßten, so daß in diesem Augenblick bereits eine gewisse Nachprüfung des tatsächlichen Vorbringens des Klägers auf seine rechtliche Schlüssigkeit hin geboten ist. Diese Abweichung von dem Grundsatz wird für erforderlich gehalten, um den Versuchen entgegenzutreten, die Frage der Rechtmäßigkeit von Verwaltungshandlungen unter dem Deckmantel schuldhafter Amtspflichtsverletzungen zur Entscheidung der ordentlichen Gerichte zu bringen[2]).

Beispiel:

Der Kläger will den ihm versagten Rechtsweg dadurch eröffnen, daß er ein Verschulden des handelnden Beamten bei Ausübung staatlicher Hoheitsrechte behauptet, um Steuerbeträge mit einer Klage aus unerlaubter Handlung gegen den Beamten herauszuverlangen. Die Klage wurde abgewiesen. — RGZ. 130, 270.

Nach der herrschenden deutschen Ansicht ist ursprüngliches **Verwaltungsrecht alles**, was den **Verwaltungsakt als Tatbestand** betrifft, gleichgültig in welchen einzelnen Gesetzen er behandelt wird. So enthält das BGB. zahlreiche verwaltungsrechtliche Bestimmungen, z. B. § 22, Familien- und Erbrechtsätze. Als dem Verwaltungsrecht ursprünglich angehörend sind ferner alle **Rechtsver-**

---

[1]) Was für Art. 131 WRV. gilt, muß entsprechend auch für Art. 34 westd. GG. Anwendung finden.

[2]) Gysin, in: Zeitschr. öff. R. 9, S. 481; Hermann, Grundlegung des öffentlichen Rechts, S. 37 ff.; Walz, Vom Wesen des öffentlichen Rechts, Tüb. Abh. Heft 15, S. 21 ff. — EWVO., S. 63, entspricht der herrschenden Ansicht: „Das öffentliche Recht umfaßt alle Verhältnisse, in denen der Staat, Körperschaften oder Anstalten als Träger der Staatshoheit einzelnen gegenüberstehen, und es umfaßt die Verhältnisse, in denen der Staat Körperschaften, Anstalten oder einzelne einander gleichgeordnet gegenüberstehen, soweit diese Verhältnisse überwiegend im öffentlichen Interesse geordnet sind." Das sächsische OVG. faßt zusammen: „Öffentlich ist nur das Rechtsverhältnis, in dem der einzelne kraft seiner Unterwerfung unter die Gewalt des Staates oder einer sonstigen öffentlichen Gewalt oder ihren Trägern oder den der gleichen Gewalt Unterworfenen steht." (31, 41; ferner: 29. 251; 28, 206.) —

hältnisse anzusehen, auf deren Grundlage Verwaltungsakte vorgenommen werden sollen oder können.

Ursprünglich öffentlich-rechtlich ist mithin immer der Verwaltungsakt als Tatbestand sowie jedes Rechtsverhältnis, durch welches ein Verwaltungsakt vorgenommen werden soll oder kann (Subjektionstheorie).

Beispiel:

Wenn eine Gemeinde einem Gastwirt ein Stück einer öffentlichen Straße zur Anbringung eines Balkons mit Glasdach für seine Gäste in widerruflicher Weise überläßt, so liegt ein öffentliches Rechtsverhältnis vor, weil die Gemeinde „nur kraft der ihr zustehenden öffentlich-rechtlichen Herrschaft befugt war, die Benutzung des an sich dem öffentlichen Verkehr dienenden Straßenlandes zu Privatzwecken zu gestatten". — Sächs. OVG. 31, 84.

Der Arzt, der die auf dem Impfzwang beruhenden Maßnahmen durchführt, übt öffentliche Verwaltung aus, die nach Verwaltungsrecht zu beurteilen ist. — Sächs. OVG. 31, 42.

Der Inhalt eines Rechtsverhältnisses, losgelöst von einem Verwaltungsakt, gibt keine Auskunft über seine Zugehörigkeit zum Privatrecht oder öffentlichen Recht. So gibt es Ansprüche aus ungerechtfertigter Bereicherung[1]), aus auftragloser Geschäftsführung[2]) oder auf Schadensersatz[3]) sowohl im öffentlichen als auch im Privatrecht. Bedingungen sind in beiden Rechtszweigen möglich, auch Aufrechnung[4])[5]). Ebensowenig ist die Dinglichkeit eines Rechtsverhältnisses oder die Verbindung eines Rechts mit einer Sache, insbesondere einem Grundstück, ein Anhaltspunkt.

Beispiel:

Dingliche Rechte, die mit der Gemeindezugehörigkeit des Berechtigten in Zusammenhang stehen, sind öffentlich-rechtlicher Natur. — Bayr. VGH. 48, 88.

Fließen Rechte aus dem Grundeigentum, wie z. B. das Jagdrecht, das Fischereirecht oder Wassernutzungsrechte, so handelt es sich, sofern nicht gesetzlich etwas anderes angeordnet ist, um Privatrechte. — Sächs. OVG. 30, 103; 34, 47; bayr. VGH. 46, 93.

---

1) Bayr. VGH. 50, 11, 109; sächs. OVG. 31, 20; 35, 24.

2) Sächs. OVG. 31, 61.

3) Sächs. OVG. 34, 42, 125 ff; 36, 31.

4) Kormann, System, S. 133.

5) Pr. OVG. 76, 139 sagt: „Die Aufrechnung einer dem Gebiet des Privatrechts angehörenden Ersatzforderung gegen eine öffentliche Abgabeforderung ist unzulässig." Hiergegen mit Recht Jellinek, Verwaltungsrecht, S. 231, unter Verweisung auf § 103 RAO. „Die Steuerpflichtigen sind berechtigt, gegen Steueransprüche des Reichs mit unbestrittenen oder rechtskräftig festgestellten Gegenansprüchen aufzurechnen."

Auch die an dem Rechtsverhältnis beteiligten Personen klären nicht seine Zugehörigkeit zum öffentlichen oder Privatrecht[1]).

Die Anschließung des öffentlichen Rechtsverhältnisses an den Verwaltungsakt und damit seine Ausrichtung auf den Zweck hat eine Vermehrung solcher Rechtsverhältnisse entsprechend der Zunahme der Verwaltungsaufgaben zur Folge. Viele Dinge sind heute vom Standpunkt der Gemeinschaft aus zu betrachten, bei denen in früheren Zeiten das Individualinteresse vorherrschte.

Beispiel:

Der Abschluß eines Schornsteinfegerkehrvertrages, wonach einem Schornsteinfeger ein bestimmter Kehrbezirk zugewiesen wird, sah der württembergische Verwaltungsgerichtshof als ein privates Rechtsverhältnis an. — Württ. Ztschr. f. Verw. 1924, S. 27. — Mit Rücksicht auf den öffentlichen Zweck eines solchen Vertrages ist diese Auffassung nicht mehr zu halten.

Pr. OVG. 82, 398 sieht sich genötigt, die bis dahin unbestritten herrschende Ansicht, daß Jagdpachtverträge rein privatrechtlicher Natur seien, mit Rücksicht auf das starke öffentliche Interesse zu modifizieren. Wenigstens teilweise handelt es sich beim Jagdpachtvertrag „nicht um einen Vertrag bürgerlichen Rechts, dessen Abschluß und Erfüllung allein vom Willen der Parteien abhängt, so daß sie nach Treu und Glauben zu handeln verpflichtet sind, sondern um zwingende Verfahrensvorschriften des öffentlichen Rechts, deren Verletzung das Zustandekommen eines rechtsverbindlichen Vertragsverhältnisses ausschließt"

Die Umwandlung eines Rechtsverhältnisses des öffentlichen Rechts in ein Privatrechtsverhältnis ist möglich[2]).

Beispiel:

Nach württembergischem Landesrecht wird bei der Verlegung eines Wasserlaufs das bisherige Flußbett Privateigentum des Verlegenden. Ein öffentlichrechtliches Plattenbrechrecht wird danach zum Privatrecht. — Württ. Ztschrf. Verw. 1922, S. 50. — Weiteres Beispiel vgl. unten S. 222 (Zwangsmietvertrag).

Außer den Rechtsverhältnissen, die auf Grund ihres ursprünglichen Charakters, also weil sie einen Verwaltungsakt als Tatbestand haben oder weil auf ihrer Grundlage Verwaltungsakte vorgenommen werden können oder müssen, dem Verwaltungsrecht angehören, gibt es Rechtsverhältnisse, die verwaltungsrechtlichen Normen nur im abgeleiteten Sinne unterfallen. Die wichtigsten Fälle werden durch Umkehrung und Abwicklung ergriffen.

---

[1]) Vgl. oben S. 32.

[2]) A. A. noch Jellinek, Verwaltungsrecht, S. 53. — Das kann heute, insbesondere angesichts der Entwicklung der Sachzwangsbewirtschaftung, nicht mehr bestritten werden.

Wenn von einem zunächst als Verwaltungsakt angesehenen Vorgang späterhin behauptet wird, er sei ex tunc privatrechtlicher Natur und diese Frage von einer Verwaltungsbehörde oder einem Gericht zu prüfen ist, liegt ein Fall der Umkehrung vor. Die Lehre von der Umkehrung war zu Beginn der rechtstaatlichen Entwicklung von besonderer Bedeutung. In Erinnerung an den Polizeistaat mit der Möglichkeit der Inanspruchnahme des Fiskus zur Ausgleichung durch Maßnahmen der öffentlichen Verwaltung erlittener Schäden versuchte man so, von der Behörde angeblich zu Unrecht gesetzte Akte wieder rückgängig zu machen. Ein weites Anwendungsgebiet waren öffentliche Gelderhebungen, deren Rückgewähr mit der Klagebehauptung einer unerlaubten Handlung oder der ungerechtfertigten Bereicherung erstrebt wurde.

Beispiel:

Das preußische Gesetz betreffend die Erweiterung des Rechtsweges vom 24. 5. 1861 ließ in solchen Fällen die Erstattungsklage auf Grund der Behauptung zu, daß „die einzelnen Forderungen bereits früher getilgt und verjährt seien". (§ 9.)

Wo keine ausdrücklichen Bestimmungen Privatrecht anwenden lassen, ist auch bei der Umkehrung Verwaltungsrecht anzuwenden. In einem solchen Fall ist die dennoch erhobene Klage gemäß § 13 GVG. wegen Unzulässigkeit des Rechtsweges abzuweisen. Darüber hinaus enthalten manche Gesetze besondere Bestimmungen, die den Rechtsweg für die Umkehrung ausdrücklich ausschließen (§ 227 RAO.). Maßgeblich ist allein die ursprüngliche Form des Rechtsverhältnisses.

Unter Abwicklung versteht man die Folgen, die sich aus einem öffentlich-rechtlichem Rechtsverhältnis ergeben und hinsichtlich welcher im einzelnen geprüft werden muß, ob sie dem öffentlichen oder dem privaten Recht unterfallen. Im allgemeinen sind derartige Folgen nach dem gleichen Rechtszweig zu behandeln, dem das ursprüngliche Rechtsverhältnis angehört.

Beispiel:

Die Wegepolizeibehörde verlangt vom Kläger die Ausbesserung einer Brücke. Dieser bestreitet nicht deren Ausbesserungsbedürftigkeit, behauptet aber, nicht er sondern die Behörde sei zur Ausbesserung verpflichtet. Wenn er die Ausbesserung dennoch vornimmt und nun von der Behörde Ersatz verlangt, gehört diese Abwicklung zum Verwaltungsrecht. § 56, Ziff. 5, 47, Abs. 3 des preußischen Zuständigkeitsgesetzes übertrug die Entscheidung über derartige Ersatzansprüche in Wege- und Schulangelegenheiten ausdrücklich den Verwaltungsgerichten. — Aus der Verletzung der Obhut und Rückgabepflicht, wie sie bei amtlicher Ingewahrsamnahme besteht, erwächst dem Berechtigten ein von den gesetzlichen Voraussetzungen des Art. 131 WRV. unabhängiger Ersatzanspruch aus einem Verwahrungsverhältnis, welches neben den ursprünglichen Rechtsbeziehungen entstehen kann. Auch das Verwahrungsverhältnis ist stets nach öffentlichem Recht zu beurteilen. RGZ. 115, 419; 166, 223 mit eingehender Stellungnahme zu den verschiedenen Meinungen[1]).

7. Vorfragen

a) Grundregeln

Trotz des Grundsatzes der Trennung der Gewalten besitzt jede Behörde, die für die materielle Beurteilung eines Rechtsverhältnisses zuständig ist, die Befugnis, über alle für ihre Entscheidung erheblichen Vorfragen inzidenter zu entscheiden, selbst dann, wenn diese aus einem anderen Zuständigkeitsbereich stammen[2]). Die Entscheidung über die Vorfragen nimmt an der Rechtskraft nicht teil.

Es ist zuzugeben, daß diese Regelung dem Grundsatz der Gewaltenteilung widerspricht. Sie ist jedoch aus praktischen Erwägungen nicht zu umgehen, da anderenfalls zugunsten des theoretischen Prinzips der Gewaltentrennung ein einheitliches Streitverhältnis unorganisch zerrissen werden müßte.

Für jedes Streitverhältnis muß geklärt werden, was Hauptfrage und was Vorfrage ist.

b) Hauptfragen.

Hauptfrage ist das gleiche wie Streitgegenstand oder geltend gemachter Anspruch im Sinne von § 322 ZPO. Wenn ein Verwaltungsakt, insbesondere ein in den Machtbereich der hoheitlichen Gewalt fallender Akt, Hauptfrage ist, darf sich das Gericht damit nicht befassen. Es darf ihn weder auf seine Rechtmäßigkeit noch auf seine Zweckmäßigkeit hin prüfen. Es darf ihm selbst dann nicht Verbindlichkeit und Wirksamkeit absprechen, wenn er sittlich zu beanstanden ist. Es darf auch nicht formell ein anderes Rechtsverhältnis behandeln, um dadurch materiell die Verwaltungsmaßnahme zu treffen.

Beispiel:

Eine auf Anordnung der Verwaltungsbehörde einer Partei auferlegte Leistung einer anderen Partei gegenüber, die im allgemeinen Interesse nötig ist, kann nicht mittels eines Schadenersatzanspruches inhaltlich außer Wirkung gesetzt werden. — RGZ. 165, 235; Höchstricht. Rpsr. 1936, Nr. 1065.

---

1) So preußischer Kompetenzgerichtshof vom 20. 3. 1926 in: Preuß. Verwaltungsblätter Heft 47 (1926), S. 467 ff.

2) Otto Mayer, Deutsches Verwaltungsrecht I, S. 215; Fleiner, Institutionen, S. 20.

Die Behandlung dieser Fragen als Streitgegenstand ist ausschließlich im Verwaltungsverfahren möglich.

Diese Regel erleidet zwei Ausnahmen:

Ausnahmsweise als Hauptsache durch die ordentlichen Gerichte nachprüfbar ist ein Verwaltungsakt dann, wenn es sich um einen dem Bereich hoheitlicher Betätigung unzweifelhaft fremden, gesetzlich überhaupt nicht zu rechtfertigenden Akt reiner Willkür handelt. Prozessual kann die Behauptung der Willkür durch den Kläger oder Beklagten aufgestellt werden. Allein schon durch die Behauptung einer Partei wird das ordentliche Gericht zur Nachprüfung zuständig[1]). Die Nachprüfung erstreckt sich auf Recht- und Zweckmäßigkeit. Insbesondere kann auch falsche Ausübung des freien Ermessens ein Willkürakt sein, so daß die Nachprüfung sich nicht auf die Rechtmäßigkeit oder Unrechtmäßigkeit des Aktes zu beschränken hat. Diese herrschende Ansicht der Rechtsprechung hat sich aus dem Bedürfnis herausgebildet, den einzelnen gegenüber Willkürmaßnahmen der Verwaltung nicht schutzlos zu lassen. Wo Verwaltungsgerichtsbarkeit mit Generalklausel besteht, entfällt die Zweckbestimmung in weitem Umfang, weil hier die Verwaltungsgerichte das tun können, was bei Fehlen der Verwaltungsgerichtsbarkeit in den Aufgabenkreis der ordentlichen Gerichte als der einzigen richterlichen Behörde rückt. Die ordentlichen Gerichte werden sich also unter den neuen deutschen Verhältnissen große Zurückhaltung aufzuerlegen haben[2]).

Eine Ausnahme ist sodann vorhanden, wenn eine öffentlich-rechtliche Maßnahme bei schuldhafter Amtspflichtverletzung eines Beamten aus dem Gesichtspunkt der Schadenshaftung nach § 839 BGB., Art. 131 WRV. vom Gericht nachzuprüfen ist. Um Mißbräuche der Ausnahme zu vermeiden, ist nicht nur Schlüssigkeit der Behauptung hinsichtlich der Amtspflichtverletzung zu verlangen, sondern auch, daß das Vorbringen der Partei, seine Richtigkeit unterstellt, nicht völlig abwegig ist[3]).

---

[1]) Hierfür tritt in ständiger Rechtsprechung das RG. ein: RGZ. 102, 251 (Zulässigkeit des Rechtswegs bejaht), 105, 35; 118, 227; 129, 95; 130, 290; 138, 57; 144, 253; 154, 144; 158, 257; 162, 181 (Zulässigkeit des Rechtswegs verneint, weil ein „reiner Willkürakt" nicht vorgelegen habe). Das Überwiegen der negativen Entscheidungen zeigt nur, welch hohe Anforderungen das RG. gestellt hat; es besagt nichts gegen den von ihm immer wieder deutlich wiederholten Grundsatz. Das verkennen die Gegner des Grundsatzes, nämlich: Werner, Die jüngere Rechtsprechung des RG. zur Zulässigkeit des Rechtswegs, in: Verwaltungsarchiv, Bd. 43 (1938), S. 47 ff; Stein-Jonas-Pohle, ZPO. 1938 (16. Aufl.), vor § 1 II C 1; Bettermann, Rechtsweg usw., in: MDR. 1947, S. 44, und 1948, S. 81; Bettermann-Haarmann, Das öffentliche Wohnungsrecht 1947, S. 169; Kleinrahm, in: Handbuch des gesamten Miet- und Raumrechts, Art.: „Gerichte".

[2]) Vgl. OLG. Kiel vom 13. 7. 1948 in: DV. 1949, S. 106. LG. Hagen vom 25. 10. 1948 in: Handbuch des Grundstücks- und Baurechts. Art.: „Trümmerverwertung".

[3]) Dieser Grundsatz ist insbesondere vom RG. herausgearbeitet worden, vgl. oben S. 51. Er ist auch heute noch verwertbar.

c) Vorfragen insbesondere

Jeder Streitgegenstand ist eingebettet in eine Reihe von Tatsachen. Zum Begreifen und Erkennen eines geltend gemachten Anspruchs sowie zu seiner rechtlichen Qualifizierung sind viele Erwägungen nötig. Rechtlich bedeutsam sind die hierin enthaltenen Rechtsverhältnisse. Ohne sie ist das durch den Streitgegenstand selbst dargestellte Rechtsverhältnis nicht verständlich. Insofern bedingen sie den Streitgegenstand, die Hauptfrage. Vorfragen im rechtlichen Sinne, wofür in einer rechtlichen Betrachtung dieser Name allein angewandt wird, sind daher bedingende Rechtsverhältnisse.

Solche bedingende Rechtsverhältnisse können von beiden Parteien vorgebracht werden. Beruft sich der Kläger darauf, so sind sie nur dann Vorfragen, wenn sie neben der Hauptfrage, die für die Bestimmung des ordentlichen Rechtswegs nach § 13 GVG. maßgeblich ist, vorgetragen werden. Der Streit wird dabei häufig darum gehen, ob das klägerische Vorbringen wirklich in diesem Punkt so zu qualifizieren ist, wie der Kläger es wünscht und ob nicht die von ihm als Hauptfrage bezeichnete Materie in Wirklichkeit Nebenfrage ist und umgekehrt. Es kommt dabei nicht auf die Ansicht des Klägers an, sondern das Gericht zieht nach eigener Ansicht die Rechtsfolgen aus dem Vortrag des Klägers[1]).

Anders steht es mit dem Vorbringen des Beklagten. Auch wenn er sich allein und ausschließlich auf im öffentlichen Recht wurzelnde Gegenrechte beruft, ist sein Vorbringen immer Vorfrage im prozessualen Sinn. Als Vorfrage aber darf das ordentliche Gericht Gültigkeit und Bestehen eines Verwaltungsaktes nachprüfen[2]).

Wenn es sich im Zivilprozeß um Verwaltungsakte handelt, gegen die im Verwaltungsverfahren noch ein Rechtsbehelf gegeben ist, kann das Gericht das Ergebnis des Verwaltungsverfahrens, einschließlich des Verwaltungsstreitverfahrens, abwarten. Es kann das gerichtliche Verfahren bis zur endgültigen Klärung der Angelegenheit durch die Verwaltungsbehörden gemäß § 148 ZPO. aussetzen. Diese Möglichkeit hat es aber auch noch nach der Entscheidung der Verwaltungsbehörde. An das Ergebnis dieser Entscheidung ist das Gericht für den von ihm zu bearbeitenden Vorfragenbereich nicht gebunden, gleichgültig in welchem verwaltungsrechtlichem Verfahrensstadium sich die Sache befindet (keine Feststellungswirkung!)[3]). Zur Aussetzung ist das Gericht berechtigt, aber, abgesehen von noch zu

[1]) Vgl. oben 32.

[2]) Landgericht Hagen, in: Justizministerialbl. Nordrhein-Westfalen 1948, S. 170.

[3]) RGZ. 96, 168.

erörternde Ausnahmen, **nicht verpflichtet.** Es hat die Möglichkeit, sich über das bedingende Rechtsverhältnis selbst eine Meinung zu bilden und entsprechend dieser Meinung über die Hauptfrage zu entscheiden. Das Gericht darf auch aussetzen, wenn die **Verwaltungsbehörde** mit der Sache **noch gar nicht befaßt** war, um ein solches Verwaltungsverfahren erst zu veranlassen[1]). Schließlich steht die Aussetzung auch im Ermessen des Gerichts, wenn der Rechtsweg zwar zur Zeit unzulässig ist, aber durch eine verwaltungsgerichtliche Entscheidung eröffnet werden kann. Die über die Vorfrage gebildete Meinung des Gerichts berührt die den Vorfragen zugrunde liegenden Verwaltungsmaßnahmen nicht. Sie bleiben nach wie vor bestehen. Nur eben sind sie für das vom Gericht entschiedene Streitverhältnis lediglich in derjenigen Art und Weise von Bedeutung, die das Gericht ihnen beimißt. Es kann dabei vorkommen, daß das Gericht einen Verwaltungsakt als ungültig ansieht und infolgedessen nicht berücksichtigt.

Beispiel:

Der Ehemann der Klägerin ist 1943 durch rechtskräftig festgestelltes Verschulden des Beklagten getötet worden. Dieser erhebt im Rentenprozeß den Einwand, der Getötete sei Nazi-Aktivist gewesen; er würde nach 1945 seine Stelle als Lohnbuchhalter ohnehin verloren haben, so daß er der Klägerin nur geringeren Unterhalt hätte gewähren können. Obwohl ein Entnazisierungsverfahren selbständig durchgeführt werden kann, hat auch das Gericht die Möglichkeit, die von dem Beklagten geltend gemachten Umstände nachzuprüfen. — Landgericht Hagen, Urteil vom 15. 1. 1947, in: DRZ. 1947, S. 415.

Die Regelung stellt keinen unangebrachten Übergriff des Gerichts auf das Verwaltungsgebiet dar, weil die Entscheidung über Vorfragen nicht in Rechtskraft erwächst und so die Verwaltung für ihr Gebiet freie Hand behält.

Wenn das Gericht sich entschließt, nicht auszusetzen sondern den Verwaltungsakt auf seine Wirksamkeit oder Unwirksamkeit hin als prozessuale Vorfrage zu prüfen, so kann sich diese **Prüfung auf jede Art der Unwirksamkeit erstrecken,** also nicht nur die Unwirksamkeit wegen Willkür. Denn nicht wirksame Verwaltungsakte können von jedermann als nicht vorhanden betrachtet werden, ohne daß eine formelle Kraftloserklärung nötig ist[2]). Was aber jedermann darf, darf auch das Gericht.

---

[1]) Neuerdings sehr bestritten! Wie hier: RGZ. 99, 12; Stein-Jonas, ZPO. 1938 (16. Aufl.), § 143, III, 1; Stein-Jonas-Schoenke, ZPO. 1949 (17. Aufl.) ebd.; Schoenke, Zivilprozeßrecht, § 12 VI, 3; Schlegelberger, FGG., Berlin 1927 (3. Aufl.), § 12 Anm. 10; pr. OVG. 92, 99; 97, 129. A.A. für sämtliche Verwaltungsakte: Bachof in: SJZ., 1949, S. 387; wenigstens für Verwaltungsgerichtsurteile: KG. vom 8. 8. 1949 in: DV. 1949, S. 620.

[2]) Fleiner, Institutionen, S. 196; Schlegelberger, FGG., § 12 Anm. 1.

Manche beschränken die richterliche Nachprüfung, also die materiellrechtliche Beurteilung der Vorfrage unter Berufung auf die den Umfang des ordentlichen Rechtswegs betreffende Reichsgerichtsjudikatur[1]) auf die Unwirksamkeit wegen Willkür[2]). Es ist aber nicht ersichtlich, weshalb der eine Grund der Unwirksamkeit anders behandelt werden soll wie ein anderer. Dem Gericht würden hierdurch Schranken auferlegt, die weder im Gesetz noch in der bisherigen Rechtsprechung eine Stütze finden[3]). Diese ganze Regelung ist unabhängig von dem Bestand einer Verwaltungsgerichtsbarkeit[4]).

Selbst dann, wenn Klarheit über die theoretische Abgrenzung von Haupt- und Vorfrage mit den jeweils ganz verschiedenen rechtlichen Folgen herrscht, ist es schwer, im Einzelfall den Unterschied zu erkennen[5]).

Beispiel:

Durch Erlaß des Oberpräsidenten der Nordrhein-Provinz vom 19. 10. 1945 wurde der Witwe eines Apothekers, dem im Jahre 1940 aus politischen Gründen die Konzession zum Betreiben einer Apotheke entzogen worden war, diese Konzession wieder zugeteilt. Das Gericht wies die Klage der Witwe gegen den gegenwärtigen Apothekeninhaber auf Untersagung der Ausübung der der Witwe zustehenden Apotheker-Konzession ab, da der Rechtsstreit ausschließlich von der Rechtsgültigkeit des erwähnten Erlasses abhänge. Trotz aller zivilrechtlichen Verbrämungen sei dieser Erlaß die wirkliche Hauptfrage. Hierfür aber sei das Gericht nach § 13 GVG. nicht zuständig. — Oberlandesgericht Hamm vom 21. 11. 1947 in: DRZ. 1948, S. 140. — Gegen diese Entscheidung wendet sich Bettermann ebd.

Im Falle der Entlassung eines Beamten als Ehrenbeamten können die Gerichte nicht nachprüfen, ob der entlassene Beamte Ehrenbeamter war. Sie können die ihm möglicherweise zustehenden Versorgungsansprüche nicht zusprechen. — RGZ. 163.

---

1) RGZ. 135, 110; 164, 15.

2) So statt vieler: Oberlandesgericht Düsseldorf vom 26. 6. 1947, in MDR. 1948, 109; vgl. ferner Meiss, in: SJZ. 1947, Sp. 82 und MDR. 1947.

3) Eingehender Beweis durch Bettermann, in: MDR. 1947, S. 44 und 224; S. 222; ebenso Kleinrahm, in: MDR. 1948, S. 110.

4) Ule, in Zentraljustizblatt f. d. brit. Z. 1949, S. 62, vertritt die Ansicht, daß das Vorhandensein einer Verwaltungsgerichtsbarkeit den Umfang der Prüfungsbefugnis von Vorfragen durch ordentliche Gerichte vermindere. Das ist nicht verständlich. Denn die Ansicht des Gerichts über den als Vorfrage geprüften Verwaltungsakt berührt ja niemals diesen Akt direkt, sondern ist nur von Bedeutung für den Rechtsstreit intra partes. — Vgl. hierzu auch Bettermann, in: MDR. 1949, S. 395. —

5) Zur Frage der Abgrenzung von Haupt- und Vorfrage vgl. auch die aufschlußreiche Kontroverse zwischen W. Meiß und K. A. Bettermann, in: SJZ. 1946, Sp. 82, MDR. 1947, S. 44, 222.

Als Faustregel wird empfohlen[1]), die Gegenprobe aus § 148 ZPO. zu machen. Wo eine Aussetzung möglich ist, also wohl immer dann, wenn das Gericht der Ansicht ist, daß eine Verwaltungsentscheidung innerhalb der Verwaltung nachgeprüft werden kann, liegt eine Vorfrage vor.

Empfehlenswert ist auch eine andere Probe[2]): Wenn die Klage in eine Feststellungsklage umgedacht wird, und nun die öffentlich-rechtliche Frage unmittelbar Gegenstand des Urteilstenors wird, ist der Rechtsweg unzulässig. Bleibt sie dagegen Vorfrage zu einer zivilrechtlichen Frage, und bleibt diese auch bei der Feststellungsklage unmittelbarer Gegenstand des Urteilstenors, dann ist der Rechtsweg zulässig, mag das öffentliche Recht auch noch so bedeutsam und von ihm der materielle Ausgang des Prozesses abhängig sein.

Eine wichtige Schranke besteht allerdings. Die Gerichte haben stets nur die Rechtmäßigkeit des Verwaltungsakts nachzuprüfen, niemals seine Zweckmäßigkeit.

Beispiel:

Die Verwaltungsgerichte neigen dazu, den Rahmen der Rechtmäßigkeit weit zu spannen. Das Vorliegen „persönlicher Zuverlässigkeit", von „Fachkenntnissen", des „Bedürfnisses" im Gewerberecht, werden als Rechtsfragen angesehen; ebenso die „Unterbelegung" von Wohnraum nach Art. VII Wohnungsgesetz (KR.-Gesetz Nr. 18) oder des „Eigenbedarfs" oder ähnlichem nach den verschiedenen Flüchtlingsgesetzen.

Das gleiche gilt für Ermessensentscheidungen. Wenn eine Behörde ermächtigt ist, nach ihrem Ermessen zu entscheiden, so kann diese Entscheidung mit den erwähnten Einschränkungen auf ihre gesetzliche Zulässigkeit hin nachgeprüft werden, also dahin ob die Behörde von ihrem Ermessen im Sinne des Gesetzes Gebrauch gemacht hat oder ob Ermessensmißbrauch vorliegt. Niemals aber ist die Zweckmäßigkeit der innerhalb der Ermessensgrenzen getroffenen Verwaltungsentscheidung nachprüfbar. (Argumente jetzt aus § 36 südd. VGG., § 23 Abs. 3 brit. VO. 165.)

Während der Aussetzung des Verfahrens ruht die Verjährung.

Die im deutschen Recht getroffene Regelung entspricht nicht einem notwendigen Verhältnis von privatem und öffentlichem Recht, sondern ist das Ergebnis positiv-rechtlicher Bestimmungen. Es gibt andere Rechtssysteme, die die Trennung der verschiedenen Staatsfunktionen strenger

---

1) So Bettermann, in: DRZ. 1948, S. 776.

2) Das empfiehlt Krückmann, in: JW. 1925, S. 776.

durchführen. Das hat den Vorteil, daß Hauptfragen und Vorfragen stets von derselben Behörde entschieden werden. Der Nachteil liegt in einer gewissen Unbeweglichkeit, denn das Ergebnis ist nur dadurch zu erzielen, daß die Gerichte stets aussetzen müssen, wenn eine Frage des öffentlichen Rechts auftaucht[1]).

Von diesen Regeln gibt es zwei Gruppen von Ausnahmen: Ausnahmsweise wird das Gericht durch ganz bestimmte positivrechtliche Bestimmungen zur Aussetzung gezwungen. Das ist insbesondere der Fall, wenn die Durchführbarkeit des Anspruchs überhaupt oder die Geltendmachung der Klageforderung vor dem ordentlichen Gericht von einem Verwaltungsakt abhängt. Derartige Bestimmungen finden sich insbesondere im Devisenrecht oder Preisrecht[2]).

Ausnahmsweise besteht in einigen Bestimmungen eine Bindung der Gerichte an die Entscheidung der Verwaltungsbehörde. Insoweit entsteht ausnahmsweise eine Feststellungswirkung auf seiten der aktiv Beteiligten. Voraussetzung der Bindung ist, daß sich die Verwaltungsbehörde in den Grenzen der ihr zustehenden Befugnisse und Zuständigkeit hält[3]). Das Gericht kann hier die Entscheidung der Verwaltungsbehörde auch als Vorfrage nicht anders entscheiden. Infolgedessen ist es in diesen Fällen zur Aussetzung verpflichtet. Eine solche Bindung des Gerichts an die Entscheidung der Verwaltungsbehörde ist angeordnet insbesondere durch §§ 358, 405 Abs. 2, 705 Abs. 4, 901, 1042, 1219, 1543 RVO., § 89 AngstVG., §§ 2, 89 PrivVersG. i. d. F. vom 6. Juni 1935, § 468 RAO., in einigen Beamten- und Besoldungsgesetzen, § 13 Patentgesetz, § 6 Volksschulunterhaltungsgesetz[4]).

d) Nachfragen (Zulässigkeit des Rechtswegs)

Wenn ein Verwaltungsakt keinerlei privatrechtliche Beziehungen zwischen den davon Betroffenen herstellt, ist zwischen ihnen die Austragung von Differenzen, die sich aus dem Verwaltungsakt ergeben könnten, vor dem ordentlichen Gericht ausgeschlossen.

Beispiel:

Wenn der Eigentümer einer Sache, die nach RLG. beschlagnahmt und an einen anderen übergeben wurde, sich an diesen halten will, handelt es sich nicht um einen Eigentumsstreit, sondern um die gerichtlich unzulässige Nachprüfung der Rechtmäßigkeit der vorgenommenen Beschlagnahme.

---

1) So das französische Verwaltungsrecht. Vgl. z. B. L. Dareste, Voies de recours, p. 62.

2) Einzelheiten bei Stein-Jonas, a. a. O. Vorb. II D 2 vor § 1.

3) RGZ. 122, 119; 124, 85; 129, 1.

4) Weitere Einzelheiten bei Stein-Jonas, a. a. O. Vorb. II D 4 vor § 1, Schlegelberger, FGG. § 12 Anm. 11.

Dabei kann es keinen Unterschied ausmachen, ob der Streit durch eine Klage gegen die beschlagnahmende Behörde, bei Räumen etwa das Wohnungsamt, oder gegen den Berechtigten ausgetragen wird. Ebensowenig wie eine Klage gegen die Behörde zulässig wäre, ist sie es gegen den Berechtigten, auch wenn es sich um eine Privatperson handelt, zulässig. — RGZ. 103, 134; 157, 115; 162, 233. — Landgericht Bochum, in: SJZ. 1946, Sp. 175. — A. A. Landgericht Essen, in: SJZ. 1946, Sp. 228.

Es gibt jedoch Fälle, bei denen aus dem öffentlich-rechtlichen Akt zivilrechtliche Beziehungen zwischen den durch den Akt Betroffenen entstehen.

Das ist möglich, wenn die Betroffenen, möglicherweise unter Zwang der Behörde, einen von ihr gewünschten Vertrag abschließen. Das so entstandene Vertragsverhältnis lebt dann nach Privatrecht[1]).

Beispiel:

Wenn der Leistungspflichtige nach RLG. auf Verlangen der Bedarfsstelle mit einem Dritten über eine bewegliche Sache einen Mietvertrag abschließt gemäß § 3 b Nr. 1 RLG., ist für eine auf dieses Verhältnis gegründete Miet- oder Schadenersatzforderung der ordentliche Rechtsweg gegeben. Die Besonderheit, daß der Mietvertrag unter obrigkeitlicher Einwirkung abgeschlossen ist, nimmt ihm nicht den bürgerlich-rechtlichen Charakter. Den Parteien eines solchen Vertrages stehen keine Hoheitsrechte zur Seite. — RGZ. 167, 281.

Das gleiche Ergebnis kann in vom Gesetz besonders vorgesehenen Fällen aber auch eintreten, wenn die Beteiligten keinerlei direkte Abreden treffen, sondern sich übereinstimmend passiv oder gar ablehnend verhalten.

Beispiel:

Der nach Art. VIII 2 b Wohnungsgesetz festgesetzte Zwangsmietvertrag ist ein Verwaltungsakt mit bürgerlich-rechtlichen Wirkungen (Bachof, in: DÖV, 1949, 215) nach BGB., Mieterschutzgesetz usw. Das Gleiche gilt bereits nach § 4 Wohnungsmangelgesetz vom 26. 7. 1923 (Kleinrahm, in: DRZ. 1945, 138 ff.)

Aus einem Hoheitsakt wird hier ein bürgerlich-rechtliches Rechtsverhältnis erzeugt. Ein derartiger Kontrahierungszwang ist für das bürgerliche Recht eine Ausnahme.

Im Gegensatz zur Abwicklung[2]) handelt es sich hier nicht um Folgen, die aus einem für sich selbständig bestehenden öffentlich-rechtlichen

[1]) Gülde, in: DR. 1942, S. 345, bezeichnet ein solches Rechtsverhältnis als ein solches von gemischtem Charakter. Das ist nicht ganz zutreffend, weil das Verwaltungsrecht nur bei der Entstehung eine Rolle spielt, nicht aber später. Gemischte Rechtsverhältnisse sind solche, bei denen Verwaltungsrecht und Privatrecht auch zeitlich nebeneinander zur Anwendung kommen.

[2]) Vgl. oben S. 75.

Rechtsverhältnis als neue Rechtsverhältnisse entstehen. Vielmehr wird der Verwaltungsakt selbst umgewandelt und damit etwas anderes, als er ursprünglich war.

8. Vorfragen im Strafprozeß

Das Strafgericht hat sämtliche Tatbestandsmerkmale der von ihm zu beurteilenden strafbaren Handlung selbständig und unter eigener Verantwortung zu untersuchen. Wenn ein Verwaltungsakt sich als Tatbestandsmerkmal qualifiziert, hat das Strafgericht ihn völlig frei zu prüfen. Irgendwelche Entscheidungen oder Auffassungen der Verwaltungsbehörde sind für das Strafgericht nicht bindend. Das Strafgericht kann sein Verfahren aber bis zur Entscheidung der Verwaltungsbehörde oder des Verwaltungsgerichts aussetzen. Die herrschende Lehre entnimmt diese Regelung aus § 262 StPO.[1]).

Beispiel:

Wenn Anklage wegen Zolldefraudation erhoben ist, hat das Strafgericht bei der Prüfung der Schuldfrage selbständig zu untersuchen, ob eine Ware zollpflichtig ist und in welche Klasse des Zolltarifs sie gehört. An die Auffassung der Zollbehörde ist es nicht gebunden. — RGStr. 12, 1. —

9. Privatrechtliche Vorfragen im Verwaltungsverfahren

Bei durchgebildeter Verwaltungsgerichtsbarkeit muß den Verwaltungsgerichten eine Aussetzungsbefugnis in dem gleichen Umfange zugebilligt werden, wie sie nach § 148 ZPO. den ordentlichen Gerichten zusteht. Das ist in den Gesetzestexten zwar nicht erwähnt, ergibt sich aber aus dem Charakter des Verfahrens und dem Sinn der Verwaltungsgerichtsbarkeit[2]).

Die übrigen Verwaltungsbehörden dagegen haben keine Aussetzungsbefugnis. Um die Belange der Allgemeinheit wahren zu können, müssen sie weiter arbeiten, unabhängig davon, ob ein Betroffener sich auf privatrechtliche Umstände beruft. Sie müssen sich daher hierüber eine Meinung bilden, soweit das zur Regelung ihres verwaltungsrechtlichen Sachverhalts nötig ist. Eine andere Lösung würde die Verwaltungstätigkeit lahm legen. Allerdings haben solche Meinungen oder Entscheidungen der Verwaltungsbehörden oder Verwaltungsgerichte keinen Bestand. Sie entfallen, sobald das ordentliche Gericht die im Verwaltungsverfahren als Vorfrage erledigte Angelegenheit als Hauptfrage entschieden hat. Dann ist die gerichtliche Entscheidung maßgeblich mit der Folge, daß die Verwaltungsbehörde ihre Entscheidung möglicherweise abändern muß.

---

[1]) Z. B. Loewe-Rosenthal, Kommentar zur Strafprozeßordnung, § 262, Anm. 9. Jellinek, Veröffentlichungen, S. 214.

[2]) v. Werder-Labs-Ortmann, Das Verfahren vor den Verwaltungsgerichten, Oldenburg 1949, S. 162. — Vgl. auch § 34 südd. VGG.

10. Kompetenzkonflikt

a) Befugnis der Gerichte

Falls zwischen einer Verwaltungsbehörde und einem ordentlichen Gericht Streit darüber herrscht, ob der ordentliche Rechtsweg zulässig ist, entscheidet hierüber das Gericht gemäß § 17 Abs. 1 GVG. Hat das Gericht rechtskräftig entschieden, so kann eine Entscheidung von der Verwaltungsbehörde nicht mehr mit der Begründung beansprucht werden, es liege ein öffentlich-rechtliches und kein privatrechtliches Verhältnis vor. Gemäß § 28 brit. VO. Nr. 165 ist die rechtskräftige Bejahung des Verwaltungsrechtswegs durch das Verwaltungsgericht ebenso bindend wie die rechtskräftige Bejahung des ordentlichen Rechtswegs durch das ordentliche Gericht.

Im übrigen kann das Gericht den von einer Verwaltungsbehörde überprüften Tatbestand nochmals unter den Gesichtspunkten des Privatrechts prüfen, und zwar selbst dann, wenn es sich um eine endgültige Entscheidung der Verwaltungsbehörde handelt. Zu beachten sind stets die allgemeinen Regeln über die Tatbestands- u. Feststellungswirkung.

b) Arten

Die Vormachtstellung der Gerichte wird dadurch eingedämmt, daß die Landesgesetzgebung gemäß § 17 Abs. 2 GVG. die Entscheidung von Streitigkeiten zwischen den Gerichten und den Verwaltungsbehörden oder Verwaltungsgerichten über die Zulässigkeit des Rechtsweges besonderen Behörden übertragen kann. Diese Zuständigkeitsgerichtshöfe (Kompetenzgerichtshöfe) haben dann die Zuständigkeitsstreitigkeiten (Kompetenzkonflikte) zu entscheiden.

Zu unterscheiden sind positive und negative Kompetenzkonflikte.

Der positive Kompetenzkonflikt macht die Unzulässigkeit des Rechtswegs geltend. Er kann von der Verwaltungsbehörde oder dem Verwaltungsgericht erhoben werden, wenn ihrer Ansicht nach das ordentliche Gericht, welches gemäß § 17 Abs. 1 GVG. die Zulässigkeit des Rechtswegs bejaht hat, das zu unrecht tut. Das ordentliche Gericht hat die Erhebung des positiven Kompetenzkonflikts nicht nötig, weil es gemäß § 17 Abs. GVG. sich aus eigener Machtvollkommenheit für zuständig erklären kann. Die Erhebung des Zuständigkeitsstreites hat die Unterbrechung des Verfahrens vor dem ordentlichen Gericht bis zur Entscheidung des Kompetenzgerichtshofs zur Folge[1]).

---

1) RGZ. 106, 35 enthält wichtige Gesichtspunkte über die Folgen des positiven Kompetenzkonflikts für die davon Betroffenen.

Der negative Kompetenzkonflikt kann von den Betroffenen oder den Parteien erhoben werden, wenn sowohl die ordentlichen Gerichte als auch die Verwaltungsdienststellen sich zur Erledigung der Sache für unzuständig erklären. Voraussetzung ist die Erschöpfung des Rechtsmittelweges. Hiermit soll ein non liquet und damit Schutzlosigkeit der Betroffenen oder eine Justizverweigerung vermieden werden. Die Entscheidung des Kompetenzgerichtshofs beschränkt sich auf die Feststellung, ob der Rechtsweg vor dem ordentlichen Gericht oder das Verfahren vor Verwaltungsbehörde oder Verwaltungsgericht zulässig ist. Sie ist bindend für Gericht und Verwaltungsdienststelle.

Wo die Verwaltungsgerichte in der gleichen Weise ausgebaut sind wie die ordentlichen Gerichte und wo außerdem die Generalklausel die Möglichkeit gibt, jede Verwaltungsangelegenheit an letzter Stelle durch ein Verwaltungsgericht überprüfen zu lassen, ist die Bedeutung des Kompetenzkonflikts verringert. Allerdings ist auch dann noch ein negativer Kompetenzkonflikt denkbar.

c) Zuständigkeitsgerichtshöfe

Die Einrichtung von Zuständigkeitsgerichtshöfen durch die Länder ist daher auch jetzt noch von Bedeutung. In der Zeit vor 1945 hatten die meisten deutschen Länder von der ihnen durch § 17 Abs. 2 GVG. gegebenen Möglichkeit Gebrauch gemacht (Preußen z. B. durch Verordnung vom 1. August 1879)[1]). Wo die neuen Länder weitgehend sich auf bereits vorhandenem Staatsgebiet aufbauen, wie vor allem in Süddeutschland, können bisher bestehende Einrichtungen fortgesetzt werden[2]). Für die Länder der britischen Zone schafft brit. VO. Nr. 165, § 28 Abs. 1 Klärung. Danach entscheidet beim positiven Kompetenzkonflikt zwischen ordentlichen und Verwaltungsgerichten die Priorität. Die Verwaltungsgerichte können nur dann über die Zulässigkeit des Verwaltungsrechtswegs entscheiden, wenn nicht zuvor ein ordentliches Gericht die Zulässigkeit des ordentlichen Rechtswegs bejaht hat. Im Verhältnis zwischen ordentlichen Gerichten und Verwaltungsbehörden, die keine Verwaltungsgerichte sind, bleibt es bei der Regelung des § 17 Abs. 1 GVG. Bei negativem Kompetenzkonflikt entscheidet der Oberste Gerichtshof für die britische Zone, der insoweit also der Nachfolger der Landeskompetenzgerichtshöfe ist. Er rückt dadurch auch automatisch in die Stellung des Reichsgerichts bei negativen Kompetenzkonflikten

---

1) Eingehende Einzelheiten für die Zeit vor 1933 bei Jellinek, Verwaltungsrecht, S. 53 ff.

2) Bayern hat seinem Obersten Landesgericht (Gesetz vom 11. 5. 1948 — GVBl. S. 83 —) u. a. die Erledigung der Kompetenzkonflikte übertragen.

ein. In Abweichung von den allgemeinen Regeln war nämlich die Erhebung des negativen Kompetenzkonflikts nicht mehr möglich, wenn das Reichsgericht den ordentlichen Rechtsweg für unzulässig erklärt hatte. Diese Entscheidung band auch die Verwaltungsbehörden.

Schrifttum

Apelt, Der verwaltungsrechtliche Vertrag.

Bayrischer Gerichtshof für Kompetenzkonflikte, Sammlung der Entscheidungen. 1907 ff.

Baumgarten, Arthur, Die Wissenschaft vom Recht und ihre Methoden. Tübingen 1922.

Berthelemy, Henry, Traité élémentaire de droit administratif. Paris 1923 (10. ed.)

Bettermann-Haarmann, Das öffentliche Wohnungsrecht 1947.

Dareste, L., Voies de recours. Paris 1914.

Gierke, Otto v., Deutsches Privatrecht. Leipzig 1895—1917.

Gülde, in: DR. 1942, S. 345.

Gysin, in: Ztschr. öff. R. Bd. 9.

Haller, Öffentliches Recht. In: Württ. Ztschr. f. Verw. 1929.

Hartmann, Zum Begriff der bürgerlichen Rechtsstreitigkeit nach § 13 GVG. In: Arch. Ziv. Prax. Bd. 121, S. 297 (1923).

Herrmann, Karl, Grundlegung des öffentlichen Rechts. Berlin 1931.

Ihering, Rudolf v., Der Zweck im Recht. Leipzig 1877.

Kelsen, Hans, Hauptprobleme der Staatsrechtslehre. Tübingen 1923 (2. Aufl.).

— Allgemeine Staatslehre. Aien 1925.

Kleinrahm. In: MDR. 1948, S. 110.

Krückmann, in: JW. 1925 S. 776.

Loewe-Rosenthal, Kommentar zur Strafprozeßordnung. 1927 (17. Aufl.).

Meier, Ernst v., Verwaltungsrecht. In: Encyklopädie der Rechtswissenschaften. 1904 (6. Aufl.).

Martitz, v., Über den Begriff des konstitutionellen Gesetzes. In: Zeitschrift für die gesamte Staatswissenschaft. 1880, S. 250.

Meiss, W., In: MDR. 1947, S. 44, 222, SJZ. 1947, Sp. 82.

Schantz, Arno, Das subjektive Recht als Bestandteil des allgemeinen Teils der Rechtsordnung. Berlin 1931.

Stier-Somlo, Fritz, Das deutsche Reichs- und Landesstaatsrecht. Berlin und Leipzig 1924.

Stölzel, Otto, Rechtsweg und Kompetenzkonflikt in Preußen. Berlin 1901.

— Rechtsprechung des preußischen Gerichtshofs zur Entscheidung der Kompetenzkonflikte. Berlin 1927.

Walz, Gustav Adolf, Vom Wesen des öffentlichen Rechts. Tübinger Abhandlungen, Heft 15. Stuttgart 1928.

Wenzel, Max, Der Begriff des Gesetzes. Berlin 1920.

Weber, Werner, Verwaltungsgesetze. Textausgabe des Verwaltungsrechts der ehemals preußischen Gebiete. München und Berlin 1948.

Weyr, Zum Problem eines einheitlichen Rechtssystems. In: Arch.f.öff.R., Bd. 23, S. 529.

Ule, Verwaltungsgerichtsbarkeit und Justiz, in: Zentraljustizblatt. f. d. brit. Zone, 1949, S. 62.

Zorn, Philipp, Das Staatsrecht des Deutschen Reichs. Berlin—Leipzig 1880.

Fünftes Kapitel

Quellen des Verwaltungsrechts

1. Begriff der Rechtsquelle

Da das Verwaltungsrecht ein Zweig der gesamten staatlichen Rechtsordnung ist, stammt es aus denselben Quellen, aus denen die Rechtsnormen innerhalb des Staates überhaupt fließen[1]). Auf den ersten Blick könnte es daher so scheinen, als ob eine Bezugnahme auf die allgemeinen Lehren von den Rechtsquellen genügt. Indessen ist gerade die Verwaltung diejenige Staatsfunktion, die bisher weit mehr als andere staatliche Äußerungen mit dem Gesetzgeber in der Schaffung von Sätzen, die das gesamtstaatliche Leben und das Leben der Staatsbürger gestalten sollen, konkurriert. Das zwingt zu einer Behandlung der Frage vom verwaltungsrechtlichen Standpunkt aus.

Der Begriff der Rechtsquelle ist nicht einheitlich, so daß eine alle Gesichtspunkte umfassende Begriffsbestimmung nicht vorhanden ist[2]). Wort und Begriff Rechtsquelle werden in dreifachem Sinne gebraucht:

a) Ursprung der Rechtssätze

Gemeint sein kann der Ursprung der Rechtssätze, also das Subjekt der Rechtserzeugung, z. B. ein Staat, eine Kirche, ein Gebilde innerhalb des Staates usw. Diese Betrachtungsart beantwortet nicht die Frage nach den Verhältnissen innerhalb der einzelnen Zweige der Rechtsordnung. Indem sie lediglich auf ihren Ursprung verweist, verschleiert sie sogar etwaige im Inneren bestehende Unterschiede. Sie hat überhaupt größere Bedeutung für geschichtliche und politische als für rechtliche Zusammenhänge.

---

1) So z. B. Fleiner, Institutionen, S. 68.

2) Anscheinend wird dieser Gesichtspunkt im Verwaltungsrecht nicht immer beachtet. So gibt es viel Aneinandervorbeireden.

Denn auf die von ihr aufgeworfene Frage nach dem Schöpfer oder Urheber einer Rechtsordnung kann letztlich nicht die Rechtswissenschaft, sondern nur die Politik, die tatsächliche Verteilung der Macht eine Antwort geben. Ist nämlich der Staat stark genug, so wird er ein Rechtserzeugungsmonopol in Anspruch nehmen. Nur die von ihm selbst oder doch unter seiner Kontrolle erlassenen Gesetze erkennt er als objektives Recht an. Dieses Prinzip wird von nahezu allen Staaten der Gegenwart vertreten und, da sie die Macht dazu haben, auch durchgesetzt. Es ist eine Feststellung der tatsächlichen Machtverhältnisse, wenn die herrschende Anschauung der Rechtslehre trotz aller Angriffe gegen den Rechtspositivismus von diesem Zustand ausgeht[1]).

Selbstverständlich steht es dem Staat frei, von der Regel für bestimmte Gebiete Ausnahmen zu machen, wobei insbesondere an das Völkerrecht oder Kirchenrecht zu denken ist, die zum mindesten mittelbar auch innerstaatliche Rechtsgebiete berühren können.

Die Frage, weshalb etwas Recht sei, ist durch die rechtstheoretische Konstatierung, daß Recht aus dem staatlichen Rechtsetzungsmonopol als Rechtsquelle fließt, nicht beantwortet. Die Ursachen dafür, daß Handlungen, die nach einem bestimmten Rechtssystem rechtsetzend sind, vorgenommen werden können, liegen hinter dem jeweils in Betracht kommenden System. Es können besondere ökonomische Machtverhältnisse, Klassengegensätze, Gewohnheiten, Traditionen oder auch moralische oder religiöse Vorstellungen oder Vorurteile sein.

Den rechtssoziologischen mehr oder weniger objektiv konstatierenden Begründungen steht die subjektive ethische Betrachtung des Grundes für eine bestimmte Rechtsordnung als objektives Recht gegenüber. Sie beurteilt eine Rechtsordnung nach dem Wert und der Kraft ihres Ursprungs, ihrer Quelle, die in Gottes Wille, der Vernunft, einem Vertrag, einer Anerkennung und dergleichen erblickt wird.

Gelingt es dem Staat nicht, alle Rechtserzeugung selbst vorzunehmen, oder wünscht er diesen Zustand aus irgendeinem Grunde nicht, so besteht die Möglichkeit, daß Gemeinschaften innerhalb des Staates für bestimmte Territorien oder für bestimmte Personengemeinschaften Recht bilden. Das war z. B. die Lebensform des alten Deutschen Reichs mit seinen zahlreichen Genossenschaften, die sich in mehr oder weniger großem Umfang an der Bildung objektiven Rechts

---

1) So statt vieler Stier-Somlo, Handbuch des Kommunalrechts, S. 125.

beteiligten. Von einer solchen Lösung geht die Genossenschaftstheorie aus[1]). Sie gibt de lege feranda wichtige und interessante Ausblicke, entspricht aber nicht den gegenwärtigen Machtverhältnissen.

Kein genossenschaftlicher Aufbau der Rechtsordnung ist es, wenn der Staat den Gemeinschaften innerhalb seiner Grenzen in dem von ihm festgelegten Umfang die Regelung ihrer eigenen Angelegenheiten gestattet. Er bleibt dann doch die einzige Rechtsquelle.

b) Äußere Erscheinungsform

Bei der Frage nach der Rechtsquelle kann die äußere Erscheinungsform eines Rechtssatzes gemeint sein, also etwa das Dokument, aus dem er zu ersehen ist. Diese Betrachtungsweise klärt nicht einen Gegenstand der Rechtswissenschaft sondern nur eine Vorfrage hierzu. Denn die richtigen Gesetzestexte oder überhaupt Gesetzestexte oder Vorschriftenbücher sind die Voraussetzung für jede Rechtswissenschaft. Ohne derartige „Quellen" kann kein Jurist arbeiten.

c) Entstehungsursache eines Rechtssatzes

Gemeint sein kann schließlich die Entstehungsursache eines Rechtssatzes innerhalb einer unbestrittenermaßen bestehenden oder als unbestritten angesehenen Rechtsordnung. Hier wird nach den einzelnen möglichen Begründungsformen eines Rechtssatzes gefragt, nach den Tatbeständen, woraus überhaupt eine verbindliche Norm erwachsen kann, dem Erkennungsgrund für etwas als Recht[2]). In diesem Sinne wird der Begriff verstanden, wenn man von Gesetzen, Gewohnheitsrecht, Verordnungen, Gerichtsübung, Wissenschaft spricht[3]).

Beispiel:

Was mit Rechtsquelle in diesem Sinn gemeint ist, zeigt in einem anderen Zweig des öffentlichen Rechts, dem Völkerrecht, sehr klar Art. 38 des Statuts des Internationalen Gerichtshofs der Vereinten Nationen, der Art. 36 des Statuts des Ständigen Internationalen Gerichtshofs nachgebildet ist. Die Bestimmung unterscheidet: Internationale Abkommen, internationales Gewohnheitsrecht als Beweis einer allgemein als Recht angesehenen Praxis die allgemeinen von zivilisierten Nationen anerkannten Rechtsgrundsätze, und schließlich unter gewissen Vorbehalten Gerichtsurteile und Meinungen der Rechtslehre.

---

1) So vor allem Gierke, Deutsches Privatrecht I, S. 112 ff.

2) Roß, Rechtsquellen, S. 291.

3) So auch Peters, Verwaltung, S. 71.

Das ist die einzige Frage, die für die inhaltliche Ausgestaltung einer bestimmten Rechtsdisziplin von Bedeutung ist. So sind denn die Rechtsquellen des Verwaltungsrechts die Entstehungsursachen der Verwaltungsrechtssätze. Dabei herrscht Einigkeit darüber, daß gegenwärtig Rechtssätze nur vom Staat oder von ihm delegierten Stellen gesetzt werden können.

2. Arten der Rechtsquellen

Verwaltungsrechtssätze können in zwei Formen erscheinen: Entweder sind sie vom Staat durch besondere, äußerlich erkennbare Akte gesetzt oder sie haben sich aus Gewohnheit gebildet. Rechtsquellen sind so entweder staatliche Satzung oder Gewohnheit.

Beide Rechtsquellen sind gleichwertig. Gerade für das Verwaltungsrecht mit der ganz klar in Erscheinung tretenden Unmöglichkeit der Erfassung aller Tatbestände in formulierten Rechtssätzen ist das Gewohnheitsrecht von besonderer Bedeutung.

3. Gesetze

Gesetze sind die schriftlich formulierten nach außen in Erscheinung tretenden[1]) Rechtsvorschriften, nach denen sich das Rechtsleben des Staates und im Staat entwickeln soll. Eine für alle Zeiten und alle Verhältnisse gültige inhaltliche Begriffsbestimmung des Gesetzes gibt es nicht. Der Begriff des Gesetzes im Rechtssinne ist „kein einheitlicher, sondern enthält eine Fülle von verschiedenen Elementen in sich"[2]).

Deshalb steht für das Verwaltungsrecht wie auch für andere Rechtsdisziplinen die organisatorische Seite der Sache im Vordergrund. Gesetze werden von der Stelle im Staat erlassen, die nach dem Verfassungsaufbau hierzu bestimmt ist. Im absoluten Staat z. B. erläßt der absolute Monarch die Gesetze. Nach der für den

---

1) Vorschriften, von denen die Öffentlichkeit nichts erfährt, lassen kein neues Recht entstehen. So Bezirksverwaltungsrecht Berlin, engl. Sektor, in: Rheinisch-pfälzisches Verwaltungsblatt 1948, S. 266. Vgl. auch oben S. 61.

2) Jellinek, Gesetz und Verordnung, S. 288: „Das Gesetz inhaltlich festzulegen ist eine der schwierigsten Aufgaben des Staatsrechts." Anschütz, Artikel Gesetz, in: Wörterbuch des deutschen Staats- und Verwaltungsrechts, Tübingen 1914 (2. Aufl.): „Gesetz ist jede Rechtsnorm, gleichviel von wem und wie sie gegeben ist, woher sie stammt und welches Gewand sie trägt. Rechtsnormen aber sind die einzelnen Sätze und Regeln, in die das objektive Recht in seiner Gesamtheit sich auflösen läßt. Eine Rechtsnorm ist eine Vorschrift, welche die Willensmacht mehrerer willensfähiger Wesen (Personen) wechselseitig abgrenzt, vorausgesetzt, daß ihre Befolgung durch sozialen Zwang gesichert ist."

autoritären Staat maßgeblichen Anschauung steht die Gesetzgebungsbefugnis einer einzelnen Persönlichkeit zu. So konnte der Führer und Reichskanzler der nationalsozialistischen Herrschaft sich von der Reichsregierung beraten lassen. Er konnte auch einen Beschluß des Reichstags herbeiführen oder eine Volksabstimmung veranstalten (Gesetz über die Volksabstimmung vom 14. Juli 1933 — RGBl. I, S. 479 —). Nötig war das nicht. Nötig war auch nicht, daß der Führer die Ergebnisse der Reichstagsentschließung oder der Volksabstimmung berücksichtigte. Im konstitutionellen Staat pendelt die Gesetzgebungsbefugnis zwischen Monarch und Parlament. In der parlamentarischen Demokratie ist sie nahezu identisch mit den Maßnahmen der Parlamente überhaupt. Die Ausnahmen, da Parlamente Verwaltung oder Rechtsprechung ausüben, sind allenthalben als solche gekennzeichnet.

Sind, wie in Deutschland, mehrere Parlamente vorhanden, so muß festgelegt werden, welchen Rang die von den verschiedenen Stellen erlassenen Gesetze untereinander haben. Art. 13 WRV. und Art. 31 westd. GG. stellen den Grundsatz auf, daß Reichsrecht bzw. Bundesrecht Landesrecht bricht. Es gibt aber eine Reihe von Ausnahmen[1]). Art. 70 ff. westd. GG. grenzen die Zuständigkeiten zwischen Bund und Ländern genau ab.

Der gleiche Gesetzgeber kann zwei Arten von Gesetzen erlassen: Verfassungsgesetze, zu deren Erlaß und Abänderung in der Regel eine qualifizierte Mehrheit erforderlich ist, und einfache Gesetze. Die Gesetze sind leicht als in Kraft befindlich zu erkennen, wenn sie von demjenigen Gesetzgeber, also demjenigen Parlament stammen, welches zur Zeit der Anwendung noch besteht, sei es auch in anderer Session und in anderer Zusammensetzung als zur Zeit des Gesetzeserlasses. Die Sache wird schwieriger, wenn die Staatsform sich ändert und die Frage entschieden werden muß, ob vor der gegenwärtigen Staatsform erlassene Gesetze noch gültig sind. § 2 des Mantelgesetzes zur Reichsverfassung vom 16. April 1871 verlieh den Gesetzen des Norddeutschen Bundes den Rang von Reichsgesetzen. Die Deutsche Republik ließ die Gesetze des Kaiserreichs und die mit Gesetzeskraft erlassenen Verordnungen des Rates der Volksbeauftragten aus den Jahren 1918 und 1919 grundsätzlich in Kraft. Ähnlich verhielt sich die nationalsozialistische Herrschaft, die weit weniger Einzelbestimmungen nach und nach ab-

[1]) So waren die Ausnahmeverordnungen der Landesregierungen nach Art. 48 Abs. 4 WRV. Reichsrecht und konnten bestehendes Reichsrecht abändern. — § 3 Abs. 2 — Freizügigkeitsgesetz vom 1. 11. 1867 verlieh landesrechtlichen Bestimmungen in gewissem Umfang reichsrechtliche Wirkung.

änderte, als ihre groß aufgezogene Propaganda vermuten ließ. Art. 123 westd. GG. läßt Recht aus der Zeit vor dem Zusammentritt des Bundestages grundsätzlich fortbestehen[1]). Art. 144 VerfddR. hebt nur ihr entgegenstehende Sätze auf. R ü c k w i r k e n d e K r a f t haben Gesetze, wenn es ausdrücklich bestimmt ist[2]).

Beispiel:

Tritt bei einem Kündigungsbeamten vor Ablauf der Kündigungsfrist ein Gesetz in Kraft, wonach er unkündbarer Beamter wäre, so bleibt die Kündigung wirksam. — Sächs. OVG. 30, 68.

Ist bei Abschluß eines Vertrages eine Gebühr oder Steuer fällig und wird ein Vertrag rechtswirksam vor Inkrafttreten des entsprechenden Gesetzes abgeschlossen, so ist er nicht gebühren- oder steuerpflichtig. — Sächs. OVG. 30, 348.

Unter der Herrschaft eines bestimmten objektiven Rechts begründete Rechtsverhältnisse wirken grundsätzlich bei Aufhebung der alten Normen auch unter veränderten neuen Normen weiter (manchmal sogenannte u n e i g e n t l i c h e R ü c k w i r k u n g)[3]). Alle wichtigeren Gesetze enthalten Durchführungs- oder Übergangsbestimmungen. Sie lassen i. a. drei Möglichkeiten zu: Entweder das neue Gesetz verbietet die Schaffung neuer Rechtsverhältnisse einer bestimmten Art, läßt aber vorhandene mit all ihren Wirkungen für die Zukunft bestehen; oder das neue Gesetz hebt die vorhandenen Rechtsverhältnisse auf, läßt aber die bis zum Inkrafttreten des Gesetzes entstandenen Einzelansprüche unberührt; oder schließlich es versagt auch sämtlichen vor seinem Inkrafttreten vorhandenen Einzelansprüchen Gültigkeit und Rechtsschutz[4]).

Besondere Vorsicht ist bei Verfahrensvorschriften geboten. Hier gilt in Abweichung von dem Grundsatz die neue Regelung für den behandelten Gegenstand[5]). Eine Ausnahme von der Ausnahme wird für die Frage der Zuständigkeit zu machen sein: Eine Behörde bleibt für ein bei ihr anhängiges Verfahren zuständig, auch wenn sie nach einer neuen gesetz-

---

[1]) Problematik siehe: Wolff, in: DRZ. 1950, S. 1.

[2]) Die Möglichkeit der Rückwirkung ist im Verwaltungsrecht nie bestritten worden. Die für das Strafrecht vorhandenen Schwierigkeiten bestehen hier nicht. So sehr klar bereits Fleiner, Institutionen, S. 88; ferner Jellinek, Verwaltungsrecht, S. 143; Herrnritt, Grundlehren, S. 111. — Vgl. auch bay. VGH. 47, 111; 45, 12; sächs. 29, 215; bad. VGH., in: Ztschr. f. bad. Verw. 1922, 195; 1925, 36. — Das Verwaltungsrecht stimmt insoweit mit dem Zivilrecht überein, das die grundsätzliche Zulässigkeit der Rückwirkung privatrechtlicher Gesetze ebenfalls nicht beanstandet; vgl. RGZ. 2, 109, 316; 110, 65; 112, 11; 115, 345; Oberster Gerichtshof brit. Zone 1. 7. 1948, ZSG./48. — Für das Strafrecht vgl. auch Lange, in: DRZ. 1948, S. 160. —

[3]) Bayr. VGH. 45, 67, 71; 46, 28; sächs. OVG. 30, 142; pr. OVG. 81, 11; 87, 452.

[4]) Friedrichs, Verwaltungsrecht, S. 225.

[5]) Bayr. VGH. 45 67; sächs. 30, 66.

lichen Regelung nicht mehr angerufen werden könnte, sofern nicht das Gesetz selbst etwas anderes anordnet[1]). Das gleiche gilt für Verwaltungs-zwangsmaßnahmen[2]).

Beispiel:

Eine Zwangsstrafe darf nicht mehr vollstreckt werden, wenn nach Eröffnung, aber vor ihrer Rechtskraft der die Strafe verhängenden Verwaltungsmaßnahme die Gesetzgebung sich ändert. — Sächs. OVG. 31, 90.

Seit Mai 1945 gibt es keine selbständige deutsche Staatsgewalt mehr, sondern nur eine deutsche Staatsgewalt, ausgeübt von den alliierten Großmächten[3]). Gesetze und andere Maßnahmen des Kontrollrats und der zonalen Militärregierungen sind völkerrechtliche Akte [4]). Durch sie wird deutsches Recht nicht erzeugt. Indessen stellen sie in Deutschland geltendes Recht dar im Sinne von § 549 ZPO. und 347 StPO.[5]). Außerdem haben die Alliierten als Okkupationsmächte von dem Vorschlag des Art. 43 der Haager Landkriegsordnung von 1907 weitgehend Gebrauch gemacht, der die Beachtung der Landesgesetze des besetzten Staates empfiehlt. Das Kontrollratsgesetz Nr. 1 vom 20. September 1945 läßt grundsätzlich die deutschen Gesetze bestehen mit zwei Ausnahmegruppen: Artikel I gibt einen Katalog von Gesetzen der Nazizeit, die außer Kraft gesetzt sind; Artikel II verbietet in einer Generalklausel die Anwendung typisch nationalsozialistischer Bestimmungen.

Alle diese Rechtssätze sind jedoch nicht aus dem staatsrechtlichen Grund in Kraft, der sie hervorgebracht, sondern auf Grund der der Militärregierung als Okkupationsmacht zustehenden völkerrechtlichen Befugnisse. Das gleiche gilt für die durch die deutschen Zentralstellen

---

1) Bad. VGH., in: Ztschr. f. bad. Verw. 1932, 12. — Ob Art. 116 WRV. angewandt werden kann, wie Friedrichs will, erscheint zweifelhaft.

2) Die angegebenen Regeln über die Rückwirkung betreffen nur das Verhältnis von Gesetzen untereinander, nicht das Verhältnis von Gesetzen zu anderen Rechtsquellen. Insbesondere kann, worauf Peters, Verwaltung, S. 81, besonders hinweist, eine niederstufigere Rechtsquelle, z. B. eine Rechtsverordnung, die Neuregelung einer höherstufigeren, z. B. eines formellen Gesetzes, nicht dadurch umgehen, daß sie sich rückwirkende Kraft auf einen Zeitpunkt beilegt, in dem eine solche Maßnahme nicht oder nicht mehr hätte getroffen werden können.

3) Vgl. Turegg, Deutschland und das Völkerrecht, S. 25 ff.

4) Kontrollrat Dir. Nr. 51. Proklamationen sind Äußerungen von besonderer Bedeutung, Gesetze und Befehle enthalten für alle bestimmte abstrakte Anordnungen mit dem Rang vor den Äußerungen deutscher Stellen, Direktiven enthalten Anweisungen der Militärregierung an alliierte oder deutsche Behörden.

5) „Das von den Besatzungsmächten als Inhabern der höchsten Regierungsgewalt in Deutschland ausgehende Recht ist im Inlande geltendes Recht." So Oberster Gerichtshof für die britische Zone vom 1. 7. 1948 unter Verweisung auf RGZ. 106, 62.

der Westzonen, den Bundestag (Art. 38 ff. westd. GG.) und der Ostzone, der Volkskammer sowie für die durch die Landesparlamente erlassenen Gesetze. Die Parlamente sind einheimische Dienststellen der Besatzungsmächte wie jede deutsche Behörde unter der Besatzung[1]). Was mit ihnen endgültig geschieht, wird die künftige freie deutsche Gesetzgebungsstelle zu entscheiden haben.

Zu beachten sind sodann die bereits aus der Zeit der Reichsgesetzgebung bekannten internen Zuständigkeitabgrenzungen zwischen den Zentralstellen und den Ländern (z. B. Art. 70 ff. westd. GG., Art. 43 VerfddR.). Gesetz Nr. 4 der Alliierten Hohen Kommission hat die bis 1950 in den westlichen Besatzungszonen bestehende quasi-bundesstaatliche Kompetenzabgrenzung zwischen Zonen- und Ländergesetzgebung beseitigt (z. B. brit. VO. Nr. 57 mit Änderungsvo. Nr. 81, 167, 177, 185), so daß jetzt nur noch die Bestimmungen des GG. über die Gesetzgebungszuständigkeit maßgeblich sind.

Da grundsätzlich die früheren Gesetze weiter gelten, gelten in der Gegenwart auch alle Regeln über das Verhältnis dieser Gesetze zueinander, über Rang, Geltungsdauer usw., die vor 1933 oder vor 1945 geschaffen wurden.

Was von den Reichsgesetzen gilt, gilt entsprechend auch von den Landesgesetzen[2]). Bis in die Gegenwart hinein ragen als Gesetz zu behandelnde Bestimmungen der Vergangenheit, die nicht nach den Formen der parlamentarischen Demokratie erlassen sind. Zu denken ist vor allem an die landesherrlichen Anordnungen aus der Zeit der absoluten Monarchie, die an die Allgemeinheit gerichtet sind[3]). Auch die

---

[1]) Klar kommt das zum Ausdruck in den Äußerungen der einzelnen Militärregierungen, durch die sie den Länderparlamenten die Befugnis zur „Gesetzgebung" erteilen, wie z. B. VO. Nr. 57 der brit. Mil.Reg. — Amtsblatt Nr. 15, S. 344 — oder Befehl Nr. 110 der sowj. Mil.Reg., wonach den Provinzial- und Landesverwaltungen das Recht zur Gesetzgebung übertragen wird. Dem Umfang nach sind diese Befugnisse beschränkt, weil sich die Militärregierungen manche Gegenstände zur Erledigung in eigener Zuständigkeit vorbehalten. Sämtliche von deutschen Stellen erlassenen Gesetze bedürfen der Zustimmung der Militärregierung. Es genügt die Zustimmung der örtlich zuständigen Stelle, weil die innerdienstliche Geschäftsverteilung für deutsche Stellen nicht nachprüfbar ist. Oberster Gerichtshof brit. Zone, ebd.

[2]) Die Rechtsnatur der Landesgesetze aus der Zeit zwischen 1923 und 1933 ist bestritten. Man wird sie mit dem RG. als örtlich beschränktes Reichsrecht anzusehen haben, RGZ. 152, 86 ff.

[3]) Einzelheiten z. B. bei Jellinek, Verwaltungsrecht, S. 114, insbesondere für den Sonderfall, daß wegen des Vorbehalts des Art. 106 Abs. pr. VU. 1850 auch königliche Verordnungen aus der Zeit vor der Einführung der Verfassung den Rang von Gesetzen haben, da Art. 81 Abs. 2 pr. Verf. 1920 die „bestehenden" Gesetze und Verordnungen aufrecht erhält.

Gesetze des durch die Militärregierung aufgelösten Staates Preußen (Kontrollratsgesetz Nr. 42) bleiben in den Ländern, die auf seinem Territorium gebildet worden sind, grundsätzlich in Kraft. Sie gelten neben dem neuen Landesrecht. Dieses muß bei Konkurrenzen angeben, was mit den alten Bestimmungen zu geschehen hat. Bei Schweigen der neuen Gesetze gelten die allgemeinen Regeln für das Nebeneinanderbestehen verschiedener gesetzlicher Grundlagen.

Für das Verwaltungsrecht sind die landesrechtlichen Bestimmungen von weit größerer Bedeutung als für das Privatrecht. Das ist eine Folge der stets vorhandenen Verwaltungshoheit der deutschen Länder (Art. 14 WRV., Art. 83 westd. GG.). Daran hatte auch die nationalsozialistische Herrschaft nicht viel geändert. Seit dem Gesetz über den Neuaufbau des Reiches vom 30. Januar 1934 entfiel zwar ein substanzieller Unterschied zwischen Reichsrecht und Landesrecht. Durch Landesgesetz entstand nur noch Reichsrecht mit territorial begrenzter Geltungskraft. Inhaltlich wurden in der neuen Form jedoch nahezu die gleichen Gegenstände behandelt wie bis dahin in den Landesgesetzen alter Art. Der Grundsatz „Reichsrecht bricht Landesrecht" blieb zwar nicht als Verfassungssatz, wohl aber als reichsrechtliche Kollisionsnorm in Kraft. Als eine solche Norm wird man ihn noch heute anzusehen haben, sofern nicht an seine Stelle neue verfassungsrechtliche Kollisionsnormen, nämlich Art. 73 ff. westd. GG. und Art. 63 VerfddR. getreten sind.

Eine vorübergehende Verwirrung der Grenzen zwischen Oberstaats- und Gliedstaatsrecht ist durch den Erlaß von Landesgesetzen im Zuständigkeitsbereich des Reichsgesetzgebers in der Zeit zwischen 1945 und 1948 entstanden. Die Klärung obliegt dem Staatsrecht[1]).

Die Buntheit der in Geltung befindlichen Gesetze wird noch dadurch vermehrt, daß nach 1933 aufgehobene Gesetze infolge des Fortfalls der sie aufhebenden unter nationalsozialistischem Einfluß stehenden Bestimmungen teilweise wieder aufleben. Das Verschwinden solcher Bestimmungen, z. B. gemäß Kontrollratsgesetz Nr. 2, gibt nicht ohne weiteres Raum für älteres, insbesondere vor 1933 bestehendes Recht. Ein allgemeiner Satz, wonach die Aufhebung eines Gesetzes, auch eines zeitlich begrenzten Gesetzes, das verwaltungsrechtliche ältere Bestimmungen abgeändert hatte, den früheren Rechtszustand wieder herstellt, ist nicht vorhanden[2]). Manchmal allerdings wird mangels anderweiter

---

[1]) So auch Grewe, Ein Besatzungsstatut für Deutschland, 1948, S. 102; a. A. Jellinek, in: Festschrift für Kießelbach, 1947, S. 132.

[2]) So richtig hess. VGH. vom 2. 4. 1948 in: Verwaltungsrechtsprechung I, S. 91.

Regelung die Wiederherstellung des älteren Rechtszustandes die einzig vernünftige Lösung sein.

Beispiel:

Nach dem Fortfall von § 55 pr. PVG. ist möglicherweise § 132 pr. LVG. in Kraft (vgl. § 79 pr. PVG.)[1]).

Aus all diesen Gründen ist es nun noch schwieriger geworden, die verwaltungsrechtlichen Gesetze zu überblicken. Dennoch muß auch für das Verwaltungsrecht an dem Grundsatz festgehalten werden, daß Unkenntnis des Gesetzes nicht vor Nachteilen schützt.

Ausnahmsweise können in einzelnen im Gesetz genau angegebenen Fällen auch Gerichtsentscheidungen Gesetzeskraft haben[2]). Es handelt sich hierbei im modernen deutschen öffentlichen Recht jedoch meist um aus dem Wesen eines Bundesstaates sich ergebende Regelungen, die für das Verwaltungsrecht ohne oder nur von geringer Bedeutung sind[3]).

4. Gewohnheitsrecht

Jeder Rechtskreis kennt Gewohnheitsrecht. Schon aus diesem Grunde ist nicht einzusehen, weshalb es auf dem Gebiete der Verwaltung kein

[1]) Für die britische Zone gab ein Erlaß der brit. Mil.-Reg. vom 28. 12. 1947 (z. B. nieders. Amtsblatt, S. 247) die Regelung, daß das am 8. Mai 1945 gültige Recht anzuwenden sei, soweit es nicht seit jenem Zeitpunkte entweder durch gesetzgeberische Maßnahmen des Kontrollrats oder der Mil.-Reg. oder mit deren Ermächtigung aufgehoben oder durch Zusätze abgeändert worden ist, oder soweit es nicht künftig durch entsprechende gesetzgeberische Maßnahmen aufgehoben oder abgeändert wird. Danach würden durch die aufgehobenen Gesetze beseitigte frühere Gesetze nicht wieder aufleben, was der allgemeinen Regel entspricht. Die Regel kann jedoch nicht angewandt werden, wenn sie zu sinnwidrigen Ergebnissen führt. Das wäre in der Zeit nach 1945, als über die Weitergeltung des pr. PVG. Unklarheit bestand, der Fall gewesen, wenn nicht § 132 pr. LVG. angewandt worden wäre. Sie findet weiter keine Anwendung, wenn ein Gesetz von vornherein nur mit vorübergehender Wirkung, etwa „für die Dauer des Krieges", ausgestattet war. Das braucht nicht immer ausdrücklich gesagt zu sein, sondern kann sich auch aus den Umständen ergeben.

[2]) Wegen der Verwaltungsmaßnahmen mit Gesetzeskraft vgl. unten Ziffer 5.

[3]) Das bekannteste Beispiel ist Art. 13 Abs. 2 WRV. In Verbindung mit dem Ausführungsgesetz vom 8. 4. 1920 — RGBl. I, S. 510 —, wonach das Reichsgericht durch Beschluß darüber befand, ob eine landesrechtliche Vorschrift mit dem Reichsrecht vereinbar war. In ähnlicher Weise konnten nach § 6 Finanzausgleichsgesetz vom 23. 6. 1923 — RGBl. I S. 499 — Meinungsverschiedenheiten zwischen dem Reichsminister für Finanzen und einer Landesregierung über die Frage, ob eine landesrechtliche Steuervorschrift mit dem Reichsrecht vereinbar war, geklärt werden. Eine ähnliche Vorschrift enthielt § 6 des Gesetzes zur Sicherung einer einheitlichen Regelung der Beamtenbesoldung vom 21. 11. 1920 — RGBl. S. 2117 —. Die Entscheidungen waren — ohne Begründung — im Reichsgesetzblatt zu veröffentlichen. — Z. B. RGBl. 1920, S. 2016; 1921, S. 735 (RGZ. 102, 145); 1921, S. 1359; 1923 I, S. 292.

Gewohnheitsrecht geben sollte. **Gewohnheitsrecht entsteht durch ständige Übung mit der Überzeugung der Rechtsanwendung**[1]). Erforderlich ist also eine Norm, keine bloße Begriffsbestimmung, eine regelmäßige Übung, die sich nicht unbedingt über eine lange Zeit erstrecken muß[2]), und die Überzeugung der Beteiligten, daß das, was angewandt wird, wirklich Recht ist.

Beispiel:

> Die Bezeichnung der Aufgaben der Polizei nach § 10 II 17 pr. ALR. galt gesetzlich nur im Geltungsbereich des ALR. Trotzdem wurde sie auf Grund langer Übung, woran sich insbesondere auch die Verwaltungsgerichte beteiligten, ebenfalls in Süddeutschland angewandt. — Wahrscheinlich enthält § 10 II 17 überhaupt keine Definition des Polizeibegriffs sondern nur die Bezeichnung der Grenzen der Polizeigewalt[3]). Trotzdem wird die Bestimmung gewohnheitsmäßig seit langem als Begriffsbestimmung der Polizei aufgefaßt.

Gerade bei der Differenziertheit der Verwaltung kann sich eher ein Gewohnheitsrecht bilden als bei übersichtlicheren Rechtszweigen. Der Mißbrauch des positiven Gesetzes durch eine volks- und artfremde Staatsherrschaft zeigt die Wichtigkeit des vom Volke selbst formlos und spontan gebildeten Rechts[4]), das über oder jenseits der Macht des jeweiligen Machthabers steht.

---

[1]) Z. B. bayr. VGH. 50, 72; sächs. OVG. 24, 11; württ. VGH. in Württ. Ztschr. f. V. 1924, S. 112; 1932, S. 156; 1933, S. 41.

[2]) Das Notverordnungsrecht des Reichspräsidenten entwickelte sich von 1919 bis 1929.

[3]) Rosin, Begriff der Polizei, S. 72 ff.

[4]) Auch aus diesem Grunde kann die im wesentlichen wohl auf überspanntem Positivismus beruhende Ablehnung des Gewohnheitsrechts, wie sie etwa Otto Mayer, Verwaltungsrecht I, S. 87 ff., oder in seiner Folge das sächsische OVG., z. B. 19, 315 ff. vertritt, nicht anerkannt werden.

[1]) Nur ausnahmsweise kann sich Gewohnheitsrecht oder Observanz gegen ein bestehendes Gesetz bilden, wenn die Bildung auf einem Irrtum beruht. Ein berühmtes Beispiel ist die Verkennung der Bestimmung der GewO. über die Erlaubnispflichtigkeit von Schankwirtschaften in Baden. Man hatte dort angenommen, daß Kaffeewirtschaften nicht erlaubnispflichtig wären. Die während der Zeit des Irrtums errichteten Kaffeewirtschaften mußten bestehen bleiben, auch als nachträglich im Anschluß an die allgemeine Auffassung in Baden eine Konzession verlangt wurde. — Vgl. auch: Pr. OVG. 85, 305; 91, 88. — I. ü. bestehen für das Gewohnheitsrecht im Verwaltungsrecht, insb. hinsichtlich seiner derogativen Kraft, die gleichen Schwierigkeiten wie in anderen Rechtszweigen. Mayer, Verwaltungsrecht I, S. 89, Meinzolt, Gewohnheitsrecht, in: Bayr. Verw. Bl. 1928, S. 225, sprechen sich gegen jedes Gewohnheitsrecht aus. Merkl, Verwaltungsrecht, S. 104, spricht sich für seine Geltung kraft gesetzlicher Zulassung aus. Hatschek, Verwaltungsrecht, S. 59 ff., billigt nur Herkommen zu und fordert wenigstens stillschweigende Billigung durch ein Gesetz. Fleiner, Institutionen, S. 85, tritt für eine Geltung praeter legem ein. Abweichend von der überwiegenden Meinung halten Jellinek, Verwaltungsrecht, S. 123, Herrnritt, Grundlehren, S. 96, Friedrichs, Der allgemeine Teil, S. 36, 41, Gewohnheitsrecht auch contra legem für möglich.

Nicht alles Gewohnheitsrecht hat das gleiche Gesicht. Es gibt Gewohnheitsrecht, das im ganzen Staatsgebiet gilt. Es gibt sodann Gewohnheitsrecht, daß sich auf einen bestimmten örtlichen oder personellen Kreis beschränkt, die sogenannten Observanzen[1]).

Beispiel:

Pflicht zur polizeimäßigen Reinigung der Straßen innerhalb der Gemeinden gemäß § 1 pr. Wegereinigungsgesetz i. d. F. vom 1. 6. 1931 — GS. S. 72. Vgl. pr. DVG. 92, 134; 100, 161; 103, 180; 104, 82.

Ist Gewohnheit schon vorhanden vor einer positiven Gesetzessatzung, so kann es nur durch ein ihm widersprechendes Gesetz beseitigt werden. Eine Neubildung ist grundsätzlich nicht möglich gegen bestehendes Gesetzesrecht[2]).

Die herrschende Lehre und zum Teil die Praxis kennen noch eine Anzahl weiterer Quellen, und zwar Tatsachen mit ursprünglicher Rechtssatzwirkung, Rechtsverordnungen, autonome Satzungen und Quellen mit abgeleiteter Rechtssatzwirkung.

5. Normative Kraft des Faktischen

Daß bestimmte aus dem alltäglichen Ablauf der Ereignisse herausragende Tatsachen Rechtssatzwirkung haben sollen, ist ein immer wieder auftauchender Gedanke. Hauptsächlich die Tatsache von Revolutionen wird als Rechtsquelle angesehen[3]). Wenn eine Revolution sich ihrer

---

[2]) Sächs. OVG. 29, 339; bad. VGH., in: Ztschr. f. bad. Verw. 1927, 10; bayr. VGH. 51, 136.

[3]) RGZ. 103, 187 ff., p. OVG. 77, 495, sächs. OVG. 27, 69 („Nachdem durch die Revolution die bisherige Regierung beseitigt worden war, hatte sich in Sachsen eine neue Regierung gebildet. Diese hat die tatsächliche Herrschaft längere Zeit hindurch ausgeübt, so daß ihre Anordnungen als rechtsverbindlich anerkannt werden müssen.") bejahen die Möglichkeit des Entstehens von Rechtsquellen durch revolutionäre Ereignisse. — Das Schrifttum zu dem Gegenstand ist nicht sehr umfangreich. Aus der Zeit vor der nationalsozialistischen Herrschaft sind zu nennen: Bilfinger, in: Arch. öff. R. NF. 11 (1926), S. 117, Schönfeld ebd. NF. 13 (1927), S. 182. Sie fordern übereinstimmend, daß sich die revolutionäre Macht als „Rechtsmacht erweise". Das wird sie von sich stets behaupten! Und wenn sie die Macht hat, wird man ihr diese Behauptung nicht bestreiten! In ähnlichen Gedankengängen bewegt sich Anschütz, Kommentar zur Reichsverfassung, S. 3, der fordert, daß die revolutionäre Macht angewandt wird, „um bestehendes Recht zu zerbrechen und neues Recht aufzurichten". — v. Kohler, Grundlehren, S. 59, bejaht, wenn auch vorsichtig, die normative Kraft des Faktischen. Alles das scheint die so grundsätzliche Frage zu verkleinern. Wenn eine neue Gewalt durch eine Revolution im Staat aufgerichtet wird, muß sich diese Gewalt darüber klar werden, was Recht sein soll und was nicht. Um das zu klären, stehen ihr die gewöhnlichen Arten von Rechtsquellen zur Verfügung, also in erster Linie Gesetze. Handelt es sich um eine vorübergehend an der Macht befindliche revolutionäre Macht, so muß der ihr nachfolgende Gesetzgeber angeben, ob und gegebenenfalls wie weit ihre Maßnahmen Geltung behalten sollen. Die Entscheidung einer solch wichtigen Frage der dezentralisiert arbeitenden Rechtsprechung und Rechtswissenschaft zu überlassen, ist bedenklich.

Ansicht nach perpetuiert, kommt nicht nur dem einmaligen zeitlich kurzen Ereignis der revolutionären Tatsache das Wesen einer Rechtsquelle zu, sondern die normative Kraft der Tatsachen oder, wie es auch genannt wird, die normative Kraft des Faktischen kann zeitlich auseinanderliegende Tatsachen umfassen.

Nicht die Rechtswissenschaft sondern die Politik ist für die Beantwortung der Frage, ob die normative Kraft der Tatsachen eine Rechtsquelle ist, zuständig. Das konnte übersehen werden zu einer Zeit, als die Politik nicht oder noch nicht versuchte, jeden Lebenskreis zu durchdringen. Die Versuche, die nach 1933 gemacht wurden, bestehende Gesetze unter Berufung auf die normative Kraft des Faktischen zu umgehen, lassen nun klarer sehen. Wer die Frage bejaht, muß Unsicherheit und Unübersichtlichkeit des geltenden Rechts in Kauf nehmen, eine Unsicherheit, die sich von den Grundsätzen des Rechtsstaates weit entfernt.

6. Allgemeine Rechtsgrundsätze

Das Fehlen allgemeiner gesetzlicher Regelungen, wie sie für das bürgerliche Recht etwa das BGB., insbesondere der Allgemeine Teil enthält, läßt für das Verwaltungsrecht das Bedürfnis des Aufsuchens allgemeiner Rechtssätze entstehen, die bei einer allgemeinen Kodifikation in das Gesetz aufgenommen würden. Das Verwaltungsrecht befindet sich hier in einer ähnlichen Lage wie das Völkerrecht, wo „allgemeine Rechtsgrundsätze" ausdrücklich als Rechtsquellen bezeichnet werden[1]).

Vor allem die Verwaltungsgerichte müssen beim Schweigen des positiven Rechts auf derartige Grundsätze zurückgreifen[2]).

Beispiele:

„Niemand kann Richter in eigener Sache sein" oder „Niemand kann als Mitglied einer Behörde an einer Entschließung derselben mitwirken, die seine Bestrafung zum Gegenstand hat." — Pr. OVG. 75, 94; bad. VGH. in: Ztschr. f. bad. Verw. 1925, S. 102. — „Dem zu Unrecht zu einer Abgabe Herangezogenen steht ein Zinsanspruch zu." — Sächs. OVG. 36, 100. —

[1]) Anzilotti, Lehrbuch des Völkerrechts I, S. 49; Verdroß, Recueil des Cours.

[2]) Allgemeine Rechtsgrundsätze sind etwas anderes als rechtswissenschaftliche Meinungen. Auch hier kann auf das Völkerrecht verwiesen werden. Nach Art. 38 Abs. 1d des Statuts des Internationalen Gerichtshofs der Vereinten Nationen sind Lehrmeinungen keine Rechtsquelle, sondern „Hilfsmittel zur Feststellung von Rechtsregeln". Diesen Unterschied, der nicht nur für das Völkerrecht, sondern auch für andere Rechtsgebiete gilt, scheint für das Verwaltungsrecht bayr. VGH. 41, 78, zu verkennen, wenn er ausführt: „Bei der großen Unvollständigkeit des Verwaltungsprozesses ist der Verwaltungsrichter häufig darauf angewiesen, auf allgemeine, im Gesetz nicht klar oder überhaupt nicht zum Ausdruck gebrachte rechtswissenschaftliche Grundsätze zurückzugreifen."

„Fehlt eine Rechtsmittelbelehrung, so kann die Rechtsmittelfrist nicht beginnen.“ — Bayr. VGH. 41, 78. — „Im Disziplinarverfahren dürfen nur Tatsachen verwendet werden, die der Betroffene kennt und zu denen er gehört worden ist.“ — Sächs. OVG. 24, 220.

Solche Grundsätze verstehen sich auch ohne ausdrückliche gesetzliche Verlautbarung von selbst. Es scheint daher richtig, sie anzuwenden, ohne formell ihre Rechtsquelleneigenschaft festzulegen[1]). Hierher gehört vor allem auch der Grundsatz von Treu und Glauben, der wie im Privatrecht so auch im öffentlichen Recht gilt[2]). Die Begrenzung liegt in metarechtlichem Bezirk. Nur dasjenige kann als vom Recht anzuerkennender und anzuwendender Rechtsgrundsatz anerkannt werden, was ethische Werturteile rechtlich faßt, nicht schon jeder technische Vorgang.

Beispiel:

Bestimmte Sätze eines Steuergesetzes, z. B. des Zuwachssteuergesetzes, können nicht als allgemeine Rechtsgrundsätze bezeichnet und auf andere Lebens- oder Wirtschaftsverhältnisse übertragen werden. — Das tut pr. OVG. 84, 181. Dagegen Gerber, Grundsätze eines allgemeinen Teils. In: Verwaltungsarchiv Bd. 36, S. 10.

7. Rechtsverordnungen

Während man die bisher besprochenen Rechtsquellen als ursprüngliche bezeichnet, soll es außerdem noch eine Reihe von abgeleiteten Rechtsquellen geben, als deren wichtigste Rechtsverordnungen und autonome Satzungen zu nennen sind.

Schon der Begriff abgeleitete Quelle enthält eine nicht zu vollziehende Vorstellung. Eine Quelle quillt oder sie quillt nicht. Was sich einmal

---

[1]) Fleiner, Institutionen, S. 57. Er scheidet die allgemeinen Rechtsgrundsätze deutlich vom Gewohnheitsrecht. Dieser Unterschied muß stets beachtet werden. Nicht mehr anerkannt werden kann die noch von ihm gegebene Erklärung, wonach die allgemeinen Rechtsgrundsätze Lücken ausfüllen sollen, die Gesetz und Gewohnheitsrecht gelassen haben. Trotz des ständigen Fortschrittes und auch des größer werdenden Umfangs des Verwaltungsrechts wird es — das erkennen wir heute deutlich — niemals gelingen, ein lückenloses System oder gar eine vollständige Kodifikation zu erreichen. Etwa vorhandene Lücken müssen aus der Materie selbst ausgefüllt werden (vgl. unten S. 256) und nicht durch allgemeine Rechtsgrundsätze; so zutreffend auch Gerber, Grundsätze eines allgemeinen Teils, S. 9, der mit Recht von dem „fragwürdigen Postulat der Lückenlosigkeit“ spricht. — Mayer, Verwaltungsrecht I, S. 91, deutet das Problem an.

[2]) Jellinek, Treu und Glauben im Verwaltungsrecht, in: Ru. Pr. Verw. Bl. 1931, S. 805; Alzheimer, in: Bayr. Verw. Bl. 1929, S. 9; Emig, ebd. S. 211. — Bayr. VGH. 51 123; 52, 69; sächs. OVG. 30, 354; württ. VGH. in: Württ. Ztschr. f. Verw. 1927, 94; pr. OVG. 87, 1. Sehr ausführlich Schüle, Treu und Glauben im deutschen Verwaltungsrecht, in: Verwaltungsarchiv, Bd. 38 (1934), S. 399 ff., und Bd. 39 (1935), S. 1 ff., unter Berücksichtigung der bisher bekannt gewordenen Verwaltungsgerichtsentscheidungen. — Vgl. auch oben S. 56, unten S. 121.

aus ihr entfernt hat, von ihr abgeleitet ist, ist keine Quelle mehr, sondern ein Wasserlauf. Aus einer Quelle kann keine zweite Quelle entstehen [1]).

Aus der Rechtsquelle Gesetz und Gewohnheitsrecht können weitere Rechtsquellen nicht hervorgehen. Dagegen ist es durchaus möglich, daß auch an anderer Stelle für die Verwaltung grundlegende Rechtsvorschriften entstehen. Zur Zeit des Absolutismus war es selbstverständlich, daß Anordnungen, Erlasse, Kabinettsordres usw. des Landesherrn Rechtsquellen waren. Daß im autoritären Staat Erlässe, Verordnungen, Befehle usw. des Staatshauptes die gleiche Kraft haben wie Gesetze, wurde bereits erwähnt.

Wenn im konstitutionellen Staat außer der Volksvertretung noch anderen Stellen die Befugnis zur Schaffung von Rechtsquellen zusteht, so ist das Vorbild im Absolutismus zu suchen. In diesem Falle ruht die gesetzgebende Gewalt nicht allein beim Parlament, sondern auch bei den Regierungs- und Verwaltungsbehörden. Genau wie Verwaltung im gegenständlichen Sinn nicht gleichbedeutend ist mit Verwaltung im organisatorischen Sinn, sondern auch durch andere Staatsstellen als Verwaltungsbehörden durchgeführt werden kann, genau so ruht die Gesetzgebung im gegenständlichen Sinne oder, wie die übliche Bezeichnung ist, im materiellen Sinne in einem solchen Staatssystem nicht ausschließlich in der Hand der primär gesetzgebenden Stelle, des Parlaments, sondern auch in der Hand anderer Behörden. Der Verwaltung im organisatorischen Sinn entsprechen dann die Gesetze im formellen Sinn[2]). Zu dieser Art von Gesetzen werden dann Äußerungen des Parlaments gerechnet, die inhaltlich Verwaltungsakte sind, wie etwa die Festsetzung des Haushaltsplanes.

Die von Laband begründete Lehre des Unterschiedes von Gesetzen im materiellen und im formellen Sinne beruht auf der Erkenntnis, daß die im Staat geltende Rechtsordnung umfangreicher ist als die durch die jeweilige gesetzgebende Gewalt in den nach der Staatsverfassung verlangten Formen produzierten Gesetze. Sie ist zum mindesten größer um den Bereich des Gewohnheitsrechts.

Die Frage, ob eine staatliche Rechtsordnung Rechtsquellen anerkennt, die eine andere Qualität haben als die von denjenigen Stellen erlassenen

---

[1]) Diese Bemerkung dürfte zulässig sein, da sie insbesondere den Begriff der Ableitung trifft. Etymologische Betrachtungen über das Wort Quelle helfen für die juristische Erkenntnis des Begriffs der Quelle nicht weiter; so deutlich Roß, Rechtsquellen, S. 291.

[2]) Laband, Staatsrecht II, S. 1 ff. Nach ihm die ganze herrschende Lehre.

Rechtssatzungen, die nach der Verfassung für die Gesetzgebung zuständig sind, kann nicht die Rechtswissenschaft, sondern nur die Politik beantworten. Ist die den Staat tragende Gewalt damit einverstanden, so können Rechtsquellen auch Äußerungen der Verwaltung sein, genau so wie zur Zeit der Geltung der Reichsverfassung von 1871 Hausgesetze der regierenden Dynastien Rechtsquellen waren.

Solche Äußerungen der Verwaltung, denen die Qualität von Rechtsquellen beigelegt wird, nennt man Rechtsverordnungen. Name und Begriff Rechtsverordnungen stammen aus der Mitte des 19. Jahrhunderts. Sie sind ihrem Ursprunge nach die legitimen Nachfolger der landesherrlichen Verordnungen der absoluten Monarchie und des damit so nahe verwandten Frühkonstitutionalismus. In Preußen z. B. konnte bis zu der Verfassung von 1850 der Monarch ohne Befragung einer anderen Staatsstelle im weiten Umfange gesetzgebend wirken. Zum Unterschied von den unter Mitwirkung der Ständevertretung erlassenen Gesetzen hießen diese gesetzgebenden Äußerungen nach wie vor landesherrliche Verordnungen. Tatsächlich hatte der Monarch hierdurch das entscheidende Übergewicht. „Die Rechtsvermutung streitet für Unbeschränktheit des Regenten auch in Rücksicht der gesetzgebenden Gewalt und daher im Zweifel gegen die Kompetenz der Stände.“[1])

Auch nach der Einführung der Gewaltenteilung in Deutschland in der zweiten Hälfte des 19. Jahrhunderts führte die Ablehnung der Lehre Montesquieus, wonach die Verwaltung bloße Vollziehung der Gesetze sei, dazu, dem Monarchen außer der Vollziehung möglichst viel selbständige Befugnisse zu belassen. Am stärksten wurde seine Stellung, wenn er außer als Vollziehungsstelle noch selbständig als Gesetzgebungsstelle tätig werden konnte. Es war eine Folge unausgetragener politischer Kämpfe, daß die Verfassungen über die endgültige Abgrenzung der Rechtsquellen keine klaren Bestimmungen enthielten. Für Preußen z. B. sprach Art. 45 der Verfassungsurkunde von 1850 nur von Ausführungsverordnungen. Die preußische Regierung jedoch legte diese Bestimmungen dahin aus, daß der König im wesentlichen die alten Befugnisse des Erlasses von landesherrlichen Verordnungen behielt und, als das nicht mehr aufrechtzuerhalten war, wenigstens die Ausführungsverordnungen als Rechtsquellen gleichrangig neben den Gesetzen standen[2]).

---

[1]) So Weiß, System des deutschen Staatsrechts, S. 672. Noch 1863 vertreten von Zöpfl, Staatsrecht II, S. 522.

[2]) Rönne-Zorn, Staatsrecht der pr. Monarchie III, S. 20.

Die herrschende konstitutionelle Rechtslehre stützte diese Ansicht sowohl für das Reich als für die Länder. Zwar führte der Versuch, ein selbständig sich aus der Verfassung ergebendes Rechtsverordnungsrecht für das Reich zu konstruieren, nicht zum Erfolg[1]). Dagegen wurde die die Tendenzen der Regierungen unterstützende Lehre Labands von den Gesetzen im materiellen und formellen Sinne herrschend. „Im materiellen Sinn bedeutet Gesetz die rechtsverbindliche Anordnung eines Rechtssatzes"[2]). Unter Gesetz im formellen Sinn versteht man eine staatliche Willensäußerung, die im Wege der Gesetzgebung zustande gekommen ist[3]). Nun sagt Laband zwar nirgendwo positiv, was unter Rechtssatz zu verstehen ist. Aber da es in den materiellen Gesetzen auch Rechtssätze gibt, die nicht im Wege der Gesetzgebung zustande gekommen sind, war es leicht, die ehemals landesherrlichen Verordnungen und ihre Nachfolger unter dem Begriff des materiellen Gesetzes weiter leben zu lassen. Diese Verordnungen sind dann Rechtsquellen genau so wie die formellen Gesetze.

Der von Laband herausgearbeitete Grundsatz änderte sich nicht in der späteren Zeit, als man wegen der Kritik, die sich gegen das Unterlassen der Definition des Begriffs Rechtssatz richtete, genötigt sah, diesen Begriff positiv zu definieren. Anschütz z. B. griff zurück auf die alte Freiheits- und Eigentumsklausel. Er verstand darunter aber nicht wie der Frühkonstitutionalismus nur unmittelbare Eingriffe, sondern schloß fast alle mittelbaren Eingriffe ein[4]). Die Ansicht, daß Rechtsverordnungen Rechtsquellen seien, blieb bestehen.

Nach 1919 fiel der Grund, weshalb man zu der Unterscheidung von materiellen und formellen Gesetzen gekommen war, fort, da die monarchische Spitze, in deren Interesse sie gemacht worden war, verschwand. Trotzdem hielt die Rechtslehre der ersten Republik den Unterschied aufrecht. Ebenso lehrte sie, daß Rechtsverordnungen Rechtsquellen seien[5]). Allerdings ist die Möglichkeit des Erlasses von Rechtsverordnungen nach Art und Umfang erheblich zusammengeschrumpft. Es soll nur noch fünf Arten geben. Um festzustellen, ob die geltende Rechtsordnung sie als Rechtsquellen auffaßt, müssen die einzelnen Arten näher betrachtet werden. Man unterscheidet Notverordnungen[6]), Ausnahmever-

1) Arndt, Das selbständige Verordnungsrecht.
2) Laband, Staatsrecht II, S. 1.
3) Laband, a. a. O., S. 67, 61.
4) Anschütz, Gegenwärtige Theorien, S. 169 ff.
5) Jellinek, Verwaltungsrecht, S. 112.
6) Ebenda, S. 114.

ordnungen, Ermächtigungsverordnungen, Ausführungsverordnungen, Polizeiverordnungen und sonstige Rechtsverordnungen.

Für alle Arten der Rechtsverordnungen werden eine Reihe gleicher Folgen angegeben: Sie stehen im Range hinter den formellen Gesetzen. Sie binden sowohl Behörden als auch Staatsbürger. Die Behörde darf nicht im Einzelfall von der Anwendung ihrer eigenen Verordnung absehen mit der Begründung, sie stamme von ihr und könne daher jederzeit dauernd oder vorübergehend aufgehoben werden. Die Aufhebung einer Verordnung ist vielmehr nach den Vorschriften des Gesetzes möglich, genau wie ihr Erlaß. Allerdings kann es vorkommen, daß die eine Verordnung durch eine andere Verordnung aufgehoben wird, ohne daß ein Gesetzesakt dazwischen liegt. Besonders auffallend ist dieser Umstand bei Durchführungsverordnungen. Möglicherweise entstehen hierdurch für die Betroffenen Nachteile, für deren Klärung oder Behebung die herrschende Lehre keine endgültigen Wege angibt. Rechtsverordnungen haben keine rückwirkende Kraft[1]). Die Beschränkung der Nachprüfbarkeit der Gesetze durch die Gerichte[2]) besteht für die Verordnungen nicht. Vielmehr muß sich jede eine Rechtsverordnung anwendende Staatsstelle — Gericht und Verwaltungsbehörde — vergewissern, ob sie dem ihre Grundlage darstellenden Gesetz entspricht[3]).

Notverordnungen können durch die von der Verfassung bestimmten Stellen, meist Staatsoberhaupt oder Regierungschef, nur bei geistiger oder körperlicher Aktionsunfähigkeit des Parlaments erlassen werden. Sie haben eine beschränkte Geltungsdauer und werden wirkungslos, wenn das Parlament sie bei seinem nächsten Tätigwerden nicht bestätigt. (Art. 79 württ.-bad. Verf., Art. 48 bayr. Verf., Art. 111 rhld.-pf. Verf.; genau wie RV. 1871 kennt weder WRV. noch westd. GG. ein Notverordnungsrecht. Vgl. aber Art. 81 westd. GG.!)

Ausnahmeverordnungen bezwecken die Beseitigung erheblicher Ordnungsstörungen, ohne daß eine Aktionsunfähigkeit des Parlaments nötig wäre. Sie können von der verfassungsmäßig bestimmten Stelle, meist dem Staatsoberhaupt, erlassen werden und sind zeitlich unbeschränkt. (Ursprung: Art. 68 RV. 1871, sodann Art. 48 WRV.; von den neuen Verfassungen nur Art. 112 rhld.-pf. Verf.)

---

1) Bayr. VGH. 52, 162; sächs. OVG. 25, 271; 26, 146; 33, 109; 34, 290. — Die fehlende Rückwirkung spricht gegen ihren Charakter als Rechtsquelle.

2) Vgl. unten S. 253.

3) Darauf weist neuerdings wieder Peters, Verwaltung, S. 74, hin, der das als ein Prinzip des demokratischen Staatsaufbaus bezeichnet.

Den Notverordnungen nahe stehen die Verordnungen auf Grund eines besonderen Ermächtigungsgesetzes. Ihre Rechtsgrundlage ist nicht die Verfassung, sondern ein einzelnes Gesetz[1]). Solche Ermächtigungen können leicht Bankerotterklärungen des Parlaments sein, das die ihm nach der Verfassung auferlegte Pflicht nicht erfüllen kann oder will, wie z. B. das Gesetz zur Sicherung von Partei und Staat vom 1. Dezember 1933 zeigt. Nach Art. 80 westd. GG. kann die Bundesregierung, ein Bundesminister oder eine Landesregierung ermächtigt werden, Rechtsverordnungen zu erlassen. Dabei müssen Inhalt, Zweck und Ausmaß der erteilten Ermächtigung im Gesetz bestimmt sein. Die Rechtsgrundlage ist in der Verordnung anzugeben. Ist durch Gesetz vorgesehen, daß eine Ermächtigung weiter übertragen werden kann, so bedarf es zur Übertragung der Ermächtigung einer Rechtsverordnung.

Diese drei Arten von Verordnungen sind kraft positiven Rechts Rechtsquellen.

Ausführungsverordnungen oder Durchführungsverordnungen[2]) sind diejenigen, an denen die ministerielle Praxis am meisten interessiert ist. Sie sah solche Verordnungen vor und nach 1919 als Rechtsquellen an[3]). Eine rechtliche Qualifikation allerdings wird an keiner Stelle im Gesetz gegeben. So bleibt es der Wissenschaft überlassen, die rechtliche Kategorie zu bestimmen, in die sie einzuordnen sind. Wenn alle Hemmungen fortfallen, die das Parlament zugunsten der Regierung beschränken sollen, liegt kein Anlaß vor, Ausführungsverordnungen als Rechtsquellen anzusehen. Wir haben uns zwar daran gewöhnt, von dem Grundsatz der Gewaltenteilung mehr zu sprechen, als ihn tatsächlich anzuwenden. Es ist aber doch mieslich, wenn er an solch wichtiger Stelle, wie sie die Ausführungsverordnungen einnehmen, durchbrochen wird und wenn die Durchbrechung ohne juristische Not,

[1]) Die von G. Jellinek, Gesetz und Verordnung, S. 381, gemachte Unterscheidung zwischen Verordnungen, die zwar ein spezielles Gesetz zur Voraussetzung haben, jedoch kraft einer generellen, bereits vor dem Gesetz vorhandenen Befugnis erlassen werden, und solchen, deren alleinige Grundlage ein besonderes Gesetz ist, hat heute keine Bedeutung mehr.

[2]) Peters, Verwaltung, S. 75, wendet sich gegen die Bezeichnung Ausführungsverordnungen. Die Gesetze, so wieder westd. GG. Art. 83 ff., benutzen aber ständig diesen Ausdruck.

[3]) Vgl. Berichte und Protokolle des 8. Ausschusses der verfassunggebenden deutschen Nationalversammlung, S. 167 ff. — Auch bei den Bonner Verhandlungen zum westd. GG. im Jahre 1948/49 waren die Minister unter den Mitgliedern des Parlamentarischen Rates, gleichgültig welcher Partei sie angehörten, sehr für Beibehaltung der Rechtsquellenqualifikation der Ausführungsverordnungen. Allerdings kam es nicht zu derartig tiefgehenden Auseinandersetzungen wie bei den Beratungen zur WRV.

sondern nur aus politischen Gründen erfolgt, die zudem nicht offen klargelegt zu werden pflegen. Vom juristischen Standpunkt aus stände nämlich nichts im Wege, die Ausführungsverordnungen als Verwaltungsakte anzusehen. Dadurch werden sie allerdings weniger dauerhaft, da sie nichtig oder anfechtbar aus den Gründen sein können, die für jeden Verwaltungsakt maßgeblich sind[1]). Ein Schritt zu ihrer Entthronung stellt bereits die sogenannte Normenkontrolle dar, wie sie z. B. durch § 24 südd. VGG. gestattet wird[2]). Aber immerhin betrachtet die herrschende Lehre sie als Rechtsquellen, wobei sie, wenn überhaupt, die Gründe vorbringt, die Laband zur Rettung der Befugnisse des Monarchen sich ausgedacht hatte[3]). Ausführungsverordnungen dürfen nur dort vom Gesetz abweichen, wo das ausdrücklich gesetzlich vorgesehen ist (z. B. § 32. VO. zur Durchführung der DGO. vom 25. März 1936 — RGBl. I S. 272 —, § 36 Abs. 22, § 121 DGO.).

Polizeiverordnungen[4]) sind — nach vorübergehendem Schwanken — auf dem Gebiet der Bundesrepublik fast in dem gleichen Umfang möglich wie bis 1945. Die herrschende Lehre faßt sie nahezu unbestritten als Rechtsquellen und nicht als Verwaltungsakte auf. Hiergegen sind die gleichen Bedenken wie gegen die Qualifizierung der Ausführungsverordnungen als Rechtsquellen geltend zu machen[5]).

Die von den neuen Landesregierungen als Rechtsverordnungen bezeichneten Äußerungen sind seit dem Vorhandensein von Parlamenten in der Regel Ausführungsverordnungen. Die in der Zeit zwischen dem Zusammenbruch und dem Beginn der neuen Länderparlamente erlassenen Verordnungen der Landesregierungen behandeln manchmal Gegenstände, die

---

[1]) Vgl. unten S. 163 ff.

[2]) Vgl. unten S. 267.

[3]) Laband, Staatsrecht II, S. 85 ff.

[4]) Vgl. unten S. 367.

[5]) Manchmal wird noch mit „sonstigen Rechtsverordnungen" operiert; vgl. z. B. Nebinger, Verwaltungsrecht, S. 150, der als sonstige Rechtsverordnungen alle diejenigen bezeichnet, die nicht Ausführungsverordnungen oder Polizeiverordnungen sind, worauf ein Katalog von Einzelbestimmungen folgt, der jedoch niemals vollständig sein kann. — I. ü. ist die Einteilung der als Rechtsquellen von der herrschenden Meinung angesehenen Verordnungen nicht überall dieselbe. Jellinek, Verwaltungsrecht, S. 119 ff., spricht von gesetzesvertretenden, Ausführungs- und besonders ermächtigenden Verordnungen, worunter insbesondere die Polizeiverordnungen verstanden werden. Köhler, Grundlehren, S. 71, kennt nur gesetzesvertretende Verordnungen, Ausführungsverordnungen und besonders ermächtigende Verordnungen. „Indeß stimmen die gemachten Unterschiede nicht völlig überein." — Alle Arten lassen sich jedoch auf die oben im Text gemachte, m. E. übersichtliche Einteilung zurückführen.

nach den Verfassungen durch formelles Gesetz geregelt werden müßten. Sie sind nicht nach Verwaltungsrecht, sondern nach Besatzungsrecht zu beurteilen. Das gleiche gilt für sog. Rechtsverordnungen zonaler oder mehrzonaler Behörden vor dem Inkrafttreten der diese Gebiete ergreifenden Verfassungen.

Nach der auf der „klassischen" deutschen Staatslehre aufbauenden herrschenden Meinung soll das Gegenstück zur Rechtsverordnung, die also — entgegen der hier vertretenen Auffassung — immer als Rechtsquelle angesehen wird, die Verwaltungsverordnung sein. Sie ist gemäß den Darlegungen von Laband[1]), dem die herrschende Meinung folgt, eine allgemeine Dienstanweisung für den internen Dienstgebrauch und daher schon aus diesem Grunde nicht Rechtsquelle[2]).

8. Autonome Satzungen

Eine weitere Rechtsquelle sollen nach der bisher herrschenden Lehre autonome Satzungen sein. Der bunt schillernde Begriff der Autonomie wird richtig wohl so festgelegt, daß man darunter Gesetzgebungsbefugnis einer Körperschaft im Staat versteht[3]). Im Verwaltungsrecht insbesondere ist Autonomie das Körperschaften des öffentlichen Rechts zustehende Recht, für ihren Bereich Rechtssätze für eine unbestimmte Zahl von Fällen gegenüber einer unbestimmten Zahl von Personen aufzustellen. Autonome Satzungen sind dann die auf der Ausübung der Autonomie beruhenden Satzungen[4]). Daneben gibt es noch eine Verwaltungsautonomie, die mit Rechtsetzung nichts zu tun hat.

Für das deutsche öffentliche Recht herrscht Einigkeit darüber, daß solche Satzungen nur kraft besonderer gesetzlicher Ermächtigung erlassen werden können[5]). Die Ansicht, daß die Körperschaften ein vom Staat unabhängiges Recht auf selbständiges Dasein und auf einen eigenen aus ihrem Daseinszweck sich ergebenden Wirkungskreis haben[6]), entspricht nicht mehr den gegenwärtigen Gegebenheiten.

---

1) Staatsrecht II, S. 67 ff.

2) Vgl. unten 7. Kapitel.

3) Vgl. Turegg-Türcke: Bilaterale Staatsverträge, in: Zeitschrift für öffentliches Recht 1936, S. 465.

4) Satzungen wird keine rückwirkende Kraft zugebilligt. Ausnahmsweise wird der Aufsichtsbehörde die Befugnis zugebilligt, eine etwa erforderliche Genehmigung rückwirkend auf die Zeit der gemeindlichen Beschlußfassung zu erteilen. — Bayr. VGH. 52, 162. — Das spricht gegen ihren Charakter als Rechtsquelle.

5) Stier-Somlo, Handbuch des kommunalen Verfassungsrechts, S. 23 ff.

6) So vor allem Gierke, Genossenschaftsrecht I, S. 743.

Nach der herrschenden Lehre nun sollen Träger der Autonomie sein die Parlamente in bezug auf den Erlaß ihrer Geschäftsordnungen, die Gemeinden und Gemeindeverbände in bezug auf die Regelung ihrer örtlichen und Verbandsangelegenheiten durch Ortsstatute, statutarische Anordnungen usw. und schließlich einige andere öffentliche Körperschaften in bezug auf die Regelung ihres Geschäftsganges.

Zweifellos ist die Autonomie ein Rechtsinstitut, das angewandt werden kann und oft angewandt wird. Damit ist jedoch noch nicht gesagt, daß nach gegenwärtigem öffentlichen Recht eine Delegation der Gesetzgebungsbefugnis vom Staat auf öffentlich-rechtliche Körperschaften stattgefunden hat. Tatsächlich läßt sich das nicht nachweisen.

Bei der Geschäftsordnung der Parlamente von Autonomie zu sprechen, dürfte schon deshalb abwegig sein, weil sie keiner vom Staat losgelösten Autonomie mehr bedürfen. Eine Geschäftsordnung ist ein Verwaltungsakt, der die Verhandlungen des Parlaments ermöglichen soll.

Gemeinden und Gemeindeverbände üben lokale Selbstverwaltung aus. Das geschieht dadurch, daß der Staat grundsätzlich staatliche, aber lokaler Begrenzung fähige Geschäfte durch die ihm eingegliederten Körperschaften, insbesondere Kommunen, erledigen läßt[1]). Zur Erledigung der Aufgaben können die Gemeinden Ortssatzungen erlassen, sofern ihnen das Recht gesetzlich eingeräumt ist, was durch die modernen Gemeinde-, Städte- und Kreisordnungen regelmäßig geschieht. Nimmt man mit der herrschenden Meinung diesen Einbau der Ortssatzungen in die allgemeine lokale Selbstverwaltung vor, so folgt daraus mit Notwendigkeit, daß auch der Erlaß von Ortssatzungen Verwaltungsmaßnahmen sind und keine Gesetzgebungsakte. Der Staat delegiert eben auf die Gemeinden und Verbände nur Verwaltung. Die Ortssatzungen gehören so zu der Willensbildung der Körperschaft in der Gesamtverwaltung, die der Verwaltungsdurchführung gegenüberstehen.

Alles das, was für die lokale Selbstverwaltung gilt, trifft auch für die personelle Selbstverwaltung nicht kommunaler öffentlicher Körperschaften zu. Auch sie üben nur Verwaltung und nicht Gesetzgebung aus. Besonders deutlich wird das durch die Entwicklung der Rechtsstellung dieser Körperschaften, die nach und nach in ihren Verwaltungsbefugnissen immer mehr beschränkt werden[2]).

---

1) Stier-Somlo, a. a. O., S. 17.

2) Vgl. unten 6. Kapitel.

Manche Satzungen bedürfen einer staatlichen Genehmigung. Die Genehmigung ist kein Verwaltungsakt. Sie wird, wenn im Gesetz nichts anderes vorgeschrieben ist, nach freiem Ermessen erteilt und ist frei widerruflich. Die Genehmigung hat auf die rechtliche Qualifikation des Inhalts der Satzung keinen Einfluß. Eine Satzung z. B., die sich mit Dingen befaßt, für die die sie erlassende Körperschaft nicht zuständig ist, ist trotz Genehmigung nichtig. Würde man solche Satzungen als Rechtsnormen ansehen, so entstände das seltsame Ergebnis, daß der Bestand von Rechtsnormen von einem Verwaltungsakt abhängig wäre. Das widerspricht den Prinzipien des Rechtsstaats und der Gewaltenteilung. Es ist daher richtiger, die vorhandene Selbständigkeit der Körperschaften innerhalb des Staates als Verwaltungsautonomie und damit ihre einzelnen Äußerungen als Verwaltungsakte anzusehen[1]).

9. Sonstige Quellen mit abgeleiteter Rechtssatzwirkung

Bei diesen sogenannten Quellen handelt es sich um Tatsachen, die auf die Auslegung von gesetzlichen Bestimmungen Einfluß haben. Durch die Entwicklung auf allen Gebieten, z. B. der Technik, der Medizin, der Industrie kann ein Wort im Laufe der Zeit verschiedene Begriffsinhalte bekommen. Das aber ist ein Vorgang, der jeder gesetzlichen Bezeichnung eigen ist. Immer muß ein bestimmtes Ereignis einem Text subsumiert werden. Und selbstverständlich ist nicht der Buchstabe oder Paragraph maßgeblich, sondern der Sinn des Gesetzesinhaltes. So kann es vorkommen, daß man im Jahre 1900 unter einem im Gesetz enthaltenen Ausdruck etwas ganz anderes verstand als im Jahre 1948. Es ist aber nicht möglich, hier die Tatsachen, welche durch die gesetzlichen Bestimmungen bezeichnet werden, und mögen sich im Laufe der Zeit für daselbe Wort noch so verschiedene Begriffe eingestellt haben, als Rechtsquelle anzusehen[2]). Wollte man das tun, so gäbe es überhaupt keine Grenzen mehr. Sicherlich sind alle Tatsachen als Tatbestandsmerkmale für Gesetz und Gesetzesanwendung von Bedeutung. Das aber liegt im Wesen eines jeden Gesetzes und jeder Gesetzesanwendung.

---

[1]) Es ist dann auch nicht nötig, den so oft mißbrauchten Begriff der „Reflexwirkung" zu benutzen — Peters, Verwaltung, S. 78 —, um zu erklären, weshalb z. B. eine Promotionsordnung von Bedeutung für die Doktoranden und nicht nur für die Dozenten ist.

[2]) Das tut z. B. Jellinek, Verwaltungsrecht, S. 126. Seine Ausführungen vermögen jedoch nicht zu überzeugen.

Schrifttum

Adickes, Franz, Die Lehre von den Rechtsquellen. Tübingen 1872.

Affolter, A., Zur Normentheorie. In: Arch. f. öff. R., Bd. 23 (1908).

Alzheimer, Treu und Glauben im Verwaltungsrecht. In: Bayr. Verw. Bl. 1929, S. 9.

Anderssen, Walter, Das Gewohnheitsrecht. In: Grünhuts Zeitschr. Bd. 37 (1910).

Anschütz, Gerhard, Kritische Studien zur Lehre vom Rechtssatz und formellen Gesetz. Leipzig 1901.

— Die gegenwärtigen Theorien über den Begriff der gesetzgebenden Gewalt und den Umfang des königlichen Verordnungsrechts nach preußischem Staatsrecht. Tübingen und Leipzig 1901 (2. Aufl.).

Anzilotti, Dionisio, Lehrbuch des Völkerrechts. Berlin—Leipzig 1929 (3. Aufl.). (Übersetzt von C. Bruns und K. Schmid.)

Arndt, Adolf, Das selbständige Verordnungsrecht. Berlin 1902.

Bilfinger, Carl, Verfassungsumgehung. Betrachtungen zur Auslegung der Weimarer Verfassung. Arch. f. öff. R., NF., Bd. 11 (1926).

Brie, Siegfried, Der Volksgeist bei Hegel und in der historischen Rechtsschule. Berlin—Leipzig 1909.

— Die Lehre vom Gewohnheitsrecht. Breslau 1899.

Bühler, Ottmar, Der zulässige Inhalt von Ausführungsbestimmungen zu Steuergesetzen nach der Rechtssprechung des preußischen Oberverwaltungsgerichts und derjenigen des Reichsfinanzhofs. Festgabe zur Feier des fünfzigjährigen Bestehens des preußischen Oberverwaltungsgerichts. Berlin 1925.

Emig, Treu und Glauben. In: Bayr. Verw. Bl. 1929, S. 211 ff.

Fleischmann, Max, Die materielle Gesetzgebung. Handbuch der Politik. Bd. I. Berlin—Leipzig 1920 (2. Aufl.).

Friedmann, Alfred, Geschichte und Struktur der Notstandsverordnungen. Stuttgart 1903.

Gerber, Hans, Die Grundsätze eines allgemeinen Teils des öffentlichen Rechts. In: Verwaltungsarchiv. Bd.36 (1933).

Gierke, Otto v., Das deutsche Genossenschaftsrecht. Berlin 1868—1913.

— Deutsches Privatrecht. Leipzig 1895 ff.

Grau, Richard, Die Diktaturgewalt des Reichspräsidenten und der Landesregierungen auf Grund des Art. 48 der Reichsverfassung. Berlin 1922.

Grewe, Ein Besatzungsstatut für Deutschland. Tübingen 1948.

Heller, Hermann, Der Begriff des Gesetzes in der Reichsverfassung. Veröffentl. der Vereinigung der deutschen Staatsrechtslehrer. 1926.

Jacobi, Erwin, Das Verordnungsrecht im Reiche seit dem November 1918. Arch. f. öff. R., Bd. 39 (1920).

Jellinek, Georg, Gesetz und Verordnung. Tübingen 1919.

Jellinek, Walter, Treu und Glauben im Verwaltungsrecht. Ru. pr. Verw. Bl. 1931, S. 805 ff.

Laband, Paul, Das Staatsrecht des Deutschen Reichs. Tübingen 1911—1914 (5. Aufl.).
Lange, Heinrich, Vom Gesetzesstaat zum Rechtsstaat. Tübingen 1934.
Loewenstein, Karl, Zur Verfassungsmäßigkeit der Notverordnungen von Juli und August 1931. Arch. f. öff. R., NF., Bd. 21.
Lüders, William, Das Gewohnheitsrecht auf dem Gebiet der Verwaltung. Kiel 1863.
Meinzolt. In: Bayr. Verw. Bl. 1928, S. 226.
Nebinger, Behördliche Rechtsvorschriften. In: Württ. Ztschr. f. Verw. 1931, S. 81.
Roethe, Eberhard, Die Ausführungsverordnung im heutigen Staatsrecht. In: Arch. f. öff. R., NF., Bd. 20 (1931)
Rönne, Ludwig v., Zorn, Philipp, Das Staatsrecht der preußischen Monarchie. Leipzig 1915 (5. Aufl.).
Rosin, Franz, Gesetz und Verordnung nach badischem Staatsrecht. Karlsruhe 1911.
Rosin, H., Das Polizeiverordnungsrecht in Preußen. Berlin 1895 (2. Aufl.). Begriff der Polizei.
Roß, Alf, Theorie der Rechtsquellen. Leipzig und Wien 1929.
Rümelin, Gustav, Die bindende Kraft des Gewohnheitsrechts. In: Iherings Jb. Bd. 27 (1889).
Schätzel. In: DRZ. 1947.
Schoen, Paul, Das Verordnungsrecht und die neuen Verfassungen. In: Arch. öff. R. NF. Bd. 6 (1924).
Schultes, Karl, Die Jurisprudenz zur Diktatur des Reichspräsidenten nach Art. 48, Abs. II, der Weimarer Verfassung. Bonn 1934.
Schüle, Adolf, Treu und Glauben im deutschen Verwaltungsrecht. In: Verwaltungsarchiv Bd. 38 (1934), 39 (1934).
Stier-Somlo, Fritz, Die Volksüberzeugung als Rechtsquelle. Berlin 1900.
— Handbuch des kommunalen Verfassungsrechts.
Stödter, Rolf, In: Deutsche Verwaltung. 1948, S. 20.
Turegg-Türcke, Kurt Egon v., Bilaterale Staatsverträge. In: Ztschr. öff. R. (1938).
— Deutschland und das Völkerrecht. Köln 1947.
Weiß, Karl Eduard, System des deutschen Staatsrechts. Regensburg 1843.
Zinn. Fortsetzung der Reichsverfassung. SJZ. 1947.
Zinser, H. W., Der allgemeine Teil des öffentlichen Rechts in der jüngsten Rechtsprechung des badischen, bayrischen, sächsischen und württembergischen Verwaltungsgerichtshofs bzw. Oberverwaltungsgerichts. In: Verwaltungsarchiv Bd. 39 (1935).
Zoepfl, Heinrich, Grundsätze des gemeinen deutschen Staatsrechts. Leipzig und Heidelberg 1863 (5. Aufl.).
Zorn, Philipp, Rönne, Ludwig v., Das Staatsrecht der preußischen Monarchie. Leipzig 1915 (5. Aufl.).

2. Abschnitt

MATERIELLES VERWALTUNGSRECHT

Sechstes Kapitel

Subjekte des Verwaltungsrechts

1. Personen im Verwaltungsrecht

Verwaltungsrecht ist wie jede rechtliche Regelung von Menschen für Menschen geschaffen. Infolgedessen interessieren für die rechtliche Betrachtung nur diejenigen Umstände, die für die Menschen von Bedeutung sind.

Diese Umstände können entweder ohne Zutun der Menschen zustande kommen oder doch wenigstens für sie in Erscheinung treten. Oder aber sie entstehen durch im einzelnen nachprüfbare menschliche Handlungen.

Für beide Gruppen von Umständen sind unbestritten feststehende Begriffe und Bezeichnungen nicht vorhanden. Die Lösung ist abhängig von der Stellungnahme zu erkenntnistheoretischen und rechtsphilosophischen Fragen. Ohne hierzu im einzelnen eine Entscheidung zu fällen, muß jedoch anerkannt werden, daß die Verwaltung ohne eine unterschiedliche Behandlung der beiden Gruppen von Umständen nicht auskommt. Für jede rechtliche Regelung ist dabei genau festzustellen, welche menschlichen Handlungen die Ursache rechtlicher Folgen sind und welche nicht auf Handlungen beruhenden Umstände solche Folgen haben können.

Dabei bewirkt die Natur der Sache, daß jeder Rechtszweig sich in erster Linie mit den gerade für ihn wichtigen menschlichen Handlungen befaßt und erst in zweiter Linie die ohnehin vorhandenen — vom Menschen aus gesehen — objektiven Umstände berücksichtigt.

a) Rechtserhebliche Tatsachen.

Für diese objektiven Umstände hat sich in jüngerer Vergangenheit die Bezeichnung rechtserhebliche Tatsachen eingebürgert[1]). Wie andere Rechtszweige beschäftigt sich auch das Verwaltungsrecht mit ihnen nicht in erster Linie. Indessen müssen sie bei der Betrachtung der Stellung der im Verwaltungsrecht erscheinenden Personen berücksichtigt werden. Das geschieht weitgehend durch die Übernahme in anderen Rechtszweigen erwachsener Ereignisse. Zu nennen sind insbesondere:

---

[1]) Führend ist Jellinek, Verwaltungsrecht, S. 206, der in ausführlicher Breite alle nur denkbaren rechtserheblichen Tatsachen behandelt.

Die Zeit[1]). Sie ist für Fristen und Termine (§§ 186 ff. BGB.) von Bedeutung. Enthalten Verwaltungsbestimmungen keine Regelung für zeitliche Berechnungen, so werden weitgehend Regelungen des bürgerlichen Rechts angewandt[2]). Verjährung dagegen gibt es grundsätzlich im Verwaltungsrecht nicht. Das würde dem Sinn und Zweck der Verwaltung widersprechen. Jedoch kann das Gesetz Ausnahmen von dieser Regel machen[3]).

Beispiel:

Das Einschreiten einer Polizeibehörde gegen einen über zehn Jahre hindurch geduldeten gesetzwidrigen Zustand ist möglich. — Bad. VGH. in: Bad. Ztschr. Verw. 1924, 65.

Aus dem gleichen Grund gibt es im Verwaltungsrecht keine Ersitzung, es sei denn, daß gesetzliche Bestimmungen sie ausdrücklich zulassen[4]).

Beispiel:

Wenn die Entstehung eines Gemeindenutzungsrechts gesetzlich ausgeschlossen ist, so kann es auch nicht durch langandauernde Übung entstehen. — Bayr. VGH. 48, 90.

Die Rechtsprechung erleichtert jedoch bei dem Vorliegen von Umständen, die objektiv eine Ersitzung begründen könnten, sofern es sie gäbe, die Beweisführung. Es wird die widerlegbare Vermutung aufgestellt, daß die Voraussetzungen der Rechtsbegründung einmal vorgelegen haben[5]).

Beispiel:

Die Öffentlichkeit eines Weges begründet die Vermutung der vor langer Zeit erfolgten Widmung, eine lange Zeit hindurch ausgeübte Wassernutzung die Vermutung der vor langem erfolgten staatlichen Verleihung. — Württ. VGH. in: Württ. Ztschr. f. Verw. 1921, 33.

Wer sich auf einen Rechtserwerb kraft Verjährung beruft, braucht nur nachzuweisen, daß der behauptete Zustand heute besteht, daß er „innerhalb derjenigen Zeit bestanden habe, welche die eigene Wahrneh-

---

1) Als Rechtstitel kann die Zeit nur derjenige bezeichnen, der sie erkenntnistheoretisch als etwas Objektives aufzufassen vermag. Wer Zeit als Erkenntnisform auffaßt, muß eine solche Lösung ablehnen. Die Einwände von Gerber, Grundsätze eines allgemeinen Teils, S. 49, gegen Jellinek dürften daher berechtigt sein.

2) Pr. OVG. 81, 244; 92, 51; 95, 261.

3) Pr. OVG. 83, 444; württ. VGH., in: Württ. Ztschr. f. Verw. 1924, S. 97; Kormann, Die öffentlichrechtliche Verjährung, in: Verwaltungsblatt 23; Friedrichs, Allgemeiner Teil, S. 220.

4) Kormann, in: Hirths Ann. 1912.

5) Haller, Die unvordenkliche Verjährung im öffentlichen Recht. In: Württ. Ztschr. f. Verw. 1924, S. 158.

mung des jetzt lebenden Geschlechts umfaßt" und daß auch aus der Vergangenheit keine Nachrichten über das Nichtbestehen des gegenwärtigen Zustandes vorhanden sind[1]). Das Bewußtsein der Rechtsausübung wird meist nicht gefordert[2]).

Der Raum[3]). In Betracht kommen hier vor allem Bestimmungen über Maße. Meist handelt es sich um die Vollziehung gesetzlicher Maßnahmen. Im übrigen lehnt sich das Verwaltungsrecht weitgehend an andere Rechtszweige an.

Zustände und Begebenheiten. Sie werden von rechtlicher Bedeutung nur im Zusammenhang mit menschlichen Handlungen und können dann kraft rechtlicher Regelung rechtlich erhebliche Tatbestände oder Tatbestandsmerkmale werden.

b) Menschliche Handlungen.

Sie können für das Recht bedeutungslos oder aber von rechtlicher Bedeutung sein.

Wenn Handlungen rechtlich bedeutsam sind, entstehen durch sie Rechtsbeziehungen zwischen Rechtssubjekten. Das Zivilrecht spricht hier von Rechtsverhältnissen. Diese Bezeichnung hat auch die Verwaltungsrechtslehre übernommen. Das ist möglich, sofern stets der ganz grundlegende Unterschied zwischen den beiden Rechtserscheinungen gewahrt bleibt:

Auf weiten Gebieten der verwaltungsrechtlichen Beziehungen stehen sich meist hinsichtlich der Machtbefugnisse völlig ungleiche Rechtsträger — das Wort im weitesten Sinn verstanden — gegenüber, nämlich der Staat und der einzelne Bürger. Die Ungleichheit der Subjekte und die Verschiedenheit ihrer Interessen selbst in den gleichen Rechtsverhältnissen unterscheidet diese scharf von den Rechtsverhältnissen des Privatrechts. Einen solchen Interessenunterschied zu leugnen, ist lebensfremd. Er muß als gegeben hingenommen werden auch von denen, die eine liberalistische Rechtsordnung (Hauptzweck: Schutz des einzelnen gegen den Staat) ablehnen. Stehen sich in Verwaltungsrechtsverhältnissen gleichrangige Personen gegenüber, so unterscheiden sich die behandelten Gegenstände hier ebenfalls ihrem Wesen und ihrem Zweck nach so erheblich von Zivilrechtsverhältnissen, daß für sie ebenfalls die erwähnte Unterscheidung erforderlich ist.

---

1) Z. B. bayr. VGH. 43, 59; sächs. OVG. 31, 51.

2) Knauth, in: Verwaltungsarchiv Bd. 30, S. 465, fordert das Bewußtsein der Rechtsausübung. A. A. z. B. Art. 110 EWVRO.

3) Sehr ausführlich: Jellinek, Verwaltungsrecht, S. 223 ff.; neuerdings auch Peters, Verwaltung, S. 94 ff., der dem Gegenstand ein ganzes Kapitel widmet.

Ein weiterer Unterschied gegenüber dem Privatrecht ist die strenge persönliche Gebundenheit. Der Staat und meist auch sonstige Hoheitsträger scheiden aus dem Rechtsverhältnis selbst dann nicht aus, wenn sie im Einzelfall ihre Rechte nicht selbst wahrnehmen, sondern durch Private wahrnehmen lassen. Die Pflichten der Gegenseite bleiben die gleichen.

Beispiel:

Die Pflichten des Enteigneten sind die gleichen, gleichgültig ob der Staat selbst oder eine von ihm mit dem Enteignungsrecht ausgestattete private Gesellschaft (Eisenbahn, Reichsautobahn usw.) die Enteignung vornimmt. — Früher wurden vom Staat oft Steuern, Gebühren und Gefälle verpachtet. Der Steuerpächter trat dann mit den gleichen Befugnissen auf wie der Staat.

Auch auf seiten des Gewaltunterworfenen bleiben die öffentlichen Rechte und Pflichten an der Person haften, für die sie begründet worden sind. Sie sind grundsätzlich unübertragbar und gehen mit dem Träger unter[1]). Das Verwaltungsrecht kennt grundsätzlich keine Gesamt- oder Sonderrechtsnachfolge. Ein Wechsel in der Person ist gleichbedeutend mit einer Änderung des Rechtsverhältnisses[2]). Aus diesem Umstand darf nicht auf eine größere Primitivität des Verwaltungsrechts geschlossen werden. Das zeigen schon die zahlreichen Ausnahmen. Es ist vielmehr der Charakter des Verwaltungsrechts mit seinem unübersehbar großen Sachbereich, der zur äußersten Ökonomie zwingt. Wollte man grundsätzlich Rechtsnachfolge zulassen, so würde die Übersicht noch schwerer. Statt eines Rechts könnte dann leicht Anarchie entstehen.

Deshalb ist Rechtsnachfolge im öffentlichen Recht nur dort vorhanden, wo es in den gesetzlichen Bestimmungen ausdrücklich erwähnt ist. In diesen Fällen leidet der Inhalt des Rechtsverhältnisses keine Änderung. Öffentlich-rechtliche Besoldungs- oder Steueransprüche beispielsweise bleiben dieselben, auch wenn die ursprünglich betroffene Person nicht mehr besteht.

Beispiel:

Gewerbekonzessionen können i. a. nicht vererbt werden (§ 46 GewO.). Der Straßenanlieger schuldet weiter die Beiträge, auch wenn er sein Grundstück privatrechtlich veräußert hat, während der Erwerber nicht für die Rückstände seines Vorgängers haftet (pr. OVG. 54, S. 77).

---

1) G. Jellinek, System der subjektiv-öffentlichen Rechte, S. 343. — Bayr. VGH. 50, 95; bad. VGH. 1932, 104.

2) Vgl. hierzu v. Tuhr, Allgemeiner Teil des Deutschen Bürgerlichen Rechts I, S. 219 ff.

Ausnahmen werden oft dann gemacht, wenn sich die Forderung des Staates weniger gegen die Person als gegen das Vermögen eines Staatsbürgers richtet oder wenn diesem eine Forderung gegen den Staat zusteht. So haften die Erben für rückständige oder hinterzogene Steuern, verfallene Anliegerbeiträge (pr. OVG. 53, S. 110), Gebühren usw. des Erblassers. Andererseits steht den Erben der Anspruch auf Bezahlung des rückständigen Beamtengehalts, des Krankengeldes usw. zu, das dem Erblasser im Augenblick seines Todes zustand, aber noch nicht ausgezahlt war.

Aber es gibt auch Ausnahmen von diesen Ausnahmen: Bestimmte Ansprüche werden vom Gesetz für „höchstpersönlich" erklärt, wodurch ihnen die Fähigkeit genommen wird, von einer Person auf eine andere überzugehen. Mit der Unübertragbarkeit verbunden ist meist die Unpfändbarkeit (z. B. Krankengeld, Unfallrente nach §§ 119, 621, 1325 RVO.).

Eine Zwischenstellung endlich nehmen die Rechtsverhältnisse ein, in denen öffentliche Rechte und Pflichten mit Grundstücken „verbunden" sind mit der Wirkung, daß der jeweilige Eigentümer oder Besitzer gegenüber der öffentlichen Verwaltung berechtigt oder verpflichtet ist. Es handelt sich hierbei weniger um eine Rechtsnachfolge als um eine Hilfsmaßnahme zur Bezeichnung des öffentlich-rechtlichen Berechtigten oder Verpflichteten. Von einer Verdinglichung darf nicht gesprochen werden, weil hierfür alle Anhaltspunkte in den Gesetzen fehlen.

Beispiel:

Anliegerbeiträge, Kanalisationsbeiträge, aber auch gewerbepolizeiliche Erlaubnis zur Errichtung einer Fabrikanlage, zur Errichtung eines Stauwehrs „für den jeweiligen Eigentümer eines bestimmten Grundstücks", z. B. pr. Wassergesetz vom 7. 4. 1913, § 46.

Dritte Personen können grundsätzlich in das Rechtsverhältnis zwischen Staat und Einzelnem nicht eingreifen, auch dann nicht, wenn sie durch die von der Behörde verlangten Maßnahmen begünstigt werden. Sie können insbesondere den Verpflichteten nicht zwingen. Das kann nur die Behörde.

Beispiel:

§ 120 a GewO. (Arbeiterschutzvorrichtungen), § 134 a GewO. (Arbeitsordnung. Das Arbeitsrecht enthält auch privatrechtliche Anteile), Streupflicht gegen Glätte. — Eingewiesen nach Wohnungsgesetz.

Nur ausnahmsweise spricht das Gesetz Dritten ein subjektives Recht auf die Leistung des Verpflichteten zu, wie z. B. § 618 BGB.

Umgekehrt ist auch auf seiten der nichthoheitlichen Person im Zweifel von der persönlichen Gebundenheit des Rechtsverhältnisses auszugehen.

Beispiel:

Ein Eigentümer ist durch die Polizei aufgefordert worden, seine bei einer Überschwemmung schadhaft gewordene Brücke wieder auszubessern. Wenn das Eigentum wechselt, bevor der Schaden behoben ist, muß der neue Eigentümer erneut aufgefordert werden. — Pr. OVG. 71, 146.

Rechtsnachfolge ist dem öffentlichen Recht zwar nicht unbekannt, doch ist sie weit weniger häufig als im Privatrecht. Ob beim Tode eines an einem öffentlichen Rechtsverhältnis Beteiligten seine Rechte und Pflichten auf den Erben übergehen, richtet sich nach der jeweiligen Materie. Bei vermögensrechtlichen Verhältnissen wird das im allgemeinen der Fall sein; ebenso dann, wenn das Rechtsverhältnis an eine Sache anknüpft.

Beispiel:

Die Genehmigung gewerblicher Anlagen unter einer Bedingung bindet auch den Rechtsnachfolger an die Bedingung.

Bei aufgelösten juristischen Personen tritt in all diesen Fällen der Rechtsnachfolger ein.

Beispiel:

Die rechtskräftig gewordene Geldstrafe kann nach dem Tode des Täters in den Nachlaß vollstreckt werden (§ 30 StGB.). Die Bestrafung ist höchstpersönlich, die Zahlungspflicht nicht.

Stellvertretung ist dem öffentlichen Recht nicht unbekannt. Trotz Vorhandenseins eines Vertreters kann sich die Behörde, sofern sie eine Rechtsgrundlage für ihr Verhalten nachweist, wobei sie häufig polizeiliche Gesichtspunkte geltend machen wird, an den Vertretenen halten[1]). Stellvertretung ist — entsprechend den allgemeinen Grundsätzen — auch ohne ihre Offenlegung möglich[2]). Eine Ausnahme von der grundsätzlichen Zulassung ist die Stellvertretung im Amt. Sie kann nur auf Grund besonderer Bestimmungen zugelassen werden[3]).

Beispiel:

Der Landrat und Vorsitzende des Kreisausschusses ist nicht automatisch Stellvertreter des Amtsvorstehers. — Pr. OVG. 83, 453.

Die Regelung der Stellvertretung greift auch bei Behinderung einer Amtsperson ein[4]).

Zurückhaltung übt das Verwaltungsrecht sodann aus bei der Bevollmächtigung. Sie ist grundsätzlich zulässig[5]) und kann i. allg.

---

[1]) Württ. VHG. in: Württ. Ztschr. f. Verw. 1932, 9.

[2]) RGZ. 74. 69 ff; RGStr. 45, 328; OLG. Hamm v. 29. 8. 1949 in: DV. 1950, 57.

[3]) So Jellinek, Verwaltungsrecht, S. 281; auch Peters, Verwaltung. S. 147.

[4]) Pr OVG. 84, 464.

[5]) Häufig erörtert: Parlamentsmitglieder jeder Stufe sind nicht „Vertreter" ihrer Wähler, sondern Repräsentanten der Gesamtheit. — Pr. OVG. 79, 436. —

formlos erteilt werden[1]). In dem stillschweigenden Dulden des Handelns für einen anderen ist dessen Vollmachterteilung zu erblicken[2]). Trotz weitgehender Anwendung privatrechtlicher Regeln müssen die Beteiligten stets darauf gefaßt sein, daß die Behörde aus in der Verwaltung liegenden Gründen andere Maßstäbe anlegt.

Beispiel:

Eine handelsrechtliche Prokura ermächtigt nicht ohne weiteres zur Erledigung öffentlich-rechtlicher Angelegenheiten für den Geschäftsinhaber. — Sächs. OVG. 32, 87; württ. VGH., in: württ. Ztschr. f. Verw. 1925, 136. — Vgl. ferner § 20, Abs. 2, pr. PVG., wonach für den polizeimäßigen Zustand einer Sache an Stelle des Eigentümers derjenige verantwortlich ist, der auf einen im Einverständnis mit dem Eigentümer gestellten Antrag von der Behörde als polizeipflichtig anerkannt ist; § 6 pr. Wegereinigungsgesetz vom 1. Juli 1912, wonach der ursprünglich Verpflichtete seine Wegereinigungspflicht mit Zustimmung der Polizei auf einen anderen übertragen kann.

Die Bestellung eines Erfüllungsgehilfen oder Boten wird im öffentlichen Recht für zulässig gehalten, sofern nicht der höchstpersönliche Einsatz erforderlich ist.

Beispiel:

Ein zur Empfangnahme von Wahlvorschlägen nicht ermächtigter Ratsdiener kann als Bote des Vorschlagenden angesehen werden mit den dadurch für den Zeitpunkt des Eingangs der Vorschläge eintretenden Folgen. — Bad. VGH., in: Bad. Ztschr. f. Verw. 1919, 146; a. A. württ. VGH., in: Württ. Ztschr. f. Verw. 1931, 7.

Für die Folgen einer Handlung, die jemand im Auftrage eines Dritten als dessen Werkzeug oder unselbständiger Gehilfe vorgenommen hat, ist der Verwaltungsbehörde, insbesondere der Polizei gegenüber nicht der Handelnde, sondern der Auftraggeber haftbar[3]). Doch gestattet auch hier Sinn und Zweck der Verwaltung nicht das Aufstellen allgemeingültiger Regeln[4]). Mit den gleichen Einschränkungen können Verwaltungsstellen Boten bestellen.

Beispiel:

Die Straßenpolizei gibt einem städtischen Gaswerk den Auftrag, die Gasleitung zu den einzelnen Häusern zu überwachen und festgestellte Schäden ohne weiteres an Stelle des verpflichteten Eigentümers im Wege des Verwaltungszwanges — Ausführung einer vertretbaren Handlung durch einen Dritten — als ein für allemal beauftragter Dritter zu beseitigen, während die

---

1) Sächs. OVG. 32, 87.

2) Sächs. OVG. 32, 351; württ. VGH. in: Württ. Ztschr. f. Verw. 1927, 94.

3) Pr. OVG. 83, 255.

4) So schon Kormann in: Hirths Ann. 1911, S. 905 ff.; vgl. z. B. pr. OVG. 75, 339; 79, 215; 83, 255.

entstehenden Kosten von der Polizei selbst bei dem Eigentümer und Verpflichteten eingezogen werden. Die Gerichte halten die Einschaltung einer verwaltungsfremden Stelle als Boten oder Erfüllungsgehilfen weitgehend für unzulässig. — Pr. OVG. 80, 218.

Die rechtlich erheblichen Handlungen des Verwaltungsrechts sind qualitativ verschieden, je nachdem welches Subjekt sie setzt. Die wichtigsten sind die Maßnahmen des Staates und sonstiger öffentlich-rechtlicher Körperschaften einerseits und die Geltendmachung von Rechten durch Nichthoheitsträger andrerseits. Aus der ersten Gruppe ragen die Verwaltungsakte[1]), aus der zweiten die subjektiv-öffentlichen Rechte[2]) hervor. Ihnen stehen jeweils in den verschiedenen Gruppen Pflichten der von den Rechten Betroffenen gegenüber.

Sucht man nach gemeinsamen Rechtsnormen für alle rechtserheblichen Handlungen des Verwaltungsrechts, so ist das Ergebnis recht dürftig. Das Wesen der Verwaltung und des Verwaltungsrechts ist einer allzu straffen Systematisierung abgeneigt. Insbesondere sei erwähnt:

Wenn der Wortlaut der Rechtsgrundlage keine rechtliche Klarheit schafft, ist er auszulegen.

Beispiel:

Ein nicht ausdrücklich als Steuerbescheid bezeichnetes Schriftstück kann als solcher nur gelten, wenn sein sonstiger Inhalt keine Zweifel darüber läßt, daß es sich um eine der Rechtskraft fähige amtliche Eröffnung über zu zahlende Steuern handelt. — Sächs. OVG. 26, 230. — Ein Bescheid, der eine Dienststrafe und eine gleichzeitige Kündigung enthält, ist nur als Dienststrafbescheid anzusehen, wenn gesetzlich eine Verbindung beider Maßnahmen unzulässig ist. — Bayr. VGH. 45, 77.

Vorhandene Lücken können nur dann durch sinngemäße Anwendung privatrechtlicher Regeln, insbesondere derjenigen des BGB. ausgefüllt werden, wenn ganz und gar keine verwaltungsrechtlichen Anhaltspunkte vorhanden sind. Das ist besonders häufig der Fall bei Legaldefinitionen, die oft erst nach langen Erörterungen im Zivilrecht anerkannt, zweckmäßigerweise in das Verwaltungsrecht übernommen werden, wie z. B. Begriffsfestlegungen im Sachenrecht (§§ 90 ff. BGB.), im Familienrecht oder Erbrecht.

Manche Bestimmungen des BGB. geben allgemeine Rechtssätze wieder, die schon wegen ihrer Allgemeingültigkeit auch für das Verwaltungsrecht gelten. Es wäre zweckwidrig, wenn dieses sich im Privatrecht herausgearbeitete rechtstechnische Ergebnisse nicht zunutze machen würde.

---

[1]) Vgl. unten 7. Kapitel.

[2]) Vgl. unten 8. Kapitel.

Beispiel:

§§ 116, 123, 130, 133 ff., 138, Abs. 1, 139, 157, 226, 278, 812, 844 BGB.

Der Satz von der notwendigen Ausrichtung der Rechtshandlungen nach Treu und Glauben kann im Verwaltungsrecht nur mit Zurückhaltung angewandt werden. Stets ist seine Heranziehung für die Auslegung nötig, im übrigen aber wird er oft durch typisch verwaltungsrechtliche Gesichtspunkte, wie z. B. die Umgrenzung des Ermessens usw., ersetzt[2]).

Beispiel:

Die Rechtsprechung hat den Satz von Treu und Glauben besonders häufig im Aufwertungsrecht und im Beamtenrecht angewandt. — RGZ. 125, 298; 130, 99; pr. OVG. 84, 175; 87, 1; sächs. OVG. 31, 335; 32, 368.

Bedingungen in dem Sinne, daß der Eintritt des Rechtserfolges und damit das Zustandekommen des Rechtsgeschäfts von einem zukünftigen ungewissen Ereignis abhängt, sind im Verwaltungsrecht grundsätzlich zulässig. Wie im Privatrecht unterscheidet man Resolutivbedingungen, mit deren Eintritt der Rechtserfolg aufhört, und Suspensivbedingungen, mit deren Eintritt der Rechtserfolg erst beginnt[3]).

Beispiel:

Eine Erlaubnis kann in der Weise erteilt werden, daß der Genehmigung eine Anordnung für das Verhalten des Antragstellers hinzugefügt wird, das zwar mit dem Verhalten in Zusammenhang steht, für welches die Erlaubnis erforderlich ist, aber dieses selbst nicht unmittelbar betrifft (Resolutivbedingung). — Pr. OVG. 59, 277.

Unzulässig sind Bedingungen bei kraft Gesetzes bedingungsfeindlichen Rechtshandlungen, wie z. B. Einbürgerung, Gaststättenerlaubnis, Verleihung der Befähigung zum Richteramt, sowie solche, die gegen ein gesetzliches Gebot verstoßen[4]). Sie sind es auch dann, wenn der Betroffene zugestimmt hat[5]).

Von den Bedingungen zu unterscheiden sind Auflagen, das sind selbständige, nur äußerlich dem Hauptrechtsgeschäft zugefügte Willenserklärungen, die auf dessen Wirksamkeit keinen Einfluß haben[6]).

Nebenbestimmungen sind Regelungen, die neben dem hauptsächlichen Gegenstand einhergehen. Sie können nicht als selbständige Rechtsfigur angesehen werden[7]).

---

1) Für das Steuerrecht z. B. eingehend: Bühler, Steuerrecht, 1927, S. 106 ff.

2) Für weitgehende Anwendung des Satzes: Peters, Verwaltung, S. 164; dagegen Schüle in: Verwaltungsarchiv, Bd. 38 und 39. — Vgl. oben S. 101

3) Kormann, System, S. 135; Fleiner, Institutionen, S. 187.

4) Pr. OVG. 82, 325.

5) Pr. OVG. 80, 361.

6) Gerber, Grundsätze eines allg. Teils, in: Verwaltungsarchiv, Bd. 36, S. 61.

7) Ablehnend überhaupt: Pr. OVG. 78, 106.

2. Subjekte des Privatrechts im Verwaltungsrecht

a) Natürliche Personen.

Die Rechtsfähigkeit ist die gleiche in beiden Rechtszweigen. Wer nach Privatrecht rechtsfähig ist, ist es auch nach Verwaltungsrecht.

Hinsichtlich der Geschäftsfähigkeit handelt es sich nicht nur darum, festzulegen, inwieweit auch für das Verwaltungsrecht geeignete Regelungen des Privatrechts im Verwaltungsrecht angewandt werden können[1]). Vielmehr gibt es eine für das Verwaltungsrecht eigenständige Geschäftsfähigkeit.

Dabei ist zu unterscheiden, ob eine Person aktiv innerhalb der Verwaltungsmaßnahmen tätig wird,

Beispiel:

„Dem allgemeinen Grundsatz der Selbstverwaltung entspricht es, daß nur solche Personen an der städtischen Verwaltung beteiligt werden, die entweder von der Bürgerschaft oder von deren gewählten Vertretern ausgewählt werden." — Pr. OVG. 79, 95. — Das wird festgestellt durch die die Verwaltung bestimmenden Personen, also i. a. die passiv Wahlberechtigten.

oder ob sie passiv von Verwaltungsmaßnahmen betroffen und infolgedessen erst ihrerseits tätig wird, was von dem Besitz der verwaltungsrechtlichen Geschäftsfähigkeit abhängig ist. Für natürliche Personen stimmt diese Art der Geschäftsfähigkeit häufig mit derjenigen des Zivilrechts überein[2]).

Beispiel:

Die Fähigkeit, Anträge zu stellen, die zu zweiseitigen Verwaltungsakten führen. — Die Einlegung von Rechtsbehelfen gegen Verwaltungsakte. — Der wegen Geistesschwäche Entmündigte besitzt nicht die für den Gewerbebetrieb eines Immobilienmaklers erforderliche Zuverlässigkeit. — Pr. OVG. 94, 200.

Doch läßt sich dem Inhalt nach nicht jede Art der verwaltungsrechtlichen Geschäftsfähigkeit einheitlich festlegen.

Trotz der möglichen Modifikationen der Geschäftsfähigkeit gilt unter allen Umständen für das Verwaltungsrecht der Gleichheitsgrundsatz des Art. 109 WRV., Art. 3 westd. GG., Art. 6 VerfddR. Damit entfällt jede unterschiedliche Behandlung aus Gründen der Vorbildung, der sozialen Zugehörigkeit oder des Geschlechts.

---

[1]) Darauf weist schon Fleiner, Institutionen, S. 192, Anm. 38, hin. — Pr. OVG. 95, 206, setzt den Begriff „Geistesschwäche" in § 57a Nr. 2 GewO. mit denjenigen in § 51 SAGB. und § 6 Abs. 1 Nr. 1 BGB. gleich.

[2]) Gerber, Grundsätze, in: Verwaltungsarchiv Bd. 36, S. 35, spricht einprägsam von Geschäftsfähigkeit als „Obrigkeitsperson" und als „Untertanperson".

Hinsichtlich des **Alters** und der **geistigen Reife** weicht das öffentliche Recht oft vom Privatrecht ab. So ist das 14. Lebensjahr von Bedeutung für die Bestimmung des religiösen Bekenntnisses (Reichsgesetz vom 15. Juli 1921 — RGBl. I S. 939 —), oder die Strafmündigkeit (§ 2 Jugendgerichtsgesetz),das 16. Lebensjahr für die Anordnung der Feuerbestattung, oder die Eidesleistung (§ 60 Ziff. StPO., S. 393 Ziff. 1 ZPO.), das 20. Lebensjahr häufig für die aktive Wahlberechtigung. Allgemein ist zu sagen: Wenn eine Verwaltungsmaßnahme gegenüber einem nach bürgerlichem Recht Minderjährigen ergehen konnte, ist dieser auch befugt, selbständig dagegen Rechtsmittel einzulegen[1]).

Willenserklärungen, die vor der Erreichung der jeweiligen Altersstufe abgegeben werden, sind unwirksam und nur dann durch die Genehmigung des gesetzlichen Vertreters heilbar, wenn es sich nicht um höchst persönliche Willenserklärungen handelt.

Es gibt auch Altersstufen, deren Nichtbeachtung nicht die Unwirksamkeit des sie betreffenden Verwaltungsaktes herbeiführen, wenngleich eine Genehmigung nicht denkbar ist.

Beispiel:

Die versehentliche Ernennung eines noch nicht 35 Jahre alten Richters zum Reichsgerichtsrat ist nicht unwirksam.

Auf zahlreichen Gebieten greifen verwaltungsrechtliche und privatrechtliche Bestimmungen ineinander, so insbesondere im **Registerwesen** (Geburt, Heirat, Tod), (Reichspersonenstandsgesetz i. d. F. vom 3. November 1937 mit 1. Ausf.VO. vom 19. Mai 1938 — RGBl. I S. 533 — und 27. Juli 1938 — RGBl. I S. 923 —; §§ 10, 12 Ehegesetz-Kontrollratsgesetz Nr. 16), im **Namensrecht**, (§§ 16 ff. Pers.StG.; Reichsgesetz vom 5. Januar 1938 mit Durchf.VO. vom 7. Januar 1938 — RGBl. I S. 12 — und 2. Durchf.VO. vom 17. August 1938 — RGBl. I S. 1044)[2]), im Firmenrecht oder auch auf weiten Gebieten der freiwilligen Gerichtsbarkeit. Jedoch sind selbst bei solchem Ineinandergreifen die verschiedenen Zweckbestimmungen der einzelnen Rechtszweige zu beachten.

Beispiel:

Die Erklärung einer Firma, abgegeben durch nach Handelsrecht zeichnungsberechtigte Angestellte, ist im Verwaltungsverfahren, insbesondere im

---

[1]) Sächs. OVG. 34, 339.

[2]) Nur übliche Vornamen sind zulässig. Ein Junge muß mindestens einen männlichen, ein Mädchen mindestens einen weiblichen Vornamen haben. Für die Änderung von Vornamen ist die untere, für die Änderung von Nachnamen die höhere Verwaltungsbehörde — Regierungspräsident, falls vorhanden, sonst Landesregierung — zuständig.

Steuerverfahren nicht ohne weiteres als Erklärung des Firmeninhabers anzusehen. — Württ. VGH., in: Württ. Ztschr. f. Verw. 1923, 414; Sächs. OVG. 32, 86.

Die Prozeßfähigkeit wird in den einzelnen Gesetzen über die Verwaltungsgerichtsbarkeit geregelt. Hierbei wird weitgehend auf das Vorbild des Zivilrechts Bezug genommen. Ist keine besondere verwaltungsrechtliche Regelung vorhanden, so steht einer sinngemäßen Anwendung der zivilprozessualen meist nichts im Wege, sofern nur der Zweck des Verwaltungsverfahrens beachtet wird[1]).

Beispiel:

Ein Minderjähriger erhebt Klage vor dem Verwaltungsgericht. Im Laufe des Verfahrens wird er volljährig. Die sodann von ihm ausgesprochene Genehmigung der bisherigen Prozeßführung heilt den bisher vorhandenen Mangel. — Bad. VGH. in: Bad. Ztchr. f. Verw. 1928, 189.

Sind verwaltungsrechtliche Fragen Gegenstand eines Verfahrens vor ordentlichen Gerichten, so gelten allein die für sie vorhandenen Prozeßbestimmungen.

Eine allgemeine Straffähigkeit ist im Verwaltungsrecht, das seinem Wesen entsprechend keine kriminellen Strafen kennt, nicht vorhanden. Jedoch werden des öfteren Zwangsmaßnahmen erforderlich, die objektiv eine einer kriminellen Strafe ähnliche Folge für den Betroffenen haben[2]). Hier gelten, zum mindesten in sinngemäßer Anwendung, falls nicht positiv-rechtlich eine andere Regelung stattfindet, die allgemeinen Bestimmungen des Strafprozesses.

Beispiel:

Ein achtzehnjähriger Steuerhinterzieher kann sich der in einer Niederschrift festzusetzenden Strafe unter Verzicht auf den Erlaß eines Strafbescheides unterwerfen, ohne daß es der Zustimmung des gesetzlichen Vertreters bedarf. — Verordnung vom 1. 11. 1921, § 4 — RGBl. S. 1328.

Eine allgemeine Verwaltungsfähigkeit zur Entgegennahme von Verwaltungsakten und zu Erklärungen dem Staat gegenüber ist kein rechtlich besonders zu qualifizierender Begriff. Es sind keine Personen denkbar, die diese Eigenschaft nicht haben[3]). Das gleiche gilt von der Polizeifähigkeit. Die Verwaltungsbehörden, insbesondere die Polizei muß sich mit ihren Anweisungen an jedermann wenden können. Auch Personen, die handlungsunfähig oder nicht deliktfähig sind, können Adressaten von Verwaltungsmaßnahmen sein. Ohne

---

[1]) Vgl. unten S. 263.

[2]) Vgl. unten S. 291 ff.

[3]) So Jellinek, Verwaltungsrecht, S. 158. A. A. Peters, Verwaltung, S. 134, der sie als Fähigkeit, Adressat staatlicher Anordnungen zu sein, ansieht.

dies ist eine Verwaltung nicht durchzuführen[1]). Die Verwaltung braucht also keine sich typisch aus dem Verwaltungsrecht ergebende Beschränkung der Personen zu beachten. Für sie gelten allein die Beschränkungen, die das bürgerliche Recht und das Strafrecht als Folgen nicht voller geistiger Reife kennt. Dabei ist jedoch stets von Fall zu Fall zu prüfen, inwieweit in diesen beiden Rechtszweigen enthaltene Beschränkungen auf das Verwaltungsrecht übergreifen.

Beispiel:

Die gemäß § 35 StGB. vom Strafgericht ausgesprochene Unfähigkeit zur Bekleidung öffentlicher Ämter bedeutet lediglich die Unzulässigkeit der Übertragung eines Amtes an eine solche Person. Die dennoch erfolgte Übertragung ist gültig[2]).

Einfluß des bürgerlichen Rechts auf das Verwaltungsrecht: Der Entlassungsantrag eines geisteskranken Beamten ist nichtig. — Sächsisches OVG. 24, 229.

Das allgemeine Namensrecht des bürgerlichen Rechts wird für das Verwaltungsrecht ergänzt durch zahlreiche Bestimmungen über Titelerwerb, Titelverleihung und Titelführung.

Beispiel:

Die Materie betrifft meist den Beruf einer Person und ist insb. im Berufsrecht und Beamtenrecht geregelt; vgl. §§ 29, 133, Art. 109 WRV., pr. Verordnung über die Führung akademischer Grade vom 30. 9. 1924.

Das Verwaltungsrecht befaßt sich grundsätzlich nur mit deutschen Staatsangehörigen. Nach der bisher herrschenden Meinung findet insbesondere der Gleichheitssatz nur Anwendung auf deutsche Staatsangehörige[3]). Die Stellung der Ausländer ist für die Verwaltung in besonderen Bestimmungen geregelt, die nur selten rein verwaltungsrechtlicher Art sind.

Beispiel:

Ausländerpolizeiverordnung vom 22. August 1938 — RGBl. I S. 1053 —; § 56 der GewO benachteiligt ausländische Hausierer, § 29 Abs. 2 pr. Jagdordnung vom 15. 7. 1907 benachteiligt ausländische Jagdberechtigte. — Über die Stellung ausländischer Arbeiter sind zahlreiche Bestimmungen ergangen. — Ausländer sind vom Wahlrecht für eine deutsche Körperschaft ausgeschlossen.

Maßgeblich sind ferner völkerrechtliche Bestimmungen, darunter solche, die nicht in besonderen Staatsverträgen niedergelegt sind.

---

[1]) Wegen der Polizeipflichtigkeit vgl. unten S. 366 ff.

[2]) W. Jellinek, Fehlerhafter Staatsakt, S. 84 ff. — Vgl. auch z. B. § 62 Abs. 2 thüringische Gemeinde- und Kreisordnung vom 8. 7. 1926: War ein Bürgermeister ... nicht wählbar, ... so scheidet er aus seinem Amt aus. Die Gültigkeit vorheriger Amtshandlungen wird durch seine Mitwirkung nicht berührt.

[3]) W. Jellinek, Verwaltungsrecht, S. 161.

Beispiel:

Die Sperrung eines Weges lediglich für Ausländer würde den Geboten der zwischenstaatlichen Höflichkeit widersprechen und ist deshalb unzulässig. — KGJ. 27 C, 52 ff.

Hinzu treten nun Bestimmungen für Angehörige der Vereinten Nationen. Die schärfste Maßnahme gegen Ausländer, die Ausweisung, kann z. Z. von deutschen Behörden nicht angewandt werden.

b) Juristische Personen.

Die öffentlich-rechtliche Rechtsfähigkeit der juristischen Personen des Privatrechts ist grundsätzlich gleichbedeutend mit der privatrechtlichen. Wenn eine juristische Person nach dem Privatrecht rechtsfähig ist, ist sie es auch nach Verwaltungsrecht und für das Verwaltungsrecht.

Beispiel:

Eine AG. im Liquidationszustand bleibt auch für das Verwaltungsrecht bis zur Beendigung der Liquidation rechtlich dieselbe Person wie bisher. Eine vor der Einleitung der Liquidation gegen sie erlassene Polizeiverfügung bleibt rechtswirksam. — Pr. OVG. 83, 255.

Wichtig ist das vor allem für die Parteifähigkeit, die gemäß § 50 Abs. 1 ZPO. der Rechtsfähigkeit entspricht. Wer nach Zivilrecht parteifähig ist, kann Betroffener oder Partei auch im verwaltungsgerichtlichen Streitverfahren sein[1]). Die Parteifähigkeit kann sogar gegenüber dem Zivilrecht erweitert sein, wie z. B. durch § 40 brit. VO. Nr. 165 gegenüber §§ 50 Abs. 2, 735 ZPO. Alle Parteifähigen können Adressat eines Verwaltungsaktes sein[2]).

Das Verwaltungsrecht ist beteiligt bei der Entstehung und dem Untergang einer juristischen Person (z. B. §§ 21, 22, 43 ff. 80 BGB., §§ 159, 142 ff. FGG., § 62 GmbH., § 81 GenG., für Stiftungen insbesondere § 87, Abs. 1 BGB.).

Die Typen der privatrechtlichen juristischen Person sind durch das Reichsrecht festgelegt[3]). Es steht den Landesgesetzen nicht frei, neue dem Reichsrecht unbekannte Typen einzuführen, sondern sie sind an die Regelung des Reichsrechts gebunden. Trotzdem ist es möglich, nicht

---

[1]) Unter Umständen ist die Klage der physischen Vorstandspersonen aus der Erklärung eines Organs in eine im eigenen Namen abgegebene Erklärung umzudeuten. — Bad. VHG., in: Ztschr. f. bad. Verw. 1927, 41; 1928, 122.

[2]) Pr. OVG. 62, 282; sächs. OVG. 11, 52. Eine abweichende Meinung wird in neuerer Zeit kaum noch vertreten. — Aktiv legitimiert sind nicht rechtsfähige Vereine auch im Verwaltungsrecht nicht. Doch können sie im Verwaltungsstreitverfahren ausnahmsweise klageberechtigt sein, wenn sie sich gegen die Auferlegung öffentlicher Pflichten wehren wollen; vgl. auch § 40 brit. VO. 165.

[3]) Sächs. OVG. 34, 167.

rechtsfähige Gebilde in einem bestimmten Verfahren ausnahmsweise als rechtsfähig zu behandeln.

Beispiel:

Ein Arbeiterrat hatte gemeinsam mit dem Unternehmer eine Arbeitsordnung erlassen. Die Polizei änderte die Ordnung zu ungunsten der Arbeitnehmer ab. Dem nicht rechtsfähigen Arbeiterrat wurde ein Beschwerderecht zugebilligt. — Sächs. OVG. 26, 195.

Es ist möglich, daß eine Dienststelle einer Behörde gleichzeitig juristische Person des Privatrechts ist[1]).

Beispiel:

Eine von einer Stadtgemeinde eingerichtete Bekleidungs-GmbH. kann sowohl als juristische Person des Privatrechts, als städtische Dienststelle, als auch als im steuerrechtlichen Sinn unselbständiges Organ einer für ihren Betrieb gewerbesteuerpflichtigen öffentlichen Körperschaft angesehen werden. „Eine juristische Person kann in den Organismus einer anderen so eingegliedert sein, daß sie in der Betätigung ihres geschäftlichen Willens deren ständiger Leitung untersteht und daß im Innenverhältnis ein Handel auf eigene Rechnung und Gefahr ausgeschlossen ist. Organträger kann auch eine öffentliche Körperschaft sein." — Pr. OVG. 83, 66. — Hierher gehören wohl auch die landeseigenen Betriebe, die in manchen Ländern der Ostzone, z. B. in Thüringen, als juristische Personen des Privatrechtes eigener Art aufgebaut sind mit der Verpflichtung der Eintragung ins Handelsregister und mit Kaufmannseigenschaft im Sinne des HGB., die aber doch öffentliche Funktionen erledigen[2]).

Die dem Verwaltungsrecht eigenständige Geschäftsfähigkeit tritt bei juristischen Personen des Privatrechts im Verwaltungsrecht besonders deutlich in Erscheinung[3]).

Beispiel:

Steuerpflichtig nach dem Vermögenssteuergesetz sind auch nicht rechtsfähige Personenvereinigungen, und zwar nicht nur hinsichtlich solcher Gegenstände, die nach bürgerlichem Recht allen Mitgliedern zur gesamten Hand gehören, sondern auch solcher, welche im Eigentum eines der Personenvereinigung insoweit verpflichteten Treuhänders stehen. — Pr. OVG. 84, 39. — Hier wird sogar unter völliger Vernachlässigung der Frage der Rechtsfähigkeit einer solchen Personenvereinigung eine gewisse Art der verwaltungsrechtlichen Handlungsfähigkeit gewährt. Vgl. auch 83, 31; 84, 44 und 50.

---

[1]) Das Verwaltungsrecht neigt dazu, sich nicht allzustark an bestimmte Typen zu binden, wie z. B. auch der Aufbau der Reichsautobahnen zeigt; vgl. unten S. 136.

[2]) Diese Form scheint jedoch keine Zukunft zu haben. Vielmehr wählt man mehr und mehr die Form der öffentlich-rechtlichen Anstalt, in der auch von vornherein z. B. die thüringische Landeskreditbank usw. aufgebaut war.

[3]) Pr. OVG. 62, 282 ff.; sächs. OVG. 11, 52 ff. Die abweichende Meinung wird in neuerer Zeit kaum noch vertreten.

3. Der Staat

Der Staat ist dasjenige Subjekt des Verwaltungsrechts, welches am häufigsten den bisher genannten Subjekten entgegen tritt.

Erscheint der Staat als Hoheitsträger, so ist er grundsätzlich der Verwaltungshoheit einer anderen dienstlich nicht vorgesetzten Behörde nicht unterworfen[1]).

Dagegen steht er als Fiskus jeder anderen Person des Verwaltungsrechts grundsätzlich gleich. Ausnahmen müssen im Gesetz ausdrücklich bezeichnet sein.

Beispiel:

> Zwangsvollstreckung gegen den Fiskus ist nur mit Einschränkungen möglich (§ 15 Ziff. 3 EGZPO. mit z. B. pr. VO. zur Vereinfachung und Verbilligung der Verwaltung vom 3. 9. 1932). — Häufig gelten auch besondere polizeiliche Erleichterungen z. B. auf dem Gebiet des Bau- oder Verkehrswesens oder auch in steuerlicher Hinsicht.

4. Öffentlichrechtliche Körperschaften

Der Staat kann durch Gesetz (z. B. § 4 RVO.) oder Verwaltungsakt (z. B. §§ 231 ff., 320 ff. RVO., §§ 15—18 Zweckverbandsgesetz vom 7. 6. 1939) die ihm zustehenden Befugnisse auf andere durch Personenmehrheiten gebildete Stellen übertragen. Diese Stellen werden hierdurch zu Subjekten des Verwaltungsrechts und juristischen Personen des öffentlichen Rechts, die die Bezeichnung Körperschaften führen. Ihnen stehen wie dem Staat selbst Attribute einer hoheitlichen Macht zu. Ihren Organen gebührt eine obrigkeitliche Stellung[2]). Die inneren Streitigkeiten werden unter Ausschluß des Zivilprozesses im Verwaltungsweg erledigt. Die Haftung nach außen richtet sich nach §§ 89, 31 BGB.

---

[1]) Pr. OVG. 68, 428 ff., 446 ff.; vgl. auch § 202 Abs. 5 RAO.

[2]) Es wird geltend gemacht, daß der leitende Gesichtspunkt für die Schaffung oder Anerkennung einer Rechtspersönlichkeit des öffentlichen Rechts nicht die hier genannten juristischen Merkmale sein dürfen, sondern „daß das betreffende Gebilde ein Teil der öffentlichen Verwaltung sein soll, der mehr oder weniger, und zwar gerade auch gegenüber dem Staat selbst eine gewisse anderen Gebilden oder Verwaltungseinheiten nicht zukommende oder doch nur begrenzte Selbständigkeit genießen und verwaltungsorganisatorisch abgesondert zu einem eigenen Verwaltungshandeln ermächtigt sein soll; mit anderen Worten, es werden in der Hauptsache diejenigen Gebilde zu juristischen Personen des öffentlichen Rechts gemacht, bei denen es sich um ‚mittelbare Staatsverwaltung' handelt". Nebinger, Verwaltungsrecht, S. 109; ähnlich auch Weber, Die Körperschaften, Anstalten und Stiftungen des öffentlichen Rechts, Leipzig 1943. — Köttgen, Die rechtsfähige Verwaltungseinheit, Berlin 1939, sucht den Begriff der juristischen Person des öffentlichen Rechts zu ersetzen durch denjenigen der rechtsfähigen Verwaltungseinheit. — Wie des öfteren im öffentlichen Recht scheinen hier politische und juristische Gesichtspunkte nicht getrennt zu werden. Es ist eine politische Frage,

Nicht immer leicht ist die Unterscheidung einer Körperschaft des öffentlichen Rechts von einer juristischen Person des Privatrechts. Als negative Grenze ist der bereits erwähnte Vorrang der Reichsgesetzgebung zu beachten, wonach durch sie die Personen des Privatrechts festgelegt sind. Insbesondere die juristischen Personen des bürgerlichen Rechts und Handelsrechts können niemals Körperschaften des öffentlichen Rechts sein, so z. B. auch Erwerbs- und Wirtschaftsgenossenschaften nach dem Gesetz vom 1. Mai 1889 — RGBl. S. 55 — oder Verbrauchergenossenschaften nach dem Gesetz vom 21. Mai 1935 — RGBl. I S. 681.

Ein positives Merkmal besteht darin, daß für die Körperschaften des öffentlichen Rechts das öffentliche Interesse überwiegt. Es ist also nicht nur ein Zweck neben anderen wie bei manchen Vereinen, sondern sein Bestand ist notwendig ebenso wie seine Betätigung. Der Staat hat pflichtgemäß darüber zu wachen, daß die öffentlich-rechtliche Körperschaft beide Voraussetzungen ständig erfüllt. Obwohl Willensträger der öffentlich-rechtlichen Körperschaft die darin zusammengeschlossenen natürlichen und juristischen Personen sind, die sich durch selbständige Organe äußern, behält sich der Staat doch regelmäßig eine mehr oder weniger umfangreiche direkte Einwirkungsmöglichkeit vor.

Beispiel:

Einem Feuerlöschverein e. V. kann die Rechtsfähigkeit nicht deshalb entzogen werden, weil er sich manchmal weigert, Feuer zu löschen. — Pr. OVG. 68, 349. — Wenn sich eine Gemeindefeuerwehr ebenso verhält, greift der Staat im Wege der Staatsaufsicht maßregelnd ein.

Ein weiteres positives Merkmal zeigt sich darin, daß nur bei öffentlich-rechtlichen Körperschaften Zwangsmitgliedschaft bestehen kann. Es gibt verschiedene Anhaltspunkte für das Wirksamwerden des Zwanges, z. B. Wohnsitz, Beruf, religiöses Bekenntnis. Nur öffentlich-rechtliche Körperschaften haben zwangsweise Mitglieder, niemals privatrechtliche juristische Personen.

---

ob der Staat allen öffentlich-rechtlichen Körperschaften mit Mißtrauen begegnet und ihre Selbständigkeit möglichst beschneiden will. Diese Tendenz bestand bei der nationalsozialistischen Herrschaft und sie ist nicht ausgeschlossen bei jeder Art der Planwirtschaft oder erst recht nicht bei einer Zwangswirtschaft. Dann soll man aber ehrlich genug sein, auf den Bestand selbständiger Körperschaften des öffentlichen Rechts zu verzichten und die von ihnen wahrgenommenen Aufgaben durch staatliche Behörden, möglicherweise unselbständige staatliche Anstalten erledigen zu lassen. Jedenfalls führt die nationalsozialistische Praxis, die Körperschaften juristisch bestehen zu lassen, sie aber zu bloßen Befehlsempfängern der staatlichen Entscheidungen zu machen — für die Personenkörperschaften, vgl. unten S. 132, — zu Unwahrheiten. Das gleiche gilt von allen Versuchen einer juristischen Bemäntelung dieses Zustandes. Für die Berechtigung des Fortbestandes von Körperschaften des öffentlichen Rechts: Huber, in: Verwaltungsarchiv 1940, S. 613; Peters, Verwaltung, S. 105.

Körperschaften des öffentlichen Rechts und nicht des Privatrechts sind also solche, bei denen eines oder mehrere der folgenden Merkmale vorliegen: Daseinsnotwendigkeit, positive Staatsaufsicht oder Aufsicht einer anderen höherrangigen öffentlich-rechtlichen Körperschaft, Zwangsmitgliedschaft, Fähigkeit, Anordnungen für einen unbestimmten Personenkreis zu erlassen, Verwaltung durch Beamte oder diesen der Rechtsstellung nach gleichstehende Personen. Juristische Personen, die keine dieser Merkmale aufweisen, sind solche des Privatrechts[1]).

Die Gründung einer Körperschaft öffentlichen Rechts beruht immer auf einem staatlichen Akt, und zwar entweder auf Gesetz oder, falls das gesetzlich nicht ausdrücklich ausgeschlossen ist, auf Verwaltungsakt. Das gleiche gilt für das Ende der Körperschaft.

Beispiel:

Umwandlung der Deutschen Reichsbahn aus einer selbständigen juristischen Person in eine unselbständige Reichsanstalt. — Gesetz vom 10. Februar 1937.

Für die Einteilung der Körperschaften des öffentlichen Rechts sind zweckmäßigerweise die Merkmale, die die Mitgliedschaft oder Zwangsmitgliedschaft begründen, heranzuziehen. Werden grundsätzlich sämtliche natürliche Personen, die auf einem bestimmten Gebiet wohnen, Mitglieder der Körperschaft, so handelt es sich um eine Gebietskörperschaft. Sind in der Person begründete Merkmale maßgebend, so handelt es sich um eine Personenkörperschaft.

5. Gebietskörperschaften

Die wichtigsten Gebietskörperschaften sind die Gemeinden und Gemeindeverbände. Als Gemeinde bezeichnet man eine öffentlich-rechtliche Gebietskörperschaft, die aus Einzelpersonen besteht und der die Selbstverwaltung ihrer Angelegenheiten nach Maßgabe der Gesetze zusteht[2]).

Die Gemeindeverbände weisen die gleichen Begriffsmerkmale auf, mit dem Unterschied, daß sie nicht aus Einzelpersonen, sondern ihrerseits wiederum aus Gemeinden zusammengesetzt sind.

---

[1]) Wie sehr die ganze Frage politisch bedingt ist, zeigt sich wieder seit 1945 mit aller Deutlichkeit. Die deutsche Auffassung tendiert dahin, für wichtige Zwecke, die für die Allgemeinheit von Bedeutung sind, öffentlich-rechtliche Körperschaften zu errichten. Die amerikanische Militärregierung dagegen ist ausgesprochen körperschaftsfeindlich. Sie wittert hinter jeder Personenkörperschaft eine Art Zwangsinnung, die in unkontrollierbarer Weise ihre Mitglieder tyrannisiert und in ihrer Freiheit behindert. Vgl. unten S. 421. — Vom juristischen Standpunkt ist Schack, in: Verwaltungsarchiv, Bd. 46, S. 135, zuzustimmen, der meint, daß bei allen Untersuchungen über den Körperschaftsbegriff nur herausgekommen sei, daß man als Körperschaft des öffentlichen Rechts ansehe, was der Gesetzgeber als solche bezeichnet. — Zur Abgrenzung der Körperschaften von juristischen Personen des Privatrechts vgl. Reichsfinanzhof 23, 301.

[2]) Stier-Somlo, Kommunales Verfassungsrecht, S. 25.

Mit dem Recht der Gebietskörperschaften befaßt sich ein besonderer Zweig des öffentlichen Rechts, das Selbstverwaltungs- oder Kommunalrecht[1]).

6. Personenkörperschaft (Genossenschaften)[2])

Personenkörperschaften werden gebildet durch Angehörige bestimmter Berufe sowie durch Personen, die durch örtlich bestimmte Interessen zusammengehalten werden. Daneben gibt es noch einige Sondereinrichtungen. Das Recht der Kirchen als Religionsgesellschaften, die ebenfalls Personenkörperschaften sind (Art. 137, Abs. 4, WRV.), ist ein besonderer Zweig des kirchlichen Verwaltungsrechts und im Zusammenhang mit dem Kirchenrecht zu behandeln.

Die Zahl der Berufsverbände hat sich seit 1933 erheblich vergrößert. Die Staatsleitung suchte auf diesem Wege Einfluß auf die Privatwirtschaft zu gewinnen, wenn ihr eine Verstaatlichung nicht zweckmäßig oder möglich war. Ob diese Tendenz beibehalten werden wird, hängt von der endgültigen Entscheidung über den Aufbau der deutschen Wirtschaft ab. Zu den älteren Berufsverbänden gehören die durch die Gewerbeordnung geregelten Zusammenschlüsse der Handwerker und Fabrikanten (§§ 81 ff. GewO.) in den Handwerkskammern, der Industriellen und Handeltreibenden in den Industrie- und Handelskammern und der freien Berufe in Rechtsanwaltskammern, Ärztekammern usw. Von den späteren Vereinigungen sind vor allem diejenigen auf dem Ernährungssektor wichtig, wie der Milchwirtschaftsverband (VO. i. d. F. vom 29. Juli 1938), der Gartenbauwirtschaftsverband und die Leitungsverbände des Reichsnährstandes (§ 1, Abs. 2, VO. vom 8. Dezember 1933), die Getreidewirtschaftsverbände (§ 4 VO. vom 14. Juli 1934), die wirtschaftliche Vereinigung der Roggen- und Weizenmühlen (§ 2 VO. vom 5. November 1937), der Wirtschaftsgruppen der Fischereiindustrie (VO. vom 26. Januar 1934), der Obst- und Gemüseverwertung (§ 1, Abs. 2, VO. vom 5. November 1933), Reichsstelle für Tiere und tierische Erzeugnisse (§ 2 VO. vom 24. März 1934)[3]). Die mit dem Reichsnährstand zusammenhängenden Verbände sind mit seiner Auflösung ebenfalls verschwunden. Die übrigen

---

[1]) Vgl. Turegg, Grundlagen einer neuen Gemeindeordnung; Politische Selbstverwaltung.

[2]) Geschichtliche Grundlage dieser Rechtsform sind die deutschen Genossenschaften, vgl. Gierke, Deutsches Genossenschaftsrecht, Berlin 1868—1913. Doch sind im positiv geltenden Recht auch andere Gedanken enthalten. — Ein Gegensatz zwischen Personenkörperschaften und Genossenschaften besteht nicht; so richtig Peters, Verwaltung, S. 111, a. A. Jerusalem, Der Staat, 1935, S. 260 ff.

[3]) Die juristische Form darf allerdings nicht darüber hinwegtäuschen, daß es sich inhaltlich oft nur um staatliche Befehlsempfangsstellen handelt.

Berufsverbände sind nur zum Teil wiedererrichtet oder bestehen gelassen worden[1]). Sie werden teilweise ersetzt durch privatrechtliche Zusammenschlüsse.

Personenkörperschaften, die an den Beruf nur anknüpfen, ohne eine Berufsvereinigung darzustellen, finden sich vor allem auf dem Gebiet der Sozialversicherung[2]) vorwiegend als Lastenausgleichsverbände.

Sonderverbände örtlich Beteiligter sind z. B. Wassergenossenschaften (VO. vom 3. Juli 1937), Deichverbände und Fischereigenossenschaften (pr. Wassergesetz i. d. F. vom 25. Juli 1933 — GS. S. 274 —, pr. Fischereigesetz i. d. F. vom 14. Januar 1934 — GS. S. 13), Waldgenossenschaften, Bodenbewässerungsgenossenschaften sowie als Lastenausgleichsverbände, Wildschadenausgleichskassen (VO. vom 5. Februar 1937) usw.[3]).

Als — allerdings nicht mehr bestehende Sondereinrichtungen — sind zu nennen der Deutsche Gemeindetag[4]) oder das Deutsche Rote Kreuz[5]). Man wählt diese Rechtsform für Vereinigungen, die für die Allgemeinheit von besonderer Bedeutung sind[6]).

---

[1]) Vgl. unten 17. Kapitel.

[2]) Vgl. unten S. 512.

[3]) Vgl. Bochalli-Linkelmann, Wasser- und Bodenverbandsrecht.

[4]) Der durch Gesetz vom 15. 12. 1933 — RGBl. I S. 1056 — begründete, für alle Kommunen zuständige Gemeindetag, ist aufgelöst. An seine Stelle getreten sind private Vereinigungen, nämlich der Deutsche Städtetag für die Stadtkreise, der Landkreistag für die Landkreise, der Städtebund für die nicht kreisfreien Städte, für die Landgemeinden verschiedene Landesverbände. Diese meist in der Form eingetragener Vereine bestehenden Verbände setzen zum Teil eine schon vor 1933 begründete Tradition fort. (Der Deutsche Städtetag bestand z. B. seit 1919.) Sie haben sich seit 1945 um die Erhaltung der deutschen Rechtseinheit große Verdienste erworben.

[5]) Das Deutsche Rote Kreuz war bis 1937 ein Sammelbegriff vieler Unterorganisationen verschiedener Art, von denen die meisten eigene Rechtsfähigkeit besessen hatten und in dem DRK. e. V. Berlin als Dachorganisation zusammengeschlossen waren. Diese Stelle unterhielt auch die Beziehungen zu der internationalen Organisation des Roten Kreuzes. Durch Reichsgesetz vom 9. Dezember 1937 — RGBl. I S. 1330 — wurde das Deutsche Rote Kreuz als Körperschaft des öffentlichen Rechts begründet. Die bisher bestehenden Vereine verloren ihre Rechtsfähigkeit und gingen in die Körperschaft auf. In der inneren Organisation wurde die Körperschaft in juristisch unselbständige Landesstellen aufgegliedert. Nach dem Zusammenbruch wurde ein Führerbefehl bekannt, wonach das Deutsche Rote Kreuz in die SS. überführt werden sollte. Das ist wahrscheinlich der Grund, weshalb die Zugehörigkeit zum Roten Kreuz in den Fragebogen der Militärregierung angegeben werden mußte. Nach der Auflösung der Körperschaft im Jahre 1945 wird nun das Rote Kreuz in Deutschland wieder in Kreis- und Landesverbänden als eingetragene Vereine aufgebaut. Auch eine Dachorganisation in der Form eines e. V. soll wieder geschaffen werden.

[6]) So sind Bestrebungen im Gange, den Deutschen Rat der Europäischen Bewegung zu einer öffentlich-rechtlichen Körperschaft zu machen

7. Stiftungen des öffentlichen Rechts

Sie sind genau wie diejenigen des Privatrechts zu juristischen Personen erhobene Vermögensmassen.

Für die Abgrenzung der beiden Arten sind die gleichen Gesichtspunkte maßgeblich wie für die Körperschaften, soweit sie dem Sinn und Zweck einer Stiftung gemäß übertragen werden können[1]). Meist wird es jedoch auf diese allgemeinen Gesichtspunkte nicht ankommen, weil der Gesetzgeber die Stiftungen des öffentlichen Rechts als solche ausdrücklich bezeichnet[2]). Die Tatsache allein, daß eine Stiftung öffentliche Zwecke verfolgt und unter staatlicher Aufsicht steht, macht sie noch nicht zu einer Stiftung des öffentlichen Rechts[3]).

Daseinsnotwendigkeit nach dem Willen des Stifters und staatliche oder abgeleitet staatliche Aufsicht sind keine Unterscheidungsmerkmale, weil beides sowohl bei öffentlichen als auch bei privaten Stiftungen vorkommen kann. Nicht nur die Aufsicht, sondern sogar die Verwaltung privater Stiftungen kann staatlichen oder kommunalen Behörden übertragen sein, so daß auch hieraus keine Unterscheidung herzuleiten ist. Mitgliedschaft von Personen kommt bei ihnen nicht in Betracht. Infolgedessen gibt es keine Zwangsmitgliedschaft. Als Unterscheidungsmerkmal bleibt so nur die Ausübung hoheitlicher Befugnisse.

Inhalt, Art und Weise dieser Befugnisse wird in Landesgesetzen näher festgelegt[4]). Auch für Stiftungen des öffentlichen Rechts gilt gemäß § 89 BGB. die Bestimmung des § 31 BGB.

8. Anstalten des öffentlichen Rechts

Für das Privatrecht genügen als juristische Personen die Typen der Körperschaften und Stiftungen. Das öffentliche Recht dagegen kennt als dritten Typ der juristischen Person noch die Anstalten.

---

[1]) Nicht rechtsfähige Stiftungen oder unselbständige Stiftungen, die dann vorliegen sollen, wenn der Stifter die Vermögensmasse einer Person mit der Auflage zuwendet, die Vermögensmasse zu dem von ihm bestimmten Zweck unter den von ihm aufgestellten Voraussetzungen zu verwenden, sind keine nach geltendem Recht rechtlich selbständig qualifizierbaren Tatbestände. Auch das BGB. hat diesen Begriff der sogenannten fiduziarischen Stiftungen nicht übernommen, vgl. §§ 525, 1940 BGB.

[2]) Auch dann noch ist die Rechtslage oft nicht klar. Eine öffentliche Stiftung des bayrischen Rechts, z. B. eine Familienstiftung, braucht keine Stiftung des öffentlichen Rechts im Sinne der Steuergesetzgebung zu sein. Bayr. VGH. 47, 34. —

[3]) Bayr. VGH. 47, 33.

[4]) Beispiele aus dem lübeckschen und Frankfurter — also preußischen — Recht bei W. Jellinek, Verwaltungsrecht, S. 168.

Das Wort Anstalt hat einen weiteren Umfang als der rechtliche Begriff. Nicht jede Pflegeanstalt, Unterrichtsanstalt, Heilanstalt oder Fürsorgeanstalt ist eine Anstalt des öffentlichen Rechts. Sie braucht es auch dann nicht zu sein, wenn sie vom Staat oder einer anderen mit hoheitlichen Befugnissen begabten Stelle getragen wird. Immerhin zeigen diese Beispiele, worauf es ankommt: Vorhanden sind sachliche Unterlagen, wie Einrichtungsgegenstände, Maschinen usw.; vorhanden sind ferner Menschen, welche diese Sachen bedienen und die sich dieser Sachen bedienen. Sie bedienen sich ihrer jedoch nicht für persönliche Zwecke, sondern für einen bestimmten außerhalb ihrer selbst liegenden Zweck.

Eine solche Verbindung von sachlichen und persönlichen Unterlagen mit einer planmäßigen Tätigkeit nennt man rechtlich farblos Einrichtung[1]).

Wenn es sich bei den erwähnten Personen und Sachen um solche handelt, die in der öffentlichen Verwaltung von Bedeutung sind, die also einen begrenzbaren Abschnitt der öffentlichen Verwaltung darstellen, sprechen manche von einer öffentlichen Anstalt im weiteren Sinne oder von unselbständigen Anstalten[2]). Diese Bezeichnung scheint wenig glücklich, weil bei der fortschreitenden Spezialisierung der Verwaltung, die mit Rücksicht auf die fortschreitende Technik einen fast für jedes Amt und jede Behörde verschiedenen sachlichen Apparat notwendig macht, dann beinahe jede Verwaltungsabteilung zu einer unselbständigen Anstalt werden müßte.

Beispiel:

Gesundheitsämter, städtische Straßenbahnen, Fuhrpark, Feuerwehr.

Die rechtliche Bezeichnung Anstalt ist daher für diejenigen Einrichtungen vorzubehalten, die seit jeher als Anstalten im eigentlichen Sinne qualifiziert werden, nämlich für die kraft positiver Gesetzesbestimmung mit Rechtspersönlichkeit ausgestatteten Einrichtungen[3]). Ihre sachlichen Unter-

---

[1]) Otto Mayer, Verwaltungsrecht II, S. 268.

[2]) So Fleiner, Institutionen, S. 300. — Nebinger, S. 123, zählt die in Württemberg bestehenden Einrichtungen dieser Art auf. Eine derartige Substanziierung zeigt besonders deutlich die rechtliche Wertlosigkeit.

[3]) Gierke, Deutsches Privatrecht I, S. 635. Otto Mayer, a. a. O., nennt eine Anstalt den Inbegriff und Bestand von persönlichen und sachlichen Verwaltungsmitteln, die, in der Hand eines Trägers öffentlicher Verwaltung zusammengefaßt, einem besonderen öffentlichen Zweck zu dienen bestimmt sind. Seit einiger Zeit ist mancherorts das Bestreben zu beobachten, die Selbständigkeit der Anstalten zugunsten des Staates zu beschränken. Merkl, Verwaltungsrecht, S. 225, definiert Anstalt als ein Verwaltungsorgan, dem Vermögensobjekte mit der Bestimmung der Verwaltung anvertraut sind, um sie entweder zum Gemeingebrauch bereit zu halten oder um damit darüber hinaus ideelle und materielle Güter zu produ-

lagen sind meist Verwaltungsvermögen[1]). Das Wort Anstalt in den Gesetzestexten gibt nicht immer den richtigen Inhalt wieder, weil manchmal als Anstalt bezeichnet wird, was in Wirklichkeit eine Körperschaft ist[2]).

Nur Anstalten im rechtlichen Sinne sind jedoch regelmäßig gemeint, wenn im Gesetz von Anstalten die Rede ist. Von Bedeutung ist das im Zivilrecht mit Rücksicht auf § 89 BGB., aber auch z. B. im Völkerrecht, wo nach Artikel 53 der Haager Landkriegsordnung von 1907 selbständige Anstalten von der Okkupationsmacht nicht konfisziert werden können wie das Staatseigentum des Staates, dessen Gebiet besetzt ist.

Da die Anstalten durch besondere Gesetzesbestimmungen ins Leben gerufen werden, enthalten die Gesetze meist Bestimmungen über die Art und Weise ihres Entstehens und Bestehens[3]). Infolgedessen ist es kaum möglich, für alle Anstalten gemeinsame Regeln zu finden[4]). Nur soviel ist zu sagen: A n s t a l t e n l e b e n t e i l s n a c h ö f f e n t l i c h e m, t e i l s n a c h p r i v a t e m R e c h t. Nach Zweck und Inhalt stehen sie manchmal recht nahe bei den Stiftungen, von denen sie sich aber dadurch unterscheiden, daß für sie nur ein bestimmter Personenkreis von Bedeutung ist. Umgekehrt indessen sind die meisten Stiftungen des öffentlichen Rechts zugleich auch Anstalten des öffentlichen Rechts.

Der öffentlich-rechtliche Charakter einer Anstalt äußert sich in zwei Richtungen: Das in ihr verkörperte G e m e i n i n t e r e s s e ü b e r w i e g t a l l e e n t g e g e n s t e h e n d e n p r i v a t e n I n t e r e s s e n. Insbesondere gibt es gegen Maßnahmen einer Anstalt keine actio negatoria.

zieren. Gegen solche Betrachtungsweisen ist nichts einzuwenden, solange nach außen erkennbar bleibt, daß man eine Vergrößerung des staatlichen Einflusses und eine Zurückdrängung der Selbstverwaltung erstrebt. Abzulehnen sind dagegen die Versuche, die Anstalt — wie auch andere nichtstaatliche Hoheitsträger — zwar in der alten Form bestehen zu lassen, sie aber zugunsten der Staatsverwaltung innerlich auszuhöhlen. Dem dienten die von der nationalsozialistischen Lehre unternommenen Versuche, die unterstaatlichen juristischen Personen des öffentlichen Rechts als rechtsfähige Verwaltungseinheiten — so Köttgen, a. a. O. S. 72 — anzusehen. Die Anstalt ist danach eine rechtsfähige Verwaltungseinheit nicht verbandsmäßiger Struktur. — Vgl. zum Begriff der Anstalt auch Gerber, in: Arch. öff. R. N. F. 17, S. 268, bayr. VGH. 49, 139.

[1]) Vgl. unten S. 206.

[2]) Die Reichsanstalt für Arbeitsvermittlung hat z. B. alle Merkmale einer Körperschaft. — Gesetz vom 12. 10. 1929 — RGBl. I, S. 162.

[3]) Z. B. §§ 1339 ff. RVO. — Die verschiedenen Arten der Entstehung sowie die Bestimmungen, nach denen Anstalten aufgebaut und funktionieren können, untersucht insbesondere für das württembergische Recht Nebinger, Verwaltungsrecht, S. 122 ff.

[4]) Dies versucht mit wohl nur geringem Erfolg Fleiner, Institutionen, S. 302 ff. Die inzwischen gemachten Erfahrungen bestätigen die Aussichtslosigkeit dieses Beginnens.

Beispiel:

Ruß und Lärm einer Eisenbahn muß man in einem Maß erdulden, das man sich von einer Privatperson nicht gefallen zu lassen brauchte. — RGZ. 59, 70. — Das gleiche gilt für den Lärm einer Rohrpoststation. — RGZ. 73. 270.

Das zweite Unterscheidungsmerkmal einer Anstalt des öffentlichen Rechts gegenüber einer privatrechtlichen Anstalt besteht darin, daß die erstere infolge ihres öffentlich-rechtlichen Charakters gewisse obrigkeitliche Befugnisse gegenüber ihren Benutzern hat. Hierfür ist nicht Privatrecht, insbesondere kein Vertragsrecht maßgeblich, sondern Normen des öffentlichen Rechts[1]).

Die Gewalthaber oder Organe einer Anstalt haben so polizeiähnliche Befugnisse, die man auch als Anstaltspolizei bezeichnet[2]). Sie können sie entweder selbst ausüben oder durch ordentliche Polizeistellen ausüben lassen[3]). Anstaltspolizei sind aber nur die Maßnahmen, die gegen die durch die Anstalt Betroffenen, in der Regel also die Benutzer, ergriffen werden, nicht gegen Dritte, die nur zufällig mit der Anstalt in Berührung kommen.

Beispiel:

Die Aufsicht eines städtischen Schlachthofes weist Häutehändler hinaus, die das Gelände unbefugt betreten haben. Hier handelt es sich lediglich um die Ausübung des Hausrechts, das jedem Besitzer eines Raumes oder abgeschlossenen Geländes zusteht, nicht um Anstaltspolizei. — Pr. OVG. 101. 255. — Auch die Bahnpolizei wird nur in Ausübung des Hausrechts tätig, wenn sie Unbefugte vom Bahngelände verweist. §§ 74 ff. Eisenbahn- und Betriebsordnung vom 17. 7. 1928. — RGBl. II, S. 541.

Wer die Anstalt benutzt, muß das gesetzlich oder verwaltungsmäßig festgelegte Entgelt bezahlen, nicht eine jeweils vereinbarte Summe. Die Anstalt haftet für ihr anvertrautes Gut kraft Gesetzes, nicht aus einem Vertragsverhältnis.

Beispiel:

Der Student, der zum Zwecke der Immatrikulation sein Zeugnis usw. der Universität einreicht, schließt keinen zivilrechtlichen Hinterlegungsvertrag mit der Anstalt ab.

---

[1]) RGZ. 73, 197.

[2]) Otto Mayer, Deutsches Verwaltungsrecht I, S. 263. A. A. Jellinek, Gesetz, Gesetzesanwendung, S. 278; auch Peters, Verwaltung, S. 115, der als „Anstaltspolizei" diejenigen Maßnahmen der allgemeinen Polizei ansehen will, die — möglicherweise auf Antrag der Anstalt — zu ihrem Schutz gegen von außen kommende Störungen ergriffen werden, z. B. die Entfernung von Ruhestörern, die nicht Anstaltsbenutzer sind, aus einer Universität oder von dem sie umgebenden Gelände.

[3]) Pr. OVG. 20, 403.

Nur bei Sachen, die gelegentlich einer zu einem anderen Zweck erfolgten Anstaltsbenutzung in den Bereich der Anstalt gelangt sind, steht dem Eigentümer oder sonstigen Berechtigten nach Beendigung des Anstaltverhältnisses die Eigentumsklage oder Klage aus ungerechtfertigter Bereicherung zu.

Beispiel:

Kleider eines Kranken oder Schülers, die, ohne in besondere Verwahrung der Anstalt gegeben zu sein, von ihrem Gelände gestohlen werden.

Anstalten gibt es in den verschiedendsten Lebensgebieten. Der Staat kann Anstalten zur Erledigung von Aufgaben der hoheitlichen Verwaltung benutzen, wie z. B. Polizeischulen, Steuerschulen, die Physikalisch-technische Reichsanstalt, Strafanstalten, Fürsorgeerziehungsanstalten. Auf dem Gebiet der Wirtschaft waren oder sind Anstalten des öffentlichen Rechts die Deutsche Reichsbahngesellschaft von 1924 bis 1937[1]), die Deutsche Reichsbank nach dem Gesetz vom 30. August

1) Zur Stellung der Deutschen Reichsbahn: Die Landeseisenbahnen gingen durch Staatsvertrag der über die Eisenbahnen verfügenden Länder mit dem Reich und durch bestätigendes Reichsgesetz vom 1. 4. 1920 in Eigentum, Betrieb, Verwaltung und Aufsicht des Reichs über. Zugleich erhielt das Reich die Enteignungsbefugnis für Eisenbahnzwecke, sämtliche Eisenbahnhoheitsrechte der Länder und deren Erwerbsrechte bezüglich der noch bestehenden Privatbahnen. Die Reichsbahn wurde so zunächst eine einheitliche Verkehrsanstalt in unmittelbarer Verwaltung und eigenem Betrieb des Reichs. Das Reichsbahnvermögen war ungetrenntes Reichsvermögen. Art. 92 WRV. bestimmte jedoch, daß die Reichseisenbahnen als selbständige wirtschaftliche Unternehmen zu verwalten seien. Im Frühjahr 1924 schuf eine Ausnahmevo. des Reichspräsidenten ein „Unternehmen deutsche Reichsbahn" als ein vom Reich verwaltetes Sondervermögen mit eigener Rechtsfähigkeit. Sodann wurde durch das Reichsbahngesetz vom 25. 9. 1924 auf Grund des Dawesplanes über die deutschen Reparationszahlungen eine selbständige „Deutsche Reichsbahngesellschaft" begründet. Der Form nach handelte es sich um eine Aktiengesellschaft, dem Inhalt nach um eine öffentlich-rechtliche Körperschaft zur Selbstverwaltung der vom Reich übertragenen Staatsaufgaben. Das Reich behielt sich das Eigentum an den Reichsbahnanlagen vor. Oberstes Organ der DRBG. war der Verwaltungsrat, der auch Vertreter der ausländischen Gläubigerstaaten enthielt. Das Reichsbahngesetz von 1930 ließ die Aktiengesellschaft als großen Selbstverwaltungskörper im Reich und als Träger eigener Verkehrspolitik unter der parlamentarisch abhängigen Reichsregierung bestehen. Die öffentlich-rechtliche Stellung wurde gestärkt, die Reichsbahn wurde öffentlich-rechtliche Verkehrsanstalt des Reichs und gleichzeitig öffentlich-rechtlicher Selbstverwaltungskörper in der bloß äußeren Form einer Aktiengesellschaft eigener Art. Ihr Personal (Beamte, Angestellte, Arbeiter) stand im Dienst unmittelbar der Gesellschaft, mittelbar des Reichs. Diese Regelung erwies sich als gut, weil sie eine Entparlamentarisierung, Entpolitisierung und Entpartikularisierung brachte. 1933 erfolgte zunächst die Gleichschaltung der DRBG. mit der Reichsregierung, ein Reichsgesetz von 1937 beseitigte den Gesellschaftscharakter und abschließend das Reichsbahngesetz vom 4. 7. 1939 — mit DurchfVO. vom 5. 7. 1939 — RGBl. I S. 1213, 1313 — auch die Gesellschaftsform.

Seit 1945 besteht die Reichsbahn unter der Leitung des Kontrollrats als Einheit weiter. Die Verwaltung lag in der Bizone in der Hand des Direktors für Verkehr und Präsidenten der Deutschen Reichsbahn im Vereinigten Wirtschaftsgebiet — Gesetz vom 12. 9. 1948, WiGBl. S. 95 —, in der französischen Zone in der

1924/2. Juli 1930 — RGBl. I S. 1015 —, die Reichsautobahnen nach dem Gesetz vom 29. Mai 1941 — RGBl. I S. 313 — und ihre Rechtsnachfolger, die südwestdeutschen zentralen Bahn- und Postanstalten (vgl. jetzt Art. 130 westd. GG.), das Jagd- und Fischereiamt der französischen Besatzungszone, die Zentralbanken der neuen Länder, die alten Landespfandbriefanstalten und ihre Rechtsnachfolger. Auf dem Gebiet der sozialen Verwaltung sind zu nennen vor allem einige Versicherungsträger, die neben Merkmalen einer Körperschaft auch Anstaltsmerkmale aufweisen, so z. B. die Reichsversicherungsanstalt für Angestellte oder die Landesversicherungsanstalten nach RVO., insofern der Schwerpunkt der Verwaltung beim Vorstand und nicht bei den Versicherten liegt und insoweit die Versicherten nicht als Mitglieder wie die Mitglieder einer Körperschaft angesehen werden können (vgl. z. B. §§ 99 ff. AVG., §§ 1344, 1351 RVO.)[1]).

Anstalten finden sich ferner auf dem Gebiet des Kulturwesens[2]), der Unterrichtspflege[3]), der Krankenpflege[4]) oder des Sparkassenwesens[5]).

Hand der Betriebsvereinigung der Südwestdeutschen Eisenbahn, einer nach dem Abkommen der Länder vom 25. 6. 1947 begründeten gemeinnützigen Anstalt des öffentlichen Rechts, und in der Ostzone in der Hand der DWK. (vgl. KG. in: NJW. 1950, 75 und Giese in: DRZ. 1950, S. 104). — Die Verwaltung in den drei Westzonen wurde im September 1949 zusammengefaßt zur Bundesbahn. Für die Verwaltung zuständig ist der Bundesverkehrsminister. (Art. 130, 134 GG.)

[1]) Es muß jedoch davor gewarnt werden, der Frage, ob es sich bei einzelnen Versicherungsträgern um eine öffentlich-rechtliche Körperschaft oder Anstalt handelt, zu große Bedeutung beizumessen. Der Kommentar zur Reichsversicherungsordnung von Fritz Stier-Somlo (München 1930), einer der meist benutzten Kommentare, z. B. geht auf diese Frage überhaupt nicht ein. Gemäß § 4 RVO. sind sämtliche Versicherungsträger rechtsfähig. Auf dem Gebiet des bürgerlichen und öffentlichen Rechts können sie Träger von Rechten und Rechtsverbindlichkeiten sein. Ihre Rechtsstellung ist in der RVO. und diejenige anderer Sozialversicherungsträger in den entsprechenden Gesetzen derart eingehend ausgestaltet, daß kaum ein Bedürfnis besteht, sie nun auch noch bestimmten generellen Personenklassen unterzuordnen. Das gilt insbesondere auch für die nach 1945 neu ausgebauten oder neu geschaffenen Sozialversicherungsträger. — Der Vorstand der Invalidenversicherungsanstalt hat die Eigenschaft einer öffentlichen Behörde, d. i. einer öffentlich-rechtlichen Körperschaft (§ 1343 RVO.), wogegen den Vorständen der Krankenkassen und Berufsgenossenschaften eine solche Stellung nicht zukommt (§§ 342 ff. RVO.).

[2]) Südwestfunk gemäß frz. VO. Nr. 187 vom 30. 10. 1948 — JO. Nr. 215 S. 1756 mit VO. Dr. 188 vom 30. 10. 1948 — JO. Nr. 215 S. 1760 — oder der Nordwestdeutsche Rundfunk (NWDR) gemäß brit. VO. Nr. 118 seit dem 1. 1. 1948 zur „Verbreitung von Nachrichten und Darbietungen unterhaltender, bildender und belehrender Art". Dem Wesen nach dient eine Anstalt den Interessen der Personen, deretwegen sie errichtet ist. Die Opposition gegen die Sendung von Reklamesendungen, die von Industrie und Unternehmertum teuer bezahlt sind, hat somit einen guten rechtlichen Grund!

[3]) Für die Universitäten auf dem Gebiet des ehemaligen Preußen ist § 67 II 12 pr. ALR. von Bedeutung. Jede Universität hat eine staatlich genehmigte Satzung, aus der ihr Anstaltscharakter folgt. In früherer Zeit waren viele Universitäten

Die Anstalt wird sodann mehr und mehr die juristische Form der volkseigenen und landeseigenen Betriebe in der Ostzone[1]). Alle diese Einrichtungen leben vorwiegend nach Landesrecht, neuerdings zum Teil nach Zonenbestimmungen.

Für die Bevölkerung im täglichen Leben von großer Bedeutung sind die von Gemeinden und Gemeindeverbänden unterhaltenen Anstalten[2]).

9. Rechtsfähigkeit der juristischen Personen des öffentlichen Rechts im Privatrecht

Die juristischen Personen, denen öffentliche Gewalt zukommt, besitzen auch Rechtsfähigkeit auf dem Gebiet des Privatrechts. Beim Staat tritt das durch die Maßnahmen des Fiskus in Erscheinung. Ebenso wie er haben alle übrigen öffentlich-rechtlichen juristischen Personen die Möglichkeit, als Personen des Privatrechts aufzutreten. Das folgt mit Klarheit aus § 89 BGB., der neben den Körperschaften, Stiftungen und Anstalten des öffentlichen Rechts den Fiskus im gleichen Range nennt. Man spricht dann auch bei den nicht-staatlichen juristischen Personen des öffentlichen Rechts von fiskalischer Verwaltung.

Körperschaften. Es sind Bestrebungen im Gange, insbesondere in der britischen Zone, diesen Zustand wiederherzustellen.

Die Rechtsgrundlagen für den Anstaltscharakter höherer Schulen sind zahlreich. Für Preußen galt § 54 II 12 pr. ALR. Ob diese Bestimmung, ähnlich wie § 10 II 17 — vgl. unten S. 349 —, kraft Gewohnheit auch auf andere Gebiete auszudehnen sei, war streitig. Dafür: Landl, in: Brauchitsch-Drews-Lassar, Die preußischen Verwaltungsgesetze, Berlin 1933, VI S. 14; dagegen: RGZ. 28, 306, RG. in JW. 1935 S. 407. — Die Kaiser-Wilhelm-Gesellschaft zur Förderung der Wissenschaften wurde am 11. 1. 1911 gegründet. An juristischen Instituten sind vorhanden dasjenige für internationales Privatrecht und dasjenige für ausländisches öffentliches Recht und Völkerrecht, beide bis 1945 in Berlin. — Vgl. Handbuch der Kaiser-Wilhelm-Gesellschaft, hsgg. von Adolf von Harnack, Berlin 1928.

[4]) Dankenswerte Darstellung durch Pathe, in: DVBL. 1950 S. 261. Dort auch die gesamte — sehr dürftige — Literatur.

[5]) Für Sparkassen z. B. pr. Gesetz vom 20. 7. / 4. 8. 1932. Es gab aber auch reichsrechtliche Vorschriften, z. B. VO. vom 6. 10. 1937 — RGBl. I S. 537 —. Manche Sparkassen, z. B. der deutsche Sparkassen- und Giroverband, waren Körperschaften. Reichsgesetz vom 6. 4. 1933.

[1]) Sie umfassen etwa 50 % der Industrieproduktion. Die Betriebsmittel sind an einen öffentlichen Zweck gebunden, von dem sie nicht mehr gelöst werden können. Sie haben keinen Berechtigten, sondern nur Träger, eben die Anstalt, die sie ihrer Bestimmung zuzuführen und dafür zu erhalten hat. Der Träger hat an ihnen aber kein Recht wie ein privater Eigentümer, sondern nur die Funktion der Verantwortlichkeit. — Barth, Probleme des neuen Wirtschaftsrechts, in: NJ. 1948, S. 144. Schon Merkl, Verwaltungsrecht, sah die Anstalt als entwicklungsfähige Erscheinung des Kompromisses zwischen Kapitalismus und Sozialismus an.

[2]) Ihre Schilderung gehört in die Darstellung des kommunalen Selbstverwaltungsrechts.

Schrifttum

Bochalli, Alfred, und Karl Linckelmann, Wasser- und Bodenverbandrecht. Berlin 1949.
Emig, Rechtsfähigkeit. In: Bayr. Verw. Bl. 1929, S. 210.
Forsthoff, Ernst, Die öffentlichen Körperschaften im Bundesstaat. Tübingen 1931.
Gierke, Otto v., Deutsches Privatrecht. Leipzig 1895.
Goedecke, Polizeiliche Verantwortlichkeit juristischer Personen. In: Pr. Verw. Bl. 47 (1926).
Haller, Die unvordenkliche Verjährung im öffentlichen Recht. In: Württ. Ztschr. f. Verw. 1924.
Herrfahrdt, Heinrich, Das Problem der berufsständischen Vertretung von der Französischen Revolution bis zur Gegenwart. Stuttgart und Berlin 1921.
Huber. In: R. Verw. Bl. 1940, S. 613
Jellinek, Georg, System der subjektiv-öffentlichen Rechte. Tübingen 1905 (2. Aufl.).
Jellinek, Walter, Fehlerhafte Staatsakte. Tübingen 1908.
— Gesetz und Gesetzesanwendung und Zweckmäßigkeitserwägungen. Tübingen 1913.
Knauth, Der Beweis der Öffentlichkeit bei alten Wegen. In: Verwaltungsarchiv Bd. 30.
Kormann, Karl, Grundzüge des Verwaltungsrechts. In: Hirths Annalen 1912.
— Die öffentlich-rechtliche Verjährung und Verschweigung in der Rechtssprechung des preußischen Oberverwaltungsgerichts. In: Pr. Verw. Bl. 1923.
Kron, Zschimmer, Knoll, Sauerborn, Bauer, Handkommentar zur Reichsversicherungsordnung. Berlin 1931.
Peters, Hans, Grenzen der kommunalen Selbstverwaltung in Preußen. Berlin 1926.
Schack, Körperschaften des öffentlichen Rechts. In: Verwaltungsarchiv Bd. 46.
Schieckel, Neuordnung der deutschen Sozialversicherung. In: DRZ. 1947, S. 218 ff.
Stier-Somlo, Fritz, Handbuch des kommunalen Verfassungsrechts in Preußen. Mannheim—Berlin—Leipzig 1928.
Tuhr, Andreas v., Allgemeiner Teil des deutschen bürgerlichen Rechts. Berlin 1926.
Turegg, Kurt Egon v., Grundlagen einer neuen Gemeindeordnung. Minden 1948.
— Politische Selbstverwaltung. Köln 1948 (Gewerkschaftliche Schriftenreihe).

Siebentes Kapitel

Verwaltungsakte

1. Begriff

Öffentliche Ansprüche und öffentliche Pflichten können unmittelbar durch das Gesetz Wirksamkeit erlangen. Dann braucht keine Behörde und keine Tätigkeit einer Behörde zwischen den Gesetzgeber und den Staatsbürger zu treten.

Beispiel:

Wer Flüchtling ist oder wer fürsorgeberechtigt ist und die entsprechenden Ansprüche geltend machen kann, bestimmt sich kraft Gesetzes. — Schleswig-holst. Gesetz zur Behebung der Flüchtlingsnot vom 27. 11. 1947, Fürsorgepflichtverordnung vom 13. 2. 1924.

Es ist jedoch möglich, daß öffentliche Pflichten und Ansprüche erst wirksam werden, wenn sie von einer Staatsstelle, die nicht die Gesetzgebungsstelle ist, ausgesprochen werden. Die Tätigkeit einer solchen Stelle ist ferner dann nötig, wenn der Staatsbürger trotz des unmittelbaren Wirksamwerdens der Äußerung des Gesetzgebers die Durchführung der von ihm verlangten Maßnahmen verweigert und mit Zwang dazu angehalten werden muß.

In all diesen Fällen werden, sofern nicht die Voraussetzungen für das Eingreifen von Rechtsprechungsbehörden vorliegen oder geschaffen werden, Verwaltungsbehörden durch besondere Maßnahmen tätig. Dem Ideal des Rechtsstaates würde es entsprechen, wenn die Maßnahmen der Verwaltung von der gleichen Stabilität sein könnten wie ein gerichtliches Urteil.

Das Ideal kann in zweierlei Weise verwirklicht werden: Entweder spricht man der Verwaltung die Fähigkeit ab, „Recht und Gesetz zu realisieren" und glaubt, diese Fähigkeit allein bei den ordentlichen Gerichten zu finden. Das ist der Lösungsvorschlag jeder justizstaatlichen Auffassung[1]). Oder man beurteilt die Arbeitsmöglichkeiten der Verwaltung vom Standpunkt des Rechtsstaates aus günstiger und sieht verwaltungsbehördliche Aussprüche als Seitenstück zum gerichtlichen Urteil an. Ein solcher Ausspruch soll dann bestimmen, was rechtens ist, „bindend für das, was weiter hier von der Verwaltung aus geschieht". Das ist die Ansicht einer auf das französische Recht (acte administratif) verweisenden Richtung mit Otto Mayer an der Spitze[2]).

---

[1]) Sehr einprägsam: Otto Bähr, vgl. oben S. 21.

[2]) Verwaltungsrecht I, S. 61 unter Berufung auf F. F. Mayer, Bernatzik u. a.

Gegen die erste Lösung ist alles das vorzubringen, was gegen eine rein justizstaatliche Konstruktion des Rechtsstaates überhaupt zu sagen ist. Sachlich ist Verwaltung etwas ganz anderes als Rechtsprechung und kann daher nicht mit den gleichen Maßen gemessen werden. Hinsichtlich der handelnden Personen ist auf alle diejenigen Bedenken hinzuweisen, die jemals gegen die eine selbständige Verwaltungsgerichtsbarkeit ablehnende Meinung vorgebracht worden sind[1]).

Die zweite Auffassung entspricht nicht den tatsächlichen Verhältnissen. Es ist nicht zu verkennen, daß es a u c h Verwaltungsmaßnahmen gibt, die sich als endgültige „Entscheidungen" kennzeichnen lassen, die also die Beteiligten einschließlich der beteiligten Behörden binden. Besonders deutlich wird das bei manchen Aussprüchen der Verwaltungsgerichte[2]). Die große Mehrzahl der Verwaltungsmaßnahmen ist jedoch viel labiler. Es gehört eben zum Wesen der Verwaltung auch im Rechtsstaat, daß sie sich nicht festlegen kann, ohne unerträgliche Verhältnisse für das Zusammenleben der Menschen herbeizuführen. Andererseits unterscheiden sich die für immer oder für eine gewisse Zeit, für bestimmte Personen oder für die Allgemeinheit festliegenden Verwaltungsmaßnahmen ihrem Wesen und ihrem Inhalt nach nicht so erheblich von sonstigen Verwaltungsmaßnahmen, daß sie unter einem besonderen Begriff zusammengefaßt werden müßten. Gegen eine solche scharfe und grundsätzliche Trennung spricht auch die Unsicherheit der Grenzen: In einem Fall kann eine Entscheidung bindend sein, in einem anderen Fall, der von dem ersten nur um weniges abweicht, würde eine Bindung schädliche oder unsoziale Folgen haben. Eine E i n t e i l u n g d e r V e r w a l t u n g s m a ß n a h m e n i n u r t e i l s ä h n l i c h e u n d n i c h t e i n e m U r t e i l ä h n l i c h e ist als unergibig a b z u l e h n e n. Infolgedessen besteht auch nicht das Bedürfnis, die eine oder die andere Gruppe zu einer besonderen Art zusammenzufassen. Damit entfällt die Möglichkeit, für die Gruppe der urteilsähnlichen Verwaltungsmaßnahmen die Bezeichnung Verwaltungsakt zu reservieren, wie das Otto Mayer tut.

Eine andere Frage ist es, ob ein Bedürfnis besteht, aus der Menge der fluktuierenden Verwaltungsmaßnahmen bestimmte Akte herauszunehmen, sie als Rückgrat der Verwaltung anzusehen und sie eingehenderen und strengeren Regeln zu unterwerfen als andere Arten der Verwaltungstätigkeit. Sie ist zu bejahen. Allmählich haben sich so im Laufe der letzten

[1]) Gneist, Veerwaltung, Justiz. Rechtsweg, S. 167 ff.; Englisches Verwaltungsrecht I, S. 388.

[2]) Vgl. unten 11. Kapitel.

Jahrzehnte die **Verwaltungsakte** als **besondere Art verwaltender Tätigkeit** aus der gesamten Verwaltung herausgeschält.

Sie schaffen keine Rechtssätze, sondern Rechtsverhältnisse. Daß die Willenserklärung dem tatsächlichen Geschäftswillen entspricht, wird im Verwaltungsrecht vermutet[1]). Infolgedessen geht das Verwaltungsrecht im wesentlichen von der Willenstheorie aus im Gegensatz zum Privatrecht, wo die Erklärungstheorie von Bedeutung ist. Eine Auslegung in einem Sinne, den der Erklärende nicht gewollt hat, ist unzulässig. Der Schutz der Verwaltungsunterworfenen gegen zu beanstandende Verwaltungsakte besteht in der Geltendmachung ihrer Fehlerhaftigkeit[2]).

Keine Verwaltungsakte sind mithin alle Maßnahmen der Verwaltungsbehörden, bei denen das eine oder andere der genannten Tatbestandsmerkmale fehlt. Dabei sind insbesondere zwei Gruppen zu unterscheiden:

Nicht hoheitliche Maßnahmen und die fiskalische Tätigkeit stellen keine Verwaltungsakte dar[3]). Ferner sind nicht auf einen rechtlichen Erfolg gerichtete Handlungen, auch wenn sie mit Hoheitsgewalt vorgenommen werden, keine Verwaltungsakte. Dahin gehören behördliche Handlungen, die keine Willenserklärungen sind, sondern Wissenserklärungen[4]) im weitesten Sinne oder rein technische Verwaltungsmaßnahmen, wie Dienstanweisungen oder Anstaltsordnungen.

Diese Abgrenzung des Begriffes des Verwaltungsaktes ist juristisch nicht zu beweisen. Maßgeblich sind Zweckmäßigkeitserwägungen. Es empfiehlt sich aus zahlreichen Gründen, für die hoheitlichen auf einen rechtlichen Erfolg gerichteten staatlichen Willensäußerungen eine klar erkennbare, nach allen Seiten hin abgrenzbare Rechtsfigur zur Verfügung zu haben.

---

[1]) Vgl. oben S. 46.

[2]) Vgl. unten über die Ungültigkeit der Verwaltungsakte S. 163.

[3]) Die Beschränkung des Begriffs Verwaltungsakt auf Hoheitsmaßnahmen entspricht der herrschenden Lehre, vgl. z. B. Otto Mayer, Verwaltungsrecht I S. 93; Jellinek, Verwaltungsrecht, S. 237; v. Köhler, Grundlehren, S. 155. — Die ältere Lehre rechnete zahlreiche fiskalische Maßnahmen noch zu den Verwaltungsakten, insbes. zweiseitigen Verwaltungsakten oder öffentlich-rechtlichen Verträgen; vgl. z. B. Laband, Staatsrecht II, S. 189. Diese Auffassung ist wegen ihrer Unklarheit mit Recht aufgegeben worden.

[4]) Peters, Verwaltung, S. 151, möchte auch die Wissenserklärungen zu den Verwaltungsakten rechnen. Damit dürfte die ohnehin schwer feststellbare Grenze der Verwaltungsakte noch unsicherer werden, denn dann könnten schließlich auch technische Maßnahmen zu den Verwaltungsakten gezählt werden. Die Vermeidung aller Unklarheit liegt jedoch im Interesse aller an der Verwaltung Beteiligten. — Wie schwankend die Grenze ist, zeigt z. B. sächs. OVG. 32, 90, das eine Vorladung, die im allgemeinen als technische Maßnahme angesehen wird, als Verwaltungsakt bezeichnet.

a) Ein solcher Akt muß zunächst eine Willenserklärung enthalten. Nicht auf einen rechtlichen Erfolg nach außen gerichtliche Handlungen sind daher keine Verwaltungsakte, sondern technische Verwaltungsmaßnahmen oder interne Behördenregelungen[1]).

Beispiel:

Verwaltungsakt: Androhung, Festsetzung oder Ausführung eines Zwangsmittels.
Kein Verwaltungsakt: Büroordnungen, Ladungen, Amtshilfeersuchen, Auskunfterteilung, Mitteilungen über Begebenheiten, Dienstaufsichtsentscheidungen.

b) Er muß kraft hoheitlicher Gewalt ausgesprochen sein. Alle nichthoheitlichen Maßnahmen oder die Tätigkeit des Fiskus sind keine Verwaltungsakte.

c) Er muß dem Staatsbürger sagen, wie er sich zu verhalten hat oder was innerhalb der Verwaltung für ihn rechtens ist. Er kann sich dabei an einen einzelnen wenden. Doch besteht kein Anlaß, den Begriff des Verwaltungsaktes auf diese Fälle zu beschränken. Vielmehr kennt die Verwaltung Willenserklärungen kraft hoheitlicher Gewalt auch einer Mehrheit von Menschen gegenüber. Ebenso gut wie an eine Mehrzahl bekannter Personen kann sie sich an unbekannte Personen wenden. Fast allenthalben geschieht das in gesetzlich festgelegten Formen, nämlich durch Bekanntmachungen in Amtsblättern, durch Maueranschläge usw.[2]). Der Begriff des Unbekanntseins mit den Personen, an die sich die Behörde hier wendet, schließt die Unkenntnis ihrer Zahl in sich. Infolgedessen kann sich eine solche Verwaltungsmaßnahme auch an die gesamte Staatsbürgerschaft wenden, ohne aus diesem Grunde ihre Qualität als Verwaltungsakt zu verlieren. Andernfalls müßte eine ziffernmäßige Grenze gezogen werden, wonach ein Verwaltungsakt nur vorhanden sein soll, wenn z. B. 1000 Personen betroffen werden, nicht jedoch, wenn es sich um 1001 Personen handelt. Die Ungereimtheit einer solchen Lösung liegt auf der Hand. Neuere Regelungen oder Regelungsversuche nehmen hierauf Rücksicht. So sagt z. B. EWVRO.: „Ein Verwaltungsakt kann sich auch an eine unbestimmte Personenmehrheit wenden, wenn er bestimmte Ver-

---

[1]) Bad. VGH., in: Ztschr. f. bad. Verw. 1920, 89 (Vorbereitung der Wegnahme eines für verfallen erklärten Motorrades); 1921, 196 (Auskunft über Verfahrensstand); sächs. OVG. 33, 280 (Bericht an vorgesetzte Behörde); 34, 244 (Verwarnung, auch wenn dafür Gebühren erhoben werden); LVG. Hannover vom 2. 2. 1950 (Entscheidung auf Dienstaufsichtsbeschwerde).

[2]) Laband, Staatsrecht II, S. 197, spricht mit aller Deutlichkeit aus, daß sich eine „Verfügung" nicht nur an individuell bestimmte Personen, sondern auch an eine Mehrheit von Personen richten kann.

hältnisse in einem einzelnen Fall regelt"[1]). Eine Verwaltungsmaßnahme kann also auch dann ein Verwaltungsakt sein, wenn sie sich nicht an einen einzelnen, sondern an die Allgemeinheit wendet.

Die Verwaltungsbehörde kann in zweierlei Weise dem einzelnen oder der Allgemeinheit mitteilen, wie sie sich zu verhalten haben. Entweder sie regelt einen konkreten einzelnen Fall oder sie äußert sich richtungweisend zu bloß gedachten abstrakten Begebenheiten. Darüber, daß Verwaltung notwendigerweise sich um diese beiden Dinge kümmern muß, um ihre Aufgaben erfüllen zu können, herrscht Einigkeit. Nicht dagegen werden die beiden Gruppen von Möglichkeiten von allen in der gleichen Weise rechtlich qualifiziert. Was zunächst die konkreten einzelnen Fälle anlangt, so können sie in der Vergangenheit sich bereits ereignet haben oder erst in Zukunft zu erwarten sein.

Beispiel:

Sämtlichen Hauseigentümern wird aufgegeben, den in den nächsten Tagen zu erwartenden Schnee von den Bürgersteigen vor ihren Häusern zu entfernen. Oder: Sämtlichen Hauseigentümern wird aufgegeben, den heute nacht bereits gefallenen Schnee von den vor ihren Häusern befindlichen Bürgersteigen zu entfernen.

Für beide hat die Verwaltungsbehörde die Möglichkeit der Regelung durch Verwaltungsakt. Das dürfte unbestritten sein. Für die Regelung abstrakter, nur gedachter Tatbestände jedoch billigt die herrschende Meinung der Verwaltung keine Verwaltungsakte zu. Solche Fälle sollen vielmehr nur durch eine Rechtsetzungsmaßnahme, nämlich eine Rechtsverordnung geregelt werden dürfen. Geschichtlich und politisch betrachtet ist diese Auffassung ein Erbteil der konstitutionellen Lehre[2]). So ist es letztlich eine politische Frage, ob man sie auch in der Gegenwart beibehalten will oder nicht. Eine starke Stütze für die bislang herrschende Ansicht ist die Legaldefinition des Verwaltungsaktes in § 25 brit. VO. Nr. 165: „Verwaltungsakt im Sinne dieser Verordnung ist jede Verfügung, Anordnung, Entscheidung oder sonstige Maßnahme, die von einer Verwaltungsbehörde zur Regelung eines Einzelfalls auf dem Gebiete des öffentlichen Rechts getroffen wird." Die Bestimmung bezweckt zwar nur die Umschreibung der Zuständigkeit der Verwaltungsgerichte. Aber selbstverständlich strahlt sie darüber hinaus ihre Wirkung aus. Gegen die herrschende Lehre spricht § 25 südd. VGG.: „Im Rahmen der sachlichen Zuständigkeit der Verwaltungsgerichte entscheidet der Verwaltungsgerichtshof auf Antrag durch Beschluß über

[1]) S. 214. Vgl. auch Merkl, Verwaltungsrecht, S. 175; sächs. OVG. 31, 198.

[2]) Vgl. oben S. 16 ff.

die Gültigkeit einer Verordnung oder einer sachlichen, im Rang unter dem Gesetz stehenden Rechtsvorschrift. Den Antrag kann eine Behörde sowie jedermann stellen, der durch Anwendung der Rechtsvorschrift in absehbarer Zeit eine Benachteiligung zu gewärtigen hat." Die einen abstrakten Tatbestand regelnden Verwaltungsmaßnahmen werden zwar „Rechtsvorschriften" genannt, durch die Möglichkeit ihrer Anfechtung in der gleichen Weise wie die einen Einzelfall regelnden Akte aber doch in deren unmittelbare Nähe gerückt.

Auf jeden Fall hat die Rechtslehre zu klären, ob einen abstrakten, bloß gedachten Sachverhalt regelnde Verwaltungsakte möglich sind. Gegen eine solche Annahme nun dürften sich durchschlagende Gründe nicht geltend machen lassen. Unbestreitbar muß die Verwaltung derartige Sachverhalte regeln. Jede Einrichtung pflegt ihre Aufgaben normalerweise mit den ihr eigenen Mitteln zu bewältigen. Mittel der Verwaltung aber sind Verwaltungsmaßnahmen und nicht Rechtsetzungsmaßnahmen. Bestreitet man diesen Satz, so hat es keinen Zweck mehr, von der Verwirklichung des Grundsatzes der Gewaltentrennung im modernen deutschen Verwaltungsrecht zu sprechen. Es ist die Pflicht der Rechtslehre, darauf hinzuweisen, daß eine starke Verwaltung nicht nur durch Übertragung von Rechtsetzungsbefugnissen auf sie geschaffen werden kann. Vielmehr bieten sich hierfür auch andere Wege, wie z. B. Schaffung eines Präsidialkabinetts.

Wenn und insoweit die einen gedachten abstrakten Sachverhalt regelnden Verwaltungsmaßnahmen als Verwaltungsakte qualifiziert werden, sind sie nach den gleichen Regeln zu behandeln wie alle anderen Verwaltungsakte.

d) Jeder Verwaltungsakt muß auf einem ganz bestimmten Gesetz beruhen[1]). Es entspricht nicht dem geltenden Recht, daß es gleichgültig ist, welche gesetzliche Bestimmung dem Verwaltungsakt zugrunde gelegt wird. Hierdurch unterscheidet sich der Verwaltungsakt mit aller Deutlichkeit vom Urteil. In dem Tenor eines Urteils bestimmt sich die vorhandene Rechtslage nach den vorhandenen Rechtsnormen überhaupt. Das Gericht kann ihm auch eine andere Rechtsnorm zugrunde legen als diejenige, auf die sich eine Partei oder die Parteien berufen haben. Im Strafprozeß sind hierbei noch prozessuale Bestimmungen zu beachten (§ 265 StPO.), während das im Zivilprozeß nicht nötig ist. Bei dem Erlaß eines Verwaltungsaktes jedoch hängt es von dem

[1]) Diesen Grundsatz formuliert z. B. Art. 64 Abs. 1 EWVRO. Verwaltungsakte, die von einem einzelnen ein bestimmtes Tun, Dulden oder Unterlassen fordern, sind nur auf Grund einer Ermächtigung durch Rechtsvorschrift zulässig. Wegen der formellen Rechtskraft vgl. unten S. 174

Ermessen der Verwaltungsbehörde ab, ob sie von einer Befugnis, die ihr ein bestimmtes Gesetz einräumt, Gebrauch macht oder nicht. Nur bei der gebundenen Verwaltung hat die Behörde diese Möglichkeit nicht. Nur hier muß sie genau die im Gesetz vorgeschriebenen Maßnahmen treffen. Im übrigen aber entspricht es dem Wesen der Verwaltung, das vorhandene Recht nur dort und in dem Umfange anzuwenden, wie es die Behörde für zweckmäßig hält. Das bestehende Recht ist für die Verwaltung eben nur Mittel zum Zweck. Sie will nicht Rechtsgewißheit verschaffen. Das ist die Aufgabe des Gerichtsurteils. Sie will vielmehr nur einen materiellen dem Staate und der Allgemeinheit nützlichen Erfolg innerhalb der Schranken des Rechts erzielen[1]). Es ist eine ihrer wesentlichsten Aufgaben, in jedem Falle zu entscheiden, welche der ihr zu Gebote stehenden gesetzlichen Grundlagen sie zur Anwendung bringen will[2]). Die von ihr getroffene Wahl der gesetzlichen Grundlage ist für alle anderen Stellen bindend. Nur innerhalb des behördlichen Instanzenzuges können Dienststellen, die kraft Gesetzes die Zweckmäßigkeit der Entscheidung einer anderen Dienststelle nachprüfen dürfen, auch prüfen, ob die Anwendung gerade der benutzten gesetzlichen Grundlage zweckmäßig ist. Als Ergebnis kann möglicherweise eine andere gesetzliche Bestimmung zur Grundlage des Verwaltungsaktes gemacht werden. Dann ist diese getroffene Wahl bindend sowohl für die der entscheidenden Behörde untergeordneten Dienststellen als auch für sämtliche fremden Behörden und Private. Das Verhältnis von Rechtsnorm und Verwaltungsmaßnahme macht es nur in beschränktem Umfang möglich, einem Verwaltungsakt materielle Rechtskraft ähnlich derjenigen von Urteilen zuzubilligen[3]).

e) Nicht erforderlich für das Vorliegen eines Verwaltungsaktes ist, daß die Behörde mit Zwangsgewalt auftritt. Ein Hoheitsakt kann auch fürsorgende, schützende oder pflegende Tätigkeit zum Inhalt haben.

Beispiel:

Zubilligung von Unterstützung nach der Fürsorgepflichtverordnung vom 13. 2. 1924.

Unter Berücksichtigung aller gefundenen Merkmale ist folgende Begriffsbestimmung möglich:

Ein Verwaltungsakt ist eine auf einer bestimmten gesetzlichen Grundlage beruhende der Verwal-

---

1) So Fleiner, Institutionen, S. 186.

2) VGH. Stuttgart vom 5. 8. 1947, in: SJZ. 1948, Sp. 154, und NJW. 1948, S. 396.

3) So Kormann, Rechtsgeschäftliche Staatsakte, S. 323 ff. — Vgl. Näheres unten S. 175.

tung zugehörende hoheitliche Willenserklärung, die den Staatsbürgern angibt, was für sie rechtens ist.

2. Verordnungen

Verordnungen wenden sich an eine unbestimmte Anzahl von Personen und regeln eine unbestimmte Anzahl von Fällen. Sie sind grundsätzlich Akte der Exekutive. Das Kriterium der Allgemeinheit, der abstrakten Fassung trennt sie von allen anderen Verwaltungsakten[1]).

Die Befugnis der Verwaltung, Verordnungen zu erlassen, folgt aus dem Wesen des Rechtsstaates, für den die Gewaltentrennung ein unabdingbares Begriffsmerkmal ist.

Es kann aber vorkommen, daß darüber hinaus ein spezielles Gesetz Anweisungen über den Erlaß von Verordnungen gerade in bezug auf dieses Gesetz enthält. Dann besteht zwischen ihm und den nach seinen Spezialanweisungen erlassenen Verordnungen eine besonders enge Bindung. Das einzelne Gesetz legt meist den Rahmen der möglichen Verordnungen genau fest und bezeichnet außerdem häufig die Behörde, welche verordnen soll. Derartige Verordnungen werden Ausführungsverordnungen genannt.

¶ In einem Bundesstaat kann der Bundesgesetzgeber auch Behörden der Gliedstaaten zur Ausführung des Gesetzes und zum Erlaß von Verordnungen ermächtigen. Nicht dagegen kann ein Landesparlament eine solche Befugnis auf Behörden des Bundes übertragen[2]). Welche Dienststelle Ausführungsverordnungen zu Gesetzen erlassen darf, die aus einer verflossenen Staatsform stammen, ist meist in der Verfassung festgelegt, z. B. Art. 82, pr. VU. von 1920, Art. 129 westd. GG.

Inhaltlich unterscheiden sich die Ausführungsverordnungen zu einem besonderen Gesetz häufig nicht von Verordnungen, die, ohne vom Gesetzgeber vorgesehen zu sein, späterhin unter Verwendung der Rechtsgrundlagen eines oder auch mehrerer Gesetze durch Verwaltungsdienststellen erlassen werden. Trotz der materiellen Ähnlichkeit bezeichnet man derartige Verordnungen nicht als Ausführungsverordnungen. Ein Studium der modernen Gesetze zeigt, daß es häufig Zufall ist, ob das Gesetz Be-

---

[1]) So Kormann, Rechtsgeschäftliche Staatsakte, S. 323 ff. — Vgl. i. u. oben S. .

[2]) Daß die Schöpfer des Art. 77 WRV. die dort genannten Verwaltungsvorschriften als Ausführungsverordnungen angesehen und sie nicht als Rechtsquellen, sondern als Verwaltungsakte aufgefaßt haben, ergibt sich mit aller Deutlichkeit aus den Verhandlungen des 8. Ausschusses der verfassunggebenden deutschen Nationalversammlung über den Entwurf einer Verfassung des deutschen Reichs. Vgl. Berichte und Protokolle dieses Ausschusses S. 168 ff.

stimmungen über die Möglichkeit des Erlasses von Ausführungsverordnungen enthält oder nicht. Auf keinen Fall darf aus dem Fehlen einer solchen Bestimmung jedoch geschlossen werden, daß die Verwaltungsbehörden irgendwelche Verordnungen unter Verwendung gerade dieses Gesetzes nun nicht erlassen dürften[1]).

Ausführungsverordnungen bezwecken im allgemeinen das Schließen von Lücken, die in den Gesetzen enthalten sind. Oft handelt es sich um beabsichtigte Lücken, weil in vielen Fällen der Gesetzgeber nur Grundsätze aufstellen will, während die Durchführung im einzelnen der Verwaltung obliegt. Die Ausfüllung unbeabsichtigter oder, wie vielfach ungenau gesagt wird, heimlicher Lücken ist entsprechend dem Grundsatz von der Gesetzmäßigkeit der Verwaltung nur möglich, wenn das Gesetz in irgendeiner Weise die Verwaltung hierzu ermächtigt. Gerade diese Fälle werden häufig zu Zweifeln Anlaß geben, die dann zur Prüfung der Rechtmäßigkeit des Verwaltungsaktes führen.

Da es der Gesetzgeber in der Hand hat, Rahmen und Umfang der Verwaltungstätigkeit zu bestimmen, kann er eine Verwaltungsstelle auch ermächtigen, eine vom Gesetz abweichende Regelung vorzunehmen. Im autoritären Staat ist dieser Vorgang häufig zu beobachten. Er kommt aber auch in Demokratien vor.

Beispiel:

§ 42 Abs. 2 pr. Besoldungsgesetz vom 17. 12. 1927: „Der Finanzminister ist ermächtigt, in Ausnahmefällen eine von den vorstehenden Gesetzesbestimmungen abweichende Regelung zuzulassen, sofern die besondere Lage der Verhältnisse es geboten erscheinen läßt."

Wenn man will, kann man diese Art der Verordnungen mit dem Namen besonders ermächtigende Verordnungen belegen. Man kann darunter Verordnungen verstehen, die vom Gesetz nicht geregelte Dinge regeln, ohne daß aus dem Gesetz im einzelnen die Grenzen der Verordnungsbefugnis zu ersehen wären.

Beispiel:

Fürsorgepflichtverordnung vom 13. 2. 1924 — RGBl. I, S. 100 —, ergänzt auf Grund des Ermächtigungsgesetzes vom 8. 12. 1923. — RGBl. I, S. 1174.

Alle diese Arten von Verordnungen können als Verwaltungsakte und nicht, wie das die herrschende Lehre tut, als Rechtsquellen angesehen werden.

---

[1]) Es ist schon oft darauf hingewiesen worden, daß die ministerielle Praxis fast nur mit Ausführungsverordnungen arbeitet. Z. B. Preuß bei den Beratungen zu Art. 77 WRV. — angeführt bei Arndt, Kommentar zur RV., Art. 77: „Darauf sagten mir die Herren, die sich auf eine langjährige Staatspraxis beriefen . . ., man habe nie anders operiert als mit Ausführungsverordnungen . . ." Wo man nur Rechtsverordnungen kennt, werden sie als solche qualifiziert. Sie bleiben aber Ausführungsverordnungen auch bei anderer Qualifikation.

Für sämtliche Verordnungen gilt die Regel, daß sie sich wie alle Verwaltungsakte im Rahmen der bestehenden Gesetze zu bewegen haben. Es gehört zu den Obliegenheiten der Verwaltung, diese Grenzen zu beachten und sich wie bei jedem Verwaltungsakt darüber Rechenschaft abzulegen, welches Gesetz gerade diese Verwaltungsmaßnahmen rechtfertigt. Dabei ist es für die Qualität des Verwaltungsaktes unerheblich, ob ein einzelnes Gesetz den Befehl oder den Wunsch zum Erlaß besonderer Verordnungen enthält oder ob sich die Verwaltung auf den allgemeinen Sinn und Zweck der Gesetze, die sie zur Grundlage ihrer Verordnungen macht, beruft.

Während im allgemeinen der Kreis der Personen, an die sich die Verordnung wendet, nicht von vornherein fest umgrenzt ist, gibt es eine Reihe von Fällen, in denen sich abstrakte Regelungen durch Verwaltungsbehörden an einen bestimmten Personenkreis richten. Zu denken ist hierbei z. B. an Organisationsanweisungen, durch die eine Behörde in ihrer Zuständigkeit abgegrenzt und errichtet wird, sofern das nicht durch formelles Gesetz geschieht[1]), oder an Dienstanweisungen, die den Geschäftsgang von Behörden regeln. Zu erwähnen sind Anweisungen einer vorgesetzten Dienststelle an eine ihr untergebene und schließlich Anstaltsordnungen, die die Benutzung und den Betrieb einer öffentlichen Anstalt regeln. Alles das sind Selbstgespräche des Staates[2]). (Art. 77 WRV., Art. 84 westd. GG.)

Nach dem Vorbild Labands[3]) bezeichnet die herrschende Meinung solche nicht nach außen wirkenden Dienstanweisungen usw. als Verwaltungsverordnungen[4]). Laband prägt den Ausdruck als

1) Einige Fälle bei Peters, Verwaltung, S. 78.

2) Vgl. oben S. 61.

3) Laband, Staatsrecht II, S. 180 ff.

4) Bei den Arbeiten, die zur Weimarer Verfassung führten, standen die juristischen Fachleute völlig unter dem Einfluß der Lehre Labands. Sie bemühten sich fleißig, die Kunstbegriffe dieser Lehre den Praktikern und juristisch unverbildeten Abgeordneten klarzumachen. Vgl. Berichte und Protokolle a. a. O. S. 169: Gesandter v. Preger: „Ausführungsverordnungen in Rechts- und Verwaltungsverordnungen zu zerlegen, ist praktisch undurchführbar." Abg. Düringer: „Als juristischer Praktiker halte ich mich für verpflichtet zu betonen, daß die Grenzen zwischen Rechts- und Verwaltungsverordnungen so flüssig sind, daß sie häufig nicht unterschieden werden können." Darauf der Abg. Kahl mit dem ganzen Pathos des gelehrten Wissenschaftlers: „Es besteht aber doch ein Unterschied: die Rechtsverordnung verpflichtet Dritte (Staatsangehörige, Untertanen); die Verwaltungsverordnung verpflichtet nur Behörden." Als wenn Verwaltungsakte, auch allgemeine Verfügungen im Sinne Labands, Dritte nicht verpflichteten!

Gegensatz zu den von ihm als Rechtsquellen konstruierten Rechtsverordnungen[1]).

Dienstanweisungen, Dienstbefehle, Anstaltsordnungen usw. sagen nichts darüber, was für den Staatsbürger rechtens sein soll. Ihnen fehlen daher für Verwaltungsakte notwendige Begriffsmerkmale. Sie gehören zu den technischen Maßnahmen zur Durchführung der Verwaltung, die nicht Verwaltungsakte sind[2]). In tatsächlicher Hinsicht kann der Staatsbürger hierdurch betroffen werden, genau wie z. B. eine falsche Ladung für ihn die unangenehmsten Folgen haben kann[3]). Eine rechtliche Haftung nach außen besteht grundsätzlich nicht, weil bei der Außerachtlassung keine dem Beamten einem Dritten gegenüber obliegende Pflicht im Sinne des § 839 BGB. verletzt wird. Ausnahmsweise ist nur dann eine Amtspflichtverletzung anzunehmen, wenn interne Behördenanordnungen ausgesprochenermaßen dem Interesse Dritter dienen sollen.

Beispiel:

Wenn Lehrern die Benutzung von Turn- und Spielgeräten durch Dienstanweisung nur in bestimmter Art und Weise gestattet ist, entsteht für Dritte ein vor den Gerichten einklagbarer Schadenersatzanspruch bei ihrer Schädigung durch Vernachlässigung dieser Pflicht. — RGZ. 125, 85; vgl. schon: 51, 261.

3. Verfügungen

Verfügungen regeln einen konkreten Tatbestand. Von einer Verwaltungsverfügung betroffen werden kann eine einzelne Person oder mehrere, jedoch der Zahl nach bestimmbare Personen[4]). In dem letzteren Fall handelt es sich um eine Allgemeinverfügung.

---

[1]) Er meint damit allerdings nur ein kontradiktorisches Gegenteil, da für Rechtsverordnungen und Verwaltungsverordnungen ein unmittelbarer Oberbegriff nicht besteht. Auch Laband kennt Verwaltungsakte, die einen allgemein abstrakten Tatbestand regeln und die nicht Rechtsquellen sind. Solche Verwaltungsakte bezeichnet er als allgemeine Verfügungen — Staatsrecht II S. 197 —. Da diese ganze Begriffseinteilung für Laband und die herrschende Staatslehre des Konstitutionalismus zweckbestimmend war in Richtung einer möglichst großen Erweiterung der Rechte des Monarchen, bestände an sich heute nicht mehr der geringste Anlaß zur Beibehaltung der von ihr eingeführten Terminologie. Trotzdem besteht sie — jedem juristischen „Laien", der denkt, eine Verwaltungsverordnung sei eine Verordnung der Verwaltung, unverständlich — fort.

[2]) Württ. VGH., in: Württ. Ztschr. f. Verw. 1931, 160.

[3]) Das Regulativ für den Geschäftsgang beim preußischen Oberverwaltungsgericht vom 22. 2. 1892, vom Plenum des OVG. entworfen und vom Staatsministerium bestätigt, war z. B. keine Dienstanweisung. — OVG. 48, 446.

[4]) Sehr eingehend Richard Thoma, Der Polizeibefehl im badischen Recht I, S. 65, der als Allgemeinverfügung z. B. Anordnungen ansieht, die sämtlichen Bergarbeitern eines Bergwerks zur Verhütung einer plötzlich eintretenden Gefahr in allgemeiner Weise gemacht werden. „Das sind Verfügungen, weil diese Befehle nicht an einen abstrakt gedachten Vorfall, sondern an einen realen, schon wirk-

Beispiel:

Anordnung der Stadtverwaltung M. vom 1. 3. 1946: „Mit Wirkung vom Tage der Veröffentlichung dieser Bekanntmachung ab sind alle Trümmer der total zerstörten und auf Erdbodenhöhe abzutragenden Gebäude im Stadtgebiet von M. zu Gunsten der Stadt M. beschlagnahmt. Eine besondere Benachrichtigung der betroffenen Hauseigentümer erfolgt nicht. Die Beschlagnahme hat die Wirkung einer Enteignung." Nach Ansicht des Gerichts waren die Zerstörungen der Häuser durch die Fliegerangriffe des zweiten Weltkrieges das konkrete Vorkommnis. Künftige Zerstörungen aus dem gleichen Grunde sind nicht zu erwarten. Die Adressaten der Anordnung können sich nicht vermehren. Alles das spricht für eine Allgemeinverfügung, nicht für eine Rechtsnorm. — Württ.-bad. VHG. vom 11. 6. 1948 — Verwaltungsrechtsprechung I, S. 109.

Es liegt auf der Hand, daß die Abgrenzung zwischen Verordnung und Allgemeinverfügung häufig nicht ohne Willkür vorgenommen werden kann, denn was dem einen eine noch übersehbare und der Grenze nach bestimmbare Menschenmenge zu sein scheint, hält der andere für eine unbestimmbare Große[1]). Nach Möglichkeit sind sämtliche Anhaltspunkte einschließlich der eigenen Ansicht der Betroffenen zu berücksichtigen.

Beispiel:

Eine öffentliche Bekanntmachung der Wasserbehörde, in der allgemein die — nicht näher bezeichneten — Räumungspflichtigen zur Räumung eines Wasserlaufs aufgefordert werden, kann gegenüber demjenigen, der seine Räumungspflicht bestreitet, nicht als eine mit den Rechtsbehelfen der §§ 127, 128, pr. LVG. anfaßbare wasserpolizeiliche Verfügung im Sinne des § 133 Abs. 2 pr. Wassergesetz gelten. — Pr. OVG. 87, 386.

Die Verfügung ist das einseitige Rechtsgeschäft des Verwaltungsrechts. Sie ist ein einseitiger Willensakt der Verwaltung. Zu ihrer Gültigkeit ist die Zustimmung oder auch nur die Äußerung des von ihr Betroffenen nicht unbedingt nötig. Als Rechtsgeschäft schafft die Verfügung in jeder Form genau wie die Verwaltungsverordnung — dieses Wort im Sinne der herrschenden Lehre — keine Rechtssätze. Sie begründet konkrete subjektive Pflichten und verleiht subjektive Rechte. Ihre Grundlage muß eine Rechtsquelle sein.

---

samen Vorfall anknüpfen, weil sie nicht gemacht sind im Hinblick auf ungewisse künftige Ereignisse, sondern . . . en vue d'un cas donné." Wie aber ist die Anordnung, daß die Hausbesitzer einer Stadt für die Reinigung ihrer Bürgersteige von Schnee sorgen sollen, aufzufassen, wenn es in einem Winter einmal keinen Schnee gibt? Man muß dann wohl schon sämtliche Schneefälle während des Bestandes der Anordnung als „konkretes Ereignis" auffassen, eine sicherlich etwas gekünstelte Erklärung! — Für Bayern und Württemberg wird die Allgemeinverfügung weitgehend abgelehnt; vgl. Nebinger, Verwaltungsrecht, S. 148. Freudenthal, Der Polizeibefehl, in: Bayr. Verw. Bl. 1931, S. 148 ff.

[1]) Ein Grund mehr, die Richtigkeit der herrschenden Ansicht über die Rechtsnatur der Verordnung nachzuprüfen!

4. Grenze zwischen Verordnung und Verfügung

Eine genaue Abgrenzung macht oftmals Schwierigkeiten.

Sie tauchen zunächst auf bei der Abgrenzung der Rechtsverordnungen und Verwaltungsverordnungen im Sinne der bisher herrschenden Theorie. Fast jede Ausführungsverordnung ist aus beiden Bestandteilen zusammengesetzt[1]). Das führt auf dem ohnehin unübersichtlichen Gebiet der Verwaltung zu weiteren Unklarheiten und wird seit langem als Nachteil angesehen[2]).

Die Verwaltungsverordnungen im Sinne der bisher herrschenden Lehre haben mit Verfügungen gemeinsam, daß sie keine Rechtsquellen, sondern Verwaltungsmaßnahmen sind. Immerhin besteht Einigkeit darüber, daß Rechtsverordnungen und Verwaltungsverordnungen in der Regel von den gleichen Stellen erlassen werden dürfen, während das hinsichtlich der Rechtsverordnungen und Verfügungen zweifelhaft ist. Nicht jede Stelle, die das Recht zum Erlaß von Rechtsverordnungen hat, soll nach dieser Ansicht auch die Berechtigung zum Erlaß von Einzelverfügungen haben[3]). Das Verordnungsrecht umfaßt nicht ohne weiteres das Verfügungsrecht und umgekehrt. Angesichts der Behandlung der Rechtsverordnungen und Verwaltungsverordnungen ist diese Folgerung nicht recht verständlich.

Sie wird daher auch nicht häufig angewandt. Vielmehr deuten die Verwaltungsgerichte Verwaltungsmaßnahmen, die als Verfügungen auftreten, in Rechtsverordnungen um, wenn ihr Inhalt das gebietet, wenn sie sich also an die Allgemeinheit richten und ein abstrakt bezeichnetes Vorkommnis zum Gegenstand haben[4]).

Beispiel:

> Eine Verfügung des Innenministers, durch die für sämtliche Kehrbezirke des Landes eine Teuerungszulage von 100% zu den Sätzen der bestehenden Kaminfegergebührenordnung festgesetzt wird, ist kein Verwaltungsakt, also keine Verfügung, sondern schafft objektives Recht, ist also eine Rechtsverordnung. — Württ. VGH. in: Württ. Ztschr. f. Verw. 1921, S. 18 ff.

---

1) Auch diese Bedenken kamen klar in den Verhandlungen über die Weimarer Reichsverfassung zum Ausdruck. Abg. Beyerle meint, die Beibehaltung des Unterschiedes sei „nicht praktisch deshalb, weil die begriffliche Trennung der Rechtsverordnungen und Verwaltungsverordnungen für die Praxis erhebliche Schwierigkeiten mit sich bringt und gerade über eine solche Unterscheidung leicht Streit entsteht". Berichte und Protokolle, S. 167.

2) So sehr deutlich Bühler, Steuerrecht I, S. 48, der fordert, daß das Verordnungsrecht in einer Weise gehandhabt wird, die nicht so oft Rechtsunsicherheit zur Folge hat. Insb. fordert er eine Verminderung der zahlreichen Verordnungstypen und die Vermeidung der Verquickung mehrerer Verordnungsarten.

3) Bad. VGH., in: Bad. Ztschr. f. Verw. 1923, S. 95.

4) Ebd. 1927, 164; 1931, 23.

Ob die Behörde die eine oder die andere Form der Verwaltungsmaßnahmen anwendet, hat sie nach pflichtgemäßem Ermessen zu entscheiden.

5. Zustandekommen des Verwaltungsaktes

Wie die gesamte Verwaltung, so muß auch der einzelne Verwaltungsakt nach einem bestimmten Plan durchgeführt werden. Innerhalb der Verwaltungstätigkeit sind mithin zwei große Tätigkeitskomplexe zu unterscheiden: die Entschlußfassung und die Durchführung des Entschlusses. Die Bezeichnung Entschlußfassung scheint zutreffender als die manchmal gebrauchte Bezeichnung Willensbildung. Denn Willensbildung wird im allgemeinen als freie Willensentscheidung aufgefaßt. Die Willensbildung der Verwaltungsstellen ist aber alles andere als frei. Abgesehen von dem durch den hierarchischen Aufbau der Verwaltungsbehörden hervorgerufenen Beschränkungen ist jede Verwaltungsmaßnahme an das Gesetz gebunden. Sie kann und darf nur im Rahmen des Gesetzes vorgenommen werden. So ist sie etwas ganz anderes als die Willensbildung des Gesetzgebers. Die Entschlußfassung erfolgt bei Kollegialbehörden meist durch Abstimmung, bei bürokratisch organisierten Behörden durch den im inneren Dienstbetrieb zuständigen Beamten. Sie allein ist noch kein Verwaltungsakt. Infolgedessen kann der Entschluß, unabhängig von den einzelnen Möglichkeiten der Abänderung eines Verwaltungsaktes jederzeit aufgehoben oder abgeändert werden. Das kann sowohl die sich entschließende Stelle selbst als auch die ihr vorgesetzte oder im Dienst nachfolgende Stelle tun. Seiner förmlichen Rückgängigmachung steht auch nichts im Wege, wenn die Absicht der Entschlußfassung schon innerhalb der eigenen Behörde der Entschlußstelle bekanntgegeben worden ist[1]).

Erst wenn der Wille in der Wirklichkeit durchgeführt worden ist oder durchgeführt wird, liegt ein Verwaltungsakt vor. Dann erst ist eine Änderung oder Rücknahme nur nach den im Verwaltungsrecht anzuwendenden Maßstäben möglich. Die Durchführung kann eine tatsächliche Ausführung sein. Aber schon die Bekanntgabe nach außen kann das Vorliegen eines selbständigen Verwaltungsaktes anzeigen, wenngleich nach der Bekanntgabe möglicherweise noch zahlreiche Maßnahmen zu seiner vollen Durchführung erforderlich sind. Die Bekanntgabe braucht nicht unbedingt dem Publikum, sei es der Allgemeinheit, sei es einem oder mehreren Beteiligten gegenüber zu erfolgen, sondern Bekanntgabe ist auch schon eine Mitteilung des gefaßten Entschlusses an eine andere Behörde. Die strengen an Justizakte anzulegenden Maßstäbe sind beim Verwaltungsakt nicht angebracht.

---

1) Fleiner, Institutionen, S. 181. Laband, Staatsrecht II, S. 197.

Die Bekanntgabe kann grundsätzlich formlos geschehen, etwa durch mündliche Mitteilung oder sogar bei geeigneten Fällen durch Zeichen oder durch stillschweigende Duldung. In irgendeiner Weise muß jedenfalls jeder Verwaltungsakt den Betroffenen kundgemacht werden.

Beispiel:

Zeichen des Verkehrspolizisten. Duldung des Bewohnens von Wohnlauben in der Zeit der Wohnungsnot.

Gegenüber diesem Grundsatz ist für die Anwendung bestimmter Formen eine gesetzliche Grundlage erforderlich. Besonders häufig ist die Schriftform mit der Behändigung (früher Insinuation oder Inimation genannt) eines Schriftstücks.

Manchmal sind weitere Formalien zu beachten. So müssen manche Verwaltungsakte durch einen genau festgelegten Text bekanntgemacht werden, um rechtsgültig zu sein.

Beispiel:

Die Anstellungsurkunden der Beamten müssen genau angeben, um welches Beamtenverhältnis es sich handelt.

Andere Verwaltungsakte bedürfen zu ihrer Rechtsgültigkeit der Angabe der Rechtsmittel, die gegen sie möglich sind.

Beispiel:

Die meisten Steuerbescheide.

Weniger häufig ist eine Veröffentlichung in einem bestimmten Amtsblatt oder eine formelle Zustellung in der vom Gesetz vorgeschriebenen Bekanntgabeart[1]).

Ein scharfer Unterschied zwischen Bekanntmachung und Durchführung kann nicht immer gemacht werden. Unter keinen Umständen darf die Bekanntmachung gleichgesetzt werden mit dem gerichtlichen Erkenntnisverfahren, während die Durchführung der Zwangsvollstreckung entsprechen soll. Nur bei Vorliegen bestimmter Voraussetzungen greift die Verwaltung zu Zwangsmitteln, die allerdings in weitem Umfang der gerichtlichen Vollstreckung entsprechen[2]).

Jeder Akt muß klar erkennen lassen, von welcher Behörde er ausgeht[3]).

6. Kraft der Verwaltungsakte

a) Überprüfbare und unüberprüfbare Verwaltungsakte.

Von großem Interesse für den Staatsbürger ist es, ob ein ihn betreffender Verwaltungsakt von der erlassenden oder gegebenenfalls einer

[1]) Vgl. oben S. 124.

[2]) Vgl. unten 13. Kapitel.

[3]) Pr. OVG. 88, 372.

anderen Behörde überprüft werden kann oder ob er sich ein für allemal mit den durch den Erlaß des Aktes ihn betreffenden Folgen abzufinden hat.

Allgemeine Bestimmungen über eine formelle Rechtskraft sind im Verwaltungsrecht nicht vorhanden[1]). Es klärt die Lage nicht vollständig, dient aber doch als wertvolles Mittel zur Verdeutlichung, wenn ein Unterschied danach gemacht wird, ob der Verwaltungsakt durch eine erstinstanzliche Stelle oder durch eine Beschwerdestelle erlassen wird oder ob eine Verwaltungsgerichtsentscheidung vorliegt.

Der untersten Instanz stehen im allgemeinen alle Zurücknahme- und Abänderungsmöglichkeiten zur Verfügung, die überhaupt denkbar sind.

Rechtsmittelentscheidungen und Verwaltungsgerichtsentscheidungen dagegen sind grundsätzlich nicht aufhebbar oder abänderbar. Die Rechtsmittelinstanz hat meist weit mehr Ruhe und Übersicht, um Tatbestand und rechtliche Unterlagen eines Verwaltungsaktes zu prüfen. Wenn sie gesprochen hat, muß sich die Öffentlichkeit darauf verlassen können, daß es nun auch bei der getroffenen Regelung bleibt. Sonst würde niemals Ruhe eintreten. Das Verwaltungsrecht ist hier zur Heranziehung eines rechtspolitischen Grundes gezwungen[2]). Insoweit kann auch im Verwaltungsrecht von einer formellen Rechtskraft gesprochen werden[3]).

Neben dieser grundsätzlichen Regel gibt es einige Hilfsmittel um festzustellen, ob es sich um einen überprüfbaren und damit aufhebbaren Verwaltungsakt handelt oder um das Gegenteil:

Grundsätzlich überprüfbar sind Akte, die in den gesetzlichen oder Verwaltungsbestimmungen als Beurkundungen, Bescheinigungen usw. bezeichnet werden (z. B. §§ 415 Abs. 2, 418 Abs. 2, 164 ZPO.). Überprüfbar sind auch Wählerlisten, worüber die Wahlgesetze besondere Bestimmungen treffen. Von manchen wird auf den Inhalt des Verwaltungsaktes abgestellt und jeder Verwaltungsakt für überprüfbar gehalten, wenn es ohne die Überprüfbarkeit an genügendem Rechtsschutz fehlen würde[4]). Für die Praxis gibt diese Ansicht jedoch zu wenig brauchbare Anhaltspunkte. Im übrigen ist nach dem Ausbau der Rechtsmittel und des verwaltungsgerichtlichen Verfahrens eine solche allgemeine allein den Inhalt berücksichtigende Ansicht nicht mehr vertretbar.

---

1) Wegen materieller Rechtskraft. Vgl. unten S. 174.

2) So auch Schüle in: SJZ. 1948, Sp. 155.

3) Fleiner, Institutionen, S. 185.

4) So v. Hippel, Untersuchungen zum Problem der fehlerhaften Verwaltungsakte 1924, S. 79 ff.

b) Einseitige und zweiseitige Verwaltungsakte.

Bei einem einseitigen Verwaltungsakt tritt handelnd nur der Staat oder ein sonstiger Träger öffentlicher Gewalt auf. Sie tun das häufig, um das Gesetz zu vollziehen, weil ohne ihre Tätigkeit die vom Gesetz erstrebte Wirkung nicht eintreten würde. Hierbei handelt es sich um diejenige Art der Verwaltung, die jene im Auge haben, die Verwaltung lediglich als Vollziehung des Gesetzes ansehen. Dem handelnden Staat steht ein im wesentlich passiv Betroffener gegenüber. Er wird ergriffen durch eine Verfügung oder Verordnung. Solche Akte sind grundsätzlich empfangsbedürftig.

Beispiel:

Steuerbescheid, vorläufige Amtsentlassung, Polizeiverfügung.

Ein zweiseitiger Verwaltungsakt besteht aus zwei Teilen, nämlich einer privaten Willenserklärung des einzelnen, meist einem Antrag oder einer Zustimmungserklärung, die im allgemeinen nach den Bestimmungen des bürgerlichen Rechts zu beurteilen ist, und einer Äußerung des Staates oder eines sonstigen Trägers öffentlicher Gewalt, für die die verwaltungsrechtlichen Bestimmungen maßgeblich sind. Zweiseitige Verwaltungsakte sind nur als Verfügung denkbar. Durch einseitigen Verwaltungsakt regelbare Angelegenheiten können dann durch zweiseitigen Verwaltungsakt geregelt werden, wenn der Hoheitsträger nicht in vollem Umfang von seinen Befugnissen Gebrauch machen will, sondern freiwillig dem Gewaltunterworfenen eine bessere und selbständigere Rechtsposition einräumt. Es ist die Kunst richtiger Verwaltung, hier weder zu leichtsinnig noch zu engherzig zu sein[1]). Zweiseitige Verwaltungsakte gewähren einen umfassenden Schutz auch dort, wo keine Verwaltungsgerichtsbarkeit mit Generalklausel besteht.[2])

Beispiel:

Der Beschwerdeführer stellt einer Stadtverwaltung ein wertvolles Musikinstrument zur Verfügung, um die Kulturpflege der Stadt zu unterstützen. Als Gegenleistung wird ihm von der Stadtverwaltung innerhalb der Wohnungszwangsbewirtschaftung eine den wohngesetzlichen Bestimmungen entsprechende Wohnung versprochen.

Eine Gemeinde weist jemand bevorzugt eine Wohnung zu, der sich zur

---

1) Zu einseitig z. B. RG. in JW. 1934, S. 1650.

2) Die vor allem von W. Jellinek — Zweiseitige Verwaltungsakte, S. 84 ff. — geförderte Lehre stellte das Rechtsschutzproblem in den Vordergrund. Es ist deshalb fraglich, ob die ganze Einrichtung unter der Herrschaft der Generalklausel noch fortbestehen soll.

Herstellung anderer Wohnungen verpflichtet. OLG. Stuttgart in Württ. Ztschr. f. Rechtspfl. u. Verw. 1926, S. 51 ff.

Das Finanzamt kann gewisse Steuerbescheide mit Zustimmung der Betroffenen zurücknehmen oder ändern (§ 76 RAD.) pr. OVG. 67, 277.

Unterweisungsverfahren, Fernsprechvertrag, Rundfunkvertrag, Vereinbarung zwischen Bauunternehmer und Stadtverwaltung, wonach jener außer den Häusern auch Straßen baut, und die Stadt dagegen auf Anliegerbeiträge verzichtet. — Postbenutzungsverhältnisse jedoch sind nach herrschender Ansicht privatrechtlicher Natur, so sehr eingehend LVG. Braunschweig vom 10. 11. 1948 in: DV. 1949, S. 436.

Antrag oder Zustimmungserklärung des einzelnen können bis zum rechtswirksamen Erlaß des Verwaltungsaktes zurückgenommen werden[1]).

Eine andere Art zweiseitiger Verwaltungsakte geht von zwei gleichgeordneten Partnern aus. Sie ist nur nach öffentlichem Recht zu beurteilen, nämlich als Vereinbarung zwischen Trägern öffentlicher Gewalt. Sofern solche zweiseitige Verwaltungsakte sich an eine unbestimmte Zahl von Personen wenden und für eine unbestimmte Zahl von Fällen von Bedeutung sind, treten sie auf in der Form von Verordnungen.

Beispiel:

Eingemeindungsverträge zwischen verschiedenen Gemeinden. — Pr. OVG. 62, 385, sächs. OVG. 28, 204. Auseinandersetzungen bei Gemeindelandverteilungen (Rezesse, Schul- und Wegeunterhaltungsverträge).

Von manchen wird neben zweiseitigen Verwaltungsakten noch die Möglichkeit von öffentlich-rechtlichen Verträgen als Sonderart der Verwaltungsakte angenommen[2]). Bei genauerem Zusehen stellt sich jedoch heraus, daß die dem Verwaltungsrecht angemessene Form diejenige des zweiseitigen Verwaltungsaktes ist. Es ist fast ausschließlich auf privatrechtliche Einflüsse zurückzuführen, wenn vor allem die ältere Lehre ohne die Einrichtung des öffentlich-rechtlichen Vertrages nicht auskommen zu können glaubte[3]).

Beispiel:

Für das hessische Beamtengesetz von 1947 sind zweiseitige Verwaltungsakte und Verträge gleichbedeutend.

---

[1]) Pr. OVG. 71, 109.

[2]) Wer das tut, muß den Vertrag als selbständige Art der Verwaltungsakte neben die Verfügung als das einseitige Rechtsgeschäft des Verwaltungsrechts und auch neben die Verordnung stellen. So: Laband, a. a. O. S. 189.

[3]) RGZ. 110, 293 ff. Apelt, Der verwaltungsrechtliche Vertrag 1920, S. 217 ff. Abschließend, ablehnend, Fleiner, a. a. O. S. 183, Jellinek, Verwaltungsrecht, S. 242. — Die Rechtsprechung der süddeutschen Verwaltungsgerichte geht von dem Vorhandensein solcher Verträge aus. Vgl. Zinser, Der allgemeine Teil des öffentlichen Rechts. In: Verwaltungsarchiv, Bd. 39 (1936), S. 262.

Etwas anderes ist es, wenn in einem zivilrechtlichen Vertrag Verwaltungsrecht von Bedeutung wird. Das ist ohne weiteres möglich, hat aber nichts mit der Frage des Bestehens öffentlich-rechtlicher Verträge zu tun.

Eine der privatrechtlichen Vertragsfreiheit entsprechende Einrichtung gibt es im Verwaltungsrecht nicht. Nicht jeder Gegenstand kann selbst bei Vorliegen der Einwilligung des Betroffenen in einem zweiseitigen Verwaltungsakt geregelt werden. Ist insb. eine Materie erschöpfend gesetzlich geregelt, so ist eine freiwillige Unterwerfung nicht möglich[1]).

Beispiel:

Andere Auflagen als solche polizeilichen Inhalts, z. B. eine erweiterte zivilrechtliche Haftpflicht, kann die Polizei dem Unternehmer auch nicht mit seinem Einverständnis auferlegen. — Württ. VGH. in: Württ. Ztschr. f. d. freiw. Ger. 1931, S. 44.

Die gesetzlich unzulässige Einreihung eines Beamten in eine niedrigere Gehaltsstufe ist auch mit seiner Zustimmung nicht möglich. — Württ. VGH., in: Württ. Ztschr. f. Verw. 1926, S. 150.

Eine von Otto Mayer begründete Lehre kennt als einzige Art der zweiseitigen Verwaltungsakte die Verwaltungsakte auf Unterwerfung. Sie geht davon aus, daß jeder Verwaltungsakt im Interesse der Durchführung der staatlichen Verwaltung die von ihm bezweckte Wirkung haben muß, gleichgültig ob der dadurch Betroffene zustimmt oder nicht[2]).

Beispiel:

Meist angeführt: Einbürgerung und Anstellung im Staatsdienst. Sie würden dann auch ohne Antrag und Wunsch der Beteiligten gültig sein, was nicht zutrifft.

Diese Lehre wird den tatsächlichen Gegebenheiten nicht gerecht und ist deshalb abzulehnen[3]).

7. Einteilung der Verwaltungsakte

Das Gesetz nimmt von sich aus eine Einteilung der Verwaltungsakte nicht vor. Infolgedessen hat jede Art der Einteilung etwas Willkürliches. Doch ist sie nötig, um eine Übersicht über die Fülle der Maßnahmen der Verwaltung zu erreichen.

---

[1]) So WEVRO, S. 227.

[2]) Otto Mayer, Verwaltungsrecht II, S. 283.

[3]) So schon Fleiner, Institutionen, S. 159. — Zur Zeit der nationalsozialistischen Herrschaft versuchte man den Standpunkt zu vertreten, daß Verwaltungsakte auf Unterwerfung das Normale sei. Vgl. z. B. v. Köhler, Grundlehren, S. 161. „Wir verstehen darunter diejenigen Verwaltungsakte . . ., bei denen der Mangel einer Ermächtigung durch Rechtsvorschrift durch die ausdrückliche oder den Umständen nach zu entnehmende stillschweigende Zustimmung der Betroffenen geheilt wird." (!)

a) Form.

Formelle Unterschiede eignen sich nicht als Einteilungssystem. Der Begriff des Verwaltungsaktes liegt fest. Infolgedessen ist es schädlich, in Abweichung von den einmal festgelegten Begriffsmerkmalen von Verwaltungsakten in weiterem und engerem Sinn zu sprechen.

Zu den Verwaltungsakten im weiteren Sinn rechnen manche auch „Verwaltungsakte tatsächlicher Art"[1]), womit körperliche Betätigungen der Verwaltungsbehörden gemeint sind. Derartige Betätigungen aber sind entweder nicht auf einen rechtlichen Erfolg gerichtet. Dann sind sie aus diesem Grunde kein Verwaltungsakt[2]). Oder es handelt sich um eine Vollstreckungsmaßnahme, die von dem Verwaltungsakt scharf zu unterscheiden ist. Allerdings kann es vorkommen, daß die Vollstreckungsmaßnahme zeitlich mit dem Erlaß des Verwaltungsaktes zusammenfällt. Dann ändert sie aber ihre Qualität nicht. Sie selbst wird dadurch nicht ebenfalls zum Verwaltungsakt[3]).

Den Verwaltungsakten im weiteren Sinn werden solche im engeren Sinn gegenübergestellt, womit die der Verwaltung zugehörigen für den Staatsbürger maßgeblichen hoheitlichen Willensäußerungen der Verwaltungsbehörden gemeint sind, also dasjenige, was hier als Verwaltungsakt bezeichnet wird.

Andere setzen den Verwaltungsakten tatsächlicher Art die rechtsgeschäftlichen Verwaltungsakte gegenüber[4]). Hoheitsakt und Rechtsgeschäft sind jedoch keine einander ausschließenden Begriffe. Diese allzusehr an privatrechtliche und fiskalische Gedankengänge anknüpfende Lehre ist abzulehnen.

Es gibt also der Form nach nur eine Art von Verwaltungsakten.

b) Inhalt[5]).

aa) Das ablehnende Verhalten.

Das ablehnende Verhalten einer Behörde äußert sich entweder in Untätigkeit[6]) oder in einer ausdrücklichen Weigerung, einem Verbot.

---

[1]) Jellinek, Verwaltungsrecht, S. 249.

[2]) Vgl. oben S. 152.

[3]) Bestritten! Fecker, in: MDR. 1950, 198, sieht auch Ausführung eines Zwangsmittels als Verwaltungsakt an. — Vgl. auch unten S. 294.

[4]) Kormann, System der rechtsgeschäftlichen Staatsakte, eingehende Widerlegung bei Jellinek, a. a. O.

[5]) Über die Einteilungsart herrscht keine Einheitlichkeit. Fleiner, Institutionen, S. 177, z. B. kennt Vollziehungsverfügungen und Gestaltungsverfügungen.

[6]) RGZ. 105, 122.

Beispiel:

Eine Behörde gibt eine Beschwerde stillschweigend an ihre vorgesetzte Stelle ab. Darin liegt eine stillschweigende Ablehnung. Pr. OVG. 73, 374.

bb) Gestaltende Verwaltungsakte[1]).

Die wichtigsten Akte dieser Art sind die „verpflichtenden" oder „belastenden", die ein Gebot oder ein ausdrücklich ausgesprochenes Verbot enthalten. Sie sind die normalen Äußerungen der Polizei im weitesten Sinne, die die verschiedenen Einzelinteressen im täglichen Leben zu einem für die Gesamtheit erträglichen Ausgleich zu bringen beabsichtigen.

Durch eine andere Art, die eine Erlaubnis enthaltenden Verwaltungsakte, wird ein grundsätzliches Verbot durch eine spezielle Erlaubnis, in Süddeutschland auch noch Dispens genannt[2]), für den Einzelfall aufgehoben. Die Erlaubnis ist vorhanden in Rechtssätzen, die es dem einzelnen anheimstellen, eine Handlung vorzunehmen oder zu unterlassen. Dem Inhalt nach gehören die eine Erlaubnis enthaltenen Rechtssätze mithin zu den Gesetzen, in denen der Gesetzgeber Vorgänge oder Sachverhalte billigt oder mißbilligt, ohne von jemanden eine Handlung zu verlangen. Diese Billigung des freien Beliebens ist als das Wesen der Erlaubnis zu bezeichnen[3]). Durch eine solche Methode der Verwaltung erhält die Behörde einen genauen Überblick. Die Betroffenen oder Interessierten können nur dann das von ihnen Erstrebte durchführen, wenn sie durch den Filter eines staatlich geprüften Verfahrens gegangen sind. An besondere Formen ist die Erlaubnis, sofern das Gesetz nicht besondere Vorschriften enthält, nicht gebunden. Erlaubnis ist sogar denkbar in der Form einer stillschweigenden Duldung[4]). Einzelne Formen der Erlaubnis sind Befreiungen, Konsense, z. B. auf dem Gebiet des Gewerbes, des Bauwesens, der Gesundheitspflege. Eine Erlaubnis kann in der Regel auch nach endgültiger Ablehnung aufs neue beantragt werden. Jeder neue Antrag ist sodann in allen Instanzen neu zu prüfen[5]).

Konstitutive, machtverleihende oder machtentziehende Verwaltungsakte geben der hierdurch betroffenen Person besondere Machtbefugnisse, welche sie über die Stellung sonstiger Staatsangehöriger emporheben, oder sie entziehen ihr derartige Befugnisse wieder.

1) Sie mit Verfügungen zu identifizieren, wie z. B. v. Köhler, Grundlehren, S. 159, scheint bedenklich, denn auch Verordnungen können rechtsgestaltend sein.

2) Nebinger, Verwaltungsrecht, S. 252. — Die Ausdrucksweise im Gesetz ist uneinheitlich. Otto Mayer, a. a. O. I, S. 357, braucht die Bezeichnung „Gestattung". Vgl. unten 17. Kapitel.

3) Wenzel, Der Begriff des Gesetzes, S. 80, 32.

4) Sächs. OVG. 39, 302.

5) Pr. OVG. 92, 211.

Beispiel:

Verleihung von Patenten, Anstellung im öffentlichen Dienst, Konzessionen, Bergwerkseigentum, Volljährigkeitserklärung, Schaffung einer juristischen Person.

Diese Art der Verwaltungsakte zeigt, daß Verwaltung mehr ist als bloße Vollziehung des Gesetzes im engeren Sinne des Wortes. Die Verwaltung wird hierbei vielmehr oft schöpferisch tätig und gibt aus Eigenem hinzu, indem sie in Geist und Gedankengang des Gesetzes weiterbaut[1]).

cc) Feststellende (deklaratorische, entscheidende) Verwaltungsakte. Sie sind seltener als die bisher genannten. Sie stellen ein Rechtsverhältnis, welches sich auch oder ausschließlich auf Einzelpersonen erstreckt, fest und greifen so notwendigerweise manchmal in eine Tätigkeit ein, die bei einer völlig strengen Durchführung der Gewaltentrennung durch die Rechtsprechung erledigt werden müßte. Sie subsumieren einen gegebenen Tatbestand unter das geltende Recht. Angesichts der zunehmenden Aufgaben kommt die Verwaltung ohne derartige Verwaltungsakte nicht aus. Die zeitweilig gegen ihren Bestand geltend gemachten Bedenken sind daher nicht mehr am Platze. Immerhin wird es oft schwer halten, die genaue Grenze zu den gestaltenden Verwaltungsakten zu ziehen.

Beispiel:

Maßnahmen auf dem Gebiet der Zwangsbewirtschaftung, so die Feststellung der Wohnungsämter über die Stellung der einzelnen Betroffenen. Namensänderungen. Entscheidung über Gültigkeit der Wahl. Feststellung des Planes im Enteignungsverfahren.

8. Gültigkeit und Ungültigkeit der Verwaltungsakte

a) Gültige Verwaltungsakte.

Gültige Verwaltungsakte sind solche, die fehlerfrei zustandegekommen oder doch nur mit geringen Fehlern behaftet sind und deswegen unbedingte Wirksamkeit haben. Jeder Verwaltungsakt trägt die Vermutung seiner Richtigkeit und Gültigkeit in sich[2]). Nur in genau festgelegten Fällen ist er ungültig.

b) Ungültige Verwaltungsakte.

Ungültig oder mangelhaft sind Verwaltungsakte, welche infolge von Fehlern nicht das er-

[1]) Giese-Nenwiem-Cahn, S. 94. — Jedoch muß der Unterschied gegenüber dem Gerichtsurteil gewahrt bleiben. Vgl. Peters, Verwaltung, S. 152.

[2]) Mayer, Verwaltungsrecht I, S. 95 („Selbstbezeugung der Verwaltungsakte) — Württ. VGH. in: Württ. Ztschr. f. Verw. 1924, 47; Btyr. VGH. 1923, 9

reichen können, was mit ihnen bezweckt war[1]). Es gibt mehrere Arten von Ungültigkeit[2]). Wegen der Vermutung der Richtigkeit und Gültigkeit sind Verwaltungsakte nur selten nichtig oder, was dasselbe ist, unwirksam[3]), nämlich nur bei besonders schweren Fehlern, wenn das Wohl des Staates oder einer öffentlich-rechtlichen Körperschaft es erfordert. In sonstigen Fällen ist ein ungültiger Verwaltungsakt nur vernichtbar. Die Vernichtung kann erfolgen von Amts wegen, wenn die Behörde den Fehler bemerkt hat und ihn beheben will. Das führt zum Widerruf, zur Aufhebung, Änderung oder Zurücknahme. Sie wirkt regelmäßig auf die Zeit der Entstehung des Aktes zurück (ex tunc). Oder aber der Angriff auf den ungültigen Akt erfolgt durch den Betroffenen, der den Akt anfechten kann. Die Anfechtungsbefugnis hat — anders als im Privatrecht — nicht der den Akt Setzende, sondern der von ihm Betroffene. Die Anfechtung wirkt — auch das anders als im Privatrecht — erst vom Augenblick ihrer Anerkennung durch eine amtliche Stelle, häufig das Verwaltungsgericht an (ex nunc).

aa) Nichtigkeit (Unwirksamkeit).

Sie ist nur bei einer der im folgenden aufgezählten Möglichkeiten vorhanden. Ein nichtiger Verwaltungsakt braucht von niemandem beachtet zu werden[4]). Er ist ein rechtliches Nichts. Er kann

---

1) Merkl, Verwaltungsrecht, S. 195, „der nicht sämtlichen (gesetzlichen) Bestimmungen seiner Form und seines Inhalts entspricht".

2) Die Terminologie ist uneinheitlich. Jellinek, Verwaltungsrecht, S. 252 ff. bildet den Oberbegriff: Ungültigkeit mit den Unterbegriffen: Unwirksamkeit, Anfechtbarkeit und Widerruflichkeit. Kormann, System der rechtsgeschäftlichen Staatsakte, S. 208, kennt als Oberbegriff: Unwirksamkeit, darunter als Unterbegriffe Nichtigkeit und Anfechtbarkeit. Peters, Verwaltung, S. 165 ff., faßt unter dem Oberbegriff Fehlerhaftigkeit: Nichtigkeit als Nichteintritt der beabsichtigten Rechtsfolgen; rechtliches Nichts bei Scherzen oder Unterrichtserklärungen usw.; Unwirksamkeit, wobei durch Hinzutritt weiterer behördlicher oder privater Erklärungen ein zunächst keine Wirkungen äußerndes Rechtsgeschäft noch fehlerlos werden kann; Anfechtbarkeit, wenn für die Beseitigung des Verwaltungsaktes dem Betroffenen irgendwelche Rechtsmittel zur Verfügung stehen; schließlich Widerrufbarkeit.

3) Es führt zu unnötigen Komplizierungen, wenn Nichtigkeit und Unwirksamkeit unterschieden werden, wie das z. B. Peters, Verwaltungsrecht, S. 167, tut. Solange die von ihm für die Heilung der von ihm sog. Unwirksamkeit geforderten „behördlichen oder privaten Erklärungen" noch nicht vorhanden sind, ist der Akt nichtig. Nach ihrem Vorhandensein ist der Akt gültig. Alles andere gehört zum historischen Werden des Aktes und ist für seine Rechtswirkung, die erst mit seiner Vollendung eintreten kann, uninteressant.

4) Trotzdem ist Widerstand gegen seine rechtswidrige Durchführung nur zulässig, wenn sie ihrer Form nach dem Üblichen und auch bei der Durchführung rechtmäßiger Akte Zulässigem widerspricht. I. Ü. ist nur der Rechtsmittelweg gegeben. Vgl. die nicht ganz übersichtliche Rechtsprechung des RG. zu § 131 StGB., z. B. RGSt. 38, 218. — Rechtswidrige Rechtsverordnungen dagegen brauchen nie befolgt zu werden. Wegen der Haftung des Beamten vgl. unten.

keine verwaltungsrechtlichen und auch keine zivilrechtlichen Folgen haben[1]). Einen Schutz gutgläubiger Dritter gibt es nicht.

Beispiel:

Wenn von einer Behörde auf Grund eines nichtigen Verwaltungsaktes Eigentum an einer Sache übertragen werden soll, kann Eigentum in der Hand des Erwerbers auch bei Vorliegen guten Glaubens nicht entstehen, da die Sache dem bisherigen Eigentümer durch ein von seinem Willen unabhängiges Ereignis in rechtlich nicht wirksamer Weise entzogen worden und somit im Sinne des Gesetzes (§ 935, Abs. 1, BGB.) abhanden gekommen ist. — VGH. Stuttgart vom 25. April 1947, in: SJZ. 1948, Sp. 153, unter Berufung auf RG., in: Seuff. Arch. 72, 229 und Leipz. Z. 25, 476.

Diese Akte brauchen, um ihre Wirksamkeit zu verlieren, nicht aufgehoben zu werden. Trotz der Seltenheit[2]) nichtiger Verwaltungsakte sind wegen der Vielgestaltigkeit der Verwaltung die Gründe der Nichtigkeit zahlreicher als im Privatrecht, insbesondere im Prozeßrecht. Nur beim zweiseitigen, nicht beim einseitigen Verwaltungsakt hat Nichtigkeit oder Fehlen des Antrags die Nichtigkeit des ganzen Aktes zur Folge[3]).

N i c h t i g k e i t w e g e n F o r m f e h l e r s ist nur dann möglich, wenn gesetzliche Formvorschriften vorhanden sind.

Beispiel:

Eine Verwaltungsmaßnahme, die entgegen der Gesetzesvorschrift nicht ordnungsgemäß zugestellt ist, ist nichtig. — RGZ. 102, 89; pr. OVG. 69, 260, bayr. VGH. vom 2. August 1949 in: DVBl. 1950, 275.

---

[1]) Der Unterscheidung zwischen nichtigen Akten und einem rechtlichen Nichts stehen die in Anm. 3 S. 163 erwähnten Bedenken unnötiger Komplizierung entgegen. Peters, a. a. O., begründet die von ihm vorgenommene Einteilung mit der Erwägung, daß möglicherweise auch aus einem nichtigen Akt wenngleich nicht beabsichtigte Folgen hervorgehen könnten, wie z. B. Schadenersatz wegen Amtspflichtverletzung. Die Rechtsgrundlage solcher Ansprüche ist aber doch nicht der Akt als causa, sondern lediglich als Tatbestand.

[2]) Der Umfang der Nichtigkeitsgründe schwankt. In ruhigen Zeiten wird allenthalben die Tendenz bestehen, sie möglichst klein zu halten. Das Ergebnis der Entwicklung bis 1932 ist gut zusammengefaßt in dem Entwurf einer Verwaltungsordnung für Württemberg, 1931, S. 247 ff., wo auch eine Übersicht über die höchstrichterliche Rechtsprechung gegeben wird. Vgl. ferner sehr ausführlich über die Abhängigkeit der Frage von wirtschaftlichen Erwägungen: Huber, Wirtschaftsverwaltungsrecht, 1932, S. 203. — In turbulenten Zeiten, in denen sich die Verwaltung auch im Rechtsstaat oft knapp an der Grenze zur Rechtswidrigkeit bewegen muß, kann das Bedürfnis entstehen oder empfunden werden, die Möglichkeiten der Nichtigkeit auszudehnen. Vgl. z. B. württ.-bad. VGH. 10. 7. 1947 in: NJW. 1947, S. 357, oder vom 5. 8. 1947 ebd. S. 396; hess. VGH. vom 15. 12. 1948 in: DV. 1948 Heft 7; LG. Kiel vom 4. 1. 1949 ebd. Diese Entscheidung hält einen Verwaltungsakt für nichtig, der einen Ermessensmißbrauch darstelle und eine Sachwidrigkeit enthalte. Hierdurch wird der Bogen überspannt, was mit Recht auf Ablehnung stößt. So auch Ule, Verwaltungsgerichtsbarkeit und Justiz, in Zentraljustizblatt 1949, S. 65.

[3]) Das ist einer der Hauptgründe für die Unterscheidung beider Arten von Akten, vgl. Ule in: DV. 1949, S. 502.

Formelle Mängel können nicht nachträglich mit rückwirkender Kraft geheilt werden[1]).

Eine wichtige Frage ist, ob die von einem Beamten, dessen Anstellungsformalitäten nicht in Ordnung sind, vorgenommenen Amtshandlungen deswegen nichtig sind. Die herrschende Lehre nahm das bisher an. § 24 biz. BG. schützt den guten Glauben, indem es bestimmt, daß die von einem Beamten vorgenommenen Amtshandlungen nicht deswegen nichtig seien, weil die Anstellung oder die ihm ausgehändigte Urkunde ungültig sind, es sei denn, daß der durch die Amtshandlung Begünstigte die Tatsachen kannte oder bei gehöriger Sorgfalt kennen mußte, welche die Nichtigkeit des Beamtenverhältnisses zur Folge haben.

Nichtigkeit wegen Verfahrensmängel[2]) tritt insbesondere bei solchen Verwaltungsakten ein, bei denen zu beteiligende Personen oder Stellen überhaupt nicht oder nur mangelhaft teilgenommen haben. Das ist bei einseitigen und bei zweiseitigen Akten möglich. Hierzu gehört auch das Unterlassen der Benachrichtigung an die zur Zeit des Erlasses des Aktes nicht bekannten, späterhin aber bekannt gewordenen Beteiligten[3]).

Beispiel:

Ernennung einer Person zum Beamten ohne ihren Antrag oder ohne ihre Mitwirkung macht den Verwaltungsakt nichtig.

Die Akte beurlaubter Beamter sind nicht nichtig. Es kann aber Amtsmißbrauch vorliegen[4]). Die Akte geisteskranker Beamter sind nur dann nichtig, wenn sie in sich unsinnig sind. Diese Regelung entspricht derjenigen der Prozeßordnungen der ordentlichen Gerichte, wo Geisteskrankheit eines Richters nur ein Revisionsgrund ist.

Nichtigkeit wegen fehlender Machtbefugnis[5]) ist gegeben, wenn der Akt in seinem wesentlichen Teile, also nicht in der Begründung, sondern in der Verfügung, die bei Urteilen dem Tenor entspricht, derart ist, daß man unter keinem denkbaren Gesichtspunkt eine Ermächtigung zum Erlaß des Aktes im Gesetz findet. Das folgt aus dem Grundsatz von der Gesetzmäßigkeit der Verwaltung.

---

[1]) Hess. VGH. vom 1. 7. 1948, in: Verwaltungsrechtsprechung I, S. 78.

[2]) Vgl. bejahend Fleiner, Institutionen, S. 204; Herrnritt, S. 287; W. Jellinek, S. 271. Dagegen Kormann, S. 272, Manns, S. 197.

[3]) Gönnewein in: DRZ. 1947, S. 133.

[4]) RGSt. 56, 429.

[5]) Jellinek begreift unter Machtüberschreitung: unbedingte sachliche Unzuständigkeit, unter gewissen Voraussetzungen örtliche Unzuständigkeit und rechtliche Unmöglichkeit.

Beispiel:

Die Gültigkeit der nordrh.-westf. DVO. zum Wohnungsgesetz vom 17. 1. 1947 — GVBl. S. 101 — ist umstritten. Infolgedessen sind von manchen Gerichten Raumbeschlagnahmen, die auf Grund dieser von ihnen als nichtig angesehenen VO. vorgenommen wurden, ebenfalls als nichtig bezeichnet worden. — LG. Hagen vom 10. 1. 1948 in: MDR. 1948 S. 148 mit zustimmender Bemerkung von Haarmann. A. A. Peters in: Handbuch des gesamten Miet- und Raumrechts, Art. „Raumbewirtschaftung", Ausf. Bl. 1 R.; LG. Münster vom 30. 9. 1948 in: nordrh.-westf. JMBl. 1949, S. 7.

Möglich ist ferner der Erlaß eines Verwaltungsaktes durch eine sachlich unzuständige Stelle, sei es eine Behörde, sei es eine Privatperson oder eine Gruppe von Personen[1]).

Beispiel:

Ein Finanzminister kann keine Wohnungen zuweisen. — Die Entscheidungen der Arbeiter- und Soldatenräte von 1918/19 sind als unwirksam und damit unbeachtlich angesehen worden. — Die Verordnung des württembergischen Innenministers vom 1. 10. 1945, wonach Eigentumsveränderungen an Privateigentum durch Maßnahmen der Verwaltungsbehörden für zulässig erklärt werden, entbehrt der Rechtsgrundlage und ist infolgedessen wegen sachlicher Unzuständigkeit der Behörde unwirksam. Solche Veränderungen hätten nur auf Grund des RLG. oder in späterem Zeitpunkt auf Grund eines Landesleistungsgesetzes vorgenommen werden dürfen. Die Unwirksamkeit der Verordnung hat auch die Unwirksamkeit der auf ihr beruhenden einzelnen Verwaltungsakte zur Folge. — VGH. Stuttgart vom 25. 4. 1947, in: SJZ. 1948 Sp. 152.

Nichtig sind im Gegensatz zum Zivilrecht durch Drohung zustande gekommene Verwaltungsakte[2]). Dabei ist es gleich, ob die ein Amt ausübende Person oder der sich verpflichtende Gewaltunterworfene bedroht wird. Ebenso, ob die sachlich unzuständigen Personen selbst handeln oder sich eines seiner Person nach zuständigen Beamten als ihres Werkzeuges bedienen. Maßgeblich ist der Entschluß zum Erlaß des Aktes.

Beispiel:

Eine Horde Ausländer stürmt das Gebäude einer staatlichen Verwaltungsdienststelle und zwingt den leitenden Beamten durch Drohung mit Erschießen zum Ausstellen einiger für sie wichtiger Urkunden. Die in den Urkunden ausgesprochenen Maßnahmen sind unwirksam. Sie haben keine Rechtsfolgen. — RG. vom 16. 11. 1908, in: DJZ. 1908, Sp. 1326.

---

[1]) Laband, Staatsrecht II, S. 194. — Sächs. OVG. 33, 357; bayr. VGH. 50, 102.

[2]) Bestritten! Wie hier z. B. Giese-Neuwiem-Kahn, S. 100; Huber, Wirtschaftsverwaltungsrecht, S. 284; v. Köhler, S. 223; Jellinek, Verwaltungsrecht, S. 278. Nur Anfechtbarkeit: Otto Mayer, I. S. 94; EWVRO. S. 270 St; Fleiner, S. 207; Kormann, System, S. 298; Nebinger, Verwaltungsrecht, S. 195.

Eine durch widerrechtliche Drohung zustande gekommene Unterwerfungsverhandlung nach § 33 Preisstrafr. VO. ist nichtig. Hess. VGH. vom 19. 1. 1949 in: DV. 1949, S. 501.

Sachliche Zuständigkeit ist entweder aus dem allgemeinen Verwaltungsaufbau zu entnehmen oder sie ist als ausschließliche Zuständigkeit in den einzelnen Gesetzen begründet, wie z. B. §§ 20, 21 GewO. Fraglich ist, ob die starke Folge der Nichtigkeit auch dann eintritt, wenn nicht die im inneren Dienstbetrieb zuständige Behörde entscheidet, sondern wenn eine höhere Instanz einen Verwaltungsakt erläßt, der nach dem Behördenaufbau von einer niederen hätte erlassen werden müssen oder umgekehrt. Die Rechtsprechung schwankt in solchen Fällen. Richtig ist es wohl, hier keine Nichtigkeit, sondern allenfalls Anfechtbarkeit anzunehmen[1]).

Die Maßnahmen einer unzuständigen unteren Behörde können durch die Bestätigung der zuständigen höheren Behörde geheilt werden[2]). Das gleiche ist der Fall, wenn in dringenden Notfällen eine Behörde tätig wird, weil die zuständige Stelle nicht einschreiten kann.

Beispiel:

Nach dem Zusammenbruch mußten die Gemeinden Aufgaben erledigen, für die nicht sie, sondern staatliche Stellen zuständig waren. Dauernde Rechte können hieraus nicht hergeleitet werden, sobald die zuständigen Stellen wieder aktionsfähig sind. — Bayr. VGH. vom 8. 4. 1948 in Verwaltungsrechtsprechung I S. 26.

Nicht in der gleichen Einheitlichkeit unwirksam sind Verwaltungsakte örtlich unzuständiger Behörden[3]). Hier genügt allein die Unzuständigkeit nicht, sondern es müssen noch weitere Umstände hinzutreten, die durch allgemeine Sätze nicht voll bestimmt werden können. Die deutlichste Bindung liegt vor, wenn der Verwaltungsakt sich auf ein Grundstück bezieht, also seinem Wesen nach nur für einen bestimmten Ort gilt.

Beispiel:

Als der Polizeipräsident von Berlin die gewerbepolizeiliche Genehmigung zum Betrieb einer außerhalb Berlins gelegenen Irrenanstalt aussprach, entschied das Verwaltungsgericht, die Erlaubnis sei „in dem Sinne unwirksam und nichtig, daß aus ihr das Recht auf Fortsetzung des Gewerbebetriebes ... nicht in Anspruch genommen werden könne". — OVG. 40, 301, dazu zustimmend W. Jellinek, in: Arch. öff. R. NF. 9 (1925), S. 367.

---

[1]) § 3 pr. LVG.; ferner: Sächs. OVG. 28, 243; bad. VGH., in Ztschr. f. bad. Verw. 1924, 34; 1923, 95; württ. VGH., in: Württ. Ztschr. f. Verw. 1925, 90; 1926, 140.

[2]) Württ. VGH. in: Württ. Ztschr. f. Verw. 1925, 90.

[3]) Bejahend: Fleiner, Institutionen, S. 203, Herrnritt, Grundlehren des Verwaltungsrechts, S. 286; verneinend: Kormann, System, S. 249, Jellinek, Verwaltungsrecht, S. 277.

Mit Rücksicht auf die weitgehend landesrechtliche Ausgestaltung des Verwaltungsrechts war die Landesgrenze immer schon eine Grenze der örtlichen Zuständigkeit. Dieser Zustand besteht auch in der Gegenwart. Verwaltungsakte eines Landes in bezug auf Personen oder Sachen eines anderen Landes sind grundsätzlich unwirksam[1]). Wenn aber solche örtlichen Bindungen nicht vorhanden sind und für den Staatsbürger ohne besondere Fachkenntnisse nicht sichtbar wird, welche Behörde nun eigentlich zuständig ist, sind Verwaltungsakte einer örtlich unzuständigen gleichgearteten Behörde wirksam. Das entspricht dem Bedürfnis des täglichen Lebens. Es wäre unzweckmäßig und verkehrsfeindlich, die Gültigkeit eines Verwaltungsaktes an mehr oder weniger bürokratischen Zufälligkeiten scheitern zu lassen.

Beispiel:

§ 7 FGG: Gerichtliche Handlungen sind nicht aus dem Grund unwirksam, weil sie von einer örtlich unzuständigen Stelle vorgenommen werden — § 61 RAO. für Handlungen der Finanzämter.

Schließlich ist es denkbar, daß eine für den Fragenbereich an sich zuständige Stelle eine Machtüberschreitung begeht, indem sie sich **nicht an die gesetzlich festgelegten Grenzen hält**. Solche Akte sind nichtig.

Beispiel:

Nach den bis 1925 geltenden Bestimmungen gab es in Österreich zwischen Katholiken keine Ehescheidung, sondern nur eine Trennung von Tisch und Bett. Der getrennte Ehegatte konnte mithin auch nach ausgesprochener Trennung zu Lebzeiten des anderen Teils nicht wieder heiraten. Man verfiel auf den Ausweg, den Teil, der eine neue Ehe eingehen wollte, durch die Verwaltungsbehörde vom Ehehindernis des bestehenden Ehebandes zu dispensieren. Darin lag eine Machtüberschreitung[2]). —

Die Einführung von Sperrgebieten durch Verwaltungsstellen (z. B. Anordnung Nr. 1/47 vom 7. 5. 1947 verschiedener Ministerien des Landes Nordrhein-Westfalen — Gesetz und Verordnungsblatt S. 105, 121) ist unzulässig als Machtüberschreitung, da sie die Freizügigkeit (Art. 111 WRV.) verletzt. — LG. Bonn vom 29. 10. 1947, in: MDR. 1948, S. 153 mit zutreffenden Anmerkungen von Schack.

Unabhängig von den verwaltungsrechtlichen Folgen liegt möglicherweise ein Amtsdelikt vor mit der daraus entspringenden Haftung[3]).

Bedingungsfeindliche Verwaltungsakte können durch die Aufnahme einer Bedingung nichtig werden[4]).

---

[1]) RGZ. 102, 251 ff.; pr. OVG. 72, 277 ff.

[2]) Näheres Lager, in: Veröffentl. d. Vereinig. d. dtsch. Staatsrechtslehrer, 1929, Heft 5, S. 124 ff.

[3]) Laband, Staatsrecht II, S. 196.

[4]) Vorsicht ist geboten, da manchmal Bedingung genannt wird, was in Wirklichkeit Auflage ist.

Beispiel:

Eine Gaststätte wird unter der Bedingung genehmigt, daß es dem Gastwirt gelingt, von der Baupolizei die Erlaubnis zum Anbringen einer über die Fluchtlinie des Hauses hinausragenden Nottreppe zu erlangen.

Bei der Nichtigkeit wegen zu naher eigener Beteiligung ist zu unterscheiden, ob beteiligt eine Behörde ist oder ein einzelner Beamter. Eine Behörde darf niemals Richter in eigener Sache sein. Sie darf also nicht über die Gültigkeit ihres eigenen Hoheitsaktes entscheiden. Tut sie es doch, so ist diese Entscheidung nichtig. Eine solche Entscheidung ist etwas anderes als die Aufrechterhaltung des ursprünglichen Verwaltungsaktes einer vom Betroffenen vorgebrachten Vorstellung gegenüber. Die Antwort auf diese Vorstellung ist nicht selbst die Entscheidung, sondern nur eine nochmalige Verweisung auf sie[1]). Auch der Beamte selbst darf nicht in eigener Sache entscheiden. Dennoch von ihm vorgenommene hoheitliche Handlungen sind jedoch nicht nichtig, sondern nur anfechtbar[2]). Einige Gesetze sprechen das ausdrücklich aus, wie z. B. § 7 FGG., § 48 RAO., während andere Gesetze den Weg der Zerstörung solcher Akte angeben, z. B. §§ 579, Ziff. 2, 41 ZPO. — Nichtigkeitsgrund — §§ 551 Ziff. 2, 41 ZPO.; §§ 338 Ziff. 2, 22, 23 StPO. — absoluter Revisionsgrund. Die in diesen Grundlagen zum Ausdruck kommende Regel ist auch für das Verwaltungsrecht als maßgeblich anzusehen[3]). Sie gilt ebenfalls für Ermessensentscheidungen[4]). Eine Ausnahme besteht für Verwaltungsakte, die eine Verfügung über Vermögen enthalten. Hier wird man sinngemäß § 181 BGB. anwenden und so zu einer Nichtigkeit solcher Akte kommen müssen[5]).

Nichtig sind Willkürakte. Dabei handelt es sich um Akte, die ein in einem so hohen Maße fehlerhaftes Verhalten der Verwaltung darstellen, daß sie mit den an eine ordnungsgemäße Verwaltung zu stellenden Anforderungen schlechterdings unvereinbar sind[6]). Das Verbot der Willkür wird im deutschen Verwaltungsrecht seit jeher anerkannt.

---

[1]) Pr. OVG. 54, 345; 59, 466; 75, 94. Herrnritt, Grundlehre des Verwaltungsrechts, S. 286. Bettermann, in: MDR. 1948, S. 81; Huber, Wirtschaftsverwaltungsrecht, S. 268 ff. Eine Minderheit tritt für bloße Anfechtbarkeit ein, so Kormann, System, S. 278; Jellinek, Verwaltungsrecht, S. 273.

[2]) Pr. OVG. in ständiger Rechtsprechung, z. B. 78, 383. Auch jetzt wieder herrschende Ansicht: z. B. thür. OVG. vom 29. 10. 47, in: NJW. 1948, S. 399.

[3]) Die Ansicht Bettermanns in: MDR. 1948, S. 108, der für eine Nichtigkeit solcher Akte eintritt, beruht auf einer Verwechselung der Befangenheit der Behörde — also die erste hier erörterte Möglichkeit — mit der Befangenheit eines Beamten.

[4]) Pr. OVG. 59, 467. — Vgl. auch § 36 südd. VGG. 1946, der in solchen Fällen die Anfechtungsklage zuläßt.

[5]) So pr. OVG. vom 27. 5. 1920 in: Preuß. Verwaltungsbl. 1922, S. 31.

[6]) RGZ. 164, 15; 135, 110. OLG. Düsseldorf vom 26. 6. 1947 in MDR. 1948, S. 108.

Beispiel:

Eine Wirtschaft war bei wiederholten Genehmigungsverfahren als Realwirtschaft im Sinne des badischen Landesrechts anerkannt worden. Plötzlich änderte die Behörde ihre Ansicht, weil sie nunmehr die Unterlagen für den Nachweis der Entstehung eines Realrechts nicht als ausreichend ansah. Das Verwaltungsgericht mißbilligt dieses Verhalten, weil die Änderung der jahrelangen Übung gegen Treu und Glauben verstoße. — Bad. VGH. vom 12. 11. 1906, in: Ztschr. f. bad. Verw. u. Verwaltungsrechtspflege 1907, S. 209.

Dieser Nichtigkeitsgrund ist in der Nachkriegszeit von den Gerichten, insbesondere auf dem Gebiet des Wohnungswesens und des Reichsleistungsgesetzes besonders intensiv geprüft und oft bejaht worden[1]).

Nichtigkeit wegen Willkür kann mit einem anderen Nichtigkeitsgrund konkurrieren. Immer muß jedoch die im Einzelfall vorliegende Art der Nichtigkeit genau spezifiziert werden. Das ist schon wichtig wegen der verschiedenen nach den einzelnen Nichtigkeitsgründen verschiedenen Rechtsfolgen.

Rechtswidrige Verwaltungsakte sind nicht nichtig, sondern blos anfechtbar. Nur ein Verwaltungsakt mit rechtlich unmöglichem Inhalt, also ein solcher, der ein Verhalten fordert oder gestattet, das gegen das bestehende Recht, insbesondere gegen ein Verbots- oder Strafgesetz verstößt, ist nichtig. Verwaltungsakte, die nur der gesetzlichen Grundlage entbehren, ohne gegen ein Verbots- oder Strafgesetz zu verstoßen, sind nur anfechtbar und nicht nichtig. Das ist eine Folge der grundsätzlichen Beständigkeit aller Verwaltungsmaßnahmen[2]).

Eine allgemeine Nichtigkeit wegen unsittlichen Inhalts ist dem Verwaltungsrecht fremd. Eine den §§ 148, 242 BGB. entsprechende allgemeine Regel, daß unsittliche Verwaltungsakte nichtig seien, wird für das Verwaltungsrecht nicht anerkannt. Der manchmal zitierte Satz: „Naturrechtswidrige Staatsakte sind nichtig" findet im geltenden Recht keine Stütze. So bleiben insbesondere auch die Verwaltungsakte aus der Zeit von 1933 bis 1945 grundsätzlich bestehen. Sie werden nur dort ohne individuellen Aufhebungsakt vernichtet, wo das Gesetz das ausdrücklich sagt. Dies entspricht der allgemeinen Praxis auch in der Vergangenheit. Fällt ein tyrannisches Regime, so bleibt die Tatsache der erlassenen Verwaltungsakte grundsätzlich in der Welt. Es

---

[1]) LG. Osnabrück vom 11. 3. 1948 in: MDR. 1949, S. 40, vom 6. 7. 1948, in: DV. 1948, S. 39; LG. Koblenz vom 9. 12. 1947 in: MDR. 1948, S. 80, vgl. auch MDR. 1949, S. 49, wo die Willkürakte in nahe Verbindung mit mangelnder gesetzlicher Rechtfertigung gebracht werden. Vgl. ferner: Bettermann-Haarmann, Das öffentliche Wohnungsrecht 1947, S. 168; Kleinrahm, Justiz und Verwaltung im Wohnungsrecht (Handbuch des gesamten Miet- und Raumrechts, Art.: „Gerichte").

[2]) Unbestritten! Sehr ausführlich z. B. Kormann, S. 217, 279, 312; Herrnritt, S. 287; Jellinek, S. 279.

ist Sache des davon Betroffenen, nun bei der neuen Rechtslage eine andere Stellungnahme der Verwaltung herbeizuführen. Der Grund für diese konservative Haltung des Verwaltungsrechts ist im Wesen der Verwaltung begründet. Es würde zu einer die allgemeine Ordnung sprengenden Unsicherheit führen und die gesamte Rechtssicherheit gefährden, wenn bei politischem Regimewechsel jeder einzelne unter der früheren Staatsordnung erlassene Akt auf seine ethische Zulässigkeit gemäß der Ansicht der neuen Regierung hin geprüft werden müßte.

Beispiel:

Die landrätliche Genehmigung nach dem Wohnsiedlungsgesetz vom 27. 9. 1936 wurde im Jahre 1942 versagt mit der Begründung, der Antragsteller sei im Juli 1942 wegen Umganges mit Juden festgenommen und in einem KZ. untergebracht worden, weshalb der Genehmigung ein öffentliches Interesse entgegenstehe. „Es kann keinem Zweifel unterliegen, daß der Bescheid der Wohnsiedlungsbehörde ... nicht etwa ein absolutes nullum ... darstellt, da diese Verwaltungsakte von der zuständigen Behörde im Rahmen ihrer Kompetenz und in der gehörigen Form erlassen worden ist. Soweit neuerdings Gesetze des Dritten Reiches wegen ihrer ausgesprochenen nationalsozialistischen Tendenz aufgehoben worden sind, ist dies grundsätzlich nur mit Wirkung für die Zukunft (ex nunc) erfolgt. Bezüglich der Hoheitsakte, die sich auf die also vorerwähnten Gesetze gründen, ist grundsätzlich ... nichts bestimmt ... Mangels einer solchen ausdrücklichen gesetzlichen Regelung (absolute Nichtigkeit von Hoheitsakten mit rückwirkender Kraft) vermag sich der Senat im Hinblick auf die ansonst aufs höchste gefährdete Verkehrs- und Rechtssicherheit wegen des verwerflichen Inhalts allein nicht zu der Auffassung zu bekennen, daß ein derartiger Hoheitsakt ein absolutes nullum darstelle. — OLG. Saarbrücken vom 21. 5. 1947, in: DRZ. 1947, S. 342.

Eine nicht dem Verwaltungsrecht und überhaupt nicht dem Recht angehörende Frage ist es, ob die von einem solchen Verwaltungsakt Betroffenen Widerstand leisten dürfen. Hier unterscheiden manche, ob es sich bei dem Verwaltungsakt um einen Befehl oder die Verweigerung einer Erlaubnis handelt. Bei Befehlen soll „in der Person des Betroffenen Recht und Pflicht zum Widerstand" entstehen, während derjenige, dem eine Erlaubnis verweigert wird, warten muß, bis sich die Rechtsordnung des Staates ändert, um dann neue Anträge zu stellen[1]).

Erschlichene Verwaltungsakte sind nicht ohne weiteres nichtig, sondern meist anfechtbar.

1) So Coing in: DRZ. 1947, S. 342, unter Berufung auf Cathrein, Recht, Naturrecht und positives Recht, Basel 1901, S. 167 ff, und Hugo Grotius, De jure belli ac pacis II, 26, §§ 1—4.

Beispiel:

Ein Ausländer läßt sich scheinbar in einem Ort eines deutschen Landes nieder und erhält dort die Staatsangehörigkeit. Dies geschieht nur, um für seinen ständigen Wohnort, der in einem anderen deutschen Lande liegt, Aufenthaltsgenehmigung zu bekommen. Das prOVG. entschied, die Naturalisation sei trotz Erschleichens wirksam. — PrOVG. 13, 408; vgl. auch RGZ. 106, 115.

In einigen Gesetzen ist Erschleichen nur ein Grund für die Zurücknahme des Verwaltungsaktes.

Beispiel:

§ 78 Abs. 1 Ziff. 2, Abs. 2 RAO., §§ 142 ff., Thür. Landesverwaltungsordnung vom 10. 6. 1936.

Ein Nichtigkeitsgrund ist bei zweiseitigen Verwaltungsakten besonders zu erwähnen: Sie sind unwirksam, wenn die im Gesetz vorgeschriebene Mitwirkung des einzelnen fehlt.

Beispiel:

Die ohne Antrag erteilte landrätliche Genehmigung nach dem Grundstückssperrgesetz ist unwirksam. — RGZ. 103, 104; 118, 230.

bb) Anfechtbarkeit.

Anfechtbar sind solche Akte, zu deren Aufhebung die Behörde auf Grund eines Antrags verpflichtet ist[1]). Im Gegensatz zum Zivilrecht fallen sie nicht durch die Anfechtungserklärung selbst in sich zusammen, sondern es bedarf noch einer behördlichen Maßnahme. Allgemeine Rechtssätze darüber, wann Verwaltungsakte anfechtbar sind, gibt es nicht. Jedoch sind einige Richtlinien festzustellen.

Alle Nichtigkeitsgründe sind auch Anfechtungsgründe, falls der Verwaltungsakt durch den Schein seines Bestehens den Betroffenen in seinem Interesse verletzt[2]).

Von den besonderen Anfechtungsgründen des bürgerlichen Rechts bereitet der Irrtum fast dieselben Schwierigkeiten

---

1) Die herrschende Lehre muß logischerweise die Anfechtung auf Verfügungen beschränken und die „objektives Recht setzenden Verordnungen" ausnehmen. — So z. B. sächs. OVG. 25, 13 (eine Enteignungsordnung kann nicht angefochten werden, sondern nur der einzelne individuelle Enteignungsakt); württ. VGH., in: Württ. Ztschr. f. Verw. 1931, 53 (nicht eine Ortsbausatzung kann angefochten werden, sondern nur jeder individuelle Bescheid). Wenn Verordnungen als Verwaltungsakte aufgefaßt werden, ist diese Unterscheidung nicht nötig.

2) Das entspricht der herrschenden Meinung; vgl. z. B. Kormann, System, S. 203; Jellinek, Verwaltungsrecht, S. 261. A. A. Huber, Wirtschaftsverwaltungsrecht, S. 240, der meint, daß die Abgrenzung zwischen nichtigen und anfechtbaren Verwaltungsakten danach vorzunehmen sei, ob derjenige, der sich vor dem ordentlichen Gericht auf die Nichtigkeit beruft, die Möglichkeit der Anfechtung hatte. Mit Recht lehnt die herrschende Lehre ab, aus solchen Formalien Schlüsse für die materielle Nichtigkeit oder Anfechtbarkeit zu ziehen.

wie dort. Nicht ohne weiteres wird jeder Irrtum der Behörde[1]) oder jede Verkennung der Tatsachen[2]) den oder die Betroffenen zur Anfechtung berechtigen. Es würde dadurch in die verwaltungsrechtlichen Beziehungen eben die Unsicherheit hineingetragen werden, die der Gesetzgeber mit der sehr zurückhaltenden und vorsichtigen Zulassung von Rechtsfolgen aus Irrtum im bürgerlichen Recht vermeiden will. Denn auch ein irrtümlich erlassener Verwaltungsakt kann für Betroffene, die auf seine Beständigkeit und Gültigkeit gutgläubig bauten, von großer Bedeutung sein. Es wäre für sie möglicherweise von erheblichem rechtlichen und wirtschaftlichen Nachteil, wenn die Behörde erklärt, sie habe sich geirrt und alle Rechtsfolgen seien aufgehoben oder träten von nun ab nicht mehr ein. Andererseits entspricht es nicht dem Wesen des öffentlichen Rechts, die Anfechtbarkeit wegen Irrtums auf die dem bürgerlichen Recht bekannten oder ihm gleichstehenden Fällen zu beschränken. Maßgeblich im öffentlichen Recht muß vielmehr das Gewicht der konkurrierenden Interessen sein. Wenn die Allgemeinheit ein überwiegendes Interesse an der Anfechtbarkeit und der ihr folgenden Aufhebung eines durch Verkennung der Tatsachen zustande gekommenen Verwaltungsaktes hat, muß er aufgehoben werden[3]). Beim zweiseitigen Verwaltungsakt wird das Interesse der Allgemeinheit häufig sehr groß sein, so daß er sich dem bürgerlich-rechtlichen Vertrag nähert[4]).

Drohung ist deswegen ein Anfechtungsgrund, weil sie nach öffentlichem Recht ein Grund der Nichtigkeit ist. Ermessensmißbrauch ist Anfechtungsgrund[5]).

Täuschung ist gleichbedeutend mit einem Erschleichen eines Verwaltungsaktes und ist daher meist Anfechtungsgrund.

Beispiel:

Hat jemand ein Amt durch Vorspiegelung von falschen Tatsachen, die für die Willensbildung der Anstellungsbehörde wesentlich waren, erschlichen, so kann diese die Anstellung anfechten, sofern sie nicht nach erlangter Kenntnis von der Täuschung den Amtsinhaber weiter in seinem Amt geduldet und dadurch ihr Anfechtungsrecht verwirkt hat. — Pr. OVG. 92, 240.

Das bisher Gesagte wird — und darin liegt ein bedeutsamer Unterschied gegenüber dem Zivilrecht — modifiziert durch die Bestimmungen über Umfang und Möglichkeit der Verwaltungsgerichtsbar-

---

1) Kleinrahm in: MDR. 1948, S. 111.

2) Grundsätzlich keine Anfechtung: Bayr. VGH. 51, 108, 139; sächs. OVG. 32, 106.

3) Mit dieser Einschränkung ist der Ansicht von Jellinek a. a. O. zuzustimmen.

4) Sächs OVG. 31, 32 ff.

5) Kein Nichtigkeitsgrund! Der in der ersten Zeit nach dem Zusammenbruch anderslautenden Meinung ist nicht zuzustimmen. Vgl. insbesondere Kleinrahm, Justiz und Verwaltung, „Gerichte"; OLG. Hamm vom 28. 10. 1948 in: DV. 1949, S. 133.

keit. Bei ihrer gesetzlichen Regelung ist im allgemeinen angegeben, ob und inwieweit über die Fälle der Unwirksamkeit hinaus Verwaltungsakte anfechtbar sind. Darunter fallen dann auch häufig einige Fälle des Irrtums und der Täuschung, für die nach allgemeinen Erwägungen eine Anfechtungsmöglichkeit nicht besteht, die aber kraft der positiven Bestimmungen über die Verwaltungsgerichtsbarkeit doch angefochten werden können.

Beispiel:

§ 22 brit. VO. Nr. 165: Die Klage auf Anfechtung des Verwaltungsaktes kann auch darauf gestützt werden, daß der angefochtene Verwaltungsakt rechtswidrig und nichtig sei und der Kläger dadurch in seinen Interessen beeinträchtigt werde. Als rechtswidrig ist ein Verwaltungsakt auch anzusehen, wenn die Tatsachen, die ihn gerechtfertigt haben würden, nicht vorhanden sind. — § 22 südd. VGG. von 1946. Vgl. DRZ. 1947, S. 345.

cc) Widerruf.

Während die Unwirksamkeit oder Nichtigkeit eines Verwaltungsaktes durch das Gesetz bewirkt wird und die Anfechtung durch eine Willenserklärung der von dem Akt Betroffenen erfolgt, stellt die dritte Möglichkeit der Vernichtung eines Verwaltungsaktes, der Widerruf, eine durch die Behörde von Amts wegen vorzunehmende Maßnahme dar.

Der Widerruf eines Hoheitsaktes ist nur möglich, wenn die Behörde an ihre Maßnahme nicht gebunden ist. Gemäß § 318 ZPO. ist das Gericht an die Entscheidung, die in den von ihm erlassenen End- und Zwischenurteilen enthalten sind, gebunden. Eine solche allgemeine der materiellen Rechtskraft (§ 322 ZPO.) gleichkommende Bindung an ihre Akte kennt die Verwaltung nicht.

In materieller Rechtskraft können erwachsen zunächst die feststellenden Verwaltungsakte, insbesondere wenn sie öffentlich-rechtliche Streitigkeiten von einzelnen untereinander, zwischen einzelnen und juristischen Personen des öffentlichen Rechts und zwischen solchen Personen untereinander regeln. Nur solche Akte dienen der Rechtsfindung, was sie in die Nähe der gerichtlichen Urteile rückt. Die gleichen rechtspolitischen Erwägungen, die zu den Bestimmungen über die materielle Rechtskraft für Gerichtsurteile geführt haben, treffen auch für feststellende Verwaltungsakte zu[1]).

Beispiel:

Inanspruchnahme von Gegenständen zu Eigentum nach §§ 15, 25 RLG. kann wegen veränderter Umstände nicht widerrufen werden, auch dann

---

[1]) RGZ. 112, 233; vgl. auch sehr deutlich: v. Köhler, Grundlehren, S. 187.

nicht, wenn die Inanspruchnahme formell noch nicht rechtskräftig war. — Hess. VGH. vom 2. 4. 1948 in: Verwaltungsrechtsprechung I S. 39.

Andererseits braucht die Verwaltung nicht engherziger zu sein als die Justiz. Die gleichen Gründe also, die zur Aufhebung eines rechtskräftigen Gerichtsurteils führen (§§ 359, 361 StPO.), machen auch den Widerruf eines feststellenden Verwaltungsaktes möglich. Die materielle Rechtskraft setzt genau wie im Zivilrecht die formelle voraus, so daß jene nur bei Fehlen oder Erschöpfen der Rechtsbehelfe eintritt.

Sodann ist die Behörde an ihre Entscheidung gebunden, wenn der Verwaltungsakt gemäß den für ihn in Betracht kommenden Bestimmungen erlassen werden mußte, wenn es sich also um einen Akt der gebundenen Verwaltung handelt.

Nicht widerrufen werden können rechtsgestaltende Akte[1]) aus den gleichen Gründen, die im Zivilrecht Gestaltungsurteilen materielle Rechtskraft inter omnes geben: Sie schaffen eine Rechtslage neu, die nach der Entstehung ihr eigenes Leben hat.

Ein jemanden berechtigender Verwaltungsakt ist unwiderruflich, wenn der Berechtigte im Vertrauen auf den Bestand des Aktes mit einem Unternehmen begonnen hat, dessen Inangriffnahme ohne den Erlaß des Aktes nicht erfolgt wäre[2]).

Ferner sind zweiseitige Verwaltungsakte in der Regel nicht widerruflich. Sie begründen zwischen dem Staat und dem einzelnen ein Rechtsverhältnis, das nach dem für jeden Rechtszweig geltenden Satz pacta sunt servanda grundsätzlich Bestand haben muß. Dieser Gedanke ist z. B. in § 18 Abs. 1 FGG. oder § 75 RAO. enthalten[3]).

Zu diesen materiellen Gründen der Unwiderruflichkeit tritt schließlich ein formeller: Der Widerruf selbst kann nicht widerrufen werden. Das ist im Interesse der Verwaltungsökonomie nötig. Andernfalls würde niemals Klarheit entstehen. Wenn eine Behörde ihren Widerruf rückgängig machen will, mag sie einen neuen Verwaltungsakt erlassen. Damit wird materiell das gleiche Ergebnis erreicht[4]).

Sofern nicht einer der bisher besprochenen Umstände vorliegt, kann ein Verwaltungsakt grundsätzlich von der Behörde, die ihn erlassen hat oder der dieser vorgesetzten Behörde von Amts wegen widerrufen

---

1) W. Jellinek, Verwaltungsrecht, S. 269; Kormann, System, S. 361. Einer solchen Lösung stehen die gleichen Bedenken entgegen, die gegen eine materielle Rechtskraft inter omnes bei Rechtsgestaltungsakten überhaupt sprechen; vgl. Schönke a. a. O.

2) Ipsen, Widerruf gültiger Verwaltungsakte, S. 83.

3) Pr. OVG. 84, 301 lehnt die Möglichkeit einseitigen Rücktritts von einem öffentlich-rechtlichen Vertrag wegen veränderter Umstände ausdrücklich ab.

4) Pr. OVG. 73, 328.

werden[1]). In diese Grundregel werden sogar die ihrem Wesen nach unwiderruflichen Akte einbezogen, wenn sie noch nicht in vollem Umfang „rechtskräftig" sind. Was damit gemeint ist, zeigt die oft zitierte badische Verordnung vom 31. August 1884, § 43: „Die Behörde, von welcher eine Verfügung oder Entscheidung erlassen ist, oder die ihr vorgesetzte Behörde kann solche abändern oder ganz aufheben: 1. wenn durch die Verfügung oder Entscheidung nicht eine Partei einen gesetzmäßigen Anspruch bereits erworben hat"[2]).

Der Widerruf — darüber ist man sich allenthalben einig — ist nicht in das freie Belieben der Behörde gestellt. Es haben sich vielmehr einige Richtlinien herausgebildet, die von den Behörden für den Widerruf beachtet werden sollen. Sie besitzen jedoch keine volle Autorität für alle Länder und alle Gebiete.

Maßgeblich für den Widerruf sind die sich aus dem Inhalt des zu widerrufenden Aktes ergebenden Gründe. Diese Gründe haben ein verschiedenes Gewicht, je nachdem um welche Behörde oder welche Art von Behörde es sich handelt.

Welche Gründe das moderne Verwaltungsrecht für maßgeblich hält, ist am besten aus drei neueren Bestimmungen ersichtlich, die sich eingehend mit diesem Gegenstand befassen und die sich bemühen, alle Ergebnisse der bisherigen Lehre und Rechtsprechung zu berücksichtigen: §§ 141 ff des heute wieder in Kraft befindlichen thüringischen Landesverwaltungsgesetzes vom 10. Juni 1926/26. November 1945, Art. 82 ff. des Entwurfs der württembergischen Landesverwaltungsrechtsordnung von 1931 und § 93 RAO.

§ 141 thür. LVG. legt als Grundsatz die Zurücknehmbarkeit und Abänderbarkeit jeder Verfügung fest. Die Regel gilt aber nur, wenn der davon Betroffene nicht benachteiligt wird. Denn gemäß § 142 Abs. 1 kann „zuungunsten des Beteiligten ... eine Verfügung ohne seine Zustimmung nur aus überwiegenden Gründen des gemeinen Wohles zurückgenommen oder geändert werden, es sei denn,

1. daß und insoweit in ihr ein gesetzlich nicht ausgeschlossener Widerruf vorbehalten ist,

2. daß sie von einer sachlich unzuständigen Verwaltungsstelle erlassen worden ist,

---

[1]) Eine grundsätzliche „Gebundenheit an das einmal gefällte Urteil", wie Hatschek, Verwaltungsrecht, S. 3, ausführt, gibt es nicht. Nicht jeder Verwaltungsakt, insbesondere nicht jede Verfügung ist ein „publizistisches Rechtsgeschäft, das sowohl den Staatsbürger als auch die Behörde bindet".

[2]) Der badische VGH. suchte die Widerrufbarkeit möglichst einzuschränken. Vgl. Ztschr. f. bad. Verw. 1927, 149; 1929, 74; auch württ. Ztschr. f. Verw. 1921, 110.

3. daß sie dem zur Zeit ihres Erlasses geltenden Rechte widersprach,

4. daß das Vorhandensein der für die Verfügung maßgebenden tatsächlichen Verhältnisse auf Grund unrichtiger oder irreführender Angaben des Beteiligten irrig angenommen worden ist,

5. daß sie durch unlautere Mittel veranlaßt worden ist oder

6. daß die Gesetze sonstige Gründe für die Zurücknahme oder Änderung zulassen."

§ 93 RAO. und Art. 82 EWVRO. stellen als Grundsatz die freie Widerruflichkeit des Verwaltungsaktes fest. Widerrufen werden darf aber nicht aus Willkür oder Laune, sondern nur auf Grund sachlicher Erwägungen, wobei das Allgemeininteresse das Einzelinteresse zurückzudrängen hat. Dabei ist es möglich, von rechtlichen, tatsächlichen oder die Zweckmäßigkeit berücksichtigenden Erwägungen auszugehen. Gleichgültig ist, ob eine tatsächliche Veränderung der Verhältnisse seit dem Erlaß des Aktes eingetreten ist oder ob die Behörde dieselben Verhältnisse nachträglich anders beurteilt.

Die Richtigkeit des Grundsatzes der Widerruflichkeit ist ohne weiteres ersichtlich, wenn beim Erlaß des Aktes ein *Fehler* unterlaufen ist, der entweder seine *Nichtigkeit* oder seine *Anfechtbarkeit zur Folge hat*. Wenn das Gesetz die Unwirksamkeit des Aktes herbeiführt, muß es der Verwaltungsbehörde möglich sein, auch ihrerseits diese gesetzliche Folge ausdrücklich zu deklarieren. Wenn ferner ein Betroffener den Akt anfechten kann, muß die Verwaltungsbehörde von sich aus das gleiche Ergebnis erzielen können. Das eben ist hier der Widerruf. *Sämtliche Gründe der Nichtigkeit und Anfechtbarkeit eines Verwaltungsaktes sind so auch Gründe für seinen Widerruf durch die Behörde.*

Nicht ohne weiteres verständlich ist es, warum ein Akt auch wegen zeitlich nach seinem Erlaß eintretender Umstände widerrufbar ist. Die Bejahung der Frage hat für das Verwaltungsrecht die Anerkennung der vollen Wirkung der *clausula rebus sic stantibus* zur Folge, nur eingeschränkt durch im Einzelfall jeweils nachzuweisende Bindungen, wie vor allem bei zweiseitigen Verwaltungsakten[1]). Der Grund für eine solche Regelung liegt in dem Sinn und Zweck der Verwaltung. „Die Aufgabe der Verwaltungstätigkeit besteht nicht darin, Rechtsgewißheit zu verschaffen . . ., sondern einen materiellen, dem Staat nützlichen Erfolg innerhalb der Schranken des Rechts zu erreichen . . .

1) Sächs. OVG. 28, 285; 32, 176; bayr. VGH. 44, 89. — Apelt, Verwaltungsrechtlicher Vertrag, S. 221. — Wegfall der Geschäftsgrundlage!

Was heute dem Gemeininteresse frommt, kann ihm schon nach kurzer Zeit schädlich sein, weil die Umstände sich inzwischen verändert haben. Aber auch die Anschauungen über die Anforderungen des Staatsinteresses können sich wandeln, so daß heute die Behörde die Ansicht nicht mehr aufrecht zu erhalten vermag, von welcher sie noch vor kurzem bei Erlaß einer Verfügung geleitet worden ist[1]."

In dieser Regelung kommt das Wesen der Verwaltung mit aller Klarheit zum Ausdruck. Bei allen rechtsgestaltenden Verwaltungsakten hängt das Damoklesschwert des Widerrufes über dem Berechtigten oder Betroffenen. Es wird niemals möglich sein, die Haltung der Behörde mit derjenigen Gewißheit vorauszusagen, mit der die Reaktion eines Gerichtes zu berechnen ist. Wenn man bedenkt, wie unsicher sogar diese Reaktionen sind — wären sie es nicht, so gäbe es keine Prozesse! — mag man ermessen, in welchem Maße und in welchem Umfang der einzelne auch im Rechtsstaat in der Hand der Verwaltungsbehörden ist. Dieser Zustand könnte nur durch eine kasuistische gesetzliche Regelung der Widerrufsmöglichkeiten beseitigt werden, die an die Stelle des allgemeinen Grundsatzes treten müßte. Das aber ist nicht realisierbar. So zeigt sich, daß mit bloßen rechtlichen Bestimmungen nicht verwaltet werden kann. Es sind letztlich ethische, und . . . politische Gründe, die die Richtlinien für die Anwendung der ungeheuren Machtfülle, die die generelle Ermächtigung zum Widerruf der Verwaltung in die Hand gibt, bestimmen.

Angesichts des verzweigten Behördenaufbaus der deutschen Verwaltung liegt die Frage nahe, ob die Verwaltungsakte einer unteren oder erstinstanzlichen Behörde ebenso leicht oder schwer sollen widerrufen werden können wie die Akte der höheren oder gar letzten Instanz. Ausgehend von dem Grundsatz der Widerrufbarkeit kann es keinen Unterschied ausmachen, an welcher Stelle der Behördenhierarchie der Akt gerade erlassen wurde. Eine Auswirkung der Subordination und der Disziplin ist es, daß eine niedere Instanz nicht den Akt einer höheren Instanz widerrufen wird, sofern der von der höheren Instanz bereits geprüfte Tatbestand zugrunde liegt. Aus dem gleichen Gesichtspunkt widerruft die untere Instanz auch dann nicht mehr, wenn die Sache bei der höheren Instanz „anhängig" geworden ist. Der Widerruf, der ganz allgemein möglich ist, solange noch keine endgültige Entscheidung ergangen ist, ist in solchen Fällen der höheren Instanz vorbehalten. Aber auch wenn die im Instanzenzug höchste Behörde entschieden hat, kann sie selbst, oder wenn sie mit der Sache nicht mehr befaßt ist, eine niedere Instanz

---

[1]) Fleiner, Institutionen, S. 186. — Vgl. Hess. VGH.vom 15. 12. 1948 in: DV. 1949 S. 132.

aus neuen Gesichtspunkten unter Verwendung der clausula rebus sic stantibus den Akt widerrufen[1]).

Alle diese allgemeinen Erwägungen treten zurück, wenn für eine besondere Rechtsmaterie spezielle gesetzliche Regelungen vorhanden sind, was z. B. im Gewerberecht der Fall ist[2]).

Beispiel:

§ 40 Abs. 1 GewO. bestimmt, daß die dort näher bezeichneten Approbationen und Genehmigungen nur bei Vorliegen gesetzlich genau festgelegter Umstände widerrufen werden können. § 12 GaststG. zählt die Fälle erschöpfend auf, in denen die Wirtschaftserlaubnis von der für ihre Erteilung zuständigen Behörde widerrufen werden darf.

9. Erfüllung

Ein Verwaltungsakt verliert seine Bedeutung, wenn dasjenige, was er anordnet, erledigt ist und weiterhin keiner öffentlichen Maßnahme mehr bedarf. Der gewöhnliche Fall der Erledigung, insbesondere der gestaltenden Verwaltungsakte, ist die Erfüllung. Mit der Erledigung des Verwaltungsaktes durch Erfüllung erlöschen alle mit ihm in Zusammenhang stehenden öffentlichen Rechtsverhältnisse genau so wie die Erfüllung einer privatrechtlichen Verpflichtung das Erlöschen des Schuldverhältnisses zur Folge hat (§ 362 BGB).

Das Verwaltungsrecht kennt auch rechtserhebliche Maßnahmen an Erfüllungsstatt. Entsprechend seiner Zweckbestimmung ist es damit sogar weitherziger als das Zivilrecht.

Beispiel:

Wenn die Baupolizei verlangt, daß ein in die Fluchtlinie ragender Vorbau um 1 m zurückgesetzt wird, ist der Anordnung auch Genüge getan, wenn der Vorbau völlig entfernt wird.

---

1) Sächs. OVG. 27, 189; württ. VGH. in: Württ. Ztschr. f. Verw. 1931, 189. Vgl. auch EWVRO. Art. 82, Abs. 4.

2) Über diesen ganzen Fragenkomplex ist eine einheitliche Meinung nicht festzustellen. Eingehender damit befaßt hat sich der an dem Entwurf der württembergischen Verwaltungsrechtsordnung beteiligte Kreis. So bringt v. Köhler, Grundlehren, S. 190, eingehende Erörterungen zur Frage des Verhältnisses der ergangenen Rechtsmittelentscheidung zum angefochtenen Verwaltungsakt in Beziehung auf die Befugnisse, die der Behörde der ersten Stufe nach Erfassung der Rechtsmittelentscheidung zustehen. Ist das Rechtsmittel als unzulässig oder als sachlich unbegründet zurückgewiesen, so kann die Behörde, die den Verwaltungsakt erlassen hat, den Akt selbst widerrufen (a. A. Otto Mayer, Verwaltungsrecht I, S. 128). Ist dem Rechtsmittel stattgegeben, so ist zu unterscheiden, ob ein belastender Akt aufgehoben oder eine auf der ersten Stufe abgelehnte Erlaubnis erteilt worden ist. In ersterem Fall kann die erste Instanz nur dann einen neuen Akt des gleichen Inhalts erlassen, wenn sich die tatsächlichen Verhältnisse geändert haben. Aber auch im zweiten Fall kann unter den gleichen Umständen die untere Behörde die von der höheren erteilte Erlaubnis widerrufen.

Keine Maßnahme an Erfüllungsstatt, sondern Erfüllung ist es, wenn der Verpflichtete von mehreren Erfüllungsmöglichkeiten, die gleichwertig nebeneinander bestehen, die eine wählt. Eine derartige Wahl ist ihm grundsätzlich zuzubilligen, weil es bei der Verwaltung auf das zu erreichende Ziel und nur in zweiter Linie auf den Weg, sofern dieser nicht rechtswidrig ist, ankommt[1]).

Aber auch wenn nicht von vornherein mehrere Wege der Erfüllung vorhanden sind, sondern der Verpflichtete einen Weg wählt, den die Behörde von sich aus nicht vorgesehen hat, ist sie in größerem Ausmaß zur Annahme an Erfüllungsstatt verpflichtet, als das in einem Privatrechtsverhältnis eine Privatperson wäre.

Von den dem bürgerlichen Recht insbesondere bekannten Maßnahmen an Erfüllungsstatt hat die Hinterlegung im Verwaltungsrecht keine besondere Bedeutung. Sie ist zuzulassen, wo das Gesetz dies ausdrücklich regelt oder wo ihre Ablehnung zweckwidrig wäre.

Die Aufrechnung ist im Verwaltungsrecht möglich. In einigen Gesetzen ist das ausdrücklich festgelegt, wie z. B. § 103 RAO.: „Die Steuerpflichtigen sind berechtigt, gegen Steueransprüche des Reichs mit unbestrittenen oder rechtskräftig festgestellten Gegenansprüchen aufzurechnen.“ Hieraus ergibt sich auch eine wichtige Beschränkung: Aufgerechnet werden darf nur mit einer unbestrittenen Forderung. Das ist erforderlich, weil sonst möglicherweise verschiedene Behörden über Forderung und Gegenforderung zu entscheiden hätten, was innerhalb des gleichen Rechtsverhältnisses Unübersichtlichkeit zur Folge hätte[2]). Diese Einschränkung darf aber nicht dazu führen, eine Aufrechnung überhaupt nicht für zulässig zu halten[3]).

Eine weitere Einschränkung enthält § 395 BGB., wonach gegen eine Forderung des Staates oder einer öffentlich-rechtlichen Körperschaft die Aufrechnung nur zulässig ist, wenn die Leistung an dieselbe Kasse zu erfolgen hat, aus der die Forderung des Aufrechnenden zu berichtigen ist. Ausnahmen von dieser Regel müssen im Gesetz ausdrücklich festgelegt werden, wie z. B. in der bereits erwähnten Bestimmung des § 103 RAO.[4]).

Es ist möglich, daß durch die Erfüllung des einen öffentlichen Rechtsverhältnisses neue Rechtsverhältnisse entstehen. Auch für sie (Abwicklung) gilt öffentliches Recht[5]).

---

[1]) Drews, R. Verw. Bl. 50 (1929), S. 2 ff.

[2]) Bühler, Lehrbuch des Steuerrechts I, S. 217.

[3]) So pr. OVG. 76, 139; dagegen mit Recht Gerber, Grundsätze eines allgemeinen Teils, in: Verwaltungsarchiv, Bd. 36 (1931), S. 70.

[4]) Jellinek, Verwaltungsrecht, S. 229.

[5]) Vgl. oben S. 75.

10. Konversion (Umdeutung)

Konversion ist die Ersetzung einer den Verwaltungsakt nicht tragenden Rechtsgrundlage durch eine andere, die ihn trägt. Sie entspricht der in § 140 BGB. enthaltenen Regel des Privatrechts[1]).

Es liegt im Interesse einer ordnungsmäßigen Verwaltung, unwirksame Verwaltungsakte nach Möglichkeit zu vermeiden. Infolgedessen hat die Rechtsprechung seit jeher die Anwendung des in § 140 BGB. enthaltenen Gedankens auch im Verwaltungsrecht für möglich gehalten, obwohl gesetzliche Bestimmungen nicht vorhanden sind.

Beispiel:

Eine auf Privatdienstvertrag von einer öffentlichen Behörde eingestellte Person darf keine Hoheitsakte setzen. Trotzdem geschieht das häufig, insb. bei Kommunalverwaltungen. Um eine Nichtigkeit solcher Akte mit der daraus erwachsenden Unsicherheit für die Allgemeinheit zu vermeiden, wird der Privatdienstvertrag in eine Dienstverpflichtung als Beamter umgedeutet. — RG. in: Pr. Verwaltungsblatt 48 (1927), S. 467 f.

Diese Ansicht hat sich vor allem im Hinblick auf § 127 Abs. 2 pr. LVG. für die preußische Praxis der Polizeiverfügung herausgebildet. Innerhalb der Verwaltung besteht aber auch auf anderen Sachgebieten für die Verwaltungsbehörde die Möglichkeit, einen Rechtsgrund durch einen anderen zu ersetzen. Wenn ein Verwaltungsakt insbesondere wegen eines inneren Ermessensfehlers fehlerhaft ist, so kann die Behörde neue Erwägungen anstellen und hierbei, sei es auch aus anderen Gründen, zu dem gleichen Ergebnis kommen. Sie kann den Verwaltungsakt mit dem gleichen Tenor wie früher erlassen, ohne daran durch eine etwa vorangehende Aufhebung gehindert zu sein[2]).

Fraglich ist, ob der Verwaltungsakt dann rückwirkend vom Zeitpunkt seines ursprünglichen Erlasses an oder von seiner neuen Begründung an wirksam wird. Es wird auf den Einzelfall ankommen. Wählt die Behörde die Möglichkeit, den Akt bestehen zu lassen und diesen speziellen Akt mit einer neuen Begründung zu versehen, so liegt eine Heilung ex tunc vor. Hebt sie jedoch den ursprünglichen Akt auf und erläßt einen neuen Akt

---

1) Grundsätzliche Bedenken gegen die Konversion bei Peters, Verwaltung, S. 166. Sie sind berechtigt, sofern man unter Konversion im öffentlichen Recht nur die Möglichkeit versteht, einen nichtigen Verwaltungsakt mit der Wirkung umzudeuten, daß ein wirksamer entsteht. Die Verwaltungspraxis versteht unter Konversion jedoch etwas anderes, nämlich das Nachschieben von rechtlichen Begründungen. Deshalb wird sie als Ersatz für § 140 BGB. angesehen, nicht als das gleiche.

2) Pr. OVG. 42, 391; 72, 307. Vgl. auch W. Pappenheim, Konversion fehlerhafter Staatsakte, in: Fischers Zeitschrift für Praxis und Gesetzgebung der Verwaltung, Bd. 60 (1927), S. 1 ff.

mit einer anderen Begründung, wenngleich mit demselben Tenor, dann gilt nur dieser neue Akt, und zwar vom Zeitpunkt seines neuen Erlasses an.

Ausnahmsweise ist Konversion nicht möglich in einigen Fällen. Sie ist abzulehnen bei Verordnungen. Das ist nie bezweifelt worden[1]). Sie kann ferner nicht vorgenommen werden durch Verwaltungsgerichte für Verwaltungsakte, deren Nachprüfung ihnen obliegt. Nach längerem Schwanken ist das nunmehr die herrschende Ansicht[2]).

Wenn die Verwaltungsbehörde schon neue Rechtsgründe nachschieben kann, so muß ihr erst recht die Befugnis zugebilligt werden, neue, ursprünglich nicht beachtete Tatsachen auch nach dem Erlaß des Verwaltungsaktes zu seiner Begründung herbeizuziehen.

Ebenso ist eine Umdeutung im Sinne einer vernünftigen Auslegung eines Verwaltungsaktes im weitesten Sinne zuzulassen. Mehr als bei allen anderen Staatstätigkeiten kommt es bei der Verwaltung auf das Ziel und nicht auf den Weg an.

Beispiel:

Ist eine bauliche Anlage, die einer Baugenehmigung bedarf, ohne eine solche ausgeführt worden, so ist es zwar unzulässig, dem Bauherrn polizeilich die Einholung einer nachträglichen Baugenehmigung aufzugeben. Doch kann eine dahingehende Auflage der Polizeibehörde so aufgefaßt werden, daß nicht die Stellung eines formulierten Antrages auf die Genehmigung, sondern die Einreichung der Bauunterlagen verlangt werden sollte, deren nachträgliche Einforderung zulässig ist.— Pr. OVG. 85, 431.

Hinsichtlich der Verfahrensformen jedoch sucht die Rechtsprechung seit langem die Verwaltung einzuengen und sie, soweit überhaupt anwendbar, den Formen des Zivilprozesses anzugleichen.

Beispiel:

Ist dem Grundstückseigentümer eine Baugenehmigung aus sachlichen Gründen versagt worden, so kann die Baupolizeibehörde im Laufe des Rechtsmittelsverfahrens nicht mehr geltend machen, daß sie das Baugesuch auch aus formellen Gründen hätte ablehnen dürfen. — Pr. OVG. 89, 376; vgl. auch 82, 426 ff.

Schrifttum

Apelt, Willibald, Der verwaltungsrechtliche Vertrag. Leipzig 1920.

Becker, Walter, Gesetz und Verordnung nach hessischem Staatsrecht. Friedberg i. H. 1919 (Gießener Dissertation).

1) So die herrschende Lehre; eingehend dargestellt durch pr. OVG. 78, 417 ff.

2) Vgl. unten S. 256.

Berichte und Protokolle des 8. Ausschusses der verfassungsgebenden deutschen Nationalversammlung über den Entwurf einer Verfassung des Deutschen Reichs.
Bettermann, Besprechung. In: MDR. 1948, S. 81, 108.
Bossung, Hanno, Das Verhältnis von Gesetz und Verordnung und seine Wandlung bis zur Gegenwart. München 1936 (Münchener Dissertation).
Bühler, Otmar, Steuerrecht.
Coing, Helmut. DRZ. 1947, S. 342.
Gönnenwein, Otto. DRZ. 1947, S. 133.
Freudental, Der Polizeibefehl im bayrischen Recht. In: Bayrisches Verwaltungsblatt 1931, S. 148 ff.
Foohs, Der Steuerverwaltungsakt. Darmstadt 1940.
Gerber, Hans, Grundsätze eines allgemeinen Teils. In: Verwaltungsarchiv Bd. 36 (1931).
Heckel, Johannes, Diktatur, Notverordnungsrecht, Verfassungsnotstand. In: Arch. öff. R., NF., Bd. 22 (1932).
Herrfahrdt, Heinrich, Das Problem der berufsständischen Vertretung von der Französischen Revolution bis zur Gegenwart. Stuttgart und Berlin 1921
Hippel, v., Untersuchungen zum Problem des fehlerhaften Verwaltungsakts.
Holstein, Günther, Die Theorie der Verordnung im französischen und belgischen Verwaltungsrecht. München und Leipzig 1923.
Huber, Ernst Rudolf, Wirtschaftsverwaltungsrecht. Tübingen 1932.
Jellinek, Georg, Gesetz und Verordnung. Tübingen 1919.
Ipsen, Hans, Widerruf gültiger Verwaltungsakte. Hamburg 1932.
— Der Verwaltungsakt im neuen Verwaltungsrecht, in: Der Deutsche Verwaltungsbeamte 1940, S. 122.
— Politik und Justiz. Das Problem der justizlichen Hoheitsakte. Hamburg 1937.
Jellinek, Walter, Zweiseitiger Verwaltungsakt und Verwaltungsakt auf Unterwerfung. In: Festgabe zur Feier des 50 jährigen Bestehens des preußischen Oberverwaltungsgerichts. 1925.
Kleinrahm. MDR. 1948, S. 111.
Kormann, Karl, System der rechtsgeschäftlichen Staatsakte. Berlin 1910.
Pappenheim, W., Konversion fehlerhafter Staatsakte. In: Fischers Zeitschrift für Praxis und Gesetzgebung der Verwaltung, Bd. 60 (1927).
Reißler, Widerruf von Verwaltungsakten. 1937.
Schüle, Adolf. In: SJZ. 1948, Sp. 155.
Wenzel, Max, Der Begriff des Gesetzes. Berlin 1920.
Zinser, Der allgemeine Teil des öffentlichen Rechts nach der Rechtsprechung des badischen und württembergischen Verwaltungsgerichtshofs und des sächsischen Oberverwaltungsgerichts. In: Verwaltungsarchiv, Bd. 39 (1936).

Achtes Kapitel

Subjektiv-öffentliche Rechte

1. Begriff

Den hauptsächlichsten hoheitlichen rechtlichen Lebensäußerungen der Behörde, den Verwaltungsakten, entsprechen auf seiten der Gewaltunterworfenen rechtliche Pflichten und subjektive Rechte. Das Maß der rechtlichen Pflichten des Staatsbürgers ist die Kehrseite der Verwaltungsakte. Der an dem durch den Verwaltungsakt geschaffenen Rechtsverhältnis Beteiligte hat dasjenige durchzuführen oder zu unterlassen, was der Verwaltungsakt im einzelnen festlegt. Bei zweiseitigen Verwaltungsakten besitzt er selbst eine gewisse Aktivität. Bei einseitigen Verwaltungsakten verhält er sich meist passiv.

Wenn der Staatsbürger aber nicht nur im weiten Umfang Objekt der Verwaltung sein soll, müssen ihm irgendwelche subjektiven Rechte zustehen, die er gegenüber dem Staat oder einer anderen vom Staat mit staatlichen Machtmitteln ausgestatteten Stelle geltend machen kann.

Ob eine Rechtsordnung überhaupt subjektive Rechte zuläßt, hängt davon ab, welcher Inhalt für objektive Rechtsnormen als zulässig angesehen wird. Die reine Imperativtheorie kennt als Inhalt der Gesetze nur Gebote und Verbote, also entsprechend beim Adressaten nur Pflichten und Pflichtverletzungen und demzufolge keine Erlaubnisse und subjektiven Rechte[1]). Angesichts der Entwicklung in der Gesetzgebung muß diese Ansicht für die deutschen Verhältnisse als nicht oder nicht mehr zutreffend angesehen werden. Es gibt Gesetze, die bloße Billigungen oder Mißbilligungen enthalten, ohne eine Handlung des Adressaten zu verlangen. Infolgedessen ist an dem Bestand subjektiver Rechte als solcher in der gegenwärtigen deutschen Regelung nicht zu zweifeln.

Zweifelhaft ist nur, ob es solche Rechte auch im Verwaltungsrecht oder überhaupt im öffentlichen Recht gibt. Sofern der Staatsbürger an den Rechtsverhältnissen des Verwaltungsrechts nicht nur passiv beteiligt werden soll, muß ihm eine Rechtsposition gegeben werden, von der aus er einerseits gegen den Staat vorgehen und sich andererseits gegen ihn verteidigen kann. Diese Rechtsposition verschafft ihm das subjektiv-öffentliche Recht.

---

[1]) Z. B. Thon, Rechtsnorm und subjektives Recht; Bierling, Zur Kritik der juristischen Grundbegriffe II, S. 322; Hold von Ferneck, Die Rechtswidrigkeit I, §§ 9, 10.

Unter einem *subjektiv-öffentlichen Recht* versteht man diejenige *rechtliche Stellung einer Person des öffentlichen Rechts, die nicht der Staat ist, auf Grund welcher sie vom Staat oder den von ihm mit Hoheitsbefugnissen ausgestatteten Stellen etwas verlangen kann oder auf Grund deren der Staat oder eine solche Stelle ein Einschreiten unterlassen müssen*. Die letztere Möglichkeit ist gleichbedeutend damit, daß sie ihnen gegenüber etwas tun darf. Erforderlich für das Vorliegen eines subjektiv-öffentlichen Rechts ist also eine durch eine Rechtsvorschrift, das objektive Recht, hergestellte günstige Lage einer bestimmten Person. Erforderlich ist weiter, daß der Schutz dieser Lage gegenüber dem Staat oder seinen Delegierten von dem Willen dieser Person abhängt[1][2].

2. Bestand

Vollstreckbarkeit gehört zwar nicht zum Wesen eines dem einzelnen zustehenden Rechts. Aber trotzdem ist eine Ordnung, die nur unvollstreckbare Rechte kennt, unserer modernen Auffassung nach keine solche, der man den Namen einer Rechtsordnung beilegen dürfte. Infolgedessen

---

1) Die Begriffsbestimmung bei Bühler, Zur Theorie des subjektiv-öffentlichen Rechts, S. 36, scheint in zwei Richtungen zu eng. Sie kennt als Begründung außer einem Rechtssatz nur ein Rechtsgeschäft. Abgesehen von der Bedenklichkeit der Verwendung von Begriff und Inhalt des Rechtsgeschäfts im öffentlichen Recht — vgl. oben S. 115 — können subjektiv-öffentliche Rechte auch noch durch Verwaltungsakte, insbesondere einseitige Verwaltungsakte, begründet werden. Außerdem dürfte die Einbeziehung des Motivs, das zur Schaffung von subjektiv-öffentlichen Rechten führen soll, der Schutz von Individual-Interessen im liberalistischen Sinn, zu einseitig sein. Die Motive des Gesetzgebers für die Verleihung von Rechten ändern sich nach Weltanschauung und ökonomischen Grundlagen. Rechte können auch an einzelne verliehen oder zugebilligt werden, ausschließlich oder teilweise zur Wahrung von Interessen der Allgemeinheit. Für den Bestand subjektiv-öffentlicher Rechte genügt also die Formalie, daß sie überhaupt verliehen sind. Die Gründe mag der Gesetzgeber vor dem Erlaß der entsprechenden Bestimmungen klären. Schließlich paßt die allgemeine Ausrichtung auf den Staat und die damit begriffsnotwendig verbundene Über- und Unterordnungsbeziehung nicht auf die Fälle, in denen sich gleichrangige Rechtssubjekte des öffentlichen Rechts gegenüber stehen, wie z. B. in allen Fällen der Parteistreitigkeiten. Diesem Sachverhalt wird z. B. der württembergische Entwurf einer Verwaltungsrechtsordnung von Württemberg von 1931 gerecht: „Ein subjektiv-öffentliches Recht eines einzelnen liegt vor, wo er kraft öffentlichen Rechts ein bestimmtes Handeln, Dulden oder Unterlassen von der öffentlichen Gewalt oder von Dritten verlangen kann."

2) Die von den Verwaltungsgerichten gegebenen Definitionen sind unübersehbar. Einprägsam z. B. württ. VGH. in: württ. Ztschr. f. Verw. 1925, 159: „Der Berechtigte kann für seine Person ein bestimmtes Verhalten der öffentlichen Gewalt zu seinen Gunsten verlangen, so daß er gewissermaßen der Behörde wie der Gläubiger dem Schuldner gegenübertritt." — Vgl. auch sächs. OVG. 29, 106.

sind subjektive Rechte nur dann interessant und sie entfernen sich nur dann aus der Sphäre reiner Theorie und Spekulation, wenn sie auch durch Vollstreckung realisiert werden können. Nur wenn eine mit Autorität, möglichst mit staatlicher Autorität ausgestattete Stelle hinter dem subjektiven Recht steht, wodurch das Recht nicht nur in seinem Bestand theoretisch bestätigt, sondern auch praktisch durchführbar wird, lohnt es sich, mit einem solchen Recht zu operieren. Die vom rechtlichen Standpunkt aus gegebene Stelle der Geltendmachung von subjektiven Rechten sind die Rechtsprechungsbehörden, die Gerichte.

Für die Verwaltung stehen dem ordentlichen Gericht am nächsten die Verwaltungsgerichte. So ist die Regelung der Verwaltungsgerichtsbarkeit diejenige Stelle, die am ehesten Auskunft über den Bestand und die Verwendung subjektiv-öffentlicher Rechte in der jeweiligen Rechtsordnung geben kann. Sie gibt also nicht Auskunft über den Bestand solcher Rechte überhaupt, denn es sind auch subjektiv-öffentliche Rechte denkbar ohne gerichtlichen Schutz, weil es dem Staat freisteht, wie er die Art und Weise der Durchsetzung von Rechten regeln will. Aber die Bestimmungen über den Umfang der möglichen Klagen im Verwaltungsstreitverfahren erbringen doch den Beweis für ihre Existenz, und vor allem klären sie die Art und Weise ihrer Verwendung.

Als eines der ersten Gesetze nahm nach der Schaffung der modernen Verwaltungsgerichtsbarkeit zu der Frage Stellung das österreichische Verwaltungsgerichtsgesetz vom 22. Oktober 1875, wonach der Verwaltungsgerichtshof in allen Fällen zu erkennen hatte, in denen jemand durch eine gesetzwidrige Entscheidung oder Verfügung einer Verwaltungsbehörde in seinen Rechten verletzt zu sein behauptete (§ 2). Ähnlich äußerte sich das württembergische Gesetz, betreffend die Verwaltungsrechtspflege vom 13. Dezember 1876, wonach die Rechtsbeschwerde ganz allgemein gegeben war, „wenn jemand behauptet, . . . daß er in einem ihm zustehenden Recht verletzt“ sei (Art 13). Das pr. LVG. spricht nur bei der Behandlung der Klage gegen polizeiliche Verfügungen davon, daß der Kläger vorbringen könne „in seinen Rechten verletzt“ zu sein (§ 127). Nach dem bayrischen Gesetz über die Errichtung eines Verwaltungsgerichtshofs und das Verfahren in Verwaltungsrechtssachen vom 8. August 1878 mußten „Rechtsansprüche und Verbindlichkeiten“ vorliegen, wenn eine Verwaltungsklage zulässig sein sollte. Die Entwicklung nach 1919 brachte keine wesentlichen neuen gesetzlichen Bestimmungen. Nach 1933 waren sie überhaupt nicht mehr zu erwarten. So schweigt insbesondere der Führererlaß über die Einrichtung eines Reichsverwaltungsgerichts vom 3. April 1941 darüber völlig.

Die Notwendigkeit einer Neuordnung ergab sich nach dem Zusammenbruch. Sie wurde durch Landesgesetze oder Zonenanordnungen der Militärregierung getroffen. Dem Erlaß der süddeutschen Landesverwaltungsgerichtsgesetze vom Jahre 1947 ging ein Schriftwechsel mit der Militärregierung voraus. In seinem Verlauf bringt die amerikanische Militärregierung in einem Erlaß an das hessische Staatsministerium vom 21. April 1947 zum Ausdruck, das subjektiv öffentliche Rechte bestehen, in dem sie den Grundsatz des Bestandes von Rechten des einzelnen gegenüber dem Staat und dessen Beamten als Grund für die Einrichtung von Verwaltungsgerichten besonders hervorhebt[1]). Gemäß § 35 dieser Gesetze ist die Anfechtungsklage gegeben, wenn jemand behauptet, daß er durch einen Verwaltungsakt in einem ihm zustehenden Recht verletzt sei. § 23 der für die britische Zone maßgeblichen Verordnung Nr. 165 lautet ähnlich. Art. 19 Abs. 4 westd. GG. gibt den grundsätzlichen Unterbau.

Alle diese Bestimmungen setzen den Bestand subjektiv-öffentlicher Rechte voraus. Sie bringen keine ganz klare nach allen Seiten hin abgegrenzte Begriffsbestimmung für jeden Einzelfall. Das ist aber bei den subjektiven Privatrechten nicht anders. Auch hier ist es der Praxis und Wissenschaft überlassen, zu ermitteln, wann im einzelnen ein solches Recht vorhanden ist.

Die Frage nach dem Bestand subjektiv-öffentlicher Rechte überhaupt ist so für die Gegenwart unaktuell. Sie kann de lege ferenda aber jederzeit wieder aufflammen. Man kann nämlich den Standpunkt vertreten, daß der Staat so mächtig ist und so erhaben über den einzelnen Staatsbürger, daß wegen dieses Unterschiedes und wegen der Überlegenheit des Staates subjektive Rechte auf seiten des Staatsbürgers begrifflich unmöglich sind. Das ist eine politische Ansicht, die lange Zeit hindurch die Auffassung vom Staat und dem Verhältnis zu seinen Bürgern beherrscht hat. Sie war ganz zweifellos für den absoluten Polizeistaat am Platze und hat dort zu der Fiskustheorie geführt[2]). Es ist so folgerichtig, wenn man sich erst nach dem Ende des Polizeistaates mit der Möglichkeit subjektiv-öffentlicher Rechte, also den Rechten des Bürgers gegen den Staat auch im Bereich der hoheitlichen Verwaltung befaßte. Erstaunlich an der Entwicklung ist, daß fast ausschließlich die theoretische Erörterung im Vordergrund stand, wobei namhafte Juristen mit allen Finessen der Begriffsjurisprudenz ihren politischen Standpunkt zu unterbauen trachteten. Das mußte von vornherein ein Versuch mit untauglichen Mitteln an einem begriffsfremden Objekt sein. Daraus erklärt sich

---

[1]) Mitgeteilt von Freytag, in: NJW. 1947, S. 74.

[2]) Siehe oben S. 48.

die völlige Verwirrung, eine Verwirrung, weithin mit Ehrfurcht und Staunen betrachtet, weil sie durch Kapazitäten angerichtet war, die auf anderen Gebieten so Hervorragendes für die Rechtswissenschaft geleistet hatten[1]). Jedenfalls blieben alle diese Erörterungen ohne greifbares praktisches Ergebnis. Sie blieben es selbst dann, als das Beleuchten des Gegenstandes von verschiedenen Seiten zu bedeutenden rechtstheoretischen Ergebnissen geführt hatte[2]). Die zweite Merkwürdigkeit dieser Entwicklung ist das völlige Auseinanderleben von Theorie und Praxis. So sehr waren die Wissenschaftler in den Kampf ihrer politischen Meinungsverschiedenheit verstrickt, daß sie darüber gänzlich die Praxis vergaßen. Der Streit um die subjektiven öffentlichen Rechte mutet an wie eine mittelalterliche Gelehrtendiskussion, die wegen eines theoretisch ausgedachten Tatbestandes und um der Form der Diskussion und der Darstellung der Diskussionskünste willen geführt wird. So mußte sich Bühler geradezu entschuldigen, daß er es im Jahre 1914 wagte, die Aufmerksamkeit der älteren Fachkollegen auf die Praxis zu lenken[3]). Er wies nun allerdings mit nicht zu überbietender Deutlichkeit nach, daß die deutschen Verwaltungsgerichte schon seit den achtziger Jahren von dem Bestand subjektiv-öffentlicher Rechte ausgehen und ihre Rechtsprechung darauf aufbauen. Dabei handelte es sich schon um die damalige Zeit nicht um wenige Einzelerscheinungen, sondern um eine große Menge für die Allgemeinheit und den Staatsangehörigen äußerst wichtige Erkenntnisse. Die Berücksichtigung der Praxis ist so die einzig richtige Betrachtungsweise. Sie ist kein leerer Positivismus, sondern hier setzt überhaupt erst die Rechtswissenschaft ein und hört die Diskussion auf, eine rein politische zu sein.

Wir durchschauen nun all dies viel deutlicher nach den Erfahrungen nach 1933 und 1945. Auch durch die nationalsozialistische Anschauung vom Staat gerieten die subjektiv-öffentlichen Rechte wieder in Gefahr. Das zeigt klar der Abbau der Verwaltungsgerichtsbarkeit nach 1933[4]). Genau wie um die Jahrhundertwende versuchte man, politische Ansichten mit rechtlichen Argumenten zu verteidigen[5]). Dieser Vorgang verdeut-

---

[1]) Vgl. Gerber, Über öffentliche Rechte, 1852; Laband, Staatsrecht I, S. 331, der sie ablehnt. Wie er auch Seidel, Zorn und überhaupt die herrschende Staatsrechtslehre der Jahrhundertwende. Zusammenstellung bei Meyer-Anschütz, Staatsrecht, S. 954, oder G. Jellinek, Staatslehre, S. 417.

[2]) Jellinek, System der subjektiv-öffentlichen Rechte, oder Otto Mayer, Verwaltungsrecht I, S. 104 ff.

[3]) Bühler, Die subjektiv-öffentlichen Rechte, S. 153.

[4]) Vgl. unten 11. Kapitel.

[5]) Mit dem Ablauf des Genfer Oberschlesienabkommens von 1922 im Jahre 1937 wurde die Frage akut, ob die in dem an Polen abgetretenen Gebiet Ober-

licht: Jede autoritäre oder obrigkeitliche Staatsauffassung lehnt den Bestand subjektiv-öffentlicher Rechte ab. Jede freie oder demokratische Staatsauffassung erkennt ihren Bestand an.

3. Träger

Träger eines subjektiv-öffentlichen Rechts kann in erster Linie der Staatsbürger sein, also derjenige, der keine hoheitliche Verwaltung ausübt. Ob es sich um Einzelpersonen oder um Personengesamtheiten handelt, ist dabei gleichgültig. Träger ist also jede physische und juristische Person des Privatrechts.

Träger kann auch eine juristische Person des öffentlichen Rechts sein, mit Ausnahme des Staates. Denn eine Gemeinde oder eine Anstalt zum Beispiel kann sehr wohl öffentlich-rechtliche Ansprüche gegen den Staat geltend machen.

Träger können nicht der Staat oder die von ihm delegierten Stellen bei der Vollziehung staatlicher Befugnisse sein. Sie äußern sich in Verwaltungsakten und ihre Berechtigungen werden dargetan durch die Gesetzmäßigkeit der Verwaltung. Es ist daher zum mindesten überflüssig, ihnen auch noch subjektiv-öffentliche Rechte zu gewähren. Was soll z. B. ein „Recht" auf Zahlung von Steuern, Gebühren oder Beiträgen, ein „Recht" auf Dienste bedeuten? Entweder bestehen Bestimmungen, die den Staat zu den betreffenden Maßnahmen berechtigen oder sie bestehen nicht[1]). Nicht weil der Staat zu hoch und erhaben wäre, als daß man ihn auf eine Stufe mit dem Privatmann stellen könnte, sondern weil ein subjektives Recht des Staates überflüssig ist und nicht in den Aufbau

---

schlesiens gebliebenen Deutschen ihre gewerblichen Berechtigungen im weitesten Sinne einschließlich der Kohlenabbauberechtigungen behalten dürften oder nicht. Die Deutschen Ost-Oberschlesiens selbst beriefen sich auf wohlerworbene Rechte. Dieser Standpunkt läßt sich, vom Völkerrecht aus betrachtet, durchaus halten. Voraussetzung ist die Anerkennung subjektiv-öffentlicher Rechte. Obwohl von polnischer Seite aus eingehende Rechtsgutachten für den polnischen Standpunkt, der das Vorliegen von wohlerworbenen Rechten verneinte, hergestellt und auch veröffentlicht wurden, reagierte die offizielle deutsche Rechtswissenschaft nicht. So groß war die grundsätzliche Abneigung gegen subjektiv-öffentliche Rechte, daß man ihr die wirtschaftliche Stellung von Tausenden von Volksdeutschen im Ausland aufopferte. Außer einer kleinen Skizze von Walz in: Zeitschrift für Völkerrecht 1937 und meiner kleinen Arbeit in: Deutsche Arbeit, 1937, ist damals über den Gegenstand von öffentlich-rechtlicher Seite her nichts veröffentlicht worden. Meine umfangreiche Schrift: Wohlerworbene Rechte, wurde 1938 zwar für die Schriftenreihe, herausgegeben von Hugelmann und Hasselblatt, angenommen, durfte jedoch nach Einspruch des Propagandaministeriums nicht veröffentlicht werden.

[1]) Der Gedanke von G. Jellinek, Staatslehre, S. 223, der hier nur von Zuständigkeiten zu sprechen wünscht, verdient volle Zustimmung.

des Verwaltungsrechts passen würde, ist für solche Rechte der Staat als Träger abzulehnen[1]).

Verfügungen über öffentliche Rechte und ein Verzicht auf sie sind grundsätzlich ebenso unzulässig wie über öffentliche Pflichten, weil sie dem einzelnen nicht nur im eigenen, sondern auch im Interesse der Allgemeinheit verliehen sind[2]).

4. Adressaten

Subjektiv-öffentliche Rechte richten sich gegen den Staat oder seine Vertreter in Hoheitsangelegenheiten. Dieser Begriff umfaßt nicht sämtliche „unterstaatlichen" juristischen Personen des öffentlichen Rechts, sondern nur diejenigen, die hoheitliche Verwaltung ausüben können. Die Geltendmachung eines subjektiv-öffentlichen Rechtes ist mithin einer Gemeinde gegenüber ebenso möglich wie gegenüber dem Staat.

Es kann vorkommen, daß Träger und Adressat der gleichen hoheitsmäßigen Rangstufe angehören. So kann als Träger und als Adressat beispielsweise je eine Gemeinde auftreten. Im Verwaltungsstreitverfahren ist diese Möglichkeit vorgesehen durch die Einführung des Parteienverfahrens[3]). Auch hier ist das Geltendmachen subjektiv-öffentlicher Rechte möglich, die sich dann mithin nicht gegen eine im verwaltungsmäßigen Rang höherstehende Stelle, sondern gegen eine gleichrangige Stelle richten, genau wie im bürgerlichen Recht zwischen Vertrags- oder Prozeßparteien Ranggleichheit besteht. Diese Möglichkeit war nicht von vornherein bei der Berücksichtigung subjektiv-öffentlicher Rechte im Verwaltungsrecht vorgesehen.

---

[1]) So ganz klar noch Fleiner, Institutionen, S. 166; auch Bühler, a. a. O. S. 11 ff., spricht als Hauptfall der subjektiv-öffentlichen Rechte von denjenigen gegen den Staat und meint weiter, daß man „eher als von Verwaltungsansprüchen des Staates von rechtlich geschützten Betätigungsmöglichkeiten des Untertanen, von Unterlassungsrechten desselben gegen den Staat sprechen" könne (144). Dann kann der Staat aber nicht Subjekt sein. Otto Mayer, Verwaltungsrecht I, S. 104 ff., hält es nicht für möglich, daß der Staat Träger subjektiv-öffentlicher Rechte sein könne. Im Grunde ist die von ihm gegebene Begründung richtig, denn das hoheitliche Handeln des Staates ist qualitativ unterschieden von dem Handeln der Staatsbürger. Eine Wertung beider Handlungsarten braucht mit der Anerkennung des Qualitätsunterschiedes durchaus nicht verbunden zu sein. A. A. Jellinek, Verwaltungsrecht, S. 193. Das von ihm behandelte Beispiel — RGSt. 33, 204 — kann praktisch werden nur in einem Bundesstaat. Die dort behandelte Frage, dürfte eine solche nach der Zuständigkeit sein: Wenn für die Begnadigung die oberste Landesbehörde zuständig ist, ist das RG. gebunden, wenn nicht, kann es frei entscheiden.

[2]) Bayr. VGH. 40, 43; 50, 95; sächs. OVG. 25, 262.

[3]) Vgl. unten S. 262.

Nach dem Ausbau der Einrichtung, insbesondere in den Bestimmungen der Verwaltungsgerichtsbarkeit, dürfte aber die alleinige Berücksichtigung von Rechten ungleichrangiger Subjekte nicht mehr angängig sein. Das Verwaltungsrecht befaßt sich eben nicht ausschließlich mit den Beziehungen einander über- oder untergeordneter Stellen.

5. Arten der subjektiv-öffentlichen Rechte

Die subjektiv-öffentlichen Rechte sind, das ist gar nicht zu verkennen, den subjektiven Rechten des Privatrechts nachgebildet. Dafür maßgebend sind nicht etwa systematische Gründe. Denn es ist durchaus eine staatliche Rechtsordnung denkbar, die primär die Beziehungen der einzelnen zum Staat regelt und die sich dann erst der Regelung der Beziehungen der Rechtsgenossen untereinander widmet. Maßgebend sind vielmehr geschichtliche Gründe. Der Aufbau der Rechtsordnung im modernen Staat geht vom Privatrecht aus. Insbesondere hat es schon längst subjektive Rechte als Einrichtung des Privatrechts gegeben, als Verwaltungspraxis und Verwaltungsrecht an die Berücksichtigung subjektiv-öffentlicher Rechte noch nicht dachten. Infolgedessen dürfte es zweckmäßig sein, ihre möglichen Arten mit den Arten der subjektiven Privatrechte zu vergleichen.

Das Privatrecht unterscheidet Herrschaftsrechte und Gestaltungsrechte, sogenannte Kannrechte[1]).

Die Herrschaftsrechte geben eine Herrschaft über Güter und Personen. Sie ist entweder eine ausschließliche, von jedermann zu achtende, die sich dann in den absoluten oder Ausschlußrechten auswirkt, wie z. B. das Eigentum. Oder sie ist beschränkt als relatives Recht auf eine einzelne Person oder eine bestimmte Anzahl von Personen, die den Berechtigten gegenüber zu einem gewissen Verhalten verpflichtet sind, wie z. B. die obligatorischen Rechte, von einem anderen ein Tun oder Unterlassen zu fordern, oder gegen einzelne Personen gerichtete Rechte des Sachen-, Familien- oder Erbrechts oder schließlich Mitgliedschaftsrechte, die sich aus der Zugehörigkeit zu einer Gesellschaft oder körperschaftlichen Vereinigung ergeben. Die Gestaltungsrechte bieten die Möglichkeit, durch eine Willenserklärung oder Handlung auf eine bestehende Rechtslage einzuwirken, wie z. B. Kündigung, Anfechtung, Rücktritt.

a) Herrschaftsrechte.

Da subjektiv-öffentliche Rechte nur in bezug auf den Staat oder seine Hoheitsvertreter und nicht in bezug auf andere Rechtsgenossen möglich

---

1) Für das folgende z. B. Lehmann, Allgemeiner Teil des BGB., S. 56 ff.

sind, tauchen sofort Zweifel an das Vorhandensein von subjektiven Herrschaftsrechten in der Hand des Staatsbürgers auf. Sie sind bei aller Anerkennung des Staatsbürgers im öffentlichen Recht dann nicht für die Beziehungen des Staates zum Bürger maßgebend, wenn unter Herrschaft das Imperium verstanden wird, daß allein der Staat auszuüben berechtigt ist[1]). Versteht man unter Herrschaft aber eine aus einem Recht fließende Macht, so ist auch dem Staat gegenüber die Ausübung einer solchen Macht denkbar. Der einzelne übt sie dann nicht aus wegen seiner Größe oder der Wichtigkeit seiner Person, sondern nur vermittels des objektiven Rechts, so daß die Herrschaft gegenüber dem Staat durchgesetzt wird durch das Recht.

aa) Ausschließliche Herrschaftsrechte sind aber deswegen nicht denkbar, weil der Begriff des subjektiv-öffentlichen Rechts nur die Beziehung zum Staat oder seinen Vertretern zum Inhalt hat.. Insoweit ist jedes öffentliche Recht ein relatives, das gegen bestimmte einzelne Personen, nämlich den Staat oder seine Vertreter in Hoheitsangelegenheiten, gerichtet ist. Von diesen kann auf Grund des subjektiven öffentlichen Rechts ein Tun oder Unterlassen verlangt werden. Die Qualität des Tuns oder Unterlassens ergibt sich aus dem öffentlichen Recht. Daß der Staat vom einzelnen zum Erlaß bestimmter Gesetze veranlaßt werden sollte, daß der einzelne also ein subjektiv-öffentliches Recht auf Erlaß eines bestimmten Gesetzes hat, ist wohl nicht denkbar. Das Recht, von Rechtsprechungsbehörden ein Tun oder Unterlassen zu verlangen, als subjektiv-öffentliches Recht zu bezeichnen, ist müßig, weil die Stellung des einzelnen im Rahmen der Rechtsprechung genau und ausschließlich in den Prozeßordnungen geregelt ist. Es bleibt also übrig das Recht gegen die Verwaltungsbehörden. Das Recht, von ihnen ein Tun oder Unterlassen zu verlangen, ist gleichbedeutend mit dem Recht, von ihnen die Vornahme eines Verwaltungsaktes zu verlangen.

Handeln ist immer ein Tun oder Unterlassen. Notwendigerweise muß also das Recht auf Vornahme eines unterlassenen Verwaltungsaktes gleichstehen dem Recht auf Unterlassen eines dem subjektiven Recht zuwiderlaufenden Verwaltungsaktes sein. Ob Formulierungen, wie z. B. § 24 der Verordnung der britischen Militärregierung Nr. 165 diese letztere Möglichkeit ausschließen können, erscheint zweifelhaft[2]). Wenn

---

1) Vgl. oben 1. Kapitel.

2) Art. I, 1b der inzwischen wieder aufgehobenen brit. VO. Nr. 141 sagte deutlicher: Durch Klagen vor den Verwaltungsgerichten können im Verwaltungsstreitverfahren geltend gemacht werden . . . b) Ansprüche auf Vornahme eines unterlassenen Verwaltungsaktes.

man überhaupt den Bestand subjektiv-öffentlicher Rechte anerkennt, wird nur schwer ein Unterschied zwischen den beiden in jedem Anspruch enthaltenen Möglichkeiten zu machen sein.

Das Recht auf Unterlassen eines staatlichen Eingriffes, das gleichbedeutend ist mit dem Recht, dem Staat gegenüber etwas tun zu dürfen, wird oft auch als Befugnis bezeichnet[1]).

Das Recht, von einem anderen ein Tun oder Unterlassen zu verlangen, wird im bürgerlichen Recht Anspruch genannt. Die Figur des Anspruchs ermöglicht es dem Gesetzgeber, „die im subjektiven Recht beschlossenen, aus ihm entspringenden Machtinhalte näher zu gliedern, zu bestimmen und verschieden zu behandeln"[2]). Dasselbe Bedürfnis besteht für das Verwaltungsrecht. Auch hier bedürfen die Rechte, die vom Staat oder seinen Vertretern ein Tun oder Unterlassen fordern, der Gliederung. Es ist also richtig, auch von öffentlich-rechtlichen Ansprüchen zu sprechen[3]). Eine große Anzahl solcher Rechte hängt mit den Grundrechten zusammen, wie sie in den modernen Verfassungen niedergelegt sind[4]).

Wichtig ist sodann der Anspruch auf Bescheidung eines Antrages. Ein solcher Anspruch hat im Zivilrecht keine

1) Mit diesem Inhalt ist das Wort Befugnis geprägt von Gierke, Deutsches Privatrecht I, S. 255. Es empfiehlt sich, Wort und Begriff in diesem Sinne zu verwenden und auf diesen Umfang zu beschränken (so z. B. Bühler, Subjektiv-öffentliche Rechte, S. 228). Von Befugnissen des Staates zu reden, wie das z. B. noch in älteren Gesetzen geschieht — § 14 Vereinsgesetz —, verwirrt. Das gleiche ergeben auch die Ausführungen von Nebinger, Verwaltungsrecht, S. 248.

2) Lehmann, a. a. O. S. 63.

3) Die Bezeichnung „positive Ansprüche", z. B. bei Jellinek, Verwaltungsrecht, S. 196, erscheint bedenklich, weil man den Anspruch auf Unterlassung eines Verwaltungsaktes kaum als positiv bezeichnen kann. Bühler, a.a.O. S. 64 ff., bejaht subjektiv-öffentliche Verwaltungsrechte und teilt sie in zwei Hauptgruppen. Manche schützen nur gegen Eingriffe, die sich nicht wenigstens auf eine allgemeine Ermächtigung zu Eingriffen in die Verwaltung zurückführen lassen, wie sie insbesondere § 10 II 17 pr. ALR. darstellt. Andere schützen weitgehend besondere Ausschnitte aus der Rechtssphäre der Untertanen gegen alle Eingriffe, die nicht in einem besonderen, das Verhältnis des Staates zu ihnen auf diesem Gebiet regelnden Gesetz enthalten sind. Hierbei sind die Eingriffe auf Grund jener allgemeinen Ermächtigungen zuweilen in mehr oder weniger großem Umfang subsidiär auch noch zugelassen.

4) Bisher war es stets schwierig, derartige verfassungsmäßige Grundrechte als Grundlage für den Einzelfall zu verwenden. Art. 19 Abs. 4 westd. GG. will diesen Mangel beheben, indem es jedem einen individuellen öffentlich-rechtlichen Anspruch gibt, wenn er „in seinen Rechten verletzt" ist. Nach WRV. wurden subjektiv-öffentliche Freiheitsrechte als Korrelat der Gesetzmäßigkeit der Verwaltung abgelehnt — z. B. sächs. OVG. 28, 233; württ. VGH. in: Württ. Ztschr. f. Verw. 1929, 109; Nebinger, Verwaltungsrecht, S. 253. A. A. Jellinek, Verwaltungsrecht, S. 193. Vgl. auch Bühler, Zur Theorie, S. 54. — Den Stand der Meinungen für die Zeit der RV. von 1871 bringt: Meyer-Anschütz, Lehrbuch des deutschen Staatsrechts, 1919 (7. Aufl.), S. 954.

Parallele. Denn nicht jeder, gegen den ein Anspruch geltend gemacht wird, hat die Rechtspflicht zur Antwort. Regelmäßig hat das Schweigen auf eine solche Geltendmachung dort keine rechtlichen Nachteile. Im Verwaltungsrecht dagegen hat die Behörde die Pflicht, die Geltendmachung von öffentlich-rechtlichen Ansprüchen zu beantworten. Der Staat ist nicht so hoch über den einzelnen erhaben, daß er sich in sphinxhaftes Schweigen hüllen und seine Antworten auf die Fälle beschränken dürfte, wo sie gesetzlich ausdrücklich vorgesehen sind.

Von diesen die Form der Verwaltung betreffenden Ansprüchen unterscheiden sich die Ansprüche auf Vornahme inhaltlich bestimmter Handlungen des Staats oder seiner Hoheitsvertreter. Sie wiederum gliedern sich nach den verschiedenen Sachgebieten des Verwaltungsrechts. Es ist ein öffentlich-rechtlicher Anspruch des Polizeirechts, wenn der Baulustige eine Baugenehmigung oder der Jagdpächter einen Jagdschein verlangt. Es ist ein Anspruch des Gewerberechts, wenn der Gastwirt den Betrieb einer Gastwirtschaft genehmigt erhalten will. Es ist ein Anspruch des Beamtenrechts, wenn jemand einen Anspruch auf Übernahme in das Beamtenverhältnis geltend macht, des Kommunalrechts, wenn eine Gemeinde vom Staat im Finanzausgleich eine Unterstützung verlangt. Ob diese Ansprüche berechtigt oder unberechtigt sind, ist abhängig von den in Betracht kommenden materiellrechtlichen Bestimmungen. Anzuerkennen sind auch Ansprüche aus ungerechtfertigter Bereicherung.

Beispiel:

Art. 210 EWVRO.: „Ist eine Leistung ohne rechtlichen Grund bewirkt worden, so hat derjenige, auf dessen Kosten sie bewirkt worden ist, an den Leistungsempfänger einen Anspruch auf Erstattung des aufgewandten Betrages oder, wenn andere Gegenstände als Geld aufgewendet worden sind, ihres Wertes in Geld. Diese Verpflichtung besteht auch dann, wenn der rechtliche Grund der Leistung später wegfällt. — Bei Leistungen für öffentliche Zwecke richtet sich der Erstattungsanspruch im Zweifel gegen diejenige Körperschaft des öffentlichen Rechts oder diejenige öffentliche Anstalt, zu deren Aufgabenkreis der durch die Leistung verfolgte Zweck gehört." Vgl. auch württ. VGH. in württ. VR. 1931, S. 122; Rupp in: DÖV. 1949 S. 150.

Ansprüche sind die wichtigsten und am häufigsten in Erscheinung tretenden subjektiv-öffentlichen Rechte. Das entspricht der Lage im Zivilrecht.

bb) Anders steht es mit den Mitgliedschaftsrechten. Das Zivilrecht geht in weitem Umfang von der Stellung des einzelnen aus, der für sich allein wirkt. Jedenfalls ist die Zugehörigkeit zu einer gesellschaftlichen oder körperlichen Vereinigung nicht der grundsätzliche Regelfall.

Im Verwaltungsrecht jedoch steht jeder grundsätzlich in der staatlichen Gemeinschaft und ist in der Regel noch Mitglied mindestens einer Körperschaft. Wenn überhaupt der Staatsbürger nicht nur Objekt der Verwaltung sein soll, ist er ohne Mitgliedschaftsrechte, die ihm ein Mitwirken in öffentlichen Angelegenheiten gestatten, nicht denkbar. Die wichtigsten Mitwirkungsrechte sind die politischen Rechte, wie Stimmrecht beim Volksentscheid, Wahlrecht zu staatlichen oder kommunalen Vertretungskörperschaften[1]), Recht der Abgeordneten auf Teilnahme an der Arbeit der Gesetzgebungskörperschaften und die wirtschaftlichen oder wirtschaftspolitischen Rechte auf Teilnahme an der Gestaltung der im Staat vorhandenen Wirtschaft. Mitwirkungsrechte sind auch die Rechte auf Selbstverwaltung[2]). Mitwirkungsrechte können negativen Inhalt haben, wie das Recht eines Geistlichen auf Befreiung von gemeindlichen Ehrenämtern nach den meisten Gemeindeordnungen.

b) Gestaltungsrechte

Der Staatsbürger hat die Möglichkeit, durch Willenserklärung auf eine bestehende Rechtslage dann einzuwirken, wenn von seiner Stellungnahme die Gestaltung der Verwaltung abhängt, wenn sie insbesondere für den Erlaß eines Verwaltungsaktes von Bedeutung ist. Das ist bei einseitigen Verwaltungsakten nicht denkbar, weil sie ihrem Wesen nach nur passiv Betroffene voraussetzen, die allenfalls ihre Ansprüche geltend machen können. Wohl aber beteiligt sich der Staatsbürger bei zweiseitigen Verwaltungsakten, sei es durch Anträge, sei es in sonstiger Weise an der verwaltungsmäßigen Gestaltung.

Manche Gestaltungsrechte, wie z. B. die Kündigung, kommen nur gemäß ausdrücklicher gesetzlicher Bestimmungen in Betracht. Die Verwaltung wird eben grundsätzlich durch den Staat und seine Hoheitsvertreter gestaltet. Für andere, wie z. B. die Aufrechnung, bestehen im Zivilrecht unbekannte Beschränkungen (§ 395 BGB.).

Ob man auch die Anfechtung, eines der wichtigsten Gestaltungsrechte des Zivilrechts, als solches bezeichnen darf, erscheint zweifelhaft. Denn die verwaltungsrechtliche Anfechtung hat keine unmittelbaren

---

[1]) Diese Art der Mitgliedschaftsrechte wird auch manchmal Mitwirkungsrecht genannt. — So: Mayer, Verwaltungsrecht I, S. 108 ff. — Sächs. OVG. 27, 69.

[2]) Für das Gebiet der politischen Selbstverwaltung — z. B. Ehrenbeamte, beratende Ausschüsse — bestritten! So nimmt z. B. Peters, Verwaltung, S. 147, kein subjektiv-öffentliches Recht an.

Folgen für den Verwaltungsakt. Sie ist nur die Grundlage für ein Verwaltungsverfahren oder ein Verwaltungsstreitverfahren. Eine Folge der Anfechtung tritt erst mit einem neuen Staatsakt, nämlich der Entscheidung der Verwaltungsbehörde oder des Verwaltungsgerichts ein. Die Anfechtung ist so nur die Voraussetzung für das Tätigwerden einer Behörde. Sie ist zwar kausal für die Umgestaltung des angefochtenen Verwaltungsaktes, bringt diese Folge aber nicht selbst hervor. Sie ist daher nur ein öffentlich-rechtlicher Anspruch, nach dessen Erhebung die Behörde tätig werden muß.

c) Freiheitsrechte

aa) Eine Ansicht innerhalb der Verwaltungslehre kennt fernerhin Freiheitsrechte oder Rechte auf Unterlassung. Sie sollen dem einzelnen ein subjektives Recht auf die ihm im Rahmen des Gesetzes zustehende Freiheit geben oder ein Recht auf Unterlassung gesetzwidriger Eingriffe[1]). Wenn man genauer zusieht, handelt es sich jedoch um Ansprüche, welche ja auch ein Unterlassen zum Gegenstand haben können. Entweder hat der Staatsbürger einen Anspruch darauf, daß der Staat bestimmte Eingriffe in die ihm gesetzlich zustehende Freiheit unterläßt, oder er hat keinen Anspruch darauf. Ist letzteres der Fall, so kann er gegen das Verhalten der Behörde nichts vorbringen[2]).

bb) Die Erfassung der aus der Rechtspraxis und Lehre des älteren Justizstaates[3]) stammenden wohlerworbenen Rechte im modernen Recht machte lange Schwierigkeiten. Der Begriff war vorhanden, bevor man sich im Verwaltungsrecht mit subjektiv-öffentlichen Rechten befaßte. Als dann beide nebeneinander bestanden, glaubte man in den feierlich weiterhin jura quaesita genannten Gebilden Rechte von besonderer Qualität sehen zu müssen, die durch den Staat einen besonderen Schutz erhielten. Über Umfang und Art des Schutzes aber konnte niemals eine Einigkeit erzielt werden. Ohne zu der Möglichkeit des Bestandes wohlerworbener Rechte in den verschiedenen Rechtszweigen Stellung zu

---

1) Jellinek, Verwaltungsrecht, S. 179.

2) Die Ausführungen von Bühler, Zur Theorie des subjektiv-öffentlichen Rechts, S. 51, dürften dieser Ansicht nicht entgegenstehen. Bei der Betrachtung des Oberschlesienabkommens von 1922 fällt ihm auf, daß darin verschiedentlich gesagt ist, daß bestimmte Personen etwas tun „dürfen". Das soll die Folge der elementaren Vorstellung sein, daß die Einräumung einer festen Position, eines Dürfens, das gegen die Eingriffe der Staatsgewalt sichert, ein Recht gewährt. Bühler lehnt einen qualitativen Unterschied zwischen solchen und anderen gegen den Staat gerichteten Rechten ab. Es bleibt danach nichts anderes übrig, als sie als Ansprüche aufzufassen.

3) Vgl. oben S. 9.

nehmen[1]), ist für das deutsche Verwaltungsrecht zu sagen, daß sie durch die Gestalt der subjektiv-öffentlichen Rechte aufgesogen sind. Mehr als ein Anspruch gegen den Staat kann nicht zugebilligt werden[2]). Der nächste Schritt wäre Gewaltanwendung, die den einzelnen aber mit Ausnahme der im Gesetz genau umschriebenen Fällen der Notwehr usw. nicht zugestanden werden kann. Nur ein quantitativer und kein qualitativer Unterschied ist es, wenn solche Rechte durch eine Verfassung garantiert sind, z. B. Art. 129 WRV.

cc) Bloße durch eine objektive Rechtsvorschrift hergestellte **günstige Lagen** sind noch keine Rechte. Nicht jede Bestimmung, die eine Behörde zu einem bestimmten Vorgehen verpflichtet, das sich im Ergebnis zum Nutzen des einzelnen auswirkt, gibt ihm das subjektive Recht, nun von der Behörde auch die Durchführung der ihm nützlichen Maßnahme zu verlangen. Der sogenannte „Gesetzesvollziehungsanspruch" oder „Interessenbefriedigungsanspruch"[3]) vermittelt kein Recht auf das der Behörde im Gesetz oder in Verwaltungsvorschriften anempfohlene Verhalten. Viele Polizeivorschriften oder Übertretungstatbestände des StGB. und anderer Strafgesetze sind für viele Personen nützlich. Dennoch hat niemand auf Grund dieser Bestimmungen einen öffentlichrechtlichen Anspruch darauf, daß sie wirklich durchgeführt werden[4]).

Beispiel:

Nach dem Gesetz zur Bekämpfung der Geschlechtskrankheiten idF. vom 21. 10. 1940 erfolgt die Behandlung Bedürftiger kostenlos aus öffentlichen Mitteln. Niemand aber hat einen Anspruch darauf, daß er wirklich behandelt wird. — Pr. OVG. im Reichsverwaltungsblatt 1940, S. 229.

Wird das objektive Recht verletzt, so können disziplinarische Folgen eintreten. War die Verletzung durch die Behörden schuldhaft, so sind strafrechtliche Folgen denkbar.

---

[1]) Von der umfangreichen Literatur, vor allem auf dem Gebiet des internationalen Privatrechts, vgl. z. B. Pillet, Traité pratique de droit international privé, Paris 1923, I, p. 121. — Ständiger Internationaler Gerichtshof, Serie B, Gutachten Nr. 6.

[2]) Die Ansicht, die als wohlerworbene Rechte solche verstehen will, die bei Entziehung entschädigt werden, findet im positiven Recht keine Stütze. — Friedrichs, Verwaltungsrecht, S. 281. — Vgl. auch sächs. OVG. 28, 154.

[3]) Der Ausdruck ist schlecht, weil es eben keine Ansprüche sind, vgl. auch JW. 1929, S. 972.

[4]) Die Ausführungen Nebingers, Verwaltungsrecht, S. 246, der verletzte Interessen als Grundlage der Verwaltungsbeschwerde ansieht, und eine solche dann mit Anfechtung gleichsetzt, entsprechen nicht den gesetzlichen Grundlagen. Selbstverständlich ist es niemandem verwehrt, seine Anregung zum Eingreifen der Behörde vorzutragen. Aber dadurch wird sein Recht nicht stärker.

Solche für den Interessierten günstige Lagen wurden im Verwaltungsrecht auch als Reflexrechte bezeichnet. Dabei bestand die Vorstellung, daß die Gesetzesvollziehung auf eine Reihe von Personen sympatisch wirkt und in ihnen einen von ihnen gern gesehenen Reflex hinterläßt. Die Leugner subjektiv-öffentlicher Rechte überhaupt setzen an ihre Stelle in weitem Umfang solche Reflexrechte. Rein terminologisch schon scheint die Bezeichnung wenig glücklich. Aus einem Recht muß wenigstens ein Anspruch fließen können. Das aber soll bei einem Reflexrecht gerade nicht der Fall sein. Eine zweite Schwierigkeit entsteht für diejenigen, die sowohl den Bestand von Reflexrechten als auch von subjektiv-öffentlichen Rechten bejahen, weil eine Abgrenzung wegen der Gedankenverbindung des Reflexrechtes mit einer subjektiven Berechtigung außerordentlich schwierig ist[1]).

Die Entwicklung des Verwaltungsrechts hat dazu geführt, daß man nur noch zwei im Interesse des einzelnen liegende Umstände kennt: Entweder hat er ein subjektiv-öffentliches Recht oder er befindet sich in einer durch eine Rechtsvorschrift hergestellten für ihn günstigen Lage. Die Abgrenzung dieser beiden Komplexe bietet noch Schwierigkeiten genug, die vergrößert werden durch die landesrechtlich weit auseinandergehende Zubilligung subjektiver Rechte[2]).

Beispiel:

Die nach den landesrechtlichen Bestimmungen weit auseinandergehende Regelung des Bauwesens. (Vgl. z. B. Pioch, in: Öffentl. Dienst, 1949, 170.)

Allgemeine Abgrenzungsregeln lassen sich nicht aufstellen. Ebensowenig ist eine lückenlose Aufzählung sämtlicher subjektiv-öffentlichen

---

1) Durch die Ausführungen von Fleiner, Institutionen, S. 164, wird die Unterscheidung zwischen subjektiven Rechten und Reflexwirkungen objektiven Rechts als eine rechtsstaatliche Erfindung bezeichnet. Sie zeigt mit aller Deutlichkeit die Schwierigkeiten der Abgrenzung. Bekannt ist der durch Jellinek veranlaßte Streit um die Einordnung des Wahlrechtes mit der vielzitierten Wendung, das Wahlrecht bestehe „keineswegs in dem Recht zu wählen. Das Subjekt dieses Rechtes wie das jeder staatlichen Ernennung ist ausschließlich der Staat und nur Reflexwirkung ist es, wenn der einzelne als solcher ein derartiges Recht zu besitzen scheint". — System, S. 159. —

2) Bühler, Subjektiv-öffentliche Rechte, S. 21, bringt drei Merkmale für ihr Vorliegen: 1. Der subjektiv-öffentliche Rechte begründende Rechtssatz muß zwingenden Charakter tragen in dem Sinne, daß das freie Ermessen der Behörde ausgeschlossen ist. 2. Er muß zugunsten bestimmter Personen oder Personenkreise oder ihrer Individualinteressen und nicht nur im Interesse der Allgemeinheit erlassen sein. 3. Er muß im Interesse dieser Personen mit der Wirkung erlassen sein, daß sie sich auf ihn sollen berufen und mittels desselben ein bestimmtes Verhalten von der Verwaltungsbehörde sollen herbeiführen können. — Es gibt darüber hinaus aber noch weitere subjektiv-öffentliche Rechte, die eines der erwähnten drei Merkmale nicht tragen und trotzdem von einer positiven Gesetzbestimmung als solche bezeichnet werden.

Rechte möglich[1]). Jeder, der sich auf ein solches ihm zustehendes Recht beruft, muß den Nachweis für sein Bestehen führen. Wenn die Behörde einwendet, es handele sich nur um eine günstige Lage, muß sie den Nachweis dafür erbringen. Hier zeigt sich auch jetzt noch der politische Ursprung der subjektiv-öffentlichen Rechte.

6. Entstehung und Ende subjektiv-öffentlicher Rechte

Die genannten Rechte können entweder unmittelbar sich aus dem Gesetz ergeben, also ohne die Notwendigkeit irgendeiner anderen Staatstätigkeit auf einer gesetzlichen Vorschrift beruhen, oder sie können durch einen Verwaltungsakt begründet werden, der seinerseits wieder auf eine gesetzliche Bestimmung zurückgehen muß.

Genau wie subjektive öffentliche Rechte durch das Gesetz gegeben oder bewilligt werden, können sie wieder durch das Gesetz entzogen werden[2]).

Das Ende tritt ferner ein durch Erfüllung im weitesten Sinn. Wenn alles das erreicht ist, was dem Berechtigten kraft seines subjektiv-öffentlichen Rechts zusteht, ist kein Recht und kein Anspruch mehr vorhanden.

Nicht so eindeutig kann die Frage beantwortet werden, was geschieht, wenn der Berechtigte vor Erfüllung oder Erledigung sein Recht nicht mehr geltend machen will, wenn er vor Erreichung des Zieles verzichtet. Verzicht bedeutet auch im öffentlichen Recht Übertragung des Rechts auf den Verpflichteten. Anders als im Privatrecht ist der Berechtigte im öffentlichen Recht nicht frei. Das liegt daran, daß hier stets die Belange der Allgemeinheit zu berücksichtigen sind.

Unverzichtbar sind alle Rechte, zu deren Ausübung der Berechtigte im Interesse der Allgemeinheit verpflichtet ist. Dahin gehören sämtliche Mitwirkungsrechte. Denn es würde den Tod jedes politischen und staatlichen Lebens bedeuten, wenn die Staatsbürger rechtswirksam z. B. auf ihr aktives oder passives Wahlrecht verzichten könnten[3]). Unverzichtbar sind grundsätzlich Versorgungsansprüche (Beamtengehalt, Sozialversicherungsleistungen usw.), denn ihr Verzicht könnte leicht die Folge

---

1) Nebinger, a. O. S. 254, versucht eine solche Aufzählung wohl vergeblich. — Bühler, Zur Theorie, S. 26, bemüht sich seit jeher um eine genaue Abgrenzung.

2) So schon in wohl erschöpfender Weise Binding, Die Normen und ihre Übertretung I, S. 104. Die Annahme verschiedener Stufen je nach der Aufhebungsmöglichkeit des zugrunde liegenden Gesetzes, wie z. B. Jellinek, Verwaltungsrecht, S. 193, scheint kein spezifisches Merkmal s.—ö. Rechte zu sein. Die Möglichkeit der Aufhebung jeder gesetzlichen Bestimmung richtet sich nach ihrer Qualität.

3) A. A. Jellinek, Verwaltungsrecht, S. 204, zum mindesten für den Teil des bereits erdienten Gehaltes.

haben, daß der einzelne der Allgemeinheit in unkontrollierbarer und unvorhersehbarer Weise zur Last fällt.

Verzichtbar sind Rechte, die ausschließlich im Interesse des einzelnen Berechtigten geschaffen sind und an deren Ausübung die Allgemeinheit kein Interesse hat. Hierhin gehören alle übertragbaren Rechte[1]), alle durch Antrag entstandenen Rechte auf behördliche Tätigkeit, persönliche Ehrungen und schließlich Rechte, die ohne Schädigung der Allgemeinheit längere Zeit hindurch nicht ausgeübt werden können.

Beispiel:

Verzicht auf die durch Nichtgebrauch erlöschenden Gewerbegenehmigungen wird allgemein für möglich gehalten (§ 49 GewO.) — Landmann-Rohner, Komentar zur GewO. 1928, I, S. 633 ff.; Jellinek, Verwaltungsrecht, S. 205.

Die letztere Möglichkeit ist allerdings nur mit Zurückhaltung anzuwenden. Grundsätzlich können durch bloßes Schweigen Rechte weder entstehen noch erlöschen. Es ist also immer eine besondere gesetzliche Bestimmung zu fordern, die das Erlöschen des subjektiv-öffentlichen Rechts und damit den Verzicht möglich macht[2]).

Allgemeine Verjährungsbestimmungen kennt das Verwaltungsrecht nicht. Jedoch können insbesondere Geldansprüche kraft besonderer gesetzlicher Regelungen verjähren (z. B. §§ 29, 223 RVO.).

Schrifttum

Bierling, Zur Kritik der juristischen Grundbegriffe. Göttingen 1883.

Bühler, Ottmar, Die subjektiv-öffentlichen Rechte und ihr Schutz in der deutschen Verwaltungsrechtsprechung. München 1914.

— Zur Theorie des subjektiv-öffentlichen Rechts. In: Festgabe für Fritz Fleiner. Tübingen 1927.

Gerber, C. F., Über öffentliche Rechte 1852.

Hold von Ferneck, Die Rechtswidrigkeit. Wien 1903.

Jellinek, Georg, System der subjektiv-öffentlichen Rechte. Wien 1903.

[1]) Vgl. oben die Darlegungen über Übertragung und Stellvertretung S. 118. Das entspricht der herrschenden Lehre, vgl. z. B. Peters, Verwaltung, S. 150, Jellinek, Verwaltungsrecht, S. 205.

[2]) Wer annimmt, daß auch der Staat subjektiv-öffentliche Rechte haben kann, muß ihm ebenso wie dem Staatsbürger die Möglichkeit des Verzichtes geben. So wird z. B. die Begnadigung als Verzicht des Staates auf seinen „Strafanspruch", die Löschung der Steuerschuld als Verzicht auf den Steueranspruch angesehen. — So neuerdings wieder Peters, Verwaltung, S. 149. — Auch im Verhältnis mehrerer Staatsstellen untereinander, z. B. Reichstag — Reichsrat — wird von Verzicht gesprochen. — Vgl. Jellinek, Verwaltungsrecht, S. 205. — Dem Wesen des Verwaltungsrechts angemessener dürfte es sein, alle diese Fälle durch den Begriff des Ermessens zu klären. Wo freies Ermessen herrscht, kann die Behörde entscheiden, ob sie von den ihr zustehenden Mitteln Gebrauch machen will oder nicht. Wo kein freies Ermessen besteht, muß sie die ihr zur Verfügung stehenden Mittel anwenden.

Laun, R., Das Recht zum Gewerbebetrieb. Wien 1908 (7. Band, Heft 3, der Wiener Staatswissenschaftl. Studien).
Richter, Lutz, Das subjektive öffentliche Recht. In: Arch. öff. Recht, N. F. Band 8, 1925, S. 1 ff.
Schüle, in: Verw.-Arch. 39, S. 37.
Thon, Rechtsnorm und subjektives Recht. Tübingen 1878.

Neuntes Kapitel

Öffentliche Sachen

1. Begriff

Öffentliche Sachen im weiteren Sinne sind solche Gegenstände, deren sich der Staat oder ein anderer öffentlich-rechtlicher Verband zur Erfüllung seiner Aufgaben bedient. Der Begriff der Sache ist im öffentlichen Recht weiter als im Privatrecht. Sachen im Sinne des öffentlichen Rechts sind zunächst die körperlichen Gegenstände (§ 90 BGB.), ferner Gegenstände, denen die Körperlichkeit fehlt. Sodann können nach öffentlichem Recht Gegenstände selbständige Sachen sein, die nach Privatrecht nur Bestandteile von Sachen (§ 95 BGB.) sein können. Endlich können auch Sachgemeinschaften und Sachgesamtheiten öffentliche Sachen sein, selbst dann, wenn sie Bestandteil eines verwaltungsmäßig geschlossenen Vermögens sind, wie z. B. eines Anstaltsvermögens[1]).

Öffentliche Rechte können an der Sache auch haften bleiben, selbst wenn sie in ihren Bestandteilen erheblich verändert wird.

Beispiel:

Wird ein Wirtshaus eingerissen und ein Teil des Wirtschaftsgrundstücks abgetrennt, so kann die Konzession auf dem übrigbleibenden Teil des Grundstücks ausgeübt werden, sofern auch dieses bisher zum Wirtschaften verwendet worden war. — Sächs. OVG. 26, 98.

Um die Sache zu einer öffentlichen zu machen, ist die Äußerung des Gesetzgebers oder einer Verwaltungsbehörde nötig. Es genügt nicht, daß der Verfügungsberechtigte sie der Allgemeinheit zur Verfügung stellt.

Beispiel:

Private Krankenhäuser, private Museen, Privatstraßen werden auch dann nicht zu öffentlichen Sachen, wenn sie jedermann offenstehen.

---

[1]) Vgl. z. B. Maunz, Hauptprobleme, S. 44 ff.

2. Arten

Je nach dem Zweck, den die öffentlichen Sachen erfüllen, gehören sie entweder zum Finanzvermögen, zum Verwaltungsvermögen oder zu den Sachen im Gemeingebrauch[1]).

Finanzvermögen, auch werbendes Vermögen oder Fiskalgut genannt, sind Sachen, die durch ihren eigenen Wert oder durch ihre Früchte dem Staat oder dem öffentlich-rechtlichen Verband, dem sie gehören, die fiskalischen Mittel zur Führung der öffentlichen Verwaltung liefern. Sie dienen den öffentlichen Zwecken durch ihren Kapitalwert.

Das Finanzvermögen wird nach privatrechtlichen Grundsätzen behandelt. Das gilt insbesondere für seine Belastung und seine Veräußerung. Streitigkeiten hierüber gehören vor die ordentlichen Gerichte. Gegenstände des Finanzvermögens unterliegen auch der Zwangsvollstreckung. Doch bestrebt sich die Gesetzgebung der neueren Zeit, Schutzbestimmungen aufzustellen, wonach die Vollstreckung erst nach der Äußerung gesetzlich festgelegter Behörden zulässig ist. Außerdem sind innere Dienstvorschriften oder Dienstinstruktionen möglich, die für die Verwaltung des Finanzvermögens von Bedeutung sind. Nur in diesen beiden Richtungen spielt das öffentliche Recht für das Finanzvermögen eine Rolle.

Beispiele:

Staatliche Wirtschaftsbetriebe wie Domänen, Forsten, Bergwerke, Fabriken, Bargeld, Wertpapiere.

Von besonderer Bedeutung ist das fiskalische Vermögen der öffentlichrechtlichen Gebietskörperschaften. Für seine Verwaltung sind in den Gemeinde-, Kreis- und Städteordnungen meist eingehende Bestimmungen enthalten, z. B. §§ 61 ff. DGO. und der ihr nachgebildeten Gesetze. Innerhalb des Kommunalrechts ist noch eine dritte öffentlich-rechtliche Schranke denkbar: Gewisse Geschäfte der Gemeinde über ihr Finanzvermögen, insbesondere Veräußerungsgeschäfte, können von der Genehmigung der staatlichen Aufsichtsbehörde abhängig gemacht werden. Ohne sie hat ein solches Geschäft keine bürgerlich-rechtliche Wirkung, z. B. §§ 62 Abs. 2, 3, und 104 Abs. 1 DGO.

---

[1]) Diese Einteilung nimmt die herrschende Lehre vor. Nur wenige sprechen nur hinsichtlich der Sachen im Gemeingebrauch von öffentlichen Sachen, so z. B. Nebinger, Verwaltungsrecht, S. 77. — Es ist nicht zu verkennen, daß die juristische Behandlung des Finanzvermögens weniger im öffentlichen Recht verankert ist als die der übrigen öffentlichen Sachen. Trotzdem aber ist sein Zweck so innig mit der Verwaltung und ihren Behörden verbunden, daß sich die Beibehaltung der bisher üblichen Einteilung rechtfertigt.

Das Verwaltungsvermögen setzt sich zusammen aus denjenigen Sachen, welche den Apparat für den Betrieb der Verwaltungsorganisation ausmachen. Alle diese Sachen sind ihrer ganzen Beschaffenheit nach unmittelbar dem öffentlichen Dienst gewidmet. Ihm dienen nicht ihr Kapitalwert oder ihre Erträgnisse, sondern sie selbst.

Beispiele:

Bürohäuser, Schulen, Krankenhäuser, Friedhöfe, Kirchen, Museen, kommunale Einrichtungen, wie Gas- und Elektrizitätswerke, dann die gesamten inneren Büroeinrichtungen usw[1]).

Sachen im Gemeingebrauch sind solche, welche der Benutzung durch jedermann offenstehen oder welche gemäß ihrer rechtlichen Zweckbestimmung von jedermann benutzt werden können. Diese Sachen dienen wie das Verwaltungsvermögen den öffentlichen Zwecken durch ihren Gebrauchswert[2]).

Beispiele:

Flüsse, Gletscher, Meeresstrand, ferner öffentliche Straßen, Plätze, Brunnen, Bänke in Parkanlagen, Uhren usw.

Eine erschöpfende Aufzählung sämtlicher öffentlicher Sachen gibt es nicht. Infolgedessen muß den jeweils veränderten Umständen entsprechend von Fall zu Fall geprüft werden, ob eine solche Sache vorhanden ist.

3. Recht der öffentlichen Sachen

Es sind zwei Lösungsmöglichkeiten vorhanden[3]): Entweder regeln die Verhältnisse öffentlicher Sachen sich ausschließlich nach verwaltungsrechtlichen Bestimmungen oder es findet eine Regelung statt, wonach für sie sowohl verwaltungsrechtliche wie privatrechtliche Rechtsnormen Anwendung finden.

a) Ausschließlich öffentliches Recht

Die Anwendung ausschließlich öffentlichen Rechts lehrt Otto Mayer[4]). Die von ihm begründete Lehre will alle Sachen, in denen sich ein Stück öffentliche Verwaltung verkörpert, insbesondere Verwaltungsvermögen und Sachen im Gemeingebrauch, dem Privatrecht völlig entrücken und

---

[1]) Ob die volkseigenen Betriebe der sowjetischen Besatzungszone als Verwaltungsvermögen anzusehen sind, wie z. B. Peters, Verwaltung, S. 208, annimmt, erscheint zweifelhaft.

[2]) Fleiner, Institutionen, S. 366; Nebinger, Gemeingebrauch und Polizeigewalt, in: Württ. Ztsch. f. Verw. 1930, S. 97.

[3]) Eingehende Würdigung der aufgestellten Theorien bei Maunz, S. 76.

[4]) Verwaltungsrecht II, S. 71 ff., 108 ff. Ferner öffentliche Sachen in: Wörterbuch des deutschen Staats- und Verwaltungsrechts.

allein dem öffentlichen Recht unterstellen. Die sachenrechtliche Herrschaft über das Objekt (dominium) und die öffentlich-rechtliche Verfügungsgewalt (imperium) werden zu einer Einheit zusammengefaßt, dem sogenannten öffentlichen Eigentum. Alle Rechtsfragen, die sich mit einem derartigen öffentlichen Eigentum befassen, sollen durch Verwaltungsbehörden erledigt werden, gleichgültig, ob es sich etwa um Streitigkeiten über die Benutzung oder um Schadenersatzansprüche wegen Beschädigung oder wegen mangelhafter Unterhaltung handelt.

Diese Lehre stützt sich vor allem auf das wiederum auf römische Rechtsquellen[1]) zurückgreifende französische Verwaltungsrecht mit seinem Begriff der domaine public. Sie trat besonders in Erscheinung in der zweiten Hälfte des vorigen Jahrhunderts gelegentlich verschiedener die Öffentlichkeit bewegender Rechtsstreite.

Beispiel:

Berühmt geworden ist der Streit um die Basler Festungswerke vom Jahre 1859. Bei der Trennung von Basel-Stadt und Basel-Land im Jahre 1833 wurde Basel-Stadt für verpflichtet erklärt, an Basel-Land 64% des staatlichen Vermögens abzugeben. Die Ausscheidung wurde sofort vollzogen. Als jedoch im Jahre 1859 Basel-Stadt seine Festungswerke schleifte und das hierdurch freiwerdende Gelände zum Teil recht einträglich als Bauplätze verkaufte, erhob Basel-Land Anspruch auf einen Teil des Erlöses. Die Entscheidung über die Berechtigung des Anspruches hing davon ab, ob an den Festungswerken privatrechtliches Eigentum bestanden hatte, was zu einer Teilungsmasse gehörte, die als eine Art Liquidationsmasse angesehen werden konnte. L. v. Keller, Ihering, Dernburg, Rüttimann sprachen sich in eingehenden Gutachten in verschiedenem Sinn darüber aus. Durch Urteil des schweizerischen Bundesgerichts vom 29. Oktober 1862 wurde festgestellt, daß auch an den Festungswerken privatrechtliches Eigentum bestanden habe und der Verkaufserlös in eine Teilungsmasse falle. Durch Übereinkunft zwischen Basel-Stadt und Basel-Land wurde sodann im Anschluß an den Prozeß die Höhe des Basel-Land gebührenden Anteils und die endgültige Abfindung ausgerechnet. — Vgl. die Einzelheiten in: Der Rechtsstreit über die Basler Festungswerke, herausgegeben auf Anordnung der Regierung des Kantons Basel-Stadt. 1863.

Die Lehre Otto Mayers fand in Deutschland nur wenige Anhänger. Bloß einige Gerichtsentscheidungen und einige meist kleinere Gesetze bekannten sich zu ihr[2]). Zunächst stand ihr die Tendenz entgegen, dem

---

[1]) Dig. 18, 1, 6 pr., Dig. 18, 1,72 § 1, Inst. 2, 1 pr.: res publicae in usu publico, die als res extra commercium angesehen werden, res omnium communes (Luft, Meer), res divini juris, flumina publica.

[2]) Das sächs. OVG. folgte ihr in einigen — allerdings häufig herangezogenen Entscheidungen (2, 99; 15, 175; 18, 216). Vorübergehend hat sich auch das Reichsgericht auf einen ähnlichen Standpunkt gestellt, so in 80, 123, wo angenommen wird, daß in der Rheinprovinz die Übertragung des Eigentums an einem Hafen-

Privatrecht einen möglichst weiten Anwendungsbereich zuzubilligen und die Zuständigkeit der ordentlichen Gerichte nach Möglichkeit zu vergrößern. Späterhin wirkte dann das Gewicht der herrschenden Lehre gegen sie[1]).

b) Öffentliches Recht und Privatrecht

Die herrschende Lehre wendet auf öffentliche Sachen teils öffentliches Recht teils Privatrecht an.

Ein Akt des öffentlichen Rechts ist zunächst diejenige Handlung, welche eine Sache zu einer öffentlichen macht, die ihr insbesondere eine öffentliche Zweckbestimmung gibt. Derartige Widmungen oder Indienststellungen sind nur möglich bei Sachen, die nicht von Natur aus schon ohne eine besondere Verwaltungsmaßnahme öffentliche Sachen sind. Dem öffentlichen Recht gehören ferner an die Bestimmungen über die Benutzung. Entsteht hierüber ein Streit, so ist für die Erledigung im allgemeinen eine Verwaltungsbehörde und nicht ein ordentliches Gericht zuständig.

Nach privatrechtlichen Normen dagegen beurteilt die herrschende Lehre insbesondere die dinglichen Rechte an öffentlichen Sachen. Hierbei wird im allgemeinen die Frage nach dem Eigentum die erste sein, welche zu stellen ist. Nicht notwendig fällt das private Eigentum mit der Widmungsbefugnis oder überhaupt Verfügungsbefugnis in einer Hand zusammen. So können insbesondere auch Gegenstände, welche nicht im Eigentum des Staates oder einer sonstigen juristischen Person des öffentlichen Rechtes stehen, dem Gemeingebrauch gewidmet werden. Die öffentliche „Sachstandschaft"[2]) ist unabhängig vom Eigentum[3]). Im Bundesstaat muß festgelegt werden, welcher Staat Eigentumsträger ist (z. B. Art. 89, 90 westd. GG.).

Bei Zweifeln, ob Verwaltungsrecht oder Privatrecht anzuwenden ist, hat das Privatrecht den Vorrang. Wenn also nicht ausdrücklich öffentlichrechtliche Bestimmungen vorhanden sind, gelten Privatrechtssätze. Die Herrschaft des Privatrechts hört aber in dem Augenblick auf, in dem der öffentliche Dienst der Sache beginnt[4]). Diese Grenze gilt auch für die

---

bett ein öffentlich-rechtlicher Akt des Staates sei und infolgedessen nicht der Auflassung nach § 925 BGB. bedürfe. — Das württembergische Wassergesetz vom 1. 12. 1900 folgt der Lehre Mayers. — Vgl. auch Mayer in: Arch. öff. R. 21, S. 499.

1) Es ist aber abwegig, die Entscheidung weltanschaulich zu unterbauen, wie das Max Merten, Gutgläubiger Eigentumserwerb, Berliner Diss. 1935, tut.

2) Diesen m.E. recht einprägsamen Begriff benutzt Gerber, Grundsätze eines allgemeinen Teils, in: Verwaltungsarchiv Bd. 36, S. 41.

3) Irgend ein Eigentum muß vorhanden sein. Die Sache ist also nicht wegen des Gemeingebrauchs etwa res nullius; so eingehend pr. OVG. 80, 167.

4) Fleiner, Institutionen, S. 333.

dingliche Belastung einer öffentlichen Sache. Eine privatrechtliche dingliche Belastung ist daher nur soweit möglich, als hierdurch die Erfüllung der öffentlichen Aufgaben, der die Sache gewidmet ist, nicht behindert oder gar ausgeschlossen wird.

Beispiel:

Eine Behörde kann Teile eines öffentlichen Parks verpachten und hierüber Pachtverträge privatrechtlicher Art mit Dritten schließen. — Pr. OVG. in: DJZ. 18, S. 358. — Häufig werden Chausseebäume an öffentlichen Straßen an Privatpersonen verpachtet.

Eigentumswechsel vollzieht sich nach Zivilrecht. Das gilt ebenfalls für den gutgläubigen Erwerb von Nichtberechtigten, sofern nur alle Voraussetzungen der §§ 932 ff. BGB. erfüllt sind. Hiervon wird dann jedoch die öffentlich-rechtliche Beschränkung der Sache, ihr öffentlicher Dienst, nicht berührt. Sie bleibt trotz gutgläubigen Erwerbs bei dem Eigentum des neuen Eigentümers bestehen. Andrerseits kann das Fehlen nach öffentlichem Recht für die Veräußerung nötiger Maßnahmen, etwa der Zustimmung der Dienstaufsichtsbehörde, den privatrechtlich gutgläubigen Erwerb nicht hindern. Das folgt aus dem Vorrang des öffentlichen Rechts für den öffentlichen Gebrauch der Sache[1]).

Insbesondere die Haftung für eine öffentliche Sache richtet sich weitgehend nach privatrechtlichen Grundsätzen. Die über eine öffentliche Sache verfügende Behörde muß dafür sorgen, daß sie Dritten keinen Schaden zufügt und sie hat gemäß §§ 823 ff. BGB. Ersatz zu leisten, wenn infolge von Vorsatz oder Fahrlässigkeit ein Schaden eintritt. Auch öffentlichrechtliche Bestimmungen, wie solche über Straßenunterhaltung, Reinigungspflicht des Bürgersteigs, Streupflicht, Beleuchtung von Treppen usw. muß die über öffentliche Sachen verfügende Behörde oder sonstige Dienststelle gegen sich gelten lassen. Ihre Pflicht insoweit und ihre Haftung findet eine Grenze wiederum an der Zweckbestimmung. Eine Haftung insbesondere ist dann ausgeschlossen, wenn ein eingetretener Schaden oder die Störung dritter nach Zweck und Sinn der öffentlichen Sache nicht zu vermeiden ist. Das Einzelinteresse hat hier vor dem Allgemeininteresse zurückzutreten.

Beispiel:

Straßenlärm in der Nähe der Straße, Lärm von öffentlichen Werken, Beförderungseinrichtungen usw.

4. Verwaltungsvermögen insbesondere

a) Bestand.

Da für das Finanzvermögen im wesentlichen privatrechtliche Vorschriften maßgeblich sind, hat es aus dem Begriff der öffentlichen

---

1) Gleiches Ergebnis bei Peters, Verwaltung, S. 210, mit etwas anderer Begründung.

Sache im engeren Sinne auszuscheiden. Als öffentliche Sachen im engeren Sinne sind daher nur Verwaltungsvermögen und Sachen im Gemeingebrauch zu bezeichnen.

Der geordnete Zustand des Verwaltungsvermögens als des notwendigen Apparates zur Ausführung bestimmter Tätigkeiten der öffentlichen Verwaltung ist außerordentlich wichtig. Welche Nachteile hier Mängel und Fehler haben, führten die Zustände nach 1945 deutlich vor Augen. Gerade in unserer technisch fortgeschrittenen Gegenwart können manche Verwaltungsaufgaben nicht oder nur schlecht bewältigt werden, wenn der technische Apparat fehlt. Andererseits berechtigt diese Notwendigkeit nicht zu einer unsachgemäßen Aufblähung der zum Betrieb der Verwaltung erforderlichen Gegenstände.

b) Benutzung.

Die Benutzung des Verwaltungsvermögens richtet sich nach den Vorschriften der Verwaltungsbehörde. Häufig sind besondere Benutzungsordnungen vorhanden. Sie haben den Rang von Dienstanweisungen, sind also keine Verwaltungsakte[1]). Streitigkeiten über Art und Umfang der Benutzung werden allein auf verwaltungsrechtlichem Wege entschieden.

Verwaltungsvermögen kann zu einer Anstalt gehören. Die Benutzung ist dann gleichbedeutend mit der Anstaltsbenutzung. Die Anstalt und ihr Inventar kann jedermann zugänglich sein oder aber nur einem beschränkten Personenkreis. Die Anstaltsbenutzung ist nur eine von mehreren Möglichkeiten der Benutzung von Verwaltungsvermögen.

c) Sondernutzungsrechte.

Von der allgemeinen Nutzung unterscheiden sich die Sondernutzungsrechte, wie Kirchstuhlvorrechte oder Vorrechte auf bestimmte Grabstätten (Art. 133 EGBGB). Eine ältere Lehre faßte derartige Rechte als dingliche Rechte am Kirchengebäude oder am Begräbnisplatz auf (jura in re aliena) und bezeichnete sie als wohlerworbene Privatrechte[2]). Diese Lehre ist aufgegeben. Nach richtiger Auffassung handelt es sich um durch einseitige Beleihung gewährte Sonderrechte an einem Verwaltungsvermögen. Sie stellen einen Einbruch in die allgemeine Benutzungsordnung dar und geben dem Beliehenen ein subjektiv-öffentliches Recht gegen den die Verleihung aussprechenden Staat oder sonstigen Hoheitsträger[3]). Diese Lösung ist abhängig von der Anerkennung subjektiv-öffentlicher Rechte überhaupt. Wenn man sie gelten läßt und

---

[1]) Vgl. oben S. 144.

[2]) Stölzel, Rechtsweg und Kompetenzkonflikt, S. 180.

[3]) Fleiner, Institutionen, S. 340.

nicht nur von dem Bestand von Reflexrechten ausgeht, geben sie den nach der Verleihung entstehenden Rechtszustand am klarsten wieder[1]). Die Ablehnung dinglicher Rechtsbeziehungen führt dazu, den Berechtigten nicht ein dingliches Recht auf einen bestimmten Raum, z. B. im Kirchengebäude oder auf dem Friedhof, zuzubilligen, sondern nur einen obligatorischen Anspruch auf Gewährung eines dem Anspruch entsprechenden Raumes.

d) Zweckbindung.

Das Verwaltungsvermögen ist zweckgebunden. Gemäß den öffentlichrechtlichen Beschränkungen und Zuständigkeitsverteilungen ist die einzelne Sache rechtlich an eine bestimmte Verwaltungsaufgabe gebunden. Eine Zweckentfremdung darf nach der einmal erfolgten Zweckgebundenheit grundsätzlich nicht erfolgen. Insbesondere kann kein Dritter im privatrechtlichen Wege, auch nicht etwa ein Gläubiger durch Zwangsvollstreckung die Zweckgebundenheit verändern[2]). Die Zweckgebundenheit an die öffentliche Verwaltung ist stärker als alle privaten Rechte der Gläubiger[3]).

5. Sachen im Gemeingebrauch

a) Wesen.

Das Wesen des Gemeingebrauchs besteht in der durch öffentliches Recht jedermann ohne besondere Gewährung zustehenden, dem öffentlichen Zweck der Sache entsprechenden unmittelbaren Nutzung[4]). Nicht nötig ist, daß die Sache von jedermann in gleichem Umfang und in gleicher Art gebraucht werden darf. Man unterscheidet den normalen von dem beschränkten und dem gesteigerten Gemeingebrauch. Dadurch, daß die Benutzung der Sache im Gemeingebrauch grundsätzlich durch jedermann möglich ist, unterscheidet sich die Benutzungsart von derjenigen der öffentlichen Anstalt, bei der jedesmal bestimmt werden muß, welcher Personenkreis sie benutzen darf.

b) Begründung.

Der Gemeingebrauch findet seinen Grund entweder in der generell vom Gesetz anerkannten und bezeichneten natürlichen Beschaffenheit der Sache oder aber in einem für die jeweilige Sache individuellen Verwaltungsakt.

---

[1]) Vgl. oben S. 185.

[2]) RGZ. 62, 355; 71, 21.

[3]) So auch v. Köhler, Grundlehren, S. 301.

[4]) RGZ. 123, 181; 125, 108. — Sächs. OVG. 34, 253 (Gemeingebrauch ist der jedermann innerhalb der Bestimmung [der gewidmeten Sache] zustehende Gebrauch).

Der **natürlichen Beschaffenheit** nach stehen dem Gemeingebrauch z. B. Flüsse, Gletscher, Meeresstrand oder Luftraum offen. Ausnahmen sind nur möglich kraft besonderer gesetzlicher Bestimmungen, wie z. B. für den Luftraum nach § 905 BGB. Wenn solche Sachen zunächst früher einmal nur unter privater Verfügungsberechtigung standen, verlieren sie diese Eigenschaft, sobald sie das Wesen der Sachen im Gemeingebrauch annehmen.

Beispiel:

Nimmt eine Grundfläche, die im Privateigentum einer Einzelperson steht, unter der Einwirkung der Meeresflut die tatsächlichen Eigenschaften des Meeresstrandes an, so wird sie dadurch dem Privateigentum entzogen. Nach den meisten Landesrechten fällt sie damit gleichzeitig unter die unmittelbare Verfügungsgewalt des Staates. — Pr. OVG. 89, 205.

Sollen Gegenstände, die nicht von Natur aus im Gemeingebrauch stehen, ihm überlassen werden, so ist eine besondere Maßnahme einer Verwaltungsbehörde, die **Widmung**, erforderlich. Eine solche Widmung ist für alle Sachen nötig, die nicht generell wegen ihrer Natur dem Gemeingebrauch unterfallend angesehen werden. Dabei kann es vorkommen, daß bei manchen Sachen nur ihre Größe maßgeblich ist, so z. B. bei Wasserläufen oder Seen derart, daß nur bei den kleineren eine Widmung vorgesehen ist.

Beispiel:

Die der Verwaltungsbehörde vorbehaltene Bestimmung, ob und in welchem Umfang der an Seen, aus denen nur natürliche Wasserläufe zweiter und dritter Ordnung abfließen, vor dem Inkrafttreten des pr. Wassergesetzes übliche Gemeingebrauch auch fernerhin zulässig sein soll, wird durch längere Zeit hindurch erfolgende tatsächliche, den Inhalt des Gemeingebrauchs entsprechende Übung nicht ersetzt. — Pr. OVG. 81, 279.

Der Widmungsakt zerfällt in zwei Teile. Zunächst ist eine Erklärung der zuständigen Behörde nötig, daß die Sache dem Gemeingebrauch überlassen werden soll. Stets muß dabei gesagt sein, welche Art von Gemeingebrauch gemeint ist. In den vielen Fällen der Anwendung der Leistungsgesetze und des Wohnungsgesetzes z. B. muß gesagt werden, auf Grund welcher Bestimmung im einzelnen die Beschlagnahme der Sache erfolgt und was mit der Beschlagnahme bezweckt wird. Die Beschlagnahme oder die möglicherweise einen anderen Namen tragende Erklärung der Behörde über die in Aussicht genommene Widmung entzieht die Sache noch nicht dem bisher Berechtigten. Er darf sie in der gleichen Art wie bisher weiter benutzen. Allerdings darf er nicht darüber verfügen. Als zweiter Teil des Widmungsaktes ist die tatsächliche Indienststellung der Sache erforderlich. Sie muß ausdrücklich erklärt werden. Ein bloß passives Verhalten der Behörde genügt nicht. Eine „stillschweigende Widmung" ist nicht möglich[1]).

Beispiel:

Das Wohnungsamt muß deutlich bestimmen, wer in die erfaßte Wohnung eingewiesen wird. Es genügt nicht, daß es Räume erfaßt, sie einem Wohnungssuchenden bezeichnet und es diesem überläßt, sich in den Besitz der Räume zu setzen.

Die beiden Teile des Aktes brauchen nicht zeitlich zusammen zu fallen. Sie werden sogar, insbesondere bei der Begründung besonderer Formen des Gemeingebrauchs, meist auseinanderfallen.

Die Widmung ist nicht beschränkt auf Sachen, die im Eigentum der widmenden Behörde stehen. Vielmehr können durch Maßnahmen der Verwaltung auch in fremdem Eigentum, insbesondere in Privateigentum stehende Gegenstände dem Gemeingebrauch gewidmet werden. In diesen Fällen gilt dann für das Eigentum und die sonstigen mit der Sache zusammenhängenden dinglichen Rechte Privatrecht, das aber beschränkt ist durch den öffentlichen Zweck der Widmung.

Beispiel:

Der private Eigentümer einer öffentlichen Straße muß die Aufstellung von Schildern usw. gemäß § 1004 Abs. 2 BGB. dulden. — RGZ. 125, 108; vgl. auch pr. OVG. 80, 206.

c) Entwidmung.

In gleicher Weise wie die Widmung erfolgt, kann eine Entwidmung, „Einziehung", „Auflassung" vorgenommen werden. Auch sie ist ein Verwaltungsakt. Der Akt zerfällt in die gleichen Teile, wie sie für die Widmung erforderlich sind, nämlich die Erklärung der Behörde und die tatsächliche Vornahme der Entwidmung. Die Entwidmung steht im freien Ermessen der Behörde. Die von der Entwidmung Betroffenen haben kein subjektiv-öffentliches Recht darauf, daß die Sache dem Gemeingebrauch erhalten bleibt. Alle im Laufe des Gemeingebrauchs bestehenden oder entstandenen subjektiv-öffentlichen Rechte existieren nur so lange, wie der Gemeingebrauch besteht. Ebenso entfallen alle Vorteile im weitesten Sinn, die am Gemeingebrauch beteiligte Personen hatten.

Beispiel:

Bei Anlegung eines Kanals für ein öffentliches Wasserkraftwerk wurde ein öffentlicher Weg so durchschnitten, daß ein Anlieger sein Grundstück nur noch auf einem großen Umweg erreichen kann. Er hat keinen Schadenersatzanspruch, da kein sonstiges Recht im Sinne von § 823 BGB. verletzt ist. — Die Verwaltungspraxis, Fachzeitschrift für die württembergische Verwaltung 1930, S. 214.

---

[1]) Pr. OVG. 94, 143.

Der Eigentümer tritt grundsätzlich wieder in seine vollen Verfügungsrechte ein[1]). Sind dagegen aus der Widmung Privatrechte hervorgegangen, so bleiben sie bestehen, auch wenn eine Entwidmung vorgenommen werden sollte. Ist dieses Ergebnis aus wirtschaftlichen oder verwaltungsmäßigen Gründen untragbar, so hat die Verwaltungsbehörde die Möglichkeit, erneut eine Widmung derart vorzunehmen, daß der nunmehr Berechtigte davon betroffen wird.

Beispiel:

Nach Abschluß eines Mietvertrages über einen beschlagnahmten Raum bleibt der Vertrag auch bei Aufhebung der Beschlagnahme bestehen. Hält die Verwaltungsbehörde dieses Ergebnis für untragbar, so kann sie ein neues Verfahren einleiten, durch welches dem Mieter die Sache wieder entzogen wird.

d) Zweckbestimmung.

So verschiedenartig die Fälle des Gemeingebrauchs sein können, so werden sie doch alle durch ein Merkmal zusammengehalten: die auf die Allgemeinheit ausgerichtete Zweckbestimmung. Der Zweck überragt alle sonstigen Rechtsbeziehungen der Sache. Wo die eine Widmung aussprechende Stelle nicht gleichzeitig der Eigentümer der Sache ist, bestimmt sie allein die Grenzen des öffentlichen Rechts vom Privatrecht. Pfandgläubiger oder Nießbraucher müssen sich die Inanspruchnahme der betreffenden Sache gefallen lassen (vgl. z. B. § 26a RLG.). Ersatzansprüche des Eigentümers sind meist gesetzlich geregelt (z. B. §§ 26 ff. RLG.). Wo sie fehlen, können die Bestimmungen über die Erstattung bei Enteignung herangezogen werden. Sich nicht auf den Gemeingebrauch beziehende Verträge kann der Eigentümer nur insoweit abschließen, als dadurch der Gemeingebrauch nicht behindert wird.

Beispiel:

Eine Straße kann weiter dem öffentlichen Verkehr dienen, wenn der Ertrag der Obstbäume an der Straße oder des Grases an den Straßenböschungen verpachtet wird.

e) Umfang.

Für den Inhalt und Umfang des Gemeingebrauchs ist die bestehende Übung maßgeblich. Es sind darüber hinaus zahlreiche gesetzliche Bestimmungen für die einzelnen Sacharten vorhanden. Insbesondere kommen in Betracht Wegegesetze, wie z. B. die einstweilige Neuregelung des Straßenwesens und der Straßenverwaltung vom 26. März 1934 RGBl. I, S. 243 nebst Durchführungsverordnung i. d. F. vom 25. März

[1]) Pr. OVG. 85, 292.

1939 — RGBl. I S. 629 —[1]), Wassergesetze, wie z. B. das Reichsgesetz über Reichswasserstraßen vom 29. Juli 1921 — RGBl. S. 961 — [2]), Bauordnungen oder nur gewohnheitsrechtlich zu begründende Sätze. Vielfach gelten landesrechtliche Bestimmungen.

f) Benutzungsarten.

aa) Die Art der Ausübung des normalen Gemeingebrauchs folgt aus seinem Wesen, wonach die Benutzung jedermann zusteht. Infolgedessen darf der einzelne Benutzer die Sachen nur in der Art benutzen, daß die gleiche Benutzung durch andere nicht unmöglich gemacht oder unverhältnismäßig erschwert wird. Die Durchführung dieses Gleichheitssatzes obliegt der öffentlichen Verwaltung.

Durch die Benutzung der Sache werden zwischen den einzelnen Benutzern keine Rechtsbeziehungen hergestellt. Gegen die Verwaltungsstelle, die die Sachen dem Gemeingebrauch überläßt hat der einzelne jedoch ein subjektiv-öffentliches Recht auf Gemeingebrauch[3]).

bb) Eine Grenze der Benutzungsart der Sache im Gemeingebrauch ergibt sich aus der Überlegung, daß der Gemeingebrauch nicht die allgemeine Ordnung des Gemeinwesens stören darf. Die Verwaltung muß daher den Gemeingebrauch einschränken, sobald diese Störung droht. Das kann dadurch geschehen, daß der Gemeingebrauch für jedermann eingeschränkt wird. Es kann aber auch durch die Beschränkung nur einzelner Personen geschehen. Stets wird zu fordern sein, daß solche Beschränkungen gesetzlich festgelegt werden und nicht durch Verwaltungsmaßnahmen auferlegt werden können.

---

[1]) Vgl. hierzu Reichsverwaltungsblatt 1940, S. 732; RGZ. 154, 16. Zu beachten sind auch die landesrechtlichen Wegegesetze. Für Süddeutschland eingehend dargestellt bei Nebinger, Verwaltungsrecht, S. 78 ff.

[2]) Auch Landesgesetze. Pr. Wassergesetz vom 7. 4. 1913, württ. Wassergesetz vom 1. 12. 1900 i. d. F. vom 23. 3. 1936.

[3]) So die herrschende Meinung, z. B. Gierke, Deutsches Privatrecht II, S. 24. Vgl. aber z. B. Fleiner, Institutionen, S. 349, der ihn kennzeichnet als einen auf ein konkretes Objekt gerichteten allgemeinen Anspruch der Gebietsangehörigen, zu den der allgemeinen Benutzung unterliegenden öffentlichen Einrichtungen zugelassen zu werden und deren Eigenschaften im individuellen Interesse gebrauchen zu dürfen. Demgegenüber ist zu sagen, daß ein Anspruch eine Art eines subjektiven Rechtes ist. — Wer den Gemeingebrauch als Freiheit, die Sache ihrer Zweckbestimmung gemäß oder, wo die Zweckbestimmung fehlt oder zweifelhaft ist, in der üblichen Weise zu gebrauchen bezeichnet — so z. B. Jellinek, S. 510, ähnlich Mayer, II, S. 77 —, muß ebenfalls zugeben, daß es sich um ein subjektives Recht handelt. Denn Freiheiten sind nach dieser Ansicht Rechte. — Gemeingebrauch wird auch als Reflexrecht angesehen. So z. B. bayr. VGH. 49, 53 (wo allerdings ein korrekter Unterschied zwischen Reflexrecht und Freiheit nicht gemacht wird); sächs. OVG. 34, 38.

Beispiel:

Viele Wassergesetze kennen die Beschränkung des Hereinlassens von Abwässern in bestimmte öffentliche Gewässer, um sie nicht für die Allgemeinheit unbenutzbar zu machen. — z. B. pr. Ruhrtalsperrgesetz und Ruhrverwaltungsgesetz vom 5. Juni 1913. Z. Zt. sind in verschiedenen Ländern energische Bestrebungen im Gange, den Gemeingebrauch der Gewässer einzuschränken, um eine völlige Vernichtung der Wasserfauna und -flora zu verhindern.

cc) Dem beschränkten Gemeingebrauch gegenüber steht der gesteigerte Gemeingebrauch. Es ist möglich, daß einzelne Personen zu individuellen Zwecken Gemeingebrauch zwar nicht in über den bestimmungsmäßigen inhaltlichen Gebrauch der öffentlichen Sache hinausgehender Weise, aber doch in einem die allgemeine Benutzung überragendem Umfang zugebilligt erhalten. Eine derartige Maßnahme muß durch Verwaltungsakt geschehen.

Wenn jedermann die Sache in solcher gesteigerten Weise benutzen würde, wäre dieser Zustand für alle unerträglich. Infolgedessen erhalten — im Interesse der Allgemeinheit — nur wenige Personen ausnahmsweise von der Verwaltungsbehörde die Befugnis zu einer solchen zusätzlichen Benutzung.

(1) Eine besondere Art des gesteigerten Gemeingebrauchs ist die Gebrauchserlaubnis. Sie gibt demjenigen, dem sie erteilt wird, die Befugnis, eine Sache anläßlich eines besonderen Ereignisses vorübergehend zu gebrauchen. Sie wird erteilt entweder an einer Sache, die bereits vorher dem normalen Gemeingebrauch unterlegen hat, oder an der durch die Erteilung der Gebrauchserlaubnis erst Gemeingebrauch und nun gleich in der besonderen Art der Gebrauchserlaubnis entsteht. Sie darf nicht versagt werden, wenn keine öffentlichen Interessen, insbesondere keine polizeilichen Bedenken entgegenstehen. Im Laufe der letzten Jahrzehnte sind über die Gebrauchserlaubnisarten eine Reihe von Sonderbestimmungen ergangen. Die Erlaubnis kann — auch hier unter Vorbehalt von Sonderbestimmungen — unter einer Bedingung erteilt werden[1]. Durch die Erlaubnis entsteht kein subjektiv-öffentliches Recht[2]. Das wird nahezu ohne Widerspruch deswegen angenommen, weil sie nur einen vorübergehenden Zustand regelt, der zwischen dem Bedachten und der Sache jedenfalls rechtlich nur eine lose Bindung entstehen läßt.

---

1) Fleiner, Institutionen, S. 353. — Pr. OVG .90, 326.

2) So z. B. sehr deutlich der Unterschied insoweit zwischen Gebrauchserlaubnis und Sondernutzung durch den württ. VGH.: Ob eine Behörde Sondernutzung durch Erteilung einer Gebrauchserlaubnis oder Verleihung eines subjektiven Rechts zulassen will, steht in ihrem Ermessen. — Württ. Ztschr. f. freiwillige Gerichtsbarkeit 1929, S. 387. Ähnlich auch EWVRO. Art. 183 Abs. 3.

Neben den durch die Erteilung einer Gebrauchserlaubnis entstandenen öffentlichen Rechtsverhältnissen können privatrechtliche Beziehungen zwischen den Beteiligten erwachsen. Insbesondere kann es zum Abschluß eines Leih-, Miet- oder Pachtvertrages kommen. Jedoch sind sie nicht die notwendige Folge der Verwaltungsmaßnahmen.

Beispiele:

Entnahme von Kies aus einem öffentlichen Fluß. — Einleiten von Fabrikwässern in einen Fluß. — Aufstellen von Baugerüsten und Baubuden auf öffentlichen Straßen (§§ 64 ff GewO.). — Anbringen von Erkern und Schaukästen in dem Luftraum über öffentlichen Straßen. — RGZ. 30, 246. — Anliegergebrauch. RGZ. 123, 181; sächs. OVG. 41, 21; 40, 336.

Gebrauchserlaubnis ist die Inanspruchnahme von Sachen im Zusammenhang mit Leistungspflichten. Es können zwar auch persönliche Leistungen auf Grund der modernen Leistungspflichtgesetze verlangt werden, jedoch überwiegen die sachlichen Leistungen. Hierbei handelt es sich meist nicht um Sachen, die bisher bereits dem Gemeingebrauch unterlagen, so daß es nur darauf ankäme, ihn in bestimmten Fällen bis zur Gebrauchserlaubnis zu steigern. Vielmehr gehen die Leistungspflichtgesetze als Regelfall davon aus, daß die in Anspruch genommenen Sachen bisher in freiem Eigentum oder jedenfalls doch in gemeingebrauchsfreien Rechtsverhältnissen standen. Der gesetzliche Ausgangspunkt aller Leistungspflichten ist das Reichsleistungsgesetz vom 1. September 1939 — RGBl. I, S. 645 —. Seine Vorgänger waren das Quartierleistungsgesetz vom 25. Juni 1868 — RGBl. S. 523 — und das Wehrleistungsgesetz vom 13. Juli 1938 — RGBl. I, S. 887 —. Der primäre Zweck aller dieser Gesetze war die Beschaffung von Leistungen, die der Wehrmacht zur Vorbereitung und Durchführung des Krieges dienen sollten. Darüber hinaus dient das RLG. indessen der zivilen Wirtschaft. In bezug auf die Wehrmacht ist das Gesetz nun nach ihrem Verschwinden überholt. Es gilt jedoch, vorbehaltlich neuerer positiver Regelungen, auf dem zivilen Sektor nach 1945 weiter[1]).

Die weitere Entwicklung ist verschieden in den Westzonen und in der Ostzone. Die meisten Länder der Westzonen haben das RLG.

---

1) So die allein herrschende Ansicht. Vgl. z. B.: VGH. Stuttgart vom 23. 3. 1947 in NJW. 1947, S. 112; VG. München vom 12. 7. 1947, in: NJW. 1947, S. 78. Über den dem veränderten Zweck entsprechend verminderten Umfang der Gesetzesanwendung in der Gegenwart sehr ausführlich: LG. Frankfurt/Main, in: NJW. 1947, S. 106; LG. Hagen, in: Justizministerialblatt Nordrhein-Westfalen 1948, S. 171; auch DJZ. 1947, S. 260.

ergänzt. Einige Male erfolgt eine Ersetzung durch ein neues Gesetz.[1])

Nach den insoweit übereinstimmenden gesetzlichen Bestimmungen können sämtliche in dem Geltungsbereich des betreffenden Gesetzes befindlichen Sachen, gleichgültig in wessen Eigentum sie stehen, von Behörden, die die Bezeichnung Bedarfsstellen tragen, in Anspruch genommen werden. Um welche Sachen es sich im einzelnen handeln kann, ist gesetzlich näher umschrieben. Die Bedarfsstellen können die Sachen entweder für sich selbst, für andere Behörden oder für Privatpersonen fordern. Art und Inhalt der Leistungspflicht kann über das bloße Zurverfügungstellen von Sachen hinausgehen. In Betracht kommt u. a. die Stellung von Beförderungsmitteln, von Unterkunft, die Verabreichung von Verpflegung, Futter, Betriebsstoffen usw., die Benutzung von Grundstücken, Gebäuden und Wasserflächen, die Benutzung privater Nachrichtenanlagen, die Mitbenutzung von Werkstätten.

Diese Gegenstände werden durch die Bedarfsstelle entweder unmittelbar oder durch Vermittlung Dritter der Allgemeinheit, einem beschränkten Personenkreis oder einer Einzelperson zu öffentlichem oder individuellem Gebrauch zur Verfügung gestellt. Nur das sieht § 15 RLG. und die entsprechenden landesrechtlichen Bestimmungen vor. Die für den Eigentümer ungünstigste Lösung ist die Auferlegung der öffentlichrechtlichen Pflicht zur Übertragung des Eigentums. Diese Verpflichtung kann, falls der Betroffene sie nicht freiwillig erfüllt, im Zwangsverfahren mit den Mitteln des Verwaltungsrechts, nämlich Zwangsstrafen, Ersatzvornahme oder unmittelbare Gewaltanwendung, durchgesetzt werden. Eine Enteignung unmittelbar durch Verwaltungsakt ist nicht möglich[2]). Die Wegnahme des Eigentums stellt aber nur die alleräußerste Maßnahme dar, die dann nicht angewandt werden darf, wenn dasselbe Ziel mit ge-

---

[1]) 1. Britische Zone: Hamburg: Senatsbeschluß vom 8. 7. 1947 — Amtl. Anz. zum GVBl. S. 291 —; Niedersachsen: Erlasse des Innenministers vom 7. 2. 1947 — ABl. S. 34 — und 13. 7. 1948 — ABl. S. 213 —, VO. des Staatsministeriums vom 28. 5. 1949 — GVBl. S. 117 —, Flüchtlingsbedarfsgesetz vom 7. 4. 1948 — GVBl. S. 38 —; Schleswig-Holstein: Ministerialerlasse vom 18. 2. 1947 — ABl. S. 235 — und 16. 9. 1947 — ABl. S. 476 —. 2. Französische Zone: Baden: Gesetz vom 16. 6. 1948 — GVBl. S. 86; Württemberg-Hohenzollern: Notleistungsgesetz vom 11. 1. 1949 — RegBl. S. 39 —. 3. Amerikanische Zone: Bayern: Ministerialerlaß vom 15. 9. 1947 — StAnz. vom 20. 9. 1947 (vgl. auch GVBl. 1949 S. 39); Bremen: Gesetz vom 25. 2. 1947 — GBl. S. 17 —; Hessen: Leistungspflichtgesetz vom 26. 6. 1947 — GVBl. S. 58 — mit Ergänzung vom 1. 8. 1947 — GVBl. S. 63 — und 1. DVO. vom 5. 7. 1948 — GVBl. S. 90 — und AVO. vom 19. 3. 1948 — StAnz. S. 109 —; Württemberg-Baden: Bekanntmachung der Landesregierung vom 11. 12. 1947 — RegBl. 1948, S. 10 —. Außerdem Besatzungsmaßnahmen, z. B. Brit. Housing Directive Nr. 11 vom 28. 9. 1946, französische Anweisung für die Vergütung für die Inanspruchnahme von Wohnungen und Quartieren für die Besatzungstruppen vom 3. 2. 1946 — nicht veröffentlicht, aber jeder zuständigen Behörde (Besatzungsämter) bekannt.

[2]) Württ.-bad. VGH. vom 5. 8. 1947, in: Arch. öff. R. 1948, S. 370.

ringerem Aufwand erreicht werden kann. Sie entfällt außerdem dort, wo das Gesetz sie ausdrücklich nicht vorsieht, wie z. B. nach dem hessischen Leistungspflichtgesetz. Die Stärke der ergriffenen Maßnahmen und der Rahmen der anzuwendenden Mittel liegen im Zweck. Es muß stets ein öffentlicher Zweck mit der Handlung erreicht werden. Voraussetzung für die Inanspruchnahme einer Leistung also ist das Vorliegen eines besonderen öffentlichen Notstandes, der mit den eigenen Mitteln der Verwaltung oder auf andere gesetzlich zulässige Weise nicht behoben werden kann und den Eingriff in die Privatsphäre einer Person im Allgemeininteresse als das kleinere Übel rechtfertigt[1]). Die Inanspruchnahme muß gegenüber Eigentümer und Besitzer erfolgen. Sonst ist sie unwirksam[2]).

Um die sich aus dem Zweck ergebende Beschränkung wirklich praktisch zu erreichen, sind nur wenige Behörden Bedarfsstellen. (Vgl. z. B. Bekanntmachung von Bedarfsstellen der Wehrmacht, die zur Inanspruchnahme von Leistungen nach den §§ 3b, 5, 10 und 15 RLG. berechtigt sind, vom 20. Oktober 1939 — RGBl. I, S. 2064 —, die auch jetzt noch — mit den sich aus dem veränderten Behördenaufbau ergebenden Änderungen — allenthalben gilt.) Die Zweckbestimmung zeigt, daß es sich tatsächlich um einen Fall des Gemeingebrauchs handelt. Ganz deutlich tritt das in Erscheinung, wenn Gegenstände in Anspruch genommen werden, deren Gattung bereits früher zu den Sachen gehörte, die dem Gemeingebrauch unterlagen, wie z. B. Wasserstellen. Hier wird der Kreis, der dem Gemeingebrauch unterfallenden Gegenstände einfach quantitativ erweitert, ohne daß eine qualitative Änderung des bisherigen Zustandes einträte.

Die Bedarfsstelle kann vom Leistungspflichtigen auch verlangen, daß er die Sache nicht abgibt, sondern den Gebrauch von Sachen, die er im Besitz oder Gewahrsam hat, gestattet, ihm zustehende Rechte an beweglichen Sachen überträgt, sowie sonstige Rechte zur Ausübung überläßt oder die Ausübung von Rechten unterläßt. Zur Deckung besonderer Bedürfnisse kann die Bedarfsstelle insbesondere von dem Inhaber eines gewerblichen, landwirtschaftlichen oder forstwirtschaftlichen Betriebes

---

1) Erlaß des niedersächs. Innenministers vom 13. 7. 1948 — Amtsblatt S. 213. — Wer im öffentlichen Interesse Opfer zu bringen hat, darf erwarten, daß der Eingriff, sofern dies das öffentliche Interesse erlaubt, so erfolgt, daß er zu keiner Existenzgefährdung führt. — Hess. VGH. vom 7. 1. 1948 in: Verwaltungsrechtsprechung I, S. 78. — Die Entziehung des Eigentums muß auf solche Fälle beschränkt bleiben, in denen der Zweck auf andere Weise nicht erreicht werden kann. — Württ.-bad. VGH. vom 4. 5. 1948, ebd. S. 36.

2) OVG. Hamburg in: DV. 1949, 277; hess. VGH. in: DV. 1948, 46; LG. Essen in: MDR. 1949, 748.

oder eines Verkehrsunternehmens außerdem verlangen, daß er über bewegliche Sachen und Rechte, deren Eigentümer, Besitzer oder Inhaber er ist, bestimmte Rechtsgeschäfte abschließt, daß er sie in bestimmter Weise gebraucht oder verwendet oder daß er bestimmte Sachen beschafft, einlagert, erzeugt oder herstellt. In Betracht kommen aber immer nur einseitige Rechtsgeschäfte. Vertragsverhältnisse können nicht erzwungen werden[1]).

Sinn und Zweck der Leistungsgesetze ist die Behebung eines vorübergehenden Notzustandes oder einer Regelung für nur kurze Dauer. Das ist das typische Merkmal der Gebrauchserlaubnis. Infolgedessen erwirbt der durch die Bedarfsstelle Bedachte kein subjektiv-öffentliches Recht. Das besagt noch nichts darüber, ob zwischen ihm und dem Eigentümer oder zivilrechtlich an der Sache Berechtigten ein Privatrechtsverhältnis entsteht. Man wird aber wegen des grundsätzlich nur vorübergehenden Zustandes und der sich hieraus ergebenden im allgemeinen losen Bindung von Leistungsberechtigten und Leistungssache aneinander die Frage verneinen müssen, genau so, wie sie für den allgemeinen Gemeingebrauch zu verneinen ist. Die Leistungsgesetze selbst sprechen von einem Rechtsverhältnis zwischen Leistungspflichtigen und Empfänger nur hinsichtlich eines — rechtlich betrachtet — sekundären Punktes, nämlich der den Begünstigten auferlegten Entschädigungspflicht für den zu seinen Gunsten erfolgten staatlichen Eingriff, ohne daß zwischen beiden außer der Verpflichtung zur Zahlung der Vergütung oder einer etwaigen Entschädigung für entstandenen Schaden weitere Rechtsbeziehungen zutage treten[2]). Für die Erfüllung der Entschädigungspflicht haftet zudem die Bedarfsstelle selbst zusätzlich. Die Vergütung kann nicht im ordentlichen Rechtswege geltend gemacht werden. Mit Rücksicht auf das mögliche verwaltungsrechtliche Verfahren besteht kein Bedürfnis für ein Verfahren im ordentlichen Rechtsweg[3]). Es steht den

---

[1]) Thür. OVG. Jena vom 6. 8. 1947, in: WIB. 1948, S. 343, mit zustimmender Anmerkung.

[2]) Der Unterschied zwischen einer grundsätzlich vollen „Vergütung" für die eigentliche Leistung und einer „angemessenen Entschädigung" für Schäden beruht auf § 26 RLG.

[3]) So OLG. Freiburg vom 27. 2. 1947, in: DRZ. 1948, S. 215; zustimmend W. Jellinek in der Anmerkung. — Es muß als unorganisch und der Entwicklung widersprechend bezeichnet werden, wenn in einem Entwurf eines Unterausschusses des Rechtsausschusses des Länderrats der amerik. Zone an die Stelle dieser vorwiegend öffentlich-rechtlichen Beziehung ein Privatverhältnis treten soll, kraft dessen der Empfänger die Leistung, der Leistungspflichtige angemessene Vergütung soll verlangen können. Günstigstenfalls kann ein solches Rechtsverhältnis „seiner öffentlich-rechtlichen Grundlage wegen eben doch nur in einzelnen Beziehungen, entsprechend dem Vertragstyp des BGB., behandelt und insbesondere nicht dem gegenseitigen Vertrag des Privatrechts gleichgesetzt werden". So mit Recht: Koebel, Zur Reform des RLG., in: DRZ. 1948, S. 77.

betroffenen Personen allerdings frei, sich in einem Vertragsverhältnis zu binden.

Beispiel:

Ein Leihverhältnis über einen Kraftwagen erlischt nicht schon dadurch, daß der Wagen von der Bedarfsstelle auf Grund des RLG. dem Entleiher „zur Verfügung" übertragen wird. Für die Geltendmachung der Ansprüche aus einem solchen Leihverhältnis ist der ordentliche Rechtsweg zulässig. — OGH. brit. Z. vom 29. 10. 1948, DRZ. 1949, S. 16.

Von gar nicht zu überschätzender Bedeutung für die Betroffenen ist die Entscheidung der Frage der gerichtlichen, insbesondere verwaltungsgerichtlichen Kontrolle. Zu unterscheiden hierbei sind zwei große Tatsachenkomplexe, nämlich diejenigen Maßnahmen nach irgendwelchen Leistungsgesetzen, die vor der Neueinrichtung der Verwaltungsgerichtsbarkeit nach 1945 vorgenommen waren und diejenigen Maßnahmen, die seit dieser Zeit sich ereigneten. Die Hauptmasse der Beschlagnahmen erfolgte verständlicherweise kurz vor und kurz nach dem Zusammenbruch. Hier nun gehen die Regelungen auseinander. In den Westzonen wird ein nicht richtiges Funktionieren der Bedarfsstellen als Rechtsverletzung angesehen, was zu der Möglichkeit der verwaltungsgerichtlichen Kontrolle führt[1]), und diese kann sich nach der überwiegenden Meinung auch auf Fälle erstrecken, die sich vor dem Inkrafttreten der Bestimmungen über die Wiedererrichtung der Verwaltungsgerichtsbarkeit ereignet haben[2]). Auf dem gleichen Standpunkt stand zunächst das Oberverwaltungsgericht Jena. So hat es durch Urteil vom 13. Februar 1947 die Enteignung eines in Privateigentum stehenden PKW. für laufende Verwaltungszwecke einer Stadtverwaltung, nämlich der Vergrößerung des Fuhrparkes der Stadt Weimar, nach RLG. für unzulässig erklärt. Seiner Ansicht nach war die angefochtene Verfügung deswegen nicht rechtmäßig, weil der PKW. des Anfechtungsklägers nicht in Erfüllung von Reichsaufgaben in Anspruch genommen war[3]). Die Rechtslage änderte sich jedoch durch das thüringische Gesetz über die Anwendung des RLG. vom 30. Mai 1947 — GS. S. 51 —. Nach § 2 kann die Bedarfsstelle die Leistungen in Anspruch nehmen, wenn es zur Erfüllung öffentlicher Aufgaben oder sonst im öffentlichen Interesse, insbesondere zur Behebung des durch den

---

[1]) Vgl. unten S. 253.

[2]) So überzeugend E. Witten, Zur Frage der Nachprüfung der Inanspruchnahmen auf Grund des RLG., in: Deutsche Verwaltung 1948, S. 5 ff., der zahlreiche Beispiele von behördlichen Mißgriffen, insb. aus der Zeit kurz nach dem Zusammenbruch, bringt. Ohne die Möglichkeit der Nachprüfung solcher Maßnahmen würde überflüssigerweise einmal begangenes Unrecht bestehen bleiben müssen.

[3]) Arch. öff. R. N. F. 35 (1948), S. 87.

Krieg und den Zusammenbruch bedingten öffentlichen Notstandes erforderlich ist. Diese erweiterten gesetzlichen Voraussetzungen für die Anwendung des RLG. werden nicht mehr als Rechtstatbestand, sondern als Gegenstand verwaltungsbehördlichen Ermessens und daher als verwaltungsgerichtlich nicht nachprüfbar angesehen[1]).

Für die Ostzone sind alle einzelstaatlichen Regelungen abgelöst durch die Verordnung der deutschen Wirtschaftskommission über Anforderungen für den Aufbau der Wirtschaft und die Beseitigung von Notständen im Dienste der staatlichen Wirtschaftsplanung und -lenkung (Anforderungsverordnung) vom 21. Juli 1948 (Zentralverwaltungsblatt S. 367). Die Anforderungen können zu dem genannten Zweck von Wirtschaftsbetrieben und an Wirtschaftsbetriebe gestellt werden. Auch werden Anforderungen von Wirtschaftsbetrieben und sonstigen juristischen und natürlichen Personen zugelassen, um außergewöhnliche Notstände bei Teilen der Bevölkerung zu beseitigen und zu verhüten oder um überraschend auftretenden lebensnotwendigen Bedarf bei Teilen der Bevölkerung zu decken oder um sonstige dringende öffentliche Bedürfnisse, insbesondere solche ordnungsmäßiger öffentlicher Verwaltung zu befriedigen. Diese Zweckbestimmung geht weiter als in den Regelungen für die Westzonen. Allerdings sollen auch in der Ostzone Notstandsanforderungen nur gestellt werden, wenn der Erfolg nicht auf anderem Wege erreicht werden kann, ohne daß Aufwand und Erfolg in grobem Mißverhältnis zueinander stehen und ohne daß die zweckmäßige Ausnutzung aller Wirtschaftskräfte beeinträchtigt wird. Die Anforderungen dürfen die objektive Leistungsfähigkeit des Verpflichteten nicht übersteigen (§ 1, 2).

Dem Inhalt nach können die Wirtschafts- und Notstandsanforderungen (§ 25) gerichtet sein auf Überlassung zu Besitz und Gebrauch oder Mitbesitz und Mitgebrauch auf bestimmte oder unbestimmte Zeit (§ 2), auf Übereignung beweglicher Sachen, aber auch wesentlicher Grundstücksbestandteile (§ 3), auf Gebrauchsbeschränkung hinsichtlich solcher Sachen, von deren Benutzung die unmittelbare oder mittelbare Beeinträchtigung eines Wirtschaftsbetriebes zu besorgen ist (§4). Die Wirtschaftsanforderungen können ferner die Übertragung von Rechten oder ihre zeitweilige Überlassung bewirken (§ 5), sowie die Ausübung von Leistungs- und Kontrahierungszwang (§ 6) gegenüber den Betroffenen und der Auferlegung von Betriebsauflagen, Erstellungsverboten und Betriebseinschränkungen dienen (§ 7).

---

1) Ebd. S. 93.

Bedarfsstellen oder, wie die Bezeichnung ist, anforderungsberechtigt sind die Deutsche Wirtschaftskommission und die Ressortminister, die ihre Befugnisse jedoch delegieren können.

Auch die Verfahrensformen sind weitgehend anders als nach RLG. Der schriftliche Bescheid (§ 12) ersetzt die rechtsgeschäftliche Willenserklärung des Betroffenen, wie der Leistungspflichtige nun heißt. Seine Erfüllung kann vom Anforderungsberechtigten im Verwaltungszwangsverfahren und von den Begünstigten im ordentlichen Rechtsweg erzwungen werden (§ 14).

Vergütung und Entschädigung, die unter der Sammelbezeichnung Abgeltung zusammengefaßt sind, sind grundsätzlich vorgesehen (§§ 17 ff.). Sie können entweder vertraglich vereinbart sein und werden dann im ordentlichen Rechtsweg geltend gemacht, oder sie werden durch Abgeltungsbescheid festgesetzt (§ 23). Abgeltungsschuldner ist der Begünstigte. Wo keiner vorhanden ist, tritt die handelnde Bedarfsstelle an seine Stelle.

Das Wichtigste an dieser Regelung ist, daß sie nicht von einem nur vorübergehenden Zustand, sondern von einer Dauerlösung ausgeht und daß sie ausdrücklich die Enteignung zuläßt[1]).

(2) Eine andere Unterart des gesteigerten Gemeingebrauchs ist die Verleihung von Sonderrechten. Sie regelt im Gegensatz zur Gebrauchserlaubnis einen Dauerzustand. Das ist der Grund,

---

[1]) Unbeachtlich für das Verwaltungsrecht, insbesondere nicht nachprüfbar durch Gerichte oder Verwaltungsgerichte, sind Ausnahmeregelungen, die auf Besatzungsrecht, also Völkerrecht beruhen. So war es z. B. „in den Jahren 1945 und 1946 erwünscht, dafür zu sorgen, daß die damals sehr beschränkten Straßenverkehrsmittel in der denkbar besten Weise ausgenutzt wurden. Deshalb wurde es für erforderlich erachtet, das Eigentum an Fahrzeugen zwangsweise von den weniger wichtigen deutschen Fahrzeugbenutzern auf solche größerer Wichtigkeit zu übertragen. Im Hinblick auf dieses Ziel ermächtigte die Militärregierung in der Landes-, Regierungsbezirks- und Kreisinstanz die NBV. und ihre nachgeordneten Stellen und späterhin die SVD. (Straßenverkehrsdirektion) und ihre nachgeordneten Stellen, gewisse bestimmte Eigentumsübertragungen nach Angabe der Militärregierung und diejenigen sonstigen Eigentumsübertragungen vorzunehmen, welche die NBV. und später die SVD. im allgemeinen Wirtschaftsinteresse des Landes für wesentlich erachtete.“ (Mitteilung des britischen Landeshauptquartiers, Abteilung Straßenwesen und Straßenverkehr, an das Verkehrsministerium des Landes Nordrnein-Westfalen vom 11. 8. 1948 — Justizministerialblatt Nordrhein-Westfalen 1948, S. 199 —.) In formeller Hinsicht ist erforderlich, daß derartige Verfügungen entweder mit den Worten „auf Anordnung der Militärregierung“ eingeleitet oder von der Militärregierung abgestempelt und unterzeichnet wurden. Die Militärregierung verlangt, daß derartige Eigentumsübertragungen aus den Jahren 1945 und 1946 als Anordnungen (orders) angesehen und als solche nicht abgeändert oder umgestoßen werden dürfen. (Ebd.) Das ist wichtig für die zivilrechtlichen Verhältnisse.

Die amerikanische Militärregierung hat derartige weitgehende, außerhalb des Rahmens der deutschen Gesetze stehenden Befugnisse nicht erteilt. (Military Government Regulations. Title 14, Transportation, vom 7. 7. 1945.)

weshalb hier in der Person des Beliehenen ein subjektiv-öffentliches Recht entsteht. Daneben kann noch ein privatrechtliches Nutzungsrecht gegenüber dem Eigentümer oder dem zivilrechtlich an der Sache Berechtigten entstehen, gleichgültig ob er einverstanden ist oder nicht.

Alle Sondernutzungsrechte müssen gesetzlich begründet sein. Die Begründung kann liegen in alten Regalien, wie z. B. Flößerei-, Fischerei- oder Fährregalien[1]). Sie kann sodann liegen in bestimmten Gesetzen, die den Gemeingebrauch garantieren und die Verwaltungsbehörde gleichzeitig ermächtigen, einzelnen Personen eine Form der Benutzung zu gestatten, die eine dauernde besondere Belastung der öffentlichen Sache zur Folge haben.

Beispiel:

Die Wasserpolizeibehörde erteilt einer bestimmten Person die Genehmigung für Anlagen in einem Wasserlauf. — Pr. OVG. 90, 326.

In der Vergangenheit hat sich die Lehre von der Sonderbenutzung hauptsächlich in dem Beispiel der Klein- und Straßenbahnen gebildet. § 6 pr. Gesetz vom 28. Juli 1892 bestimmt z. B.: „Soweit ein öffentlicher Weg zur Anlage einer Kleinbahn benutzt werden soll, hat der Unternehmer die Zustimmung der aus Gründen des öffentlichen Rechts zur Unterhaltung des Weges Verpflichteten beizubringen.“ Dieser ist häufig auch der Eigentümer des Weges. Das Abkommen über die Zustimmung nach § 6 wurde vom Reichsgericht ursprünglich als ein privatrechtlicher Vertrag, meist Mietvertrag angesehen (RGZ. 40, 285), späterhin jedoch als ein öffentlich-rechtlicher, hauptsächlich deswegen, weil die Zustimmung des Wegeunterhaltungspflichtigen auch durch einen Hoheitsakt der zuständigen Beschlußbehörde ersetzt werden konnte (§ 7). (RGZ. 92, 312.)

Das gegenwärtige Verwaltungsrecht sieht sich in weit größerem Umfang, als dies in der Vergangenheit der Fall war, genötigt, Sonderrechte zu verleihen. Hierher gehört das weite Gebiet der Wohnraumzwangsbewirtschaftung. Die so große Verknappung des Wohnraums zeigt, daß die bloße Erhaltung des Mietraums für den Mieter, wie sie das Mieterschutzgesetz bezweckt, zur Steuerung der Mietraumnot nicht ausreicht. Vielmehr muß die Verwaltung schon bei der Beschaffung des Wohnraums für den einzelnen tätig werden. Anders ist die wenigstens einigermaßen gleichartige Verteilung des vorhandenen Wohnraums und die Vermeidung von Obdachlosigkeit nicht zu erreichen.

Schon das Wohnungsmangelgesetz vom 26. Juli 1923 verfolgte diesen Zweck. Im Kriege wurde dann die Verordnung zur Wohnraumlenkung

1) Pr. OVG. 83, 340; 86, 347; 99, 313; 91, 174.

vom 27. Februar 1943 —RGBl. I, S. 127 — erlassen. Alle älteren Bestimmungen sind nun ersetzt[1]) durch das Kontrollratsgesetz Nr. 18, Wohnungsgesetz, vom 8. März 1946. Danach können die Wohnungsämter, die bei den Stadt- und Landkreisen eingerichtet sind, jeden zum Vollzug des Gesetzes erforderlichen Wohnraum erfassen (Art. VII). Die Erfassung geschieht, um zweckentfremdete Wohnräume ihrem ursprünglichen Zweck wieder zuzuführen, um einen Wohnungstausch anzuordnen, wenn dies eine bessere Verteilung des Wohnraums bedeutet, um vorhandenen Wohnraum um- oder auszubauen (Art. VI) und vor allem, um allen nicht belegten oder unterbelegten Wohnraum zu erfassen. Sie bewirkt das Erlöschen aller früher begründeten Mietverhältnisse und die Nichtigkeit aller später im Widerspruch mit ihr vorgenommenen Rechtsgeschäfte (Art. VIII).

Der einzelne hat kein Recht auf Erlaß bestimmter Verfügungen des Wohnungsamtes. Er kann vielmehr nur Anträge stellen und versuchen, sie in dem gesetzlich geregelten Verfahren durchzusetzen.

Wenn das Wohnungsamt geeigneten Raum erfaßt hat, muß es in ihn Personen, die nicht oder in nicht ausreichendem Maße über Raum verfügen, zuweisen. Erfassung und Zuweisung sind Verwaltungsakte. Die letztere enthält zugleich die Aufforderung an den bisher an dem Raum Berechtigten, mit dem Zugewiesenen einen Mietvertrag abzuschließen. Tut er das nicht freiwillig oder ist er nicht zu erreichen, so schließt die Behörde für ihn einen Zwangsmietvertrag (Art. VIII 2a). Ein solcher Zwangsmietvertrag hat die gleiche Qualität wie ein freiwillig abgeschlossener Vertrag. Neben dem öffentlich-rechtlichen Verhältnis entsteht so zwischen den hiervon Betroffenen ein privatrechtlicher Vertrag. Diese Regelung ist zweckentsprechend, weil der Zwangsmietvertrag meist von längerer Dauer ist. Für sie sprechen die gleichen Gründe, die auch in früheren Fällen bei der Verleihung von Sonderrechten die Entstehung von Privatrechtsverhältnissen haben zweckmäßig erscheinen lassen.

Auf dem Gebiet des landwirtschaftlichen Pachtwesens können zur Beschaffung von Siedlungsland Sonderrechte verliehen werden, denen Beschränkungen der Betroffenen gegenüberstehen. — Reichssiedlungsgesetz i. d. F. vom 8. 7. 1926 — RGBl. I S. 398 —, Kleingarten- und

---

[1]) Wegen seiner Wichtigkeit hat sich das Wohnungszwangsrecht zu einem umfangreichen Sonderrechtszweig ausgedehnt. Das jüngste Schrifttum, meist mit allen Landesbestimmungen: Hans, Das Wohnungsgesetz, Münster 1950 (6. Aufl.). Bettermann-Haarmann, Das öffentl. Wohnungsrecht 1947; Zur Nieden, Die Raumbewirtschaftung, 1949; Haus und Wohnung (Zeitschrift ab 1946); Roquette, Hermann, Mietrecht, Tübingen 1950.

Pachtlandordnung vom 31. 7. 1919 — RGBl. I S. 1371 (vgl. auch RGBl. 1944, I S. 347, für die amerikanische Zone Gesetz der Mil.-Reg. Nr. 65)[1]).

Innerhalb des gesetzlichen Rahmens geht die Verwaltungsbehörde bei der Verleihung von Sonderrechten nach freiem Ermessen vor. In keinem Fall hat der Begünstigte oder der Anwärter auf eine Begünstigung die Möglichkeit, einen Rechtsanspruch, sei es im Verwaltungsweg, sei es vor dem ordentlichen Gericht geltend zu machen.

6. Einziehung

Einziehung („Verwirkung") ist die dauernde Untersagung der Benutzung eines im Eigentum des Betroffenen stehenden Gegenstandes, insbesondere einer Anlage, einer Straße, eines Gewässers, eines Betriebes. Sie wird vom ordentlichen Gericht, aber auch von Verwaltungsbehörden vorgenommen und ist im allgemeinen das Ergebnis eines rechtswidrigen oder zum mindesten verwaltungswidrigen Verhaltens des Betroffenen. Aus diesem Grunde sind Entschädigungen im allgemeinen nicht vorgesehen.

Beispiel:

§§ 40, 86, 86 a, 93, 93 a, 152, 284 b, 295, 360 Abs. 2, 367 Abs. 2 StGB. § 20 Gesetz über Fernmeldeanlagen vom 14. 1. 1928. RGBl. S. 8. § 25 Schußwaffengesetz i. d. F. vom 3. 12. 1931. — RGBl. I, S. 143, 742. § 28 Lichtspielgesetz vom 16. 2. 1934. — RGBl. I, S. 95. §§ 401, 405 RAO.

7. Enteignung

Die Enteignung führt objektiv zu dem gleichen Ergebnis wie die Entziehung. Der Eigentümer verliert sein Eigentum. Es sind aber andere Gründe, die zur Enteignung führen. Sie liegen nicht in der Person des bisherigen Eigentümers. Enteignet wird vielmehr, wenn die Allgemeinheit ein Zurückweichen des Einzelinteresses verlangen muß.

a) Begriff.

Mit dem Begriff der Enteignung ist derjenige der Entschädigung verbunden. Enteignet wird im Rechtsstaat grundsätzlich nur gegen Entschädigung. Entschädigung kommt auch für indirekte Schäden in Betracht. (Art. 153 WRV., Art. 14 westd. GG., Art. 23 Verf. dd. R.)

[1]) Ausführliche Darstellung: Preinhalter in DÖV. 1949, S. 124 ff.

Beispiel:

Ein infolge der Aufteilung eines Gutes arbeitslos gewordener Gutsverwalter hat einen Entschädigungsanspruch. (§ 25 a Reichsiedlungsgesetz vom 11. 8. 1919.) — Pr. OVG. 92, 232.

Dagegen gibt es weitere Fälle der Entziehung von Eigentum ohne subjektives Verschulden des Betroffenen. Für sie ist die Frage der Entschädigung nicht oder doch nicht so allgemein geregelt wie für die Enteignung. Infolgedessen ist es wichtig festzustellen, was unter Enteignung zu verstehen ist.

Nach geringfügigen älteren Vorgängen wurde die Frage erst von Bedeutung im Laufe des 19. Jahrhunderts. Anlaß gab der Bau von Eisenbahnen und neueren Straßen sowie eine intensivere Bauplanung in Städten und sonstigen Siedlungen. Die einzelnen Länder erließen Gesetze über die Enteignung von Grundeigentum, über Fluchtlinien, über Freiflächen u w., wie z. B. das preußische Gesetz über die Enteignung von Grundeigentum vom 11. Juni 1874, das preußische Gesetz über die Anlegung und Veränderung von Straßen und Plätzen usw. vom 2. Juli 1875, das bayrische Gesetz betr. die Zwangsabtretung von Grundstückseigentum für öffentliche Zwecke vom 17. November 1837[1]).

Auf diesen gesetzlichen Unterlagen bildete sich unter Berücksichtigung der Verfassungsbestimmungen, wie z. B. Art. 41 RV. 1871, der allerdings nur für den Bau von Eisenbahnen galt, Art. 9 preußische Verfassungsurkunde von 1850 der als klassisch zu bezeichnende Enteignungsbegriff. Voraussetzung ist, daß nicht jeder, der durch irgendeine Anordnung der Staatsgewalt in seinem Vermögen geschädigt wird, eine Entschädigung erhält, sondern nur derjenige, dessen Eigentum im Sinne von §§ 903 ff. BGB. der Staat im öffentlichen Interesse wegnimmt, um es auf sich oder einen Dritten zu übertragen zur Verwendung für ein gemeinnütziges Unternehmen[2]). Dieser Begriff der Enteignung befaßt sich also nur mit der Übertragung von Eigentum. Erforderlich ist ferner die Zweckbeziehung des Enteignungsaktes zu einem bestimmten Unternehmen. In formeller Hinsicht darf nur die Verwaltung, selbstverständlich im Rahmen bestimmter Gesetze enteignen, nicht aber dürfen die Gesetze selbst generell unmittelbar im Einzelfall wirksame Enteignungsmaßnahmen treffen.

Nach dieser Auffassung fielen Gesetze, die bestehende wohlerworbene Rechte im Staatsinteresse beschränkten oder beseitigten, ohne sie zur

[1]) Die einzelnen Gesetze usw. bei Schelcher, Artikel: Enteignung, in: Wörterbuch des Staats- und Verwaltungsrechts, Tübingen 1911.

[2]) RGZ. 72, 88; 79, 15; 97, 56.

Verwendung auf ein gemeinnütziges Unternehmen zu übertragen, nicht unter den Enteignungsbegriff.

Den engeren Enteignungsbegriff gab eine verbreitete Lehre, die sich auf eine weite Interpretation des Art. 153 Abs. 2 WRV. stützte[1]), auf. Die Erweiterung erfolgte in zwei Richtungen:

Enteignet werden konnte durch jeden Eingriff der Staatsgewalt, also insbesondere nicht nur durch eine Verwaltungsmaßnahme, sondern auch unmittelbar durch Gesetz[2]), insbesondere durch Landesgesetz[3]) jedes ein gemäß Art. 153 Abs. 1 Satz 1 geschütztes Recht.

Unter den Begriff des Eigentums fielen nun nicht nur dingliche Rechte im Sinne von §§ 903 ff. BGB., sondern auch alle subjektiven Privatrechte vermögensrechtlicher Art einschließlich der Forderungsrechte[4]). Ja schon jede Beschränkung eines subjektiven Rechts, jede zugunsten eines Dritten eintretende Behinderung des Eigentümers mit seiner Sache gemäß § 903 BGB. nach Belieben zu verfahren, konnte Enteignung sein[5]).

Angesichts dieser Ausweitung gewann eine auch bis dahin schon vorhandene Einschränkung erhöhte Bedeutung: Gefordert wurde, daß nicht das gesamte Staatsvolk oder bestimmte Staatsbürgerklassen von derartigen Eingriffen betroffen wurden, sondern nur einzelne Personen oder doch nur ein beschränkter Personenkreis. Andernfalls hätten z. B. sämtliche Steuerforderungen als Enteignung aufgefaßt werden müssen (Einzeleingriffslehre)[6]). Enteignung und damit der Schutz des Art. 153 Abs. 2 WRV. kam sodann nicht in Betracht, wenn ein Gesetz ganz allgemein den Inhalt und die Schranken von Rechten und rechtlichen Befugnissen bestimmte. Derartige Maßnahmen wurden als im Rahmen der dem Gesetzgeber nach Art. 153 Abs. 1 Satz 2 WRV. zustehenden Befugnisse liegend angesehen[7]).

Entscheidend für die Praxis war, daß sich das Reichsgericht dieser Ansicht anschloß[8]).

---

[1]) Hauptsächliste Vertreter: Anschütz, Die Verfassung des Deutschen Reichs, Art. 153, Anm. 5; Wolff, Reichsverfassung und Eigentum, in: Festgabe für Wilhelm Kahl, 1924; W. Schelcher. — Wer die Gedanken zuerst geäußert hat, ist nicht klar. Apelt, Geschichte der Weimarer Verfassung, München 1946, meint Martin Wolff, Stödter, in: Deutsche Verwaltung, nennt in erster Linie Anschütz und Schelcher.

[2]) RGZ. 116, 272; 124, Anh. 33; 129, 149; 134, 182.

[3]) RGZ. 109, 323; 111, 130.

[4]) RGZ. 109, 319; 111, 327; 118, 168; 129, 148; 139, 182; 150, 180; 156, 309.

[5]) RGZ. 116, 272; 132, 71.

[6]) RGZ. 124, 33; 128, 171; 129, 149; 133, 125; 135, 311,; 136, 124.

[7]) RGZ. 128, 172; 129, 149.

[8]) RGZ. 102, 165; 107, 322; 109, 310; 110, 347; 111, 123; 112, 71.

Beispiel:

Ein Baugesuch des Klägers wurde von der Baupolizei abgelehnt, weil der Teil seines Grundstücks, auf dem er bauen wollte, durch ein Ortsstatut, das auf dem pr. Fluchtliniengesetz vom 2. 7. 1875 beruhte, zur Freifläche erklärt worden war. Das Reichsgericht — RGZ. 128, 29 — lehnt die in den Motiven zu dem Fluchtliniengesetz zum Ausdruck kommende Auffassung ab, wonach die Verpflichtung des Eigentümers, gewisse künftighin zu Straßen und Plätzen bestimmte Flächen unbebaut zu lassen, eine gesetzliche Einschränkung des Eigentums sei, die keinen Entschädigungsanspruch auslöse. Vielmehr betrachtet es das Verfahren zur Festsetzung der Fluchtlinien als ein Enteignungsverfahren. Das Grundstück wird zugunsten der Gemeinde mit der Dienstbarkeit der Unbebaubarkeit belastet. Diese Belastung ist — so schon in RGZ. 63, 300 — nichts anderes als eine Teilenteignung.

Art. 153 Abs. 2 enthielt nach dieser herrschenden Ansicht unmittelbar anzuwendendes Recht. Die Entschädigung als Folge der Enteignung konnte nur durch ein Reichsgesetz ausgeschlossen werden. Ein Landesgesetz genügte nicht. Die Bestimmung wurde angesehen als die reichsrechtliche Regelung einzelner Punkte des nach Art. 7 Nr. 12 WRV. überhaupt der Reichsgesetzgebung unterstehenden Enteignungsrechts, durch welches die den Ländern bis zum Erlaß eines umfassenden Enteignungsgesetzes des Reichs noch zustehende Befugnis auf diesem Gebiet eingeengt wurde[1]).

Die weite Ausdehnung des Enteignungsbegriffs, insbesondere auf dem Gebiet der Fluchtlinienregulierung und Freiflächengestaltung gefährdete den Gemeinde- und Städtebau. Unter Freiflächen zu verstehen sind alle von der Bebauung freizuhaltenden Flächen, z. B. Grüngebiete, Spiel- und Sportplätze, die im Gegensatz zu Verkehrsflächen nicht hauptsächlich aus Gründen des Verkehrs als unbebaute ausgewiesen werden, wobei hinzukommen muß, daß sie zum öffentlichen Gebrauch vorwiegend aus Gründen der Volksgesundheit oder Volkserholung bestimmt sind[2]). Angesichts der herrschenden Rechtsprechung sahen sich die Gemeinden, in deren Hand die Durchführung der Fluchtlinienpläne lag, nicht in der Lage, zu einer gesunden und neuzeitlichen Bauplanung zu kommen. Überall drohten Schadenersatzprozesse, in denen die Kläger die geringste Behelligung ihres Eigentums als individuellen Schaden geltend machten, den sie auf Kosten der Allgemeinheit ersetzt verlangten. In vielen Fällen wurden solche Prozesse von Personen angestrengt, die ihre Grundstücke nachweislich zu Spekulationszwecken erworben hatten.

---

1) RGZ. 116, 203.

2) RGZ. 134, 251.

Diese Umstände gaben Anlaß zur Au nahme von Enteignungsbestimmungen in die 2. Notverordnung[1]) zur Sicherung von Wirtschaft und Finanzen vom 5. Juni 1931 — RGBl. I, S. 279 —. Die Notverordnung greift auf die älteren Regelungen der Landesgesetzgebung zurück und will die weite Auslegung, die Art. 153 WRV. gefunden hatte, wieder rückgängig machen. Das geschieht dadurch, daß ältere Landesgesetze, auch wo sie Art. 153 widersprechen, als reichsrechtlich zugelassene Ausnahmen zu Art. 153 Abs. 2 angesehen werden[2]). Vor allem aber wird die durch die Schaffung von Freiflächen eingetretene Wertminderung von Grundstücken genau festgelegt und Schadenersatz von ganz bestimmten Voraussetzungen abhängig gemacht[3]).

b) Rechtsnatur der Enteignung und Entschädigung.

Es sind drei Auffassungen möglich. Die Enteignung kann betrachtet werden als Zwangskauf. Nach dieser Auffassung soll ein Kaufvertrag nicht etwa neben dem Verwaltungsvorgang einherlaufen oder sich aus ihm ergeben, ähnlich etwa einem Zwangsmietvertrag bei der Sondernutzung, sondern die Enteignung selbst soll der Kauf sein. Eine solche Auffassung ist nur möglich bei völliger Zurückdrängung des öffentlichen Rechts zugunsten des Privatrechts und daher abzulehnen[4]).

Das gleiche gilt von einer durch Georg Meyer begründeten Auffassung, wonach Enteignung ein zweiseitiges obligatorisches Rechtsverhältnis, ähnlich dem Kauf sein soll.

Die Enteignung ist vielmehr ein Hoheitsakt. Er ist die Grundlage, auf dem die Enteignung beruht. Dabei hängt es von der Regelung der jeweils geltenden Gesetze ab, ob der Staatsakt nur ein Verwaltungsakt sein kann oder ob Enteignung auch unmittelbar kraft Gesetzes, das den Einzelfall regelt, möglich ist. Unabhängig davon, welche Form der Gesetzgeber wählt, tritt die dingliche Wirkung der Enteignung stets mit dem Wirksamwerden des Staatsaktes ein. Etwaige Umschreibungen im Grundbuch sind nur als Berichtigungen zur Deklarierung einer bereits bestehenden vom Inhalt des Grundbuchs abweichenden Rechtslage aufzufassen. Auch die Entschädigung gehört zu dem Staatsakt selbst, ist also ebenfalls nach öffentlichem Recht zu betrachten.

Hinsichtlich des rechtlichen Charakters der Entschädigung ist nur so viel für alle Regelungen übereinstimmend zu

[1]) Um Irrtümer zu vermeiden ist die hier in Wirklichkeit vorliegende Ausnahmevo. mit dem leider eingebürgerten Wort „Notverordnung" bezeichnet. Vgl. Seite 104 ff.

[2]) Otto Meyer-Sass, Straßen- und Baufluchtgesetz, 7. Aufl., S. 178 ff.

[3]) RGZ. 144, 325. Otto Meyer, Gesetz über die Enteignung von Grundstücken, mit Kommentar zur 2. Notverordnung.

[4]) RGZ. 61, 102 in Übereinstimmung mit der ausführlichen Widerlegung dieser Ansicht durch Laband und Georg Meyer.

sagen, daß es sich um eine obligatio ex lege handelt und um einen öffentlich-rechtlichen, keinen privatrechtlichen Anspruch[1]). Die Art und Weise der Geltendmachung wird verschieden geregelt. Art. 14 Abs. 3 westd. GG. und Art. 23 Verf. d. d. R. halten wegen der Entschädigungshöhe den ordentlichen Rechtsweg offen, letztere Bestimmung jedoch ebenso wie Art. 153 Abs. 2 WRV. unter allgemeinem Gesetzesvorbehalt. Landesrechtliche Regelungen kennen den ausschließlichen Verwaltungsweg (z. B. Thüringen) oder eine gemischte Lösung (z. B. Preußen[2]), Sachsen), beides für das westdeutsche Bundesgebiet nunmehr unzulässig. Eine weitere, gegenwärtig soweit ersichtlich nicht mehr angewandte Verfahrensform ist die Erledigung durch Sonderbehörden (Kommission von Sachverständigen).

Aber auch dort, wo der Entschädigungsanspruch als dem öffentlichen Recht angehörend aufgefaßt wird, ist stets zu prüfen, ob nicht etwa bei Ausfall der öffentlich-rechtlichen Entschädigung eine Verantwortung des Staates oder Fiskus, etwa gemäß § 228 BGB. in Betracht kommt. Eine Maßnahme, die nach den öffentlich-rechtlichen Grundsätzen nicht schuldhaft oder rechtswidrig ist, kann möglicherweise nach Zivilrecht eine Schadenersatzpflicht des Staates herbeiführen.

c) Entwicklung.

Art. 153 WRV. wurde durch die Verordnung des Reichspräsidenten zum Schutz von Volk und Staat vom 28. Februar 1933 — RGBl. I, S. 83 — zwar formell aufgehoben, doch ging die herrschende Meinung von seinem Fortbestand als einfaches Reichsgesetz aus[3]). Er ist nunmehr abgelöst durch Artt. 14, 15 westd. GG. (wegen der Gesetzgebung vgl. Art. 74) und Art. 23 VerfddR.

In Geltung sind sodann Einzelgesetze für bestimmte Tatbestände. Für Grundstücke handelt es sich um reichsrechtliche Grundlagen[4]) z. B. bei Bestimmungen zur Beschaffung von Wohnraum im weitesten Sinne — Siedlungsgesetze vom 11. August 1919/7. Juni 1923, Reichssiedlungsgesetz vom 15. Dezember 1919 mit ausführenden Landesgesetzen, Kleinsiedlungsverordnung vom 6. Oktober 1931 — RGBl. I, S. 551 —, Reichsheimstättengesetz i. d. F. vom 25. November 1937 — RGBl. I, S. 1291 —, VO.

---

[1]) So Schelcher, a. a. O. §§ 3, 8 mit Schrifttum.

[2]) Koffka, Kommentar zum Gesetz über die Enteignung; Eger, Das Gesetz über die Enteignung.

[3]) RGZ. 161, 368; 156, 305 (Beschluß des großen Zivilsenats); a. A. 145, 373.

[4]) Stödter in: RPrVBl. 1934, 519, und Deutsche Verwaltung 1948, S. 22; Petersen in: Tagung deutscher Juristen, Bad Godesberg, vom 30. 9. bis 1. 10. 1947, S. 131; Bezirksverwaltungsgericht Berlin-Zehlendorf, in NJW. 1947/48, S. 496.

über die Landbeschaffung für die Kleingartensiedlung i. d. F. vom 26. Februar 1938 — RGBl. I, S. 223 —, Bestimmungen zur Sicherstellung der Ernährung — Umlagegesetz vom 26. Juni 1936 — RGBl. I, S. 518 —, zur Regelung des Verkehrs — Reichsbahngesetz i. d. F. vom 4. Juli 1939, Reichswasserstraßengesetz von 1933, Reichsautobahngesetz von 1941 —, für die Wasserwirtschaft — erste Wasserverbands-VO. vom 3. September 1937, Gesetz über das Staubecken Turawa vom 4. Dezember 1934 — RGBl. I, S. 1278 —, Gesetz über den Grunderwerb für die Kanalisierung der Mittelweser vom 8. März 1936, Gesetz über den Bau der Saaletalsperre bei Hohenwarte vom 13. Februar 1935 — RGBl. I, S. 146 —. Landesrechtliche Bestimmungen sind vorhanden für das Bauwesen — pr. Fluchtliniengesetz von 1875 —, für das Bergwesen — pr. allg. Berggesetz vom 24. Juni 1865, für die Trümmerverwertung — z. B. nieders. Gesetz vom 21. März 1949 — GVBl. S. 24 [1]). Eine Verbindung zwischen Anordnungen der Militärregierung und Gesetzen deutscher Zentralstellen und der neuen deutschen Länder stellen dar die Bodenreformbestimmungen in den Zonen (einheitl. Gesetze der Länder der amerikanischen Zone, z. B. Bayern vom 18. September 1946; brit. VO. Nr. 103, 188, 189 mit schlesw.-holst. G. vom 12. März 1948/8. Februar 1949, nordrh.-westf. G. vom 16. Mai 1949; frz. MRVO. Nr. 116)[2]), die Bestimmungen über die Entziehung von Eigentum in Zusammenhang mit der Entnazisierung auf dem gesamten deutschen Gebiet und die Bestimmungen über Rückgabe und Liquidierung des Vermögens nationalsozialistischer Organisationen und Personen-Kontrollratdirektive Nr. 50, am. und brit. Gesetz Nr. 59, brit. VO. Nr. 159, 202, sowj. Befehl Nr. 126 —. Die Enteignung **beweglicher Sachen** ist möglich nach den zuletzt genannten Bestimmungen, nach dem RLG. und den an seine Stelle getretenen Leistungsgesetzen, sowie nach einigen älteren Bestimmungen, z. B. Lebensmittelgesetz vom 17. Januar 1936, Gesetz über die Devisenbewirtschaftung vom 4. Februar 1936[3]). Zu beachten sind zur Zeit noch besatzungsrechtliche Bestimmungen, wie z. B. brit. VO. Nr. 168 über die Enteignung zum Zweck der Beschaffung von Unterkünften für die Besatzungsbehörden.

Für die Länder der Ostzone treten Sonderbestimmungen hinzu[4]).

---

[1]) Wegen der weiteren Anwendbarkeit des thür. Enteignungsgesetzes vom 18. 4. 1921 vgl. OVG. Jena vom 23. 1. 1947, in: Neue Justiz 1947, S. 108.

[2]) Vgl. Ehrenforth, in DRZ. 1949, S. 486.

[3]) Eine erschöpfende Angabe sämtlicher z. Z. geltender Enteignungsbestimmungen ist nicht möglich, weil der Gegenstand noch im Fluß und politisch stark umkämpft ist.

[4]) Z. B. VO. über die Bodenreform in der Provinz Mark Brandenburg vom 6. 9. 1945; sächs. Gesetz über die Schaffung landeseigener Betriebe vom 30. 6. 1946; sachsen-anhaltische VO. vom 30. 7. 1946; mecklenburgisches Gesetz vom 16. 8. 1946;

Sofern das einzelne Gesetz das nicht tut, muß Klarheit darüber geschaffen werden, welcher Begriff der Enteignung gelten soll. Das ist — wie so oft auf dem Gebiet des Verwaltungsrechts — eine politische Frage. Von niemandem zu verkennen dürfte sein, daß nach den Zerstörungen des Krieges und der dadurch hervorgerufenen ungleichen Erhaltung der Güter weit mehr als in normalen Zeiten Eingriffe der Allgemeinheit in das Eigentum desjenigen nötig sind, der zufällig alles oder vieles behalten hat, während sein Nachbar ausgebombt wurde. Weiterhin dürfte nicht zu verkennen sein, daß solche Eingriffe ohne Entschädigung erfolgen müssen, also keine Enteignung im technisch-juristischen Sinne sein dürfen, wie ja auch der Bombengeschädigte oder der Flüchtling niemals eine Entschädigung für seine Verluste erlangen wird [1]). Das gebietet, den Enteignungsbegriff eng zu fassen. Bedenklich ist es, alle die Ausweitungen des Enteignungsbegriffs mit zu übernehmen, die die Rechtslehre erst einige Jahre nach dem Inkrafttreten der Verfassung von 1919 entwickelt hat. Wenn schon im Jahre 1931 diese Lehre als Fehlentwicklung aufgefaßt wurde, kann sie erst recht jetzt zu einer Zeit noch viel umfangreicherer und tiefergehender Wirtschaftsschwierigkeiten nicht übernommen werden. Das zwingt zu einer Rückkehr zu den klassischen Enteignungsbegriffen aus der Zeit vor 1924 [2]). Wer diesen Schritt nicht tun will, muß zum mindesten die letzte Schranke ausbauen, die selbst die Lehre der republikanischen

---

thür. Gesetz vom 24. 7. 1946; sächs. Gesetz über die Übergabe von Betrieben von Kriegs- und Naziverbrechern in das Eigentum des Volkes vom 18. 7. 1946. — Diese Enteignungen gelten nur jeweils für das Land, in dem sie vorgenommen wurden. (LG. Leipzig vom 3. 6. 1947, in: DRZ. 1948, S. 137.) — Vgl. auch Nathan in: NJ. 1947, S. 251.

[1]) Mit Recht betont Stödter in: Deutsche Verwaltung 1948, S. 22, unter Berufung auf Karl Renner, Die Rechtsinstitute des Privatrechts und ihre soziale Funktion, Wien 1929, oder Rudolf von Jhering, Der Zweck im Recht, 1871, I, S. 5, 14, daß es hierbei auf eine materielle Lösung des Entschädigungsproblems ankommt, also doch wohl letzten Endes auf die Auffassung vom Wesen des Eigentums. Wer von einem sozialistischen Eigentumsbegriff ausgeht, wird den technisch-juristischen Eigentumsbegriff eng fassen, wer von einem liberalistischen Eigentumsbegriff ausgeht, wird ihn weit fassen.

[2]) Es ist nicht ersichtlich, ob das Oberste Gericht für die britische Zone — in seiner Entscheidung vom 1. 7. 1948, ZSG. 1948, in: Deutsche Verwaltung 1948, S. 19 — diese Erwägungen angestellt hat. Es übernimmt die von der Reichsgerichtsrechtsprechung entwickelte „weitere Auffassung des Enteignungsbegriffs“, gegen den sich ja gerade schon die 2. Notverordnung von 1931 wandte, und führt aus: „Schon die Beschränkung der Vertragsfreiheit des einzelnen dadurch, daß seine rechtsgeschäftlichen Erklärungen einer Genehmigungspflicht unterworfen werden, würde aber eine Enteignung bedeuten können.“

Spätzeit noch bestehen gelassen hatte, die Einzeleingriffsthese: Enteignung liegt nur vor, wenn es sich um einen Einzeleingriff in die Rechte bestimmter Personen oder eines bestimmt begrenzten Personenkreises handelt, nicht aber wenn Vermögensrechte sämtlicher Staatsbürger oder bestimmter Staatsbürgerklassen gleichmäßig einer gleichen Beschränkung unterworfen werden. „Keine Enteignung liegt danach vor, wenn ein Gesetz eine Rechtseinrichtung mit Wirkung für eine unbestimmte Zahl von Fällen für die Zukunft regelt"[1]). Das gleiche gilt, wenn das Gesetz rückwirkend den bisherigen Rechtszustand dem Zukunftszustand allgemein anpaßt[2]). Der Nachteil dieser Methode ist die große Unsicherheit in der Grenze zwischen allgemeinem Eingriff und Einzeleingriff[3]).

Beispiel:

Die Rechtsvorgänger des Klägers haben am 20. 10. 1946 mit dem Beklagten eine schriftliche Vereinbarung getroffen, durch den sie sich verpflichteten, eine im Dachgeschoß ihres Hausgrundstücks auszubauende Wohnung an den Beklagten zu vermieten. Der Beklagte übernahm die gesamten Baukosten; zur Tilgung des Baugeldes sollten 3% der Miete abgezogen werden. Am 28. 11. 1946 erließ die Hansestadt Hamburg ein Gesetz über Baukostenzuschüsse, das u. a. das Anbieten und Fordern eines Baukostenzuschusses verbietet. Diese Maßnahme ist nach der Ansicht des Obersten Gerichtshofes für die britische Zone nur deshalb keine Enteignung des Klägers, weil sie kein Einzeleingriff ist. Infolgedessen ist sie ohne die Gewährung einer Entschädigung möglich.

d) Verfahren.

Die Enteignung ist ein aus mehreren Teilen zusammengesetzter Verwaltungsakt.

aa) Die Verleihung des Enteignungsrechts geschieht entweder durch Gesetz, wie z. B. in Angelegenheiten der Reichsbahn oder von Siedlungsverbänden oder durch Verwaltungsbehörden, meist die oberste Landesbehörde. In diesem Stadium des Verfahrens ist die Entscheidung darüber zu fällen, ob Enteignung vorgenommen werden soll und welche Objekte betroffen werden.

bb) Die für die Enteignung zuständige Stelle führt sodann das Planfestsetzungs- und das Entschädigungsverfahren durch. Die meisten Regelungen sehen die Möglichkeit einer Klage im

1) Oberstes Gericht für die britische Zone, a. a. O.

2) Ebd., unter Berufung auf Krückmann, Enteignung, Einziehung, Kontrahierungszwang, Änderung der Rechtseinrichtung, Rückwirkung und die Rechtsprechung des Reichsgerichts, Berlin 1930, S. 61 ff.

3) Das ergibt sich z. B. aus RGZ. 109, 310; 136, 124; 128, 28; 129, 149.

ordentlichen Rechtsweg gegen die Entscheidung über die Entschädigung vor.

cc) Schließlich erfolgt die Übertragung des Objekts auf den neuen Berechtigten, zu dessen Gunsten die Enteignung erfolgte. Er erwirbt das Eigentum originär frei von allen bisherigen Lasten.

Während die älteren Regelungen die einzelnen Verfahrensteile streng voneinander trennen und für sie verschiedene Anfechtungsmöglichkeiten vorsehen, haben jüngere Verfahrensordnungen vereinfachte Formen (z. B. pr. Gesetz vom 29. Juli 1922, Bodenreformdurchführung, Entnazisierungsregeln).

dd) Im klassischen Enteignungsverfahren wird grundsätzlich volle Entschädigung gewährt. Neuere Regelungen geben manchmal nur ein geringeres Entgelt. Dabei bedeuten:

Entschädigung nach gemeinem Wert die Erstattung des Preises, der bei einer freien Veräußerung erzielt worden wäre ohne entgangenen Gewinn (z. B. § 10 Reichsbewertungsgesetz i. d. F. vom 16. Oktober 1934 — RGBl. I S. 1035 —), angemessene Entschädigung die Berücksichtigung nicht nur des objektiven Wertes, sondern auch subjektiver Beziehungen zur Sache, die sie möglicherweise für den bisherigen Eigentümer weniger wertvoll machen als für den neuen Erwerber (Art. 153 WRV., Art. 23 Verf. d. d. R.), Entschädigung nach Billigkeit den billigen Ausgleich der Interessen des Enteigneten und des Erwerbers (z. B. Tumultschädengesetz vom 12. Mai 1920, Art. 14 Abs. 3 westd. GG.).

Eine entschädigungslose Enteignung ist als Ausnahme von dem Grundsatz, daß mit dem Begriff Enteignung derjenige der Entschädigung verbunden ist, nur kraft besonderen Gesetzes möglich (z. B. § 24 Naturschutzgesetz vom 26. Juni 1935, Sozialisierungsgesetze der Ostzone nach Art. 24 Verf. d. d. R., Hessens und Bremens, Auflagen im Entnazisierungsverfahren, Verfügung über das Vermögen der NSDAP. usw., sowie einzelner nationalsozialistischer Personen nach Kontrollratsdirektive Nr. 50 usw., Einbringung volks- und landeseigener Betriebe in eine Anstalt des öffentlichen Rechts[1]), vor allem Enteignung zur Gewinnung von Straßenland).

8. Aufopferung

Aufopferung ist die Eigentumsbeschränkung im polizeilichen Interesse. Für jedes Gemeinwesen gilt der z. B. in § 74 Einl. zum pr. ALR. ausgesprochene Grundsatz, daß „einzelne Rechte und Vorteile der Mitglieder

[1]) Michaelis in DRZ. 1948, S. 161; Barth in NJ. 1948, S. 144. Giese in: NJW. 1950, S. 290, auch wegen der durch Art. 14 GG errichteten Schranken; s. auch DVBl. 1950, 266. Zur Entschädigung bei Entflechtungseingriffen vgl. Giese in: MDR. 1950, S. 132.

des Staates den Rechten und Pflichten zur Beförderung des gemeinschaftlichen Wohles, wenn zwischen beiden ein wirklicher Widerspruch (Kollision) eintritt, nachstehen" müssen. Dabei kann es sich um ein passives Dulden handeln.

Beispiel:

Die Eigentümer und Besitzer von durch Brand betroffenen Grundstücken und Gebäuden sowie deren Nachbarn sind verpflichtet, alle zur Verhütung weiteren Umsichgreifens des Feuers angeordnete Maßnahmen, wie Einfriedungen, Beseitigungen vom Brand noch nicht ergriffener Bauten usw. zu dulden. — § 7 der 2. DVO. vom 9. Oktober 1939 zum Feuerlöschgesetz vom 23. November 1938.

Verlangt werden kann auch ein aktives Mitwirken möglicherweise zum eigenen Schaden.

Beispiel:

Bei Brandfällen sind die unmittelbar Betroffenen und auch deren Nachbarn verpflichtet, der Feuerwehr alle Hilfsmittel zur Verfügung zu stellen. — § 7, 1 c. — Für alle Fälle öffentlicher Notstände: § 330 c StGB. — § 70 pr. PVG. von 1931. — Sanitäre Bestimmungen wie Reblausgesetz vom 6. Juli 1904, Viehseuchengesetz vom 25. Juli 1911.

Die Abgrenzung der Aufopferung zur Enteignung war deutlich, solange diese begriffsnotwendig zu Gunsten einer bestimmten Person oder Stelle erfolgen mußte. Denn bei der Aufopferung gibt es außer der Allgemeinheit keinen individuell feststellbaren Begünstigten.

Beispiel:

Ist eine Freifläche nicht wenigstens auch Verkehrsfläche, sondern nur als kommunale Einrichtung oder zur Erledigung polizeilicher Aufgaben ausgewiesen, so sind die Enteignungsgesetze unanwendbar. — RGZ. 137, 185. — Keine Enteignung ist die „Verdrängung privater Herrschaft durch polizeiliche Verfügung". — RGZ. 118, 26. — Vgl. auch RGZ. 139, 285; 140, 276; pr. OVG. 89, 376.

Aber auch jetzt noch sind Enteignungen ohne individuell Begünstigte, wie z. B. nach dem Naturschutzgesetz vom 26. Juni 1935 oder im Zuge der Bodenreform, gesetzlich genau festgelegte Ausnahmen, so daß die vor allem von der Rechtsprechung herausgearbeitete Unterscheidung zwischen Enteignung und Aufopferung noch von Bedeutung ist.

Eine Entschädigung für durch Aufopferung erlittene Schäden wird nur gewährt, wenn das Gesetz das ausdrücklich vorschreibt[1]). Infolgedessen ist in erster Linie in jedem Fall zu prüfen, ob der Aufopferung

[1]) Anders noch Gierke, Deutsches Privatrecht I, S. 195, der einen Grundsatz, wonach stets Schadenersatz zu gewähren sei, annahm. Die herrschende Meinung stützt ihre dem entgegengesetzte Ansicht vor allem auf Art. 106 ff. EGBGB.; vgl. z. B. Otto Mayer, Verwaltungsrecht II, S. 295.

eine bestimmte gesetzliche Bestimmung zugrunde liegt (z. B. nach den Polizeiverwaltungsgesetzen, Reblausgesetz vom 6. Juli 1904, VO. zur Bekämpfung der Papageienkrankheiten vom 14. August 1934). Nur wenn sie eine Entschädigung vorsieht, kann eine solche gewährt werden, andernfalls nicht[1]). Erfolgen die Eingriffe nach allgemeinen polizeilichen Gesichtspunkten ohne spezielle gesetzliche Regelung, so wird die Entschädigungspflicht meist auf § 75 Einl. zum pr. ALR. gestützt, und zwar nicht nur für den örtlichen Geltungsbereich dieses Gesetzes, sondern auch darüber hinaus[2]). Diese Regelung gilt für alle rechtmäßigen Eingriffe. Für schuldhaft rechtswidrige Eingriffe gelten die allgemeinen Haftungsbestimmungen[3]). Für schuldlos rechtswidrige Eingriffe werden, falls keine Sonderregelung vorhanden ist, wie z. B. § 1, Abs. 2, Reichsbeamtenhaftungsgesetz vom 22. Mai 1910, §§ 74, 75 Einl. zum pr. ALR. sinngemäß angewandt. Stets kommt nur eine angemessene, nie eine volle Entschädigung in Betracht.

Aufopferungsansprüche werden vorbehaltlich einzelner Spezialregelungen im ordentlichen Rechtsweg verfolgt[4]).

Schrifttum

Almsick, van, Die Rechtsstellung des Privateigentums an Sachen des Gemeingebrauchs. Münsterner Diss. 1928.

Anschütz, Gerhard, Die Verfassung des Deutschen Reichs. Berlin 1929 (10. Aufl.)

— In: Verwaltungsarchiv Bd. 5 S. 1 ff.

Barth, in: NJ. 1948 S. 144.

Eger, Georg, Das Gesetz über die Enteignung von Grundeigentum. Berlin 1913.

Fahrenkrug, C. H., Die Entschädigung für rechtswidrige schuldlose Verwaltungsakte. Greifswalder Diss. 1937.

Gerber, Hans, Grundriß eines allgemeinen Teils des Verwaltungsrechts nach der Rechtsprechung des preußischen Oberverwaltungsgerichts. In: Verwaltungsarchiv Bd. 36 (1931).

Giese, Friedrich, Der öffentlich-rechtliche Aufopferungsanspruch. Frankfurt a. M. 1936.

— Öffentlich-rechtliche Entschädigung für Aufopferung bei Impfschäden. Frankfurt 1939.

Hofacker, Wilhelm. In: Verwaltungsarchiv Bd. 30 (1925)

---

1) RGZ. 149, 34.

2) RGZ. 140, 276.

3) Vgl. unten S. 502.

4) Vgl. oben S. 35.

Ipsen, Hans, Deutsche Gerichtsbarkeit unter Besatzungshoheit. In: Jahrbuch für int. und ausl. öff. Recht 1948.
Koffka, Emil, Kommentar zum Gesetz über die Enteignung von Grundeigentum. Berlin 1913.
Koebel, Ulrich, Zur Reform des RLG. In: DRZ. 1949, 251.
Krückmann, Paul, Enteignung, Einziehung, Kontrahierungszwang, Rückwirkung in der Rechtsprechung des Reichsgerichts. Berlin 1930.
— Enteignung und Einziehung nach alter und neuer Reichsverfassung. Berlin 1925.
Maunz, Theodor, Hauptprobleme des öffentlichen Sachenrechts. München—Berlin—Leipzig 1933.
Mayer, Otto. In: Arch. f. öff. R., Bd. 21.
Merten, Max, Gutgläubiger Eigentumserwerb und Zeitablauf in ihrer Bedeutung für das rechtliche Schicksal der öffentlichen Sachen. Berliner Diss. 1935.
Meyer, Otto, Gesetz über die Enteignung von Grundeigentum. Berlin und Leipzig 1935.
Michaelis, Rechtsprobleme der Sozialisierung. In DRZ. 1948 S. 161.
Nathan. In: Neue Justiz 1947.
Nebinger, Robert, Gemeingebrauch und Polizeirecht. In: Württ. Ztschr. f. Verw. 1930.
Quecke, Hans — Bussmann, Konrad, Rechtsenteignungsrecht. Berlin 1939.
Schack, in Verwaltungsarchiv 1939 S. 114.
Schelcher, Walter, Die Rechtsentwicklung der Enteignung nach gemeinem und sächsischem Recht. Freiberg 1893.
Schmid, Georg, Das öffentliche Wegerecht in Württemberg. Stuttgart 1932.
Schmitt, C., Unabhängigkeit der Richter, Gleichheit vor dem Gesetz und Gewährleistung des Privateigentums. 1926.
Stödter, Rolf, Öffentlich-rechtliche Entschädigung. Hamburg 1933.
Stölzel, Adolf, Rechtsweg und Kompetenzkonflikt.
Weber-Wieacker, Eigentum und Enteignung. Berlin 1935.
Witten, E., Zur Frage der Nachprüfung der Inanspruchnahme auf Grund des RLG. In: Deutsche Verwaltung, 1948.
Wohnungsrecht, öffentliches, siehe S. 222 Anm. 1.
Wolff, Martin, Reichsverfassung und Eigentum. In: Festgabe für Wilhelm Kahl, 1924.
Wüsthoff, A., Handbuch des deutschen Wasserrechts. Berlin 1949.

3. Abschnitt

VERFAHREN

Zehntes Kapitel

Beschwerde

1. Rechtsbehelfe im Allgemeinen

Ohne ein bestimmtes Verfahren ist die Tätigkeit der Verwaltung nicht denkbar. So sind insbesondere beim Erlaß der Verwaltungsakte Verfahrensregeln zu beachten. Jedoch treten sie im allgemeinen so sehr gegenüber dem materiellen Inhalt der Verwaltungsakte zurück, daß die Entwicklung eines allgemeinen Verfahrensrechts nicht am Platze ist. Muß nach bestimmten Formen verfahren werden, so handelt es sich um Ausnahmen. Sie aber wiederum sind untereinander derart verschieden, daß auch für sie kein allgemeines Verfahrensrecht festzustellen ist.

Sich über weitere Sachgebiete erstreckende Verfahrensregeln kommen erst in Betracht bei höheren Instanzen innerhalb der Behörden. Es liegt im Wesen des hierarchisch aufgebauten Behördenapparates, daß bei höheren Instanzen wenn nicht immer die höhere Weisheit, so doch das größere Wissen vorhanden ist. Höhere Instanzen haben außerdem schon wegen ihres größeren territorialen Einflusses einen besseren Überblick über die Verhältnisse als niedere an den Ort gebundene Dienststellen. Wenn mit dem Satz, daß Verwaltung für die Bürger da ist, ernst gemacht werden soll, so muß der Bürger alle Vorzüge der Verwaltung und des Verwaltungsapparates wirklich für sich in Anspruch nehmen können. Das geschieht durch die Nachprüfung einer Verwaltungsentscheidung durch eine höhere oder doch jedenfalls sich eingehender mit dem Einzelfall befassende Dienststelle als die zunächst entscheidende Stelle oder der zunächst entscheidende Beamte.

Aber auch die Gewährung von Rechtsschutz in der Form der Nachprüfung durch eine andere Instanz oder Stelle ist im Gegensatz zu anderen Rechtszweigen im Verwaltungsrecht nur ausnahmsweise in einem formellen Verfahren geregelt. Das liegt sowohl in der geschichtlichen Entwicklung als auch im Wesen der Verwaltung begründet. Es war eine Errungenschaft des Rechtsstaates, ein Beschwerderecht des Bürgers durchzusetzen. In der früheren Zeit war es fraglich, ob man eine Verwaltungsanordnung überhaupt nachprüfen lassen konnte. Oft war es nicht nur fraglich, sondern geradezu gefährlich. Das zeigt z. B. das preußische Patent vom 29. Juli 1794, wonach ein Bittsteller, der eine grundlose Beschwerde einbrachte, „mit Glimpf, Mäßigung und Herablassung zu seinen Fähigkeiten und Begriffen zu bedeuten und zurechtzuweisen" sei. Solchem Bittsteller mag manchmal mit gar nicht milder Herablassung von der Behörde klargemacht worden sein, daß er gar keine Fähigkeiten habe, sondern nur ein ganz kleiner Untertan sei, der es nicht wagen könne, gegen Hoheitsakte des allmächtigen Staates etwas zu unternehmen. Welche Beschwerde im einzelnen grundlos und welche begründet war, entschied im wesentlichen die Behörde selbst. Die Zustände sind ähnlich in autoritären Staaten. Auch hier ist es oft gefährlich, sich gegen behördliche Maßnahmen zu wehren, selbst dann, wenn die Beschwerde nicht förmlich ausgeschlossen ist, wie das weite Gebiet der durch die Justiz nicht kontrollierten Tätigkeit der Polizei in einem derartigen Regime zeigt[1]).

Die meisten rechtsstaatlichen Verfassungen billigen daher dem Bürger ein Beschwerderecht zu. Erstmalig geschah das in der englischen bill of rights von 1689, die u. a. bestimmt, „daß es ein Recht der Untertanen ist, ihre Petitionen an den König zu richten und daß alle Verhaftungen und gerichtlichen Verfolgungen für solche Petitionen ungesetzlich sind". Die WRV., westd. GG. und Verf. d. d. R. erklären im Anschluß an die Verfassungen des 19. Jahrhunderts das Recht, „sich schriftlich mit Bitten oder Beschwerden an die zuständigen Behörden oder an die Volksvertretung zu wenden", als verfassungsmäßiges Grundrecht (Art. 126 bzw. Art. 17, Art. 3). So ist nach der Auffassung des Rechtsstaats das Recht jedes einzelnen, alle Fähigkeiten der Behörden voll auszunutzen, positiv rechtlich unterbaut.

Die Verwaltung muß viel mehr Entscheidungen treffen als die in ganz bestimmten Formen arbeitenden Justizbehörden. Doch können viele Entscheidungen einfach aus tatsächlichen Gründen nicht derart genau durchgearbeitet sein, wie das bei gerichtlichen Urteilen oder Beschlüssen der Fall sein soll. Oft kommt erst im Wechselgespräch mit den Betroffenen das Richtige und für alle tragbare Ergebnis heraus. Wollte man den Betroffenen die Möglichkeit des Beginnens eines solchen Gespräches nehmen, so würden die Verwaltungsmaßnahmen häufig ein Monolog vom grünen Tisch aus sein. Andrerseits ist — selbst dort, wo Verwaltungsgerichtsbarkeit mit Generalklausel vorhanden ist — für die große Menge der Verwaltungsentscheidungen der Rechtsschutz weniger exakt als derjenige im Verfahren der ordentlichen Gerichtsbarkeit.

---

[1]) Vgl. die wortreichen und wenig inhaltsvollen Ausführungen bei v. Köhler, Grundlehren, S. 246, zu diesem Punkt.

Er beruht im Grunde — und das entspricht dem ganzen Verwaltungsverfahren — viel weniger auf einer rechtlichen als auf einer psychologischen oder auch politischen Grundlage. Der Beamte kann es sich angesichts der vielseitigen parlamentarischen direkten und indirekten Kontrollen nicht leisten, allzuoft und in allzu scharfer Weise der durchschnittlichen Ansicht der Bevölkerung, also der von ihm verwalteten Personen, zu widersprechen. Geschieht das dennoch aus Nachlässigkeit, Lebensfremdheit oder Herrschsucht, so wird die Kritik der Volksvertretungen für eine Änderung der Handlungen dieses Beamten sorgen. Geschieht es aus Überzeugung und möglicherweise besserer Einsicht, als sie die Betroffenen haben können, so muß der Beamte für die aus seiner Ansicht erwachsene Anschauung inner- und außerhalb der Behörde werben, oder er muß seine Verwaltungshandlungen so sorgfältig und überzeugend begründen, daß der nicht durch die eigenen Interessen Verblendete die Richtigkeit des behördlichen Standpunktes einsieht.

2. Vorstellung

Wenn man von diesem Grundsatz ausgeht, ist über die Vorstellung oder Gegenvorstellung, früher auch Remonstrationen genannt, nicht viel zu sagen. Sie richtet sich an die entscheidende Behörde selbst. Es ist eine selbstverständliche Pflicht der Behörde, eine Antwort zu erteilen. Das wird im allgemeinen in der gleichen Form zu geschehen haben, die die Eingabe benutzt hat. Angesichts der Stellung der Behörden im Volksganzen sollten gegen diese Auffassung keine Bedenken erhoben werden. Aber formlos, wie das ganze Verfahren der Vorstellung nun einmal ist, kann der die Vorstellung Erhebende in dieser Instanz eine behördliche Antwort nicht erzwingen. Das kann er nur durch diejenigen Mittel, durch die ein unterlassener Verwaltungsakt herbeizuführen ist. Allerdings wird dann, wenn die Behörde schon einmal sachlich entschieden hat, das Interesse an der zwangsweisen Durchführung des Vorstellungsverfahrens nur gering sein. Die mit einem derartigen Fall befaßten Verwaltungsgerichte haben daher in erster Linie zu prüfen, ob überhaupt ein Rechtsschutzinteresse vorhanden ist. Die Frage ist ohne weiteres zu verneinen, wenn das Verwaltungsgericht erst zuständig wird nach Entscheidung sämtlicher Instanzen und wenn im einzelnen Fall noch nicht alle Instanzen angerufen worden sind.

In der materiellen Entscheidung ist die Behörde, bei der die Vorstellung erhoben wird, völlig frei. Sie kann nach wie vor nach denjenigen Gesichtspunkten entscheiden, die sie für maßgeblich hält. Sie kann auch eine sachliche Entscheidung überhaupt ablehnen, falls sie das zu rechtfertigen vermag.

Beispiel:

Auf das mit den gehörigen Unterlagen versehene Baugesuch des Grundstückseigentümers braucht die Baubehörde sachlich nicht zu entscheiden, wenn es wegen rechtlicher Unausführbarkeit (pr. OVG. 41, 372) ohne weiteres unzulässig ist oder wenn nach den gegebenen Umständen einwandfrei feststeht, daß der Antragsteller die Ausführung des Baugesuchs überhaupt nicht beabsichtigt. — Pr. OVG. 89, 376.

Alles das gilt nur dann nicht, wenn durch den bereits erlassenen Verwaltungsakt Bindungen erzeugt sind oder Feststellungen getroffen sind, die auch nach den Regeln über die Rechtskraft derartiger Akte im Einvernehmen mit den Betroffenen nicht beseitigt werden können[1]).

3. Einspruch

Ausnahmsweise sind für die Vorstellung in Einzelgesetzen bestimmte Formen vorgeschrieben. Wie in Zivil- und Strafprozessen spricht man hier auch im Verwaltungsrechtsverfahren meist von einem Einspruch[2]). Ebenso wie der Einsprechende muß die betroffene Behörde bestimmte Formen wahren. Nach manchen Gesetzen laufen für Behörden und Betroffene Fristen. Alle diese Regelungen beruhen unmittelbar auf dem Gesetz. Man kann nicht von einem subjektiv-öffentlichen Recht des Betroffenen auf Bescheid sprechen[3]), ebensowenig wie ein solches Recht auf Erlaß eines Zivilurteils vorhanden ist.

Einspruch wird im allgemeinen da zugelassen, wo Massenentscheidungen ergehen, die eine genaue Nachprüfung des Einzelfalles erschweren. Die Nachprüfung wird dann durch die Behörde in den Einspruchsfällen nachgeholt, während für die übrigen Fälle die Arbeit gespart bleibt[4]).

Die meisten Verwaltungsgerichtsordnungen verlangen als Klagevoraussetzung die Durchführung eines Einspruchsverfahrens auch dann, wenn ein solches nach sonstigen gesetzlichen Bestimmungen nicht vorgesehen ist (§§ 44 ff. brit. VO. 165, §§ 44 ff. südd. VGG.).

4. Dienstaufsichtsbeschwerde

Wenn eine Behörde in mehreren Instanzen aufgebaut ist, besteht die Möglichkeit, sich über Maßnahmen der unteren Instanz bei der höheren Instanz zu beschweren. Das gleiche ist der Fall, wenn eine Behörde über

[1]) Vgl. oben S. 174 ff.

[2]) Einspruch erfolgt immer beim judex a quo, der auch selbst entscheidet.

[3]) So Köhler, Grundlehren, S. 247.

[4]) Vgl. Jellinek, Verwaltungsrecht, S. 286.

eine andere Aufsicht ausübt, wobei es sich um eine solche innerhalb eines bestimmten Behördenapparates handeln kann oder eine Aufsicht, die ein Behördenapparat über einen anderen ausübt, wie etwa die Staatsaufsicht oder Kommunalaufsicht[1]).

Die Dienstaufsicht hat die Aufgabe, Maßnahmen der unterstellten Dienststellen aufzuheben oder abzuändern, die gegen ein Gesetz verstoßen oder das öffentliche Wohl oder berechtigte Interessen einzelner verletzen oder gefährden[2]).

Für diese Dienstaufsichtsbeschwerde, auch allgemeine Verwaltungsbeschwerde genannt, gelten keine besonderen Formvorschriften. Sie ist insbesondere frist- und formlos. Sie kann eingelegt werden unabhängig von der Möglichkeit anderer Rechtsbehelfe. Zweckmäßigerweise wird sie bei der Behörde angebracht, die der angegriffenen Behörde unmittelbar dienstvorgesetzt ist oder bei dem Beamten, der im unmittelbaren Vorgesetztenverhältnis zu demjenigen Beamten steht, dessen Entscheidung angegriffen wird. Es steht aber nichts im Wege, Instanzen zu überspringen[3]), wobei der Laie insbesondere bei den komplizierten Verwaltungsverhältnissen eines Bundesstaates leicht die Spur verlieren kann. Der Beschwerdeführer muß dann darauf gefaßt sein, „auf den Instanzenweg" verwiesen zu werden.

Diese Art der Beschwerde ist die primitivste, und sie meint vor allem die älteren Bestimmungen, die den Staatsbürger bei der Beschwerdeeinlegung vor Nachteil schützen sollen. Im Gegensatz zum Einspruch und der Vorstellung ist sie ein subjektiv-öffentliches Recht, dem eine Verpflichtung der Behörde zur Bearbeitung und Bescheidung entspricht. Nur so weit geht dieses Recht. Es umfaßt nicht die Berechtigung zum mündlichen Vortrag und zum persönlichen Erscheinen.

Die Dienstaufsichtsbeschwerde kann daher bezeichnet werden als das Recht eines jeden Staatsbürgers, der durch die Anordnung oder Entscheidung eines Beamten oder einer Behörde sich beschwert fühlt, bei dieser oder einer anderen zuständigen Behörde auf Abänderung anzutragen, äußerstenfalls sich an die Volksvertretung zu wenden[4]).

Dieses Recht steht nach dem Wortlaut des Art. 126 WRV. Ausländern nicht zu. Aber da im öffentlichen Interesse die Verwaltungs-

---

[1]) Vgl. unten 15. Kapitel.

[2]) Württ. VGH. in: Württ. Ztschr. f. Verw. 1925, S. 191.

[3]) So sogar für die national-sozialistische Herrschaft: Helmut Nicolai, Der Neuaufbau des Reichs nach dem Reichsreformgesetz vom 30. 1. 1935, S. 65.

[4]) Eggler, Artikel Beschwerde, in: Staatslexikon, Freiburg 1926.

behörden auch ihnen gegenüber zu ordnungsmäßiger Verwaltung verpflichtet sind, ist ihnen ebenfalls die Berechtigung zur Einlegung einer Dienstaufsichtsbeschwerde zuzubilligen. Der Wortlaut von Art. 17 westd. GG. vermeidet solche Zweifel, indem er das Beschwerderecht „jedermann" zubilligt[1]).

5. Förmliche Beschwerde

Den für Zivilrecht und Strafrecht geltenden Verfahrensformen am nächsten kommt die förmliche Beschwerde, früher auch Rekurs genannt. Sie ist denkbar nach dem Enumerationsprinzip (z. B. Preußen) oder als generelle Möglichkeit (z. B. früher Sachsen oder Baden — landesherrl. VO. vom 31. August 1884).

Die für den Gegenstand, dessentwegen Beschwerde erhoben werden soll, maßgeblichen Bestimmungen enthalten regelmäßig Vorschriften über die zu beachtenden Formalien, wie Beschwerdeform, Beschwerdefrist, ferner die Behörde, an die die Beschwerde zu richten ist und schließlich Angaben über den beschwerdefähigen Sachverhalt.

Enthält das Spezialgesetz keine Vorschriften über eine Beschwerde oder ist unklar, welches Gesetz Anwendung findet, so sind die in den Ländern erlassenen Landesverwaltungsgesetze oder Landesverwaltungsordnungen anzuwenden, wie z. B. §§ 50 ff. pr. LVG. in Verbindung mit §§ 21 ff. Vereinfachungsverordnung vom 3. September 1932 in der Fassung vom 11. Dezember 1934 — GS. S. 457 — oder §§ 35 thür. LVO. Außerdem geben manche Verwaltungsgerichtsordnungen eine allgemeine Beschwerdemöglichkeit, wobei die Beschwerde als Klagevoraussetzung an die Stelle des Einspruchs treten kann (z. B. § 49 Abs. 2 brit. VO. 165, § 48 südd. GG.).

Aktivlegitimiert zur Einlegung der förmlichen Beschwerde ist nur der durch die Verwaltungsentscheidung Betroffene. Wer betroffen ist, läßt sich oft nicht leicht feststellen. In der Regel wird es derjenige sein, dem die angefochtene Entscheidung bekanntzugeben war. Aber es gibt auch Verwaltungsmaßnahmen, die in die Rechte Dritter eingreifen. Dann sind sie ebenfalls betroffen und können sich beschweren, ohne daß ihnen die ursprüngliche Entscheidung zugegangen wäre[2]).

[1]) Die Behandlung der alliierten Staatsangehörigen während der Besatzungszeit richtet sich nach völkerrechtlichen Bestimmungen.

[2]) Von manchen wird angenommen, daß Gemeinden, Gemeindeverbände und andere Körperschaften des öffentlichen oder des Privatrechts sich auch über Gegenstände beschweren können, die nicht in ihre Zuständigkeit fallen, vgl. z. B. Stier-Somlo, Die Verfassung des Deutschen Reichs, 1925 (3. Aufl.), S. 103.

Beispiel:

Die Verwaltungsbehörde befiehlt dem Eigentümer eines Brunnens, an dem ein Nachbar ein dingliches Nutzungsrecht hat, den Brunnen wegen Verunreinigung des Wassers zu schließen. Dann hat auch der dinglich berechtigte Nachbar ein Beschwerderecht. — Pr. OVG. 65, 419; 77, 451; auch sächs. OVG. 7, 195.

Beschwerdeführer können natürliche und juristische Personen sein. Eine gemeinschaftliche Beschwerde mehrerer Personen, die nicht eine juristische Person bilden, wird seit jeher zugelassen (Argument aus Art. 126 Satz 2 WRV., Art. 17 westd. GG.).

Beschwerdeadressat ist im allgemeinen die nächsthöhere Instanz. Aus Zweckmäßigkeitsgründen wird die Beschwerde jedoch oft bei der entscheidenden Instanz selbst einzulegen sein, weil sich dort alle Vorgänge befinden und weil es sich empfiehlt, dieser Stelle noch einmal Gelegenheit zur Äußerung zu geben (§ 122 Abs. 1, 129 pr. LVG., § 234 Abs. 1 RAO.). Meist hat die zunächst entscheidende Behörde die Möglichkeit, von sich aus der Beschwerde abzuhelfen, so daß die höhere Instanz mit der Sache trotz Einlegung der Beschwerde gar nicht erst befaßt wird. Hilft die Instanz der angefochtenen Entscheidung auf die Beschwerde hin ab, so hat der Beschwerdeführer grundsätzlich keinen Anspruch darauf, daß nun trotzdem noch die höhere Instanz mit der Sache befaßt wird. Ihm fehlt das Rechtsschutzinteresse. Nur ausnahmsweise wird er auf einer sachlichen Entscheidung der höheren Behörde bestehen können.

Beispiel:

Zieht die Baupolizeibehörde die sachliche Versagung einer Baugenehmigung wegen nachträglich eingetretener Umstände zurück, so kann der Grundstückseigentümer doch eine Entscheidung über die Rechtmäßigkeit der Versagungsverfügung nach den Verhältnissen zur Zeit ihres Erlasses beanspruchen. — Pr. OVG. 89, 376.

Zur Wahrung der Beschwerdefrist genügt im allgemeinen die Einlegung der Beschwerde entweder bei der bisher entscheidenden oder bei der höheren Instanz (z. B. §§ 122 Abs. 1, 129 Abs. 1 pr. LVG.; § 234 Abs. 1 RAO.). Wenngleich im Verwaltungsverfahren weitgehend Amtsbetrieb herrscht, kann es doch vorkommen, daß sich die höhere Instanz erst dann mit der Sache befassen darf, wenn sie an sie herangetragen wird.

Eine weitere Beschwerde gegen die Entscheidung der Beschwerdestelle ist nur zulässig, wo das in den einzelnen Gesetzen besonders angeordnet ist.

Die formelle Beschwerde ist an bestimmte Formen gebunden, deren wichtigste die Einhaltung der Beschwerdefrist, meist zwei Wochen, ist

(z. B. § 51 pr. Vereinfachungsverordnung). Nach Ablauf der Frist erlangt der unangefochtene Bescheid formelle Rechtskraft[1]). Die Beschwerde muß die angefochtene Entscheidung bezeichnen und angeben, welches Ergebnis mit ihr bezweckt wird[2]).

Die Frage, ob die Beschwerde die Vollstreckung aus der angegriffenen Entscheidung hemmt, ob sie Suspensiveffekt hat, ist von den Gesetzen nicht einhellig beantwortet. § 53 pr. LVG. oder § 117 thür. LVO. z. B. geben die Möglichkeit vorläufiger Ausführung, woraus zu schließen ist, daß grundsätzlich ein Suspensiveffekt eintritt. Auch der württembergische Entwurf zu einem Verwaltungsgesetz von 1931 sieht das im Anschluß an die württembergische Praxis vor[3]).

Durch die Beschwerde wird die Angelegenheit vor die Beschwerdeinstanz gebracht (Devolutiveffekt), sofern nicht die bisherige Instanz selbst abhilft und dadurch das weitere Rechtsschutzinteresse verloren geht.

Die Beschwerdeinstanz hat in der Regel die Sache in tatsächlicher und rechtlicher Hinsicht von Amts wegen nach jeder Hinsicht und Richtung zu prüfen. Auch die inhaltliche Anwendung des Ermessens, Ermessensüberschreitung und Ermessensmißbrauch sind zu kontrollieren. Der Beschwerdeführer kann selbst neue Tatsachen vorbringen oder auf neue rechtliche Gesichtspunkte hinweisen. Die Behörde ist jedoch daran nicht gebunden, sondern hat im Amtsbetrieb von sich aus alle in Betracht kommenden tatsächlichen und rechtlichen Umstände zu prüfen und zu berücksichtigen.

Das Beschwerdeverfahren endet entweder mit einer Zurückweisung der Beschwerde, dem Erlaß eines neuen Verwaltungsaktes durch die Beschwerdeinstanz oder der Zurückverweisung an die Vorinstanz, wobei dieser einzelne Auflagen gemacht werden können.

Eine reformatio in peius ist in der Regel nur möglich, wenn die Beschwerdeinstanz gleichzeitig auch Aufsichtsinstanz ist. Denn dann kann sie immer bei ihr ungesetzlich oder zweckwidrig erscheinenden Verwaltungsakten der untergebenen Behörde eingreifen[4]). Ist für die Bearbeitung einer bestimmten Art von Beschwerden eine besondere Behörde

---

1) Fleiner, Institutionen, S. 124.

2) Pr. OVG. 10, 350.

3) v. Köhler, Grundlehren, S. 250.

4) So Fleiner, Institutionen, S. 226, im Anschluß an die von ihm zitierten einheitlichen Bestimmungen der deutschen Länder.

eingesetzt oder sind besondere gesetzliche Bestimmungen vorhanden, so ist die reformatio in peius in der Regel ausgeschlossen[1]).

Entscheidungen der Beschwerdeinstanz kommt keine materielle Rechtskraft zu. Selbst nach Abschluß des Beschwerdeverfahrens kann die untere Instanz einem neuen Antrag im Gegensatz zu der Stellungnahme der Beschwerdeinstanz oder im Gegensatz zu ihrer bisherigen Haltung entsprechen oder überhaupt ganz neue Maßnahmen treffen. Eine Regulierung findet lediglich im inneren Dienst statt, so daß der Staatsbürger weitgehend vor voneinander abweichenden Entscheidungen in derselben Angelegenheit geschützt ist. Die vorgesetzte Behörde wird im allgemeinen aus Gründen der Disziplin eine nicht zu rechtfertigende, von ihrer eigenen kundgegebenen Ansicht abweichende Entscheidung der unteren Instanz nicht zulassen[2]).

6. Rechtsbeschwerde

Innerhalb des Verwaltungsstreitverfahrens kann die Beschwerde als Rechtsmittel eingebaut sein, wo sie dann also neben anderen Rechtsmitteln des Verfahrens eine Rolle spielt. Allgemeine Formen sind nicht vorhanden. Voraussetzung für diese Art der Beschwerde ist, daß es sich um ein gerichtliches oder ein gerichtsähnliches Verfahren handelt, in dessen Verlauf Beschwerdemöglichkeiten kraft ausdrücklicher Gesetzesbestimmung gegeben sind. Diese Art der Beschwerde gleicht durchaus derjenigen der ZPO.

Beispiele:

§ 16 Patentgesetz, §§ 39, 47, 59, 62, 102 UVG., §§ 129, 155, 178 Inv. VG. — §§ 91 ff. brit. VO. 165., § 50, Abs. 1 Pr. LVG.

Sie ist also abhängig von dem Bestand und Ausbau des Verwaltungsstreitverfahrens, so daß nur dieses nähere Auskunft über Einzelheiten geben kann[3]).

Schrifttum

Bachof, Einstw. Verf. im Verwaltungsprozeß. In: NJW. 1949, S. 328.
— Verwaltungsgericht, Verwaltungskontrolle. In: SJZ. 1948, Sp. 543.
Bauer, Beiladung. In: DÖV. 1949, S. 189, 226.
Bettermann, Generalklausel. In: MDR. 1949, S. 394.
Biesten, Verwaltungsgerichtsbarkeit. In: Rhein.-Pfälz. Verw.-Bl. 1947
Bischof, Verfassung, Gesetz und VO. und richterliches Nachprüfungsrecht. In: Zeitschr. f. Zivilr. u. Prozeß, Band 16—18, 1840—1842.

[1]) Das trifft weitgehend in Steuersachen zu; vgl. auch v. Köhler, Grundlehre, S. 251. — Für die Verwaltungsgerichtsbarkeit vgl. unten S. 274.

[2]) Z. B. Otto Mayer, Verwaltungsrecht I, S. 160.

[3]) Eine Zusammenfassung der älteren Bestimmungen der einzelnen deutschen Länder z. B. bei Stier-Somlo, Art. Beschwerde, in: Wörterbuch des deutschen Staats- und Verwaltungsrechts 1914 (2. Auflage).

Coing, Strafr. Haftung der Richter. In: SJZ. 1947, S. 61.
Dossel, Die neue Verwaltungsgerichtsbarkeit. In: Neue Justiz 1948, S. 197.
Eich, Verwaltungszwangsverfahren (Texte). Siegburg 1950.
Eyermann, Erich - Fröhler, Ludwig, Verwaltungsgerichtsgesetz (am. Zone). Kommentar. München—Berlin 1950.
Freytag, Aus der Praxis der hess. Verwaltungsgerichte. In: NJW. 1947.
Friedrichs, In: pr. Verwaltungsblatt Band 47, 1924.
Fürnohr, Das neue oberste Finanzgericht in München. In: NJW. 1948, S. 136.
Giese, Verwaltungsgerichtsbarkeit. In: Die Aktuelle, 1947.
Giesges, Verwaltungsgerichtsbarkeit (brit. VO. 141). Hamburg 1948.
— Verwaltungsgerichtsbarkeit (brit. VO. 165). Hamburg 1948.
van Husen, Gesetz über die Verwaltungsgerichtsbarkeit in Bayern, Württemberg, Baden und Hessen, Kommentar. Stuttgart 1947.
Ipsen, Gerichtsbarkeit unter Besatzungsrecht. In: Jahrb. d. Int. U.A.Ö. Recht 1948.
Jellinek, Walter, Gesetz, Gesetzesanwendung und Zweckmäßigkeitserwägung. Tübingen 1913.
— Verwaltungsgerichtsbarkeit in der am. Zone. In: DRZ. 1948, S. 269.
— Verwaltungsgerichtsbarkeit in der brit. Zone, ebd. S. 470.
— Richterl. Prüfungsrecht. In: Festschr. f. R. Laun. Hamburg 1948.
Johannsen, Verwaltungsrechtsschutz. In: Schlesw.-Holst. Anz. 1949, S. 1.
Kantz-Ruwalt, Verwaltungszwangsverf. z. Beitreibung von Geldbeträgen. Berlin 1938.
Kleinrahm, Verwaltungsgerichtsbarkeit in der brit. Zone. In: Handbuch d. Grundstücks- und Baurechts.
Kersten, Verwaltungsgerichtsbarkeit in der brit. Zone: NJW. 1949, S. 209.
Kohlmeyer, Vertreter des öffentliches Interesses. In: DÖV. 1949, S. 105.
Krönig, Nachprüfung von Ermessungsentsch. In: MDR. 1948, S. 130.
v. Laun, Freies Ermessen und seine Grenzen. Leipzig u. Wien 1910.
Lehmann, Verwaltungsgerichtsbarkeit i. d. brit. Zone. In: DV. 1948, S. 110, 133.
Loening, VO. 165 und der Rechtsstaat. In: DV. 1949, S. 85.
— Verwaltungsgerichtsbarkeit im GG. In: DÖV. 1949, S. 324.
Naumann, Rechtsmittelbelehrung. In: DV. 1948, S. 137.
Plappert, Prinzip der Gesetzmäßigkeit der Verwaltung. Stuttgart 1929.
Ruscheweyh. In: Justiz und Presse. 1948.
— Abstrakte Normenentscheidung. In: DV. 1948, S. 84.
v. d. Sandt, Verwaltungsgerichtsbarkeit in der brit. Zone. Münster 1949.
Sauerland, Lücken in der Rechtskontrolle in Preußen. Münster 1932 (Diss.).
Schieren, Rechtspflege in der Sozialversicherung. In: DV. 1949, S. 259.
Schneider, Verwaltungsgerichtsbarkeit in Berlin. In: Arch. f. öffl. Recht. 1948.
Schwarz, Grundriß der Verwaltungsgerichtsbarkeit (brit. Zone). Minden 1949.
Sieveking, Verwaltungsgerichtsbarkeit. In: MDR. 1948, S. 377, 1949, S. 24.
v. Werder-Labs-Ortmann, Verfahren vor den Verwaltungsgerichten (Kommentar z. brit. VO. 165). Oldenburg 1949.
Wolff, Verwaltungsgerichtliche Legitimation der Verw. des Ver. Wirtschaftsgebiets. In: MDR. 1949, S. 266.

Elftes Kapitel

Verwaltungsgerichtsbarkeit

1. Entstehung

Die Verwaltungsgerichtsbarkeit in ihrer heutigen Art und Form ist in der Aera des liberal-monarchischen Rechtsstaates entstanden. Ob man schon die bei den preußischen Kriegs- und Domänekammern des 18. Jahrhunderts für die Entscheidung administrativer Streitigkeiten gebildeten Kammerjustizdeputationen als Vorläufer der heutigen Verwaltungsgerichte ansprechen kann, mag dahingestellt bleiben. Der absolute Polizeistaat konnte grundsätzlich in seinem System eine eigentliche Verwaltungsgerichtsbarkeit nicht einbauen. Immerhin knüpfte der Frühkonstitutionalismus an die vorhandenen Vorgänge an, so daß während der ersten Hälfte des 19. Jahrhunderts Verwaltungsangelegenheiten, soweit sie überhaupt ein gerichtsähnliches Verfahren durchliefen, von besonderen, von den übrigen Verwaltungsbehörden getrennten Dienststellen der Verwa'tung erledigt wurden. Demgegenüber forderte eine ebenfalls an vorhandene Grundlagen anknüpfende Ansicht, daß die ordentlichen Gerichte auch Verwaltungsstreitigkeiten zu erledigen hätten. Vorkämpfer dieser Ansicht waren di: Vertreter des neueren Justizstaates, wie z. B. Otto Bähr, der sich auf seine Erfahrungen in Kurhessen stützte.

Diese letztere Anschauung errang ihren bedeutendsten Erfolg in der Bestimmung der Reichsverfassung von 1849, die besagt: „Die Verwaltungsrechtspflege hört auf, über alle Rechtsverletzungen entscheiden die Gerichte." Zunächst schien es, als ob dieser Standpunkt sich auch in der Gesetzgebung der deutschen Länder durchsetzen würde. So erging z. B. in Preußen im Jahre 1861 ein Gesetz zur Erweiterung des Rechtswegs, das die Zuständigkeit der ordentlichen Gerichte in weitem Umfange auf verwaltungsrechtliche Streitigkeiten ausdehnte. Andere Länder, wie z. B. Hamburg, hielten an einer derartigen Regelung sogar noch bis nach dem ersten Weltkriege fest.

Im allgemeinen jedoch wurde die Anschauung, die sich auf die Grundsätze des neueren Justizstaates stützte, durch eine andere verdrängt, die eine eigene Verwaltungsgerichtsbarkeit forderte. Diese neue Verwaltungsgerichtsbarkeit hatte keinerlei Zusammenhang mehr mit vor 1850 bestehenden Einrichtungen ähnlichen Namens. Ihr Vorkämpfer war Rudolf von Gneist. Sie forderte eigene Verwaltungsgerichte sowohl zum Schutz und zur Klärung des objektiven Verwaltungsrechts wie auch der subjektiven Rechte gegenüber den Maßnahmen der Verwaltung.

Die Verwirklichung der Forderung erfolgte im Rahmen der allgemeinen großen Verwaltungsreform der siebziger Jahre des 19. Jahrhunderts, die für Preußen z. B. mit dem Namen von Gneist und Bismarck verknüpft ist. Die ersten Verwaltungsgerichte im neuen Sinne allerdings entstanden in Süddeutschland, so in Baden im Jahre 1863, einige Zeit später in Hessen, in Preußen erst im Jahre 1875.

Die endgültige Regelung für Preußen brachte das Landesverwaltungsgesetz und das Zuständigkeitsgesetz, beide von 1883. Hiernach waren Verwaltungsgerichte der Kreis- oder Stadtausschuß, der Bezirksausschuß und das Oberverwaltungsgericht. In den unteren Instanzen waren die Gerichtsbehörden weitgehend mit den gleichen Personen besetzt, die auch in der inneren Verwaltung tätig waren, wobei es sich sowohl um hauptamtliche als auch nebenamtliche Tätigkeiten handelte[1]). Die oberste Instanz war eine selbständige Gerichtsbehörde, nur mit hauptamtlichen Berufsrichtern besetzt. Eine ähnliche Regelung trafen die übrigen deutschen Länder, soweit überhaupt eine eigene Verwaltungsgerichtsbarkeit geschaffen wurde. Die obersten Instanzen hießen zum Teil nicht Oberverwaltungsgericht, sondern Verwaltungsgerichtshof.

2. Ausbau

Die Verwaltungsgerichtsbarkeit wurde nach der Gründung des Kaiserreichs auf die Reichsverwaltung ausgedehnt. Doch entstanden hier nur Spezialverwaltungsgerichte, so z. B. das Bundesamt für Heimatwesen[2]), das Reichsversicherungsamt, das Reichsaufsichtsamt für Privatversicherungen, das Reichsoberseeamt, das Reichspatentamt. Diese Stellen waren sowohl Verwaltungsgerichte als auch Verwaltungsbehörden. Ausschließlich Gericht war der im ersten Weltkrieg durch Reichsgesetz vom 26. Juli 1918 gebildete Reichsfinanzhof in München[3]).

Artikel 107 WRV. machte die Verwaltungsgerichtsbarkeit in Reich und Ländern obligatorisch. Im Reich entstanden nach 1919 weitere wichtige zentrale Verwaltungsgerichte, so das Reichswirtschaftsgericht mit dem Reichskartellgericht

[1]) Vgl. unten 14. Kapitel.

[2]) Entscheidungen des Bundesamtes für Heimatwesen, Berlin 1873 ff.

[3]) Sammlung der Entscheidungen und Gutachten des Reichsfinanzhofs bis zum Jahre 1944 insgesamt 53 Bände.

und das Reichsversorgungsgericht[1]). Die mehrfach geplante Begründung eines allgemeinen obersten Reichsverwaltungsgerichtes wurde nicht Wirklichkeit.

In den Ländern vollzog sich die Einführung der Verwaltungsgerichtsbarkeit gemäß der Anweisung der Reichsverfassung nun auch dort, wo sie bisher nicht bestanden hatte. Es gab überall Oberverwaltungsgerichts- oder Verwaltungsgerichtshöfe als oberste Landesinstanz. Die nachgeordneten Instanzen der Verwaltungsgerichtsbarkeit trugen in den einzelnen Ländern verschiedene Namen, stimmten in ihrer Einrichtung jedoch wesentlich miteinander überein. In Preußen waren z. B. die Bezirksausschüsse beim Regierungspräsidenten teils als erste, teils als Rechtsmittelinstanz tätig. Die Kreisausschüsse beim Landrat oder entsprechend die Stadtausschüsse beim Oberbürgermeister waren stets erste Instanz. Außerdem wurden Sonderverwaltungsgerichte eingerichtet, so z. B. auf der Provinzialebene die Landeskulturämter — pr. VO. vom 17. März 1933 —, auf der Ebene des Regierungspräsidiums die Oberversicherungsämter, die Versorgungsgerichte — § 6 Gesetz vom 10. Januar 1922 — RGBl. I, S. 59 — in der Fassung vom 20. März 1928 — RGBl. I, S. 71 — die staatlichen Schlichtungsausschüsse — Verordnung vom 30. Oktober 1920 — RGBl. I, S. 1043. Rechtsgrundlagen waren hierbei auch für auf landesverwaltungsmäßiger Basis errichtete Verwaltungsgerichte häufig Reichsgesetze.

Nach 1933 wurden die überkommenen Einrichtungen der Verwaltungsgerichtsbarkeit stufenweise abgebaut. Zunächst zwar traten an die Stelle der Bezirksausschüsse und der Kreis- und Stadtausschüsse am 1. Januar 1934 die Bezirksverwaltungsgerichte und die Kreis- und Stadtverwaltungsgerichte, so daß der Anschein entstand, als ob die Verwaltungsgerichtsbarkeit noch weiter ausgebaut oder zum mindesten beibehalten werden sollte. Nach dauernden Zuständigkeitsminderungen jedoch wurden zu Beginn des zweiten Weltkrieges in den Ländern zunächst die untersten Instanzen kassiert, so z. B. in Preußen die Kreis- und Stadtverwaltungsgerichte, im Reich entfielen die Finanzgerichte beim Oberfinanzpräsidenten. Der Rechtszug an das oberste Verwaltungsgericht, so z. B. in Preußen vom Bezirksverwaltungsgericht an das Oberverwaltungsgericht oder im Reich vom Oberfinanzpräsidenten an den Reichsfinanzhof wurde durch das Erfordernis der Zulassung der Rechtsmitteleinlegung durch die erkennende Instanz in jedem Einzelfall erschwert.

---

[1]) Das Reichsarbeitsgericht, gemäß dem Reichsgesetz vom 23. 12. 1926, ist als eine speziell arbeitsrechtliche Einrichtung hier nicht zu erwähnen.

Um so auffallender war die Schaffung des Reichsverwaltungsgerichts durch Führererlaß vom 3. April 1941 — RGBl. I, S. 201. Allerdings diente diese Neugründung, wie sich schon aus dem Vorspruch ergibt, keineswegs dem Ausbau der Verwaltungsgerichtsbarkeit, sondern sie bezweckte lediglich eine Vereinfachung der Verwaltung und vor allem eine Kostenersparnis. Die Vereinfachung bestand vor allem darin, daß zahlreiche der bis dahin vorhandenen Sonderverwaltungsgerichte in das Reichsverwaltungsgericht eingebaut wurden. So gingen in ihm auf: Reichsdienststrafhof, Reichswirtschaftsgericht, Verwaltungsgerichtshof in Wien, Oberste Spruchstelle für Umlegungen, Oberste Spruchstelle für Wasser- und Bodenverbände, Entschädigungsgericht für Wehrmachtslandbeschaffung, Reichskriegsschädenamt. Entsprechend der allgemeinen Tendenz der Zusammenlegung von Verwaltungsstellen des Reichs und Preußens wurde das preußische Oberverwaltungsgericht in das Reichsverwaltungsgericht übernommen. Es war darüber hinaus vorgesehen, noch weitere oberste Spruchbehörden des Reichs mit dem Reichsverwaltungsgericht zu vereinigen.

Die wichtigeren Entscheidungen des Reichsverwaltungsgerichts sollten in einer besonderen Sammlung veröffentlicht werden, die gleichzeitig an die Stelle der Veröffentlichung der vom Reichsverwaltungsgericht aufgesogenen Behörden trat. Tatsächlich erschienen ist jedoch nur ein einziger Entscheidungsband[1]).

Neben dem Reichsverwaltungsgericht blieben nach 1941 noch als selbständige Spezialoberverwaltungsgerichte bestehen der Reichsfinanzhof, das Reichsversicherungsamt, das Reichsaufsichtsamt für Privatversicherung, das Oberseeamt und das Reichspatentamt.

Der Gründungserlaß für das Reichsverwaltungsgericht verminderte die richterliche Unabhängigkeit erheblich. Er sah Versetzbarkeit der hauptamtlichen Mitglieder vor und kannte außerdem auf Zeit bestellte außerordentliche oder auf Widerruf gestellte nebenamtliche Mitglieder. In weit erheblicherem Maße als das für die Richter der ordentlichen Gerichte geschehen war, wurden nach dem Erlaß die Richter des Reichsverwaltungsgerichts verpflichtet, sich in erster Linie bei ihren Entscheidungen von nationalsozialistischen Anschauungen leiten zu lassen.

Nach dem Zusammenbruch fiel das Reichsverwaltungsgericht fort wie auch die übrigen zentralen Reichsgerichte. Überdies wurde es durch eine besondere Bestimmung der Militärregierung ausdrücklich aufgehoben. Diese Bestimmung, Kontrollratsgesetz

1) Entscheidungen des Reichsverwaltungsgerichts, Berlin 1942.

Nr. 36 über Verwaltungsgerichte vom 10. Oktober 1946, ordnete im übrigen unter Aufhebung der deutschen Abbaumaßnahmen seit 1939[1]) an, daß zur Entscheidung von Verwaltungssachen Verwaltungsgerichte in den einzelnen Zonen und in Berlin wieder einzurichten seien. Die Zonenbefehlshaber oder entsprechend die Berliner Alliierte Kommandantur sollen Zuständigkeit, Verfassung und Verfahren dieser Gerichte in besonderen Ausführungsbestimmungen festsetzen.

Der Aufbau in den einzelnen Zonen ist verschieden.

In den Ländern der amerikanischen Zone ergingen nach gemeinsamen Vorarbeiten deutscher Fachkräfte bereits im Jahre 1946 nahezu gleichlautende Gesetze, in Bayern am 25. September 1946 — GuVBl. vom 10. Oktober 1946 —, in Nordwürttemberg-Baden am 16. Oktober 1946 — RegBl. vom 18. Oktober 1946 — und in Hessen am 31. Oktober 1946 — GuVOBl. vom 10. November 1946. Bremen schloß sich durch ein Gesetz vom 5. August 1947 — GBl. S. 171 — an. Die Gerichte sind grundsätzlich in zwei Rechtsstufen aufgebaut. Erste Instanz sind die Verwaltungsgerichte, in Bayern 5, in Württemberg-Baden 2, in Hessen 3, in Bremen eins. Zweite Instanz ist für jedes Land ein Verwaltungsgerichtshof, für Württemberg-Baden mit einer Außenstelle in Karlsruhe. Eine Ausnahme besteht für die Bagatellsachen, deren Streitwert nicht 100 DM erreicht (§ 102), wofür die Berufung ausgeschlossen ist. Eine weitere Ausnahme besteht für die Verwaltungsakte, einschließlich der Beschwerdeentscheide, der Ministerien, derentwegen Klage nur vor dem Verwaltungsgerichtshof erhoben werden kann[2]).

In den Ländern der britischen Zone ergingen zunächst einige fast gleichlautende Anweisungen der Provinzen und Länder über die Wiederingangsetzung der Bezirksverwaltungsgerichte, wo solche früher bestanden hatten[3]). Die erste umfassendere Ausführungsbestimmung zu Kontrollratsgesetz Nr. 36 stellt die am 1. April 1948 in Kraft getretene Verordnung Nr. 141 dar. Am 15. September 1948 trat jedoch eine aus-

---

[1]) Aufgehoben ist gemäß Art. V: VO. des Führers und Reichskanzlers zur Vereinfachung der Verwaltung vom 28. 8. 1939 — RGBl. I, S. 1535 —, 2. VO. zur Vereinfachung der Verwaltung vom 6. 11. 1939 — RGBl. I, S. 2168 —, VO. des Führers und Reichskanzlers bzgl. der Gründung des Reichsverwaltungsgerichts vom 3. 4. 1941 — RGBl. I, S. 201 —.

[2]) Jellinek, Die Verwaltungsgerichtsbarkeit in der amerikanischen Zone, in: DRZ. 1948, S. 269.

[3]) Mitt.- u. VOBl. Westfalen Nr. 13 vom 7. 8. 1946, S. 73; Mitt.- u. VOBl. Nord-Rheinprovinz Nr. 28/46, S. 161; Amtsbl. Niedersachsen Nr. 7/46, S. 59; Amtsbl. Schleswig-Holstein Nr. 9/46, S. 51; Oldenburgisches GesBl. 11/46, S. 37; Bremer GesBl. 8/46.

führlichere Bestimmung, Verordnung Nr. 165, in Kraft, die Art. I—VI, X, XI der Verordnung Nr. 141 wieder aufhob. Diese zunächst endgültige Regelung sieht zwei Instanzen vor. Erste Instanz sind die Landesverwaltungsgerichte. Sie entsprechen dem Tätigkeitsbereich nach in etwa den preußischen Bezirksverwaltungsgerichten. Die bereits bestehenden Verwaltungsgerichte auf dieser Ebene werden von den Landesverwaltungsgerichten aufgesogen (§ 109). Zweite Instanz sind die Oberverwaltungsgerichte für jedes Land (§ 2), von deren Errichtung jedoch bis auf weiteres abgesehen werden kann (§ 112)[1]. Die beiden in Süddeutschland vorhandenen Ausnahmen von der Zweistufigkeit des Verfahrens kennt VO. 165 nicht. Die Oberverwaltungsgerichte sind auch zur Entscheidung über die Rechtsmittel der Berufung oder Beschwerde gegen erstinstanzliche Entscheidungen besonderer Verwaltungsgerichte zuständig, gegen die kein anderes Rechtsmittel eingelegt werden kann (§ 27c)[2].

Bei Verletzung bizonaler Vorschriften konnte in dritter Instanz bei Vorliegen einer entsprechenden gesetzlichen Bestimmung das Oberste Gericht für die Vereinigten Wirtschaftsgebiete entscheiden (Proklamation der Militärregierung vom 9. Februar 1948).

In der französischen Zone sind gemäß Mil.-Reg.-Verf. Nr. 76 vom 23. Juli 1946 — JO. 256 — ergangen: württ.-hohenz. Landesvo. vom 19. August 1946 — ABl. 224 —; bad. Landesvo. vom 30. März 1947 — ABl. 89 — mit Ausfvo. vom 16. Januar 1948 — GVBl. 17 —; rhld.-pf. Landesgesetz vom 14. April 1950 — GVBl. S. 103 —, wonach Landesverwaltungsgerichte und Bezirksverwaltungsgerichte eingerichtet sind[3].

In den Ländern der russischen Zone begnügt man sich vielfach mit einer einzigen Instanz (so z. B. nach dem mecklenburgischen Gesetz über die Verwaltungsgerichtsbarkeit vom 18. September 1947 — Gesetzessammlung S. 109 — oder das brandenburgische Gesetz vom 12. Oktober 1947 — Gesetzessammlung S. 27)[4]. — Regierungs-

[1] Es gibt ein OVG. für Nordrhein-Westfalen in Münster, ein OVG. gemeinschaftlich für Niedersachsen und Schleswig-Holstein in Lüneburg und ein OVG., kombiniert mit OLG., für Hamburg.

[2] Jellinek, Die Verwaltungsgerichtsbarkeit in der britischen Zone, in: DRZ. 1948, S. 470.

[3] Für Südbaden z. B. Verfügung des französischen Oberkommandierenden vom 20. 7. 1946. — DRZ. 1946, S. 113.

[4] Dossel, Die neue Verwaltungsgerichtsbarkeit, in: Neue Justiz 1948, S. 27.

akte, also Verwaltungsakte der Ministerien, können verwaltungsgerichtlich überhaupt nicht überprüft werden (z. B. § 126a thür. LVO. in der Fassung vom 26. Oktober 1945).

Für Berlin kam eine einheitliche Regelung nicht zustande. Im amerikanischen und britischen Sektor wurden auf Grund der Anweisung der amerikanischen Militärregierung vom 19. November 1945 und der britischen Militärregierung vom 19. Dezember 1945 Verwaltungsgerichte errichtet. In jedem Bezirk der Stadt besteht ein Stadtverwaltungsgericht als unterste Instanz, für den ganzen Sektor jeweils ein Bezirksverwaltungsgericht. Das Verfahren regelt sich weitgehend nach §§ 50 ff. pr. LVG. Im französischen und russischen Sektor gibt es keine Verwaltungsgerichte[1]).

Außer den allgemeinen Verwaltungsgerichten sind als unabhängige nur dem Gesetz unterworfene[2]) Stellen Spezialverwaltungsgerichte (keine Ausnahmegerichte i. S. von Art. 105 WRV. oder Art. 101 Abs. 2 westd. GG.!), die wichtigsten seit jeher auf dem Gebiet der Sozialversicherung und des Finanzwesens (z. B. brit. VO. Nr. 175)[3]) für die Länder der amerikanischen Zone auch die Entnazisierungsspruch- und Berufungskammern (§ 136 südd. VGG.)[4])[5]).

Aufbau und Organisation der Verwaltungsgerichtsbarkeit gehört zur Zuständigkeit der Länder (Art. 30, 92 westd. GG.). Für den westdeutschen Bund wird eine justizstaatliche Lösung ausdrücklich ausgeschlossen (Art. 96 Abs. 2 westd. GG.)[6]). Als Bundesgerichte dürfen nur errichtet werden das Bundesverfassungsgericht, das Oberste Bundesgericht, obere Bundesgerichte für die ordentliche, die Verwaltungs-, Finanz-, Arbeits- und Sozialgerichtsbarkeit, ferner Dienststrafgerichte

---

[1]) Aufzählung der vorhandenen Verwaltungsgerichte: DVBl. 1950, S. 239. Für Berlin vgl. Schneider, in: Ardöff R. 1948, S. 240.

[2]) Die herrschende Meinung nimmt an, daß diese Voraussetzungen auch von Personen erfüllt werden können, die neben ihren richterlichen auch Verwaltungsfunktionen ausüben, z. B. bayr. VGH. vom 26. 1. 1949, Nr. 321 I/48, Verw.-Ger. Stuttgart in: DÖV. 1949, S. 159. Zu den in der Theorie geäußerten Bedenken — z. B. Schieren in: DV. 1949, S. 259, Friesenhahn ebd. S. 479, Schoen in: DÖV. 1949, S. 446 — vgl. z. B. v. d. Sand, § 22; Teutsch in: DRZ. 1949, S. 169; VG. Stuttgart in: DV. 1950, S. 88.

[3]) Einzelheiten über das Werden der Finanzgerichtsbarkeit nach 1945 bei Fürnrohr in: NJW. 1948, S. 136, zur Sozialgerichtsbarkeit Teutsch in DÖV. 1950, S. 168.

[4]) Vgl. hierzu Bachof in: SJZ. 1949, S. 394, Verw.-Ger. Stuttgart in NJW. 1949, S. 631, VGH. Hessen in: DÖV. 1949, S. 235, Friesenhahn in: DV. 1949, S. 481.

[5]) Die Einspruchs- und Beschwerdeinstanzen in Wohnungssachen (Kontrollratsgesetz Nr. 18) sind trotz ihres gerichtsähnlichen Aufbaus keine Verwaltungsgerichte. (OVG. Lüneburg in: DV. 1950, S. 112.)

[6]) Über das Verhältnis der Verwaltungsgerichtsbarkeit nach dem Grundgesetz zur ordentlichen Gerichtsbarkeit vgl. Bettermann, in: MDR. 1949, S. 398, Ule in: 10. Beiheft zu DRZ. 1949, S. 19, Friesenhahn in DV. 1949, S. 479.

für Bundesbeamte und Bundesrichter. Nur die letzteren können als untere Bundesverwaltungsgerichte begründet werden. Von Spezialverwaltungsgerichten darf der Bund nur obere Sozial- und Finanzgerichte einrichten (Art. 96 Abs. 1, anders als Art. 103 WRV., Art. 108 Abs. 5 westd. GG. widerspricht dem nicht)[1]).

3. Sachliche Zuständigkeit

Die sachliche Zuständigkeit der Verwaltungsgerichte beschränkt sich auf die Gegenstände des Verwaltungsrechts. Hauptfrage oder Streitgegenstand können also nur auf dem Gebiet des Verwaltungsrechts liegen. Privatrecht wird nur für die Prüfung von Vorfragen von Bedeutung, die für das Verständnis der vom Verwaltungsgericht zu klärenden Hauptfragen von Belang sind[2]). Grundsätzlich nicht zur verwaltungsgerichtlichen Zuständigkeit gehören ferner Verfassungsfragen, deren Nachprüfung auf der Ebene des Staatsrechts eingerichteten Gerichten, z. B. Staatsgerichtshöfen oder Wahlprüfungsgerichten, obliegt. Ausnahmen müssen im Gesetz besonders festgelegt werden.

Beispiel:

§ 27 d brit. VO. Nr. 165: Die Oberverwaltungsgerichte entscheiden ... in erster und letzter Instanz über Verfassungsstreitigkeiten innerhalb eines Landes, in dem kein anderes Gericht zu ihrer Regelung besteht.

a) Kontrolle der Rechtmäßigkeit.

Innerhalb des Verwaltungsrechtskomplexes beschränkt sich die Zuständigkeit der Verwaltungsgerichte grundsätzlich auf die Kontrolle von Rechtsfragen. Diese Kontrolle erstreckt sich auf zwei Gebiete.

Das Gericht hat zu prüfen, ob die Verwaltungsbehörde das bestehende Recht richtig angewandt hat. Unter Verwendung einer im Strafrecht üblichen Ausdrucksweise heißt das: Das Gericht hat zu prüfen, ob der im Gesetz enthaltene Tatbestand und der konkrete nachzuprüfende Sachverhalt sich decken. Es entspricht dem Wesen des Verwaltungsrechts, das häufig substanziierte gesetzliche Tatbestände nicht vorhanden sind. Dann treten an ihre Stelle die allgemeinen Rechtsgrundlagen für die Verwaltungstätigkeit überhaupt oder für die speziell nachzuprüfende Tätigkeit. Maßgeblich ist grundsätzlich das zur

---

[1]) Vgl. Dernedde in: DV. 1949, S. 367; Ule in: DV. 149, S. 335; Loening in: DÖV. 1949, S. 324. — Gesetz über den Bundesfinanzhof v. 29. 6. 1950 — BGBl. S. 257. —

[2]) Vgl. oben S. 78.

Zeit des Erlasses des Verwaltungsaktes geltende Recht. Nur ausnahmsweise, wenn es besonders angeordnet ist, findet das zur Zeit der Urteilsfällung geltende Recht Anwendung[1]).

Das Verwaltungsgericht hat fernerhin zu prüfen, ob die von der Verwaltungsbehörde angewandten Bestimmungen wirklich geltendes Recht sind. Es hat also genau wie das ordentliche Gericht das — etwas unklar ausgedrückt — sogenannte Recht der Nachprüfung des Gesetzes. Der Umfang dieses Rechts ist abhängig von der jeweils vorhandenen staatsrechtlichen Regelung. In Deutschland trat es erstmalig in der Mitte des vorigen Jahrhunderts in Erscheinung, während man bis dahin in Verfolg der aus der Zeit des Absolutismus stammenden Ansicht allgemein angenommen hatte, daß eine der Form nach gültige landesherrliche Verordnung[2]) oder ein formell richtig zustandekommendes Gesetz von den Gerichten als gültig hingenommen werden müsse[3]). Eine Nachprüfung konnte nach dieser Anschauung nur der Gesetzgeber selbst vornehmen. Hierfür wurden nun im Laufe der zweiten Hälfte des 19. Jahrhunderts die Gerichte zuständig. Die Zuständigkeit des Gesetzgebers, die Nachprüfung der Rechtmäßigkeit der Gesetze selbst vorzunehmen, blieb nur in einem Punkt erhalten, nämlich hinsichtlich der Frage, ob der sich als Gesetz ausgebende Text wirklich Gesetz im Sinne der Verfassung sei. Die Nachprüfung der Verfassungsmäßigkeit der Gesetze blieb so weiterhin den Gerichten entzogen und lag allein in der Hand des Gesetzgebers, der so eine Nachprüfung in eigener Sache vornahm. Dieser Standpunkt wurde erst nach 1919 verlassen. Von nun an erstreckte sich das Nachprüfungsrecht der Gerichte auch auf die Übereinstimmung der Gesetze mit der Verfassung, also die Frage der Verfassungsgemäßheit der Gesetze[4])[5]). Unter der

---

1) Pr. OVG. 85, 423.

2) Vgl. oben S. 18, S. 103.

3) Bischof, in: Ztschr. f. Zivilr. u. Prozeß, Bd. 16 (1840) S. 235 ff., 385 ff.; Bd. 17 (1841) S. 104 ff., 253 ff., 448 ff., Bd. 18 (1842) S. 129 ff., 302 ff., 393 ff.

4) RGZ. 102, 164; 107, 379; 111, 320; Plenarentscheidung der Zivilsenate, in: DRZ. 1924, Sp. 419 ff.; Reichsfinanzhof 5, 333; pr. OVG. in: Pr. Verwaltungsblatt, Bd. 46 S. 559; Reichsversorgungsgericht in: DJZ. 1925, Sp. 99 und 332; Reichsbahngericht in: JW. 26, 2005. — Diese Auffassung erstreckt das Prüfungsrecht also sowohl auf die Formalien (Ist das Gesetz unter Mitwirkung der verfassungsmäßig notwendigen Organe und ohne Verletzung verfassungsmäßiger Formen zustande gekommen?), als auch auf den materiellen Inhalt (Ist das formell gültig erlassene Gesetz seinem materiellen Inhalt nach verfassungsmäßig und ist die es erlassende Volksvertretung legitim?). Die von den Gerichten vertretene Ansicht trifft nicht überall auf Zustimmung. Anschütz, a. a. O., spricht von einer Selbsttäuschung des höchsten deutschen unpolitischen Gerichtshofs. Apelt, Geschichte der Weimarer Reichsverfassung 1946, S. 286, nennt die Ansicht des RG. ein Märchen unter Hinweis darauf, daß noch 1922 die Vereinigung deutscher Staatsrechtslehrer mit großer

nationalsozialistischen Herrschaft lehnte man überhaupt jede Möglichkeit der Nachprüfung von Gesetzgebungsakten durch Gerichte ab. Die neuen Landesverfassungen geben zwei Lösungen: Die Länder der Ostzone schließen ein richterliches Nachprüfungsrecht der Gesetzmäßigkeit der Gesetze aus. Eine solche Nachprüfung kann entweder nur der Gesetzgeber selbst vornehmen oder eine von ihm eingesetzte und von ihm abhängige Stelle[1]). Gemäß westd. GG. kann die Gültigkeit einer bundesrechtlichen oder landesrechtlichen Norm Gegenstand einer Streitigkeit zwischen Bund und Land vor dem Bundesverfassungsgericht sein. Das Gericht entscheidet ferner bei Meinungsverschiedenheiten oder Zweifeln über die förmliche oder sachliche Vereinbarkeit von Bundesrecht oder Landesrecht mit dem Grundgesetz oder die Vereinbarkeit von Landesrecht mit sonstigem Bundesrecht (Art. 93 Abs. 1 Ziff. 2) und bei Meinungsverschiedenheit über die Fortgeltung von Recht als Bundesrecht (Art. 126, 123—125). Die Gerichte haben alle über jene Fragen auftauchenden Zweifel dem Verfassungsgericht vorzulegen (Art. 100), können darüber also nicht selbst entscheiden. Ihre Stellung ist gegenüber der Zeit vor 1933 also schwächer. Die westdeutschen Landesverfassungen nehmen denselben Standpunkt ein[2]).

Hinsichtlich der unter dem Besatzungsregime erlassenen Rechtsvorschriften ist noch folgendes zu beachten:

Die Gerichte eines okkupierten Gebiets haben keine Möglichkeit, Maßnahmen der Besatzungsmacht auf ihre Gültigkeit hin zu prüfen[3]). Macht die Besatzungsmacht jedoch von der ihr im Art. 43 der Haager Landkriegsordnung von 1907 eingeräumten Befugnis Gebrauch und ermächtigt sie deutsche Stellen zur Rechtsetzung im besetzten Gebiet, so werden diese Sätze behandelt wie die außerhalb des Besatzungsstatuts

Mehrheit das richterliche Prüfungsrecht, wie es kurze Zeit später vom RG. angenommen wurde, verneint habe. — Vgl. auch oben S. 41.

[5]) Die Rechtsprechung machte einen Unterschied, ob formelle Gesetze oder abgeleitete Rechtsquellen zu prüfen waren. Bei den letzteren sollten sämtliche formellen und materiellen Voraussetzungen nachprüfbar sein. — Sächs. OVG. 33, 321; 34, 16, 157, 184; bayr. VGH. 44, 33.

[1]) Art. 43 thür. Verf., Art. 60 sächs. Verf., Art. 60 sachs.-anhalt. Verf., Art. 37 brand. Verf. — Art. 66 Verf. d. d. R. nimmt auch keinen anderen Standpunkt ein.

[2]) Art. 65, 92 bayr. Verf.; Art. 92 nord-württ.-bad. Verf.; Art. 133 hess. Verf.; Art. 114 süd-bad. Verf.; Art. 62 württ.-hoh. Verf.; Art. 130 süd-rhein.-pfälz. Verf. — Für westd. GG. vgl. Ipsen: DV. 1949, S. 486.

[3]) So für den zweiten Weltkrieg: Der Hohe Rat der Niederlande und das norwegische Höchste Gericht. In: Ztschr. f. ausl. öff. Recht u. Völkerrecht, Bd. 11 (1943) S. 592, 599; für die Gegenwart: Ruscheweyh in: Justiz und Presse 1948, S. 30; Ipsen in: Jahrb. des int. und ausl. öffentl. Rechts, Bd. 1 (1948) S. 102; OLG. Wien in: Österr. Juristenzeitung 1947, S. 79; vgl. auch Hatschek, Völkerrecht, Tübingen 1923, S. 309.

erlassenen Gesetze. Das gilt auch dann, wenn sich die Besatzungsmacht, also gegenwärtig die Militärregierung, die Zustimmung zu jedem von deutschen Stellen erlassenen Gesetz usw. vorbehalten hat. Die Zustimmung bedeutet nur, daß die Militärregierung von ihrem Standpunkt aus keine Bedenken gegen die von deutschen Stellen veranlaßte Rechtsetzungsmaßnahme hat[1]). Sollen Ausnahmen von dieser Regel gemacht werden, so ist das ausdrücklich anzuordnen, wie z. B. nach Art. XV britisch-amerikanische Militärregierungsverordnung Nr. 127 kein deutsches Gericht ermächtigt ist, ein vom Bipartite Board genehmigtes Gesetz des Vereinigten Wirtschaftsgebiets für ungültig zu erklären. Die Regeln über die Möglichkeit der richterlichen Nachprüfung von Gesetzen auf dem Gebiet des innerdeutschen öffentlichen Rechts oder desjenigen Rechts, welches während der Besatzungszeit an seine Stelle tritt, werden dadurch nicht berührt[2]).

b) Kontrolle der Zweckmäßigkeit.

Die Kontrolle der Zweckmäßigkeit von Verwaltungsmaßnahmen ist den Verwaltungsgerichten grundsätzlich entzogen[3]). Selbst wenn der Verwaltungsrichter eine ganz andere Ansicht über die Zweckmäßigkeit oder Unzweckmäßigkeit eines seiner Nachprüfung unterliegenden Verwaltungsaktes hat als der diesen Akt setzende Verwaltungsbeamte, darf er ihn nicht abändern.

Trotz dieses Grundsatzes aber erstreckt sich die Nachprüfung des Gerichts weitgehend auf Ermessensfragen. Das Ergebnis entsteht dadurch, daß nicht richtig angewandtes Ermessen in einigen Fällen sich a Rechtsverletzung darstellt.

Beispiel:

Die mehrfach wiederholte Erteilung des Fischereischeins trotz Kenntnis der Vorstrafen des Antragstellers bedeutet einen Verzicht auf die Geltendmachung der Vorstrafen als alleinigen Versagungsgrund. Ein späteres Zurückgreifen darauf ist ein willkürlicher dem Sinne des Gesetzes nicht gemäßer Ermessensmißbrauch und deshalb vom Verwaltungsgericht nachzuprüfen. — Württ.-bad. VGH. in: Verwaltungsrechtsprechung I, S. 74.

Das gilt zunächst von der fehlerhaften Anwendung des gebundenen Ermessens. Die falsche Auslegung oder Anwendung objektiver Erfahrungssätze durch die Verwaltungsbehörde ist eine Verletzung objektiven Rechts und daher vom Verwaltungsgericht nachzuprüfen.

---

1) Oberster Gerichtshof für die britische Zone vom 1. 7. 1948 — ZS. 9/48 —.

2) Vgl. oben S. 254.

3) Z. B. pr. OVG. 82, 266 —

Beispiel:

Nachprüfung, ob ein Beamter voll beschäftigt ist. — Bayr. VGH. 42, 55. — Ob die Beamtengehälter angemessen sind. — Bayr. VGH. 42, 93. — Ob zur Ausübung der Fleischbeschau in der Gemeinde ein geeigneter Tierarzt zur Verfügung steht. — Bayr. VGH. 53, 28. — Ob ein Weg entbehrlich ist. — Sächs. OVG. 30, 222. — Ob das Gemeinwohl gefährdet ist. — Sächs. OVG. 34, 27.

Ebenso ist das freie Ermessen für das Gericht unkontrollierbar nur, solange es sich im Rahmen der vom Gesetz gesetzten Schranken bewegt. Die Nachprüfung, ob das freie Ermessen nicht auch zu einer anderen als der tatsächlich gefällten Entscheidung hätte führen können, steht dem Gericht nicht zu[1]). Jedoch ist unrichtig angewandtes freies Ermessen eine Rechtsverletzung[2]), gleichgültig ob es sich um eine Ermessensüberschreitung oder um einen Ermessensmißbrauch handelt[3]).

Um nun überhaupt klären zu können, ob unrichtig angewandtes freies Ermessen vorliegt, muß sich das Verwaltungsgericht mit dem Rahmen, innerhalb dessen das freie Ermessen zulässig ist, und mit der inhaltlichen Entscheidung des freien Ermessens befassen. Das ist eine vom Verwaltungsgericht nachprüfbare Rechtsfrage und keine Ermessensfrage[4]).

Beispiel:

Die Bedürfnisfrage bei Erteilung oder Versagung der Schankkonzession ist verwaltungsgerichtlich nachprüfbar.

Die Frage, ob Konversion zulässig ist, ob also das Verwaltungsgericht einen auf unhaltbarer Rechtsgrundlage ruhenden Verwaltungsakt durch Verwendung einer anderen Rechtsgrundlage aufrecht erhalten kann oder gar muß, wird nicht einheitlich beantwortet. Eine gesetzliche Regelung ist, soweit ersichtlich, nirgends vorhanden.

Die ältere Praxis, insbesondere das preußische Oberverwaltungsgericht, neigte dazu, Konversion zuzulassen. Das geschah insbesondere bei Polizeiverfügungen. Polizeiverfügungen wurden aufrecht erhalten, wenn sich die Aufrechterhaltung aus irgendeinem, möglicherweise nachträglich

---

1) RGZ. 147, 183; Freytag, in: NJW. 1947, S. 96.

2) So die seit langem herrschende Meinung, z. B. Laun, Das freie Ermessen, S. 105 ff.; Otto Mayer, Verwaltungsrecht, I, S. 133; Verwaltungsgericht Bremen vom 2. 3. 1948, in: Zentraljustizblatt für die britische Zone 1948, S. 237; nun wieder: § 36 südd. VGG., § 23 Abs. 3 brit. VO. Nr. 165.

3) Vgl. oben S. 54.

4) Diese Regelung besteht in Deutschland seit langem. § 36 südd. VGG. 1946 oder Art. I brit. VO. Nr. 141 enthalten keine Neuerung für deutsche Verhältnisse der Zeit vor 1933. Sie stellen vielmehr den alten Zustand wieder her; so mit Recht auch Bachof, Die verwaltungsgerichtliche Ermessenskontrolle, in: SJZ. 1948, Sp. 748.

vorgebrachten Gesichtspunkt des Tatbestandes rechtfertigen ließ, ohne Rücksicht darauf, ob die Polizeibehörde bei dem Erlaß der Verfügung zu billigende tatsächliche und rechtliche Motive im Auge hatte oder nicht. Die Rechtsprechung beschränkte sich nicht nur auf die Einschiebung eines anderen Rechtsgrundes, sondern sie griff weit in die Tatsachenprüfung ein.

Beispiel:

Eine aus gesundheitspolizeilichen Motiven erlassene Polizeiverfügung, die aus diesem Grunde nicht aufrecht erhalten werden kann, läßt das OVG. aus feuerpolizeilichen Gesichtspunkten bestehen. — Pr. OVG. 58, S. 379.

Auch diese Auffassung betonte, daß die Grenze der Nachprüfbarkeit des freien Ermessens unbedingt eingehalten werden müsse[1]). Konversion wurde weiterhin stets abgelehnt für Polizeiverordnungen[2]).

Die jüngere Theorie und Praxis lehnt Konversion im allgemeinen ab. Sofern die Wahl des Rechtsgrundes, der einen Verwaltungsakt tragen soll, im freien Ermessen der Verwaltungsbehörde liegt, ist der Austausch des von der Verwaltungsbehörde gewählten Rechtsgrundes durch einen anderen nichts anderes als ein Eingriff des Gerichts in das Ermessen der Behörde[3]). Weil Konversion mit der Forderung des Nichteingreifens in das Ermessen nicht zu vereinbaren ist, hat das preußische Oberverwaltungsgericht in jüngeren Entscheidungen seinen Standpunkt geändert und die Möglichkeit der Konversion im Verwaltungsgerichtsverfahren verneint[4]).

Beispiel:

Die Polizei hat aus wegepolizeilichen Gründen die Beseitigung von Steinen von einem Privatweg verlangt. Aus diesem Grunde ist die Verfügung nicht haltbar. Sie wäre nach Ansicht des Gerichts haltbar aus sicherheitspolizeilichen Gründen. Dennoch hebt es die Verfügung auf, weil dieser Gesichtspunkt von der Polizei nicht geprüft worden ist und es selbst eine Änderung des Rechtsgrundes nicht vornehmen kann. — Pr. OVG. 72, 308.

Das entspricht der jetzt herrschenden Ansicht. Die Verwaltungsgerichte haben nicht die Befugnis, den Verwaltungsakt auf eine Rechtsvorschrift zu stützen, die die Verwaltungsbehörde nicht gewählt hat, gleichgültig ob sie ihn ausdrücklich ablehnt oder nur einfach übersehen hat. Die Wahl des Rechtsgrundes eines Verwaltungsaktes ist regelmäßig eine Ermessensfrage. Eine andere Lösung ist dem ganzen Wesen des Verwaltungsaktes nach nicht möglich. Für die Verwaltung ist das Recht

---

1) Pr. OVG. 42, 386.

2) Pr. Kammergericht, in: DJZ. 1904, Sp. 997.

3) Eine zusammenfassende Verteidigung dieser Ansicht bringt Friedrichs, in: Pr. Verwaltungsblatt 45 (1924), S. 456.

4) So sehr deutlich z. B. Jellinek, Verwaltungsrecht, S. 255.

nur Mittel zum Zweck. Das Ergebnis des Verwaltungsaktes, sein „Tenor“, besteht nicht selbständig und unabhängig von seiner Begründung, wie das ein gerichtliches Urteil tut. Es ist vielmehr auf das engste mit der jeweiligen rechtlichen Begründung verbunden. Die Verbindung kann nicht gelöst werden, ohne das Wesen des Verwaltungsaktes zu zerstören.

Beispiel:

Ein Auto ist auf Grund einer ungültigen ministeriellen Anordnung beschlagnahmt. Die Beschlagnahme wäre nach dem RLG. möglich gewesen, wovon die Behörde jedoch keinen Gebrauch gemacht hatte. Auch das Gericht darf die Beschlagnahme nicht auf Grund des RLG. für gültig erklären. — Württ.-bad. VGH. vom 5. August 1947, in: SJZ. 1948, Sp. 154 u. NJW. 1948, S. 396.

Hat die Verwaltungsbehörde einen Verwaltungsakt durch einen Vorwand begründet, so ist das Gericht nicht in der Lage, den Akt wegen des Vorwandes aufzuheben, genau so wenig wie das eine vorgesetzte Behörde zu tun pflegt. Die Behauptung des Vorwandes ist vom Gericht zurückzuweisen oder nicht zu beachten.

Beispiel:

Eine Polizeibehörde verlangt von dem Eigentümer eines Vorgartens eine übersichtliche Einzäunung mit der Begründung, das uneingezäunte unübersichtliche Gelände biete Unterschlupf für verdächtiges Gesindel. In Wirklichkeit will die Polizei den Eigentümer zur unentgeltlichen Abtretung des Geländes an die Gemeinde veranlassen. Wenn die Verfügung durch die gegebene Begründung getragen wird, darf sie nicht aufgehoben werden, selbst wenn allen Beteiligten das wahre wirtschaftliche Motiv der Behörde klar ist. — Pr. OVG. 65, 421 ff.; 68, 435 ff.

Es genügt, daß der Verwaltungsakt durch die nach außen angegebene Begründung tatsächlich und rechtlich getragen wird. Allerdings ist es die Pflicht der Verwaltungsgerichte, in Fällen, in denen der Verdacht eines Vorwandes besteht, strenge Maßstäbe an die Rechtmäßigkeit der Begründung zu legen. Das Interesse des einzelnen soll vor dem Interesse der Allgemeinheit nur soweit zurückweichen, wie es unbedingt erforderlich ist[1]).

4. Klagearten

Die zunächst von der Verwaltungsrechtslehre begründete Unterscheidung zwischen Anfechtungssachen und Parteistreitigkeiten ist nunmehr von den meisten gesetzlichen Regelungen übernommen worden.

---

[1]) Näheres, insb. über die Rechtsprechung bei Jellinek, Gesetz, Gesetzesanwendung, S. 354 ff.

Anfechtungssachen sind die häufigeren. Hierbei wendet sich der von dem Erlaß eines Verwaltungsamtes oder von der Unterlassung der Vornahme eines solchen Aktes betroffene einzelne gegen die hoheitlich verfügende Verwaltungsstelle. Zu einem derartigen Vorgehen ist jedes Subjekt des Verwaltungsrechts[1]) berechtigt.

Die Anfechtungsklage steht ihm zu, wenn er behaupten kann, daß er durch einen Verwaltungsakt oder eine sonstige Verwaltungsmaßnahme in einem ihm zustehenden Recht verletzt oder mit einer ihm nicht obliegenden Verbindlichkeit belastet worden sei. Sie steht dem Benachteiligten auch im Falle der behördlichen Unterlassung einer begehrten Amtshandlung zu, wenn er behaupten kann, daß er auf die Vornahme der Amtshandlung ein Recht gehabt hätte, oder wenn die Behörde das äußere oder innere Ermessen nicht eingehalten hat[2]). Ein subjektiv-öffentliches Recht ist erforderlich. Ob darüber hinaus derjenige zur Anfechtungsklage berechtigt ist, dessen Lebenskreis durch die angefochtenen Verwaltungsakte faktisch berührt wird oder für den nur eine begünstigende Lage vorhanden ist, hängt von der gesetzlichen Regelung ab. Bisher wurde diese Möglichkeit allgemein verneint[3]). Auf alle Fälle ist es wichtig, für jeden Bereich der Verwaltungsmaßnahmen zu klären, ob durch sie oder durch ihre Unterlassung subjektiv-öffentliche Rechte entstehen, oder ob es sich um Dienstanweisungen für den inneren Bereich der Behörden handelt, die für den einzelnen möglicherweise tatsächlich von der größten Bedeutung sein können, auf deren Beachtung er jedoch keinen Rechtsanspruch hat. Eine Unterlassung im Sinne der modernen Verwaltungsgerichtsgesetze liegt vor, wenn die Behörde einen Antrag ohne zureichenden Grund innerhalb einer angemessenen Frist nicht beschieden hat, wobei man die Benennung einer Frist vermeidet (früher oft vier Monate), um säumigen Beamten nicht einen Anreiz zu geben, die Sache nun erst einmal diese Zeit hindurch liegen zu lassen (Untätigkeitsklage, z. B. § 35 Abs. 2 südd. VGG.; §§ 24 Abs. 1, 44, 48, 49 brit. VO. Nr. 165).

Regelmäßig ist die Anfechtungsklage erst als letzte Maßnahme in einem Verwaltungsverfahren möglich. Zunächst müssen sämtliche im Gesetz vorgesehenen Rechtsmittel und Rechtsbehelfe erschöpft sein, ohne daß der Anfechtungskläger zu dem von ihm erstrebten Ziele gekom-

---

[1]) Vgl. oben 6. Kapitel.

[2]) Vgl. die ausführliche Stellungnahme hierzu bei Bachof, a. a. O., Sp. 748.

[3]) Für eine solche Erweiterung des Schutzes der subjektiven Rechtsstellung tritt der württ.-bad. VGH. ein (Entscheidung vom 23. 5. 1947 in: Arch. öff. R. 1948, S. 364).

men wäre[1]). Je weniger Instanzen im Verwaltungsgerichtsaufbau vorhanden sind, desto schärfer sind die Anforderungen in dieser Richtung. Es gehört zum Wesen des Verwaltungsstreitverfahrens, daß es erst eingreift, wenn der Verwaltungsweg erschöpft ist. Maßgeblich hierfür ist nicht das Vorhandensein eines mehrinstanzlichen Aufbaus, sondern die gesetzliche Grundlage. Es kann mehrere Instanzen geben, dennoch aber kann kraft Gesetzes ein Rechtsmittel oder Rechtsbehelf schon gegen die Entscheidungen der untersten Instanz nicht möglich sein.

Beispiel:

Die Entscheidungen der Preisbehörde für Mieten und Pachten sind unanfechtbar. Dann bleibt nur das Einspruchs- und Beschwerdeverfahren als Klagevoraussetzung nach den Verwaltungsgerichtsgesetzen.

Gesetzliche Bestimmungen, daß eine Entscheidung einer Verwaltungsbehörde, gleichgültig welche Instanz sie darstellt, unanfechtbar sei, stehen der Klageerhebung im Verwaltungsstreitverfahren nicht entgegen. Denn das Gesetz meint nur Unanfechtbarkeit im Verwaltungsweg. Die Bestimmungen über die Zulässigkeit der Anfechtungsklage im Verwaltungsstreitverfahren sind die jüngeren und stärkeren und ändern insoweit ältere Bestimmungen ab. (Z. B. § 22 Abs. 2 brit. VO. Nr. 165.)

Parteistreitigkeiten sind Streitigkeiten über Gegenstände des öffentlichen Rechts zwischen koordinierten Rechtsträgern, also insbesondere gleichgeordneten Verbänden und Körperschaften wie Gemeinden, Gemeindeverbänden, Schulverbänden, Fürsorgeverbänden, Sozialversicherungsträgern usw. Körperschaften des Privatrechts kommen als Parteien in einer derartigen Parteistreitigkeit nicht in Betracht. Gleichgeordnet in einem Streitverfahren sind nach den meisten neueren gesetzlichen Bestimmungen zwei Rechtsträger dann, wenn weder die Geltendmachung noch die Ablehnung des Anspruchs durch einen der beiden Rechtsträger eine verbindliche Entscheidung über den Anspruch für den anderen enthält. So sind insbesondere nicht gleichgeordnet alle Selbstverwaltungskörperschaften mit dem Staat[2]). Ein wichtiger Fall der Parteistreitigkeit ist die Feststellungsklage (z. B. § 24 südd. VGG., § 52 brit. VO. Nr. 165). Parteistreitigkeiten verlangen nicht ein vorhergehendes Verwaltungsverfahren.

Nach dem Klagebegehren sind Leistungs-, Gestaltungs- und Feststellungsklagen zu unterscheiden.

---

[1]) Für das Beschlußverfahren vgl. unten S. 275 ff.

[2]) Die Abgrenzung zwischen den beiden Gruppen ist nicht immer deutlich. Ein Streit über die öffentlich-rechtliche Nutzung von Gemeindevermögen z. B. ist auch dann Parteistreitigkeit, nicht Anfechtungsklage, wenn der Kläger die Verpachtung der Nutzungen durch die Gemeindeverwaltung beanstandet. — Bayr. VGH. vom 11. 3. 1948 in: Verwaltungsrechtsprechung I, S. 111.

Beispiel:

Eine Feststellungsklage darüber, daß ein Beamtenverhältnis besteht. — Bezirksverwaltungsgericht Berlin, brit. Sektor, vom 25. November 1947, in: Rhein-pfälz. Verwaltungsblatt 1948, S. 266.

Bei Parteistreitigkeiten ist Widerklage dann möglich, wenn ein rechtlicher Zusammenhang mit dem Klageanspruch besteht. Hier sind weitgehend die Grundsätze, die für den Zivilprozeß herausgearbeitet worden sind, heranzuziehen.

5. Parteien und Beteiligte

Beteiligte am Verfahren sind der Kläger, der Beklagte bzw. Anfechtungsgegner, der Beigeladene und der Vertreter des öffentlichen Interesses.

Nur bei Parteistreitigkeiten gibt es Parteien, also außer dem Kläger einen echten Beklagten. Die Klage des Klägers ist gegen den Beklagten zu richten, von dem eine Leistung oder Unterlassung verlangt wird oder dem gegenüber das Bestehen oder Nichtbestehen eines Rechtsverhältnisses festgestellt werden soll.

Im Anfechtungsverfahren kann man von Parteien nur im übertragenen Sinn reden. Auf der einen Seite steht der Anfechtungskläger, auf der anderen der Anfechtungsgegner. Anfechtungsgegner kann sein entweder der Staat oder diejenige Körperschaft des öffentlichen Rechts, der die verfügende Behörde angehört. Ist die Behörde, die den angegriffenen Verwaltungsakt erlassen hat, eine staatliche, so ist der Staat selbst passiv legitimiert. Ist die Behörde eine Dienststelle eines sonstigen Subjekts des öffentlichen Rechts, so ist dieses passiv legitimiert[1]). Das ist selbst dann der Fall, wenn der Verwaltungsakt der nichtstaatlichen Behörde durch eine Maßnahme der Staatsaufsicht nachgeprüft und nicht abgeändert wurde[2]). Den so festzustellenden Dienststellen obliegt die Vertretung der Interessen des Anfechtungsgegners. Das ist z. B. die Regelung der süddeutschen Verwaltungsgerichtsgesetze. Anfechtungsgegner kann aber auch die Behörde sein, die den angefochtenen Verwaltungsakt erlassen oder den beantragten Akt abgelehnt hat. Das ist z. B. die Regelung der britischen Verordnung Nr. 165. Unabhängig von der Benennung haben die Beteiligten des Anfechtungsverfahrens vor dem Gericht grundsätzlich die gleichen Rechte und Pflichten.

---

1) Pr. OVG. 22, 98.

2) Freytag, in: NJW. 1947, S. 95 unter Berufung auf bayr. VGH. vom 14. 6. 1947.

Als Beteiligte kann jede Person des öffentlichen Rechts, also insbesondere natürliche und juristische Personen auftreten. Weitgehend sind aber auch nicht rechtsfähige Personen nach den Verwaltungsgerichtsgesetzen als Beteiligte zugelassen (z. B. § 40 brit. VO. 165).

Partei oder Beteiligte eines bestimmten Verfahrens sind diejenigen Personen, die am Schluß der letzten mündlichen Verhandlung diese Stellung einnehmen[1]).

Für einen nach diesen Sätzen Prozeßunfähigen handelt der gesetzliche Vertreter. Wer gesetzlicher Vertreter ist, bestimmt sich weitgehend nach Privatrecht. Hinsichtlich der Prozeßvollmacht für voll geschäftsfähige Beteiligte gelten die Regeln des Zivilprozesses. Die Partei, die sich eines Bevollmächtigten bedient, hat entsprechend der Grundregel des § 232 Abs. 2 ZPO. das Verschulden ihres Vertreters wie eigenes zu vertreten.

Es besteht kein Anwaltszwang.

Das deutsche Verwaltungsstreitverfahren kennt seit jeher die Einschaltung eines Vertreters des öffentlichen Interesses (vgl. z. B. § 18 südd. GG.). Er ist zwar nicht Partei, hat aber eine parteiähnliche Rechtsstellung im Prozeß. Die Regierung hat meist die Möglichkeit, entweder für bestimmte Aufgabenbereiche oder für bestimmte Orte einen ständigen Vertreter des öffentlichen Interesses zu bestellen. Im Parteistreitverfahren kann die Regierung bestimmen, ob und mit welchen Befugnissen er am Verfahren zu beteiligen ist. Im allgemeinen wird ihm die Befugnis, eine Partei zu vertreten, nicht eingeräumt. Im Anfechtungsverfahren kann ihm nach den meisten Regelungen die Vertretung des Staates allgemein zugewiesen werden, so daß er an die Stelle der von der Anfechtung betroffenen Behörde tritt. Ist die Anfechtungsklage nicht gegen den Staat, sondern gegen ein anderes Subjekt des öffentlichen Rechts erhoben, so kann der Vertreter des öffentlichen Interesses sich zwar am Verfahren beteiligen, aber nicht mit der Vertretung der Körperschaft betraut werden. Häufig wird in solchen Fällen die staatliche Aufsichtsbehörde als Vertreter des öffentlichen Interesses in Betracht kommen. Deshalb wird bei Anfechtungsklagen gegen ein anderes Subjekt des öffentlichen Rechts als gegen den Staat die Klageschrift zweckmäßigerweise auch der Aufsichtsbehörde zugestellt. Sie wird dadurch aber nicht Partei. Sieht die Regierung von der Bestellung eines ständigen Vertreters des öffentlichen Interesses ab, so kann sie für jedes

---

[1]) Pr. OVG. 90, 443.

einzelne Streitverfahren einen besonderen Vertreter bestimmen (z. B. bay. VO. Nr. 85, württ.-bad. VO. Nr. 47)[1].)

Nach den meisten Regelungen gibt es keine Nebenintervention[2]). Dagegen kann derjenige Dritte, dessen rechtliche Interessen durch den Verwaltungsgerichtsstreit betroffen werden, beigeladen werden (z. B. § 60 südd. VGG.; § 41 brit. VO. Nr. 165). Der Beigeladene hat eine parteigleiche Stellung. Er muß also parteifähig sein und kann Prozeßhandlungen mit Wirkung gegen alle vornehmen, wie z. B. das Einlegen von Rechtsmitteln. Die Rechtskraft der Entscheidung wirkt gegen ihn (z. B. § 80 brit. VO. 165). In einem neuen Verfahren kann er mit dem gleichen Vorbringen nicht mehr gehört werden[3]).

6. Umfang der Klagemöglichkeit

a) Anfechtungsklagen.

Die Zuständigkeit der Verwaltungsgerichte für Anfechtungsklagen kann in dreifacher Art begründet sein:

aa) Das Gesetz enthält Einzelaufzählungen der anfechtbaren Tatbestände (z. B. pr. ZG. 7). Die Regelung hat den Nachteil, daß das Gericht sich oft für unzuständig erklären muß[4]). Das ist gegenwärtig der Zustand in den Ländern der Ostzone.

bb) Das Gesetz läßt in einer Generalklausel die gerichtliche Anfechtung einer jeden Verletzung eines subjektiv-öffentlichen Rechtes zu. Ein subjektiv-öffentliches Recht kann verletzt sein sowohl durch die Vornahme eines Verwaltungsaktes als durch die Unterlassung eines von dem Berechtigten begehrten Verwaltungsaktes. Eine Unterlassung kann formeller Art sein, indem die Behörde überhaupt keinen Verwaltungsakt setzt, obwohl sie nach Ansicht des Anfechtenden zu einer Äußerung verpflichtet wäre. Sie kann materieller Natur sein, indem die Behörde unter Angabe von Gründen eine materielle Entscheidung ablehnt[5]). Wenn das Gesetz die Generalklausel einführt, besteht also die Möglichkeit der Geltendmachung der Anfechtung von Verwal-

---

1) Näheres bei Kohlmeier in: DÖV. 1949, S. 195 ff.

2) Verwaltungsgericht Wiesbaden vom 5. 9. 1947, in: NJW. 1947, S. 77.

3) VGH. Stuttgart vom 25. 3. und 25. 4. 1947, in: württ.-bad. Staatsanzeiger vom 5. 7. 1947. — Eingehende Untersuchung über Beiladung durch Bauer in: DÖV. 1949, S. 189, 226; Bachof ebd. S. 364 ff.

4) Sauerland, Lücken in der Rechtskontrolle.

5) Pr. OVG. 89, 376.

tungsakten als auch des Anspruchs auf Vornahme eines unterlassenen Verwaltungsaktes (so z. B. §§ 22 ff. südd. VGG., § 22 brit. VO. Nr. 165), oder die Zuteilung unmittelbarer Ansprüche an den einzelnen Staatsbürger, nicht an öffentliche Körperschaften, als „echte Grundrechte"[1]) (Art. 19 Abs. 4 westd. GG., ferner z. B. Art. 98 bayr. Verf., Art. 90 württ.-bad. Verf., Art. 2 hess. Verf., Art. 124 rhld.-pf. Verf., Art. 63 südwürtt.-hohenz. Verf.). Die Generalklausel umfaßt meist nur sich aus allgemeinen Gewaltverhältnissen ergebende Verwaltungsakte, nicht solche aus besonderen Gewaltverhältnissen, wie z. B. aus Dienst- oder Anstaltsgewalt. Ihre Beschränkung auf Hoheitsakte ergibt sich aus dem Begriff des Verwaltungsaktes. Hinsichtlich der handelnden Behörde besteht kein Unterschied zwischen Verwaltungsakten von Zentralinstanzen, Ländern oder sonstigen Hoheitsträgern[2]). Eine Einschränkung der Generalklausel für bereits verwirklichte Tatbestände ist ausgeschlossen (Art. 101 Abs. 1 S. 2 westd. GG.) [3]), ebensowenig nach Art. 92 westd. GG. für künftige Fälle. (Danach dürfen die Länder der britischen Zone § 26 brit. VO. Nr. 165 nicht anwenden!)

Die Generalklausel sagt als solche nichts über die Art der zuständigen Gerichte. Das müssen die Gesetze klären. Art. 19 Abs. 4 S. 2 westd. GG. geht grundsätzlich von dem Vorhandensein von Verwaltungsgerichten aus und sieht den ordentlichen Rechtsweg nur subsidiär vor. Eine weitere Abgrenzung ist nötig zwischen der Verwaltungsgerichtsbarkeit und der Staatsgerichtsbarkeit. Die Verfassungsbeschwerde gibt häufig jedermann das Recht, den Schutz des Verfassungsgerichtshofs anzurufen, wenn er sich in seinen verfassungsmäßigen Rechten verletzt fühlt (Art. 93, 18 S. 3 westd. GG., Art. 69 bayr. Verf. usw.). Möglich ist eine materielle Trennung der Zuständigkeit, etwa derart, daß dem Verfassungsgericht eine Kontrolle der inneren Staatswillensbildung und dem Verwaltungsgericht eine Kontrolle der Handhabung der Staatsgewalt gegen Außenstehende übertragen wird[4]). Möglich ist eine Kontrolle aller Verwaltungsmaßnahmen einschließlich der Urteile von Verwaltungsgerichten durch den Verfassungsgerichtshof, wobei dann allerdings — unlogischerweise! — auf die Tatbestandswirkung der letzteren verzichtet werden müßte[5]).

---

[1]) Zu dem Begriff vgl. Ule in: DÖV. 1949, S. 334.

[2]) So für Westdeutschland Friesenhahn in: DV. 1949, S. 481.

[3]) AA. für Art. 105 WRV. z. B. Kern in: HdbDStR. II S. 493.

[4]) Die Einteilung stammt von Thoma, Reichsgerichtspraxis im deutschen Rechtsleben 1929, I, S. 184. — Nawiasky, Bayr. Verf., München-Berlin 1947, S. 170, bedauert, daß die Gesetze meist keine klare Abgrenzung schaffen.

[5]) Die Praxis der Vergangenheit z. B. in Bayern, tat das nicht, was zu einer erheblichen Einschränkung der staatsrechtlichen Anfechtungsmöglichkeiten führte.

Die Generalklausel verdrängt nicht die Zuständigkeit der Verwaltungssondergerichte. Vielmehr gelten vorhandene Spezialregeln ausschließlich. Erst wenn keine Sonderregelung gegeben ist, tritt die Generalklausel ein, und hier zunächst diejenige nach Verwaltungsgerichtsgesetzen, sodann erst nach Verfassungsbestimmungen (z. B. Art. 19 Abs. 4 westd. GG.).

Das gilt jedoch nur, insoweit die sachliche Zuständigkeit des Sondergerichts den gleichen Umfang hat wie die Zuständigkeit des allgemeinen Verwaltungsgerichts, wenn keine Sonderregelung vorläge. Ist der sachliche Zuständigkeitsbereich des Sondergerichts geringer, so besteht auf Grund der Generalklausel die Möglichkeit der Anrufung des allgemeinen Verwaltungsgerichts hinsichtlich des Teiles des Gegenstandes, der nicht vor das Sondergericht gebracht werden kann.

Örtlich erstreckt sich die Generalklausel auf die Verwaltungsakte deutscher mit Aufgaben öffentlicher Verwaltung betrauter Stellen (mit Ausnahme der Gerichte und Amtsstellen der Religionsgesellschaften) innerhalb des Geltungsbereichs des betreffenden Verwaltungsgerichtsgesetzes. Zu diesen Stellen gehören für den Bereich der Bizone auch die Behörden der Verwaltung des vereinigten Wirtschaftsgebietes[1]).

Ob sich die Generalklausel zeitlich auf Verwaltungsakte aus der Zeit vor Inkrafttreten der Verwaltungsgerichtsgesetze erstreckt, ist strittig[2]).

cc) Das Gesetz läßt die abstrakte Feststellung der Verletzung objektiven Rechts (abstrakte Normen-Kontrolle) zu[3]). Diese Möglichkeit kann als einzige Anfechtungsart vorhanden sein. Eine solche Lösung versuchte die dem Bestand subjektiv-öffentlicher Rechte feindliche nationalsozialistische Auffassung[4]). Oder sie kann bestehen neben der Anfechtungsmöglichkeit wegen der Verletzung subjektiv-öffentlicher Rechte, was den denkbar lückenlosesten Rechtsschutz bietet[5]) z. B. § 25 südd. VGG., älteres Beispiel: § 120 bad. Wasserges. vom 12. Februar 1913, nicht brit. VO. 165)[6]). Die Entscheidung wirkt meist

---

[1]) So: Württ.-bad. VGH. vom 30. 9. 1948 — Betriebsberater 1949 S. 87. LVG. Hamburg, zitiert in: Zentraljustizblatt 1949, S. 61. A. A. ohne überzeugende Begründung: Hoepfner, in: DV. 1949 S. 65.

[2]) Dafür: Witten in: DV. 1948, S. 5. Dagegen: OVG. Hamburg vom 26. 8. 1948 in: DV. 1948, S. 24; Schulze, in: DV. 1949, S. 95, bayr. VGH. vom 14. 6. 1947 in: Verwaltungsrechtsprechung I S. 77.

[3]) Grundsätzliches: Bizonales Obergericht, in: DV. 1950, S. 179.

[4]) Sächs. OVG. 39, 298 (Entscheidung vom 20. 9. 1935).

[5]) Plapperst, Das Prinzip der Gesetzmäßigkeit in der Verwaltung, S. 31; württ.-bad. VGH. vom 23. 5. 1947, in: Arch. öff. R. 1948, S. 364. Das Gericht beruft sich u. a. auf die Auslegung von § 50 Abs. 1 pr. PVG., wonach die Klage darauf gestützt werden kann, daß der angefochtene Bescheid den Kläger „in seinen Rechten“ beeinträchtigt, weil er das geltende Recht verletze. Die Auslegung geht dahin,

inter omnes. Sie tritt an die Stelle der Norm, wodurch Verwaltungsgerichte also legislatorische Funktionen ausüben[1]).

Wo Verfassungsgerichtshöfe bestehen, ergeben sich fast die gleichen Schwierigkeiten für die Zuständigkeitsabgrenzung wie bei den Verfahren auf Grund der Generalklausel. Sofern die Verfassungen die Möglichkeit der Popularklage geben, wonach jeder die Verfassungswidrigkeit eines Gesetzes oder einer Rechtsverordnung wegen unzulässiger Einschränkung eines Grundrechtes vor dem Verfassungsgerichtshof geltend machen kann, wird dieser im allg. nicht durch die Tatbestandswirkung einer vorhergehenden Gerichtsentscheidung an der materiellen Prüfung gehindert. Meist erfolgt — schon aus Gründen der tatsächlichen Durchführungsmöglichkeit — eine Einschränkung der Tätigkeit des Verfassungsgerichtshofs aus formellen Gesichtspunkten. In bundesstaatlichen Verhältnissen können nur Gerichte der gleichen staatsrechtlichen Basis miteinander konkurrieren.

b) Statussachen.

Den subjektiv-öffentlichen Rechten steht die Zugehörigkeit zu einem öffentlich-rechtlichen Verband und die persönliche Rechtsstellung gleich. Entscheidungen in Statussachen erwachsen in Rechtskraft inter omnes genau wie in der ordentlichen Gerichtsbarkeit.

c) Parteistreitigkeiten.

Auch sie können durch das Gesetz entweder nur für im einzelnen aufgezählte Fälle oder durch Generalklausel zugelassen werden. Generalklausel ist jetzt üblich. Die dritte Möglichkeit, die Geltendmachung der Verletzung objektiven Rechts, ist dem Wesen der Parteistreitigkeit entsprechend nicht wohl denkbar.

7. Verfahrensform

Die Stellung des Richters ist die gleiche wie bei den ordentlichen Gerichten. Insbesondere gibt es auch hier die richterliche Unabhängigkeit, und zwar sowohl staatlichen Stellen als auch den Beteiligten gegenüber.

---

daß der Betroffene in seinen Rechten subjektiv verletzt werde, wenn das bestehende Recht objektiv verletzt wird. Die Regelung des § 50 pr. PVG. geht zurück auf § 127 Abs. 3 pr. LVG.

[4]) Nordrh.-Westf. OVG., in: MDR. 1950, S. 179.

[1]) Die Sachlage wäre weniger kompliziert, wenn man klar und deutlich wenigstens die Durchführungsverordnungen nicht als Rechtsnormen ansehen würde. Dann wäre ihre Anfechtung wie diejenige eines jeden Verwaltungsaktes auf Grund der Generalklausel möglich und man könnte auf die theoretisch unklare und systematisch wenig erfreuliche Normenkontrolle durch Verwaltungsgerichte verzichten. Die Normenkontrolle auf staatsrechtlicher Basis würde hierdurch selbstverständlich nicht berührt.

Beispiel:

Der Vorsitzende kann nicht abgelehnt werden, weil das Gericht im Laufe des Verfahrens seine Rechtsanschauung gewechselt hat.— Pr. OVG. 90, 438.

Durchbrochen wird der Grundsatz für die Länder der Ostzone. Die sowjetische Militärregierung vertritt den Standpunkt, daß es möglich sein müsse, Verwaltungsgerichtsurteile durch Mehrheitsbeschlüsse des Parlaments zu kassieren. Hierdurch wird der Richter einer anderen Stelle, dem Parlament, unterstellt.

Die Verfahrensbestimmungen haben sich an den älteren Bestimmungen des Zivil- und Strafprozesses orientiert. Das Verwaltungsstreitverfahren ist die dritte dem deutschen Prozeßrecht bekannte Verfahrensart neben dem Zivilprozeß und dem Strafprozeß. Es zerfällt wie jene alten Prozeßarten in das Erkenntnis- und das Vollstreckungsverfahren. Das letztere spielt sich im Wege des Verwaltungszwanges ab[1]). Das Erkenntnisverfahren gliedert sich meist in das Verfahren erster und höherer Instanz.

Die Regelung im einzelnen ist seit jeher in den deutschen Ländern verschieden. Das trifft heute noch zu. Neben die landesrechtlichen Verfahrensformen treten die reichsrechtlichen für die besonderen Verfahrensarten der reichsrechtlichen Verwaltungsgerichte. Auch diese Verfahrensformen sind heute noch von Bedeutung für die Stellen, die, wenngleich örtlich beschränkt, die ehemals den Spezialreichsverwaltungsgerichten obliegenden Aufgaben durchführen. Das gilt für das Gebiet der Finanzen, der Steuer, der Sozialversicherungs- und Versorgungsstreitigkeiten.

Das Verfahren vor dem Verwaltungsgericht ist wesentlich freier und formloser als das Zivilprozeßverfahren oder das Strafprozeßverfahren. Die gesetzlichen Bestimmungen pflegen nicht alle in Betracht kommenden Möglichkeiten so erschöpfend zu regeln, wie das die Vorschriften für die älteren Verfahrensformen tun. Falls Lücken festgestellt werden, sind diese jedoch nicht durch sinnentsprechende Anwendung der ZPO. oder StPO. auszufüllen. Diese Vorschriften sind nur anzuwenden, wenn und soweit das Gesetz das ausdrücklich vorschreibt. Im übrigen bleibt die Schließung verfahrensrechtlicher Lücken dem Verwaltungsgericht selbst überlassen, das hierbei dem Sinn und Zweck der Verwaltung und der Verwaltungsgerichtsbarkeit entsprechend vorzugehen hat.

Prozeßvoraussetzung für die Klageerhebung ist, daß alle gesetzlich möglichen Rechtsbehelfe des Verwaltungsverfahrens erschöpft sind, daß insbesondere also alle nur möglichen Einsprüche, Beschwerden

---

[1]) Vgl. unten 13. Kapitel.

oder weiteren Beschwerden eingelegt worden sind und nicht zum Erfolg im Sinne des Beschwerdeführers geführt haben. Viele Gesetze (z. B. § 42 südd. VGG., § 48 brit. VO. Nr. 165) setzen eine Frist zur Klageerhebung, die nach der letzten möglichen Instanzentscheidung der zuständigen Verwaltungsbehörde zu laufen beginnt. Die Frist schwankt zwischen zwei und vier Wochen.

Die Klage ist beim Verwaltungsgericht erster Instanz zu erheben, sofern nicht Ausnahmen im Gesetz vorhanden sind, wie z. B. die Anfechtung ministerieller Entscheidungen nach § 50 südd. VGG. oder Verfassungsstreitigkeiten nach § 27d brit. VO. 165.

Die Klage soll als Anfechtungsklage oder Klage im Parteienverfahren bezeichnet werden. Sie muß einen bestimmten Antrag enthalten, damit genau festgestellt werden kann, was der Kläger begehrt. Anfechtungspunkte, Begründungstatsachen und Beweismittel sollen angegeben werden.

Gegenstand der Klage ist der beschwerende Verwaltungsakt. Das ist in der Regel die erste beschwerende Verfügung, nicht eine Rechtsmittelentscheidung[1]). Doch kann eine Rechtsmittelentscheidung ein beschwerender Verwaltungsakt sein, wenn sie eine rechtlich selbstständige Verwaltungsmaßnahme darstellt[2]).

Die Frage, ob die Klageerhebung aufschiebende Wirkung hat, ist nicht einheitlich geregelt. Die süddeutschen Verwaltungsgerichtsgesetze, ebenso § 51 brit. VO. Nr. 165, billigen ihr grundsätzlich eine solche Wirkung zu, wobei jedoch die verfügende Behörde ausnahmsweise bei Vorliegen öffentlichen Interesses die Vollziehung anordnen kann[3]). Maßgebend ist die Abwägung der Interessen, die durch den alsbaldigen Vollzug einer in ihrer Rechtsbeständigkeit unsicheren Entscheidung gefördert oder gefährdet werden. Die Entscheidung über die Aussetzung ist hier ebensowenig wie im Zivilprozeß für die Entscheidung der Sache präjudiziell[4]). Brit. VO. 141 enthielt genau die gegensätzliche Regelung. Nach ihr wurde durch die Erhebung der Klage die Vollziehung des an-

---

[1]) Bayr. VGH. vom 14. 6. 1947 in: Verwaltungsrechtsprechung I, S. 27.

[2]) Pr. OVG. 19, 217; württ.-bad. VGH. vom 22. 1. 1948 in: Verwaltungsrechtsprechung I, S. 85.

[3]) Bayr. VGH. vom 9. 6. 1947 in NJW. 1947, S. 111. — Ausnahmen müssen besonders gesetzlich festgelegt sein. Eine viel erörterte Frage ist z. B., ob § 21 Satz 4 hess. DVO. zum Wohnungsgesetz vom 28. 2. 1948 oder die entsprechenden Bestimmungen der anderen südd. Länder, die der Anfechtungsklage in Wohnungssachen aufschiebende Wirkung versagen, rechtsgültig sind. Hess. VGH. vom 28. 7. 1948 — in: Verwaltungsrechtsprechung I S. 93 bejaht, württ.-bad. VGH. — ebd. — verneint die Frage.

[4]) VGH. Stuttgart vom 9. 9. 1947, in: NJW. 1948, S. 196.

gefochtenen Verwaltungsaktes nicht gehemmt. Nach älteren Regelungen entfiel bei Streitigkeiten über Abgaben und Kosten die aufschiebende Wirkung stets, es sei denn, daß, was auch hier möglich war, eine Verwaltungsbehörde oder das Gericht die Aussetzung der Vollziehung anordnete.

Die Befugnis zum Erlaß einer einstweiligen Verfügung im Sinne der ZPO. gegenüber angefochtenen Verwaltungsakten hat das Verwaltungsgericht nicht[1]).

Die Erhebung der Klage steht im Belieben des Klägers, gleichgültig ob es sich um eine Anfechtungsklage oder die Einleitung einer Parteistreitigkeit handelt. Wenn die Klage aber einmal erhoben ist, so wird das Verfahren im Amtsbetrieb erledigt mit Offizial- und Untersuchungsmaxime. Das Verwaltungsgericht erforscht den Sachverhalt von Amts wegen, um die „objektive" Wahrheit festzustellen. An das Vorbringen und die Beweisanträge der Beteiligten ist es nicht gebunden[2]). Deswegen enthalten im allgemeinen die Verwaltungsgerichtsgesetze die Bestimmung, daß die erhobene Klage Anfechtungspunkte, Begründungstatsachen und Beweismittel enthalten soll, aber nicht muß.

Das Gericht erhebt den nach seinem pflichtgemäßen Ermessen erforderlichen Beweis in mündlicher Verhandlung. Es ist aber hieran nicht gebunden, sondern kann Beweismittel außerhalb der mündlichen Verhandlung erheben oder Umstände als Beweismittel heranziehen, die sich außerhalb der mündlichen Verhandlung ereignet haben. Als Beweismittel stehen dem Gericht Augenschein, Zeugenaussagen, Sachverständigengutachten sowie die Erklärungen der Parteien, der Beteiligten, der Beigeladenen oder der Vertreter des öffentlichen Interesses zur Verfügung. Die meisten gesetzlichen Regelungen lassen eidliche Vernehmung von Zeugen oder Sachverständigen zu. Schließlich kann das Gericht Urkunden beiziehen und verwerten.

Es kann das persönliche Erscheinen eines der genannten Prozeßbeteiligten anordnen. Reichen die vorhandenen Beweismittel nicht

---

[1]) Herrschend; vgl. bay. VGH. in: VGHE., N. F. 1 Nr. 7, hess. VGH. zitiert bei Bachof in: NJW. 1949, S. 893; Giesges, Verwaltungsgerichtsbarkeit S. 66; v. d. Sand, Verwaltungsgerichtsbarkeit, S. 116. A. A.: württ.-bad. VGH. in: NJW. 1949, S. 838. Klein, in: DVBl. 1950, S. 203, will sie für Parteistreitigkeiten zulassen, was viel für sich hat.

[2]) Z. B. pr. OVG. 91, 99 (Es gibt keine „Beweisfälligkeit").

aus, so können z. B. nach der süddeutschen Regelung Kläger und Beigeladene zur Versicherung an Eides Statt zugelassen werden.

Nach Erhebung sämtlicher Beweise entscheidet das Gericht nach seinem freien Ermessen unter Berücksichtigung des gesamten Inhaltes der Verhandlung und dem Ergebnis der Beweisaufnahme.

8. Entscheidung

Eine Entscheidung durch begründeten Vorbescheid ist bei den meisten Regelungen vorgesehen für den Fall des Fehlens von Prozeßvoraussetzungen oder dem Vorhandensein wesentlicher Mängel. Als Sonderfälle kommen in Betracht das Fehlen eines wesentlichen Klageerfordernisses, ohne daß der Mangel vom Kläger beseitigt wird, die Versäumung einer Frist, insbesondere der Klagefrist oder auch schon einer Einspruchs- oder Beschwerdefrist und schließlich die offenbare Unzuständigkeit des Gerichts. Gegen den Vorbescheid, der ohne mündliche Verhandlung erfolgt, kann, wo es zugelassen ist, binnen Monatsfrist mündliche Verhandlung beantragt werden. Wird die Frist versäumt, so gilt der Bescheid als rechtskräftiges Urteil (§ 55 südd. VGG., § 55 brit. VO. Nr. 165). Macht nicht die Verletzung von Formalien den Erlaß eines Vorbescheides notwendig, so entscheidet das Gericht über die Klage auf Grund mündlicher Verhandlung durch Urteil. Häufig ist die mündliche Verhandlung nicht obligatorisch, sondern sie kann entfallen, wenn alle Beteiligten ausdrücklich darauf verzichten.

Das Gericht hat alle ihm erreichbaren Rechtssätze von Amts wegen anzuwenden[1]). Eine Verurteilung darf nur erfolgen auf Grundlagen, zu deren Anfechtung der Betroffene in der Lage war[2]).

Das Urteil kann der Klage stattgeben oder sie abweisen. Hält das Gericht die Klage für begründet, so hebt es den beschwerenden Verwaltungsakt auf. Wird durch das Urteil eine Entscheidung einer höheren Verwaltungsinstanz aufgehoben, so entfallen damit die in der gleichen Sache ergangenen Entscheidungen der niederen Instanzen, also mit dem Einspruchsbescheid oder Beschwerdebescheid zugleich der angefochtene Verwaltungsakt. War dieser Verwaltungsakt schon weggefallen

1) Über die Art und Weise der Rechtsanwendung hat sich eine umfangreiche Indikatur entwickelt. Zur Ermittlung des Gewohnheitsrechts vgl. z. B. württ. VGH. in: Württ. Ztschr. f. Verw. 1923, 81; 1926, 111. Über die Art und Weise der Auslegung: ebd. 1927, 77; 1928, 14; bayr. VGH. 49, 113; sächs. OVG. 24, 77; pr. OVG. 78, 439; 79, 41; 80, 71, 160, 253; 82, 312; 83, 144; 84, 181.

2) Pr. OVG. 89, 147.

und wurde durch die Klage durch einen Beteiligten eine Stellungnahme des Verwaltungsgerichts hierzu begehrt, so spricht das Gericht im Urteil die Unzulässigkeit des Verwaltungsaktes aus.

Hält das Gericht die gegen die Versagung einer Amtshandlung gerichtete Klage für begründet, so kann es die Amtshandlung nicht etwa selbst setzen. Das verbietet der inhaltliche Unterschied zwischen Verwaltungsverfahren und Verwaltungsgerichtsverfahren. In einem solchen Fall beseitigt vielmehr das Gericht die durch die Verwaltungsbehörde ausgesprochene Versagung und verpflichtet die Verwaltungsbehörde zur Vornahme der Amtshandlung. Nur ausnahmsweise weichen im einzelnen stets den Sachverhalt des Einzelfalles berücksichtigende Bestimmungen von diesem Grundsatze ab, so z. B. in gewerberechtlichen Rekursfällen nach §§ 20, 21 GewO. (§ 79 Abs. 4 südd. VGG.).

Beispiel:

A. erhob Anfechtungsklage gegen die Beschlagnahme von zwei Zimmern seiner Wohnung durch den Wohnungs- und Flüchtlingskommissar für den Landkreis M. Das Verwaltungsgericht änderte die Beschlagnahmeverfügung dahin ab, daß statt des einen größeren Raumes ein kleineres Zimmer beschlagnahmt sei. Auf die Berufung des A. hob der VGH. das Urteil des Verwaltungsgerichts, die Beschlagnahmeverfügung und den Einspruchsbescheid auf. „Der Anfechtungsgegner erklärte sich zwar im Verfahren zur Änderung seiner Beschlagnahmeverfügung bereit. Trotz dieser Tatsache durfte aber das Gericht den angefochtenen Verwaltungsakt urteilsmäßig durch einen anderen nicht ersetzen. Infolge Nichtbeachtung des § 79 Abs. 1 Satz 1 VGG. leidet daher das Verfahren vor dem Verwaltungsgericht an einem wesentlichen Mangel." — Bayr. VGH. vom 3. November 1947, in: Verwaltungsrechtsprechung I, S. 87.

Eine reformatis in pejus ist im allgemeinen verboten (z. B. §§ 87, 97 pr. LVG., brit. VO. Nr. 165). Doch wird sie gesetzlich manchmal zugelassen (z. B. § 80 südd. VGG., wenn das öffentliche Interesse es verlangt[1]).

Urteile eines Verwaltungsgerichts, die durch ein Verfahren vor einem der Instanz nach höheren Verwaltungsgericht nicht mehr angefochten werden können, sind insofern materiell rechtskräftig, als sie die Beteiligten für den Streitgegenstand binden. Die Urteile der Verwaltungsgerichte entfernen sich somit von den übrigen Verwaltungsakten und gleichen den Urteilen der ordentlichen Gerichte. Für das Gebiet der Verwaltungsgerichtsbarkeit ist das Ideal des Justizstaates verwirklicht[2]). Die Praxis

[1]) Sieveking, in: MDR. 1948, S. 315; Hufnagl, in: DVBl. 1950, S. 204.
[2]) Vgl. oben S. 21; vgl. auch Peters, Verwaltung, S. 201.

bemüht sich, entsprechend dem labilen Wesen der Verwaltung den Umfang der Rechtskraft klein zu halten.

Beispiel:

Der Anspruch des Klägers auf Übernahme der Unterhaltung der Fußgängerbahn einer Brücke ist rechtskräftig entschieden. Er kann gegen den gleichen Beklagten erneut klagen auf Erstattung des für den Anstrich dieser Brücke aufgewendeten Betrages, ohne daß der Beklagte den Einwand der res judicata hätte. Es handelt sich um einen anderen Streitgegenstand. — Pr. OVG. 86, 301.

Gemäß dem Grundsatz des Verwaltungsrechtes, daß sämtliche Beziehungen und Verpflichtungen streng persönlich sind, trifft die Bindung die Rechtsnachfolger nur dann, wenn das Gesetz das ausdrücklich bestimmt. Die Rechtskraft kann nicht verhindern, daß die Verwaltungsbehörde in einem neuen Verfahren nochmals den gleichen Verwaltungsakt, wie denjenigen, der zu dem Verwaltungsrechtsstreit geführt hat, setzt. Sie wird das aber nur bei Vorliegen neuer rechtlicher oder sachlicher Gesichtspunkte tun, da ein solches Verfahren sonst sinnlos wäre.

9. Rechtsbehelfe

Ordentliche Rechtsmittel gegen verwaltungsgerichtliche Urteile sind die Berufung, die Revision und gegen andere Entscheidungen als Urteile die Beschwerde.

Gegen die erstinstanzlichen Urteile steht den Beteiligten, den Parteien und dem Vertreter des öffentlichen Interesses die **Berufung** an das höhere Gericht zu. Die Kleinheit der neuen deutschen Länder läßt es geraten erscheinen, sämtliche Berufungen an das höchste Verwaltungsgericht des jeweiligen Landes gehen zu lassen. Das hat die Folge, daß dieses Gericht Berufungsinstanz ist und daß eine reine Revisionsinstanz entfällt. Ältere Regelungen ließen die Berufungseinlegung durch den Vorsitzenden zu (z. B. § 133 pr. LVG.). Die neuen Gesetze kennen diese Möglichkeit nicht mehr. Sie ist also nur noch dort von Bedeutung, wo die älteren Gesetze auch jetzt noch angewandt werden, wie z. B. in dem Verfahren vor den Verwaltungsgerichten in Berlin im amerikanischen und britischen Sektor. Berufung kann nur einlegen, wer beschwert ist. Hierbei kommt es auf den Urteilstenor an. Eine Berufung gegen ein obsiegendes Urteil nur wegen dem Kläger unerwünschter Feststellungen in den Urteilsgründen ist unzulässig.

Hält das Berufungsgericht die Berufung wegen Fristversäumnis oder anderer formeller Gründe, die im einzelnen im Gesetz angegeben sind, für unzulässig, so kann es sie durch begründeten Bescheid zurückweisen oder verwerfen.

Liegen derartige formelle Fehler nicht vor, so findet in der Berufungsverhandlung eine neue tatsächliche und rechtliche Prüfung des gesamten Sach- und Streitgegenstandes statt. Die meisten Regelungen lassen das Vorbringen neuer Tatsachen und Beweismittel zu, manchmal jedoch unter Auferlegung der durch die Verspätung entstehenden Kosten (§ 88 brit. VO. 165). Ebenso kann die Berufungsinstanz von Amts wegen Umstände berücksichtigen, die das untere Gericht nicht beachtet hat.

Das Berufungsgericht kann in den im Gesetz bestimmten Fällen das vorinstanzliche Urteil aufheben und die Sache zurückverweisen. Liegt ein derartiger Fall nicht vor, so entscheidet es im Berufungsurteil selbst über den Streitgegenstand. Die Möglichkeiten des Verhältnisses zwischen dem Inhalt des Urteils und den dem Verwaltungsstreitverfahren zugrunde liegenden Verwaltungsmaßnahmen ist das gleiche wie bei den Urteilen der ersten Instanz[1]).

Beschwerden sind, wo die gesetzliche Regelung sie kennt, zulässig gegen solche erstinstanzlichen Entscheidungen, die nicht Urteile sind, sowie über Entscheidungen, die der Vorsitzende erlassen hat.

Eine reformatio in pejus durch das Rechtsmittelurteil, worüber wie schon frühere Gesetze auch die neuen Verwaltungsgerichtsgesetze keine Bestimmungen enthalten, ist jetzt grundsätzlich unzulässig[2]). Als Revisionsinstanz wird das Bundesverwaltungsgericht ausgebaut[3]).

Als außerordentliches Rechtsmittel kommt auch für das Verwaltungsstreitverfahren in den gesetzlich festgelegten Fällen, die weitgehend denen des Zivilprozesses entsprechen, die Wiederaufnahme eines durch rechtskräftiges Urteil abgeschlossenen

[1]) Übergangsfragen, s. Naumann, in: DV. 1950, S. 51.

[2]) Das galt z. B. nach der häufig wiederholten Ansicht des pr. OVG. in Preußen als ungeschriebener Rechtssatz. Vgl. auch Schultzenstein, Rechtskraft und reformatio in peius, in: Verwaltungsarchiv, Bd. 11, S. 421. Ferner Fleiner, Institutionen, S. 234. — Doch wird er seit langem angegriffen. Keine Geltung hatte er in Bayern, Württemberg, Baden und Sachsen und im Verfahren nach der RAO. Man hält ihn im Verwaltungsrecht deswegen nicht für erforderlich, weil sich die Verwaltung nicht gegen den Bürger (im liberalistischen Sinne) wenden, sondern ihn grundsätzlich unterstützen soll. — So Gerber, Grundsätze eines allgemeinen Teils, in: Verwaltungsarchiv, Bd. 36, S. 82 ff.

[3]) Wahrscheinlich wird Revision gegeben werden, wenn Streitgegenstand der Akt einer Bundesbehörde ist und wenn die Landesgesetze dem Bundesverwaltungsgericht die Nachprüfung ausdrücklich übertragen.

Streitverfahrens in Betracht. Diese Klagen werden als Nichtigkeits- oder Restitutionsklagen geltend gemacht (z. B. § 122 südd. VGG.)[1]).

Beispiele:

Der Begriff des Verschuldens im Wiederaufnahmeverfahren nach §§ 35 südd.VGG. ist nicht im Sinne des bürgerlichen Rechts, sondern des Prozeßrechts zu verstehen. Nach § 53 ist dem Antragsteller nur sein persönliches Verschulden, nicht das seines Vertreters anzurechnen. — Hess. VGH. vom 8. Juni 1948, in: Verwaltungsrechtsprechung I, S. 101. — A.A. die OVG. der britischen Zone. — Irrtümliche Nichtanwendung des Gesetzes stellt keinen Wiederaufnahmegrund dar. Falsche eidesstattliche Erklärungen sind erst dann eine Stütze für die Restitutionsklage, wenn der Täter dafür bestraft ist. — Hess. VGH. vom 5. November 1947, ebd. S. 102.

Zwölftes Kapitel

Beschlußverfahren

1. Begriff

Das Beschlußverfahren steht zwischen dem gewöhnlichen Verwaltungsverfahren und dem Verwaltungsstreitverfahren. Es dient dem Zweck, auf einem etwas formelleren Wege als das gewöhnliche Verwaltungsverfahren, aber doch unter nicht so strenger Beachtung von Formalien, wie sie das Verwaltungsstreitverfahren kennt, eine Entscheidung einer Verwaltungsbehörde herbeizuführen. Ein weiterer Grundgedanke ist der Wunsch, Laien an der Gestaltung von Verwaltungsmaßnahmen zu beteiligen. Eine solche Beteiligung ist besonders erwünscht bei der Behandlung wichtigerer Verwaltungsangelegenheiten, wie sie das Beschlußverfahren zum Gegenstand hat. Hierbei handelt es sich um eine Form der sogenannten politischen Selbstverwaltung. Die Mitwirkung der Laien beschränkt sich mithin nicht auf körperschaftliche Selbstverwaltung, sondern ist auch innerhalb der staatlichen Verwaltung möglich.

Ursprünglich war das Beschlußverfahren nur als Beschwerdeverfahren ausgestaltet. Es wurde dann aber auch als erstinstanzliches Verfahren ausgebaut.

In Deutschland, und zwar in Preußen (§§ 50 pr. LVG.) und Baden (§§ 28 bis 43 bad. VO. vom 31. August 1884 betr. das Verfahren in Verwaltungssachen), heimisch wurde es durch die Bismarck-Gneist'sche Verwaltungsreform.

1) Pr. OVG. 90, 443 (Partei ist, wer dies im früheren Verfahren tatsächlich war).

Das Verfahren wurde nach 1933 beseitigt, lebt nun aber in manchen Gebieten, nämlich in der britischen Zone und einem Teil der französischen Zone, in teilweise veränderter Form wieder auf.

2. Beschlußbehörden

In Preußen waren bis 1933 die beiden ersten Instanzen der Verwaltungsgerichte, nämlich die Kreis- und Stadtverwaltungsausschüsse und die Bezirksausschüsse, gleichzeitig Beschlußbehörden. Die oberste Instanz in Beschlußsachen waren nicht das Oberverwaltungsgericht, sondern die Provinzialräte (§ 54 Abs. 2—4 pr. LVG.). Beschlußbehörde konnte für weniger wichtige im Gesetz angegebene Fälle auch der jeweilige Vorsitzende dieser Gremien sein (§ 117 LVG.).

In Baden waren zuständig die Bezirksräte. Rekurse gegen ihre Entscheidungen gingen an das zuständige Ministerium oder bei gesetzlich bestimmter Zuständigkeit an die Landeskommissäre (§§ 36, 37 bad. VO.).

Das Anpassungsgesetz vom 15. Dezember 1933 — pr. GS. S. 478 — machte die bisherige Ausnahme zur Regel und bezeichnete den Landrat oder den Oberbürgermeister sowie den Regierungspräsidenten als Beschlußbehörde. Nur dort, wo nach Reichsrecht der Entscheid einer kollegialen Behörde vorgeschrieben war, wie z. B. nach §§ 16 ff., 21 GewO., entschieden das Kreis- oder Stadtverwaltungsgericht und das Bezirksverwaltungsgericht, bis auch ihre Tätigkeit zum Erliegen kam[1]).

Nach der gegenwärtigen Regelung in der britischen Zone sind Beschlußbehörden nicht die Verwaltungsgerichte, sondern von ihnen getrennte Dienststellen, nämlich von den Landesregierungen zu bestimmende Selbstverwaltungskörperschaften (Art. VIII brit. VO. Nr. 141, der gemäß § 115 brit. VO. Nr. 165 nicht aufgehoben ist)[2]). Die Landesregierungen haben die Hauptausschüsse der Gemeindevertreterkörperschaften oder von diesen zu ernennende Ausschüsse zu Beschlußbehörden bestimmt (nordrh.-westf. VO. über die Zuständigkeit in Beschlußsachen vom 23. Juli 1948 — GVBl. S. 197 —, schlesw.-holst. VO. über die Regelung des Beschlußverfahrens vom 15. Juni 1948 — GVBl. 151 —, nieders. VO. über Zuständigkeit in Beschlußsachen vom 14. Januar 1948 — GVBl. Nr. 18 und 21 —). In jedem Fall müssen der Vorsitzende und mindestens zwei Drittel des Beschlußausschusses Ratsmitglieder sein. Bedienstete der Selbstverwaltungskörperschaften, also insbesondere Kommunalbeamte, dürfen dem Ausschuß nicht angehören. Hierdurch ist der Gedanke der Beteiligung von Laien an Verwaltungsmaßnahmen bis zur

1) Vgl. oben S. 248.

2) Krönig, Grenze und Anwendbarkeit der VO. Nr. 141 in: DV. 1948, S. 2 ff.

äußersten Konsequenz durchgeführt. Die Beschlußausschüsse wählen aus ihrer Mitte ihren Vorsitzenden und dessen Stellvertreter. Die Mitglieder des Ausschusses bleiben so lange im Amt, bis die neugewählte Körperschaft ihre Nachfolger bestimmt hat. Die ausschließliche Beteiligung von Laien an der Entscheidung wird häufig die Zuziehung von Beamten zur Beratung möglich machen. Die Ausschüsse können daher Beamte und andere Sachverständige zur Vorbereitung und Beratung der zur Verhandlung kommenden Sachen ohne Stimmrecht hinzuziehen.

Auf der Ebene des Regierungsbezirks wird ein sogenannter Bezirksausschuß bestellt. Er besteht aus Ratsmitgliedern der dem Bezirk angehörenden Kreise, gegebenenfalls aus von den Kreisvertretungen ernannten Personen, wobei ähnliche Beschränkungen wie bei den Kreis- und Stadtausschüssen vorhanden sind.

In der französischen Zone hat man dort, wo vor 1933 ein Beschlußverfahren vorhanden war, also z. B. in den ehemals preußischen Teilen von Südrheinland-Pfalz, das Verfahren in der alten Form des pr. LVG. wieder in Gang gebracht. Beschlußbehörden sind die Stadt- und Kreisausschüsse in erster und die Bezirksausschüsse in zweiter Instanz. In Baden sind die vor 1933 bestehenden Einrichtungen nicht wieder aufgelebt. Die Bezirksräte bleiben aufgehoben[1]).

In den ehemals preußischen Gebieten der amerikanischen Zone, also in Hessen, ist ein Beschlußverfahren nicht wieder eingeführt worden. Wo in den süddeutschen Ländern insbesondere im Zusammenhang mit den Lizenzgesetzen von 1946 und 1947 Gewerbeausschüsse usw. in das Lizenzerteilungsverfahren eingeschaltet waren, ist dies durch die Einführung der von der amerikanischen Militärregierung sogenannten „Gewerbefreiheit" überholt[2]).

In der sowjetischen Zone ist das Beschlußverfahren durch die Bildung von Kreis- und Stadträten und von Regierungsspruchausschüssen in manchen Ländern in einer der früheren preußischen Regelung ähnlichen Form wieder in Gang gesetzt (z. B. brand. Gesetz vom 26. Juni 1947 — GVBl. S. 19 —).

3. Verfahren

Das Beschlußverfahren setzte in Preußen die mündliche Verhandlung grundsätzlich nicht voraus. Vielmehr wurden die Sachen im schrift-

[1]) Wie auch anderwärts erlassen die Verwaltungsgerichte Beschlüsse nur als Hilfsbescheide, z. B. in Kostensachen oder bei der Entscheidung über Armenrechtsgesuche. (In Baden werden häufig Verfügungen der Verwaltungsbehörden „Beschlüsse" genannt.)

[2]) Vgl. unten S. 412 ff.

lichen Verfahren erledigt. Jedoch konnte nach dem Ermessen des Ausschusses stets mündliche Verhandlung anberaumt werden (§ 119 pr. LVG.). Mündliche Verhandlung war ausnahmsweise obligatorisch, wo das das Gesetz, insbesondere Reichsgesetze, wie z. B. § 21 GewO., ausdrücklich vorschrieb. Wenn mündliche Verhandlung stattfand, geschah es nach den Formen des Verwaltungsstreitverfahrens (§§ 119 Abs. 3, 68, 71, 72, 73 und 75 pr. LVG.). Auch für die Erhebung und die Würdigung von Beweisen kamen die für dieses Verfahren geltenden Vorschriften sinngemäß zur Anwendung (§§ 76 bis 79 pr. LVG.).

Die badische Regelung kannte als Grundsatz nur die öffentliche und mündliche Verhandlung. Das Verfahren war in allen Punkten demjenigen vor den Strafgerichten nachgebildet.

Für das Verfahren galt die Untersuchungsmaxime und nach Einleitung des Verfahrens der Amtsbetrieb. Die am Verfahren beteiligten Personen und Behörden wurden grundsätzlich gleichbehandelt. Aus den gleichen Gründen wie im Verwaltungsstreitverfahren wurde dem Staat das Recht zur Bestellung eines Vertreters des öffentlichen Interesses zugebilligt.

Das Verfahren endete mit dem Erlaß einer Verfügung, eines Bescheides oder Beschlusses auf Grund der verhandelten Akten oder einer mündlichen Verhandlung in Preußen, auf Grund einer mündlichen Verhandlung in Baden. Der Vorsitzende des Kreis- und Stadtausschusses war in Fällen, die keinen Aufschub dulden oder in welchen das Sach- und Rechtsverhältnis klargelegt und die Zustimmung des Kollegiums im Gesetz nicht ausdrücklich als erforderlich bezeichnet wurde (z. B. §§ 139, 142, 145 pr. LVG., § 13 pr. ZG., §§ 19, 20 pr. Kr.- u. Prov.-Abg.-G.), befugt, namens der Behörde Verfügungen zu erlassen und Bescheide zu erteilen. Gegen die Entscheidungen der preußischen Stadt- und Kreisausschüsse gab es die Beschwerde an den Bezirksausschuß. Sie stand dem durch den Entscheid Beschwerten aus Gründen des öffentlichen Interesses und ferner dem Vorsitzenden der ersten Instanz zu. Nach badischem Recht konnte jeder, dessen rechtliche Interessen durch eine Entscheidung oder Verfügung der staatlichen Verwaltungsbehörden oder der Gemeindebehörden beeinträchtigt sein konnte, dagegen rekurrieren.

Nach der Regelung des pr. LVG. schließen sich Beschlußverfahren und Verwaltungsstreitverfahren gegenseitig aus, d. h. es ist das Beschlußverfahren ausgeschlossen, soweit das Verwaltungsstreitverfahren zugelassen ist (§§ 7 Abs. 2, 50 Abs. 2).

Nach diesen alten Verfahrensbestimmungen wird heute dort verfahren, wo einerseits das Beschlußverfahren wieder in Gang gesetzt, andererseits keine neuen Verfahrensbestimmungen erlassen sind. In den Ländern der britischen Zone haben die erwähnten Landesverordnungen neue Verfahrensbestimmungen gegeben. Sie gehen als Grundsatz von der mündlichen Verhandlung aus. Jede Partei hat Anspruch auf rechtliches Gehör. Ihr und ihrem Vertreter muß die Möglichkeit zur Anwesenheit und Anhörung gegeben werden, wenn Einwendungen gegen ihren Antrag vorgebracht werden. Zur Wahrnehmung des öffentlichen Interesses ist das Land berechtigt, einen Vertreter zu bestellen. Das sind meist Beamte des Regierungspräsidiums. Vor der Entscheidung sind die interessierten Organisationen, insbesondere die Berufsorganisationen zu hören, nämlich die Industrie- und Handelskammer, die Handwerkskammer und bei Schließung von Unternehmen von mehr als 20 Beschäftigten die Gewerkschaften (z. B. § 9 nordrh.-westf. VO. vom 10. Februar 1949). Sachlich zuständig sind entweder die Kreis- und Stadtausschüsse oder die Bezirksausschüsse in erster Instanz. Jeder Betroffene und der Vertreter des öffentlichen Interesses können gegen die Entscheidungen der Beschlußausschüsse innerhalb eines Monats Klage im Verwaltungsstreitverfahren bei dem zuständigen Landesverwaltungsgericht erheben. Die Klage kann auch erhoben werden, wenn der Ausschuß über einen Antrag innerhalb von vier Monaten nicht entschieden hat. Außer dem Entscheid des Ausschusses oder dem fruchtlosen Fristablauf von vier Monaten sind weitere Äußerungen von Verwaltungsbehörden als Voraussetzung der Klageerhebung nicht erforderlich. Das Verhältnis von Beschlußverfahren und Verwaltungsstreitverfahren nach der neuen Regelung in den Ländern der britischen Zone ist also völlig verschieden von den Vorgängen des pr. LVG. Das Verfahren im einzelnen richtet sich nach „Geschäftsordnungen", die sich die Land- und Stadtkreisvertretungen für die in ihrem Gebiet befindlichen Beschlußausschüsse selbst geben. Die Länder erlassen eine „Mustergeschäftsordnung" (z. B. Runderlaß des nordrh.-westf. Innenministers vom 24. August 1948), die jedoch nicht obligatorisch ist. Der Vorsitzende kann sowohl in Fällen, in denen der Antrag von vornherein rechtlich zulässig oder sachlich begründet ist, oder wenn von vornherein das Gegenteil der Fall ist, namens des Beschlußausschusses einen in der Sache begründeten Vorbescheid erlassen. Hiergegen können die Beteiligten einschließlich des Vertreters des öffentlichen Interesses binnen zwei Wochen Beschlußfassung durch den Ausschuß beantragen oder innerhalb eines Monats Klage im Verwaltungsstreitverfahren erheben. Ungeklärt ist die Frage, inwieweit Rechtsanwälte und Verwaltungsrechtsräte als Ausschußmitglieder tätig sein und inwieweit sie vor dem Ausschuß als Parteivertreter auftreten können.

4. Sachliche Zuständigkeit

Das Beschlußverfahren verhält sich zum Verwaltungsstreitverfahren in etwa ebenso wie das Verfahren der freiwilligen Gerichtsbarkeit zum Zivilprozeß. Es dient weniger dem Schutz bestehender Rechte als der Fürsorge für bestimmte Interessengruppen.

Seit jeher gilt für das Beschlußverfahren das Enumerationsprinzip. Die Neuregelungen nehmen regelmäßig bezug auf den früheren Zustand. Deshalb ist es wichtig, zunächst festzulegen, in welchen Sachen 1932 das Beschlußverfahren zur Anwendung kam. Nach dem Stand von 1932 fand es statt:

In Wohlfahrtssachen für die Unterstützung eines Hilfsbedürftigen (z. B. § 20 AVO. vom 30. Mai 1932 zur Fürsorgepflichtverordnung),

in Verfahren über die Unterbringung in eine Arbeitsanstalt (§ 21 1. c),

in Verfahren über die Unterhaltspflicht Dritter, die sogenannte resolutorische Verpflichtung (§ 30 1. c),

über Einwendungen gegen die Festsetzung eines Fluchtlinienplanes (z. B. §§ 5, 8, 9 pr. Fluchtliniengesetz von 1875)[1]),

zum Zwecke der Rechtsgestaltung, hier insbesondere bei gewerbepolizeilichen Entscheidungen (Genehmigungen nach §§ 16 ff. GewO., Wandergewerbescheinen nach § 61 GewO., Genehmigung von Innungsstatuten nach § 124 pr. ZG., Schließung von Innungen nach § 126 pr. ZG.), in Wasser- und Fischereisachen (z. B. bei Verleihung von Staurechten nach § 64 pr. Wassergesetz von 1913, bei Eintragungen ins Wasserbuch nach §§ 182 ff. 1. c, bei der Bildung von Zwangsfischerei und Wassergenossenschaften nach § 80 pr. Fischereigesetz oder § 270 pr. Wassergesetz), § 69 Feld- u. Forstpol.G., §§ 10 ff. Ausgrabungsgesetz,

in gewissen Kommunalabgabeangelegenheiten (z. B. § 77 Kommunalabgabengesetz).

Der Katalog wird gemäß Art. VIII brit. VO. Nr. 141 erweitert durch einige weitere Fälle, nämlich die Entscheidungen nach dem Gaststättengesetz vom 28. April 1930, dem Milchgesetz vom 31. Juli 1930, der Verordnung über Speiseeiswirtschaften vom 16. Juli 1934 und dem Gesetz über das Versteigerungsgewerbe in der Fassung der Bekanntmachung vom 12. Februar 1938.

---

[1]) Mit Rücksicht auf die unorganische Entwicklung bestehen große Unklarheiten. Es empfiehlt sich daher die Herstellung von „Zuständigkeitskatalogen" durch die Landesinstanzen.

Dreizehntes Kapitel

Verwaltungszwang

1. Begriff

Die Allgemeinheit und der einzelne müssen sich darauf verlassen können, daß die Verwaltungsmaßnahmen wirklich und unter allen Umständen durchgeführt werden oder doch nach dem Wunsche der mit Verwaltung befaßten Stellen durchgeführt werden können. Wäre die Verwaltung zur Durchführung auf die Inanspruchnahme anderer Staatsstellen angewiesen, so entständen oft für jedermann unzuträgliche Schwierigkeiten. Deshalb muß sie wenigstens grundsätzlich die Möglichkeit zu eigenem Einschreiten haben, um mit eigener Kraft und durch von ihr selbst angewandtem Zwang das durchzusetzen, was sie geplant hat. Eine Stelle der öffentlichen Verwaltung, die Befehlsgewalt hat, besitzt daher zwar nicht immer, aber doch in weitem Umfang auch Zwangsgewalt.

Die Zwangsgewalt kann in verschiedenen Formen angewandt werden. Nach deutschem Recht, seit jeher nur für einzelne Sondergebiete im Reichsrecht, im allgemeinen aber im Landesrecht geregelt, ist zu unterscheiden Zwangsvollziehung, auch Zwangsvollstreckung genannt, und unmittelbare Gewaltanwendung.

Wenn Verwaltungszwang auch für weite Gebiete der Verwaltung unentbehrlich ist, so ist er doch nicht gleichbedeutend mit Verwaltungsmaßnahmen überhaupt. Viele Verwaltungsakte tragen die Erfüllung des staatlichen Willens in sich. Sie bedürfen keiner besonderen zwangsweisen Durchsetzung, so z. B. Erlaubniserteilungen, Machtverleihungen, Machtentziehungen, Befreiungen, Aufhebungen, Widerrufe.

Beispiel:

Mit der Rechtskraft einer Auflösungsverfügung ist die juristische Person aufgelöst, ohne daß es noch eines Einschreitens mit Gewalt bedürfte.

2. Zwangsvollziehung (Zwangsvollstreckung)[1]

Meist wird jedoch der Verwaltungsakt in einem besonderen Verfahren erlassen werden, während die Vollstreckung in einem weiteren hiervon getrennten Verfahren erfolgt. Eine besondere Zwangsvollstreckung ist im allgemeinen nötig bei Verwaltungsbefehlen, also Geboten oder Verboten, die eine Handlung, nämlich ein Tun oder Unterlassen, zum

---

[1]) Die Bezeichnung Zwangsvollziehung wählt z. B. Art. 93 WEWVG.

Gegenstand haben. Zu den Unterlassungen gehören insbesondere die Duldungen, das sind Pflichten, sich gegen Eingriffe tatsächlicher Art nicht zur Wehr zu setzen. Die Vollstreckung einer Entscheidung kann nicht dadurch verhindert werden, daß der Betroffene immer wieder von neuem den — an sich möglicherweise zulässigen — gleichen Antrag stellt, und infolgedessen immer wieder ein neues Verfahren in Gang setzt.

Beispiel:

Die Baubehörde ist nicht deshalb verhindert, die einer Bauerlaubnis beigefügte und unanfechtbar gewordene Auflage, die ein Verbot enthält, zwangsweise durchzuführen, weil der Betroffene seinen Antrag auf Erlaubnis der verbotenen baulichen Maßnahme jederzeit erneuern kann. — Pr. OVG. 92, 209.

Ein Tun ist entweder vertretbar, wie z. B. die Vornahme der Säuberung eines Gegenstandes, oder unvertretbar, wie z. B. eine Zeugenaussage.

Eine Unterlassung, insbesondere eine Duldung, ist immer unvertretbar, wie z. B. die Vornahme einer Impfung.

Wie im Zivilprozeß ist auch bei der Verwaltungszwangsvollstreckung zu unterscheiden eine solche wegen einer Geldforderung oder der Herausgabe einer beweglichen im Gewahrsam des Verpflichteten befindlichen Sache, wegen der Erwirkung vertretbarer Handlungen und wegen der Erwirkung unvertretbarer Handlungen, wozu insbesondere die Unterlassungen und Duldungen gehören (ähnlich §§ 803 ff., 893 ff., 988 ff. ZPO.)[1].

a) Vollstreckung wegen öffentlich-rechtlicher Geldforderungen.

Hier handelt es sich meist um die Beitreibung von Geld- und Ordnungsstrafen, von Gebühren usw. auf dem weiten Gebiet der Steuern und ihnen gleichstehender Leistungen.

Im allgemeinen verweisen die Verwaltungsgesetze nicht auf die Vorschriften der ZPO., obwohl das gemäß § 4 EGGVG. weitgehend möglich wäre. Vielmehr enthalten sie meist besondere Bestimmungen, so z. B. §§ 293 ff. RAO., pr. VO. vom 15. November 1899).[2]).

[1]) Von Köhler, Grundlehren, S. 284, bezeichnet im Anschluß an WEVRO. die erstere Art als Zwangsvollstreckung, die Erwirkung von Handlungen als Zwangsvollzug im engeren Sinn. Derartige Bezeichnungen sind lokal bedingt und beschränkt. Zweckmäßigerweise wird die Terminologie der Reichsgesetze beibehalten, auch wenn sie nicht verwaltungsrechtliches Gebiet betreffen, sofern die Anwendung hier nicht sinnwidrig ist.

[2]) Kantz-Ruwald bringt eine Zusammenstellung der preußischen, Egermann-Fröhler, § 84 Anh. 3c, der südd. Bestimmungen.

Die Zwangsvollstreckung in bewegliche körperliche Sachen wird durch besondere Vollstreckungsbeamte oder Vollziehungsbeamte durchgeführt, die bei den einzelnen Behörden angestellt sind oder jedenfalls für sie arbeiten. Die Durchführung der Zwangsvollstreckung[1]) geschieht regelmäßig in der gleichen Weise wie diejenige durch den Gerichtsvollzieher im zivilen Zwangsvollstreckungsverfahren.

Bares Geld und im Gewahrsam des Verpflichteten befindliche Sachen werden vom Vollstreckungsbeamten weggenommen. Im übrigen erfolgt Pfändung, Zwangsversteigerung der gepfändeten Sachen und Anrechnung des Erlöses auf die Schuld.

Die Zwangsvollstreckung in Forderungen und andere zum beweglichen Vermögen gehörende Rechte führt die Behörde, die die Forderung geltend macht, meist selbst durch. Sie nimmt so die Stelle des Vollstreckungsgerichts in der zivilen Zwangsvollstreckung ein (z. B. §§ 334 ff. RAO).

Für die Zwangsvollstreckung in das unbewegliche Vermögen des öffentlich-rechtlichen Schuldners gibt es keine besonderen verwaltungsrechtlichen Bestimmungen. Die Verwaltungsbehörden benutzen zu ihrer Durchführung die Vollstreckungsgerichte.

b) Ersatzvornahme.

Die Ersatzvornahme als Zwangsvollstreckung zur Erwirkung vertretbarer Handlungen[2]) ist meist in besonderen Bestimmungen geregelt (z. B. § 132 pr. LVG., § 56 pr. ZG. mit der eingehenden Regelung der Abbürdungsklage)[3]).

Für die ehemals preußischen Gebiete gilt § 132 LVG., wonach die Behörde, „sofern es tunlich ist, die zu erzwingende Handlung durch einen Dritten ausführen zu lassen und den vorläufig zu bestimmenden Kostenbetrag im Zwangswege von dem Verpflichteten einzuziehen" hat. Diese Bestimmung ist weiter in Kraft. Sie ist insbesondere nicht aufgehoben durch das preußische Polizeiverwaltungsgesetz von 1931, da dessen § 79 Abs. 2 Titel IV bis VI LVG. nur aufhebt, soweit sie sich nicht auf Polizeibehörden beziehen.

---

[1]) Vgl. z. B. die eingehende Darstellung der Verhältnisse in Württemberg bei Nebinger, Verwaltungsrecht, S. 205 ff.

[2]) Nicht alle Regelungen machen eine scharfe Unterscheidung zwischen vertretbaren und unvertretbaren Handlungen. Vgl. hierzu ausführlich Jellinek, Verwaltungsrecht, S. 322 ff.

[3]) Pr. OVG. 81, 260.

Nicht jede Behörde kann diese Art von Vollstreckung anordnen. Vielmehr ist eine gesetzliche Grundlage erforderlich auch hinsichtlich der Bezeichnung der berechtigten Behörden. Die wichtigsten reichsrechtlichen Bestimmungen finden sich in den Steuergesetzen, insbesondere §§ 347 ff. RAO.

In den nicht auf dem Gebiet des ehemaligen preußischen Staates liegenden Ländern sind ähnliche Gesetze wie § 132 pr. LVO vorhanden. Im allgemeinen werden diejenigen Behörden als zur Ersatzvornahme berechtigt angesehen, die allgemein zur zwangsweisen Durchführung ihrer Maßnahmen berechtigt sind.

Die Durchführung der Ersatzvornahme erfolgt ähnlich wie im zivilen Zwangsvollstreckungsverfahren (§ 887 ZPO.). Jedoch ist das ganze Verfahren weniger formvoll. Das wiederum hat zur Folge, daß der Unterschied gegenüber der Vollstreckung wegen einer unvertretbaren Handlung nicht immer gewahrt bleibt.

Beispiel:

Hat die Wegepolizeibehörde nach § 55 pr. ZG. ohne vorgängige Aufforderung des nach öffentlichem Recht zur Unterhaltung eines Weges Verpflichteten die erforderlichen Unterhaltungsarbeiten an einem öffentlichen Weg entweder selbst ausgeführt oder durch einen Dritten ausführen lassen, so kann sie dem Verpflichteten aufgeben, die Kosten dieser Arbeiten an sie oder an diesen Dritten zu zahlen. — Pr. OVG. 81, 259.

c) Zwangsstrafen.

Zwangsstrafen (Exekutiv-, Ungehorsams-, Beugestrafen) werden angewandt zur Erzwingung einer nicht vertretbaren Handlung, insbesondere von Unterlassungen und Duldungen. Kann die zu erzwingende Handlung nicht durch einen Dritten geleistet werden oder steht fest, daß der Verpflichtete nicht imstande ist, die infolge der Ausführung durch einen Dritten entstehenden Kosten zu tragen, so wird diese Art der Vollstreckung angewandt. Sie kommt also auch zur Anwendung, wenn — theoretisch betrachtet — die Handlung durch einen Dritten verrichtet werden könnte. Die Unterscheidung der Zwangsvollstreckung vertretbarer und unvertretbarer Handlungen wird nicht so streng durchgeführt wie im Zivilprozeß.

Die rechtliche Grundlage für die Möglichkeit der Verhängung von Zwangsstrafen findet sich in einzelnen Reichs- und Landesgesetzen, so z. B. § 202 RAO., § 132 pr. LVG. Wo sie nicht vorhanden ist, dürfen auch keine Zwangsstrafen verhängt werden.

Manche gesetzliche Regelungen haben an die Stelle von Zwangsstrafen das Zwangsgeld gesetzt (z. B. § 142 Abs. 1 Reichsumlegungsordnung vom 16. Juli 1937 — RGBl. I S. 629, § 5 VO. betr. das Arbeitsamt vom 29. August 1944 — RGBl. I, S. 190, § 18 Abs. 3 DGO., §§ 33, 55 pr. PVG.). Das Zwangsgeld kommt insbesondere zur Anwendung bei der Nichtbefolgung von Verordnungen[1]). Nach der richtigen Auffassung enthält es ebensowenig Merkmale einer Kriminalstrafe wie die Zwangsstrafe[2]). Im Gegenteil ist die Änderung der Bezeichnung Exekutivstrafe in Zwangsgeld gerade deswegen erfolgt, um klarzustellen, daß es sich dabei nicht um eine Kriminalstrafe zur Sühne für geschehenes strafrechtliches Unrecht handelt[3]).

Die Höhe der durch Zwangsstrafe oder Zwangsgeld verlangten Geldsumme ist verschieden je nach der Behörde oder auch der Instanz der Behörde, die die einzelne Maßnahme ergreift. Es sind meist keine sehr erheblichen Beträge. Als Maßstab dient im allgemeinen die Geldtrafe für Übertretungen nach dem Strafgesetzbuch. Doch können die Geldleistungen dadurch eine empfindliche Höhe erreichen, daß sie bei Nichtbefolgung des behördlichen Ansinnens beliebig oft verlangt werden können. Der Satz „ne bis in idem" gilt nur für die Androhung der jeweiligen einzelnen Forderung[4]).

Der Festsetzung einer Zwangsstrafe oder eines Zwangsgeldes muß stets eine schriftliche Androhung vorausgehen. In ihr ist, sofern eine Handlung erzwungen werden soll, die Frist zu bestimmen, binnen welcher die Ausführung gefordert wird. Die Ausführung und Fristsetzung kann ebenfalls so oft wiederholt werden, bis die Verpflichtung erfüllt ist. Die Androhung muß für jeden einzelnen Fall in bestimmter Höhe erfolgen. Sie kann auch auf einmal für jeden künftigen Fall der Zuwiderhandlung erfolgen. Das Zwangsmittel soll seinem Wesen nach als ein Beugemittel für künftiges ordnungsgemäßes Verhalten einer Person wirken. Infolgedessen würde eine Festsetzung seinem Wesen widersprechen, wenn die Wiederholung einer Zuwiderhandlung gegen ein erlassenes Verbot oder Gebot praktisch ausgeschlossen ist. Es kann auch nicht mehr angewandt werden, wenn die Anordnung selbst zwischenzeitlich aufgehoben oder ihre Ausführung unmöglich geworden ist. Unmöglichkeit der Aus ührung liegt auch dann vor, wenn der Betroffene sie inzwischen ausgeführt hat. Die Beitreibung der verhängten Geldsumme ist mithin dann unzulässig, wenn der Betroffene noch vorher ein ihm auferlegtes Gebot befolgt hat.

---

[1]) Pr. OVG. 90, 275.

[2]) Die manchmal geäußerte gegenteilige Ansicht — z. B. Nebinger, Verwaltungsrecht, S. 213 — trifft nicht zu.

[3]) So mit aller Deutlichkeit entsprechend der herrschenden Ansicht Drews, Polizeirecht, S. 109.

[4]) Pr. OVG. 84, Fleiner, S. 219; Köhler, S. 287.

Die Einziehung der festgesetzten Geldsumme erfolgt im Verwaltungszwangsverfahren, also in der Form der Vollstreckung wegen einer Geldforderung.

Für den Fall der Nichtbeitreibbarkeit sehen viele Regelungen als Ersatz für die Zahlung eine Haftstrafe vor (z. B. § 56 pr. PVG.), schwankend zwischen einem Tag und sechs Wochen. Die Regelung ist in Parallele zu setzen mit der Haft zur Erzwingung des Offenbarungseides gemäß § 901 ZPO. Die Androhung der Haftstrafe muß stets schriftlich erfolgen und der Dauer nach bestimmt sein. Sie kann erst nach Unanfechtbarwerden der Festsetzung der primären Zwangsmaßnahme und nach fruchtloser Zwangsvollstreckung vollstreckt werden.

Der bedeutsamste Unterschied zwischen einer Kriminalstrafe und einer Zwangsstrafe besteht darin, daß für jene das Legalitätsprinzip, für diese das Opportunitätsprinzip gilt. Die Kriminalstrafe muß zwangsläufig beim Vorliegen einer strafbaren Handlung oder Unterlassung verhängt werden. Von der Verhängung einer Zwangsstrafe kann die Verwaltungsbehörde aus Zweckmäßigkeitserwägungen absehen, wenn sie ihr nicht unbedingt erforderlich erscheint. Ein weiterer Unterschied ist, daß die Kriminalstrafe einer Liquidierung der Vergangenheit dient und die Zwangsstrafe hauptsächlich der Regelung eines Zustandes in der Zukunft.

Ein Unterschied hinsichtlich der Rechtsgrundlage, auf der die beiden Arten von Strafen beruhen, besteht nicht. Beide dürfen nur verhängt werden, wenn eine gesetzliche Grundlage vorhanden ist. Allerdings sind verschiedenartige Staatsakte von Bedeutung: Die Kriminalstrafe wird, abgesehen von den gesetzlich zugelassenen Ausnahmen, durch Urteil eines Gerichts, die Zwangsstrafe durch Verwaltungsakt verhängt.

Ungeklärt ist die Frage, ob Kriminalstrafe und Zwangsstrafe nebeneinander wegen der gleichen Handlung verhängt werden können. Die Rechtsprechung der meisten deutschen Länder hat sie lange verneint[1]). Neuere Entscheidungen jedoch vertreten den entgegengesetzten Standpunkt, wonach die Erzwingung einer Einzelanordnung von einem möglicherweise nebenher laufenden Strafverfahren unabhängig ist[2]). Dieser Ansicht schlossen sich einige Landesgesetze an (55 Abs. 1 pr. PVG.; § 153 Abs. 1 thür. LVG.).

---

[1]) Z. B. sächs. OVG. 31, 334; Gesetzlich geregelt in Bayern durch Art. 21, 1. Bay. Pol. StGB., der Zwangsmittel nur erlaubt, wenn Ungehorsam nicht mit Kriminalstrafen bedroht ist.

[2]) Pr. OVG. 84, 276 (Plenarentscheidung 1929).

Die Militärregierung verbot stellenweise alle Verwaltungszwangsstrafen[1]). Das hatte zur Folge, daß — wenigstens für eine Übergangszeit — die vor Erlaß der in Betracht kommenden Polizeigesetze gültigen Bestimmungen wieder auflebten. Für Preußen trat so nach dem Wegfall von § 55 pr. PVG. wieder § 132 pr. LVG. in Kraft[2]).

Art. 104 Abs. 2 westd. GG. verbietet jede Freiheitsentziehung auf Grund verwaltungsmäßiger, insbesonderer polizeilicher Akte, läßt also den in Art. 114 WRV. und nun wieder in Art. 8 Verf.d.d.R. enthaltenen Gesetzesvorbehalt fallen. Infolgedessen gibt es trotz möglicherweise anders lautender Gesetze im Bereich des westdd. GG. keine Zwangshaft mehr.

---

1) Z. B.: Der Direktor der hessischen Militärregierung an den hessischen Innenminister am 17. Dez. 1947: „Es ist zu meiner Kenntnis gelangt, daß als Ersatz für polizeiliche Strafbefehle die Auferlegung von sogenanntem Zwangsgeld oder im Nichtbeitreibungsfalle Haft in gewissen Landkreisen durchgeführt wurde. Diese Maßnahme stützt sich auf § 33 pr. PVG. Dieser § ermächtigt u. a. zu der Auferlegung von Zwangsgeld für Übertretung von Polizeiverordnungen und Haft im Nichtbeitreibungsfalle (vgl. § 56 und 55). § 33 setzt fest, daß Zwangsgeld ohne vorherige Androhung nur dann auferlegt werden darf, wenn der Betroffene die Polizeiwidrigkeit seines Verhaltens kannte oder hätte kennen müssen. — Die Militärregierung setzt voraus, daß die Auferlegung von Zwangsgeld angesichts des Verbots von Strafverhängungen durch die Polizei sich auf die Annahme gründet, daß Zwangsgeld nach deutschem Gesetz technisch keine Strafe bedeutet, sondern lediglich ein Mittel, den Betroffenen von verbotenem Verhalten abzuhalten oder ihn zu veranlassen, Dinge zu tun, die ihm durch die Maßnahme auferlegt sind. Was auch über die Richtigkeit dieser Entscheidung nach deutschem Recht zu sagen sein mag, so verletzt eine Verfügung, die Zwangsgeld oder im Nichtbeitreibungsfall Haft auferlegt, nicht nur den Zweck meiner Anordnung, die den Polizeistaat zu beseitigen beabsichtigt, sondern verstößt gegen die offensichtliche Absicht meines Verbotes der Ausübung der polizeilichen Befugnis, über Straftaten zu entscheiden, Strafbefehle zu erlassen oder Straftaten zu verhängen. Irgendwelche Zweifel über das Ausmaß dieser Verbote können nach dem Teil meiner Anordnung nicht mehr bestehen, der die Aufhebung aller Gesetze, Anordnungen oder Verfügungen anordnet, die direkt oder indirekt die Polizei ermächtigen, kostenpflichtige Verwarnungen oder ähnliche zwingende Anordnungen zu erlassen. . . . Jeder Beamte, der nach Veröffentlichung dieser Anordnung ihr noch entgegenhandelt, unterliegt der Strafverfolgung durch ein Gericht der Militärregierung."

2) Für die britische Zone besteht eine Sonderregelung. Hier ist seit Ende 1945 die Verwaltungspolizei von der übrigen Polizei getrennt und auf die Gemeinde übertragen worden. Das Recht örtlicher Gesetzgebung der Gemeinden besteht zunächst für die eigenen Angelegenheiten. Eigene Angelegenheiten sind solche, die den Gemeinden in Erledigung eigener Verantwortung zustehen. Polizeiangelegenheiten gehören nach der bisherigen Regelung nicht zu eigenen Angelegenheiten, sondern sind Auftragsangelegenheiten. Für beide Aufgabenbereiche müssen die Gemeinden allgemeine Anordnungen treffen können. Diese Anordnungen müssen, soll nicht ein Chaos entstehen, auch in irgendeiner Form durchgesetzt werden. So ergibt sich die zwingende Notwendigkeit für die Anwendung des § 132 pr. LVG. Diese Bestimmung ist zu modifizieren entsprechend den besonderen gesetzlichen Bestimmungen über die jeweilige Stelle. (Vgl. unten S. 375.)

3. Gewaltanwendung

Die Anwendung von Gewalt ist ein dem Verwaltungsrecht eigentümlicher Vorgang, der in der zivilen Zwangsvollstreckung keine Parallele findet. Grundlage muß stets eine besondere gesetzliche Bestimmung sein. Entweder ist eine auf den Einzelfall zugeschnittene Zwangsanordnung vorhanden oder der Gewaltanwendung liegt eine allgemeine Regelung zugrunde, wie sie z. B. § 202 RAO. oder § 132 Abs. 3 pr. LVG. enthält. Der Zwang richtet sich gegen die Freiheit der Person, gegen die Unverletzlichkeit der Wohnung oder gegen Sachen.

Die Freiheit der Person, grundsätzlich gewährleistet durch Art. 114 WRV., Art. 2 westd. GG., Art. 8 Verf. d. d. R. und die entsprechenden Sätze der neuen Länderverfassungen, kann durch besondere gesetzliche Bestimmungen beschränkt werden. Für den Bereich des westd. GG. ist zu beachten, daß auch Gesetze die Freiheitsentziehung nicht bis zur Zwangshaft ausdehnen dürfen.

Beispiel:

Zwangsimpfung, Zwangsentlausung, fürsorgerechtlicher Arbeitszwang (§ 20 FürsPflVO.). Als Beispiel für Zwangsheilung: § 18 niedersächs. Gesetz zur Bekämpfung von Geschlechtskrankheiten vom 28. März 1949 — GVBl. S. 73 —: Zur Durchführung der in diesem Gesetz geforderten Handlungen, Duldungen und Unterlassungen kann das Gesundheitsamt ein Zwangsgeld bis zum Betrage von 3000 DM festsetzen, an dessen Stelle im Unvermögensfalle Haft bis zur Dauer von 6 Wochen tritt. — In geeigneten Fällen kann das Gesundheitsamt eine geforderte Handlung nach vergeblicher Anwendung oder an Stelle des in Abs. 1 bezeichneten Zwangsmittels durch einen Dritten auf Kosten des Verpflichteten ausführen lassen, oder soweit die Handlung durch einen Dritten nicht ausgeführt werden kann, oder es sich um eine Duldung handelt, unmittelbaren Zwang anwenden. — Die Zwangsmittel der Absätze 1 und 2 müssen vorher schriftlich angedroht werden. Gegen die Androhung, Festsetzung und Ausführung eines Zwangsmittels ist binnen eines Monats die Beschwerde an den Regierungspräsidenten gegeben. Diese hat aufschiebende Wirkung, es sei denn, daß das Gesundheitsamt das Gegenteil anordnet. Die Androhung, Festsetzung und Ausführung eines Zwangsmittels wird durch die Einleitung eines Strafverfahrens oder durch die Bestrafung wegen desselben Tatbestandes nicht ausgeschlossen.

Der tiefste Eingriff in die persönliche Freiheit ist die Schutzhaft. Sie dient der Verhinderung drohender Gesetzes- und Ordnungswidrigkeiten, hat also mit der vorläufigen Festnahme nach § 127 StPO. nichts zu tun. Die Verfassungen lassen sie zu, sofern als Grundlage ein Gesetz vorhanden ist. Das wäre übersichtlich, wenn nur besondere Tatbestände berücksichtigende Gesetze in Betracht kämen, wie z. B. die Verordnung zur Verhütung von Seuchen vom 20. Nov. 1918 — RGBl. S. 1317 — oder das Geschlechtskrankheitengesetz. Als gesetzliche Grundlage werden aber auch die Bestimmungen über die Zuständigkeit der Polizei angesehen, wie z. B. § 10 II 17 pr. ALR. oder § 14 pr. PVG. von 1931. (§ 6 pr. Gesetz zum Schutz der persönlichen Freiheit vom 12. Februar 1850). Eine der neuesten Spezialregelungen, § 15 pr. PVG., verlangt als Voraussetzung der Schutzhaft, daß sie erforderlich ist zum eigenen Schutz der festgenommenen Person oder zur Beseitigung einer bereits eingetretenen Störung der öffentlichen Sicherheit oder Ordnung oder zur Abwehr einer unmittelbar bevorstehenden polizeilichen Gefahr, falls die Beseitigung der Störung oder die Abwehr der Gefahr auf andere Weise nicht möglich ist. Die Benutzung der Schutzhaft zu anderen Zwecken ist mit den Grundsätzen des Rechtsstaates nicht vereinbar[1]).

In weiterem Sinn gegen die Freiheit der Person gerichtet sind Zwangsmaßnahmen, die die freie wirtschaftliche Bewegung des Staatsbürgers einschränken.

Beispiele:

Betriebsverbote gemäß § 35 GewO., § 22, Abs. 2, Gaststättengesetz, §§ 20, 25 Verordnung über Handelsbeschränkungen vom 13. Juli 1923. — RGBl. I, S. 706. — Insbesondere diese Bestimmung gilt heute noch und kann angewandt werden zur Nachprüfung der persönlichen Zuverlässigkeit eines Unternehmers.

Der Grundsatz der Unverletzlichkeit der Wohnung, verbürgt durch Art. 115 WRV., Art. 13 westd. GG. und durch die Landesverfassungen, ist weitgehend durchlöchert. Die Wohnungszwangsbewirtschaftung hat praktisch den Staatsbürgern die Berechtigung, über ihre eigene Wohnung zu verfügen, genommen[2]). Weitere Einschränkungen sind möglich aus polizeilichen Gründen, also bei Feuersgefahr, Wassernot, der Gefährdung menschlicher Leben usw. (vgl. z. B. § 9 pr. Gesetz vom 12. Februar 1850).

Gewaltanwendung gegen Sachen ist ebenfalls im Rahmen der allgemeinen polizeilichen Maßnahmen möglich, wobei die gesetzlichen Bestimmungen über den Aufgabenbereich und die Zuständigkeit der Polizei auch hier als die gesetzliche Grundlage angesehen werden.

Beispiele:

Abtragen unerlaubter Bauten, Entfernung eines führerlosen Fahrzeuges, Wegschütten verdorbener Lebensmittel. In Sonderfällen sind besondere gesetzliche Regelungen vorhanden, z. B. Wegnahme von Geschäftsbüchern gemäß § 102, Abs. 4, RAO. Schließen unerlaubt errichteter Verkaufsstände gemäß § 8 Einzelhandelsschutzgesetz vom 12. Mai 1933. — RGBl. I, S. 262.

---

[1]) Vgl. oben S. 19.

[2]) Vgl. oben S. 221.

— Außerbetriebsetzen unbefugt errichteter oder betriebener Fernmeldeanlagen gemäß § 22 des Gesetzes vom 14. Januar 1928. — RGBl. I, S. 8.

Ein durch gesetzmäßige Gewaltanwendung entstandener Schaden wird nicht ersetzt.

Beispiel:

Wenn bei einer gemäß gesetzlicher Anordnung geimpften Person Gesundheitsschäden auftreten, entsteht kein Schadenersatzanspruch. — RG. (Großer Zivilsenat) in: JW. 1939, 3631[1]).

Die schärfste Form des gewaltsamen Vorgehens, der Waffengebrauch, ist ausschließlich der Polizei vorbehalten[2]).

Andere als die hier erwähnten Zwangsvollstreckungs- und Zwangsmittel kennt das Verwaltungsrecht nicht. Eine Überschreitung der Grenzen ist ungesetzlich, daher unwirksam und schafft außerdem die Grundlage für eine zivilrechtliche Schadenersatzpflicht (Art. 131 WRV.), Art. 14 westd. GG.).

Beispiel:

Eine Polizeibehörde gibt einer Zeitung auf, aus Gründen politischer Sicherheit und Ordnung eine bestimmte Nachricht zu bringen. Die Zeitung weigert sich. Daraufhin verbietet die Polizei das Erscheinen der Zeitung auf drei Tage und setzt das Verbot auch durch. Das ist unzulässig. Die Polizei hätte Zwangsgeld verhängen oder unmittelbaren Zwang, z. B. durch Entsendung von Setzern unter polizeilichem Schutz in die Druckerei, anwenden können. — Pr. OVG. 95, 131; der Fall spielt zu einer Zeit, als Art. 118 WRV. (Freiheit der Meinungsäußerung) durch VO. des Reichspräsidenten vom 28. Februar 1933 — RGBl. I, S. 83 — aufgehoben war.

4. Ordnungsstrafverfahren

Das Ordnungsstrafverfahren hat sich — abgesehen von älteren gelegentlichen Einzelerscheinungen wie z. B. §§ 83, 89, 92 c, 96 GewO. — entwickelt im Anwendungsbereich der RAO. von 1919 (§ 377) und des Devisenrechts sowie auf dem Gebiet der Sozialversicherung. Nach 1933 traten dann Ordnungsstrafen hinzu im Bereich der Warenverkehrsordnung, der Preisstrafrechts-VO. und der Verbrauchsregelungsstraf-VO. Das Ordnungsstrafrecht wird entweder Berufsständen übertragen — zunächst auch einschließlich des Reichsnährstandes —, die die Strafen verhängen können, wenn ihre Mitglieder den Weisungen des Leiters nicht nachkommen, oder die Bestrafung liegt in der Hand einer Verwaltungsbehörde.

---

[1]) Diese im Interesse des ordre publicc richtige Entscheidung, die gleichzeitig einen Fall der Aufopferung von Individualinteressen zugunsten der Allgemeinheit darstellt, wurde sehr umkämpft. Vgl. z. B. Schach, in: Verwaltungsarchiv 1939, S. 114; F. W. Giese, Öffentlich-rechtl. Entschädigung.

[2]) Vgl. unten S. 376.

§§ 21 ff. Kriegswirtschafts-VO. vom 4. September 1939, §§ 8 ff. Preisstrafrechts-VO. i. d. F. vom 26. Oktober 1944 — RGBl. I, S. 264 —, Runderlaß Nr. 50/39 vom 17. Juni 1939 — RGBl. I, S. 999 —, § 4 Verbrauchsregelungsstraf-VO. i. d. F. vom 26. November 1941 — RGBl. I, S. 734, 1942 I, S. 138 —, §§ 16 ff. Bewirtschaftungsnotgesetz vom 30. Oktober 1947 — WiGBl. 1948, S. 3 —, bizonales Wirtschaftsstrafgesetz vom 26. Juli 1949 — WiGBl. S. 93 —, erstreckt auf die Länder Baden und Württemberg-Hohenzollern und Lindau durch VO. der Bundesregierung vom 24. Januar 1950 — BGBl. S. 24, wodurch ältere Bestimmungen aufgehoben werden, Wirtschaftsstraf-VO. der Wirtschaftsverwaltung der sowj. Zone vom 23. September 1948.

Im Ordnungsstrafverfahren können Geldstrafen, meist in unbeschränkter Höhe, Betriebsbeschränkungen und -schließungen, Geschäftsuntersagungen und Vermögenseinziehungen verhängt werden.

Das Verfahren ist nunmehr überall[1]) ähnlich wie dasjenige beim Erlaß einer polizeilichen Strafverfügung (§§ 413 bis 418 StPO., alte Fassung) oder bei Zuwiderhandlungen gegen Vorschriften über die Erhebung öffentlicher Abgaben und Gefälle (§§ 419 ff. StPO.) geregelt. Binnen einer gesetzlich festgelegten Frist, meist zwei Wochen, kann der Betroffene Antrag auf gerichtliche Entscheidung stellen. Alsdann wird bei kleineren Strafen die Sache vor dem Amtsgericht, bei größeren vor der Strafkammer des Landgerichts verhandelt.

Ordnungsstrafen sind, auch wenn sie vom Gericht verhängt oder bestätigt werden, keine Kriminalstrafen, sondern eine Form des Verwaltungszwanges. Das ist für die ältere Art der Ordnungsstrafen, z. B. nach § 377 RAO., leichter zu ersehen, weil hier Kriminalstrafen und Ordnungsstrafen scharf voneinander geschieden werden. Manche Regelungen seit 1933 kennen für die gleichen Tatbestände zwei mögliche Verfahrensarten, entweder ein Kriminalstrafverfahren vor dem Strafgericht oder ein Ordnungsstrafverfahren vor der Verwaltungsbehörde. Die Wahl liegt meist bei der Verwaltungsbehörde, die nach freiem Ermessen zu verfahren hat. Das Gesetz gibt aber manchmal Anhaltspunkte. So ist ein Ordnungsstrafverfahren und kein Kriminalstrafverfahren einzuleiten, wenn der Betroffene „die im Verkehr erforderliche Sorgfalt zur Verhütung der strafbaren Handlung angewandt hat" oder wenn kein öffentliches Interesse an der Herbeiführung einer gerichtl chen Entscheidung besteht (§§ 16, 17 biz. Bewirtschaftungsnotgesetz). Manchmal ist die Wahl der Staatsanwaltschaft vorbehalten (§ 18, 1 c, hervorgegangen aus § 22 Abs. Warenverkehrsordnung).

[1]) Vorübergehend gab es während des Krieges diese Möglichkeit nicht; § 28 PrStrVO., abgeändert durch biz. Änderungsvo. vom 2. 5. 1946.

Wenn die Wahl einmal getroffen ist, berühren sich beide Verfahren nicht mehr. Infolgedessen sind die Ergebnisse beider Verfahren völlig voneinander verschieden. Dieser Unterschied darf nicht durch die Einbeziehung materiell-rechtlicher Gesichtspunkte verdunkelt werden. Es ist nämlich möglich, daß die Kriminalstrafe eine Folge eines Justizdelikts oder eines Verwaltungsdelikts[1]) ist. Sie verändert hierdurch ihre Qualität nicht. Die Ordnungsstrafe ist stets die Folge eines Verwaltungsdelikts. Justizdelikte können schon wegen § 13 GVG. nicht im Ordnungsstrafverfahren erledigt werden. Wohl aber kann ein Verwaltungsdelikt gleichzeitig eine Verwaltungswidrigkeit sein. Von dieser Möglichkeit geht das Ordnungsstrafverfahren gerade aus. Der Gesetzgeber überläßt es in Anwendung des Opportunitätsprinzips einer Verwaltungsbehörde zu entscheiden, welches Verfahren sie bei Vorliegen eines Verwaltungsdeliktes, das gleichzeitig eine Verwaltungswidrigkeit ist, anwenden will. Durch die Entscheidung wird dann die Qualität des Ergebnisses des gewählten Verfahrens bestimmt, entweder Kriminalstrafe oder Verwaltungszwang[2])[3]).

---

[1]) James Goldschmidt, Das Verwaltungsstrafrecht, Berlin 1902; Erik Wolf, Die Stellung der Verwaltungsdelikte im Strafrechtssystem, Festgabe für Reinhard von Frank, 1930, II, S. 516.

[2]) Beachtlich ist die Stellungnahme des Reichsverwaltungsgerichts vom 12. 5. 1943 — IV SK. 28/42. DRW. 1011/43 — entnommen aus Schiffer, Die deutsche Justiz, 1949, S. 65: „Auch die Ordnungsstrafe dient dem Zweck, Gebote zu schützen, die zur Regelung und Ordnung des Gemeinschaftslebens erlassen sind und deren genaue Befolgung aus Gründen der willigen Einfügung in die Volksgemeinschaft selbstverständlich auch einer ethischen Forderung entspricht. Indessen ist zu beachten, daß die Regelung des Wirtschaftslebens, soweit sie durch reine Ordnungsstrafe gesichert wird, den vielgestaltigen und wechselnden Bedürfnissen laufend angepaßt wird, und da sich dementsprechend auch die unter Ordnungsstrafschutz gestellten Ge- und Verbote häufig aus Gründen praktischer Zweckmäßigkeit inhaltlich ändern, ohne daß die dafür maßgebenden Gründe und Notwendigkeiten dem einzelnen bekannt oder erkennbar sein müssen. Es kann daher auch nicht vorausgesetzt werden, daß er jeden Verstoß gegen das eine oder andere der zahlreichen Verbote, auch wenn er es nicht kennt, ohne weiteres ebenso ordnungswidrig empfinden muß wie eine Verletzung der Gebote der völkischen Sittenordnung, soweit diese unter allgemeinen strafrechtlichen Schutz gestellt ist. Eine Zuwiderhandlung gegen eine Anordnung, die unter reinen Ordnungsstrafschutz gestellt ist, kann daher nur als vorsätzlich begangen angesehen werden, wenn der Täter die Anordnung tatsächlich kannte oder sich über ihren Inhalt und ihren Sinn im klaren war. Eine Bestrafung wegen nur fahrlässiger Zuwiderhandlung gegen irgendeine Anordnung ist damit nicht ausgeschlossen."

[3]) Eberhard Schmidt, Probleme des Wirtschaftsstrafrechts, in: SJJ. 1948, S. 225, untersucht die materiellen Unterschiede zwischen Justiz- und Verwaltungsdelikt. Auch diese Untersuchungen zeigen mit Deutlichkeit, daß es nicht möglich ist, aus den materiell-rechtlichen Unterschieden Anhaltspunkte für das Verfahren zu gewinnen. Schmidt scheint das für unbefriedigend zu halten. Das ist es m. E. aber nicht, weil irgendwo stets die Grenze zwischen der Zurechnung einer Tat zu einem strafrechtlichen Tatbestand und seiner außerstrafrechtlichen Eingruppierung liegt. Diese Frage muß jeder Staatsanwalt täglich entscheiden, wenn er sich darüber klar wird, ob er anklagen oder einstellen soll, ebenso wie das Strafgericht

Ordnungsstrafen werden grundsätzlich nicht in das Strafregister eingetragen. Eine Ausnahme bildet die Anordnung des Tätigkeitsverbotes nach (§ 10 Preisstrafrechts-VO. i. V. mit § 9 a Strafregister-VO. vom 17. Februar 1934).

Sind sich Behörde und Betroffener über das Vorliegen einer Verfehlung einig, so kann statt der Ordnungsstrafe eine Unterwerfung erfolgen. Die von dem Betroffenen vorgenommene Unterwerfung steht einer rechtskräftigen Verurteilung zu einer Ordnungsstrafe gleich (z. B. § 447 RAO., § 20 biz. Bewirtschaftungsnotgesetz).

5. Verwaltungsstrafverfahren

Einzelne Verwaltungszweige, nämlich die Polizei, die Finanzverwaltung, die Post und die Eisenbahn haben ein besonderes Verwaltungsstrafverfahren herausgebildet. Zur Verhandlung in diesem Verfahren kommen bestimmte im Gesetz aufgezählte Tatbestände[1]), ohne daß eine Stelle zwischen mehreren Verfahrensformen wählen könnte. Da es sich um ein Verwaltungsverfahren und nicht um ein originäres Strafverfahren handelt, gilt hinsichtlich der Einleitung das Opportunitätsprinzip. Die ausgesprochene Strafe ist eine Kriminalstrafe oder steht ihr zum mindesten gleich. Sie wird grundsätzlich in das Strafregister eingetragen. Hierdurch unterscheidet sich die Verwaltungsstrafe von der Ordnungsstrafe. Das Verfahren kann meist in mehreren Instanzen durchgeführt werden und gibt die Möglichkeit der Anrufung der ordentlichen Strafgerichte zur Herbeiführung einer gerichtlichen Entscheidung. Auch Unterwerfungsverhandlungen sind nach einigen Regelungen möglich.

---

für die Verurteilung oder die Freisprechung. — Auch in anderen Zusammenhängen ist unserer Rechtsordnung das Opportunitätsprinzip nicht fremd, wie z. B. §§ 153, 154 StPO. zeigen.

[1]) Alle Versuche der Wissenschaft, einen für alle Fälle zutreffenden einheitlichen Begriff des Verwaltungsstrafrechts zu konstruieren, müssen als gescheitert angesehen werden. Vgl. hierzu Giese, Allgemeines Verwaltungsrecht, S. 105; Peters, Verwaltung, S. 186. Ältere Literatur: Goldschmidt, a. a. O., Erik Wolf, a. a. O., Klee, Zur Frage eines besonderen Verwaltungsstrafrechts, in: Goldhammers Archiv 1927, S. 2 ff. — Das Scheitern dürfte kein Verlust sein, denn das Verwaltungsstrafverfahren ist eine wenig glückliche Regelung. Im Einzelfall mag es bequem sein, eine Sache ohne großen gerichtlichen Aufwand abtun zu können. Aber dem steht doch das schwerwiegende Bedenken entgegen, daß nach Möglichkeit niemand seinem ordentlichen Richter entzogen werden soll. Nachdem nun das Ordnungsstrafverfahren sich weiter ausgebreitet und konsolidiert hat, scheint das Verwaltungsstrafverfahren alter Prägung erst recht überflüssig geworden zu sein. Sein Verschwinden wäre daher kein Verlust. Für das noch geltende Recht sei hier genau wie bei der Betrachtung des Ordnungsstrafverfahrens darauf hingewiesen, daß viele Irrtümer auf einer Vermengung materiell-rechtlicher und verfahrensrechtlicher Gesichtspunkte beruhen. Es gibt materiell-rechtlich neben Justizdelikten, wie sie z. B. im StGB. enthalten sind, Verwaltungsdelikte, z. B. nach der Eisen-

Die Grundlagen des Polizeistrafrechts fanden sich in §§ 413 ff. StPO. und landesrechtlichen formellen Bestimmungen, z. B. §§ 59 ff. pr. PVG. von 1931. Die allgemeinen Polizeibehörden konnten hiernach keine Polizeistrafen mehr verhängen, sondern nur noch Zwangsgelder. Dagegen hatten polizeiliche Sonderbehörden z. B. auf dem Gebiet der Schiffahrtspolizei, Fischereipolizei, Bergpolizei usw. oder die hier tätig werdenden allgemeinen Polizeibehörden die Möglichkeit der Verhängung von Polizeistrafen. Im übrigen bedeutete die Bestrafung durch polizeiliche Strafverfügungen nach §§ 413 ff. StPO. die Verhängung von Kriminalstrafen wegen Übertretungen. Die amerikanische und britische Militärregierung hat das polizeiliche Verwaltungsstrafverfahren verboten[1]).

Das Steuerstrafrecht zeichnet sich durch Klarheit aus. Hier werden nämlich deutlich besondere Steuerstraftatbestände aufgezählt (§§ 391 bis 477 RAO.) und einem besonderen Steuerstrafverfahren zugewiesen. Dem Steuerstrafrecht nachgebildet ist das Devisenstrafrecht[2]).

Das gleiche gilt für die Postverwaltung, wo die Delikte des Postbetruges und der Portohinterziehung in einem bestimmten Verfahren behandelt werden (§§ 27 ff. Postgesetz vom 28. Oktober 1871), und die Eisenbahnverwaltung (§§ 77 ff. Eisenbahn-Bau- und Betriebsordnung vom 17. Juli 1928 — RGBl. II, S. 541).

6. Verwaltungszwang ohne vorheriges Erkenntnisverfahren

Manchmal ist Verwaltungszwang nötig, ohne daß Zeit gewesen wäre, vorher einen Verwaltungsakt zu erlassen. Dann liegt eine unmittelbare Ausführung vor.

Beispiel:

Der zur Nachtzeit ohne Beleuchtung fahrende PKW. wird vom Polizeibeamten angehalten und an der Weiterfahrt gehindert. — Der Polizeibeamte zerstreut eine mit Gewalt gegen bestimmte Ziele vorgehende Menschenmenge. — Alle Eingriffe der Polizei in den Rechtsbereich des Nichtstörers zur Abwendung polizeiwidriger Zustände.

---

bahn-Bau- und Betriebsordnung, oder Wirtschaftsdelikte, z. B. nach der Wirtschaftsstrafverordnung. Es ist jedoch eine ganz andere Frage, ob diese Delikte durch die ordentlichen Strafgerichte im Verfahren der StPO., was das Normale wäre, oder durch andere staatliche Stellen nach einem besonderen Verfahren behandelt werden. — Zu scheiden vom Verwaltungsstrafrecht ist das Wirtschaftsstrafrecht als Teil des Strafrechts. Vgl. Schmidt, Probleme des Wirtschaftsrechts, in: SJZ. 1948, Sp. 225, und W. Weiß, Wesen und Beurteilung des Wirtschaftsrechts, in: NJ. 1949, S. 53.

[1]) Vgl. unten S. 370.

[2]) Die Devisenkontrolle ist z. Z. der deutschen Zuständigkeit entzogen, vgl. z. B. brit. VO. Nr. 57 Anhang A Nr. 6.

Hier von „Selbsthilfe der Verwaltung“[1]) oder von Notwehr oder Notstand[2]) zu sprechen, wird dem behördlichen Vorgehen nicht gerecht[3]). Vielmehr handelt es sich um eine Vollstreckungsmaßnahme, die mit dem sie tragenden Verwaltungsakt unmittelbar verbunden ist. Berechtigung oder Nichtberechtigung sowie die daraus entstehenden Folgen für die Haftung usw. richten sich nach den allgemeinen Regeln der Verwaltungsakte. Alle Maßnahmen müssen sich materiell im Rahmen der Gesetze halten. Nicht falsch ist es, von „Amtsnotstand“ zu sprechen[4]).

Außer bei diesen plötzlich eintretenden Umständen wird Zwang ohne einen zeitlich vorhergehenden Verwaltungsakt auch in besonderen Gesetzen zugelassen, wenn seine Anwendung zweck-

---

[1]) So Otto Mayer, Verwaltungsrecht II, S. 37.

[2]) Fleiner, Institutionen, S. 137. — Vgl. auch oben S. 160.

[3]) Die Frage der Staatsnotwehr ist ein umstrittenes Problem, dem mit rechtlichen Argumenten nur auf der jeweiligen Basis einer positiven Regelung beizukommen ist.

Es handelt sich hierbei um einen Gegenstand des Staatsrechts. Von Bedeutung für das Verwaltungsrecht ist die Frage, ob der Grundsatz der Gesetzmäßigkeit der Verwaltung durch Anerkennung eines Notstandsrechtes durchbrochen werden darf. Die Rechtsprechung der höheren Verwaltungsgerichte in der Vergangenheit schwankte. Der bayr. VGH. meint: „Der Staat würde tatsächlich seine Existenz selbst in Frage stellen, wenn er auf das Recht verzichten wollte, zur Überwindung einer seinen Bestand bedrohenden, die Grundlagen des staatlichen Lebens umstürzenden und auf andere Weise nicht abwendbaren Gefahr seinen Gegnern mit allen ihm zu Gebote stehenden Machtmitteln entgegenzutreten“ (42, 63). Eine gesetzlich nicht zu rechtfertigende Schutzhaft über spartakistische Führer vom 30. April bis 28. Mai 1919 wird hiernach für zulässig gehalten. Das sächs. OVG. (31, 320) erkennt ein polizeiliches Notstandsrecht zur Einweisung Obdachloser in Räume eines Unbeteiligten an. Der badische Verwaltungsgerichtshof lehnt ein Notstandsrecht ab, weil das gleiche Ergebnis durch die Anwendung von Bestimmungen des badischen Polizeistrafgesetzbuchs, § 30, erreicht werden kann. (Ztschr. f. bad. Verw. 1930, 7; 1931, 120.) — Das pr. OVG. nahm stets bei der Notwendigkeit des Eingriffes der Polizei in den Rechtsbereich des Nichtstörers zur Abwendung einer Polizeiwidrigkeit ein vom Verwaltungsrecht zu beachtendes Staatsnotrecht an (78, 217; 83, 222). — Vgl. auch RGZ. 117, 138. —

Die Rechtslehre lehnte vor 1933 ein Notstandsrecht der Verwaltung i. a. ab. Ein solches Staatsnotrecht läßt sich genau wie das jus eminens des beginnenden Absolutismus nur naturrechtlich begründen. Hiergegen vor allem richteten sich die Angriffe der Wissenschaft. Vgl. Mayer, Verwaltungsrecht I, S. 11; Thoma, Hdb. d. StR. II, S. 231; Grau, ebd., S. 276; Merkl, Allgemeines Verwaltungsrecht, S. 52, 166; Gerber, Grundsätze eines allgemeinen Teils, in: Verwaltungsarchiv, Bd. 36, S. 7. Die nationalsozialistische Herrschaft dagegen betrachtete das Staatsnotrecht und damit das Notstandsrecht der Verwaltung als „die rechtliche Gestaltung der Idee der nationalen Rechtssicherheit“. — Koellreutter, Der nationale Rechtsstaat, S. 35. — Wegen des umgekehrten Falles des Widerstandes des einzelnen gegen rechtswidrige Verwaltungsakte, vgl. oben S. 170 ff.

[4]) So Gerber, a. a. O., der ihn bezeichnet „als eine nach Maßgabe der Eigenart des öffentlichen Rechts typische Ausgestaltung einer rechtlichen Möglichkeit, die auf anderen Rechtsgebieten ausdrücklich gesetzlich anerkannt ist und deren ethische Richtigkeit vom allgemeinen Gerechtigkeitsempfinden bestätigt wird“.

dienlich ist (z. B. § 186 thür. LVG., § 7 Lebensmittelgesetz vom 5. Juli 1927 — RGBl. I, S. 134).

Ferner ist die Verhängung von Haftstrafe wegen Ungebühr unmittelbare Ausführung eines Verwaltungsaktes. Das gleiche gilt für Zwangsmaßnahmen im Rahmen eines öffentlich-rechtlichen Gewaltverhältnisses, wie z. B. zwischen Lehrer und Schüler[1]).

7. Vollstreckung verwaltungsgerichtlicher Titel

Vollstreckbare Titel im Verwaltungsstreitverfahren sind Urteile, gerichtliche Vergleiche, Kostenfestsetzungsbeschlüsse, vollstreckbar erklärte Schiedssprüche und schiedsrichterliche Vergleiche. Den Urteilen gleichgestellt sind manchmal Vorbescheide oder ähnliches der Vorsitzenden.

Bei vielen Urteilen erübrigt sich die Vollstreckung, so bei Untätigkeitsklagen, Feststellungsklagen und bei Anfechtungssachen. Hier insbesondere kassiert das der Klage stattgebende Urteil von sich aus den angefochtenen Verwaltungsakt, während die Klagabweisung den Weg zur Vollstreckung des angefochtenen Aktes, nicht des Urteils freigibt.

Die Zwangsvollstreckung wird in Verwaltungsstreitverfahren im allgemeinen praktisch nur wegen Geldleistungen und aus Kostenfestsetzungsbeschlüssen. Sie erfolgt nach den Bestimmungen über die entsprechende Art der Vollstreckung auf Grund von Verwaltungsakten[2]).

Durchgeführt wird die Vollstreckung durch die obsiegende Behörde, wo ein besonderes Parteiverfahren besteht durch die obsiegende Partei (§ 100 südd. VGG.).

---

[1]) Von Köhler, Grundlehren, S. 292.

[2]) Die gesetzlichen Regelungen, z. B. § 108 Abs. 1 brit. VO. Nr. 165, verweisen auf ältere Bestimmungen; Einzelheiten z. B. Werder-Laabs-Ortmann § 108, Eyermann-Fröhler § 84, Anhang.

4. Abschnitt

ORGANISATION

Vierzehntes Kapitel

Organisation der Staatsverwaltung

1. Behörden

Die Organisation der Verwaltung hängt weitgehend ab von der Organisation der sie durchführenden Behörden.

Behörden oder öffentliche Behörden sind organisatorisch einheitliche Stellen, die zur Erfüllung bestimmter Aufgaben der öffentlichen Verwaltung berufen sind. Außer bei der Verwaltung gibt es auch im technischen Apparat der anderen Staatsfunktionen Behörden. Die Abgrenzung der zu der einen oder anderen Staatsfunktion gehörenden Behörde verläuft entsprechend der Grenze zwischen den Funktionen selbst. Die nach Tätigkeit und Organisation eine Verwaltungsbehörde darstellende Staatsanwaltschaft wird seit jeher zur Justiz gezählt[1]). Die Parlamente werden nicht als Behörden bezeichnet. Dagegen nehmen die mit der Wirtschaftslenkung beauftragten Stellen in zunehmendem Maße die Bezeichnung Behörde an.

Gesetzlich ein für allemal feststehende Merkmale des Begriffes der Behörde kennt das deutsche Recht nicht[2]). Die Vornahme von Hoheitsakten ist kein wesentliches Merkmal einer Behörde, denn vielfach

1) Die staatsanwaltschaftlichen Behörden handeln nicht als Verwaltungsbehörden im Sinne des § 20 südd. VGG., sondern als Organe der Strafrechtspflege, soweit sie ihre Handlungen und Unterlassungen im Rahmen eines Strafverfahrens vornehmen. Ihre Tätigkeit ist jener der Gerichte gleichzustellen und unterliegt nicht der Kontrolle der Verwaltungsgerichte. — Bayr. VGH. vom 21. 3. 1948 in: Verwaltungsrechtsprechung I S. 1. — Vgl. auch § 25 Abs. 1 Satz 2 brit. VO. Nr. 165.

2) Nebinger, Verwaltungsrecht, S. 120, macht auf eine im württembergischen Landesrecht vorhandene Begriffsbestimmung aufmerksam. § 16 der württ. Vollzugsordnung zur Landesfeuerwehrordnung — Reg.Bl. 1937 S. 61 — heißt: Behörde ist ein ständiges, von dem Wechsel der Person unabhängiges Organ der Staatsgewalt, das dazu berufen ist, unter öffentlicher Autorität nach eigenem Ermessen für die Herbeiführung eines Zweckes tätig zu werden. — Peters, Verwaltung, S 115, als Anhänger der Organtheorie, bezeichnet Behörde als Organ von juristischen Personen des öffentlichen Rechts, die, eingeordnet in den Organismus der Staatsverwaltung, zur selbständigen Ausübung öffentlicher Funktionen, unabhängig von der Person des jeweils Handelnden, auf die Dauer tätig sind. Die klare Definition besticht zunächst. Aber es muß doch erst einmal feststehen, was Behörde ist, um dann diese Einrichtung als Organ bezeichnen zu können. Wie stets, so dient auch hier die Organtheorie der besseren Klärung des Vorhandenen, sie bringt aber keine neuen Erkenntnisse. — Das sächsische OVG. definiert: Eine

werden auch die Stellen, denen nur öffentliche Vermögensverwaltung obliegt, als Behörde bezeichnet. Behörden sind jedoch nur solche Stellen, denen eine gewisse selbständige Entscheidungsbefugnis zukommt.

Beispiel:

Der Polizeipräsident ist Behörde, nicht der Polizeiposten auf dem Lande, selbst dann nicht, wenn er über ein eigenes Dienstgebäude verfügt.

Für die deutschen bundesstaatlichen Verhältnisse zu unterscheiden sind Behörden des Gesamtstaates, ehemals Reichsbehörden, jetzt Bundesbehörden für die Westzonen und Zentralbehörden für die Ostzone, Behörden der Länder, hier solche der früheren und solche der gegenwärtigen deutschen Länder, und schließlich Kommunalbehörden. Man bezeichnet auch manchmal kirchliche Dienststellen als Behörden. Allen übrigen Stellen kommt im allgemeinen dieser Name, auch wenn sie öffentliche Aufgaben erfüllen, nicht zu. Für die Zeit der Besatzung sind Behörden der Besatzungsmächte vorhanden, wobei es sich teils um eigene Behörden der Militärregierungen handelt, teils um deutsche Dienststellen, die im unmittelbaren Auftrag der Militärregierung tätig werden, wie z. B. zahlreiche Zonenämter, Zentralämter, Ausschüsse usw.

Dem Arbeitsgebiet nach gibt es Behörden der allgemeinen Verwaltung und Sonderbehörden. Den ersteren sind sämtliche öffentliche Aufgaben übertragen, die keine anderen Stellen zu erfüllen haben. Sonderbehörden[1]) sind aus dem allgemeinen Behördenapparat ausgeschieden und erledigen die Aufgaben eines bestimmten Sachgebietes. In dem Zeitalter der Technik und des Spezialistentums ist es selbstverständlich, daß auch die Aufgaben der öffentlichen Hand viel differenzierter sind, als das früher der Fall war. Hierdurch steigert sich dauernd die Bedeutung der Sonderbehörden.

Sämtliche Behörden eines Staates bilden staatsrechtlich eine Einheit. Sie haben nicht gegeneinander, sondern im Interesse des Ganzen miteinander zu arbeiten. Obwohl das selbstverständlich zu sein scheint, wird es in den Verfassungen als Amtshilfe festgelegt (z. B. Art. 35 westd. GG.).

Verfügt eine Behörde auf Weisung einer vorgesetzten Behörde, so bleibt der Verwaltungsakt eine Maßnahme der unteren Behörde[2]).

Behörde ist eine mit obrigkeitlicher Befehlsgewalt, z. B. dem Recht der Gebührenerhebung, ausgerüstete Stelle (24, 298). — Das pr. OVG.: Behörde ist regelmäßig keine Körperschaft, sondern nur Verwaltungsstelle der einheitlichen Staatspersönlichkeit oder sonstigen Gebietskörperschaft (83, 27; vgl. ferner: 76, 473; 81, 188).

1) Zum Wesen und zu der Bedeutung der Sonderbehörde vgl. Peters, Die Sonderbehörden in der öffentlichen Verwaltung, in: Ztschr. Akademie f. d. R. 1940, Heft 3.

2) Bad. VGH. in: Ztschr. f. bad. Verw. 1930, 185.

2. Zentralisierte und dezentralisierte Verwaltung

Die Behördenordnung ist weitgehend abhängig von dem Gegensatz zwischen Zentralisation und Dezentralisation. Eine rein zentralisierte Verwaltung wäre diejenige durch eine einzige einköpfige Behörde. Sie ist denkbar nur in den allerkleinsten Verhältnissen. Wenn man im modernen Staat von zentralisierter Verwaltung spricht, so ist damit ein Überwiegen der Zentralisation über die Dezentralisation gemeint. Bei der ersteren kann der Wille einer einzigen physischen Person für die Verwaltungsführung maßgeblich sein, wie etwa ein Fachminister. Die Bezeichnung wird aber auch dann gebraucht, wenn an der Spitze ein Kollegium steht. Die Befugnisse dieser Spitze, gleichgültig, wie sie im einzelnen ausgestaltet ist, sind zu vergleichen der unbedingten Befehlsgewalt militärischer Vorgesetzter[1]).

Ist eine Behörde in mehreren Instanzen aufgebaut, so ist die höhere Verwaltungsbehörde grundsätzlich nicht befugt, die Aufgaben der gesetzlich zustehenden nachgeordneten Behörde zu übernehmen.

Die Vorzüge der Zentralisation sind die Möglichkeit einheitlichen und schnellen Handelns und schnelle Reaktion auf äußere Umstände.

Dezentralisation ist dem Wortsinn nach schon dann gegeben, wenn an die Stelle der durch eine Person dargestellte Spitze ein mehrköpfiges Kollegium tritt. Rechtlich jedoch verbindet sich mit dem Begriff der Dezentralisation derjenige der Verlagerung der Verwaltungsbefugnisse auf örtlich auseinandergezogene Behörden. Diese Art der Verwaltung hat den Vorzug, daß sie örtliche Sachkunde, örtliche und persönliche Beziehungen der Beamten zu den in ihrem Bereich liegenden Stellen und Personen benutzen kann.

Monokratische oder, wie es manchmal heißt bürokratische Verwaltung ist nicht gleichbedeutend mit Zentralisation oder Dezentralisation. Sie bedeutet sowohl Verwaltung durch einen einzigen Beamten, der in seiner Person die in Betracht kommende Behörde darstellt, als auch die Art der Verwaltung, bei welcher innerhalb einer bestimmten Behörde der Wille einer einzelnen Person, meist des Behördenleiters, maßgeblich ist. Die bürokratische Behörde firmiert in der Regel mit der Amtsbezeichnung einer einzelnen Person. Diese Person selbst zeichnet mit ihrem Namen ohne Zusatz, während die ihr unterstellten Hilfsarbeiter der Amtsbezeichnung der Zusatz „In Vertretung" oder „Im Auftrage" hinzufügen. Üblicherweise zeichnet in Vertretung nur der

---

[1]) Hess. VGH. vom 25. 2. 1948, in: Verwaltungsrechtsprechung I, S. 90.

unmittelbare Vertreter des Behördenleiters, während die Sachbearbeiter, denen Zeichnungsbefugnis übertragen ist, im Auftrage unterschreiben. Der Behördenvorsteher hat immer die Möglichkeit, jede einzelne Sache an sich zu ziehen und sie zu bearbeiten. Bei Meinungsverschiedenheiten zwischen den Sachbearbeitern oder Hilfsarbeitern und dem Vorsteher entscheidet der Wille des Vorstehers.

Den Gegensatz zu einer monokratischen Behörde bildet eine mehrköpfige oder kollegiale Behörde. Bei ihr ist eine Willensbildung nur möglich bei Übereinstimmung des Willens sämtlicher oder, je nach den bestehenden Dienstvorschriften oder gesetzlichen Unterlagen, der Mehrheit der Behördenmitglieder. Hierbei kann der Vorsteher überstimmt werden. Nach manchen Regelungen hat er den Stichentscheid.

Beispiele:

Monokratisch geordnet ist das preußische Regierungspräsidium mit geringfügigen Einschränkungen, die Staatsanwaltschaft oder auch die kommunale Verwaltung, wo kein Magistratsystem herrscht. Kollegiale Behörde ist ein Magistrat nach dem entsprechenden Selbstverwaltungssystem.

3. Berufsamt, Wahlamt und Ehrenamt

Die Verwaltung kann durchgeführt werden entweder durch in ihr hauptamtlich tätige Personen oder durch Personen, welche hauptberuflich anderweit beschäftigt sind und die Verwaltungstätigkeit nur im Nebenamt ausüben.

Hauptberuflich können innerhalb der Verwaltung tätig sein Beamte und Angestellte. Sie beide sind in der Lage, ein Amt auszufüllen[1]). Wird die Nebentätigkeit völlig ohne Entgelt ausgeübt, so handelt es sich um ein Ehrenamt. Die letztere Art der Verwaltungstätigkeit wird als politische Selbstverwaltung bezeichnet. Sie findet sich in Deutschland vor allem in der Form von gemischten Behörden, die sich aus Berufsbeamten und Laienmitgliedern zusammensetzen. Ihre Einführung fand in der zweiten Hälfte des vorigen Jahrhunderts unter dem Einfluß des national-liberalen Politikers und Berliner Staatsrechtslehrers Rudolf von Gneist (1816—1895) statt[2]). Politische Selbstverwaltung ist in jeder Ebene der Verwaltung und unabhängig von dem Subjekt, welches die Verwaltung ausübt, möglich. Sie kann daher erscheinen sowohl bei der staatlichen Verwaltung als auch bei der kommunalen Verwaltung[3]).

---

[1]) Vgl. unten S. 502.

[2]) Das self-government und die Verwaltungsgerichte in England S. 879 ff.

[3]) Vgl. unten S. 328.

Beispiele:

Preußischer Kreisausschuß, Bezirksausschuß, Provinzialrat. — Beschlußbehörde nach brit. VO. Nr. 141.

Ein Wahlamt wird innegehalten entweder durch einen Berufsbeamten oder durch einen Ehrenbeamten. Der Gegensatz zum Wahlamt ist dasjenige Amt, in welches eine Person berufen oder zu deren Ausübung sie von einer Behörde ernannt wird. Häufig werden beide Möglichkeiten dadurch verbunden, daß das Gesetz einerseits die Wahl durch eine bestimmte Körperschaft oder einen bestimmten Personenkreis und andererseits die Bestätigung im Amt durch eine dem Gewählten vorgesetzte Dienststelle verlangt.

Beispiele:

Die meisten leitenden Kommunalbeamten werden nach den einzelnen Gemeinde-, Kreis- oder Städteordnungen gewählt. Hinsichtlich der Besoldung jedoch enthalten diese Ordnungen ganz verschiedene Regelungen, so daß es teils Wahlbeamte mit festem Gehalt gibt, die also keine Ehrenbeamte sind, und teils Wahlbeamte, die kein Gehalt beziehen, sondern allenfalls nur Dienstaufwandsentschädigungen usw.

4. Bedeutung der Staatsform

Zu diesen Möglichkeiten und Verschiedenheiten des organisatorischen Aufbaus einer Verwaltung kommen weitere Möglichkeiten hinzu, die sich aus der Staatsform ergeben. In einem Einheitsstaat ist der Behördenapparat einfacher als in einem Bundesstaat. Hier treten neben oder über die Behörden der einzelstaatlichen Mitglieder die Behörden des Gesamtstaates selbst. Mit diesen Verhältnissen hat die deutsche Verwaltungsorganisation zu rechnen.

Schließlich hat der Staat die Möglichkeit, andere Subjekte mit der Durchführung der Verwaltung zu betrauen. Ein solches Subjekt besorgt dann an Stelle des Staates staatliche Verwaltungsaufgaben. Es übt öffentliche Verwaltung aus, und zwar auf Grund der vom Staat vorgenommenen Übertragung zu eigenem Recht[1]). Es gibt Behörden, die

---

[1]) Fleiner, Institutionen, S. 96. — Triepel, Delegation und Mandat im öffentlichen Recht, 1942, S. 23 ff., und ihm folgend Peters, Verwaltung, S. 53, unterscheiden: Delegation, wonach der Inhaber einer staatlichen oder gemeindlichen Zuständigkeit seine Kompetenz ganz oder zum Teil auf ein anderes Subjekt überträgt (z. B. Kommunalbeamter bei der Erfüllung von Auftragsangelegenheiten); Mandat, wonach eine fremde Zuständigkeit in fremdem Namen ausgeübt wird (z. B. Sachbearbeiter einer demokratischen Behörde); mehrere Formen sog. unechter Delegation, wonach z. B. sich der Delegierende die gleiche Zuständigkeit vorbehält. Delegation soll ein Akt der Rechtsetzung, eine Organisationsverordnung, Mandat ein Rechtsgeschäft sein. Die Praxis der Gesetzgebung und der Verwaltung ist, wie beide Rechtslehrer zugeben müssen, weit davon

Verwaltungsakte setzen. Die Verwaltungsakte haben die gleiche Qualität wie die unmittelbar von staatlichen Behörden gesetzten. Das wirkt sich aus sowohl in der Behandlung derartiger Akte innerhalb der Verwaltungsbehörden selbst als auch in der Verwaltungsgerichtsbarkeit und bei ihrer Beurteilung durch die ordentlichen Gerichte.

Nicht jedem Subjekt des öffentlichen Rechts werden vom Staat solche Befugnisse übertragen. Nicht jedes derartige Subjekt mithin hat Behörden. Vielmehr ist jedesmal eine besondere Bestimmung, im Rechtsstaat ein Gesetz, nötig, um dem Subjekt des öffentlichen Rechts die Befugnis zur Vornahme von behördlichen Amtshandlungen und zum Setzen von Verwaltungsakten zu geben. Gleichgültig ist es, ob sich der Staat eines bereits bestehenden Subjektes bedient und es mit Behörden ausgestaltet oder ob er für einen bestimmten Zweck ein neues Subjekt schafft und diesem gleich bei seiner Entstehung staatliche Aufgaben überträgt.

Beispiele:

Die Handwerkskammern in Bayern sind keine Behörden. (Anordnung über die Errichtung von Handwerkskammern des bayrischen Innenministeriums vom 20. Oktober 1945. — Bayr. GVBl. 1945, S. 4.) — Wenn die Eintragung in die Handwerksrolle abgelehnt ist, kann diese Ablehnung nicht mit der Verwaltungsklage angegriffen werden. Denn nur Verwaltungsakte von Behörden, „Amtshandlungen“, sind mit der Anfechtungsklage anzugreifen (§§ 35 Abs. 2, 36, 39; Abs. 2, 40, 42; Abs. 2, 46; Abs. 1, 47, 49, 51, 59, bayr. VGG. von 1946). — Bayr. VGH. vom 1. Juli 1947, in: NJW. 1947, S. 74.

In erster Linie bieten sich dem Staat die Gemeinden und Gemeindeverbände dar. Sodann sind vor allem Subjekte des öffentlichen Rechts, die sich mit der sozialen Fürsorge befassen, Behörden, wie z. B. Krankenkassen, Berufsgenossenschaften der Arbeitsversicherungen.

5. Zentralbehörden

a) Weimarer Republik.

Die WRV. beließ das Schwergewicht der inneren Verwaltung bei den Landesbehörden (Art. 14).

Als oberste Spitze der allgemeinen Verwaltung war der Reichsminister des Inneren vorhanden. Seine Machtbefugnisse waren jedoch dem Inhalt nach weit geringer als die entsprechenden der einzelnen Länder. Das Reich konnte auf den Gebieten, auf denen es die Gesetz-

---

entfernt, derartige Unterschiede in folgerichtiger Weise zu machen. Es empfiehlt sich daher, es bei der schon lange vorhandenen Regel zu belassen, wonach Delegation die Ausübung fremder öffentlicher Befugnisse zu eigenem Recht ist. Alle übrigen Zuständigkeitseinteilungen sind Angelegenheiten des tatsächlichen Behördenaufbaus.

gebungsbefugnis hatte (Art. 15 Abs. 1 WRV.) die Verwaltung durch andere öffentlich-rechtliche Körperschaften ausüben lassen. Derartige Stellen wurden als mittelbare Reichsbehörden und mittelbare Reichsverwaltung tätig. Ihm stand sodann eine Einwirkungsmöglichkeit durch die Reichsaufsicht zu, die gegebenenfalls zu einem Verfahren vor dem Staatsgerichtshof führen konnte.

Dem Reichsminister des Innern direkt unterstellt waren nur einige auf ein bestimmtes Fachgebiet beschränkte Sonderbehörden, die fast alle ihren Sitz in Berlin hatten. Meist war die reichseigene Verwaltung mit der Landesverwaltung in der Weise verbunden, daß eine Reichsbehörde nur an der Spitze tätig war, während das Reich im übrigen den Verwaltungsapparat der Länder benutzte. Diese Art der Verwaltung führt die Bezeichnung komplementarische Verwaltung. Außer für den Reichsminister des Innern bestand eine ähnliche Regelung innerhalb der Finanzverwaltung im Verhältnis von Reichsfinanzministerium zu den Landesfinanzämtern, innerhalb der Justizverwaltung im Verhältnis des Reichsgerichts zu den Land- und Oberlandesgerichten der Länder oder für das Reichsoberseeamt im Verhältnis zu den Seeämtern der Länder, das Reichsversicherungsamt im Verhältnis zu den Versicherungs- und Oberversicherungsämtern der Länder.

Neben diesen Behörden, welche Befugnisse der Reichsverwaltung und der Landesverwaltung vermischten, fand sich eine unvermischte reichseigene Verwaltung dort, wo eine Reichsbehörde ohne Mitwirken einer Unterbehörde tätig wurde, wie z. B. das Reichspatentamt oder Reichsaufsichtsamt für Privatversicherung.

Schließlich gab es Reichsverwaltungen mit eigenen voll ausgebauten Behördenapparaten mit mehreren Instanzen, wie z. B. das Auswärtige Amt mit seinen Botschaften, Gesandtschaften und Konsulaten, das Reichswehrministerium mit den verschiedenen einheitlichen Leitungen, das Reichspostministerium mit den Oberpostdirektoren, Post- und Telegraphen- und Fernsprechanstalten.

Nach dem Stand des Jahres 1932 waren außer dem Reichskanzler zunächst diejenigen Reichsminister vorhanden, die als Nachfolger der Staatssekretäre der Zeit des Kaiserreiches anzusehen sind, nämlich:

der Reichsminister des Äußeren, der in nur ganz geringem Umfange auf dem Gebiet der innerstaatlichen Verwaltung tätig wurde;

der Reichsminister des Inneren;
der Reichsjustizminister, dessen Einfluß auf die Gerichtsorganisation der Länder gering war;
der Reichsfinanzminister und der Reichspostminister.

Nach 1918 neu geschaffen wurden:
der Reichswirtschaftsminister, hervorgegangen aus dem am 21. Oktober 1917 begründeten Reichswirtschaftsamt — RGBl. S. 963 —;
der Reichsarbeitsminister, hervorgegangen aus dem am 4. Oktober 1918 begründeten Reichsarbeitsamt — RGBl. S. 1231 — (vgl. auch Erlaß des Reichspräsidenten vom 21. März 1919 — RGBl. S. 327 —);
der Reichsverkehrsminister gemäß der Verfügung des Reichspräsidenten vom 21. Juni 1919 — RGBl. S. 1801 —;
der Reichswehrminister gemäß dem Erlaß des Reichspräsidenten vom 21. März 1919 — RGBl. S. 327 —;
der Reichsminister für Ernährung und Landwirtschaft gemäß dem Erlaß des Reichspräsidenten vom 30. März 1920 — RGBl. S. 379 —.

Eine Stärkung der Reichsgewalt und damit der Reichsverwaltung gegenüber der Zeit vor 1919 wurde vor allem in der Übertragung der Finanzverwaltung auf das Reich durch das Reichsgesetz über die Reichsfinanzverwaltung vom 10. September 1919 — RGBl. I S. 1591 — gesehen. Unter dem Reichsfinanzminister standen 26 Landesfinanzämter, die alle gleichmäßig ausgebaut waren.

b) Die nationalsozialistische Herrschaft.

Nach 1933 wurde die Reichsverwaltung vergrößert. Insbesondere zu erwähnen ist die Verreichlichung der Justiz — (zweites Gesetz zur Überleitung der Rechtspflege auf das Reich vom 5. Dezember 1934 — RGBl. I S. 1214) — und der Polizei (Erlaß über die Einsetzung eines Chefs der deutschen Polizei im Reichsministerium des Innern vom 17. Juni 1936 — RGBl. I S. 487 —). Im übrigen benötigte die Staatsverwaltung zur Durchsetzung der Bestrebungen der NSDAP. einen äußerst komplizierten Verwaltungsapparat. Von größter Bedeutung für die Organisation war der Dualismus zwischen Staat und Partei. Es kam also häufig vor, daß Parteidienststellen von vornherein oder von einer bestimmten Zeit ab Behördenfunktion zugelegt wurden.

Für die Verwaltungsorganisation wichtig war außerdem die Aufhebung der Gewaltenteilung. Der Führer und Reichskanzler vereinigte in seiner Person die oberste gesetzgebende, verwaltende und richterliche Gewalt. Infolgedessen bildeten sich neben den einzelnen

Reichsministern viele besondere Dienststellen, die zum Teil dem Staatsoberhaupt unmittelbar unterstanden.

Für bestimmte Zwecke wurden außerdem einige ministerielle und andere Stellen von Fall zu Fall oder auch für längere Zeit zu sogenannten überministeriellen Reichszentralbehörden zusammengefaßt.

Nach dem Stand von 1944 waren folgende Reichsministerien vorhanden:

Das Reichsministerium des Innern war zuständig für: allgemeine und innere Verwaltung, Verfassung, Staatsangehörigkeit, zivile Reichsverteidigung und Wehrrecht, Beamtenrecht, Veterinärangelegenheiten, Gesundheitswesen und Volkspflege, Wohlfahrtspflege und Jugendhilfe, Gemeindeaufsicht, Deutschtum, Grenzlandfürsorge, Archivwesen, Stiftungen, Vermessungswesen, Sport und Leibesübungen. In dieses Ministerium wurde auch die Polizei eingebaut, deren Leiter die Bezeichnung führte: Der Reichsführer SS. und Chef der Deutschen Polizei im Reichsministerium des Innern. Diese Bezeichnung wurde beibehalten, nachdem Himmler Reichsinnenminister geworden war. Zunächst gehörte auch noch der Reichsarbeitsführer zum Reichsinnenministerium, der später jedoch selbständig wurde. Dem Ministerium unterstanden eine Anzahl oberer Reichsbehörden, so insbesondere das Reichsverwaltungsgericht nach seiner Begründung im Jahre 1941, das Reichssippenamt, das Reichsgesundheitsamt, das Reichsarchiv und das Reichsamt für Landesaufnahme.

Das Reichsarbeitsministerium war zuständig für die Sozialversicherung, Versorgung, Arbeitseinsatz und Arbeitslosenhilfe, Arbeitsrecht und Arbeitsverfassung, Gewerbeaufsicht, Wohnungs- und Siedlungswesen, Städtebau. An oberen Reichsbehörden unterstanden ihm das Reichsversicherungsamt und das Reichsversorgungsgericht. Die Einsetzung des Generalbevollmächtigten für den Arbeitseinsatz und des Reichswohnungskommissars beschränkte den Aufgabenbereich des Ministeriums.

Das Reichswirtschaftsministerium war zuständig für alle wirtschaftspolitischen Angelegenheiten (Industrie, Bergbau, Geld- und Währungssachen, Handel und Handwerk, Kreditwesen). An oberen Reichsbehörden unterstanden ihm das Statistische Reichsamt, das Reichsaufsichtsamt für Versicherungswesen, das Reichsamt für Wirtschaftsausbau.

Das auswärtige Amt war zuständig für die Beziehungen des Reiches zum Ausland.

Das Reichsministerium der Finanzen war zuständig für das Haushalt- und Anleihewesen, Steuern, Monopole und Zölle. Obere Reichsbehörde war der Reichsfinanzhof in München.

Das Reichsjustizministerium bearbeitete das gesamte Rechtswesen. Obere Reichsbehörden waren das Reichsgericht, der Volksgerichtshof und das Reichspatentamt.

Das Reichsministerium für Ernährung und Landwirtschaft war zuständig für alle landwirtschaftlichen und ernährungswirtschaftlichen Angelegenheiten. Als Reichsbehörde unterstand ihm das Reichserbhofgericht. Das Reichsministerium für Wissenschaft, Erziehung und Volksbildung war zuständig für das Erziehungs-, Unterrichts- und Bildungswesen, die Schulen, Berufs- und Fachschulen, Hochschulen und die wissenschaftliche Forschung.

Das Reichsministerium für die kirchlichen Angelegenheiten bearbeitete die Beziehungen zu den Kirchen.

Das Reichsverkehrsministerium bearbeitete alle Verkehrsangelegenheiten der Eisenbahnen, des Straßenverkehrs, der See- und Binnenschiffahrt.

Das Reichspostministerium bearbeitete die Post-, Fernsprech-, Telegraphen-, Funk-, Postscheck- und Postsparkassenangelegenheiten.

Im März 1933 wurde das Reichsministerium für Volksaufklärung und Propaganda geschaffen. Ihm unterstanden die Landesstellen des Ministeriums, der Reichsausschuß für Fremdenverkehr, Filmprüfstelle, die Aufsicht über die Reichskulturkammer, der Werbeapparat der deutschen Wirtschaft, die Reichsrundfunkwirtschaft und die Hochschule für Politik.

Im Mai 1933 entstand das Reichsluftfahrtministerium für die zivile und militärische Luftfahrt und den Reichswetterdienst.

Während des Krieges entstanden das Reichsministerium für Rüstung und Kriegsproduktion und das Reichsministerium für die besetzten Ostgebiete.

Hinzu traten 5 Minister kraft besonderer Ernennung ohne Geschäftsbereich.

Neben dieser Organisation gab es oberste Reichsbehörden, die die Stellung eines Ministeriums innehatten:

Der Reichsforstmeister und Reichsjägermeister, zuständig für Forst- und Jagdangelegenheiten mit der Reichstelle für Naturschutz als ihm unterstehender oberer Reichsbehörde;

der Generalinspektor für das deutsche Straßenwesen, zuständig für die Reichsautobahnen und alle übrigen Straßen;

der Generalinspektor für Wasser und Energie, zuständig für Energiewirtschaft, Wasserstraßen- und Wasserwirtschaft;

der Chef des Oberkommandos der Wehrmacht für Wehrmachtsangelegenheiten;

der Leiter der Parteikanzlei für Zusammenarbeit zwischen Partei und Staat.

Als oberste Reichsbehörden galten auch der Jugendführer des Deutschen Reiches und die 3 Oberbefehlshaber der deutschen Wehrmacht. Sie nahmen an den Reichskabinettssitzungen teil, soweit ihr Geschäftsbereich berührt wurde.

Schließlich gab es oberste Reichsbehörden, die keinem Reichsministerium unterstanden und deren Leiter auch keine ministerähnliche Stellung innehatten, nämlich:

1. der Rechnungshof des Deutschen Reiches für die Prüfung der Haushaltführung des Reiches und der Länder;
2. die Reichsstelle für Raumordnung für die übergeordnete Planung und Ordnung des deutschen Raumes;
3. der Präsident der Deutschen Reichsbank für die Regelung des Geld- und Zahlungsverkehrs, Ausgabe der Banknoten;
4. der Reichskommissar für die Festigung des deutschen Volkstums (Umsiedlungsfragen);
5. der Reichswohnungskommissar für Wohnungs- und Siedlungswesen, Kleingartenwesen und Wohnungswirtschaft;
6. der Generalkommissar des Führers für das Sanitäts- und Gesundheitswesen (Sonderaufgaben in derartigen Angelegenheiten);
7. der Reichskommissar für die Seeschiffahrt (einheitliche Planung der Seetransporte);
8. der Reichsprotektor in Böhmen und Mähren (Vertreter des Führers und Reichskanzlers im Protektorat Böhmen und Mähren in seiner Eigenschaft als Staatsoberhaupt des Deutschen Reiches).

An überministeriellen Einrichtungen ist zu nennen vor allem seit 1936 der Beauftragte für den Vierjahresplan. Seine Tätigkeit überdauerte diesen Zeitraum und verstärkte sich sogar während des Krieges, so daß er später die gesamte Kriegswirtschaft lenkte. Ihm unterstanden ohne die Zuständigkeit eines Reichsministeriums der Reichskommissar für die Preisbildung, der Generalbevollmächtigte für den Arbeitseinsatz, der Generalbevollmächtigte für die Regelung der Bauwirtschaft sowie ein weiterer Stab von Beauftragten. Von besonderer Bedeutung hierbei war die Haupttreuhandstelle Ost. Der Beauftragte für den Vierjahresplan konnte bei Übergehung sämtlicher normalerweise zuständigen Reichsministerien alle Behörden und Parteidienststellen mit Weisungen versehen. Ferner waren vorhanden die beiden Generalbevollmächtigten für die Reichsverwaltung und Reichswirtschaft, deren Hauptaufgabe eine einheitliche Steuerung der Verwaltung und Zusammenfassung der Tätigkeitsbereiche des Reichswirtschaftsministeriums und der deutschen Reichsbank war. Sie begannen ihre Tätigkeit erst im Kriege.

Innerhalb der Reichsregierung, bestehend aus den Ressortministern und den ihnen gleichgestellten Personen, gab es zwei besondere Zusammenfassungen, nämlich den *Geheimen Kabinettsrat* zur Beratung in außenpolitischen Fragen und den *Ministerrat für die Reichsverteidigung*.

Die Verwaltung der *mittleren und unteren Instanzen* wurde in einigen Aufgabegebieten durch *unmittelbare Reichsbehörden* erledigt, nämlich:

1. die Reichsfinanzverwaltung mit den Oberfinanzpräsidenten, Finanzämtern, Hauptzollämtern und Reichsbauämtern;
2. die Reichsjustizverwaltung mit Oberlandesgerichten, Land- und Amtsgerichten, wozu noch die Sondergerichte und Arbeitsgerichte kamen;
3. die Reichsarbeitsverwaltung mit den Reichstreuhändern der Arbeit, den Gauarbeitsämtern sowie den Arbeitsämtern;
4. die Reichsversorgungsverwaltung mit den Hauptversorgungs- und Versorgungsämtern;
5. die Reichspropagandaverwaltung mit den Reichspropagandaämtern;
6. die Reichspostverwaltung mit den Reichspostdirektionen, Postsparkassenamt, Reichspostbaudirektion, Post- und Bahnpostämtern, Postscheck-, Telegraphen-, Fernsprech-, Telegraphenbau-, Telegraphenzeugämtern, Poststellen usw.;
7. die Eisenbahnverwaltung mit den Reichsbahndirektionen, Reichsbahnbaudirektionen und Reichsbahnzentralämtern. Dazu kamen noch die unteren Dienststellen.

Im übrigen benutzte die Reichsverwaltung den *Verwaltungsapparat der Länder*. Das traf vor allem für fast die gesamte allgemeine innere Verwaltung zu. Eine solche enge Verbindung wurde insbesondere hergestellt zwischen dem Reich und Preußen, indem man in 7 Fällen die Reichsministerien mit den preußischen Ministerien vereinigte, nämlich auf dem Gebiet der inneren Verwaltung, der Wirtschaftsverwaltung, der Ernährungs- und Landwirtschaftsverwaltung, der Verkehrsverwaltung, der Kultusverwaltung, der Arbeitsverwaltung und der Kirchenverwaltung.

c) *Nach 1945.*

Gemäß der Potsdamer Erklärung der Besatzungsmächte vom Juni 1945 soll bis auf weiteres *keine zentrale deutsche Regierung* errichtet werden. Damit entfällt auch eine das Gesamtreich umfassende Verwaltungsdienststelle. Die Errichtung zentraler deutscher Verwaltungsabteilungen war nach der Erklärung vorgesehen für das Finanzwesen, das Transportwesen, das Verkehrswesen, den Außenhandel, die Industrie.

Außerdem war vorübergehend eine zentrale Verwaltungsstelle für Ernährung und Landwirtschaft geplant, wie sich aus einer Rede des damaligen amerikanischen Außenminsters Byrnes vom 6. September 1946 ergibt.

Verwaltungseinrichtungen, deren Zuständigkeiten ein einzelnes Landesgebiet überschreitet, sind nur auf Zonen- oder Mehrzonenbasis vorhanden.

aa) Die wichtigste Einrichtung war der Wirtschaftsrat für die britische und amerikanische Zone. Die ursprüngliche rechtliche Unterlage bilden die Proklamationen der amerikanischen Militärregierung Nr. 5 und 6 und die Verordnung Nr. 14 der britischen Militärregierung. Auf diesen Grundlagen gab sich der Wirtschaftsrat ein vorläufiges Statut mit Überleitungsgesetz und vorläufiger Geschäftsordnung. Das Statut vom 29. Mai 1947 legte Rechte und Pflichten der Abgeordneten sowie die Arbeitsmethoden des Wirtschaftsrates und seinen Arbeitsapparat fest. Es wurde jedoch von der Militärregierung abgelehnt, hauptsächlich wegen seiner Bestimmungen über die Immunität der Abgeordneten.

Als erstes Gesetz verabschiedete der Wirtschaftsrat ein Gesetz über den vorläufigen Aufbau der Wirtschaftsverwaltung des vereinigten Wirtschaftsgebietes vom 9. August 1947 (Überleitungsgesetz). Verwaltungstechnisch ist die wichtigste Bestimmung dieses Gesetzes, daß mit seinem Inkrafttreten vom 21. August 1947 die Aufgaben der bisherigen bizonalen Verwaltungsräte, die im Laufe des Jahres 1946 gebildet worden waren, aufhörten. Ihre Aufgaben und ihre Einrichtungen wurden vom Wirtschaftsrat übernommen.

Der Wirtschaftsrat wurde aus Vertretern, die von den Landtagen der beiden Zonen in der Zeit vom 10. bis 21. Juni 1947 ausgewählt worden waren, gebildet. Er trat am 25. Juni 1947 erstmalig zu einer Vollversammlung zusammen. Aus seiner Mitte wurde ein Ältestenrat gebildet, bestehend aus dem vom Plenum gebildeten Präsidenten, dem Vizepräsidenten und je einem Vertreter der Parteien, insgesamt 8 Personen. Außerdem wurden eine Reihe von Ausschüssen gewählt.

Nach der Proklamation Nr. 5 war es die Hauptaufgabe eines vom Wirtschaftsrat zu bildenden Exekutivausschusses, die Persönlichkeiten für die tatsächliche Durchführung der Verwaltung zu benennen.

Es wurde gebildet die Verwaltung für Wirtschaft, die Verwaltung für Ernährung und Landwirtschaft und Forsten, die Verwaltung für Finanzen, die Verwaltung für Verkehr und die Verwaltung für Post- und Fernmeldewesen. An der Spitze jeder Verwaltung stand ein Direktor. Diese Verwaltungen begannen im Spätsommer 1947 zu arbeiten.

Es zeigte sich eine fehlende Zusammenarbeit, was zu Beginn des Jahres 1948 zu einer Umbildung des Wirtschaftsrates führte. Grundlage ist die Proklamation Nr. 7 der amerikanischen Militärregierung vom 5. Februar 1948 und die Verordnung Nr. 126 der britischen Militärregierung vom 9. Februar 1948 (Beilage 2 zum GVBl. des Wirtschaftsrates des vereinigten Wirtschaftsgebietes 1948). (Ferner: Gesetz über den vorläufigen Aufbau der Wirtschaftsverwaltung vom 28. Juli 1948 nebst Änderungsgesetz — GVBl. S. 93.) Danach hatte die Verwaltung des vereinigten Wirtschaftsgebietes der britischen und amerikanischen Besatzungszone folgende Dienststellen:

Den Wirtschaftsrat, den Länderrat, den Verwaltungsrat, das Obergericht, die Länderunionbank und einige weitere Verwaltungsstellen.

Der Wirtschaftsrat selbst bestand aus 104 Mitgliedern, die von den Landtagen entsprechend der Stärke der politischen Parteien gewählt wurden oder aus dem Bestand des vorläufigen Wirtschaftsrates übernommen wurden. Ein Mitglied des Wirtschaftsrates konnte nicht zugleich Landtagsabgeordneter sein.

Der Wirtschaftsrat war zuständig zum Erlaß von Verordnungen über die Verwaltung der Eisenbahnen, Seehäfen und Küstenschiffahrt, Beförderungen auf Binnengewässern, Binnenwasserstraßen, über Patente, Urheberrechte und Musterschutz, Post- und Nachrichtenverkehr mit Ausnahme des Rundfunks, Zölle und Verbraucherabgaben. Es sollte ferner das Personalwesen des öffentlichen Dienstes in der Verwaltung des vereinigten Wirtschaftsgebietes, insbesondere durch den Erlaß beamtenrechtlicher Bestimmungen regeln. Hiervon ausgenommen war das Personal des Länderrats. Der Wirtschaftsrat konnte fernerhin ganz allgemein über Angelegenheiten von grundsätzlicher Bedeutung, insbesondere auf dem Gebiet des Finanzwesens Bestimmungen erlassen, durch die mehr als ein Land der Doppelzone betroffen wurde. Ihm oblag der Ausbau der Wirtschaftsgerichtsbarkeit, deren oberste Instanz das Obergericht für das vereinigte Wirtschaftsgebiet war. Er hatte auch die Möglichkeit, die Mitglieder des Verwaltungsrats oder einzelne Länder zum Erlaß von Verordnungen zu ermächtigen. Sodann schaffte er die Stellen für die Durchführung der Verwaltung und besetzte sie mit den von ihm ausgewählten Personen (Oberdirektoren, Direktoren).

Der Länderrat beim Wirtschaftsrat bestand aus je zwei Vertretern für jedes Land der Doppelzone. Einer dieser Vertreter konnte der Ministerpräsident sein. Die Mitglieder des Länderrates wurden von den Landesregierungen bestellt und blieben solange im Amt wie die sie bestellende Landesregierung. Der Länderrat hatte die Gesetzesinitiative für den Wirtschaftsrat mit Ausnahme der Gesetze für Besteuerung und Bereitstellung von Geldmitteln. Er hatte die Möglichkeit, allen vom Wirtschaftsrat angenommenen und von ihm vorher nicht im gleichen Wortlaut gebilligten Gesetzen mit einfacher Mehrheit zuzustimmen, sie abzuändern oder dagegen Einspruch zu erheben.

Der Verwaltungsrat bestand aus dem Vorsitzenden (Oberdirektor) ohne eigenen Geschäftsbereich und den Leitern der Verwaltungen (Direktoren). Über den Aufbau der einzelnen Verwaltungszweige sind einzelne Gesetze des Wirtschaftsrats ergangen. (GVBl. 1948, S. 57 — Personalamt, S. 67 — Schuldenverwaltung —, S. 77 — Rechtsamt —, S. 87 — Arbeitsverwaltung —, S. 93 — Wirtschaftsverwaltung —, S. 95 — Verkehrsverwaltung —, S. 115 — Rechnungshof —[1]).

bb) Für die amerikanische Zone wurde noch im Jahre 1945 der Länderrat gebildet, eine Zusammenfassung der drei Länderregierungen für Gegenstände, die das Gebiet eines einzelnen Landes überragen. Nach der Schaffung des Zweizonenwirtschaftsrates ist eine Reihe dieser Aufgaben auf diesen übergegangen. Es verblieben jedoch noch insbesondere nichtwirtschaftliche Angelegenheiten, die auf zonaler Basis erledigt werden mußten. Die gesetzlichen Grundlagen für den Länderrat sind die Proklamationen Nr. 2 und 4 der amerikanischen Militärregierung. Der Länderrat besaß keine eigene Exekutive, sondern übte auf administrativem Gebiet eine koordinierende Tätigkeit aus. Zur Durchführung seiner Anordnungen war er auf die Landesregierungen angewiesen.

cc) In der britischen Zone fanden sich nicht Anknüpfungspunkte für die Bildung einer gesamten Zonenorganisation, wie sie in der amerikanischen Zone durch das Vorhandensein bereits früher bestehender deutscher Länder gegeben waren. Infolgedessen sah sich die Militärregierung veranlaßt, eine zonale Stelle neuzuschaffen. Dieser Zonenbeirat wurde zunächst als eine beratende Körperschaft für die Militärregierung ohne ausführende Befugnisse begründet (Schreiben des brit. Hauptquartiers vom 22. Februar 1946). Die Mitglieder des Zonenbeirates wurden von der Militärregierung ernannt. Sie schufen sich ein eigenes Sekretariat in Hamburg[2]).

Alsbald setzten Bestrebungen ein, den Zonenbeirat in ein politisches Repräsentationsorgan auf demokratischer Grundlage umzugestalten. Gemäß Verordnung Nr. 57 und 80 der brit. Militärregierung wurden die

[1]) Vgl. Abschließ. Bericht des Präsidenten des Wirtschaftsrats über die Gesetzgebung des Wirtschaftsrats. Wiesbaden 1949.

[2]) Einzelheiten vgl. DRZ. 1946, S. 114; 1947, S. 152, DÖV. 1948, S. 111 ff.

Mitglieder des Zonenbeirates seit dem Frühjahr 1947 durch gesetzgebende Körperschaften der drei in der britischen Zone gelegenen Länder und der Hansestadt Hamburg ernannt. Von den 37 Sitzen erhielten Nordrhein-Westfalen 20, Niedersachsen 10, Schleswig-Holstein 4 und Hamburg 3. Die Befugnisse des Zonenbeirates wurden jedoch nicht geändert. Er besaß weder gesetzgebende Gewalt noch Exekutive.

Eine weitere Ausgestaltung erübrigte sich infolge der Gründung des Wirtschaftsrates. Die mit seiner Schaffung beginnende 3. Periode in dem Bestand des Zonenbeirates bedeutete eine Verminderung seiner Wichtigkeit. (Verordnung Nr. 88 und 89 der brit. Militärregierung.) Jedoch hatte die Praxis eine Erweiterung der Tätigkeit des Zonenbeirates über die bloße Beratung der Militärregierung hinaus erbracht. Er richtete Ersuchen an die Landesregierungen der britischen Zone, gab Anregungen und bildete so die politische Brücke zwischen den Ländern der britischen Zone, dem Wirtschaftsrat und dem süddeutschen Länderrat.

Für die Verwaltung wichtiger waren die in der britischen Zone vorhandenen Zentralämter. Es handelte sich hierbei meist um Rumpfbehörden ehemaliger Reichsbehörden. Sie erledigten Aufgaben für den Bereich der britischen Zone, die früher durch zentrale Reichsbehörden bearbeitet wurden. Die zonalen Ämter waren Hilfsorgane der Militärregierung. Sie unterstanden insbesondere nicht dem Zonenbeirat. Er übte auch keine irgendwie geartete Kontrolle über sie aus. Vielmehr erhielten sie Anweisungen nur durch die Militärregierung und waren nur ihr verantwortlich.

Die wichtigsten Zentralämter waren:

1. Zentraljustizamt, Hamburg (VO. Nr. 41 der brit. Militärregierung);
2. Zentralhaushaltsamt, Hamburg;
3. Zentralamt für Ernährung und Landwirtschaft, Hamburg;
4. Zentralamt für Wirtschaft, Minden;
5. Zentralamt für Arbeit, Lemgo.

Weitere Zoneneinrichtungen, die durch organisatorische Umbildungen früherer deutscher Zentralbehörden entstanden, waren die Leitstelle für Finanzverwaltung (VO. der brit. Militärregierung vom 1. März 1946, Neuregelung durch brit. VO. Nr. 152 vom 1. April 1948) mit Weisungsbefugnissen gegenüber den Oberfinanzpräsidenten der Zone, der Rechnungshof für das Deutsche Reich, die Reichsbankleitstelle, sämtlich in Hamburg, die Reichspostoberdirektion in Salzuffeln. Schließlich sind zu nennen der Forst- und Holzwirtschaftsrat, das Zonenamt des Reichsaufsichtsamtes für Versicherungswesen, das Statistische Amt, die Feststellungsbehörde, das Zentralamt für Vermessungswesen, das Zentralamt für Vermögensverwaltung und das Oberseeamt (brit. VO. Nr. 144), alle in Hamburg[1]).

Diese Zonenämter hatten weitgehend Verwaltungsbefugnisse. Soweit sie keine eigene Verwaltungsorganisation hatten, benutzten sie diejenige der Länder.

Der Plan zur Bildung eines Länderrats der britischen Zone mit einem Sekretariat in Celle wurde nicht verwirklicht.

dd) In der französischen Zone waren zentrale Verwaltungseinrichtungen nur in geringem Umfange vorhanden. Die Zonenverwaltung wurde auf allen wichtigen Gebieten von der französischen Militärregierung selbst erledigt. Die Abgrenzung der Länderzuständigkeit gegenüber der Tätigkeit der Militärregierung erfolgte durch Kundgebung des französischen Oberbefehlshabers vom 9. Juni 1947 (Journal Officiel S. 780), durch VO. Nr. 95 vom 9. Juni 1947 (JO. S. 796) und durch VO. Nr. 218 vom 10. Juni 1947 (JO. S. 796). Danach hatte sich die Militärregierung zur Regelung auf Zonenbasis vorbehalten die militärische, industrielle und wissenschaftliche Abrüstung, die Anforderungen der Besatzungsmacht, die Angelegenheiten des internationalen Strafrechts, die Umsiedlung und Aufnahme von Neubürgern oder displaced persons und die Wiedergutmachung gegenüber den von Deutschland geschädigten Ländern.

Während einer Übergangszeit erledigte sie auch alle Angelegenheiten über Geldverkehr und Devisenkontrolle, Zölle und Außenhandel, Eichwesen, allgemeine Statistik, industrielle Produktion, Land- und Forstwirtschaft, Verteilung der verfügbaren Rohstoffe unter die Länder und Kontingentträger, individuelle Rationierung der Lebensmittel und Verbrauchsgüter, Transport-, Post- und Fernmeldewesen.

Deutsche Zentralverwaltungen für die gesamte Zone, die von der Militärregierung eingesetzt worden waren und unter ihrer alleinigen Verantwortung arbeiteten, waren: das Zentral-, Post- und Fernmeldeamt in Rastatt, das Hauptversicherungsamt in Speyer, das für die französische Zone die Befugnisse des früheren Reichsaufsichtsamtes für Privatversicherungen ausübt, und das Koordinierungskomitee der Landeszentralbanken in Speyer.

Die Länder hatten eine Betriebsgesellschaft der Eisenbahnen Südwestdeutschlands mit einem Eisenbahnverkehrsrat geschaffen. Er wurde gebildet durch je zwei Regierungs- und einen Gewerkschaftsvertreter der beteiligten Länder.

---

1) Vgl. DRZ. 1947, S. 408.

Die Militärregierung führte die sich vorbehaltenden Verwaltungsbefugnisse aus durch besondere Behörden, die häufig als selbständige juristische Personen organisiert mit deutschem Personal arbeiteten.

Eine ständige Zusammenarbeit der Länderregierungen fand nicht statt[1]).

ee) Nach der Schaffung des westdeutschen Bundesstaates wurden alle Zonen- und Mehrzonenverwaltungen, nämlich alle „Verwaltungsorgane und sonstige der öffentlichen Verwaltung oder Rechtspflege dienende Einrichtungen, die nicht auf Landesrecht oder Staatsverträgen zwischen Ländern beruhen, sowie die Betriebsvereinigung der südwestdeutschen Eisenbahnen und der Verwaltungsrat für das Post- und Fernmeldewesen für das französische Besatzungsgebiet" der Bundesregierung unterstellt. Diese regelt mit Zustimmung des Bundesrates die Überführung, Auflösung oder Abwicklung (Art. 130 westd. GG.).

Der Bund geht von der komplementären Verwaltung aus (Art. 83 westd. GG.). Die Einrichtung der Behörden bleibt grundsätzlich Sache der Länder auch für Angelegenheiten, die sie im Auftrag des Bundes ausführen. Die Bundesregierung kann mit Zustimmung des Bundesrats allgemeine Verwaltungsvorschriften[2]) erlassen. Sie kann die einheitliche Ausbildung der Beamten und Angestellten regeln. Die Leiter der Mittelbehörden sind mit ihrem Einverständnis zu bestellen. Die Landesbehörden unterstehen den Weisungen der zuständigen obersten Bundesbehörden. Die Weisungen sind, außer wenn die Bundesregierung es für dringlich erachtet, an die obersten Landesbehörden zu richten. Der Vollzug ist durch die obersten Landesbehörden sicherzustellen.

Die Bundesaufsicht erstreckt sich auf die Gesetzmäßigkeit und Zweckmäßigkeit der Ausführung. Die Bundesregierung kann zu diesem Zweck Bericht und Vorlage der Akten verlangen und Beauftragte zu allen Behörden entsenden (Art. 85).

Bundeseigene Verwaltung mit eigenem Verwaltungsunterbau gibt es für den auswärtigen Dienst, die Bundesfinanzverwaltung, die Bundeseisenbahnen, die Bundespost und mit bestimmten Einschränkungen (Art. 89) — für die Bundeswasserstraßen und die Schiffahrt. Durch Bundesgesetz können Bundesgrenzschutzbehörden, Zentralstellen für das polizeiliche Auskunfts- und Nachrichtenwesen zur Sammlung von Unterlagen für Zwecke des Verfassungsschutzes und für die Kriminalpolizei eingerichtet werden. Außerdem können für Angelegenheiten, für die dem Bund die Gesetzgebung zusteht, selbständige Bundesoberbehörden

---

1) Vgl. Europa-Archiv 1948, S. 1325.

2) Zum Problem der Verwaltungsvorschrift vgl. oben 5. Kapitel.

und neue bundesunmittelbare Körperschaften und Anstalten des öffentlichen Rechts durch Bundesgesetz errichtet werden. Erwachsen dem Bund auf Gebieten, für die ihm die Gesetzgebung zusteht, neue Aufgaben, so können bei dringendem Bedarf bundeseigene Mittel- und Unterbehörden mit Zustimmung des Bundesrates und der Mehrheit des Bundestages errichtet werden (Art. 87).

Die Länder oder die nach Landesrecht zuständigen Selbstverwaltungskörperschaften verwalten die Bundesautobahnen und sonstigen Bundesstraßen des Fernverkehrs, soweit sie im Gebiet dieses Landes liegen, in bundeseigener Verwaltung (Art. 90).

ff) In der russischen Zone wurden durch Befehl der Sowjetischen Militäradministration in Deutschland (SMAD.) am 27. Juli 1945 Deutsche Verwaltungen in der sowjetischen Ostzone eingesetzt. Die Abgrenzung ihrer Befugnisse gegenüber den Ländern wurde in Vereinbarungen zwischen den Ländern und den Präsidenten der 19 Zentralverwaltungen festgelegt.

Die Zentralverwaltungen waren Organe der SMAD. und nur ihr verantwortlich ohne eigene Legislative und Exekutive. Sie unterfielen keiner deutschen Kontrolle. Die Frage, ob sie ihrer rechtlichen Natur nach Behörden oder Körperschaften des öffentlichen Rechts sind, ist ungeklärt. Ihre wichtigste Aufgabe bestand in einer Koordinierung der Länderinstanzen und der gemeinsamen Planung für die Ostzone. Allgemeine Weisungsbefugnisse gegenüber den Ländern hatten sie nicht. (Befehl der Militärregierung Nr. 138 vom 4. Juni 1947.)

Die durch Befehl Nr. 138 der SMAD. vom 4. Juni 1947 gebildete deutsche Wirtschaftskommission (DWK.) war ein Koordinierungsorgan der wirtschaftlichen Zentralverwaltungen. Ihre Neuorganisation erfolgte gemäß SMAD.-Befehl Nr. 32 vom 12. Februar 1948 (ZVOBl. S. 138) und Nr. 183 vom 27. November 1948 (ZVOBl. S. 543). Sie bestand aus einem Plenum, nämlich 48 Vertretern der Länder, von den Landtagen gewählt, und 53 Vertretern der politischen Parteien und der demokratischen Massenorganisationen, dem Sekretariat, 17 Hauptverwaltungen und einigen weiteren Einrichtungen. Um Ordnung und Sauberkeit in Verwaltung und Wirtschaft zu sichern, schuf die DWK. durch Anordnung vom 15. Juni 1948 (ZVOBl. S. 240) und 1. September 1948 (ZVOBl. S. 429) eine zentrale Kontrollkommission und für die Länder Landeskontrollkommissionen[1]).

An die Stelle dieser Stellen ist nunmehr die durch Verf. d. d. R. festgelegte Organisation getreten. Auch die ostdeutsche Repu-

---

1) Einzelheiten bei Lassing in: DV. 1949, S. 492 ff.

blik hat grundsätzlich komplementäre Verwaltung (Art. 115 Verf. d. d. R.) und nur soweit ein Bedürfnis besteht, errichtet die Republik durch Gesetz eigene Verwaltungen. Die Regierung der Republik übt jedoch die Aufsicht in den Angelegenheiten aus, in denen der Republik das Recht der Gesetzgebung zusteht (Art. 116, 112). Soweit keine eigene Zentralverwaltung besteht, kann die Republik für die Länder bindende allgemeine Anweisungen erlassen. Sie ist ermächtigt, zur Überwachung der Ausführung dieser Gesetze und Anweisungen Beauftragte zu den ausführenden Verwaltungen zu entsenden. Die Machtstellung der Beauftragten ist recht groß: die Gerichte und Verwaltungsbehörden sind verpflichtet, dem Ersuchen der Beauftragten um Beweiserhebungen Folge zu leisten und ihre Akten auf Verlangen zur Einsichtnahme vorzulegen (Art. 116 Abs. 2, 65). Die Landesregierungen sind verpflichtet, auf Ersuchen der Republik Mängel, die bei der Ausführung der Gesetze der Republik hervorgetreten sind, zu beseitigen. Hieraus entstehende Streitigkeiten werden von der Volkskammer geprüft und entschieden (Art. 116 Abs. 4, 66, Abs. 5). Insgesamt unterstehen die Landesverwaltungsbehörden so einer scharfen Kontrolle des Oberstaates.

Ausschließlich zuständig ist die Republik für die auswärtigen Beziehungen (Art. 117), Zoll- und Steuerwesen (Art. 119), Fernmelde-, Post-, Rundfunk- und Eisenbahnwesen (Art. 124), Ordnung der Handelsschiffahrt und die Regelung des Seeverkehrs und der Seezeichen (Art. 125).

6. Landesbehörden

Die innere Verwaltung liegt in Deutschland seit jeher im wesentlichen in der Hand der Landesbehörden. Hieran hat auch die nationalsozialistische Herrschaft — trotz nach außen anders lautender Propaganda — wenig geändert. Allerdings wurden seit 1939 die Landesbehörden dadurch sehr eng an das Reich gebunden, daß sämtliche Beamte, die bisher unmittelbare Landesbeamte und nur mittelbare Reichsbeamte gewesen waren, unmittelbare Reichsbeamte wurden[1]). Seit dem Zusammenbruch vom Mai 1945 gibt es keine unmittelbaren Reichsbeamten mehr, weil es keine Reichsbehörden mehr gibt. Das bedeutete zunächst eine erhebliche Steigerung der Bedeutung der Landesbehörden. Sie waren in der ersten Zeit nach 1945 die einzigen Staatsstellen. Infolgedessen hatten sie auch sämtliche staatlichen Aufgaben zu erfüllen, gleichgültig ob diese bisher von Reichs- oder Landesbehörden erledigt worden waren. Das ist niemals grundsätzlich bestritten worden[2]). Die Landesbehörden erhielten schon

---

[1]) Vgl. unten S. 478

[2]) Vgl. z. B. Blattei — Handbuch, Rechts- und Wirtschaftspraxis, Stuttgart 1946 ff. Vorspruch zur Gew.O.

bald Konkurrenten. Nur vorübergehend war die Konkurrenz der Gemeinden und Gemeindeverbände, die weitgehend — mit Recht — mangels anderer Behörden in der ersten Zeit nach dem Zusammenbruch Reichs- und Landesverwaltungsaufgaben erledigten. Ein weiterer Konkurrent waren die sich allmählich bildenden Zentral- oder Zonalbehörden. Hier kam es allmählich zu einer Abgrenzung der Zuständigkeiten dahin, daß die Länder nur dann noch zuständig blieben, wenn ehemalige Reichsverwaltungsaufgaben nicht durch Zentral- oder Zonalbehörden erledigt wurden. Im Laufe der Jahre 1948 und 1949 ist dann durch die Abgrenzung der Zuständigkeit der Zentralverwaltung in der Ostzone und durch das westdeutsche Grundgesetz (Art. 84 bis 87) eine festliegende Grenze zwischen den Landesverwaltungen und den Überlandesverwaltungen geschaffen worden. Nach wie vor wird die Zuständigkeit der Länder für die innere Verwaltung vermutet. Abweichungen müssen gesetzlich festgelegt sein (vgl. auch Art. 85 Abs. 1 westd. GG., Art. 115 Verf. d. d. R.).

a) Preußen.

Der Verwaltungsaufbau des ehemals preußischen Gebietes ist für eine Reihe der neugebildeten Länder von Bedeutung.

Die Grundlage des Aufbaus der preußischen Behörden stammt von Kurfürst Friedrich Wilhelm (1640—1688). Dieser machte den Staatsrat (Geheimer Rat) zur zentralen Verwaltungsbehörde. Daneben standen noch andere Hofbehörden, die Amtskammer für die Domänenverwaltung und das Konsistorium für die kirchlichen Angelegenheiten.

Die erste Verwaltungsreform führte Friedrich Wilhelm I. (1713—1740) durch. Er schuf in der Zentralinstanz das Generaldirektorium (Generalkriegs-, Finanz- und Domänendirektorium) als oberste Landeszentralbehörde unter dem Vorsitz des Königs. Das Generaldirektorium arbeitete als kollegiale Behörde mit teils fachlich, teils regional abgegrenzten Zuständigkeiten. In der Zentralinstanz gab es außerdem Kabinettsminister, nämlich für auswärtige, Standes- und Hausangelegenheiten und einen Justizminister (chef de justice). In der Mittelinstanz wurden durch Friedrich Wilhelm I. die Kriegs- und Domänenkammern begründet, die aus den bisherigen Amts- und Kriegskammern hervorgingen, in einzelnen Provinzen gab es sogenannte „Regierungen", die teils rechtsprechende Tätigkeit ausübten mit einer Zuständigkeit der heutigen Oberlandesgerichte, aber zugleich auch als Verwaltungsbehörden für die Kirchen- und Schulangelegenheiten der Provinz tätig wurden. In der Lokalinstanz wurde die staatliche Verwaltung sowohl auf dem flachen Lande als in den Städten ausgebaut. Auf dem flachen Lande wurde der Kreisdirektor, der bis zum Beginn des 18. Jahrhunderts ein rein ständischer Beamter war, mehr und mehr zur staatlichen Behörde. Seit 1701 erhielt er die Dienstbezeichnung Landrat. Die Städte wurden weitgehend Staatsbeamten (Steuerräten) unterstellt, die in manchen Provinzen, insbesondere in dem östlichen Teil des Landes, die gesamte städtische Verwaltung an sich zogen.

Die zweite Verwaltungsreform, die vor allem vom Reichsfreiherrn vom Stein betrieben wurde, gestaltete alle drei Instanzen um. In der Zentralinstanz traten an die Stelle des Generaldirektoriums die fünf klassischen Ministerien für Inneres, Äußeres, Finanz-, Kirchen und Justiz. Die Zuständigkeit war von nun an nicht mehr regional, sondern nur noch fachlich abgegrenzt. Die Verbindung zwischen den einzelnen Ministerien stellte vorübergehend das Amt des Staatskanzlers her, das jedoch mit dem Tode Hardenbergs im Jahre 1822 wieder einging. In der Mittelinstanz wurden die Oberpräsidenten geschaffen, die allerdings zunächst nur Außenstellen des Ministeriums waren, sogenannte „ständige Kommissare des Ministeriums (Vizeminister)“. Die Kriegs- und Domänenkammern wurden in Regierungen mit ausschließlich Verwaltungstätigkeit umgestaltet. Die bisherigen „Regierungen“ wurden Justizbehörden und erhielten die Bezeichnung Oberlandesgerichte. In der Lokalinstanz wurde teilweise die Selbstverwaltung eingeführt. Die Städte erhielten das Recht der Selbstverwaltung durch die Städteordnung von 1808, das flache Land durch das Gendarmerieedikt von 1812, das allerdings nicht gänzlich durchgeführt wurde.

Die dritte Verwaltungsreform fand unter dem Einfluß von Bismarck und Gneist (1872—1891) statt. Es wurde hierbei das Verwaltungsstreitverfahren und das Beschlußverfahren eingeführt. Der Oberpräsident wurde reine Mittelinstanz neben und teilweise über den Regierungen. Dies kam besonders zum Ausdruck durch die Schaffung des Provinzialrates beim Oberpräsidenten als zweite Instanz im Beschlußverfahren durch die Übertragung des Rechts zum Erlaß von Polizeiverordnungen und zur Beschwerdeentscheidung in Polizei- und Kommunalaufsichtssachen. In den Kreisen und Provinzen wurde die Selbstverwaltung neu eingeführt oder ausgestaltet. Politische Selbstverwaltung durch die Heranziehung von Ehrenbeamten in der Staatsverwaltung wurde begründet.

Rechtsgrundlage der Organisation waren das Landesverwaltungsgesetz vom 30. Juli 1883 (LVG.) und das Zuständigkeitsgesetz vom 1. August 1883.

Diese Rechtsgrundlagen überdauerten die Umwälzung von 1918. Erst im Jahre 1932 kam es zu einzelnen Vereinfachungsanordnungen des als Reichskommissar für das Land Preußen eingesetzten Reichskanzlers (VerVO. des Reichspräsidenten vom 20. Juli 1932).

Alle diese gesetzlichen Grundlagen blieben zur Zeit der nationalsozialistischen Herrschaft grundsätzlich in Kraft. Sie gelten auch heute noch fort, soweit sie nicht durch besondere Bestimmungen ausdrücklich aufgehoben worden sind. Dabei ist jedoch darauf zu achten, ob diese Bestimmungen nicht ihrerseits wieder durch jüngere Anordnungen überholt sind, wodurch dann wieder die ursprüngliche gesetzliche Regelung bedeutungsvoll wird.

Die oberste vollziehende und leitende Behörde des preußischen Staates war das Staatsministerium (Art. f. VU. 1920). Es bestand aus dem vom Landtag gewählten Ministerpräsidenten und den von diesem ernannten Ressortministern. Nach dem Stande von 1932 (VO. vom 29. Oktober 1932) gab es sechs Ministerien. Mit Angelegenheiten der inneren Verwaltung beschäftigte sich vorwiegend das Innenministerium.

Dem Staatsministerium unmittelbar nachgeordnet waren insbesondere:

der Gerichtshof zur Entscheidung der Kompetenzkonflikte, errichtet am 1. August 1879;

der Dienststrafhof, errichtet durch die Beamtendienststrafordnung vom 27. Januar 1932.

Mittelbehörden waren die Oberpräsidenten mit dem Provinzialrat und die Regierungspräsidenten mit dem Bezirksausschuß.

Der Oberpräsident war der ständige Vertreter des Staatsministeriums in der Provinz (§§ 1 ff. Vereinfachungs-VO. vom 3. September 1932).

Rechtsgrundlage der Organisation ist das Landesverwaltungsgesetz vom 30. Juli 1883 und das Zuständigkeitsgesetz vom 1. August 1883. Beide Gesetze gelten, soweit sie nicht ausdrücklich durch zur Zeit wirksame Bestimmungen aufgehoben sind, noch fort.

Danach stand an der Spitze der inneren Verwaltung der Minister des Inneren. Unter seiner Oberleitung führten in den einzelnen preußischen Provinzen die Oberpräsidenten die staatliche Verwaltung durch. Jedoch kam es auch vor, daß für Einzelaufgaben in den Provinzen Staatskommissare eingesetzt wurden, so z. B. der Staatskommissar zur Stützung des ostpreußischen Gütermarktes (Staatsministerialbeschluß vom 23. März 1929), der bestimmte gesetzlich festgelegte Aufgaben zu erledigen hatte (Gesetz über wirtschaftliche Hilfe Ostpreußens vom 18. Mai 1929 — RGBl. I, S. 97 —). Die Geschäftsbereiche der einzelnen Oberpräsidenten waren nicht ganz einheitlich und richteten sich nach den örtlichen und wirtschaftlichen Verhältnissen. Zu ihrem Geschäftsbereich gehörte im Allgemeinen das Wasserwesen, gewisse Polizeibefugnisse und sanitäre Aufgaben. Unter ihrer Leitung oder Oberaufsicht standen: das Provinzialschulkollegium, der gerichtsärztliche Ausschuß, das Staatsarchiv, das Landeskulturamt, die Landwirtschaftskammer, die Ärztekammer, die Apothekerkammer, die Tierärztekammer und zeitweilig die Direktion der deutschen Rentenbank. Auch hier bestand keine vollständige Einheitlichkeit.

Neben dem Oberpräsidenten bestand als Kollegialbehörde der Provinzialrat, über den der Innenminister die Dienstaufsicht führte. Er war zusammengesetzt aus dem Oberpräsidenten, einem höheren Verwaltungsbeamten und fünf vom Provinzialausschuß gewählten ehrenamtlichen Mitgliedern.

Er mußte bei allen wichtigeren Entscheidungen des Oberpräsidenten, geregelt im einzelnen im Zuständigkeitsgesetz, mitwirken, z. B. beim Erlaß von Polizeiverordnungen. Er war Beschwerdeinstanz gegen Beschlüsse der Bezirksausschüsse in Beschlußsachen (bis 1932), nicht jedoch Verwaltungsgericht.

Den Oberpräsidenten als nächste staatliche Instanz untergeordnet waren die Regierungspräsidenten. Mehrere Regierungsbezirke bildeten so zusammen den Bereich des Oberpräsidiums. Bei den Bezirksregierungen gab es neben der dem Regierungspräsidenten allein vorbehaltenen Präsidialabteilung (Abt. I), die kollegial beratenden, jedoch der einseitigen Einwirkung des Regierungspräsidenten nicht völlig entzogenen Abteilungen für Kirchen- und Schulwesen (Abt. II) und — mit Ausnahme von Münster i. W. — Abteilungen für direkte Steuern, Domänen und Forsten (Abt. III). Als Kollegialbehörde gab es neben dem Regierungspräsidenten den Bezirksausschuß, bestehend aus dem Regierungspräsidenten als Vorsitzenden, zwei vom Staatsministerium ernannten Beamten, von denen der eine zum Richteramt, der andere zum höheren Verwaltungsdienst befähigt sein mußte, und aus vier vom Provinzialausschuß auf vier Jahre gewählten Mitgliedern. Er war teils Verwaltungsbehörde (z. B. § 150 ZG., § 29 Enteignungsgesetz vom 11. Juni 1874, § 128 ZG., § 26 PVG.), teils Verwaltungsgericht.

Den Regierungspräsidien als nächste staatliche Instanz (Unterinstanz) untergeordnet waren die Landräte mit den Kreisausschüssen. Sie standen an der Spitze eines Landkreises. Mehrere Landkreise bildeten einen Regierungsbezirk (§ 12 Vereinfachungs-VO. vom 3. September 1932). Kreisämter konnten durch Beschluß des Staatsministeriums gebildet werden. Sie entstanden durch Vereinigung des Landrats mit den Vorstehern einzelner Staatsbehörden innerhalb des Kreises, wie z. B. dem Kreisschulrat, Kreisarzt, Kreistierarzt usw. Diese Kreisämter waren Kollegialbehörden mit zwei Mitgliedern, dem Landrat und dem jeweiligen

Vorsteher. Neben dem Landrat gab es als Kollegialbehörde den Kreisausschuß, bestehend aus dem Landrat als Vorsitzenden und sechs vom Kreistag gewählten ehrenamtlichen Mitgliedern. Er war Verwaltungsbehörde, insbesondere als Beschlußbehörde im Beschlußverfahren und Verwaltungsgericht, alles dies in erster Instanz.

Oberpräsident, Regierungspräsident und Landrat wurden vom preußischen Staatsministerium ernannt. Bei den Oberpräsidenten und Regierungspräsidenten geschah dies gemäß Art. 86 Preußische Verfassung vom 30. November 1920 im Einvernehmen mit dem zuständigen Provinzialausschuß, bei den Landräten auf Vorschlag des Kreistages, an den das Staatsministerium jedoch nicht gebunden war. Sämtliche so ernannten Personen waren staatliche Berufsbeamte[1]).

Oberpräsident und Landrat waren, abgesehen von den im Provinzialrat oder Kreisausschuß zu behandelnden Beschlußsachen, einköpfige, bürokratisch verwaltete Behörden. Für den Regierungspräsidenten traf dies hinsichtlich der in Abteilung I zu behandelnden Angelegenheiten zu.

Die unterste Stelle des staatlichen Verwaltungsaufbaus nahmen die Ortspolizeiverwaltungen ein[2]).

Der staatlichen von „oben nach unten" organisierten Verwaltung wuchs die kommunale Selbstverwaltung, sich von „unten nach oben" aufbauend, entgegen. Beide Organisationen trafen sich auf der Kreisebene, wo der Landrat gleichzeitig Funktionen im Kreistag, der gewählten Vertreterkörperschaft des Kreises, innehatte. Selbstverwaltung und staatliche Verwaltung bestanden weiterhin auf der Provinzialebene. Grundsätzlich keine staatliche Verwaltung gab es bei den aus den Landkreisen wegen ihrer Größe ausgeschiedenen selbständigen Stadtkreisen, den sogenannten kreisfreien Städten[3]). Ausnahmsweise wurden in ihnen nur polizeiliche Befugnisse als Staatsaufgabe erledigt[4]).

Diese Organisation bestand im wesentlichen in dem gesamten Lande Preußen. Eine Sonderstellung nahm Berlin ein, welches gleichzeitig Provinz, Kreis und Gemeinde war (Gesetz zu einer neuen Stadtgemeinde Berlin vom 27. April 1920, Gesetz über die vorläufige Regelung verschiedener Punkte des Gemeindeverfassungsrechtes für die Hauptstadt Berlin vom 30. März 1931, VO. vom 23. Januar 1933). Kleinere Abweichungen bestanden in Hannover, Hessen-Nassau, Westfalen und

---

[1]) Vgl. oben S. 297.

[2]) Vgl. unten S. 376 ff.

[3]) Vgl. unten S. 15. Kapitel.

[4]) Vgl. unten S. 378.

Rheinprovinz insbesondere für die Verwaltung der Ortspolizei. Zur Förderung der Siedlungstätigkeit im Ruhrkohlenbezirk wurde durch Gesetz vom 5. Mai 1920, 29. Juli 1929 — GS. S. 91 — ein Siedlungsverband Ruhrkohlenbezirk geschaffen. Für ihn trat an die Stelle der Regierungspräsidenten der Verbandspräsident. Als staatliche Beschlußbehörde und als Verwaltungsgericht war der Verbandsrat vorhanden, der die Stelle der Bezirksausschüsse einnahm. Die Behörde des Verbandspräsidenten wurde im Jahre 1947 aufgelöst (nordrhein-westf. Gesetz vom 28. November 1947 — GVBl. 1948, S. 95 —). Seine Befugnisse sind auf die örtliche Landesregierung übergegangen.

b) Neue Länder auf dem Gebiet der britischen Zone.

Diese Länder befinden sich auf ehemals preußischem Gebiet sowie auf dem Gebiet der Länder Braunschweig, Oldenburg und Schaumburg-Lippe. Die ehemals preußische Regelung hat das Übergewicht. Nach der durch Kontrollratsgesetz Nr. 42 vom 30. Nov. 1936 durchgeführten Auflösung des Landes Preußen löste die britische Militärregierung die Provinzen des ehemaligen Landes Preußen in der britischen Zone ebenfalls auf und bildete an ihrer Stelle neue selbständige Länder (VO. Nr. 46 vom 23. August 1946 und Nr. 55). Danach entstanden die Länder Schleswig-Holstein, Niedersachsen, gebildet aus der preußischen Provinz Hannover und den ehemaligen Ländern Braunschweig, Oldenburg und Schaumburg-Lippe, sowie Nordrhein-Westfalen, gebildet aus der preußischen Provinz Westfalen und der Rheinprovinz mit Ausnahme der Regierungsbezirke Koblenz und Trier. Ein selbständiges Land blieb die Hansestadt Hamburg (Gesetz über Verwaltungsbehörden vom 3. Juni 1947 — GVBl. S. 25 —[1]).

Die Befugnisse der Länder waren festgelegt in der VO. Nr. 57 vom 1. Dezember 1946. Die zonale Militärregierung zog sich auf die Kontrolle und Oberaufsicht zurück, ohne in einzelne Verwaltungsangelegenheiten grundsätzlich direkt einzugreifen. Nun gilt das Besatzungsstatut.

Der Behörden- und Verwaltungsaufbau innerhalb der Länder ist in den unteren Instanzen im wesentlichen der gleiche geblieben wie früher. Die Einteilung der ehemaligen Provinzen in Regierungsbezirke ist mithin beibehalten worden. Dagegen wurden in allen Ländern die Landkreise zu reinen Selbstverwaltungskörperschaften umgestaltet. Staatliche Sonderbehörden der Kreisstufe (Katasterämter, Veterinärämter, Gesundheitsämter, Ernährungsämter, Straßenverkehrsämter) werden weitgehend den Stadt- und

[1]) Näheres DRZ. 1948, S. 429.

Landkreisverwaltungen als Dienststellen eingegliedert (z. B. nordrhein-westf. Gesetz vom 30. April 1948 — GVBl. S. 180 —. Die allgemeine staatliche Verwaltung endet mithin bei der Instanz des Regierungspräsidenten.

c) Neue Länder auf dem Gebiet der russischen Zone.

Sie umfassen ehemaliges preußisches Gebiet sowie die ehemaligen Länder Sachsen, Thüringen, Mecklenburg und Anhalt.

Außer den preußischen Vorgängen ist für den Verwaltungsaufbau die ehemalige Verwaltungsorganisation in Sachsen und Thürigen von Bedeutung.

In Sachsen ging die Stufenfolge vom Ministerium des Inneren über die Kreishauptmannschaften zu den Amtshauptmannschaften. Die Kreishauptmannschaften waren in der Regel einköpfige Behörden, die Beamten der Kreishauptmannschaft waren nur Gehilfen des Kreishauptmanns, nur als Rekurs- und Beschwerdebehörde, erner als Verwaltungsgericht, entschied die Behörde in dreiköpfiger Besetzung kollegialisch. Außerdem s and aber der Kreishauptmannschaft ein aus Abgeordneten der Bezirksverbände und der bezirksfreien Gemeinden gebildeter Kreisausschuß zur Seite, der unter dem Vorsitze des Kreishauptmanns in bestimmten Fällen kollegial beriet und beschloß. Ähnlich ist der Amtshauptmann in bestimmten Fällen an die Mitwirkung des vom Bezirkstag gewählten Bezirksausschusses, dessen Vorsitzender er ist, gebunden, während er im übrigen ohne kollegiale Beratung entschied. Staatliche Ortspolizeibehörden gab es nur in Chemnitz, Dresden, Leipzig (Polizeipräsidenten) und in Plauen (Polizeiamt), sonst verwaltete die Ortspolizei der Gemeinderat, der in der Regel nur aus dem Bürgermeister bestand, aber in größeren Gemeinden als mehrköpfige Behörde gebildet wurde und in den Städten der im übrigen aufgehobenen revidierten Städteordnung unter der Bezeichnung „Stadtrat" bis auf weiteres eine solche war. Im Falle der Mehrköpfigkeit war die Handhabung der Sicherheitspolizei einschließlich der Verkehrspolizei Aufgabe des Bürgermeisters allein. Die Einrichtung der bezirksfreien, d. h. keiner Amtshauptmannschaft untergeordneten, Städte gab es auch in Sachsen. Die maßgebende Einwohnerzahl betrug hier 30 000. Dieser Aufbau ist zur Zeit nur teilweise vorhanden.

Nach dem Zusammenbruch wurden von der sowjetischen Militäradministration in den föderierten Ländern Mecklenburg und Vorpommern, Sachsen und Thüringen und in den Provinzen Mark Brandenburg und Sachsen Landes- und Provinzialverwaltungen eingesetzt, in denen sich deutsche Selbstverwaltungsbefugnisse und Gesetzgebungsbefugnisse vereinigten. Die auf Grund der Gemeinde-, Kreis- und Landtagswahlen geschaffenen Landtage erließen im Winter 1946/47 Kreisordnungen und Verfassungen. Es erfolgten gleichzeitig einige Umbenennungen. Die Provinz Sachsen erhielt den Namen Sachsen-Anhalt, Mecklenburg-Vorpommern erhielt den Namen Mecklenburg. Die bisher noch als Provinzen bezeichneten Gebilde wurden Länder. Die Zwischeninstanz des Regierungspräsidenten und entsprechender Stellen in Thüringen und Sachsen wurden beseitigt (z. B. Brandenburgisches Gesetz über die Auflösung der Bezirksverwaltungen vom 10. Januar 1947 — GVBl. S. 57; sachsen-anhaltisches Gesetz vom 29. Januar 1947 — GVBl. S. 39 mit Ausführungsbestimmung vom 14. Februar 1947 — GVBl. S. 39[1]). Die Kreise wurden zu reinen Selbstverwaltungsstellen umgestaltet. Der Landrat ist nur kommunales Organ. An der Spitze des Landes steht eine Landesregierung.

d) Neue Länder auf ehemals preußischem Gebiet der amerikanischen Zone.

Auf ehemals preußischem Gebiet liegt im wesentlichen das Land Hessen. Zentralbehörden sind hier die (drei) Ministerien. Es gibt einige obere Sonderbehörden. Mittelbehörden sind die Regierungen mit einem Regierungspräsidenten an der Spitze. Die Kreise, in die die Regierungsbezirke aufgeteilt sind, sind reine Kommunalverwaltungen.

e) Bayern.

Der Behördenaufbau in Bayern gestaltete sich einfacher als derjenige Preußens. Nach dem Zusammenbruch von 1945 ist im wesentlichen die bereits vorher vorhandene Organisation beibehalten worden. Dem Staatsministerium des Inneren unterstellt sind acht Kreisregierungen, an deren Spitze je ein Präsident steht und die sich in je eine Kammer des Inneren und eine Kammer Forsten gliedern. Die Kreise sind in Bezirke eingeteilt, deren Verwaltung in den Händen der Bezirksämter liegt. In bestimmten wichtigeren Angelegenheiten ist der Bezirksamtsvorstand an die Mitwirkung des Bezirksausschusses, eines vom Bezirkstag aus seiner Mitte gewählten Kollegiums, gebunden. Der Bezirksausschuß entspricht etwa dem preußischen Kreisausschuß. Doch hatte der Bezirksamtsvorstand niemals die für den preußischen Landrat charakteristische doppelte Funktion als Staatsbeamter und Selbstverwaltungsbeamter. Der Bezirksvorstand ist lediglich

---

[1]) Es gab einige Übergangslösungen; so wurden in Thüringen vorübergehend zwei Oberlandräte bestellt. — Anordnung vom 29. 12. 1945, ABl. 1946, S. 25. —

Staatsbeamter und hat infolgedessen im Bezirksausschuß, in dem er zwar den Vorsitz führt, kein Stimmrecht.

Aus dieser staatlichen Verwaltung herausgenommen sind die kreisunmittelbaren Städte, für die lediglich Selbstverwaltungsbestimmungen gelten. Die Beibehaltung dieser Organisation wurde nach 1945 dadurch erleichtert, daß das rechtsrheinische Bayern einheitlich in die gleiche, nämlich die amerikanische Besatzungszone einbezogen wurde[1]).

f) Württemberg und Baden.

In Württemberg unterstanden dem Minister des Inneren und der bei dem Innenministerium gebildeten Ministerialabteilung für Bezirks- und Körperschaftsverwaltung seit der Reform von 1924 unmittelbar die vom Landrat geleiteten Oberämter. Das waren einköpfige, vom Staate besetzte Behörden, denen jedoch für bestimmte Aufgaben kollegiale Bezirksräte beigegeben waren. Der Bezirksrat bestand aus dem Landrat als Vorsitzenden und sechs weiteren von der Amtsversammlung zu wählenden Mitgliedern.

In Baden gab es vier Landeskommissäre, die als Bevollmächtigte des Innenministers arbeiteten. Ihnen übertrug das Gesetz einzelne Zuständigkeiten, darunter auch die Staatsaufsicht über die Selbstverwaltungskörperschaften. Die allgemeine innere Verwaltung lag in der Hand der Bezirksämter, einköpfig organisierter, von einem Landrat geleiteten Behörden, denen aber für bestimmte Angelegenheiten Bezirksräte zur Seite standen. Vorsitzender im Bezirksrat war der Vorsteher des Bezirksamtes, also der Landrat, als Staatsbeamter. Die übrigen Mitglieder waren früher von staatlichen Stellen ernannte Ehrenbeamte, späterhin in unmittelbarer Wahl von der Bevölkerung des Amtsbezirks gewählte Wahl- und Ehrenbeamte.

g) Nordwürttemberg-Baden.

Das Land Nordwürttemberg-Baden wurde durch Proklamation Nr. 2 der amerikanischen Militärregierung vom 19. September 1945 geschaffen[2]). Kurze Zeit darauf erfolgte die Einsetzung einer Staatsregierung. Nach verschiedenen Schwierigkeiten zerteilt die Landesverfassung das Land nunmehr in zwei gleichberechtigte Gebietsteile Württemberg und Baden (Art. 44). Der württembergische Teil zerfällt in drei kreisfreie Städte und 19 Landkreise, der badische Teil in vier kreisfreie Städte und neun Landkreise. Zwischen den Kreisen und der Staatsregierung gibt es keine weiteren

[1]) Der Kreis Lindau ist, obwohl zur französischen Zone gehörend, bei Bayern geblieben, vgl. K. Wohlfahrt, Die staatsrechtliche Entwicklung und Lage des Kreises Lindau, in: DRZ. 1948, S. 55.

[2]) Wortlaut in DRZ. 1946, S. 86; vgl. im übrigen DRZ. 1947, S. 23.

Instanzen. Die zwischen Württemberg und Baden bestehenden Verschiedenheiten der Verwaltungsorganisation bestehen weiter, sofern darunter die Verwaltungsarbeit nicht leidet.

h) Neue Länder der französischen Zone.

Das Land Rheinland-Pfalz, geschaffen durch Verordnung Nr. 57 des Oberkommandierenden der französischen Zone vom 30. August 1946 (Journal Officiel S. 292) setzt sich aus Teilen preußischen, hessischen und pfälzischen Gebietes zusammen. Im allgemeinen ist die preußische Verwaltungsorganisation beibehalten worden. Die Pfalz hat eine gewisse Sonderstellung. Sie ist staatlicher Verwaltungsbezirk und Provinzialverband zur Erfüllung von Selbstverwaltungsaufgaben. Die Provinzialregierung mit einem Oberregierungspräsidenten an der Spitze ist staatliche Mittelinstanz. Der in die französiche Zone fallende hessische Gebietsteil ist mit preußischen Gebieten zu einem Bezirk Rheinland-Hessen-Nassau unter Leitung eines Oberpräsidenten als staatlicher Mittelinstanz zusammengefaßt. Die Kreise erledigen neben Selbstverwaltungsangelegenheiten auch staatliche Aufgaben[1]) (vgl. z. B. bad. Rd. Verf. über Stellung und Aufgaben der Landräte vom 7. März 1947 — Amtsbl. S. 66).

Ein selbständiger Verwaltungsaufbau für Südwürttemberg-Hohenzollern wurde vorbereitet durch ein besonderes Staatssekretariat, das sich mit dem Sitz in Tübingen am 16. Oktober 1945 bildete. Aus ihm ging eine selbständige Regierung hervor. Das Land ist in 17 Kreise eingeteilt. Die Behördenleiter der Kreise, die Landräte, sind dem Innenministerium direkt unterstellt. Das Regierungspräsidium in Sigmaringen ist aufgehoben (RAO. vom 15. März 1946 — Amtsblatt S. 42)[2]).

Auch in dem Lande Südbaden entwickelte sich die Landesregierung aus verschiedenen Ansätzen. Das Land ist eingeteilt in drei Stadt- und 18 Landkreise als untere staatliche Verwaltungsbezirke[3]). Sowohl in Südwürttemberg wie in Südbaden ist die frühere Verwaltungsorganisation weitgehend beibehalten worden.

i) Selbständige Städte sind außer Hamburg[4]) noch das zur amerikanischen Besatzungszone gehörende Bremen (amerikanische Proklamation Nr. 3, brit VO. Nr. 76)[5]) und das von den vier alliierten Großmächten besetzte Berlin[6]).

[1]) DRZ. 1947, S. 58, 409.
[2]) DRZ. 1946, S. 110.
[3]) DRZ. 1946, S. 112.
[4]) Siehe oben S. 322.
[5]) DRZ. 1947, S. 230.
[6]) Haas, Vorläufige Verfassung von Groß-Berlin, Berlin 1947 (3. Aufl.).

Schrifttum

Jahrbuch des Deutschen Reichs. Berlin 1872—1944.
Jahrbücher oder Handbücher der ehemaligen deutschen Länder (z. B. „Handbuch über den Preußischen Staat, herausgegeben vom Preußischen Staatsministerium, Berlin).
Weber, Werner, Der gegenwärtige Verwaltungsaufbau. Hamburg 1948.
Laufende Berichte in DRZ. und Europa-Archiv.

Fünfzehntes Kapitel

Organisation der Selbstverwaltung

1. Begriff der Selbstverwaltung

Selbstverwaltung im weitesten Sinne bedeutet eine Beteiligung der Personen, die Gegenstand einer Verwaltungstätigkeit sind, an dieser Tätigkeit selbst. Selbstverwaltung innerhalb des Staates bedeutet eine Beteiligung der genannten Personen, also der Staatsbürger, an der staatlichen Verwaltung oder an Aufgaben, die durch die staatliche Verwaltung durchgeführt werden können.

Sie erscheint daher nur innerhalb der Staatsfunktion der Verwaltung, nicht der Rechtsprechung oder Gesetzgebung.

Die nicht staatlichen Verbänden zukommende Befugnis, Recht zu setzen, wird als Autonomie bezeichnet[1]).

2. Arten der Selbstverwaltung

a) Selbstverwaltung im tatsächlich-politischen Sinn.

Darunter versteht man Beteiligung von Laien an staatlichen Verwaltungsaufgaben. Es werden hierdurch Aufgaben, die auch durch hauptamtlich tätige Personen erledigt werden können, durch Laien im Nebenamt oder als Ehrenamt durchgeführt. Diese Art der Selbstverwaltung ist dem deutschen modernen Recht seit der zweiten Hälfte des vorigen Jahrhunderts bekannt. Ihr Vorkämpfer war der nationalliberale Politiker und Berliner Staatsrechtslehrer Rudolf von Gneist. Von Bedeutung waren englische Einflüsse, wie insbesondere die Schriften Gneists zeigen[2]).

---

[1]) Vgl. meinen Aufsatz Volksgruppenrecht in bilateralen Staatsverträgen, in: Zeitschrift für öffentliches Recht, 1937.

[2]) Rudolf von Gneist, Das Selfgovernement und die Verwaltungsgerichte in England.

Selbstverwaltung in diesem Sinne ist vorhanden in den sogenannten gemischten Behörden, das sind aus Berufsbeamten und Laienmitgliedern zusammengesetzte Behörden, wie z. B. der preußische Kreisausschuß, Stadtausschuß, Bezirksausschuß, Provinzialrat.

Schon die Beispiele zeigen, daß diese Art der Selbstverwaltung nicht an bestimmte Arten von Behörden gebunden ist. Es kommt nicht darauf an, ob es sich um eine staatliche, eine städtische oder sonstige Behörde handelt. Überall da, wo Laien öffentliche Verwaltungstätigkeit ausüben, liegt Selbstverwaltung im tatsächlichen Sinne vor.

b) Wirtschaftliche Selbstverwaltung.

Auch die wirtschaftliche Selbstverwaltung knüpft wie diejenige im tatsächlich-politischen Sinne an die Person an. Sie betrachtet jedoch nicht den Unterschied zwischen Verwaltungsfachleuten und Laien, sondern den Beruf der Menschen. Es ist ein alter deutscher Rechtsgedanke, daß zum gleichen Beruf gehörende Personen ihre Berufsangelegenheiten und was damit zusammenhängt, selbst verwalten. Die moderne deutsche Wirtschaft kennt solche zu Einheiten zusammengefaßte Personenmehrheiten, wie z. B. die Innungen, die Handwerkskammern, die Industrie- und Handelskammern, die Bauernkammern usw.[1]). Aber auch Einrichtungen, die nicht nur wirtschaftliche, sondern vorwiegend ideelle Aufgaben erledigen, sind zu nennen, wie die Rechtsanwaltskammern, die Ärztekammern oder die deutschen Universitäten und sonstige Zentren der Wissenschaft.

c) Kommunale Selbstverwaltung.

Den bisher besprochenen Arten der Selbstverwaltung steht diejenige gegenüber, die nicht an die Person oder ihren Beruf, sondern an den Aufenthaltsort der Person anknüpft. Von der Selbstverwaltung im tatsächlich politischen Sinne unterscheidet sie sich dadurch, daß sie nicht von Staatsbehörden, sondern durch vom Staat getrennte Stellen, wie öffentlich-rechtlichen Gebietskörperschaften, Gemeinden und Gemeindeverbände und durch Laien ausgeübt wird. Von der wirtschaftlichen Selbstverwaltung unterscheidet sie sich dadurch, daß sie jeden Menschen, der sich auf ihrem Gebiet aufhält, erfaßt und nicht nur die Angehörigen eines bestimmten Berufes.

Für die deutschen Verhältnisse kommen in Betracht die Kommunalverbände, nämlich die Stadt- und Landgemeinden, und die Kommunalverbände höheren Grades, die in den meisten deutschen Ländern die Bezeichnung Kreise, Bezirke oder Provinzen tragen.

---

[1]) Vgl. unten S. 458.

Diese Art der Selbstverwaltung verfügt über selbständige Behördenorganisationen.

3. Geschichte der kommunalen Selbstverwaltung

Sie ist eine typisch deutsche, aus der politischen Entwicklung dieses Landes hervorgegangene Einrichtung. Ihre Anfänge reichen bis in das frühe Mittelalter zurück.

Selbständige Ortsgemeinden finden sich schon im fränkischen Reich. Die lex Salica gibt den Dorfbewohnern z. B. das Recht, gegen Zuzug von Fremden in das Dorf Einspruch zu erheben. Danach müssen schon in dieser Zeit Dörfer als geschlossene Einheiten gesetzlich anerkannt worden sein. (Titel 45 der lex Salica, De migrantibus.) In einem etwas späteren Zusatz wird von einer Gemeindeversammlung gesprochen, der gewisse Rechte und Pflichten zustehen. Von vornherein steht fest, daß nicht alle Einwohner auch vollberechtigte Gemeindemitglieder sind[1]).

Für die Entstehung der Städte wird in der folgenden Zeit das Marktrecht wichtig, das den damit Bedachten Rechte gibt und Pflichten auferlegt. Im 12. und 13. Jahrhundert werden dann Recht und Verfassung der größeren Städte von besonderer Bedeutung für das ganze Reich. So breitet sich das Hamburger Recht in ganz Norddeutschland aus, das Soester, Münstersche und Dortmunder Recht in Westfalen, das Kölner Recht in Schwaben, das Frankfurter und Duisburger Recht in Franken oder das Magdeburger Recht in ganz Ostdeutschland. Eine Selbstverwaltung indessen gab es bis zum 12. Jahrhundert in all diesen Städten und Orten nicht. Vielmehr wurde die Verwaltung durchgeführt durch den vom Gemeindeherrn, also meist einem Fürsten, ernannten Stadtschultheiß der zusammen mit dem Schöffenkollegium auch die Stadtgerichtsbarkeit ausübte.

Erst seit dem 13. Jahrhundert wurde der Stadtschultheiß allmählich verdrängt durch den von der Bürgerschaft gewählten oder von ihr in anderer Weise bestimmten Bürgermeister, der dann selbst oder durch seine Vertreter auch die städtische Gerichtsbarkeit übernahm. Allerdings war auch dann nicht die gesamte Einwohnerschaft an dieser Selbstverwaltung beteiligt, sondern nur die Mitglieder der sogenannten ratsfähigen Geschlechter. Das blühende deutsche Städtewesen

---

1) Die Grenzen sind für uns nicht klar ersichtlich und infolgedessen Gegenstand von Auseinandersetzungen. Vgl. z. B. M. Weber, Der Streit um den Charakter der altgermanischen Sozialverfassung in der deutschen Literatur des letzten Jahrzehnts (Gesammelte Aufsätze zur Sozial- und Wirtschaftsgeschichte, 1924), S. 508 ff., oder auch Viktor Ernst, Die Entstehung des deutschen Grundeigentums, 1923, S. 26

einschließlich demjenigen der Hansa oder anderen Bünde lebte also nach einer oligarchischen Verfassung[1]). Die herrschende Schicht wachte mit Energie darüber, daß kein Außenseiter in den Rat hineinkam. Selbst nachdem die ausschließliche Herrschaft der ratsfähigen Geschlechter durch die mehr oder minder erfolgreichen Zunftskämpfe des 14. und 15. Jahrhunderts gelockert war, änderte sich im Grunde nicht viel. Denn die neu hinzutretenden Ratsmitglieder organisierten sich bald in der gleichen Weise wie die alten und machten mit ihnen zusammen Front gegen diejenigen, die eine demokratische Beteiligung aller an der Verwaltung durchsetzen wollten.

Der tiefere Grund für diese undemokratische Haltung war die Herrschaft des schon im alten germanischen Recht zu beobachtenden Genossenschaftsgedanken. Man war gewohnt, sich zu meist auf beruflicher Grundlage gebildeten Interessengruppen zusammen zu schließen. Die enge Bindung an bestimmte Personen und spezielle Zwecke verhinderte den Blick ins Allgemeinere und Freie. So gab es in den ersten Jahrhunderten der Neuzeit auf deutschem Boden eine Unzahl nebeneinander bestehender Genossenschaften. Die Städte und Gemeinden wurden von den darin Herrschenden fast genau so angesehen wie eine Innung oder eine Handelsvereinigung, eben als Mittel zur Durchsetzung ihrer eigensten Interessen. Man pflegte oft zwar mit viel Liebe das Eigenleben, verlor darüber aber jede Stoßkraft nach außen. So ist es verständlich, daß die mit zentralisierten, zweckmäßig organisierten und sparsamen Verwaltungsapparaten arbeitenden Fürsten im 18. Jahrhundert die Vielzahl nebeneinander oder gegeneinander bestehender lokaler oder beruflicher Genossenschaften weitgehend überspielten[2]).

Aber zu einer völligen Vernichtung der alten städtischen Freiheiten kam es nur an wenigen Orten. Im Westen und Süden des Reichs konnten die Fürsten zwar gewisse Erfolge gegen die Städte erzielen, aber zu einer gänzlichen Unterwerfung unter die fürstliche Verwaltung fehlte ihnen die Macht. Es gibt zahlreiche Beispiele, wonach Städte Eingriffe der Landesherren in ihre bisherigen Rechte mit Erfolg zurückwiesen[3]). Selbst für Preußen legte Friedrich II., der allerdings wie schon sein Vater auch ausgediente Unteroffiziere als Ortskommissare in den Städten einsetzte, in seinem politischen Testament von 1752 nieder:

---

1) Auch hier ist im einzelnen vieles streitig. Vgl. E. Keutgen, Der deutsche Staat des Mittelalters, 1918, S. 36 ff.

2) Einzelheiten z. B. bei F. Lamp, Das Problem der städt. Selbstverwaltung nach österreichischem und preußischem Recht, 1905, S. 7—11, 107 mit Schrifttum.

3) F. Steinbach, Geschichtliche Grundlagen der kommunalen Selbstverwaltung in Deutschland, 1932, S. 83 ff.

„Ich habe den Städten in den alten Provinzen die Freiheit gelassen, ihren Magistrat zu wählen und mich in diese Wahlen nur dann eingemischt, wenn sie Mißbrauch damit trieben und einzelne Familien zum Nachteil der anderen alle Gewalt an sich rissen. In Schlesien habe ich ihnen das Wahlrecht genommen, damit sie die Schöffenstühle nicht mit Leuten besetzen, die dem Hause Österreich ergeben sind. Mit der Zeit und sobald die gegenwärtige Generation ausgestorben ist, kann man den Schlesiern ihr Wahlrecht unbesorgt wiedergeben“[1]).

Die preußische Reform zu Beginn des 19. Jahrhunderts knüpfte in gewissem Maße an bestehende Zustände an. Stein stammte aus dem Nassauischen. Er hatte die Zustände im Westen des Reichs, wie sie zum Ausgang des 18. und Beginn des 19. Jahrhunderts bestanden, als Fachmann lange Zeit vor Augen und eingehend studiert. Aus zahlreichen Äußerungen geht hervor, daß er selbst meinte, nichts fundamental Neues geschaffen, sondern auf den zu seiner Zeit in seiner Heimat noch vorhandenem Alten weiter aufgebaut zu haben. Selbstverständlich wollte er nicht die alten Liberalitäten der Städte wieder herstellen, aber er wandte sich z. B. noch im Jahre 1829 energisch dagegen, daß man sein Werk als revolutionär bezeichne und er fand harte Ausdrücke gegen diejenigen, die „von Eigennutz und Herrschsucht getrieben, versuchen, über die Städte- und Kommunalordnung Besorgnisse zu erregen, demokratische Gespenster aus dem eigenen hohlen Gehirn hervorzurufen“[2]).

Aufbauend auf den vorhandenen Unterlagen nun allerdings haben Stein und seine Mitarbeiter dem kommunalen Leben Richtlinien gegeben, die heute noch maßgebend sind. Der wichtigste Grundgedanke ist: Wenn der Mensch bei irgendwelchen Vorgängen nur immer Objekt oder Zuschauer ist, verliert er das Interesse. Wahrhaft interessiert ist lediglich derjenige, der in irgendeiner Form an der Handlung teilnehmen kann. Die Richtigkeit dieses Satzes ist mit Beispielen aus jedem Bereich menschlicher Tätigkeit zu belegen. Der wirklich interessierte Techniker will nicht immer nur die Konstruktionen anderer vorgeführt bekommen, er will selbst seine Gedanken in die Wirklichkeit umsetzen. Der an Gärtnerei Interessierte will nicht nur fremde Gärten bewundern, sondern er will selbst einen Garten bearbeiten. Wenn man gar die Menschen an einer solch komplizierten und vielleicht gar nicht einmal sehr liebenswerten Einrichtung wie den modernen Staat interessieren will, dann muß man sie am Regieren und Verwalten dieses Gebildes irgendwie beteiligen. Gerade für das politische Gebiet war das zu Beginn des 19. Jahrhunderts besonders klar ersichtlich. Der vom

[1]) Friedrich der Große, Die politischen Testamente, Neuauflage 1922.

[2]) G. H. Pertz, Das Leben des Ministers Freiherr vom Stein, 1855, VI, 2, S. 249.

Volk getragene französische Staat hatte überall Erfolge, während die Polizeistaaten wie Preußen oder die deutschen Duodezstaaten, die die Bürger mehr oder weniger ängstlich vom Mitregieren fernhielten, sehr schnell dem französischen Ansturm erlagen.

„Die Nation muß", wie Stein ausführte[1]), „daran gewöhnt werden, ihre eigenen Geschäfte zu verwalten und aus diesem Zustand der Kindheit heraustreten, worin eine immer unruhige, immer dienstfertige Regierung die Menschen halten möchte."

Die Durchführung dieses Grundsatzes hat aber auch für die Verwaltung selbst Vorzüge.

„Der Formenkram und Dienstmechanismus in den Kollegien wird durch Aufnahme von Menschen aus dem Gewirr des praktischen Lebens zertrümmert, und an seine Stelle tritt ein lebendiger, feststrebender, schaffender Geist und ein aus der Fülle der Natur genommener Reichtum von Ansichten und Gefühlen."

Unter Verwendung dieser beiden nahe miteinander verbundenen Gesichtspunkte kam es dann unter Leitung von Stein und Hardenberg, dem preußischen Staatskanzler, zu einer umfassenden Verwaltungsreform mit einem genau abgewogenen Verhältnis zwischen Staatsverwaltung und Selbstverwaltung. Es wurden nicht die gleichen Grenzen gezogen, die wir heute im allgemeinen kennen, sondern die Selbstverwaltung oder, wie man auch sagte, die Selbständigkeit oder „Autonomie" der Gemeinden wich in vielen Punkten von unseren heutigen Lösungen ab. Die Stadtbürger sollten zu öffentlichen Ämtern herangezogen, die staatliche Bevormundung sollte auf ein Mindestmaß beschränkt werden. Als das wichtigste Recht der Gemeinde wurde die eigene Verwaltung ihres Haushalts angesehen. Die Gemeindeorgane waren durch die Gemeindemitglieder zu wählen, um „dem dringend sich äußernden Bedürfnis einer wirksamen Teilnahme der Bürgerschaft an der Verwaltung des Gemeindewesens zu genügen, in den Bürgergemeinden einen festen Vereinigungspunkt zu bilden, ihnen eine tätige Einwirkung auf die Verwaltung des Gemeinwesens beizulegen und durch diese Teilnahme Gemeinsinn zu erregen und zu erhalten." Im Grunde war so die Gemeinde eine selbständige von der Regierung möglichst unabhängige Vermögensverwaltung[2]). Als selbständige Rechtspersönlichkeit wurde sie noch nicht angesehen. Hierzu bedurfte es noch langer Kämpfe.

Gerade diese Frage stand später im Mittelpunkt des Interesses, und es bedeutete eine große Stärkung der Stellung der Gemeinden den staatlichen

1) Eingang zur Städteordnung vom 19. 11. 1808.

2) Lamp, S. 38 ff., Literatur.

Behörden gegenüber, als die Gemeinden sich rechtlich verselbständigten.

Den Kern auch der modernen kommunalen Selbstverwaltung[1]) bildet so die Verwaltung des eigenen Vermögens, also eine im Grunde wirtschaftliche Tätigkeit. Erst nach und nach wurde die Verwaltung auf die Befriedigung aller lokalen Bedürfnisse ausgedehnt, wie z. B. die Anlegung von Ortsstraßen, Wasserversorgung, dann sogar die Handhabung der Ortspolizei.

Ein weiterer Streit ging darum, ob man die kommunale Selbstverwaltung aufzufassen habe als etwas, was der Staat seinen Bürgern freiwillig und ohne dazu gezwungen werden zu können schenkt oder, ob Selbstverwaltung ein jedem Menschen zustehendes Recht, ein Grundrecht ist[2]). Die letztere Lösung erkämpfte ihren bedeutendsten Sieg in der Zeit von 1848—1850. Die Frankfurter Reichsverfassung vom 5. Dezember 1848, Art. II, § 184, nämlich bezeichnete das Recht auf Selbstverwaltung als Grundrecht. Es war zu verstehen in dem gleichen Sinne wie das Recht auf Briefgeheimnis, Versammlungs- oder Korporationsfreiheit usw. Diesem Vorbild schlossen sich zahlreiche Landesgesetze an, so z. B. die preußische Verfassungsurkunde vom 5. Dezember 1848, Art. 104, das preußische Gemeindegesetz vom 11. März 1850. Die badische Gemeindeordnung in der Fassung von 1910 enthielt noch den Satz: Jede Gemeinde hat das Recht, die auf den Gemeindeverband sich beziehenden Angelegenheiten zu besorgen und ihr Vermögen zu verwalten (§ 6).

Aber im großen und ganzen hatten die Pläne von 1848 wie so viele aus dieser Zeit keine Folgen. Im Gegenteil wurden in den nächsten Jahren sogar viele Bestrebungen der Stein-Hardenbergschen Reform rückgängig gemacht. Die Entwicklung in Preußen kann dabei als Vorbild für die Zustände in den übrigen deutschen Ländern dienen. Der preußische König hatte schon zur Zeit der Karlsbader Beschlüsse die Vorschläge Hardenbergs „Über die zu bildende Repräsentation des Volkes" von 1815 abgelehnt. Hardenberg wollte „die Grundsätze der Städteordnung von 1808 auf alle Kommunen ausdehnen und mit der größeren Selbständigkeit, welche hiernach den Gemeinden zuteil wird, auch eine rege Teilnahme für ihre gemeinschaftlichen Angelegenheiten unter allen ihren Gliedern erwecken, um auf einer in diesem Sinne gebildeten Gemeindeeinrichtung die Grundlagen der künftigen Verfassung zu erbauen." Mit anderen Worten: Er wünschte einen organischen Ausbau

---

[1]) Fritz Fleiner, Institutionen, S. 97.

[2]) Die verschiedenen Lehrmeinungen sind zusammengestellt z. B. bei Julius Hatschek, Lehrbuch des deutschen und preußischen Verwaltungsrechts, 1931, S. 95 ff.

der kommunalen Selbstverwaltung zu einer repräsentativen Staatsverfassung. Der Hauptwiderstand gegen alle diese Bestrebungen ging von den feudalen Großgrundbesitzern des Ostens aus. Das führte zu einem Gegensatz zwischen Stadt und Land und, entsprechend der Zusammensetzung der Bevölkerung, zu einem Gegensatz zwischen Ost- und Westdeutschland, der damals die innenpolitische Kampflage beherrschte. Die durch Gesetz vom 23. Juni 1823 eingeleitete Provinzial- und Kreisständische Gesetzgebung ließ das Virilstimmrecht der Rittergutsbesitzer zunächst einmal bestehen und basierte die Kreis- und Provinzialstandschaft auf den Grundbesitz in ständischer Gliederung. Die Städteordnung von 1808 blieb so völlig isoliert inmitten der ganz anders gearteten Umgebung des absolutistischen Beamtenstaates.

Aber selbst in den Städten ging man einen weiten Schritt zurück. Die Städteordnung von 1831 sagt: „Jeder Stadt soll als deren Obrigkeit ein Magistrat vorgesetzt sein, welcher in einer doppelten Beziehung steht a) als Verwalter der Gemeindeangelegenheiten, b) als Organ der Staatsgewalt." Die Tendenz ist deutlich. Die Mächte, die im preußischen Staat dominierten, wünschten das auch in Gemeindeangelegenheiten zu tun. Die Ereignisse des Jahres 1848 erschütterten ihre Stellung nicht. Am 24. Mai 1853 wurde Artikel 104 der Verfassung von 1848 nebst allen hiermit zusammenhängenden Gesetzen, insbesondere der Gemeindeordnung von 1850, wieder aufgehoben und die alten Kreis- und Provinzialstände wieder hergestellt. Auf dem flachen Land im Osten traten besonders noch durch zwei Gesetze von 1856 im wesentlichen die Rechtszustände des alten preußischen Landrechts mit der patrimonialen Polizeiobrigkeit des Gutsherrn über die Landgemeinden wieder in Kraft. Die Städte erhielten gebietsweise verschiedene Städteordnungen, die hinsichtlich der Befugnisse der Selbstverwaltung weit unter dem blieben, was die Städteordnung von 1808 bereits verliehen hatte.

Als man dann, beginnend im Jahre 1872, an eine allgemeine Verwaltungsreform ging, war nach der Schaffung des deutschen Reichs die außenpolitische Lage weitgehend geklärt, aber die wirtschaftlichen Kämpfe zwischen Kapital und Proletariat hatten einen Abschluß noch nicht gefunden. Dies geschah auch nicht durch die vom Staat vorgenommene Sozialgesetzgebung der 70er und 80er Jahre. Zwar konnten nach 1871 Männer, die bisher ihre Arbeitskraft der staatlichen Neugestaltung gewidmet hatten, nun kommunalpolitische Fragen erörtern. Die Arbeitervertreter jedoch hatten hierfür auch jetzt noch keine Zeit. So steht die Verwaltungsreform von 1872 völlig unter staatlichem Aspekt. Die Kämpfe wurden ausgetragen zwischen den mehr die Belange der Städte und der westlichen Gebiete vertretenden Liberalen und den die ländlichen großagrarischen Gebiete und den Osten vertretenden Konservativen. Der mit besonderem wissenschaftlichem und technischem Rüstzeug ausgestattete Wegbereiter der Reform, der bereits erwähnte Rudolf von Gneist, interessierte sich für die Gemeinden nur soweit, als eine „planmäßige und bewußte Heranziehung der örtlich geschlossenen Kollektivverbände für Staatsaufgaben für erforderlich gehalten" wurde[1]).

Die sich auf den Grundadel stützenden politischen Kreise wehrten sich bis zuletzt gegen jede Änderung. Trotz des Anwachsens der Städte wollte man sie am liebsten in der Abhängigkeit von den das Land beherrschenden Kräften lassen.

Die unter dem Einfluß von Gneist und Bismarck stehende Verwaltungsreform brachte seit 1870 in allen deutschen Staaten eine Regelung der Selbstverwaltung der Gemeinden, Kreise und Provinzen.

4. Rechtsgrundlagen

Bis 1933 kam es nicht zu einer für das ganze Reich einheitlichen gesetzlichen Regelung. Vielmehr waren zahlreiche verschiedene Gemeinde-, Reichs- und Städteordnungen in Kraft. Alle diese Ordnungen galten nur für beschränkte Territorien. Es galten:

- Städteordnung für die sieben östlichen Provinzen der preußischen Monarchie vom 30. Mai 1853;
- Gesetz betreffend die Verfassung der Städte in Neuvorpommern und Rügen vom 31. Mai 1853;
- Landgemeindeordnung für die sieben östlichen Provinzen der Monarchie vom 3. Juli 1891;
- Gesetz betreffend die Verfassung usw. der Städte usw. der Provinz Schleswig-Holsteins vom 14. April 1869;
- Landgemeindeordnung für die Provinz Schleswig-Holsteins vom 4. Juli 1892;
- Revidierte hannoversche Städteordnung vom 24. Juni 1858;
- Hannoversches Gesetz betreffend die Landgemeinden vom 28. April 1859;
- Städteordnung für die Provinz Westfalen vom 19. März 1856;
- Städteordnung für die Rheinprovinz vom 15. Mai 1856;
- Gemeindeordnung für die Rheinprovinz vom 23. Juli 1845;
- Gemeindeverfassungsgesetz für die Stadt Frankfurt vom 25. März 1867;
- Waldeckische Gemeindeordnung vom 6. April 1888;

---

1) Gneist, Kreisordnung, S. 16 ff.

Revidierte Gemeindeordnung für den Landesteil Oldenburg vom 15. April 1873;
Revidierte Gemeindeordnung für den Landesteil Lübeck vom 30. März 1873;
Revidierte Gemeindeordnung für den Landesteil Birkenfeld vom 28. März 1873;
Landgemeindeordnung für das Fürstentum Schaumburg-Lippe vom 7. April 1870;
Anhaltische Stadt- und Dorfordnung vom 25. Mai 1882;
Württembergische Gemeindeordnung vom 28. Juli 1906;
Hessische Landgemeindeordnung vom 8. Juli 1911;
Mecklenburg-schwerinsche Landgemeindeordnung vom 20. Mai 1919;
Mecklenburg-schwerinsche Städteordnung vom 18. Juli 1919;
Badische Gemeindeordnung vom 5. Oktober 1921;
Hamburgische Städteordnung vom 2. Januar 1924;
Hamburgische Landgemeindeordnung vom 2. Januar 1924;
Städteordnung der bremischen Hafenstädte vom 23. Mai 1923;
Städteordnung für den Freistaat Mecklenburg-Strelitz vom 29. Juli 1919;
Landgemeindeordnung für den Freistaat Mecklenburg-Strelitz vom 27. Juli 1929;
Städteordnung für das Fürstentum Schaumburg-Lippe vom 13. Juni 1906;
Landgemeindeordnung für den lübeckischen Freistaat vom 21. September 1921;
Hessische Städteordnung vom 8. Juli 1911;
Braunschweigische Städteordnung vom 15. November 1924;
Braunschweigische Landgemeindeordnung vom 15. November 1924;
Hamburgische Städteordnung vom 2. Januar 1924;
Hamburgische Landgemeindeordnung vom 2. Januar 1924;
Gemeindeordnung für den Freistaat Sachsen vom 15. Juni 1925;
Landgemeindeordnung für den lübeckischen Freistaat vom 21. September 1921;
Bremische Landgemeindeordnung vom 20. April 1923;
Thüringische Gemeinde- und Kreisordnung vom 8. Juli 1926;
Bayrische Gemeindeordnung vom 17. Oktober 1927;
Lippisches Gemeindeverfassungsgesetz vom 1. Dezember 1927.

Nach dem ersten Weltkrieg begannen Bestrebungen, an Stelle dieser vielfachen Gesetze eine einheitliche Regelung zu setzen. Im Juli 1921 setzte der deutsche Städtetag einen Studienausschuß zur Prüfung des Gemeindeverfassungsrechts ein. Nach fast zehn Jahren gelangten diese Arbeiten zu einem Abschluß in dem Entwurf einer Reichsstädteordnung 1930[1]). Mit dem gleichen Gegenstand befaßten sich auch verschiedene Reichs- und Landesministerien, was zu einem weiteren Entwurf führte[2]).

Nach einigen Übergangslösungen nach 1933 wurde am 30. Januar 1935 die einheitliche Deutsche Gemeindeordnung geschaffen. Das Gemeindeverfassungsrecht wurde hiermit von der Ebene der Landesgesetzgebung auf diejenige der Reichsgesetzgebung verlagert. Die Länder wurden auf den Erlaß von Überleitungsvorschriften beschränkt. Die DGO. enthielt ein einheitliches Verfassungsrecht für sämtliche Gemeindearten, also für Gemeinden, Landkreise, Städte, aufbauend auf dem sogenannten Führerprinzip. Alle früher geltenden Einzelordnungen wurden aufgehoben.

Nach dem Zusammenbruch wurde die deutsche Gemeindeordnung beseitigt. Die Neuregelung knüpft weitgehend an die vor 1933 bestehenden gesetzlichen Bestimmungen wieder an, gestaltet sie aber zum Teil um.

In der britischen Zone trat am 1. April 1946 die Verordnung Nr. 21 der brit. Militärregierung in Kraft, welche die deutsche Gemeindeordnung von 1935 der Form nach zugrunde legt, inhaltlich jedoch weitgehend neues schafft. Diese Verordnung bezeichnet sich in der Präambel ausdrücklich als eine Lösung für eine Übergangszeit. Sie wird nach und nach ersetzt durch Ordnungen der einzelnen Länder. Sie gilt nicht für Hamburg und Berlin, die als Länder Staatsverfassungen haben (§ 122).

In der amerikanischen Zone wurde durch die Militärregierung keine einheitliche Regelung vorgenommen. Vielmehr haben sich die drei Länder eigene neue Gemeindeordnungen geschaffen, die jedoch in mancher Hinsicht ebenfalls eine Zwischenlösung sind. Für Bayern trat am 18. Dezember 1945, 28. Februar 1946 eine neue Gemeindeordnung und am 18. Februar 1946 eine neue Landkreisordnung in Kraft. Sie behandeln nicht sämtliche Gegenstände, so daß weitgehend die Gemeindeordnung von 1927 oder auch die deutsche Gemeindeordnung von 1935 anzuwenden ist. Für das Land Hessen gilt die Gemeindeordnung vom 21. Dezember 1945 (GVBl. 1946, S. 1) und die Kreisordnung vom 24. Januar 1946 (GVBl., S. 101). Für Nordwürttemberg gilt die Gemeindeordnung vom 20. Dezember 1945 (Regierungsblatt, S. 55). Für Nordwürttemberg-Baden gilt die Kreisordnung vom 7. März 1946 (Regierungsblatt, S. 45). Für den Landesteil Baden ist bisher noch keine neue Gemeindeordnung ergangen.

---

1) Abgedruckt in Schriften des deutschen Städtetages, Entwurf einer deutschen Gemeindeordnung 1947.

2) Surren-Lohschelder, Die deutsche Gemeindeordnung, I S. 87.

In der französischen Zone gilt in Württemberg-Hohenzollern die Gemeindeordnung vom 14. März 1947 (Regierungsblatt 1948, S. 1).

In der sowjetischen Zone erließen die Landtage fast wörtlich übereinstimmende Gemeindeverfassungen (vgl. z. B. sächsisches Gesetzblatt 1946, S. 422, thüringische Gesetzessammlung 1946, S. 138, mecklenburgisches Amtsblatt 1946, S. 11).

Nach dem westd. GG. bleibt es Sache der Länder, sich mit ihren Gemeinden auseinanderzusetzen. Der Bund hat keine unmittelbaren Beziehungen zu ihnen. Bei dieser föderalistischen Lösung wird es vorerst bei den für das Bundesgebiet uneinheitlichen Grundlagen bleiben.

5. Gemeindeverfassungen

Wie bei jeder Verwaltung, so sind auch bei der Selbstverwaltung zwei Stadien der einzelnen Verwaltungsmaßnahmen zu unterscheiden. Erforderlich ist eine Entschlußbildung oder Beschlußbildung und sodann die Durchführung der einmal gefaßten Entschlüsse und Beschlüsse. Beide Tätigkeiten werden im Rahmen der Verwaltung abgewickelt. Die Beschlußfassung ist also ebenso eine Verwaltungsmaßnahme wie die Durchführung.

Die innere Organisation der Gemeinde richtet sich danach, welche Stellen die einzelnen Tätigkeiten erledigen. Dabei ist es möglich, sie in die Hand einer einzelnen Stelle zu legen oder sie auf verschiedene Stellen zu verteilen.

Zur Verfügung stehen einmal die von der gesamten Bürgerschaft gewählte Körperschaft und ferner Personen, die als Beamte oder in ähnlicher Stellung zur Erledigung der einzelnen Verwaltungsaufgaben tätig sind. Die von den Gemeindebürgern gewählte Körperschaft tritt nach den für die einzelnen Länder vorhandene Wahlbestimmung ins Leben. Sie wird je nach der Art der Gemeinde verschieden bezeichnet, meist Gemeinderat für die Gemeinden, Kreistag für die Landkreise, Stadtverordnetenversammlung oder Stadtrat für die kreisfreien Städte. Gegenspieler dieser Körperschaft ist der Gemeindevorstand.

Jede Gemeindeverfassung muß einen Ausgleich suchen zwischen der durch die Wahl geschaffenen Vertretung der Bürgerschaft und dem Gemeindevorstand. Seit den Tagen des Erlasses der preußischen Städteordnung von 1808 ist die Frage offen, wer in der Gemeinde den Willen bilden, also die Beschlüsse fassen, und wer sie durchführen soll. Zwischen der Übertragung dieser gemeindlichen Funktionen auf die Vertretung der Bürgerschaft oder auf den Gemeindevorstand schwanken alle Gemeindeverfassungen. In Deutschland ist dabei ein stetiges, wenn auch durch viele Rückschläge verlangsamtes Vorrücken der Gemeindevertretung zu beobachten. Vollends nach der Begründung der Republik im Jahre 1918 gewann sie an Bedeutung. Lediglich nicht aus den Gemeinden herrührende Kräfte, nämlich die allgemeine durch den verlorenen Krieg entstandene Notlage des Reichs und der damit verbundene Zwang, alle nur verfügbaren Mittel, einschließlich der Gemeinden, zentral einzusetzen, führte tatsächlich zu anderen Ergebnissen. In einem selbst zur Zeit der konstitutionellen Monarchie nicht gekannten Umfang erfolgte damals eine Bevormundung durch das Reich und damit eine allen theoretischen Überzeugungen zuwiderlaufende tatsächliche Ausschaltung des Gemeinderates zugunsten des Gemeindevorstandes als der geeignetsten Stelle, an die sich der Staat halten konnte.

Für die Kombination und andererseits Abgrenzung der der Gemeindevertretung oder dem Gemeindevorstand obliegenden Aufgaben bieten sich folgende Möglichkeiten:

a) Gemeinde- oder Stadtratverfassung.

Die Leitung der Gemeinde liegt in der Hand einer einzigen Körperschaft, die sowohl für Beschlußfassung als auch die Durchführung der Beschlüsse zuständig ist. Das ist das System der Gemeinde- oder Stadtratverfassung. Der Gemeinde- oder Stadtrat besteht danach aus dem ersten Bürgermeister, seinem Stellvertreter und den von der Bürgerschaft gewählten Gemeinde- oder Stadträten. Diese Personen führen die von ihnen selbst gefaßten Entschlüsse durch. Meist werden die Beschlüsse in der Körperschaft durch Stimmenmehrheit in irgendeiner Weise gefaßt. Für die Durchführung wird zu Beginn der Amtszeit für ihre Dauer meist ein einzelner Gemeinde- oder Stadtrat bestimmt. Sind nicht genügend Fachkräfte vorhanden, so besteht nach den meisten Regelungen die Möglichkeit, daß der Rat sich durch geeignete Personen ergänzt, die dann hauptberuflich tätig werden. Das ist der Fall meist bei größeren Städten, wo die Größe der Verwaltung eine Aufteilung in spezielle Fachgebiete verlangt. Der Gemeinderat ist in allen Fällen Behörde.

Dieses Gemeindeverfassungssystem ist seit jeher in Süddeutschland üblich.

b) Bürgermeisterverfassung.

Eine andere Art des Einkörpersystems besteht darin, daß sich der Gemeinderat auf die Beschlußfassung beschränkt, während die Durchführung der Verwaltung allein dem bürokratisch organisierten Gemeindevorstand obliegt. Wenn der Vorstand völlig von

Beschlußfassung und Gemeinderat getrennt ist, spricht man von unechter Bürgermeisterverfassung.

Der Gemeindevorstand hat nur die Weisungen des Rates entgegen zu nehmen und durchzuführen. Er ist dem Rat verantwortlich und in jeder Hinsicht von ihm abhängig.

Ein derartiges System wurde eingeführt z. B. durch die sächsische Gemeindeordnung vom 1. August 1923 oder die thüringische Gemeindeordnung vom 20. Juli 1922. Große Ähnlichkeit mit ihm hat ferner die seit dem 1. April 1946 für die Länder in der britischen Zone geltende Regelung. Die Stelle des Bürgermeisters nimmt hier der Oberstadtdirektor oder Stadtdirektor ein. Der Vorsitzende des Gemeinderats führt den Titel Oberbürgermeister oder Bürgermeister, ohne daß ihm irgendwelche Durchführungsbefugnisse zukämen.

Wenn der Gemeindevorstand außer für die Durchführung der Verwaltung auch für die Beschlußfassung zuständig ist, indem er den Vorsitz im Rat führt, meist mit Stimmrecht, häufig auch mit Stichentscheid, suspensivem oder absolutem Vetorecht oder Beanstandungsrecht, liegt die echte Bürgermeisterverfassung vor.

Sie galt im Rheinland durch die rheinische Bürgermeisterverfassung, in Hessen durch die Gemeindeordnung vom 10. Juli 1931, in Anhalt und einigen westfälischen Städten, vor allem aber in den meisten preußischen Landgemeinden, hier allerdings mit Einrichtungen der Gemeinderatsverfassung gemischt.

Behörde ist nach jeder Art der Bürgermeisterverfassung nicht der Rat, sondern nur der Gemeindevorstand.

c) Magistratsverfassung.

Den Einkörpersystemen stehen diejenigen mit zwei Körperschaften gegenüber. Der Gemeindevorstand ist hier kollegial organisiert. Er setzt sich aus einer Mehrzahl von Personen zusammen, die unter sich gleichberechtigt sind, meist dem Bürgermeister als primus inter pares, seinem Stellvertreter und mehreren besoldeten hauptamtlich tätigen oder unbesoldeten Neben- und ehrenamtlich tätigen Magistratsmitgliedern.

Wenn der Gemeindevorstand, der Magistrat, von der Beschlußfassung und dem Gemeinderat getrennt ist, und sich auf die Durchführung der Verwaltung beschränkt, spricht man von unechter Magistratsverfassung.

Sie galt z. B. in Braunschweig, Oldenburg, Mecklenburg-Schwerin oder fakultativ in Sachsen durch die Neufassung der Gemeindeordnung vom 15. Juni 1925.

Wenn der Gemeindevorstand außer für die Verwaltung auch für die Beschlußfassung zuständig ist, spricht man von echter Magistratsverfassung. Der wichtigste Anwendungsfall ist die preußische Städteordnung für die östlichen Provinzen vom 30. Juni 1853. Hiernach faßt der Magistrat Beschlüsse, die aber noch nicht durchgeführt werden. Als weiteres Beschluß- und auch als Kontrollorgan steht ihm die Stadtverordnetenversammlung gegenüber. Zur Willensbildung sind zwei übereinstimmende Beschlüsse beider Körperschaften nötig. Die Verwaltung obliegt allein dem Magistrat.

Diese Regelung war üblich unter den Systemen, die von der preußischen Städteordnung beeinflußt waren. Sie ist nun wieder weitgehend in den Ländern der Ostzone eingeführt.

Behörde ist der Magistrat, nicht aber der Gemeinderat.

6. Organisationsformen der Gemeindeverbände

Während die Stadtgemeinden und Landgemeinden trotz ihres Größenunterschiedes in der inneren Verwaltungsorganisation viele gemeinsame Züge aufweisen, sind gegenüber der dritten großen Gruppe von Selbstverwaltungskörpern, den Landkreisen, weit größere Unterschiede zu beobachten.

Unter Kreis versteht man die erste Stufe des Zusammenschlusses von Gemeinden zu gemeinsamer Selbstverwaltung. In Süddeutschland tritt an die Stelle des Wortes Kreis häufig das Wort Bezirk. An der Sache ändert sich hierdurch nichts.

Von grundlegender Bedeutung für die Organisation der Kreisverwaltung ist es, ob der Kreis sowohl staatlicher Verwaltungsbezirk als auch kommunaler Verwaltungsbezirk oder ausschließlich kommunaler Verwaltungsbezirk ist.

Die erste Lösung wählte zum Beispiel die preußische Kreisordnung vom 13. Dezember 1872 und die ihr folgende Regelung auch anderer Länder. Danach stand im Mittelpunkt des kommunalpolitischen Lebens des Kreises der Kreistag. Er war gebildet aus den in gleicher geheimer unmittelbarer Verhältniswahl gewählten Kreistagsabgeordneten. Er war zuständig für die Willensbildung des Kreises, die in seinen Beschlüssen zum Ausdruck kam.

Neben dem Kreistag bestand der Kreisausschuß, dem in weitem Umfang die Verwaltung der kreiskommunalen Angelegenheiten oblag. Er setzte sich in Preußen zusammen aus dem Landrat und meist sechs aus der Zahl der kreisangehörigen vom Kreistag gewählten Mitglieder. Hier findet sich also eine der wichtigsten Behörden der sogenannten politischen

Selbstverwaltung in einem System der kommunalen Selbstverwaltung. Die Haupttätigkeit des Kreisausschusses war die Vorbereitung und Ausführung der Beschlüsse des Kreistages.

Vorsitzender des Kreisausschusses war in Preußen und vielen anderen deutschen Ländern der Landrat. Er leitete und beaufsichtigte den Geschäftsgang und bereitete außerdem die Arbeiten des Kreisausschusses vor. Er vertrat den Kreisausschuß nach außen, verhandelte in seinem Namen mit Behörden und Privatpersonen, führte den Schriftwechsel und zeichnete in seinem Namen. Nach den meisten Kreisordnungen konnte er die Beschlüsse des Kreistages und des Kreisausschusses beanstanden, worauf dann ein kompliziertes Verfahren zur Klärung einsetzte. Die Haupttätigkeit des Landrats als Vorsitzender des Kreisausschusses war die Kommunalaufsicht über die zum Kreis gehörenden Gemeinden und Zweckverbände (z. B. pr. Vereinfachungs-VO. §§ 16, 17). Der Landrat war zugleich auch Staatsbeamter. Hervorgegangen aus einem bloßen Hilfsorgan der Regierung, als deren Außenstelle oder ständiger Kommissar er zu ihren Sitzungen und Beratungen hinzugezogen werden konnte, wurde er im Laufe des 19. Jahrhunderts immer selbständiger. Von besonderer Bedeutung war, daß seit 1919 für die Bekleidung dieses wichtigen Verwaltun samtes eine besondere Vorbildung nicht mehr erforderlich war. Da die Ernennung des Landrates durch die Staatsregierung erfolgte, und auch gegen die ausdrückliche Stellungnahme des Kreistages erfolgen konnte, fühlte sich in den meisten Fällen der Landrat mehr als Staatsbeamter denn als Kommunalbeamter.

Diese Regelung ist gegenwärtig beibehalten worden in den Ländern der französischen Zone[1]).

Im übrigen aber haben die seit 1945 erlassenen Kreisordnungen die zweite Lösungsmöglichkeit gewählt. Sämtliche in den Landkreisen tätigen Beamten sind nicht mehr sowohl Staatsbeamte als Kommunalbeamte, sondern nur noch Kommunalbeamte. Die Kreisämter und die Sonderbehörden auf der Kreisebene werden als Dienststellen der Selbstverwaltung der Stadt- und Landkreise eingegliedert. Hinsichtlich der einzelnen Einrichtungen innerhalb des Landkreises hat man weitgehend an das Vorhandene angeknüpft. Die Willensbildung geschieht also durch den Kreistag als der von der Bevölkerung gewählten Körperschaft. Er bildet aus sich heraus den Kreisausschuß der als ständiger Vertreter des Kreistages dessen Arbeiten vorbereitet und wichtige Verwaltungsmaßnahmen selbst durchführt. Der Landrat hat in etwa die Stellung wie der Bürgermeister in dem System der un-

---

[1]) Vgl. oben S. 328.

echten Bürgermeisterverfassung in den Städten. Er ist also die regelmäßig für die Durchführung der Anordnungen des Kreistages zuständige Stelle. In der britischen Zone führt diese Dienststelle gemäß DGO i. d. F. vom 1. April 1946 die Amtsbezeichnung Oberkreisdirektor, während dem Kreistagsvorsitzenden der Titel Landrat zukommt.

Kommunalverwaltung auf der Ebene der Provinzen ist bei dem Aufbau der deutschen Länder seit 1945 nicht mehr denkbar. Die einzelnen Länder sind an die Stelle der Provinzen getreten. Ihre höchste Instanz sind die Parlamente, weshalb sich jedes Selbstverwaltungsgremium neben diesen Stellen erübrigt. Wo sie noch bestehen, wie z. B. die Landeshauptleute in Hessen, sind sie auf bestimmte Aufgabenbereiche beschränkt, nicht aber selbständige Dienststellen einer selbständigen Selbstverwaltungskörperschaft.

Eine Sonderregelung gilt für Berlin und Hamburg. Diese Gebiete sind zur Zeit als selbständige deutsche Länder organisiert. Da es sich aber tatsächlich um Städte handelt, können sie eine Organisation der Selbstverwaltung nicht entbehren. Juristisch fällt diese Organisation weitgehend mit den staatsrechtlichen Einrichtungen zusammen.

7. Staatsaufsicht

Der Staat beaufsichtigt die Gemeinden, um sicherzustellen, daß sie im Einklang mit den Gesetzen verwaltet werden. Ermessen wird nur selten nachgeprüft, z. B. bei gesetzlich nötigen Bestätigungen oder Genehmigungen. Darüber hinaus eine Nachprüfung der Zweckmäßigkeit kennen nur autoritäre Staatssysteme (§ 106 DGO.). Mittel der Staatsaufsicht sind Beanstandungen, Aufsichtsbefehle, Verwaltungszwangsmittel wie Zwangsetatisierung, Einsetzung eines Staatskommissars usw.

Schrifttum

Fachinger, J., Gemeinderecht im brit. Gebiet. Köln 1948.

Preuß, Hugo, Die Entstehung der kommunalen Selbstverwaltung in Deutschland, in: Handbuch für Politik 1919.

Stier-Somlo, Handbuch des kommunalen Verfassungsrechts in Preußen. Mannheim—Berlin 1928.

Turegg, v., Kurt Egon, Grundlagen einer neuen Gemeindeordnung. Minden 1948 (dort weiteres Schrifttum).

II. Teil

Einzelne Verwaltungszweige

Sechzehntes Kapitel

Polizeirecht

1. Begriff

a) Vorstaatlicher Polizeibegriff.

Polizei ist eine soziale Gesellschaftsfunktion. Sie muß sich notwendigerweise in jedem Gemeinwesen entwickeln, weil sonst ein ordnungsgemäßes Zusammenleben der Menschen nicht denkbar ist. Sie soll einerseits die Ordnung im Inneren des Gemeinwesens aufrechterhalten. Andererseits soll sie Störungen, die von außen dem Gemeinwesen drohen, in dem sie sich entwickelt hat, fernhalten. Die von der Polizei aufgestellten Normen sind Sozialnormen oder Konventionalregeln, ähnlich einem Sittenkodex. Man kann sie als das Mindestmaß der Anforderungen bezeichnen, die an das Wohlverhalten der Menschen zu stellen sind, oder, wie ein deutscher Rechtslehrer das tut[1]), als „Knigge der Menschen ohne gute Kinderstube". Eine schrankenlose Betätigung der Freiheit der einzelnen würde zum Kriege aller gegen alle führen. Auch für eine demokratische Verfassung, die von der Freiheit des einzelnen ausgeht, sind Schranken erforderlich, wenn die Ordnung und Sicherheit des Gemeinwesens nicht gestört werden soll. Die Schranken werden zwar grundsätzlich durch Rechtssätze festgelegt. Es würde aber den tatsächlichen Verhältnissen nicht gerecht werden und wäre graue Theorie, zu behaupten, daß auf dem Gebiet der Polizei jede einzelne Maßnahme durch ein besonderes Gesetz unterbaut werden könnte. Der Rechtsstaat bestrebt sich, einen solchen Zustand zu erreichen. Der allgemeine Begriff der Polizei verlangt ihn nicht.

Darüber, welche Stelle Polizei ausübt, sagt der Begriff als solcher noch nichts. In geordneten staatlichen Verhältnissen werden polizeiliche Aufgaben weitgehend durch staatliche oder sonstige Behörden erledigt. Wo derartige Verhältnisse nicht vorliegen, bildet sich leicht eine Privatpolizei, wie etwa die Camorra um die Jahrhundertwende in Süditalien. Auch auf hoher See beispielsweise sind andere Verhältnisse maßgeblich, als in einem durchorganisierten Staatsgebilde. Dort wird aber ebenfalls regelmäßig eine Polizeigewalt geschaffen, die für Ordnung und Sicherheit der einzelnen zu sorgen hat.

b) Entwicklung des Begriffes.

Das Wort Polizei hat den gleichen Wortstamm wie das Wort Politik.

---

[1]) Hatschek, Lehrbuch des deutschen und preußischen Verwaltungsrechts, S. 125.

Beide gehen auf das griechische Wort πολισ, Stadtstaat, und das von ihm abgeleitete Wort πολιτεια zurück. πολιτεια bedeutet zunächst Bürger sein oder als Bürger in einer Stadt leben. Später, etwa vom vierten vorchristlichen Jahrhundert an, als Platon und Aristoteles ihre großen Werke über den Aufbau des Staates schrieben, verstand man darunter Staatsverfassung. Bei Aristoteles insbesondere bedeutet es auch gute oder erstrebenswerte Staatsverfassung. Damit verbindet sich der Ordnungsbegriff.

Hieran knüpfte im vierzehnten Jahrhundert die französische Rechtssprache durch die Schaffung des Wortes la police an. Nach ihrem Vorbild richteten sich bald darauf andere Staaten. Das Wort Police wurde zunächst in dem Sinne von Staatszweck oder Staatstätigkeit, späterhin aber auch zur Charakterisierung eines guten und geordneten Zustandes eines Staatswesens verwendet. So wiederholt sich die bereits von Aristoteles vorgenommene Umdeutung und Ausdeutung.

Hinzukommt eine andere Gedankenreihe, nämlich die Einordnung des Begriffes in die Merkmale der weltlichen Gewalt gegenüber der geistlichen Gewalt. Die erste Reichspolizeiverordnung von 1530 gebrauchte das Wort „Policey" in diesem Sinne. Wie auf vielen anderen Sachgebieten gelang es jedoch dem Reich hier ebenfalls nicht, sich gegenüber den Territorialgewalten durchzusetzen. Als im sechzehnten Jahrhundert die Theorie vom jus reformandi die Rechtfertigung lieferte für Eingriffe der einzelnen Territorialherren in kirchliche Angelegenheiten, benutzten sie das jus politiae als juristische Grundlage zur Erweiterung des staatlichen Aufgabenbereichs auf weltlichem Gebiet gegenüber allen anderen weltlichen Mächten, insbesondere dem Reich. In der folgenden Zeit verschaffte dieses Recht den Landesherren die Kompetenz zum Erlaß zahlreicher Anordnungen, die weit über die Aufrechterhaltung des Rechtsfriedens gingen, der bisherigen Hauptaufgabe des Staates.

Die Landesherren fühlten sich verpflichtet, für die irdische Glückseligkeit der Untertanen zu sorgen. Infolgedessen nahmen sie und der Staat für sich in Anspruch, ihre Macht über alle individuellen Betätigungen der Staatseinwohner zur Geltung zu bringen. Das ist der Grund, weswegen die Polizei ein so wichtiges Mittel in der Hand des Absolutismus wurde und weswegen absoluter Staat nahezu dasselbe ist wie Polizeistaat.

Die Polizei wurde hier einerseits eine von allen übrigen Behörden getrennte Behördenorganisation, wie wir sie heute noch kennen[1]). Anderer-

[1]) Wolzendorff, Der Polizeigedanke des modernen Staates, S. 12, weist darauf hin, daß die Polizei als Erscheinungsform des modernen Lebens erst mit der

seits wurde sie das dem Landesherrn unmittelbar zur Verfügung stehende Regierungsmittel. Zunächst noch auf bestimmte Aufgaben innerhalb der inneren Verwaltung beschränkt, dehnte sie ihre Zuständigkeit allmählich immer weiter aus. Polizei wurde so im entwickelten absoluten Staat fast gleichbedeutend mit der gesamten inneren Verwaltung. Insbesondere gehörte zu ihr die Wohlfahrtspflege und überhaupt die gesamte Tätigkeit des Staates, die nicht ausdrücklich in besonderen landesherrlichen Bestimmungen von ihr ausgenommen war.

Der vollendete Polizeistaat des achtzehnten Jahrhunderts nimmt von der Polizeiverwaltung aus lediglich die auswärtige Politik, das Kriegswesen und die Finanzen, das sogenannte Kameralwesen. Erst allmählich begann sich auch die Justizverwaltung aus der übrigen inneren polizeilichen Verwaltung herauszulösen. Die Vermutung der Zuständigkeit sprach jedoch noch lange Zeit hindurch für die Polizei. Der Grund war darin zu suchen, daß traditionell der Landesherr unmittelbaren Einfluß auf die Polizeiverwaltung nahm, während dies bei der Justiz, deren oberste Spitze er ebenfalls war, nur ausnahmsweise geschah in den Fällen, die aus irgendwelchen nicht alltäglichen Gründen an ihn herangetragen wurden.

Für die unteren Behörden war für die Zuständigkeitseinteilung bedeutsam die Unterscheidung zwischen Justizsachen und Polizeisachen. Nur das, was nach bereits geschriebenen Rechtssätzen entschieden werden konnte, unterfiel der Zuständigkeit der Gerichte und war Justizsache. Dem gegenüber waren Polizeisachen alle die staatlichen Angelegenheiten, die ohne gesetzliche ins einzelne gehende Unterlagen oder, wie man es ausdrückte, nach freiem Ermessen besorgt wurden. Praktisch fiel hierunter die gesamte Verwaltungstätigkeit mit den erwähnten Ausnahmen.

Die erste Bresche in die alles beherrschende Polizeimacht schlug die Theorie. Der deutsche Jurist Johann Stephan Pütter setzte sich in seinem im Jahre 1770 erschienenen Werk Institutiones juris germanici (§ 331) mit aller Schärfe für eine Trennung des Polizeibegriffs von demjenigen der Wohlfahrtspflege ein. Polizei ist seiner Ansicht nach derjenige Teil der höchsten Gewalt im Staat, durch den die Sorge um die Abwehr solcher künftiger Übel ausgesprochen wird, die im Staatsinneren für die Allgemeinheit zu befürchten sind. (Ea supremae potestatis pars, qua exercetur cura avertendi mala futura in statu rei

Organisation einer einheitlichen landesherrlichen Verwaltung beginnt. Das trifft für organisatorische Fragen zweifellos zu, jedoch nicht für den Inhalt. Inhaltlich hat es Polizei schon lange vor dieser Organisation gegeben.

publicae interno in commune metuenda, dicitur ius politiae.) Wohlfahrtspflege gehört nicht zur Polizei. (Promovendae salutis cura proprie non est politiae.)

c) Der klassische Polizeibegriff.

Die Ansicht Pütters ist von überragender Bedeutung geworden für die spätere Zeit. Entscheidend war, daß sie Aufnahme in das preußische allgemeine Landrecht des Jahres 1794 fand.

Die von deutscher Seite kommenden Bestrebungen trafen sich mit Lehren der französischen Revolution, die, gestützt auf die angeborenen, unantastbaren Menschenrechte, der Staatsgewalt in ihrer Auswirkung auf das Individuum Schranken auferlegen wollten.

So konnte sich die im preußischen Allgemeinen Landrecht zum Ausdruck kommende Ansicht des Gesetzgebers Anerkennung und Geltung verschaffen weit über die Grenzen des preußischen Staates hinaus.

Die zusammenfassende Bestimmung, § 10 II 17 pr. ALR., lautet: Die nötigen Anstalten zur Erhaltung der öffentlichen Ruhe, Sicherheit und Ordnung und zur Abwendung der dem Publiko oder einzelnen Mitgliedern desselben bevorstehenden Gefahr zu treffen, ist das Amt der Polizei.

Der Satz wird heute allgemein als Begriffsbestimmung der Polizei angesehen. Fraglich ist es, ob die Schöpfer des Allgemeinen Landrechts diese Ansicht ebenfalls vertraten oder ob § 10 II 17 nur angeben sollte, wie weit die Polizeibehörden beim Erlaß von Polizeiverfügungen gehen dürfen[1]). Dort, wo die Bestimmung nicht unmittelbar gilt oder galt, wurde sie vielfach als Gewohnheitsrecht eingebürgert. Alles das macht es notwendig, in ihr wenigstens für die spätere Zeit eine Begriffsbestimmung zu sehen[2]). Bei dieser Regelung und dieser Auffassung ist es im wesentlichen geblieben. Nur selten wurde versucht, die von Pütter gelegten, in das Allgemeine Landrecht übernommenen theoretischen Grundlagen zu ändern. So glaubte zum Beispiel Otto Mayer und unter seinem Einfluß zeitweilig das sächsische Ober-

---

1) Diese Gedankengänge entwickelt Rosin, Der Begriff der Polizei, S. 17 ff.; vgl. auch Verwaltungsarchiv 1895, S. 249 ff. Nach seiner Auffassung gilt § 10 II 17 für Ortspolizeiverfügungen uneingeschränkt, während die preußische Verordnung vom 26. 12. 1808 für die landespolizeilichen Verfügungen und die Polizeiverordnungen zu dem Polizeibegriff aus der Zeit vor Pütter zurückgekehrt sei und auch das Polizeiverwaltungsgesetz vom 11. 3. 1850 beeinflußt habe. Diese Auffassung von der Lehre Pütters wurde jedoch von der herrschenden Meinung, insbesondere auch der Rechtsprechung der oberen Verwaltungsgerichte, abgelehnt.

2) So die ständige Rechtsprechung, z. B. des pr. OVG. — 44, 388 —, in Übereinstimmung mit der herrschenden Meinung.

verwaltungsgericht, sich hiervon lösen zu können. Mayer suchte nach einem Naturrechtssatz der allgemeinen Polizeidienstpflicht. Er bezeichnet Polizeigewalt als „die öffentliche Gewalt, die auf dem Gebiet der Verwaltung wirksam wird zur Abwehr von Störungen der guten Ordnung des Gemeinwesens aus dem Einzeldasein". Polizei ist nach ihm die Verwaltungstätigkeit, die mit jener Gewalt arbeitet[1]. Aber wenn, wie wohl nicht bestritten werden kann, Polizei eine Sozialfunktion ist, bedarf es keines Naturrechtssatzes zur Begründung ihres Daseins und ihres Funktionierens. Die von Mayer gegebene Begriffsbestimmung scheint außerdem zu eng. Denn die Polizei muß sich auch um die Beseitigung von Störungen kümmern, die nicht von Menschen herstammen, sondern von Naturkräften oder Sachen.

Neuere Gesetze knüpfen immer wieder an § 10 II 17, so z. B. § 32 thür. LVO. von 1926: „Die Verwaltung hat als Polizei die Aufgabe, der Gesamtheit oder dem einzelnen bevorstehende Gefahren abzuwenden, durch die die öffentliche Ruhe, Ordnung und Sicherheit gestört wird." § 14 pr. PVG. von 1931 lautet: „Die Polizeibehörden haben im Rahmen der geltenden Gesetze die nach pflichtmäßigem Ermessen notwendigen Maßnahmen zu treffen, um von der Allgemeinheit oder dem einzelnen Gefahren abzuwenden, durch die die öffentliche Sicherheit und Ordnung bedroht wird." § 1 hamburgisches Gesetz über die Polizeiverwaltung vom 7. November 1947 (GVbl. S. 73): „Aufgabe der Polizei ist es, von der Allgemeinheit oder dem einzelnen Gefahren abzuwehren, durch die die öffentliche Sicherheit oder Ordnung bedroht ist."

Polizei ist daher zu bezeichnen als die Staatstätigkeit zur Abwehr von Störungen der öffentlichen Ordnung im Staatsinneren.

2. Abgrenzung der Polizei von anderen Staatstätigkeiten

Polizei ist zu unterscheiden von Wohlfahrtspflege. Weder darf sie selbst wohlfahrtspflegerische Aufgaben erfüllen, noch darf sie veranlassen, daß durch eine andere Stelle, sei es eine staatliche Behörde, sei es eine öffentlich-rechtliche Körperschaft, vorgenommene Wohlfahrtsakte durchgeführt werden.

Beispiel:

Eine Polizeiverordnung, die ein Bauverbot ausspricht, um von einem erhöhten Punkt innerhalb der Stadt eine ästhetisch schöne weite Aussicht

---

[1]) Deutsches Verwaltungsrecht I, S. 209.

zu sichern, ist ungültig. Für ein solches Verbot können nur Gesichtspunkte der Wohlfahrtspflege herangezogen werden. Hierfür aber ist die Polizei nicht zuständig. — Pr. OVG. 9, 353 (Kreuzbergfall).[1]).

Anschlußzwang an kommunale Wohlfahrtseinrichtungen, z. B. Beerdigungsinstitute oder Plakatinstitute darf durch polizeiliche Maßnahmen nicht durchgeführt werden.

Ausnahmen müssen gesetzlich festgelegt sein.

Beispiel:

Pr. Gesetz gegen die Verunstaltung von Ortschaften und landschaftlich hervorragender Gegenden vom 15. 7. 1907, auch § 37 GewO. (Regelung des Verkehrsgewerbes). Anschlußzwang wird häufig durch Bestimmungen der Gemeinde- oder Städteordnungen festgelegt, besonders oft für das Abdeckereiwesen.

Die Polizeibehörde ist zwar befugt, den im Widerspruch mit §§ 2, 17 Wohnungsmangelgesetz vom 26. 7. 1923 — RGBl. I S. 754 — ohne vorgängige Zustimmung der Gemeindebehörde erfolgenden Abbruch von Gebäuden zu verhindern. Sie kann aber aus eigenem Recht gegen den durch den Abbruch hervorgerufenen Zustand nur im Rahmen ihrer polizeilichen Zuständigkeit einschreiten und nicht aus Gründen der Wohnungsfürsorge die Wiederherstellung des abgebrochenen Gebäudes verlangen. — Pr. OVG. 82, 442.

Polizeigewalt unterscheidet sich von der F i n a n z g e w a l t, deren Aufgabe die Versorgung der öffentlichen Stellen mit Geldmitteln ist.

Beispiel:

Eine Polizeiverordnung, welche bestimmt, daß Hunde nicht anders als mit vorschriftsmäßigem Halsband, mit einem Maulkorb und einer Steuermarke versehen auf die Straße gelassen werden dürfen, ist insoweit ungültig, als sie das Anhängen der Steuermarke vorschreibt. Eine derartige Anordnung bezweckt lediglich eine finanz-technische Regelung und ist daher nicht Sache der Polizei. — Pr. Kammergericht, in: DJZ. 1903, S. 33.

Die Polizei darf nicht den Anliegern die Reinigung des Trottoirs befehlen, wenn die Reinigungspflicht eine finanzielle Last der Gemeinde darstellt. — Pr. OVG. 54, 262.

Die Polizeigewalt unterscheidet sich von der M i l i t ä r g e w a l t. Die Polizei darf nicht Maßnahmen ergreifen, die der Militärgewalt bei der Durchführung ihrer Aufgaben helfen.

Beispiel:

Eine Polizeiverordnung, welche bestimmt, daß Militärpflichtige, die in den zur Musterung von einer Militärdienststelle angesetzten Terminen in betrunkenem oder unreinem Zustande erscheinen, bestraft werden, ist ungültig. — Pr. Kammergericht, in: DJZ. 1902, S. 303.

---

1) Diese grundsätzliche Entscheidung wurde in späteren Entscheidungen wiederholt, z. B. pr. OVG. 39, 378; 44, 388.

Umgekehrt steht fast überall dort, wo es eine Wehrmacht gibt, diese — in gesetzlich meist genau umschriebenem Umfange — der Polizei zur Verfügung. Hierbei wird unterschieden, ob die Polizei einzelne Soldaten oder geschlossene Abteilungen zur Hilfe heranzieht. Einzelne Soldaten außerhalb des Dienstes haben die Pflicht, den Polizeibeamten auf deren Anforderung in dringenden Fällen Hilfe und Unterstützung zu leisten. Einzelne Soldaten im Dienst haben solchem Ersuchen gleichfalls nachzukommen, sofern ihr Dienst das gestattet. Werden Führer geschlossener Abteilungen von einzelnen Polizeibeamten um Hilfe angegangen, so haben auch sie dieser Bitte, wenn irgend angängig, zu entsprechen. (Runderlaß des RuPr. M. d. I. vom 26. November 1935 in der Fassung vom 24. Juni 1937. — RMBl. i. V. S. 1033.[1])

3. Allgemeine Grenzen polizeilicher Tätigkeit

Die Grenzen hängen wesentlich von der Staatsform ab. Demokratische Staatsverfassungen gehen von der Freiheit des einzelnen aus, die nur durch ein Gesetz beschränkt werden darf. Diesem Grundsatz muß sich auch die Polizei fügen. *Was nicht ausdrücklich verboten ist, ist erlaubt.* Polizei ist zwar ihrer Herkunft und ihrem Wesen nach eine soziale Funktion der Gesellschaft. Auch der Rechtsstaat nimmt es aber für sich in Anspruch, die Grenzen zwischen den Interessen des einzelnen und der durch die Polizei vertretenen Allgemeinheit durch Gesetze festzulegen.

Innerhalb der gesetzlichen Schranken besteht die Aufgabe der Polizei darin, diese beiden Interessensphären, also die des einzelnen und die der Allgemeinheit auszugleichen und miteinander in Einklang zu bringen. Die praktische Durchführung des allgemeinen Grundsatzes führt zu einem je nach der Intensität des staatlichen Eingreifens in das Leben des einzelnen mehr oder weniger umfangreichen System polizeilicher *Freiheits- und Eigentumsbeschränkungen.* Das ist besonders der Fall in einem Staatswesen mit gebundener Wirtschaft.

So wird es ohne weiteres verständlich, daß sich *Polizei* und Polizeigewalt nicht nur bei bestimmten Behörden findet, sondern *in fast allen Zweigen der inneren Verwaltung.* Man könnte hier von einem organisatorischen und gegenständlichen Begriff der Polizei sprechen. Das empfiehlt sich aber deswegen nicht, weil dadurch die ohnehin nicht leicht zu übersehende Lage noch weiter kompliziert wird.

---

[1]) Für das Militär einer Besatzungsmacht gelten nicht diese staatsrechtlichen, sondern völkerrechtliche Bestimmungen. Einzeldurchführungen werden sich jedoch wesentlich an die in fast sämtlichen Staaten vorhandenen Vorbilder innerstaatlicher Regelung des Verhältnisses zwischen Polizei und Militär halten.

Der Form nach ist daher unter Polizei das gleiche zu verstehen wie polizeiliche Tätigkeit. Sie wird meist von Polizeibehörden im organisatorischen Sinne ausgeübt werden. Nötig ist das jedoch nicht. Vielmehr können polizeiliche Befugnisse auch durch Behörden durchgeführt werden, die primär für andere Angelegenheiten zuständig sind[1]).

4. Voraussetzungen polizeilicher Tätigkeit

a) Gesetzlicher Rahmen.

Ihrem Inhalt nach darf die Polizei nur das anordnen, was durch eine gesetzliche Bestimmung gedeckt ist. Da sie keine völlig selbständige staatliche Tätigkeit darstellt, sondern eine obrigkeitliche Tätigkeit auf dem Gebiet der inneren Verwaltung wie andere Verwaltungstätigkeiten auch, gelten die für diese bestehenden gesetzlichen Schranken für die Polizei ebenfalls. Eine außerhalb der Gesetzgebung oder der Kontrolle des Gesetzgebers stehende Polizeigewalt ist mit dem Wesen des Rechtsstaates nicht vereinbar. Als Machtüberschreitung wird im Rechtsstaat auch die Kontrolle der politischen Gesinnung angesehen. Andere Staatsformen kennen eine derartige Kontrolle, die durch eine besondere Art oder einen besonderen Zweig der Polizei durchgeführt wird. Unter der nationalsozialistischen Herrschaft wurde zu diesem Zweck die geheime Staatspolizei geschaffen[2]).

Ihre gesetzlichen Grundlagen sind durch Kontrollratsgesetz Nr. 2 aufgehoben worden. Außerdem löst Kontrollratsgesetz Nr. 31 ausdrücklich alle deutschen Polizeibüros und Agenturen, die die Überprüfung und Kontrolle der politischen Betätigung von Personen zum Zwecke haben, auf und verbietet jede Neueinrichtung. In den Westzonen ist diese Bestimmung durchgeführt worden.

b) Pflichtgemäßes Ermessen.

Innerhalb der gesetzlichen Schranken hat die Polizei nach freiem pflichtgemäßem Ermessen zu verfahren. Gerade für die polizeiliche Tätig-

---

[1]) Hierauf weist mit aller Schärfe bereits Fleiner, Institutionen, S. 363 — mit Literaturangabe —, hin.

[2]) Pr. Gesetz über die geheime Staatspolizei vom 10. Februar 1936, GS. S. 21, 28 —. Das Staatsministerium hat folgendes Gesetz beschlossen: „§ 1. Die Geheime Staatspolizei hat die Aufgabe, alle staatsgefährlichen Bestrebungen im gesamten Staatsgebiet zu erforschen und zu bekämpfen . . . Welche Geschäfte im einzelnen auf die geheime Staatspolizei übergehen, bestimmt der Chef der Geheimen Staatspolizei im Einvernehmen mit dem Minister des Inneren." Für das gesamte Reich: Runderlaß vom 28. August 1936 — RMBliV. S. 1344 — und 22. April 1937 — RMBliV. S. 661 —; für Sachsen Runderlaß vom 10. April 1937 — RMBliV. S. 624 —; Bayern Runderlaß vom 15. Juli 1937 — RMBliV. S. 1253 —; für die übrigen Länder Runderlaß vom 15. Februar 1938 — RMBliV. S. 285.

keit ist eine vom Gesetz vorzunehmende enumerative Aufzählung aller in Betracht kommender Fälle nicht denkbar. Infolgedessen ist eine nähere Bestimmung des polizeilichen freien Ermessens von besonderer Bedeutung. Nach diesem Ermessen hat die Polizei zu entscheiden, ob sie eingreift und wie sie eingreift. Es gilt das Opportunitätsprinzip[1]), und zwar für alle Polizeizweige, in weitem Umfang gemäß § 153 StPO. auch für die Kriminalpolizei.

aa) Das Ermessen verlangt zunächst, daß jede einzelne polizeiliche Anordnung in der geeigneten Form ergeht. Sie muß ohne Hinzuziehung sonstiger Unterlagen aus sich heraus, also aus ihrem Wortlaut erkennen lassen, was gemeint ist und was von denjenigen, an die sie sich richtet, verlangt wird.

Beispiel:

Eine Polizeiverordnung, die auf ein Fachlehrbuch verweist und dieses neben sonstigen eigenen Bestimmungen zu ihrem Inhalt macht, ist ungültig. — Pr. Kammergericht, in: Kammergerichtsjahrbücher 28, C 33.

Das Verbot des „übermäßigen Fütterns von Tieren" oder das Verbot des Aufenthaltes „in der Nähe" von Betriebsstätten ist zu ungenau und infolgedessen ungültig. — Pr. Kammergericht, in: Kammergerichtsjahrbücher 7, C 159.

bb) Inhaltlich darf eine polizeiliche Anordnung nicht einer Anordnung widersprechen, die von einer höheren Instanz erlassen wurde. Erst recht darf sie nicht einer gesetzlichen Regelung widersprechen. Zu offenen Widersprüchen wird es hierbei selten kommen. Die Praxis kennt aber zahlreiche verdeckte Widersprüche, die ohne weiteres nicht erkennbar sind.

Beispiel:

§ 9, Abs. 2, Reichsvereinsgesetz vom 19. April 1908 gestattet „gewöhnliche Leichenbegängnisse" ohne besondere Anzeige. Infolgedessen ist eine Polizeiverordnung ungültig, die Laienreden am Grabe von besonderen Anzeigen oder einer besonderen Genehmigung in den Gegenden abhängig macht, wo sie ortsüblich sind. — Pr. Kammergericht, in: Kammergerichtsjahrbücher 37, V 58.

cc) Die Polizei kann ihre Zwecke zwar erreichen ohne aktive oder passive Beteiligung dritter Personen.

Beispiel:

Veröffentlichung von Warnungen gegen schwindelhafte Ankündigungen, die das Vermögen oder die Gesundheit des Publikums zu schädigen geeignet sind. — Hinweis auf das Polizeiwidrige eines bestimmten Zustandes mit dem Zusatz, daß bei Fortbestehen des Zustandes eingeschritten werden wird.

---

1) Für das Opportunitätsprinzip, z. B. pr. OVG., in ständiger Rechtsprechung. Vgl. auch Drews, Polizeirecht, 1926, S. 45.

Häufig jedoch nimmt die Polizei zur Beseitigung einer polizeilichen Gefahr oder eines polizeiwidrigen Zustandes die **Mitwirkung von dritten Personen** in Anspruch, denen sie durch Verbote oder Gebote ein bestimmtes Tun, Unterlassen oder Dulden vorschreibt. Sie darf sich hierbei nur an diejenigen Personen wenden, die in irgendeiner Weise an dem zu regelnden Tatbestand beteiligt sind.

Zunächst ist das derjenige, der sein persönliches Verhalten und den Zustand seiner Sachen nicht so eingerichtet hat, daß daraus keine die öffentliche Sicherheit und Ordnung störende Gefahr hervorgeht. Diesen **Störer** der öffentlichen Sicherheit und Ordnung hat die Polizei in die Schranken seines Rechts zurückzuweisen, indem sie ihn zwangsweise präventiv von der Fortsetzung der Störung oder weiteren Störungen abhält oder ihn repressiv zur Beseitigung bereits erfolgter Störungen anhält. Bei der Feststellung, wer Störer ist, ist nur die objektive polizeiliche Gefahr zu berücksichtigen. Etwaige zivilrechtliche oder strafrechtliche Gesichtspunkte können für die Polizei wohl hilfsweise Richtlinien geben, sie sind aber nicht entscheidend.

Beispiel:

Durch Arbeiten an einem Steinbruch wird die Gleisanlage einer Privatbahn gefährdet. Die Polizei gibt der Bahn auf, die Gefährdung und damit den polizeiwidrigen Zustand zu beseitigen. Diese Verfügung wendet sich an die falsche Adresse. Polizeiwidrig handelt der Eigentümer oder Unternehmer des Steinbruchs. — RGZ. 167, 57. — Wenn mehrere Mieter einer Wohnung nacheinander wegen Kuppelei in dieser Wohnung belangt sind, kann die Polizei die Freigabe dem Eigentümer gegenüber von bestimmten Bedingungen abhängig machen. — Pr. OVG. 94, 124.

Unter mehreren Personen, von denen eine Störung ausgehen kann, ist Störer im polizeilichen Sinne nur derjenige, dessen Handeln oder Unterlassen die öffentliche Sicherheit und Ordnung unmittelbar stört, nicht etwa schon derjenige, der ihn zu dem Tun oder Unterlassen veranlaßt hat[1]). Jedoch kann das Aufstacheln zu Störungen selbst Störung sein.

Beispiel:

Eine Musikkapelle spielt in ihren Konzerten ein Lied, das ursprünglich einen unpolitischen harmlosen Text hatte. Eine politische Partei jedoch hat seit längerer Zeit, wie den Mitgliedern genau bekannt ist, der Melodie einen politisch aufreizenden Text untergelegt, der von zahlreichen Hörern sogleich beim Spielen der Melodie gesungen wurde, wobei es im Laufe des Singens zu politischen Ausschreitungen kommt. Das pr. OVG. 80, 177 („Borkumliedfall") glaubte hierbei nur die Sänger, die praktisch ungreifbar waren, nicht aber die Kapelle als Störer in Anspruch nehmen zu können.

---

[1]) Pr. OVG. 78, 261.

Entsteht der polizeiwidrige Zustand durch das gemeinsame Vorgehen mehrerer Störer, so entscheidet die Polizei nach pflichtgemäßem Ermessen, gegen wen sie vorgehen will.

Die Polizei kann ausnahmsweise auch Nichtstörer in Anspruch nehmen, nämlich bei polizeilichen Notständen[1]). Durch solche Maßnahmen der Polizei wird jedermann betroffen, selbst wenn er an der Verursachung einer Gefahr oder Störung nicht beteiligt war.

Es gibt schließlich nicht nur eine polizeiliche Haftung für Handlungen, sondern auch für den Zustand von Sachen (z. B. § 20 pr. PVG.). Für den Zustand sind Menschen verantwortlich. Bei der Ermittlung der Verantwortlichen ist die Polizei an zivilrechtliche oder strafrechtliche Schranken nicht gebunden. Maßgeblich ist nur, ob der von ihr zur Beseitigung der Störung in Anspruch Genommene zur Ausübung der Gewalt über die Sache tatsächlich, also ohne Verletzung von Zivilrechten anderer, in der Lage ist.

Die Personen, an die sich die Polizei in diesen verschiedenen Arten wendet, sind polizeipflichtig. Polizeipflichtigkeit ist also die Pflicht, bei der Beseitigung von Polizeiwidrigkeiten in der geschilderten Weise mitzuwirken.

dd) Die Polizei darf keine Machtüberschreitung vornehmen. Sie darf nur die Mittel anwenden, die ihr nach dem jeweiligen Stand des Verfahrens auf Grund der allgemeinen gesetzlichen Grundlagen zur Verfügung stehen. Hierbei muß sie sich an den Gang des Verfahrens halten, falls es verschiedene Perioden durchläuft.

Beispiel:

Im Ermittlungsverfahren darf die Polizei keine Geldleistungen auferlegen, denn diese Mittel gibt es nur im Vollstreckungsverfahren. Zwangsmittel dürfen nur bei Vorliegen der im Gesetz meist genau angegebenen Voraussetzungen angewandt werden.

Unzulässig ist grundsätzlich die Weiterübertragung der Polizeigewalt auf andere Personen oder Dienststellen. Die deutsche Praxis ist jedoch nicht kleinlich mit der Anerkennung von Ausnahmen. Hierbei kommt weniger in Betracht die Übertragung von Polizeibefugnissen auf Privatpersonen als auf andere primär nicht polizeiliche Dienststellen oder ursprünglich, d. h. den meist dem Gesetzestext nach gerade für diese Aufgaben nicht zuständigen polizeilichen Stellen.

[1]) Der durch die Strafrechtsnovelle vom 28. 6. 1935 — RGBl. I, S. 839 — eingefügte § 330c StGB. bestraft denjenigen mit Gefängnis bis zu zwei Jahren oder mit Geldstrafe, der bei Unglücksfällen und gemeiner Gefahr oder Not nicht Hilfe leistet. Diese Bestimmung begründet die Berechtigung der Polizei, auch den Nichtstörer als Polizeipflichtigen in Anspruch zu nehmen nicht, sie beweist aber den Bestand der Berechtigung.

Beispiel:

Polizeiliche Maßnahmen hinsichtlich des Straßenverkehrs lagen nach früheren Straßenverkehrsordnungen weitgehend besonderen Polizeiorganen, nicht aber den Ortspolizeilehörden, ob. Trotzdem wurden Straßenverkehrspolizeiverordnungen solcher Ortspolizeibehörden von den Verwaltungsgerichten als gültig angeseien. — Z. B. thür. OLG., in: Archiv für Rechtspflege für Sachsen, Thüringen und Anhalt 1926, S. 146.

Nicht immer ist die Polizei frei in der Entscheidung der Frage, ob eine Regelung für den Einzelfall oder ob eine generelle Anordnung am Platze ist. Einheitliche Bestimmungen für das ganze Reichsgebiet sind nicht vorhanden. Die süddeutschen polizeilichen Rechtsgrundlagen halten seit jeher eine allgemeine Anordnung für die bessere dem Rechtsstaat angepaßte Lösung. Man vermeidet dort, gestützt auf die polizeiverordnungsfreundliche Tendenz der süddeutschen Polizeistrafgesetzbücher auch, wo diese Bestimmungen heute nicht mehr gelten, nach Möglichkeit Einzelanordnungen.

Anders in Norddeutschland, insbesondere dem Herrschaftsgebiet des § 10 II 17. Hier gilt die grundsätzliche Regel, daß das, was durch Allgemeinanordnung geregelt werden kann, auch durch Einzelanordnungen angeordnet werden darf. Ausnahmen sind in besonderen Gesetzen, weniger in den allgemeinen Polizeiverwaltungsgesetzen enthalten.

Beispiel:

Gemäß § 8 pr. Verunstaltungsgesetz vom 15. Juli 1907 kann der Regierungspräsident Bauverbote für landschaftlich hervorragende Gegenden nur allgemein, nicht einem bestimmten Baulustigen gegenüber erlassen.

Andererseits: Gemäß § 120 der GewO. ist die Polizeibehörde befugt, im Wege der Verfügung für einzelne Anlagen Arbeiterschutzbestimmungen zu treffen. Erläßt sie ein gleichlautendes Rundschreiben an alle Fabrikbesitzer eines Bezirks, so ist die Maßnahme im Ergebnis eine Verordnung und daher unzulässig. — Pr. OVG. 59, 363.

Innerhalb der ihr zustehenden Machtbefugnisse muß die Polizei vor allem zwei Grenzen beachten, und zwar nach der Seite der Tätigkeit und nach der Seite der Untätigkeit hin.

Sie hat sich auf die geringsten Mittel zu beschränken (Grundsatz des geringsten Eingriffs)[1]). Die Polizei soll nicht mit Kanonen nach Spatzen schießen. Immer modern ist in diesem Zusammenhang der Gedanke, daß bürokratische Neigungen und Schikanen zurückzutreten haben. An diesen durch viele Entscheidungen der Verwaltungsgerichte erhärteten Satz ist heute mit allem Nachdruck zu erinnern.

---

[1]) Sächs. OVG. 29, 13; 34, 267. Bad. VGH. in: Ztschr. f. bad. Verw. 1930, 12.

Beispiel:

Zur Errichtung eines Baues sind u. a. baupolizeiliche Genehmigungen erforderlich. Wer ohne die erforderliche Genehmigung baut, kann außerdem bestraft werden. Wegen dieser formellen Fehler darf die Polizei aber nicht die Beseitigung des einmal errichteten Bauwerks verlangen. Vielmehr hat sie insoweit an Schwarzbauten die gleichen Maßstäbe zu legen wie an genehmigte Bauten. Sie darf Beseitigung oder Änderung nur zur Beseitigung eines polizeiwidrigen Zustandes verlangen. — Pr. OVG. 69, 391; 77, 460.

Die Polizei darf jedoch das zulässige Höchstmaß der Untätigkeit nicht überschreiten. Sie darf nicht zu lange untätig sein oder so spät einschreiten, daß die Schädigung durch ihre Untätigkeit möglicherweise größer ist als die Schädigung durch den Störer.

Beispiel:

Die Polizei darf lebensgefährliches Rodeln nicht stillschweigend dulden. — Die Polizei muß eine bereits erteilte Baugenehmigung widerrufen, wenn sich herausstellt, daß der Bau in der Nähe einer Pulverfabrik errichtet wird und infolgedessen lebensgefährlich ist. Baugenehmigungen sind zwar grundsätzlich unwiderruflich. Jedoch ist die Polizeiwidrigkeit stärker als der gesetzliche Grundsatz. Mit der Genehmigung hatte die Polizei durch das tatsächliche Dulden der Errichtung des Baues die der Schädlichkeit gesetzten Grenzen überschritten und hierdurch einen Zustand geschaffen, gegen den sie wieder einschreiten muß. Tut sie das nicht, so begeht sie eine Gesetzwidrigkeit. — Pr. OVG., in: Pr. Verwaltungsblatt 1925, S. 490.

c. Gefahr.

Die Polizei darf, abgesehen von gesetzlich festgelegten Ausnahmefällen, die insbesondere einzelne Polizeizweige betreffen, nur tätig werden bei Vorliegen einer Gefahr. Dabei handelt es sich im allgemeinen um einen Schwebezustand, während dessen Dauer der Eintritt eines Schadens objektiv denkbar ist, weil alle oder jedenfalls die wesentlichsten Ursachen oder Voraussetzungen hierfür gegeben sind. Ein unmittelbares Bevorstehen des Schadens ist nicht erforderlich. Andererseits reicht die Annahme einer bloßen künftigen Gefährdung nicht aus[1]).

Gefahr braucht nicht nur dem Leben oder der Gesundheit von Menschen zu drohen, sondern es kommen auch Gefahren in Betracht, denen Sachen, insbesondere das Vermögen einzelner ausgesetzt sind[2]). Objektiv wird für das Vorliegen einer Gefahr adäquate Verursachung als ausreichend angesehen[3]).

---

1) Pr. OVG. 77, 338; 85, 272; 93, 87.

2) Pr. OVG. 44, S. 448.

3) Immer noch von Bedeutung für das Verwaltungsrecht sind die Ausführungen von Kries, Über den Begriff der objektiven Möglichkeit und einige Anwendungen desselben, Leipzig 1888.

Subjektive Tatbestandsmerkmale werden im Polizeirecht im Gegensatz zum Strafrecht grundsätzlich nicht gefordert. Die Polizei hat nur danach zu fragen, in welcher Weise die Zurechnung eines konkreten Erfolges zu einer bestimmten Ursache auf Grund der objektiven Erfahrungen im allgemeinen möglich ist. Unter objektiven Erfahrungen sind hier diejenigen zu verstehen, die von normal veranlagten Personen durchschnittlich gemacht werden, also nicht die Erfahrungen besonders ängstlicher oder furchtsamer aber auch nicht besonders unempfindlicher Menschen.

Beispiel:

Brunnenwasser darf nicht undestilliert zu Trinkzwecken verwendet werden. Die Polizei darf dies auch dann nicht zulassen, wenn keine spezielle Seuchengefahrt besteht, weil nur in wenigen Ausnahmefällen derartiges Wasser bedenkenfrei nicht gesundheitsschädlich ist. — Pr. OVG., in: DJZ. 1899, S. 179.

d) Bevorstehende Gefahr.

Die Gefahr muß bevorstehend sein, um das Einschreiten der Polizei zu rechtfertigen. Die bloß unbestimmte Möglichkeit, daß irgendwann einmal ein Schaden eintreten könne, genügt nicht. Es muß vielmehr eine gewisse hinreichende Wahrscheinlichkeit vorhanden sein. Das Richtige hier zu treffen, ist eine der schwierigsten Aufgaben der Anwendung des freien Ermessens[1]).

Beispiel:

Polizeiliche Rauchverbote sind nur dann zu rechtfertigen, wenn sie für Gebäude und Räume ausgesprochen werden, in denen leicht brennbare Gegenstände vorhanden sind. Ein häufiger Streitpunkt zwischen der Polizei und Theaterleitungen bildet die Verwendung von offenen Lichtern auf der Bühne. Sie wird im allgemeinen nur zulässig sein, soweit jedes einzelne Licht von im Bühnenraum anwesenden Polizisten während der ganzen Dauer seines Brennens kontrolliert werden kann.

e) Gefahr und Belästigung.

Gefahr ist nicht jede Belästigung des Nachbarn. Die Grenze zwischen beiden Vorgängen ist nur in Anwendung des freien polizeilichen Ermessens festzustellen.

Beispiel:

Musikgeräusche, die am Tage nur belästigend wirken, können in der Nacht eine Gefahr insofern darstellen, als sie der Nachbarschaft den Schlaf rauben und dadurch ihre Gesundheit schädigen und die Arbeitskraft während des kommenden Tages vermindern. — Pr. OVG., in: pr. Verwaltungsblatt, Band 51, S. 501.

---

1) Pr. OVG. in: Pr. Verwaltungsblatt 1930, S. 743.

Gegen Belästigungen kann die Polizei nur einschreiten, wenn besondere gesetzliche Bestimmungen außerhalb der allgemeinen Befugnisse und die Tätigkeit der Polizei umreißenden Rechtssätze vorhanden sind[1]).

Beispiel:

§ 27 GewO.: Die Errichtung oder Verlegung solcher Anlagen, deren Betrieb mit ungewöhnlichen Geräuschen verbunden ist, muß der Ortspolizeibehörde angezeigt werden. Letztere hat, wenn in der Nähe der gewählten Betriebsstätte Kirchen, Schulen oder andere öffentliche Gebäude, Krankenhäuser oder Heilanstalten vorhanden sind, deren bestimmungsmäßige Benutzung durch den Gewerbebetrieb auf dieser Stelle eine erhebliche Störung erleiden würde, die Entscheidung der höheren Verwaltungsbehörde darüber einzuholen, ob die Ausübung des Gewerbes an der gewählten Betriebsstätte zu untersagen oder nur unter Bedingungen zu gestatten sei. — Diese Bestimmung ist von besonderer Bedeutung für großstädtische Verhältnisse bei der Anlegung von lärmenden Fabrikanlagen, Garagen usw.

f) Öffentliches Interesse.

Es muß ein öffentliches Interesse vorhanden sein. Die Polizei hat sich daher im allgemeinen nicht in Privatverhältnisse einzumischen. Die Gefahr muß entweder dem Publikum im allgemeinen oder einzelnen Mitgliedern des Publikums drohen. Unter Publikum ist eine Personenmehrheit von unbestimmter Begrenzung nach Ziel und Individualität zu verstehen. Es kann sich hierbei um einen bestimmten Personenkreis handeln, der durch besondere Umstände zusammengehalten wird, wie zum Beispiel sämtliche Bewohner eines großen Mietshauses.

Mitglied des Publikums ist derjenige, der in einem sozialen Zusammenhang mit einer solchen Personenmehrheit steht. Das Individuum ohne den sozialen Zusammenhang genießt den Gefahrenschutz grundsätzlich nicht. Doch kann die Polizei subsidiär und einstweilig eingreifen, wenn vorher die dem einzelnen zur Verfügung stehende etwaige Anrufung des Gerichts nicht möglich ist und infolgedessen die Rechtsordnung gestört wird[2]). Die Grenze ist häufig schwer zu erkennen. Insbesondere routinierte Polizeibeamte neigen dazu, nur selten einzugreifen. Das wiederum führt zur Gefährdung von Einzelpersonen, die möglicherweise nicht eingetreten wäre, wenn die Polizei früher tätig geworden wäre.

Beispiel:

Eine Person verlangt von der Polizei Schutz gegen drohende Mißhandlungen durch einen Familienangehörigen oder Ehegatten, die dieser in der Wohnung beabsichtigt. Es gehört mit zu den schwierigsten Entscheidungen der Polizei,

---

1) Pr. OVG. 95, 141.

2) So schon pr. OVG. 59, 441; 77, 333.

ob sie hier eingreifen soll oder nicht. Nicht zu bestreiten ist, daß in manchen Fällen schwere Körperverletzungen oder sogar mancher Totschlag unterblieben wären, wenn die Polizei auf solche Anzeigen hin eingegriffen hätte. — Vgl. pr. OVG. 39, 390; 87, 459.

Die Polizei als die Hüterin der öffentlichen Ordnung hat bei der Geltendmachung von privatrechtlichen Ansprüchen durch Feststellung der Persönlichkeit des Inanspruchzunehmenden insoweit mitzuwirken, daß der Geschädigte überhaupt instand gesetzt wird, den ihm vom Staat zugewiesenen Weg zum Schutz seiner Rechte zu beschreiten.

Beispiel:

Einem Straßenpassanten wird von einem Malergesellen, der ein Ölfarbengefäß unvorsichtig trägt, die Kleidung beschmutzt. Der Geselle verweigert die Angabe seines Namens. Obwohl keine strafbare Handlung vorliegt, kann die Polizei für den Geschädigten die Personalien feststellen. — Pr. OVG. 87, 289.

g) Öffentliche Ruhe, Sicherheit und Ordnung.

Die Polizei muß tätig werden zur Erhaltung der öffentlichen Ruhe, Sicherheit und Ordnung. Ruhe ist hierbei ein der öffentlichen Ordnung und Sicherheit entsprechendes Verhalten.

Sicherheit bedeutet ungefähr das Nichtbestehen einer wirklichen Gefahr.

Ordnung ist der Niederschlag der sozialen Anschauung der jeweils im Staat zusammengefaßten Gesellschaft über das, was ihrem guten Zustand entspricht. Die Ordnung ist nicht gleichzusetzen mit der Rechtsordnung. Einerseits hat die Polizei mehr zu tun, als für die Aufrechterhaltung der Rechtsordnung zu sorgen, weil diese immer nur einen Teil des gesamten Lebens umfassen kann, während die Polizei als soziale Funktion der Gesellschaft sich auf deren gesamtes Leben erstreckt, auch soweit es nicht von der Rechtsordnung erfaßt wird. Andererseits berührt die Tätigkeit der Polizei nicht alle Gebiete der Rechtsordnung, da diese auch polizeifremde Gegenstände behandelt und umfaßt.

Beispiel:

Die Polizei konnte schon gegen den Gebrauch falscher Namen von juristischen Personen einschreiten, als eine falsche Namensführung kraft Gesetzes nur bei natürlichen Personen verfolgt wurde. (§ 360, Ziffer 8, StGB. und § 12 BGB.)

Organisatorisch ist im inneren Dienstbetrieb eine Beschränkung der Befugnisse und Zuständigkeiten einzelner Polizeibehörden möglich. Hierauf beruht die nach sachlichen Gesichtspunkten vorgenommene Einteilung der Polizei in mehrere Arten.

5. Arten der Polizei

a) Vorbeugende Polizei und Polizei der Strafrechtspflege.

Die vorbeugende Polizei soll Störungen verhindern, während die Polizei der Strafrechtspflege den für die Störung Verantwortlichen zur Rechenschaft zu ziehen hat. Für beide Sparten der Polizei gelten in weitem Umfange verschiedene gesetzliche Bestimmungen. Organisatorisch ist die Zuordnung beider Arten nach den positiven Bestimmungen jeweils verschieden. Im allgemeinen wird die Polizei der Strafrechtspflege, meist Kriminalpolizei genannt, durch besondere Kriminalbeamte wahrgenommen, die auf dem Land häufig die Bezeichnung Landjägerei oder Gendarmerie führen.

b) Sicherheits- und Verwaltungspolizei.

Unter Sicherheitspolizei im weiteren Sinne versteht man schlechthin Polizei im Gegensatz zur Wohlfahrtspflege. Es ist die Bezeichnung, die häufig verwandt wird, wenn es gilt, die Polizei begrifflich von der übrigen inneren Verwaltung zu trennen[1]). Aufgabe der Sicherheitspolizei ist der vorbeugende Schutz der Rechtsordnung vor rechtswidrigen Angriffen. Sie betrachtet die Gegenwart und die zukünftige Entwicklung.

Alle polizeiliche Tätigkeit, die weder diese Aufgabe erfüllt, noch Kriminalpolizei ist, wird üblicherweise als Verwaltungspolizei bezeichnet. Der Name sagt wenig. Auch der begriffliche Inhalt steht nicht fest[2]). Infolgedessen muß der jeweiligen positivrechtlichen Regelung entnommen werden, welche Aufgaben im einzelnen zur Sicherheitspolizei und welche zur Verwaltungspolizei gehören. Im allgemeinen werden zum Aufgabenbereich der Verwaltungspolizei diejenigen polizeilichen Maßnahmen gerechnet, die sich mit der Registrierung der Staatsangehörigen und ihren Tätigkeiten sowie der Überwachung solcher Tätigkeiten befassen, wie z. B.: Bau-, Feuer-, Wasser-, Jagd-, Fischerei-, Sitten-, Gesundheits-, Nahrungsmittel-, Veterinär-, Wohnungspolizei. Häufig wird die Polizei der verdächtigen Personen oder erfahrungsgemäß Rechtswidrigkeiten begünstigender Tätig-

[1]) Das Wort wurde früher gesetzestechnisch manchmal in etwas anderer Bedeutung gebraucht, so z. B. wenn nach § 143 pr. LVG. örtliche polizeiliche Vorschriften in kreisfreien Städten der Zustimmung des Gemeindevorstandes bedurften, „soweit sie nicht zum Gebiete der Sicherheitspolizei gehörten". Derartigen Sonderregelungen kann jedoch heute keine Bedeutung mehr beigemessen werden.

[2]) Gesetzlich ist der Unterschied nirgends festgelegt. Er hat sich geschichtlich aus der Praxis entwickelt. Vgl. unten S. 395 auch Drews, Polizeirecht, S. 123.

keiten hierzu gerechnet, wie z. B. die Überwachung von Bettlern, Landstreichern und Vorbestraften, Fremdenpolizei. Doch finden sich andere Einordnungen, die diese Aufgabenbereiche der Sicherheitspolizei zuweisen. Das gleiche gilt für das Presse-, Vereins- und Versammlungswesen oder die Fürsorge für Ordnung, Sicherheit und Leichtigkeit des Verkehrs auf öffentlichen Verkehrswegen. Hinzu tritt nunmehr die Überwachung der durch das Entnazifizierungsverfahren betroffenen Personen. Alle diese Maßnahmen können je nach den vorhandenen positiven Bestimmungen entweder von der Verwaltungspolizei oder der Sicherheitspolizei erledigt werden.

Organisatorisch werden beide Tätigkeiten üblicherweise durch die gleiche Polizeibehörde ausgeübt. Es ist Sache der inneren Diensteinteilung, geeignete Beamte für die verschiedenen Sachgebiete einzusetzen. Eine Ausnahme besteht für die britische Zone. Hier wurde die Verwaltungspolizei auf die Kommunalverwaltungen übertragen. Sie rückt dadurch näher an die nichtpolizeiliche Tätigkeit der einzelnen Aufgabenbereiche heran und entfernt sich andererseits von der Sicherheitspolizei.

c) Orts- und Landespolizei.

Im Gegensatz zu den bisher behandelten Einteilungen nach sachlichen Zuständigkeitsgebieten können räumliche Gesichtspunkte für die Unterscheidung einzelner Polizeiarten von Bedeutung sein. Maßgeblich ist hier ebenfalls das wahrzunehmende Interesse. Handelt es sich um polizeiliche Maßnahmen für einzelne Gemeinden oder Orte, so spricht man von Ortspolizei. Was das ganze Land oder doch einen einzelnen Ort überschreitenden Bereich angeht, ist Sache der Landespolizei.

Maßgeblich ist nicht die Organisation, sondern der Inhalt der polizeilichen Maßnahmen. Es kann also die gleiche Dienststelle sowohl ortspolizeiliche als auch landespolizeiliche Funktionen ausüben. Allerdings gibt es meist verschiedene ortspolizeiliche und landespolizeiliche Behörden. Entsprechend den Machtverhältnissen kann wohl die Landespolizeibehörde der Ortspolizeibehörde die Wahrnehmung landespolizeilicher Aufgaben übertragen, nicht aber kann, von gesetzlich möglicherweise vorgesehenen Ausnahmen abgesehen, die Ortspolizei die Landespolizei zur Erledigung örtlicher Angelegenheiten in Anspruch nehmen, während die Landespolizeibehörde ortspolizeiliche Maßnahmen ergreifen kann. Materiell ändert sich hierdurch an der Qualität der Maßnahmen nichts. Entscheidend für die Zuordnung zu der einen oder der anderen Art bleibt also der Inhalt[1]).

---

[1]) Pr. OVG. 36, S. 6.

d) Gemeindepolizei und staatliche Polizei.

Diese Unterscheidung betrachtet den Träger der polizeilichen Funktionen.

Träger der Polizeigewalt als Teiles der Staatsgewalt ist der Staat selbst. Es besteht aber die Möglichkeit, daß er die Ausübung der polizeilichen Befugnisse im einzelnen auf Gemeinden oder Gemeindeverbände überträgt. Insoweit können dann Gemeinden Funktionsträger polizeilicher Befugnisse sein.

Gemeindepolizei gibt es seit langem nur noch für eine bestimmte Anzahl von Gemeinden in Süddeutschland. Hier werden die polizeilichen Befugnisse kraft eigenen im Gesetz verankerten Rechts durch Dienststellen der Gemeinden erledigt.

Im übrigen ist seit langem die Gemeindepolizei durch staatliche Polizei verdrängt. Für die Organisation der staatlichen Polizei sind zwei Möglichkeiten vorhanden. Entweder baut der Staat einen eigenen Behördenapparat auf, oder er verwendet bereits vorhandene kommunale Dienststellen, indem er ihnen polizeiliche Befugnisse überträgt, die sie aber nicht als Kommunalbeamte, sondern als Staatsbeamte in unmittelbarer Abhängigkeit von staatlichen Vorgesetzten ausüben[1]). Das erstere ist das System der Polizeipräsidenten, das zweite dasjenige der Bürgermeister als Ortspolizeibehörde.

Eine dritte Möglichkeit ist nunmehr in der britischen Zone verwirklicht, wo die Polizei nach englischem Vorbild teils als staatliche Polizei, teils als Gemeindepolizei anzusehen ist.

Ein wichtiger Berührungspunkt zwischen Staat und Gemeinde auf dem Gebiet des Polizeiwesens ist die Kostenfrage. Auch dort, wo es nur staatliche Polizeibehörden gibt, werden die Kosten häufig wenigstens zum Teil durch die Gemeinde getragen. Das gleiche gilt für die Lösung in der britischen Zone. Umgekehrt beteiligt sich der Staat manchmal an den durch die Unterhaltung der Gemeindepolizei entstehenden Kosten. Die meisten landesrechtlichen Regelungen unterscheiden zwischen unmittelbaren und mittelbaren Polizeikosten. Die ersteren trägt der Staat, die letzteren die Gemeinde. Zu den unmittelbaren Kosten werden die Auslagen für die Besoldung der staatlichen Beamten, die Mieten für Dienstwohnungen und Diensträume und sonstige Aufwendungen für Baulichkeiten und den sonstigen der Aufrechterhaltung des Dienstbetriebes dienenden Apparat gerechnet. Als mittelbare Kosten bezeichnet man diejenigen, die für Maßnahmen entstehen, die nicht mehr zum

[1]) Vgl. unten S. 378

polizeilichen Dienstbetrieb gehören, sondern außerhalb des Dienstbetriebes der Herstellung eines polizeimäßigen Zustandes dienen.

Beispiel:

Beleuchtung der Straßen; Anbringung von Geländern an gefährlichen Stellen; durch Zwangsheilung entstehende Arzt- und Krankenhauskosten; Unkosten der Nahrungsmitteluntersuchung. — Pr. OVG., in: DJZ. 1909, Sp. 494 ff.

Die älteren meist sehr genauen Regelungen, z. B. pr. Polizeikostengesetz vom 2. August 1929 (GS. S. 162), sind überholt und durch neue Bestimmungen der einzelnen Länder ersetzt.

Da es bei der Zuordnung einer Polizeiart zur Ortspolizei oder staatlichen Polizei lediglich auf den Inhalt der polizeilichen Tätigkeit ankommt, ist es gleichgültig, welche Dienststelle die Tätigkeit im einzelnen ausübt. Infolgedessen ist es nicht angängig, eine durch eine bestimmte Behörde getragene Polizei als weitere Art neben Orts- und staatliche Polizei zu setzen, wie das manchmal im Hinblick auf eine sogenannte Kreispolizei geschieht[1]). Richtig ist, daß genau so gut wie Ortsbehörden auch Kreisbehörden polizeiliche Befugnisse ausüben können, wenn das Gesetz, z. B. § 142 pr. LVG., das anordnet. Bei diesen Befugnissen handelt es sich aber entweder um Gemeindepolizei oder um staatliche Polizei. Die Beantwortung der Frage, welche Art im einzelnen vorliegt, ist lediglich davon abhängig, ob die Dienststelle des Kreises eine staatliche oder eine kommunale ist. Die ehedem preußische Lösung sah in dem Kreis einen Zusammenschluß sowohl staatlicher als auch kommunaler Aufgaben. Nach den neuen Regelungen nach 1945 ist der Kreis entweder rein staatlicher oder rein kommunaler Verwaltungsbezirk. Infolgedessen sind von ihm ausgeübte Polizeibefugnisse entweder rein staatlich oder rein kommunal.

6. Mittel der Polizei

Im Rechtsstaat ist die Polizei hinsichtlich der von ihr anzuwendenden Mittel an die gesetzlichen Grundlagen gebunden. Das gilt insbesondere für alle ihre Äußerungen, mit denen sie in der Öffentlichkeit in Erscheinung tritt. Nur mit gesetzlicher Ermächtigung kann sie Lasten und Pflichten schaffen. Für diese ihre hoheitliche Tätigkeit sind ganz bestimmte Formen zu beachten. Gerade bei der Betrachtung der Mittel muß immer vor Augen stehen, daß Polizei sowohl ein gegenständlicher als auch ein organisatorischer Begriff ist. Nicht alle Dienst-

---

1) Vgl. hierzu z. B. die eingehenden Ausführungen bei Hatschek, Lehrbuch des deutschen und preuß. Verwaltungsrechts, S. 183. — Auch Polizei-Handbuch S. 91.

stellen, die die Bezeichnung Polizeibehörde führen, können sämtliche polizeilichen Mittel anwenden. Umgekehrt können Behörden, die nicht den Namen Polizeidienststelle tragen, sehr wohl polizeiliche Befugnisse ausüben.

Die nichthoheitliche Tätigkeit, wie z. B. durch Belehrungen oder Warnungen[1]), dagegen richtet sich nach den gleichen Maßstäben, die für die nichthoheitliche Tätigkeit der übrigen Dienststellen der inneren Verwaltung von Bedeutung sind. Die Unterscheidung der hoheitlichen von den nicht hoheitlichen Mitteln ist außer für die anzuwendenden Formen von überragender Bedeutung für die Rechtsbehelfe. Gegen Maßnahmen nichthoheitlicher Tätigkeit ist nur die Dienstaufsichtsbeschwerde gegeben, während für hoheitliche Maßnahmen in aller Regel formelle Rechtsmittel vorgesehen sind.

Als hoheitliche Tätigkeit sind von überragender Bedeutung der Polizeibefehl, die Polizeierlaubnis und der Polizeizwang.

a) Der Polizeibefehl.

aa) Er enthält ein Gebot oder Verbot. Er kann sich entweder an die Allgemeinheit richten oder er behandelt einen Einzelfall. Die erstere Äußerung wird üblicherweise als Polizeiverordnung, die zweite als Polizeiverfügung bezeichnet. Die Abgrenzung beider Äußerungsformen wird durch die zwischen beiden stehende Allgemeinverfügung erschwert. Es treten also auf dem polizeilichen Spezialgebiet die gleichen Unterscheidungen auf wie bei den Akten der allgemeinen Verwaltung[2]).

Wie dort ist auch für das Polizeirecht folgende Einteilung maßgeblich: Eine Polizeiverordnung ist ein Polizeibefehl, der einen bloß gedachten abstrakten Tatbestand in genereller Weise regelt. Sie muß sich an eine unbestimmte und unbegrenzte Zahl von Individuen richten.

Eine Polizeiverfügung ist ein Polizeibefehl, der ein bestimmtes reales Vorkommnis zu regeln unternimmt. Ist er generell, richtet er sich also an eine unbestimmte Zahl von Personen, so handelt es sich um eine Allgemeinverfügung. Ist er individuell, richtet er sich also an eine bestimmte Person oder eine bestimmte dem Umfang nach klar erkennbare Personengruppe, so handelt es sich um eine Polizeiverfügung.

Der Unterschied zwischen Polizeiverordnung und Polizeiverfügung ist wichtig sowohl für Form und Inhalt des Erlasses als auch für die Rechtswirkungen Behörden und Privaten gegenüber.

---

[1]) Pr. OVG. 87, 272 über den Unterschied zwischen Verfügungen und bloßer Belehrung oder Warnung.

[2]) Vgl. oben 141 ff.

bb) Polizeiverordnungen sind sämtlichen deutschen Ländern bekannt. Die Form ihres Erlasses ist meist in besonderen Bestimmungen geregelt, wie z. B. in dem preußischen Polizeiverwaltungsgesetz vom 1. Juni 1931. Entsprechend der herrschenden Auffassung definiert dieses Gesetz Polizeiverordnungen als polizeiliche Gebote oder Verbote, die für eine unbestimmte Anzahl von Fällen an eine unbestimmte Anzahl von Personen gerichtet sind (§ 24). Sie sind nur dann zu erlassen, wenn eine Regelung durch Einzelmaßnahmen nicht möglich ist. Diese grundsätzliche Sparsamkeit entspricht der allgemeinen Auffassung der herrschenden Praxis.

Die sehr genauen Formvorschriften bezwecken vor allem Klarheit, Übersichtlichkeit und Deutlichkeit nach außen. Sie sind der konkrete Niederschlag einer an sämtliche Verwaltungsakte zu stellende Forderung. Sie haben eine ihren Inhalt kennzeichnende Überschrift zu tragen, müssen gleich im Eingang auf das Gesetz Bezug nehmen, welches ihren Erlaß gestattet. Sie müssen einen örtlichen Geltungsbereich angeben sowie das Datum, unter dem sie erlassen sind, enthalten. Ist die Zustimmung oder die Anhörung einer anderen Behörde erforderlich, so ist das in dem Text der Verordnung zu vermerken.

Wie alle Maßnahmen der Verwaltung sind auch Polizeiverordnungen anfällig gegen veränderte äußere Umstände. Dem trägt die preußische Regelung Rechnung, indem sie sämtliche Polizeiverordnungen auf höchstens 30 Jahre beschränkt, sofern sie nicht selbst eine kürzere Dauer angeben.

Der Erlaß der Polizeiverordnungen ist meist nicht nur in das pflichtgemäße Ermessen der Polizei gestellt, sondern häufig ist die Zustimmung oder Beratung anderer Behörden oder Selbstverwaltungsvertretungen erforderlich (z. B. §§ 139, 142 ff. pr. LVG.).

Obwohl sich im Rechtsstaat bereits aus der Verfassung und seinen allgemeinen Grundlagen ergibt, daß sich die Verwaltung innerhalb des Gesetzes zu bewegen hat, wird dies für den Inhalt der Polizeiverordnungen meist noch in den besonderen Polizeigesetzen festgelegt. Sie dürfen also keine Bestimmungen enthalten, die mit den Gesetzen oder mit Anordnungen höherer Behörden in Widerspruch stehen. Sie dürfen nicht lediglich den Zweck haben, den Polizeibehörden die ihnen obliegende Aufsicht zu erleichtern (z. B. § 31 pr. PVG.). Meist regeln die Gesetze den Aufgabenkreis, für den die einzelnen Behörden und Instanzen innerhalb der Polizeiorganisation Polizeiverordnungen erlassen können (z. B. §§ 25 ff. pr PVG.).

Die bisherige Lehre hat Polizeiverordnungen als Rechtsquellen aufgefaßt. Als solche können sie in zweifacher Hinsicht kontrolliert werden. Kontrolle ist möglich als verwaltungsmäßige oder als richterliche. Im

Verwaltungswege werden Polizeiverordnungen seit jeher so kontrolliert wie alle anderen Verwaltungsmaßnahmen, nämlich durch die vorgesetzte Dienstbehörde.

Die richterliche Kontrolle beschränkt sich auf die Rechtmäßigkeit und ergreift nicht die Zweckmäßigkeit der Polizeiverordnung. Wenn also für den Strafrichter eine Polizeiverordnung von Bedeutung wird, was insbesondere bei der Nachprüfung polizeilicher Strafverfügungen der Fall ist, deren rechtliche Grundlage eine Polizeiverordnung ist, so hat er nur die Rechtmäßigkeit dieser Grundlage nachzuprüfen. Das gleiche gilt für die Verwaltungsgerichtsbarkeit, wenn sie in die gleiche Lage versetzt wird. Weder der Strafrichter noch der Verwaltungsrichter darf jedoch grundsätzlich eine Polizeiverordnung kassieren. Verneint er die Rechtmäßigkeit, so hat das nur die Folge, daß sie im Einzelfall nicht angewandt wird. Diese sogenannte indirekte Kontrolle führt praktisch zu dem gleichen Ergebnis, das eintreten würde, wenn das Gericht die Verordnung aufheben könnte. Denn jeder Betroffene hat die Möglichkeit, durch die Anrufung des Gerichts die von ihr vorgesehenen ihn berührenden Folgen abzuwenden.

Die Stellung des Gerichtes, und zwar sowohl des ordentlichen als des Verwaltungsgerichtes ist also die gleiche wie gegenüber Verwaltungsakten[1]). Die bisherige herrschende Lehre macht jedoch zwischen Polizeiverordnung und Verwaltungsakt insoweit einen Unterschied, als sie eine Anfechtung nur bei dem Individualakt zuläßt, nicht aber bei einer Verordnung. Nur ausnahmsweise kann nach dieser Ansicht eine Verordnung durch Anfechtung zerstört werden (z. B. § 120 Abs. 1 badisches Wassergesetz vom 8. April 1913 oder die sogenannten statutarischen Vorschriften einiger süddeutscher Länder[2]).

Der Erlaß von Polizeiverordnungen ist nach 1945 in den Ländern der französischen und russischen Zone im allgemeinen nach den früheren Rechtsgrundlagen möglich. Das gleiche gilt für die Länder der amerikanischen und britischen Zone. Zuständig für ihren Erlaß sind hier allerdings nicht mehr die Polizeibehörden im engeren Sinn, sondern die Kommunalbehörden (württ.-bad. Gesetz vom 7. Februar 1946 — RegBl. S. 46 —, bayr. Gesetz vom 30. November 1946 — GVBl. S. 143 —, nrdrh.-westf. Erl. MdI. vom 15. Februar 1949 — I/108/79/49 —, nieders. Erl. MdI. vom 18. August 1949 — Amtsbl. S. 390 —, schlesw.-holst. Erl.

---

[1]) Vgl. oben S. 150 ff.

[2]) Hierauf macht Jellinek, Verwaltungsrecht, S. 254, mit Recht aufmerksam, unter Verweisung auf folgende Entscheidungen: Württ. VGH. vom 16. 6. 1926 in: Württ. Zeitschrift für Rechtspflege und Verwaltung 20 (1927), S. 11 ff.; hess. VGH. vom 26. 3. 1927, Entscheidungen 7, 109 ff.

MdI. vom 8. März 1949 — Amtsbl. S. 131 —, hamb. GVBl. 1949 S. 65), und zwar die Vertretungskörperschaften, nicht etwa — für die britische Zone — die Hauptgemeindebeamten (vgl. §§ 6, 52 DGO. 1946). Die Bestimmungen der Polizeiverwaltungsgesetze, befreit von den durch das nationalsozialistische Regime eingebauten Änderungen, können weiter angewandt werden. Die Verordnungen erscheinen in der Form von Ortssatzungen[1]). Staatliche Kontrolle ist allerdings in den neuen Polizeigesetzen vorgesehen, so daß in diesen materiellen Polizeibestimmungen die Gemeinden weniger selbständig sind als bei sonstigen Ortssatzungen.

cc) Für die Polizeiverfügungen haben sich im Laufe der langen Praxis ihrer Anwendung genaue Formvorschriften herausgebildet. Sie können mündlich, schriftlich oder durch Zeichen erlassen werden. Die unmittelbare Ausführung einer polizeilichen Maßnahme ohne vorherigen Erlaß einer Verfügung ist ebenfalls möglich. Wenn die Verfügung jedoch schriftlich erlassen wird, so muß sie auch schriftlich begründet werden (z. B. § 44 pr. PVG.). Inhaltlich sind Polizeiverfügungen Anordnungen der Polizeibehörde, die an bestimmte Personen oder einen Personenkreis ergehen und ein Gebot oder Verbot oder die Versagung, Einschränkung oder Zurücknahme einer rechtlich vorgesehenen polizeilichen Erlaubnis oder Bescheinigung enthalten. Sie müssen unmittelbar auf einem Gesetz beruhen oder auf einer Verwaltungsmaßnahme, die ihrerseits auf das Gesetz zurückgeht. Falls nicht in einem Spezialgesetz etwas anderes angeordnet ist, sind Polizeiverfügungen nur gültig, soweit sie zur Beseitigung einer Störung der öffentlichen Sicherheit und Ordnung oder zur Abwehr einer im einzelnen Fall bevorstehenden Gefahr für die öffentliche Sicherheit oder Ordnung erforderlich sind (z. B. § 41 pr. PVG.).

Ihrer rechtlichen Qualität nach sind Polizeiverfügungen Polizeiverwaltungsakte. Hieraus ergibt sich, daß sie nur Hoheitsmaßnahmen zum Gegenstand haben können.

Beispiel:

> Die Anordnung über die Ablieferung von Freiexemplaren neu erschienener Bücher an die preußische Staatsbibliothek ist keine Hoheitsmaßnahme sondern ein Akt nicht hoheitlicher Verwaltung. Die Entscheidungen des pr. OVG., die die Durchführung derartiger Anordnungen für erzwingbar erklärten, sind demnach mit Recht angegriffen worden. — Pr. OVG. 36, 434 ff.; 65, 279 ff.; 75, 400 ff. Dagegen Jellinek, Verwaltungsrecht, S. 405.

Die Möglichkeiten des Erlasses von Polizeiverfügungen und ihre rechtliche Qualifikation sind in der jüngsten Vergangenheit nicht berührt worden.

---

[1]) Bestritten! Vgl. Totzek-Wolff in: ArchÖff R. 1949, S. 218, 472.

dd) Das Mittel der polizeilichen Strafverfügung gibt der Polizei die Möglichkeit, ohne Inanspruchnahme der ordentlichen Strafgerichte Strafen wegen begangenen Unrechts zu verhängen. Jede Rechtsordnung, die eine solche Einrichtung kennt, muß zunächst Klarheit darüber verschaffen, in welchem Verhältnis derartiges Polizeiunrecht zu den von den Strafgerichten zu behandelnden Straftaten steht.

In der Vergangenheit gab es im wesentlichen vier Erklärungsversuche: Die eine Ansicht leugnete jeden grundsätzlichen Unterschied zwischen kriminellem und polizeilichem Unrecht. Es soll vielmehr nur ein quantitativer Unterschied der größeren oder geringeren Moralwidrigkeit bestehen. Geringe Dinge werden der Polizei zur Erledigung überlassen, ohne daß hierbei subjektive Tatbestandsmerkmale eine Rolle spielen: minima non curat praetor[1]).

Nach der sogenannten Gefährdungstheorie ist jede Verletzung von subjektiven Rechten kriminelles Unrecht und jede Verletzung allgemeiner Interessen des Gemeinwesens oder die Gefährdung von subjektiven Rechten Polizeiunrecht. Diese hauptsächlich von Strafrechtlern vertretene Ansicht ist allseitig abgelehnt worden. Zu ihrer Widerlegung genügt der Hinweis, daß nach ihr z. B. das Delikt der versuchten Erpressung bloßes Polizeiunrecht ist, was offenbar nicht zutrifft[2]).

Die soganannte abstrakte Gefährdungstheorie unterscheidet echte Rechtsnormen und polizeiliche Bestimmungen. Polizeiunrecht soll danach dann vorliegen, wenn sich eine gesetzliche Norm nur gegen Handlungen richtet, welche im allgemeinen, wenn auch nicht regelmäßig, Quelle einer Gefahr für bestimmte Rechtsgüter bilden. Gibt die Rechtsnorm dagegen konkret einen bestimmten Tatbestand an, bei dessen Vorliegen sie angewandt werden will, so spricht man von kriminellem Unrecht. Das Polizeistrafrecht soll sich deshalb nur gegen eine bloß abstrakte Gefährdung der Rechtsgüter richten. Diese Unterscheidung trifft ebenfalls nicht sämtliche in Betracht kommenden Möglichkeiten, weil auch kriminelles Unrecht durch bloß abstrakte Gefährdung bestimmter Rechtsgüter begangen werden kann.

Eine weitere Ansicht unterscheidet zwischen dem Verwaltungsdelikt, welches die Verletzung von durch die Verwaltung geschützten Interessen zum Gegenstand hat und dem kriminellen und privatrechtlichen Unrecht, das die Verletzung eines rechtlich geschützten Interesses ist. Jedem Spezialinteresse entspricht

---

[1]) So von Bars, Becker, Hefter u. a., angeführt bei Hatschek, Deutsches und preußisches Verwaltungsrecht, S. 170.

[2]) Hatschek, ebenda.

danach ein spezielles Strafrecht, also etwa Finanzstrafrecht, Poststrafrecht usw. Diese Anschauung wird von all denjenigen geteilt, die polizeiliche Maßnahmen nicht mit dem Umfang der Rechtsordnung identifizieren. Ein Polizeibefehl kann eine von der Polizei aufgestellte Sittenregel zum Gegenstand haben, die durch einen Akt der Rechtsetzung nicht oder noch nicht erfaßt ist. „Polizeistrafrecht ist im Gegensatz zum Kriminalstrafrecht der Inbegriff derjenigen Rechtssätze, welche Handlungen oder Unterlassungen verbieten und mit verhältnismäßig geringer Strafe bedrohen, die, ohne nach allgemeiner Anschauung einen schweren Angriff auf die Rechtsgüter der Gesellschaft zu enthalten, gegen die von der inneren Verwaltung (Polizei) zu vertretenden Interessen der Sicherheit, Ordnung und Wohlfahrt des Zusammenlebens verstoßen"[1]).

Die positiv-rechtliche Grenze zwischen der Zuständigkeit der Polizei und den ordentlichen Gerichten bildet § 13 GVG. Hiernach steht es den Ländern nicht frei, echte Strafsachen den ordentlichen Gerichten völlig zu entziehen. Auch die in § 13 GVG. den Ländern gegebene Vollmacht, in Strafsachen Zuständigkeiten der Verwaltungsbehörden oder Verwaltungsgerichte zu begründen, beschränkt §§ 413 ff. StPO. wieder. In diesen Grenzen haben sich die landesrechtlichen Regelungen seit jeher gehalten. Danach können die Polizeibehörden wegen der in ihrem Bezirk begangenen unter ihren Zuständigkeitsbereich fallenden Übertretungen im technischen Sinne des Strafgesetzbuches Strafen durch polizeiliche Strafverfügungen festsetzen. Möglich sind Geldstrafen bis zu 150 DM oder Haft bis zu 14 Tagen. Außerdem kann eine nach dem Gesetz verwirkte Einziehung verhängt werden (z. B. §§ 59 ff., pr. PVG.; bayr. Polizeistrafverfügungsgesetz vom 4. Mai 1939 — GVBl. S. 169).

Auf Veranlassung der Militärregierung — britische Anordnung vom 25. September 1945 — BAOR. 38/708/30/G. — ist den Polizeibehörden in der britischen und amerikanischen Zone die Befugnis zum Erlaß von polizeilichen Strafverfügungen entzogen worden. Sämtliche Übertretungen, die in Reichs- und Landesgesetzen, Polizeiverordnungen und örtlichen Polizeivorschriften mit Strafe bedroht sind, werden nunmehr von den Gerichten abgeurteilt. Die Polizei hat lediglich die Befugnis, Strafanträge zu stellen, wie jeder andere Staatsbürger auch. (Für die britische Zone: Verordnungen der Oberlandesgerichtspräsidenten vom 1. September 1946 — z. B. Justizblatt des Oberlandesgerichts Hamm 1946 S. 115 —; für die amerikanische Zone Nordwürtt.-bad. Gesetz vom 20. November 1945 — RegBl. 1946, S. 1 —; bayr. Gesetz vom 28. Januar

[1]) Rosin in: Wörterbuch des Staats- und Verwaltungsrechts III, S. 114.

1946 — GVBl. 1946, S. 88 —; hess. Gesetz vom 20. Dezember 1945 GuVBl. 1946, S. 25)[1]).

Für die sowjetische und französische Zone bleibt es bei der bisherigen Regelung. (Vgl. z. B. Meckl. VO. Nr. 84 vom 5. 3. 1946 — ABL. S. 66 — Bei vorausgegangenen polizeilichen Strafverfügungen gibt es nur Beschwerde nach § 62 pr. PVG. 1931).

b) Die Polizeierlaubnis.

Die Polizeierlaubnis bezieht sich auf Tatbestände, zu denen das Gesetz inhaltlich nicht Stellung nimmt, die es also weder gebietet noch verbietet. Das von der Polizeierlaubnis erfaßte Objekt ist mithin ein ganz anderes als dasjenige, mit dem sich der Polizeibefehl befaßt. Infolgedessen können die für ihn in Betracht kommenden Gesichtspunkte nicht für die Polizeierlaubnis herangezogen werden.

Obwohl die Gesetzgebung zu den erwähnten Tatbeständen nicht Stellung nimmt, kann ihre Kontrolle durch staatliche Maßnahmen doch von Wichtigkeit für die Allgemeinheit sein. Hier nun beginnt die Aufgabe der Polizei. Für ihren Einsatz bieten sich dem Gesetz zwei Möglichkeiten.

Entweder sie erhält die Befugnis, grundsätzlich gewisse Dinge geschehen zu lassen und nur einzuschreiten, wenn die sich in dem gesetzesfreien Rahmen bewegende Tätigkeit diesen Rahmen verläßt und sich auf ein Gebiet begibt, das von einem gesetzlichen Verbot erfaßt ist. Das ist möglich durch die Anwendung eines allgemeinen Rechtssatzes über Zuständigkeit und Pflichten der Polizei, wie z. B. § 14 pr. PVG., oder durch Anwendung von Sonderbestimmungen, wie z. B. §§ 35, 53a GewO. Die Maßnahmen sind die polizeiliche Duldung.

Oder das Gesetz verbietet gewisse Tätigkeiten und Einrichtungen grundsätzlich, behält der Polizei aber gleichzeitig die Erteilung von Ausnahmen vor. Derartige Fälle kennt vor allem das Berufsrecht, wie z. B. §§ 40 Abs. 1, 53, 56 GewO, § 1 Gaststättengesetz. Diese Maßnahmen sind die Polizeierlaubnis, „Verbot mit Erlaubnisvorbehalt“[2]).

Voraussetzung für die Erteilung der Erlaubnis ist also zweierlei, nämlich ein gesetzliches Verbot zur Vornahme bestimmter Handlungen oder zur Errichtung bestimmter Einrichtungen, sodann aber auch die

[1]) Technisch ist die Regelung durch eine Neufassung der §§ 413—418 StPO. durchgeführt. Um die Durchführung nicht an der Überlastung der Gerichte scheitern zu lassen, ist der Strafrahmen bei richterlichen Strafbefehlen (§ 407 StPO.) erweitert worden. — 2. VO. zur Beschleunigung der Rechtspflege, z. B. hann. Rpfl. 1946, S. 81. —

[2]) Ursprung: Otto Mayer, Verwaltungsrecht I, S. 21; Beispiele aus der neueren Gesetzgebung bei Rupp in DÖV. 1949, S. 361 ff.

gesetzlich der Polizei gegebene Möglichkeit, im Einzelfall von diesem grundsätzlichen Verbot abzusehen.

Der Form nach ist die Polizeierlaubnis eine Polizeiverfügung, die jedoch kein Gebot oder Verbot, sondern eine Erlaubnis oder die Versagung einer Erlaubnis zum Inhalt hat[1]). Sie unterscheidet sich vom Polizeibefehl dadurch, daß sie, soweit sie die Erlaubnis erteilt, keiner Begründung bedarf. Sie kann unter Bedingungen erteilt werden.

Beispiel:

Eine Tätigkeit wird von der Zustimmung einer untergeordneten Dienststelle für den Einzelfall abhängig gemacht, wie z. B. die Entnahme von Kies aus einem Bach von der Genehmigung des Feldhüters.

Inhaltlich ist zu unterscheiden gebundene und freie Erlaubnis. Erstere liegt vor, wenn in der Rechtsnorm, die die Erlaubnis vorsieht, bestimmte tatsächliche Voraussetzungen aufgezählt sind, bei deren Erfüllung die Polizei verpflichtet ist, die nachgesuchte Erlaubnis zu erteilen. Freie Erlaubnis liegt vor, wenn die Erteilung oder Versagung in das pflichtgemäße Ermessen der Polizei gestellt ist. Bei der Erteilung oder Versagung der Erlaubnis darf sie nicht nach Willkür, sondern nur nach berechtigten polizeilichen Beweggründen vorgehen[2]).

Die Polizei ist an die einmal durch die Erteilung der Erlaubnis gefällte Entscheidung gebunden wie an jeden Verwaltungsakt. Sie darf sie nur unter den allgemeinen im Gesetz vorgesehenen Umständen aufheben, so insbesondere bei veränderten äußeren Umständen (z. B. § 42 pr. PVG.). Das folgt aus dem Grundsatz der Gesetzesmäßigkeit der Verwaltung. Die Polizei darf ferner bei der Ausübung ihres Ermessens keinen Rechtssatz verletzen.

Beispiel:

Sie darf einem Privatversicherungsverein nicht die Betriebserlaubnis versagen, weil er für die Zahlung der Beiträge nicht ein System fester Prämien, sondern ein Umlageverfahren gewählt hat, obwohl dies § 24, Abs. 2, Privatversicherungsgesetz vom 21. Mai 1901 ausdrücklich gestattet. — Pr. OVG. in: DJZ. 1908, Sp. 822.

Die Erlaubnis hat in der Person des Betroffenen nicht immer die gleiche Wirkung. Am schwächsten ist seine Stellung, wenn das Gesetz die Erteilung der Erlaubnis in das alleinige Ermessen der Polizei stellt, also bei der freien Erlaubnis. Am stärksten ist sie, wenn das Gesetz dem einzelnen ein subjektives Recht auf die Erteilung der Erlaubnis erteilt, also bei der gebundenen Erlaubnis (z. B. § 57b GewO.), oder wenn die

---

1) Pr. OVG. 78, 257 ff.

2) Pr. OVG. 42, 425.

Erlaubnis kraft Gesetzes nur aus Gründen des öffentlichen Wohls und gegen Gewährung einer Entschädigung entzogen werden darf, wie z. B. § 51 GewO.[1]).

Werden Handlungen ohne Polizeierlaubnis vorgenommen, für deren Vornahme das Gesetz eine solche Erlaubnis vorsicht, so sind sie rechtswidrig. Sie können insbesondere die Grundlage für eine Bestrafung sein, falls das Gesetz Strafen vorsieht. Das besagt aber nicht, daß die Polizei einschreiten muß, daß die Handlungen also auch polizeiwidrig sind. Sie hat nur einzuschreiten, wenn die öffentliche Ruhe, Ordnung und Sicherheit bedroht ist.

Beispiel:

Die Polizei darf nicht die Einreißung eines ohne Baugenehmigung errichteten Hauses verlangen, wenn das Haus den polizeilichen Sicherheitsbestimmungen entspricht. Sie darf auch nicht das Wohnen in einem solchen Haus verbieten. Das darf sie nur, wenn das Wohnen polizeiwidrig ist, etwa weil der Bau gesundheitsschädlich ist oder jederzeit einzustürzen droht. — Pr. OVG. 51, 393.

Nur das Gesetz selbst kann bestimmen, ob Handlungen, die infolge der fehlenden polizeilichen Genehmigung rechtswidrig sind, auch polizeiwidrig sind.

Die Polizeierlaubnis wird manchmal unter einer A u f l a g e erteilt. Hierbei sind zwei Möglichkeiten gegeben: Entweder die Erlaubnis bleibt bestehen, auch wenn die Auflage nicht erfüllt wird, oder die Auflage macht wie eine Resolutivbedingung die Erlaubnis unwirksam, falls sie nicht erfüllt wird. Die Erteilung der ersten Art der Erlaubnis befreit den Betroffenen von allen Nachteilen, die ihn treffen würden, wenn er keine Erlaubnis erhalten hätte, auch Nichterfüllung der Bedingungen. Die zweite Art der Erlaubnis nützt dem Betroffenen bei Nichterfüllung der Bedingungen nichts. Er steht dann so da, als ob ihm niemals eine Erlaubnis erteilt worden wäre. Das ist wichtig für etwaige Strafen. Erlaubnis und Auflage sind eine Einheit. Die Auflage kann daher nicht selbständig angefochten werden. Für den Lauf der Rechtsmittelfrist ist zu beachten, daß die unter einer Resolutivbedingung erteilte Erlaubnis erst mit dem Eintritt der Bedingung wirksam wird. Eine etwa in Betracht kommende Rechtsmittelfrist beginnt erst in diesem Augenblick zu laufen[2]). Für die Rechtsbeständigkeit der Auflagen oder die Sicherheit von Auflagen gelten die allgemeinen Grundsätze für Verwaltungsakte: Nachträglich

---

[1]) Vgl. oben S. 217 ff.

[2]) Pr. OVG. in: DJZ. 1913, Sp. 646 ff.

eintretende äußere Umstände können möglicherweise nachträgliche Auflagen rechtfertigen[1]).

Für die Vernichtbarkeit der Polizeierlaubnis gelten die allgemeinen Sätze über die Vernichtbarkeit von Verwaltungsakten. Darüber hinaus enthält das Gesetz für Einzelfälle besondere Anweisungen, die dann die allgemeinen Bestimmungen ersetzen, wie z. B. §§ 40, 53 GewO. Die Möglichkeit des Widerrufs ist im Interesse der Rechtssicherheit meist beschränkt (z. B. § 42 Abs. 2 pr. PVG.)[2]).

c) Polizeizwang.

Der Polizei stehen als Mindestmaß diejenigen Zwangsmittel zur Verfügung, die auch von anderen Verwaltungsbehörden benutzt werden können. Darüber hinaus sind eine Reihe von landesrechtlichen weiteren Bestimmungen vorhanden.

Unter Beachtung dieser beiden Quellen sind die Polizeibehörden im allgemeinen — unbeschadet der strafgerichtlichen Verfolgung strafbarer Handlungen — befugt, die Befolgung eines polizeilichen Verwaltungsaktes, wenn er unanfechtbar geworden oder vorläufig vollstreckbar ist, durch Ausführung der zu erzwingenden Handlung auf Kosten des Pflichtigen, durch Festsetzung von Zwangsgeldern oder je nach den gesetzlichen Grundlagen nichtkriminelle Geldstrafen in gesetzlich festgesetzter Höhe oder durch unmittelbaren Zwang durchzusetzen. Fast in allen deutschen Ländern, so z. B. in Preußen durch § 55 PVG., waren sämtliche polizeilichen Zwangsmittel in den Polizeigesetzen vollständig und übersichtlich aufgezählt. Sie waren meist an die Stelle älterer in den Landesverwaltungsgesetzen enthaltenen Bestimmungen über den Verwaltungszwang im allgemeinen getreten. Wo nun, wie z. B. in der britischen Zone, die Zuständigkeit der Polizei beschränkt ist, ist jeweils zu prüfen, ob diese älteren Bestimmungen wieder aufleben[3]). Hinzutreten durch die verschiedenen Zonenmilitärregierungen erlassene Anordnungen zu einzelnen Zwangsmitteln. So hat die amerikanische Militärregierung zeitweilig Bedenken gegen die Auferlegung von Zwangsgeldern geäußert[4]). In den Ländern der russischen Zone ist polizeiliche Vorbeugehaft bis zu einem halben Jahr zulässig (z. B. thür. Gesetz vom 8. November 1945 — GS. S. 60 — und Rechtsvo. vom 17. November 1945 — GS. 1946, S. 49, wonach gegen

[1]) Pr. OVG. in: DJZ. 1906, Sp. 87 ff.

[2]) Pr. OVG. 80, 198. — Vgl. auch oben S. 174 ff.

[3]) Vgl. unten die Zusammenstellung über die Verwaltungspolizei, S. 394 ff.

[4]) Vgl. oben S. 287 Anm. 1).

Geschlechtskranke, die sich den auf Grund des Geschlechtskrankheitengesetzes getroffenen Maßnahmen der Gesundheitsbehörde entziehen oder gegen gewerbs- oder gewohnheitsmäßig Unzucht treibende Frauen polizeiliche Vorbeugehaft bis zu einem halben Jahr angeordnet werden kann).

Die schärfste Form des polizeilichen Zwanges ist die Anwendung von Waffengewalt. Gesetzliche Grundlage ist nach 1945 die Kontrollratsdirektive Nr. 16. Danach trägt die Polizei Waffen, um sie in die Lage zu setzen, sich an der Aufrechterhaltung von Recht und Ordnung tatkräftig beteiligen zu können. Die Waffenart ist genau vorgeschrieben. Nur die Gendarmerie oder die an ihre Stelle tretenden Polizeikräfte, also die auf dem flachen Land diensttuende Polizei und die Grenzpolizei ist mit Karabinern ausgestattet. Im übrigen sind nur Pistolen, Revolver und Knüttel erlaubt. Die Militärregierung behält sich weitgehend die Kontrolle des Waffengebrauchs vor.

7. Ausübung der Polizeigewalt in Deutschland

a) Die norddeutsch-preußische Lösung.

Die norddeutsch-preußische Regelung monopolisiert Polizei und Polizeigewalt im Staat, überträgt ihre Ausübung aber weitgehend nichtstaatlichen Stellen.

Was die ausübenden Stellen anlangt, so kann man dem Ausgangspunkt aller Polizeigewalt als Funktion der Gesellschaft entsprechend nicht erwarten, daß die Polizeibehörden immer streng von der sonstigen Verwaltung getrennt sind. Vielmehr durchdringt Polizei alle Teile der Verwaltung bald mehr bald weniger. Grundsätzlich sind sämtliche Behörden der inneren Verwaltung auch Polizeibehörden auf den ihrem Aufgabenbereich unterfallenden Lebensgebieten. Es ist lediglich eine Frage der Quantität, ob die innere Verwaltung polizeiliche Funktionen nur nebenbei und in geringem Umfang ausübt, wie z. B. das Bauwesen, Gesundheitswesen, der Bergbau, der Verkehr usw mit den entsprechenden Polizeisparten, oder ob die betreffende Behörde sich in erster Linie und vorwiegend um Sicherheit und Schutz der ihr anvertrauten Personen bemüht, wie dies die Sicherheitspolizei und die Kriminalpolizei tun.

Die enge Durchdringung der Polizei mit der sonstigen Verwaltung zwingt ihr in etwa deren Instanzenzug auf. So besteht in Preußen als Hauptunterschied seit langem eine Landespolizei für überörtliche Aufgaben und eine Ortspolizei. Es würde dem oben wiedergegebenen natürlichen Ausgangspunkt entsprochen haben, die Landespolizei von staatlichen, die Ortspolizei von örtlichen Instanzen, also in erster Linie von den Kommunen ausüben zu lassen. Zu dieser klaren Unterscheidung hat sich jedoch die preußische Lösung nie aufraffen können. Vielmehr wurde der natürliche Gedanke, daß die Ortspolizei als Polizei der örtlichen Interessen von den örtlichen Instanzen als Gemeindeangelegenheit verwaltet wird, wie das z. B. in der Reichsverfassung von 1849, § 184 oder der oktroyierten preußischen Verfassung von 1848, Artikel 104 zum Ausdruck gekommen war, durch das Prinzip des staatlichen Polizeimonopols durchkreuzt. Seit der Städteordnung von 1808 sind die beiden gegeneinander kämpfenden Strömungen dauernd zu beobachten. Seit dieser Zeit haben sich immer starke Kräfte gegen die Lösung, welche mehr oder weniger den Monopolanspruch des Staates verwirklichte, gewandt und verschiedene Einbrüche in das Monopolsystem erreicht. So wurde gegen Ende des 19. Jahrhunderts die sogenannte Verwaltungspolizei, also alle Polizeizweige außer Sicherheits- und Kriminalpolizei, dem staatlichen Einfluß immer mehr entzogen.

Auf diesen Grundlagen beruht die erste größere Kodifikation, das preußische Polizeigesetz vom 11. März 1850: An der Spitze der allgemeinen Polizeiverwaltung stand danach der preußische Minister des Innern. Die Landespolizei konzentrierte sich im Regierungspräsidenten, neben dem der übergeordnete Oberpräsident in Polizeiangelegenheiten fast ganz zurücktrat. Das Gesetz brachte die polizeilichen Funktionen des Landrats zu stärkerer Bedeutung, als es vorher der Fall war. Die Ortspolizei in den Städten unterstand nach den meisten preußischen Städteordnungen den Bürgermeistern oder, wo das Magistratssystem bestand, einem mit Genehmigung des Regierungspräsidenten bestellten Magistratsmitglied. Auf dem Lande war die Organisation nach Aufhebung der gutsherrlichen Polizeiverwaltung sehr verschieden. In den 7 östlichen Provinzen außer Posen verwaltete im Amtsbezirk als staatlicher Verwaltungsbezirk der dem englischen Friedensrichter nachgebildete Amtsvorsteher die Polizei (Kreisordnung vom 13. Dezember 1872, 19. März 1881, 26. Mai 1888), in Westfalen der Amtmann (Kreisordnung vom 31. Juli 1886), in der Rheinprovinz der Bürgermeister (Kreisordnung vom 30. Mai 1887, Landgemeindeordnung vom 23. Juli 1845), in Hessen-Nassau der Bürgermeister (Kreisordnung vom 7. Juni 1884, Landgemeindeordnung vom 4. August 1897), in Hannover der Landrat (Kreisordnung vom 6. Mai 1884).

Auch dort, wo Organe der Selbstverwaltung die Polizeigewalt ausüben, tun sie dies nicht als übertragene Selbstverwaltungsangelegenheit, sondern als direkte Staatsbehörde. Sie erhalten Befehle von ihren staatlichen Vorgesetzten als insoweit staatliche Beamte und sind irgendwelchen sonstigen Selbstverwaltungsorganen, etwa der Gemeindevertretung, nicht verantwortlich. Es ist jedoch selbstverständlich und nur menschlich, daß die Bürgermeister und sonstigen Selbstverwaltungsinstanzen, selbst wenn sie formell in Polizeidingen von der Gemeindevertretung unabhängig sind, die Stimmen und die Stimmung der übrigen Gemeindemitglieder berücksichtigen, so daß praktisch die Gemeinde nicht ohne Einfluß auf die Ausübung der Polizei war. Das wurde von sämtlichen Beteiligten sehr genau erkannt und war der Ausgangspunkt einer Bewegung, welche den Einfluß der Selbstverwaltung auch über die Praxis verringern wollte. Die wiederum die Monopolstellung des Staates in den Vordergrund schiebende Ansicht errang erhebliche Erfolge durch die Schaffung selbständiger Polizeibehörden für gewisse Zwecke an bestimmten Orten.

In gesetzlichem Umfange konnten nämlich statt der Gemeindeorgane staatliche Behörden oder Beamte mit der Verwaltung der Polizei vom preußischen Innenminister beauftragt werden. Die Selbstverwaltung war lediglich an der Einrichtung derartiger Behörden beteiligt (z. B. preußisches Gesetz vom 19. Juli 1911). Sobald die Behörden errichtet waren, schied jeder Einfluß von Organen der Selbstverwaltung aus. Solche rein staatlichen Polizeibehörden, nämlich Polizeipräsidenten und Polizeidirektoren, wurden in zunehmendem Maße begründet.

Das Polizeirecht in Preußen wurde neu zusammengefaßt durch das Polizeiverwaltungsgesetz vom 1. Juni 1931. Dieses Gesetz bringt hinsichtlich der Ausübung der Polizeigewalt keine grundsätzliche Neuerung, sondern baut auf der bisherigen Entwicklung weiter. Nach § 1 ist die Polizei Angelegenheit des Staates. Nach § 2 sind die ordentlichen Polizeibehörden: a) die Landespolizeibehörden, b) die Kreispolizeibehörden, c) die Ortspolizeibehörden. Nach § 3 sind die Landespolizeibehörden die Regierungspräsidenten. Kreispolizeibehörden sind, soweit auf Grund des § 6 staatliche Polizeibehörden bestellt sind, die Landräte, in Stadtkreisen die Bürgermeister. Ortspolizeibehörden sind, soweit auf Grund des § 6 staatliche Polizeibehörden bestellt sind, die staatliche Polizeibehörde, im übrigen in Stadtkreisen und in den Städten, die nach einer der geltenden Städteordnungen verwaltet werden, die Bürgermeister, auf dem Lande die bisherige Polizeibehörde. Für die Rheinprovinz blieben die Amtsbürgermeister, in Westfalen die Amtmänner, mithin in der bisherigen Weise die Ortspolizeibehörden. Die Rechtsstellung der Kreispolizeibehörden und Ortspolizeibehörden blieb die gleiche wie bisher, d. h. sie waren staatliche Organe, welche von Personen, die zugleich Organe der Selbstverwaltung waren, innegehalten und ausgeübt wurden. Hierdurch war wie früher ein tatsächlicher Zusammenhang zwischen der Orts- und Kreispolizei und den Kommunen und Kommunalverbänden gewahrt. Die Einrichtung ausschließlich staatlicher Ortspolizeibehörden regelte § 6: Der Minister des Inneren konnte in einzelnen Ortspolizeibehörden oder Teilen von Ortspolizeibehörden die Verwaltung der Ortspolizei ganz oder teilweise besonderen Polizeibehörden übertragen. Wo die Ortspolizei mit der Kreispolizei zusammenfiel, wie z. B. in den Stadtkreisen, wurde die staatliche Polizei in diesen eingesetzt. Beim Zusammenbruch bestanden in fast allen größeren Städten derartige staatliche Polizeibehörden, die also von der Selbstverwaltung fast völlig losgelöst waren.

Die Mitwirkung der Selbstverwaltung beschränkte sich auf das Zustandekommen von Polizeiverordnungen. Nach § 25 bedurften die vom Oberpräsidenten zu erlassenden Polizeiverordnungen der Zustimmung des Provinzialrates, nach § 26 bedurften die vom Regierungspräsidenten zu erlassenden Polizeiverordnungen der Zustimmung des Bezirksausschusses, nach § 27 bedurften die Kreispolizeiverordnungen der Zustimmung des Kreisausschusses; nach § 28 konnten in Gemeinden von mehr als 5000 Einwohnern die Ortspolizeibehörden Polizeiverordnungen nur mit Zustimmung des Gemeindevorstandes erlassen. § 29 bestimmte ausdrücklich: Soweit auf Grund des § 6 staatliche Polizeibehörden bestellt sind, können diese Polizeiverordnungen für das Gebiet ihres Verwaltungsbezirks oder für einzelne Teile des Bezirks erlassen. Sie bedürfen dazu der Zustimmung des Gemeindevorstandes.

Die Verreichlichung der Polizei, wie sie der Erlaß über die Einsetzung eines Chefs der deutschen Polizei im Reichsministerium des Innern vom 17. Juni 1936 einleitete, berührte die Zustände in Preußen kaum. Man war sich darüber einig, daß § 1 des Polizeiverwaltungsgesetzes nunmehr zu besagen hätte: Die Polizei ist Angelegenheit des Reiches. Soweit nicht nach § 6 Polizeiverwaltungsgesetz unmittelbar staatliche Polizeibehörden eingesetzt waren, blieb die Verwaltung der Orts- und Kreispolizei in der bisherigen Weise in den Händen der Selbstverwaltungsorgane.

b) Süddeutsche Lösung.

In Bayern lag die oberste Leitung der Polizei beim Innenministerium. Unter ihm besorgte in den Regierungsbezirken die Kreisregierung die gesamte Landespolizei. In den Verwaltungsdistrikten unterstanden diesen die Bezirksämter als Distriktspolizeibehörden. Bei der Ortspolizei zeigt sich der grundsätzliche Unterschied zur norddeutsch-preußischen Lösung. Die Ortspolizei war Selbstverwaltungsangelegenheit. Sie gehörte zu den „eigentlichen" Gemeindeangelegenheiten (Artikel 84 rechtsrheinische, Artikel 63 pfälzische Gemeindeordnung von 1896). Den unmittelbar der Kreisregierung unterstellten Städten kamen auch die den Distriktspolizeibehörden vorbehaltenen polizeilichen Befugnisse zu. Die Staatsregierung hatte lediglich einige ihr vorbehaltene Rechte, welche sich auf den Staatsverband überschreitende Angelegenheiten beschränkte.

Die Polizeiverwaltung, die über den Rahmen des Gesetzes hinaus den Gemeinden nicht entzogen werden konnte, stand in den rechtsrheinischen und den ihnen gleichgestellten Gemeinden mit Stadtratsverfassung dem Magistrat zu, und zwar so, daß dem Bürgermeister die „Leitung" und die „Erledigung" derjenigen Geschäfte überwiesen war, welche sich zur kollegialen Behandlung nicht eigneten (Artikel 92/94 rechtsrheinische Gemeindeordnung). Im übrigen war der Bürgermeister der alleinige Polizeiverwalter (Artikel 138 rechtsrheinische, Artikel 71 pfälzische Gemeindeordnung). Der Erlaß polizeilicher Vorschriften war den kollegialen Gemeindeorganen vorbehalten.

In W ü r t t e m b e r g waren unter dem Innenministerium als Staatsbehörden in Polizeiangelegenheiten die Kreisregierungen und in den Bezirken die Oberämter tätig (Bezirksordnung vom 28. Juli 1906). Die Handhabung der Ortspolizei stand nach der Gemeindeordnung vom 28. Juli 1906 den Gemeinden zu, und zwar nach dem Gesetz selbst trotz gegenteiliger offenbar von Norddeutschland her beeinflußten Auffassungen, entsprechend der geschichtlichen Entwicklung in Württemberg nicht als übertragene Selbstverwaltungsaufgaben, sondern als Teil der eigenen Selbstverwaltung. Dem entsprach es, daß in der Gemeindeordnung eine Übertragung der Polizei auf eine staatliche Behörde, sei es ganz oder teilweise, nicht vorgesehen war und nur durch besonderes Gesetz erfolgen konnte. Die Verwaltung der Polizei lag in den Gemeinden beim Ortsvorsteher. Der Gemeinderat nahm nur in gesetzlich bestimmtem Umfange an der Verwaltung teil. In den Städten mit mehr als 10 000 Einwohnern konnten durch Gemeindesatzung mit staatlicher Genehmigung besondere städtische Polizeiämter errichtet werden.

Die gesamte Gemeindepolizei unterstand der Kommunalaufsicht grundsätzlich genau so wie jede andere Selbstverwaltungsaufgabe. Jedoch war das Bestreben des Staates nicht zu verkennen, seine Aufsichtsbefugnisse auszudehnen.

In B a d e n gehörte die Ortspolizeiverwaltung nach der Städteordnung zu den der Gemeinde übertragenen Angelegenheiten. Darüber hinaus hatte der Staat das Recht, „ausnahmsweise einzelne Zweige einer besonderen vom Staate aufgestellten Polizeistelle zuzuweisen". Hiervon wurde für alle größeren Städte Gebrauch gemacht, so daß sich diese Regelung der norddeutsch-preußischen näherte. Im übrigen war Polizeiorgan der Gemeinde der Bürgermeister, welcher die Ortspolizei „unter der ununterbrochenen Aufsicht des Staates" verwaltete und dabei nicht bloß den Gesetzen, sondern auch den Verordnungen und Instruktionen der höheren Staatsbehörde unterworfen war.

Das im wesentlichen auf dem Grundsatz der Selbstverwaltung beruhende Polizeisystem mußte Schritt für Schritt vor staatlichen Ansprüchen zurückweichen. Eine staatliche Polizeidirektion in München wurde bereits 1808 eingerichtet. Weitere staatliche Polizeiverwaltungen folgten für alle größeren Städte nach dem ersten Weltkrieg. Die staatlichen Dienststellen hießen Polizeidirektionen, und die Behördenleiter in München und Nürnberg-Fürth führten die Amtsbezeichnung Polizeipräsident. Die Verreichlichung der Polizei von 1936 brachte die Entwicklung zum Abschluß und hob damit gleichzeitig den Grundgedanken der bis dahin immer noch herrschenden, von der kommunalen Verwaltung der Polizei ausgehenden süddeutschen Regelung endgültig auf.

In Württemberg wurden die Polizeikräfte in den größeren Städten erst im Jahre 1923 verstaatlicht. Auch diese Entwicklung fand durch die Verreichlichung vom Jahre 1936 ihren Abschluß.

c) Gegenwärtige Lösung in den Ländern der amerikanischen Zone.

Hier wurde die Polizei nach 1945 am schnellsten wieder aufgebaut. Man knüpfte an die Vorgänge vor 1933 wieder an und kam so schnell zu einer neuen Polizeiorganisation. Der Zusammenbruch hatte den Polizeiapparat als einen wesentlichen Bestandteil des gesamten Staatsgebäudes vernichtet. Die Militärregierung gab am 7. Juli 1945 durch einen Befehl des Hauptquartiers der US-Streitkräfte über die Verwaltung der Militärregierung in der US-Zone in Deutschland, Absatz VIII, Bestimmungen über den deutschen Polizei- und Feuerwehrdienst. Hierdurch wurde die zentralisierte deutsche Staatspolizei aufgelöst und der Wiederaufbau der Polizeiorganisation in dezentralisierter Form angeordnet. Es gibt nunmehr eine Gemeindepolizei, eine Landespolizei, eine Landgrenzpolizei, eine Land- und Wasserschutzpolizei sowie sonstige Sonderpolizeien, deren Errichtung nach besonderer Vorprüfung durch die Militärregierung möglich ist. (Vgl. auch letter of instruction vom 21. September 1949.)

In Gemeinden mit mehr als 5000 Einwohnern muß eine kommunale Polizeiverwaltung errichtet werden. Auch kleinere Gemeinden können das tun. In all diesen Fällen untersteht die Polizei dem Gemeindevorstand, der seinerseits einen Polizeivorstand bestimmt, welcher je nach der Größe des Polizeikörpers Polizeipräsident, Polizeidirektor, Polizeiverwalter, Polizeichef heißt. Die Polizeilasten werden teils von den Gemeinden, teils vom Staat getragen. Auf dem Wege über den Kostenzuschuß übt der Staat einen gewissen Einfluß auf das kommunale Polizeiwesen aus.

Für Gemeinden unter 5000 Einwohnern ist die Landpolizei vorhanden. Sie ist eine staatliche Einrichtung und untersteht dem Innenministerium. Die nächst niedrigere Instanz sind die Regierungspräsidenten mit ihren Polizeidezernaten, die den früher in Süddeutschland vorhandenen Gendarmeriebezirksleitungen entsprechen. Die unterste Instanz befindet sich bei den Kreisen.

Zur Überwachung der Zonengrenze nach dem Osten und der Landesgrenze Bayerns nach Österreich besteht eine staatliche Grenzpolizei.

Die Zusammenarbeit zwischen der Land- und der Kommunalpolizei erfolgt auf der Grundlage gegenseitiger nachbarlicher Hilfe ohne Befehl.

Die Kriminalpolizei ist in die einzelnen Polizeiinstanzen eingegliedert, während die Verwaltungspolizei auf die Kommunen überführt wurde als Amt für öffentliche Ordnung oder dgl.

In ihren Mitteln ist die Polizei weitgehend beschränkt worden, sowohl durch das Verbot des Erlasses von Polizeiverordnungen als auch durch die Verminderung der ihr zur Verfügung stehenden Zwangsmittel[1]).

d) Gegenwärtige Lösung in der britischen Zone.

Die erste zusammenfassende Anweisung der Militärregierung über den Aufbau der Polizei enthält eine nicht veröffentlichte Instruktion vom 23. September 1945. Danach wird die Verwaltungspolizei von der Sicherheitspolizei und Kriminalpolizei getrennt. Für einzelne Länder ergingen zusätzliche Anordnungen (z. B. Hamburg VO. vom 29. November 1945 — VOBl. 5/46 S. 5 —). Die Verwaltungspolizei untersteht nunmehr den Selbstverwaltungsorganen und ist kommunalisiert. Sie wird seither als Ordnungsdienst, Ordnungsamt oder dgl. bezeichnet.

Polizei ist nur noch die organisatorisch verschmolzene Sicherheits- und Kriminalpolizei. Die Aufgaben der Kriminalpolizei werden innerhalb der einzelnen Dienststellen meist von besonderen Beamten in besonderen Abteilungen erledigt.

Die britische Besatzungszone wurde von der Militärregierung in 39 Polizeibezirke eingeteilt. Örtlich umfaßt ein solcher Bezirk entweder einen Regierungsbezirk oder eine Stadt über 100 000 Einwohnern. Hinzukommen 5 Bezirke der Wasserpolizei[2]).

---

[1]) Vgl. oben S. 368.

[2]) Die Wasserschutzpolizei ist in Gruppen zusammengefaßt, und zwar: Gruppe Rhein für das Rheinstromgebiet mit den Rheinhäfen, Gruppe Recklinghausen für das Kanalnetz zwischen Rhein und Weser bis zur russischen Zonengrenze. Sachlich ist sie zuständig für die Aufrechterhaltung der Ruhe und Ordnung, die schiffahrtpolizeiliche Exekutive, die kriminalpolizeilichen Ermittlungen und die Fischereiüberwachung. Die Gruppe Bremen ist nunmehr verselbständigt.

Der Bezirk zerfällt in Gruppen, diese in Abschnitte, diese in Reviere und schließlich in Posten. Alle Polizeidienststellen nehmen Befehle entgegen nur von ihren Vorgesetzten, nicht von anderen Verwaltungsdienststellen. Zunächst bestand keine dienstliche Verbindung zwischen den Polizeidienststellen und den in deutschen Händen liegenden Verwaltungsbehörden.

Ende 1946 jedoch wurden die Polizeibefugnisse in weitem Umfang auf deutsche Stellen übertragen. Die britische Militärregierung machte hierbei eine Reihe von Auflagen (brit. VO. Nr. 135), die zu erfüllen sind. Sie wünscht die Übertragung englischer Polizeieinrichtungen auf deutsche Verhältnisse. Das ganze System, wie es auf Grund dieser Unterlagen in den Ländern der britischen Zone entstanden ist, wird daher nur verständlich durch eine Betrachtung der Verhältnisse der englischen Polizei.

Bis zum Jahre 1829 bestand die englische Polizei aus Personen, die die einzelnen Gemeinden (Kirchspiele, parishes) als Konstabler wählten. Diese Konstabler waren ehrenamtlich tätig und unterstanden dem Sheriff, dem obersten Grafschaftsbeamten.

In Wirklichkeit versahen die gewählten Konstabler den Dienst nicht, sondern stellten bezahlte Vertreter, die jedoch häufig polizeilichen Anforderungen nicht gewachsen waren. Im Jahre 1829 nahm das Parlament einen Gesetzesentwurf an, eingebracht durch den Innenminister Sir Robert Peel, wonach zunächst in der Stadt London eine Polizei aus fest angestellten und besoldeten Polizisten gebildet wurde. (Hierdurch der Name Bobbies nach dem Vornamen des Innenministers.) Sie wurde unter dem Namen Metropolitan-Police zusammengefaßt. Die mit ihr gemachten guten Erfahrungen gaben Anlaß, eine derartige Polizei auch in anderen Städten anzuführen. Bereits im Jahre 1835 verabschiedete das Parlament ein Gesetz, wonach alle gewählten Stadt- und Großstadträte (Town Councils) ein Polizeikomitee und eine eigene Berufspolizei schaffen sollten. Hiermit entstand eine örtliche Polizeibehörde, die verantwortlich für die Polizeipflichten des betreffenden Bezirks, also zunächst der Stadt oder Großstadt war. Das Land folgte diesem Vorbild durch das Polizeigesetz von 1856, welches auch den Grafschaften (Counties) und allen noch nicht erfaßten Gebieten die Aufstellung einheitlicher Polizei auf eigene Kosten zur Pflicht macht. Auch für jede Grafschaft wurde ein besonderes Polizeikomitee geschaffen. Zur Zeit gibt es in England und Wales 106 Ortspolizeibehörden und 51 Grafschaftspolizeibehörden. Die ersteren entsprechen der Stadtkreispolizei, die letzteren der Regierungsbezirkspolizei.

Für die Polizei besteht kein zentrales Verwaltungssystem. Trotzdem wird eine Einheitlichkeit des Polizeiwesens durch staatliche Zentralstellen insbesondere auf dem Wege der Finanzprüfung erreicht. Durch die im Jahre 1856 gesetzlich festgelegte Einsetzung von Polizeiinspektoren, die als Staatsbeamte dem Innenministerium unterstehen, werden jährlich sämtliche Polizeien der Grafschaften und Städte besichtigt. Dadurch erlangt der Staat ein wirksames Mittel, alle Mißstände bei den einzelnen Polizeien zu beseitigen und eine große Einheitlichkeit herzustellen. Wenn den Anordnungen des Staates durch die polizeiliche Selbstverwaltung nicht Folge geleistet wird, kann der Staat den Kostenzuschuß, der etwa 50% der Polizeikosten beträgt, sperren. Die Selbstverwaltungen werden so an ihrer empfindlichsten Stelle getroffen und fast stets veranlaßt, den Anordnungen des Innenministeriums Folge zu leisten. Die Verfeinerung der Technik hat zur Folge, daß wichtige Polizeieinrichtungen, wie z. B. das System der polizeilichen Nachrichtenübermittlung, medizinische Apparate usw. zentral vom Staat den einzelnen Polizeien zur Verfügung gestellt werden.

Als beratende Stelle steht dem Innenminister für Polizeifragen das Police-Council zur Verfügung, das sich aus Vertretern der verschiedenen Polizeibehörden, der örtlichen Polizeichefs, der höheren Polizeibeamten und Vertretern der Polizei-Berufsorganisation (police-federation) zusammensetzt.

Von den zur Zeit bestehenden Polizeiorganisationen ist die Metropolitan-Police die einzige staatliche Polizei. Sie untersteht unmittelbar dem Innenminister, dem seinerseits ein entsprechender Stab von Hilfskräften zur Verfügung steht. Sie ist in mehrere Bezirke aufgegliedert.

Der Fortbestand der City-of-London-Police, welche für den inneren Kern der Hauptstadt zuständig ist, ist historisch zu erklären. An ihrer Spitze steht ein kommunaler Polizeiverwalter; in ihrem Aufbau ist sie, wie nicht anders möglich, weitgehend der zunächst genannten Polizei angepaßt.

Stadtpolizeien sollten ursprünglich in jeder Stadt über 100 000 Einwohnern gebildet werden. Die Mehrzahl der kleineren Städte hat jedoch die Wahrnehmung ihrer polizeilichen Aufgaben aus finanziellen Gründen auf die Grafschaft übertragen. Ortspolizeibehörde und damit verantwortlich für die Ausübung der Polizeigewalt ist der alljährlich aus dem Stadtrat gebildete Polizeiausschuß (Watch-Comitee). Dieses Komitee ist unter anderem zuständig für die Einstellung, Beförderung und Entlassung der örtlichen Polizeibeamten. Ihm unterstellt mit der Aufgabe, die richtige Führung der Polizei vorzunehmen, also den Einsatz der Polizeikräfte zu leiten, ist der Polizeichef (Chief of police). Bei größeren Städten ist die Polizei in einzelne Divisionen oder Unterdivisionen eingeteilt.

Ortspolizeibehörde für die Grafschaftspolizei ist ebenfalls ein Polizeiausschuß (standing yoint comitee), der sich aus Vertretern des Grafschaftsrates und ehrenamtlichen Personen zusammensetzt. Den Einsatz der Polizei leitet unter der Verantwortung des Komitees der Chief-constable. Die Aufgaben des Komitees sind im wesentlichen die gleichen wie bei der Stadtpolizei, jedoch liegt ein sehr wichtiges Recht, nämlich dasjenige der Ernennung, Beförderung und Entlassung der Polizeibeamten beim Chief-constable.

Die Tätigkeit der englischen Polizei erschöpft sich in der Aufrechterhaltung der öffentlichen Ordnung und Sicherheit. Alle mit Verwaltungsangelegenheiten zusammenhängenden Aufgaben werden von ihr nicht erledigt. Man ist bewußt bestrebt, das Büropersonal und den Bürodienst möglichst einzuschränken. Eine wichtige Aufgabe der Polizei ist die Verkehrsregelung und die Überwachung des Straßenverkehrs. Eine zentral geleitete Kriminalpolizei gibt es in England nicht. Bei jeder Polizeiverwaltung besteht eine eigene selbständige Kriminalabteilung, die dem örtlichen Polizeichef genau so untersteht wie die übrigen Polizisten. Infolgedessen gibt es auch keine organisatorische Trennung zwischen Kriminalpolizei und Sicherheitspolizei. Allein wegen ihres tatsächlichen Schwergewichts hat sich die Kriminalabteilung der Groß-Londoner Polizei (Scottland yard) eine besondere Stellung erobert. Sie wird auch außerhalb des Gebietes von Groß-London bei allen wichtigen Dingen, welche die örtliche Kriminalpolizei nicht klären kann, hinzugezogen. Bei ihr bestehen u. a. eine Zentrale des englischen Erkennungsdienstes, eine zentrale Nachrichtensammelstelle für gefährliche Verbrecher und eine Verbrecherstatistik. Sie ist in besonderem Maße mit allen Erleichterungen der Technik auf funkentelegrafischem Gebiet usw. ausgestattet.

Die Länder der britischen Zone haben gemäß der Auflage der Militärregierung einen Teil des englischen Vorbildes übernehmen müssen. Am nächsten dem englischen System kommen die Regelungen in Nordrhein-Westfalen (Gesetz über den vorläufigen Aufbau der Polizei vom 9. Mai 1949 — GVBl. S. 143 —) und Niedersachsen (Gesetz vom 23. September 1947 i. d. F. vom 10. März 1950 — GVBl. S. 13 —).

Nach diesen untereinander sehr ähnlichen Regelungen befassen sich mit Polizeiangelegenheiten die Innenministerien der Länder, die Polizeiausschüsse, die Chefs der Polizei, die Gemeinden und die Regierungspräsidenten.

Das Land ist zuständig für die Gesetzgebung und Verwaltung auf dem Gebiet der Polizei.

Der Innenminister des Landes ist als Polizeiaufsichtsbehörde die höchste polizeiliche Instanz. Ihm obliegt insbesondere die zentrale Lenkung. Zu diesem Zweck hat er das Recht, einheitliche Richtlinien und Ausführungsbestimmungen zu erlassen. Das ist insbesondere möglich für das Gebiet der Einstellung von Polizeibeamten, ihre Besoldung und Pensionierung und für das Dienststrafrecht. Sodann obliegt ihm die allgemeine Haushaltsüberwachung. Er hat den Chef der Polizei und den Geschäftsführer des Polizeiausschusses zu bestätigen. Er ist Landespolizei in überörtlichen Angelegenheiten. Zur Beratung in Verwaltungsangelegenheiten steht ihm ein vom Landtag ernannter Polizeisenat zur Seite. Polizeitechnische Aufgaben erledigt unter seiner Leitung ein Polizeiinspektorat. Er ist Beschwerdeinstanz bei Entlassungen von Polizeibeamten durch den Chef der Polizei. Zur Bekämpfung eines überbezirklichen Notstandes kann der Innenminister einen Plan für die angemessene Verstärkung der Polizeieinheiten aufstellen und in Kraft setzen.

Polizeibehörden bestehen in den von der Militärregierung eingerichteten Bezirken. Der Polizeiausschuß vertritt die Polizeibehörde gerichtlich und außergerichtlich. Er ist verantwortlich für Leistungsgrad, Stärke, Betreuung der Polizei. Er hat die höheren Polizeibeamten zu ernennen und zu befördern. Er hat die Haushaltspläne vorzubereiten und ist für die gesamten wirtschaftlichen Arbeiten zuständig. Er ist Anstellungsbehörde für alle Beamten, Angestellten und Arbeiter. Der Polizeiausschuß wählt aus seiner Mitte einen Vorsitzenden und ferner einen Geschäftsführer, der die laufenden Geschäfte insbesondere zwischen den Sitzungen erledigt. Mitglied des Polizeiausschusses können nur Mitglieder der Stadt- und Kreisparlamente sein. Die Ausschüsse der Stadtkreispolizeien werden so aus Stadtverordneten gebildet, die Ausschüsse der Regierungspolizeien aus Mitgliedern der Kreistage, die entsprechend ihrer Größe im Ausschuß vertreten sind.

Der Chef der Polizei ist zuständig für den Einsatz der Polizeibeamten bei der Durchführung des Polizeidienstes. Er ernennt, befördert und entläßt die niederen Polizeibeamten. Hinsichtlich der höheren hat er ein Vorschlagsrecht bei dem Polizeiausschuß. Er wird vom Innenminister ernannt und untersteht seiner Aufsicht und derjenigen des Inspektors, doch ist er ihren Weisungen nicht unterworfen.

Die Gemeinde hat keine materielle Zuständigkeit, ebensowenig der Kreis für die Regierungsbezirkspolizei. Gemeinden und Gemeindeverbände sind die Finanzträger der Polizeikosten, wozu allerdings das Land einen Beitrag leistet. Die Gemeindevertretung hat das Recht, den Polizeiausschuß zu wählen und übt dadurch indirekt einen Einfluß auf die Arbeiten des Polizeiausschusses aus.

Der Regierungspräsident ist lediglich Aufsichtsbehörde über den Polizeiausschuß des Regierungsbezirks. Er kann einen Geschäftsführer vorschlagen. Er prüft die Haushaltspläne der Polizei.

In Hamburg steht an der Spitze der Polizeiorganisation ein Polizeisenator, der einen Polizeiausschuß aus zwölf Senatoren neben sich hat. Den Einsatz leitet ein nach den Weisungen des Polizeisenators arbeitender Polizeichef (Gesetz über die Polizeiverfassung vom 7. November 1947 — GVBl. S. 73 —).

Schleswig-Holstein hat eine im wesentlichen staatliche Polizei eingeführt (Gesetz vom 4. Januar 1947 — GVBl. S. 11 —). An der Spitze steht der Innenminister, der die Geschäfte durch einen Landespolizeidirektor führen läßt.

e) Die gegenwärtige Lösung in der französischen Zone.

In den Ländern der französischen Zone besteht die Tendenz, die Polizei zu verstaatlichen oder ihren staatlichen Charakter beizubehalten. Eine zoneneinheitliche Regelung ist nicht getroffen. Maßgeblich sind die Anordnungen der einzelnen Länder.

In jedem Land gibt es eine einzige und zwar staatliche Polizei (Anordnung vom 18. Januar 1946 südwürttemb.-hohenz. Amtsblatt S. 2; rheinl.-pfälz. Landesverordnung vom 18. Mai 1947; südb. Verordnung vom 25. Juni 1947). Sie ist in drei Stufen aufgebaut. An der Spitze steht das Landespolizeipräsidium oder die Landespolizeidirektion als Landespolizeibehörde und Abteilung des Innenministeriums. Ihm unterstellt sind die Kreispolizeibehörden unter den Landräten und diesen wieder die Ortspolizeibehörden unter den Bürgermeistern. An Stelle des Bürgermeisters, der Kommunalbeamter ist, kann für die Ortspolizei vom Innenministerium ein staatlicher Polizeiverwalter bestimmt werden. Die Verteilung der Polizeikräfte über das ganze Land erfolgt nach bestimmten von der Zentralstelle ausgearbeiteten Schlüsseln.

Die Kriminalpolizei ist den örtlichen Polizeidienststellen eingegliedert und deren Chefs unterstellt. Beim Innenministerium befindet sich innerhalb der Polizeidirektion oder des Polizeipräsidiums ein Kriminalpolizeiamt.

Die Strompolizei untersteht dem Innenminister unmittelbar. Eine besondere Grenzpolizei gibt es nicht mehr. Ihre Aufgaben werden von den örtlichen Polizeidienststellen erledigt.

Die Aufgaben der Polizei sind nahezu die gleichen geblieben wie früher. Die Kriminalpolizei ist außer für die Aufklärung von Straftaten auch zuständig für die Aufsicht über die Presse, über Vereine und Versammlungen und die Überwachung des Fremdenverkehrs.

d) Innerhalb der westdeutschen Bundesrepublik ist gemeinsamer Einsatz von mehreren Ländern angehörenden Polizeikräften möglich: Zur Abwehr einer drohenden Gefahr für den Bestand oder die freiheitliche demokratische Grundordnung des Bundes oder eines Landes kann ein Land die Polizeikräfte anderer Länder anfordern. Ist das Land, in dem die Gefahr droht, nicht selbst zur Bekämpfung der Gefahr bereit oder in der Lage, so kann die Bundesregierung die Polizei in diesem Lande und die Polizeikräfte anderer Länder ihren Weisungen unterstellen (Art. 91 westd. GG.).

f) Die gegenwärtige Lage in der russischen Zone.

In den Jahren 1945 und 1946 wurde zunächst eine kommunale Polizei geschaffen.

Dann erfolgte eine straffe Zentralisation der Sicherheits- und Verwaltungspolizei für jedes Land bei der Landespolizeibehörde. Diese Behörden sind nunmehr der Zuständigkeit der Länder entzogen und allein der Abteilung Polizei bei der Deutschen Verwaltung des Inneren (DVdI.) unterstellt. Der Präsident der DVdI. ist oberster Polizeichef für die ganze Zone mit dem Sitz in Berlin. Den Landespolizeibehörden unterstehen Kreis- und Stadtpolizeidienststellen.

Durch Befehl der Militärregierung vom 1. April 1948 wurde die Polizeistärke auf 200 bis 250 Mann je Kreis festgesetzt.

Die Kriminalpolizei ist der übrigen Polizei eingegliedert, an der Spitze das Zonenkriminalamt mit sieben Referaten in der Abteilung Polizei der DVdI. Der Leiter des Referates K 5, politische Polizei, kann selbständig ohne Befragen von Staatsanwaltschaft oder Gericht Haftbefehle erlassen (Befehl 201 der SMAD.). Die Vorgänge des Referates 5 gehen an den Sonderbeauftragten für die Ausführung des Befehls 201 (Verfolgung profaschistischer Elemente) bei den Landgerichten weiter.

Jeder Dienststellenleiter einer jeden Instanz hat zwei Stellvertreter. Der erste, mit der Dienstbezeichnung „Kommissar", hat alle Schriftstücke des Leiters gegenzuzeichnen.

8. Sicherheitspolizei

a) Begriff.

Rechtssicherheitspolizei oder Sicherheitspolizei im engeren Sinn ist die Abwehr von Gefahren, die der Rechtsordnung durch den bösen Willen der Menschen drohen. Es muß sich hierbei um den Schutz der bestehenden Rechtsordnung handeln. Der Schutz anderer Interessen ist nicht Aufgabe der Sicherheitspolizei. Die Sicherheitspolizei befaßt sich mit menschlichen Handlungen oder auch mit Begebenheiten, die der Rechtsordnung erst in Zukunft drohen.

b) Organisation.

Eine Unterscheidung der einzelnen Polizeizweige beruht darauf, daß sie sich mit verschiedenen Gegenständen befaßt. Seit dem Beginn des 19. Jahrhunderts wurde es üblich, die einzelnen Polizeizweige mit dem Namen ihres Arbeitsgebiets zu bezeichnen, also z. B. Verkehrspolizei für die Ordnung des Verkehrs, Fremdenpolizei für die Gefahrabwendung auf dem Gebiet des Fremdenwesens, Baupolizei für das Bauwesen usw.[1]). Alle diese Zweige gehörten aber weiterhin inhaltlich und weitgehend auch organisatorisch zur Sicherheits- und Ordnungspolizei, die für die Gefahrabwendung im Sinne von z. B. § 10 II 17 pr. ALR. oder § 14 pr. PVG. zuständig ist.

Seit einiger Zeit hat sich neben diesen alten Begriff der Sicherheits- und Ordnungspolizei der neue Begriff der Sicherheitspolizei im engeren Sinne herausgebildet. Er wird in Gegensatz gebracht zur Verwaltungspolizei und ist nur in diesem Gegensatz verständlich.

Meist gibt die gesetzliche Regelung den Umfang der sicherheitspolizeilichen Zuständigkeit an, so z. B. § 143 pr. LVG., § 35 thür. LVO., § 9 sächs. VO. vom 15. September 1922. Stets ist die Sicherheitspolizei zuständig für die Abwehr der Rechtsordnung drohender rechtswidriger Angriffe. Die äußeren Grenzen jedoch sind nicht einheitlich. So weisen manche Regelungen z. B. die Polizei der erfahrungsgemäß Rechtswidrigkeiten begünstigenden Tätigkeiten oder die Fürsorge für die Verkehrswege der Sicherheitspolizei, andere wieder der Verwaltungspolizei zu.

Alle diese Grundlagen sind weitgehend noch heute von Bedeutung. Eine starke Beschränkung ihrer Zuständigkeit hat die Polizei nur in der britischen Zone erfahren. Nach englischem Vorbild ist die Sicherheitspolizei hier im wesentlichen auf den Straßendienst beschränkt.

---

[1]) Das Feuerlöschwesen ist nur durch Gesetz vom 23. 11. 1938 — RGBl. I, S. 1662 — mit Rücksicht auf den erwarteten Krieg in das Polizeiwesen einbezogen worden. Traditionsgemäß gehört es zur Kommunalverwaltung, vgl. z. B. bayr. Gesetz vom 17. 5. 1946 — GVBl. S. 297 —, württemb.-hohenz. Statut v. 27. 4. 1947 — RegBl. S. 77 —, nordrh.-westf. Gesetz vom 2. 6. 1948 — GVBl. S. 205 —, schlesw.-holst. Gesetz vom 3. 2. 1948 — GVBl S. 29 —, hamb. Gesetz vom 8. 8. 1947 — GVBl. 55 —, nieders. Gesetz vom 21. 3. 1949 — GVBl. S. 66 —, thür. Gesetz vom 19. 11. 1948 — RegBl. I, S. 107 —, brand. Gesetz vom 12. 10. 1947 — GVBl. I, S. 25 —. Seit 1949: Feuerschutzzeitung „Brandschutz" mit Landesbeilage, Verlag Kohlhammer, Stuttgart.

Die Sicherheitspolizei ist seit langem uniformiert. Sie arbeitet je nach der herrschenden politischen Richtung in mehr oder weniger ausgeprägten militärischen Formen.

c) Mittel.

Die hauptsächlichsten Mittel der Sicherheitspolizei sind die Haft, die Beschlagnahme, die Durchsuchung, die Auskunfterteilung, manchmal noch die Aufenthaltsbeschränkung oder die Landesverweisung. Alle ihre Mittel sind trotz manchmal vorhandener Übereinstimmung der Namen von den Mitteln der Kriminalpolizei scharf zu unterscheiden.

Die Polizeihaft ist meist Schutzhaft. Sie ist die Vollstreckung eines Verwaltungsaktes, der möglicherweise gleichzeitig mit der Anordnung der Haft ergeht. Das Mittel kann angewandt werden, wenn das Gesetz Schutzhaft zuläßt[1]).

Die durch die Sicherheitspolizei durchgeführte Beschlagnahme steht neben der strafprozessualen. Während aber die letztere nur in den in der Strafprozeßordnung angeführten Fällen möglich ist und im allgemeinen nur vom Gericht verhängt werden darf, ist die polizeiliche Beschlagnahme zur Verhinderung von Schädigungen der Rechtsordnung und im Rahmen der allgemeinen Polizeibefugnisse zulässig.

Beispiel:

Ein Gendarm, der nicht Hilfsbeamter der Staatsanwaltschaft ist, beschlagnahmt frisch gefangene Fische, die seiner Ansicht nach Diebesgut sind und die außerdem die nach bestimmten Landesgesetzen notwendige Größe nicht besitzen. Aus strafprozessualen Gründen ist er hierzu nicht berechtigt. Wohl aber durfte er annehmen, daß eine nach dem Landesfischereigesetz unter Strafe gestellte Verwendung der Fische zu kleinen Umfangs in die Wege geleitet werden sollte. Eine derartige Straftat zu verhindern ist der Beamte in seiner amtlichen Eigenschaft als Gendarm berechtigt und verpflichtet. Hält er die Fische an und führt er sie der nächsten Ortsbehörde zu, so kennzeichnet sich diese Tätigkeit als eine Maßregel der präventiven Polizei. — Pr. OVG. 28, 417.

Für die polizeiliche Durchsuchung zur Verhinderung strafbarer Handlungen muß, da die Unverletzlichkeit der Wohnung durch die Verfassungen garantiert ist, eine gesetzliche Grundlage vorhanden sein, die meist in der allgemeinen Zuständigkeitserteilung an die Polizei, wie sie in den meisten Landespolizeiverwaltungsgesetzen vorhanden ist, erblickt wird.

Beispiel:

In ein Schanklokal, aus welchem während der Nachtzeit Schreie und Musiklärm ertönen, können Polizeibeamte eindringen, um künftige Ruhestörungen

---

[1]) Pr. OVG. 56, 295. — Vgl. oben S. 288.

zu verhindern. Sie können zu diesem Zweck das Lokal nach den Ruhestörern durchsuchen.

Auch die Verpflichtung zur Auskunftserteilung an die Polizei findet ihre gesetzliche Grundlage in den Zuständigkeitserteilungen der Landespolizeigesetze. Im Rahmen dieser Bestimmungen kann die Polizei Auskunft von dem Störer oder dem Eigentümer des störenden Lebenskreises verlangen, sofern hieran die Öffentlichkeit interessiert ist. Die Auskunftspflicht besteht nur für polizeiliche Zwecke. Sie darf weder für andere behördliche Zwecke noch für Privatpersonen in Anspruch genommen werden[1]).

Aufenthaltsbeschränkung ist das Verbot, im Bezirk bestimmter Gemeinden sich aufzuhalten, die sogenannte Ortsverweisung. Die Verweisung aus dem Staatsgebiet ist zur Zeit nur noch — wenn überhaupt — für Ausländer, nicht für Inländer möglich. Bis zum Jahre 1935 gab es die Landesverweisung landesfremder Deutscher aus einem Land, in welchem sie nicht die landesstaatliche Angehörigkeit besaßen. Voraussetzung einer solchen Regelung ist das Vorhandensein verschiedener Staatsangehörigkeiten innerhalb des Deutschen Reiches.

9. Kriminalpolizei

a) Organisation.

Die Polizei ließ zunächst sämtliche Aufgaben einschließlich der kriminalpolizeilichen durch Einheitsbeamte wahrnehmen. Erst die starke Bevölkerungszunahme, die Ansammlung großer Menschenmassen auf beschränktem Raum machte infolge des Anwachsens der Kriminalität eine Spezialisierung der polizeilichen Aufgaben nötig. So spaltete sich von der allgemeinen Polizeiorganisation etwa zu Beginn des 19. Jahrhunderts in den Großstädten die Kriminalpolizei als Trägerin der Verbrechensbekämpfung ab. Alsbald zeigte sich das Bedürfnis überörtlicher Zusammenarbeit, das hier viel eher in Erscheinung trat als bei der Sicherheitspolizei. Trotzdem blieb die Kriminalpolizei organisatorisch in der allgemeinen Polizei. An größeren Orten bildeten sich in dem örtlichen oder bezirklichen Polizeiapparat besondere Abteilungen, die insbesondere in den Großstädten einen erheblichen Umfang annahmen. Die oberste Spitze dieser Abteilungen war jedoch die gleiche wie die der sonstigen Polizeizweige.

Diese Entwicklung war in fast allen deutschen Ländern gleich, unabhängig davon, wer im einzelnen Träger der Polizei und der Polizeigewalt war.

[1]) Pr. OVG. 48, 430.

Neben der sich auf den örtlichen oder bezirklichen Polizeiapparat stützenden Entwicklung indessen lief ein überörtlicher Ausbau des Kriminalpolizeiwesens einher. Vor allem wurde sehr bald der Vorzug eines gut funktionierenden Nachrichtenwesens für eine erfolgreiche Verbrecherbekämpfung erkannt. So sollte z. B. im Jahre 1897 durch eine in Berlin stattfindende Polizeikonferenz ein ständiger enger Zusammenschluß der deutschen Gliedstaaten auf kriminalpolizeilichem Gebiet, insbesondere bei der Nachrichtenübermittlung und gegenseitiger Hilfeleistung erreicht werden. In den folgenden Jahren wurde ein das ganze Reichsgebiet umfassender Erkennungs- und Fahndungsdienst mit laufenden eigenen Veröffentlichungen für den inneren Kriminalpolizeidienst (Fahndungsblatt und Steckbriefregister) geschaffen.

Nur wenige Länder bildeten unter zentraler Leitung stehende Landeskriminalpolizeien, wie z. B. Sachsen oder Baden, wo diese allerdings lange Zeit hindurch neben der die örtlichen Belange bearbeitenden „staatsanwaltschaftlichen" Kriminalpolizei bestand.

Die wirtschaftlichen Auswirkungen des ersten Weltkrieges und die damit verbundene Zunahme der Kriminalität veranlaßten das Reichsministerium des Inneren, einen Gesetzentwurf über die Reform der deutschen Kriminalpolizei auszuarbeiten, der zwar am 21. Juli 1922 als Reichskriminalgesetz vom Reichstag angenommen, aber nie durchgeführt wurde. Es blieb also auch nach dieser Zeit im wesentlichen bei der bisherigen örtlichen Organisation. Nur für die Nachrichtensammlung über Straftaten und Täter, für die Einzelfingerabdrucksammlung und die Überwachung der kriminalpolizeilichen Ausbildung gab es Landeskriminalpolizeistellen, z. B. in Preußen 26, in Sachsen 5, in größeren Staaten an ihrer Spitze ein Landeskriminalpolizeiamt. Nur bei größeren Straftaten ihres Bezirks konnten die Staatsanwaltschaften die Polizeistellen und -ämter einschalten.

Die nationalsozialistische Herrschaft behielt die bisherige Grundlage, daß nämlich die Kriminalpolizei ein Zweig der allgemeinen Polizei ist, bei. Fachlich jedoch wurde sie als „selbständige Säule der Sicherheitspolizei" verselbständigt. Nach der Überführung der Polizei auf das Reich durch den Führererlaß vom 17. Juni 1936 wurde durch Erlaß des Reichsinnenministers vom 20. September 1936 ein Reichskriminalamt im Reichsinnenministerium begründet. Ihm unterstanden fachlich 18 nahezu gleich große Kriminalpolizeileitstellen, die ihrerseits in Kriminalpolizeistellen eingeteilt waren.

Die oberste fachliche Vollzugszentralbehörde, das Reichskriminalpolizeiamt, war zuständig für die zentrale Nachrichtensammlung, für die Verfolgung besonders wichtiger überörtlicher oder überbezirklicher

Fälle, die Auswertung der kriminalpolizeilichen Erfahrungen und Forschungsergebnisse insbesondere zur Weiterbildung der Beamten, die Schaffung einheitlicher Richtlinien für den kriminalpolizeilichen Einsatz, die technische Ausrüstung und die Methoden der Verbrecherbekämpfung.

Die Kriminalleitstellen als die fachlichen Spitzen eines Bezirks waren zuständig für die bezirkliche Auswertung des anfallenden Materials, die allgemeine fachliche Überwachung, die Nachrichtensammlung und die Bearbeitung wichtiger über einen einzelnen Ort hinausreichender Fälle.

Die Kriminalpolizeistellen, die die örtliche laufende Arbeit leisteten, waren als eine besondere Abteilung den Polizeipräsidenten unterstellt. Im inneren Dienst hatte jede solche Abteilung einen Fachmann als Abteilungsleiter. Die einzelnen Polizeibeamten arbeiteten nicht nur an der zentralen Stelle der Kriminalpolizeistelle, sondern waren zum Teil auf die einzelnen Polizeireviere aufgeteilt.

Nach dem Zusammenbruch entfielen das Reichskriminalpolizeiamt und die Kriminalleitstellen. Bei dem Wiederaufbau der Polizeiorganisation in den einzelnen Zonen wurde die Kriminalpolizei als eine Abteilung der allgemeinen Polizei dieser eingegliedert. Es gibt also nun — das ist im wesentlichen in allen Zonen das gleiche — bei jeder größeren Polizeieinheit eine Kriminalpolizeiabteilung, die dem Leiter der Einheit untersteht, also z. B. in der britischen Zone bei jedem Polizeibezirk, in der amerikanischen Zone bei jeder Land- oder Stadtpolizei. Ein überörtlicher fachlicher Zusammenhalt ist meist durch das Innenministerium des jeweiligen Landes gewährleistet. Eine Zusammenarbeit über die Landesgrenzen hinaus erfolgt nach den allgemeinen Gesichtspunkten gegenseitiger Amtshilfe, die deutsche Behörden einander zu gewähren haben. Für das Gebiet der westdeutschen Bundesrepublik können durch Bundesgesetz Zentralstellen für das polizeiliche Auskunfts- und Nachrichtenwesen zur Sammlung von Unterlagen für die Kriminalpolizei eingerichtet werden (Art. 87 Abs. 1 westd. GG.).

b) Mittel.

Entsprechend ihrem Wesen müssen der Kriminalpolizei zur Verbrecherbekämpfung über die allgemeinen Mittel der Polizei hinausgehende weitere Mittel zur Verfügung stehen. Dies geschieht durch ihren Einbau in das Strafprozeßverfahren, insbesondere das staatsanwaltschaftliche Ermittlungsverfahren.

Gemäß § 152 GVG. sind die Beamten des Polizei- und Sicherheitsdienstes Hilfsbeamte der Staatsanwaltschaft und als solche verpflichtet, den Anordnungen der Staatsanwälte ihres Bezirks und der diesen vorgesetzten Beamten Folge zu leisten. Das Gesetz gibt zwar die Möglichkeit, jeden Polizeibeamten zum Hilfsbeamten der Staatsanwaltschaft zu machen. Es ist jedoch Sache der inneren Polizeiverwaltung, ob sie von dieser Möglichkeit Gebrauch macht. Unabhängig davon, wer im einzelnen hiernach als Hilfsbeamter der Staatsanwaltschaft anzusehen ist, ist diese Qualifikation stets allen Kriminalbeamten zuzusprechen.

Den Hilfsbeamten der Staatsanwaltschaft stehen in der Strafprozeßordnung näher umrissene Rechte zu. Sie dürfen bei Gefahr im Verzuge Beschlagnahmen vornehmen (§ 98 StPO.)[1]. Der beschlagnahmende Beamte oder die beschlagnahmende Dienststelle hat dann binnen drei Tagen die richterliche Bestätigung nachzusuchen, sofern nicht der Betroffene mit der Beschlagnahme einverstanden ist. Sie dürfen bei Gefahr im Verzuge Wohnungen durchsuchen (§ 105 StPO.), wobei bestimmte Formen zu beachten sind (§§ 102 ff. StPO.). Sie dürfen zu einer vorläufigen Festnahme schreiten, wenn die Voraussetzungen eines Haftbefehls oder eines Unterbringungsbefehls vorliegen und Gefahr im Verzuge ist (§ 127 Abs. 2 StPO.). Der Festgenommene ist unverzüglich dem Amtsrichter vorzuführen, der ihn binnen 24 Stunden nach der Vorführung zu vernehmen hat (§ 128). Bei der Kriminalpolizei können Anzeigen strafbarer Handlungen oder Anträge auf Strafverfolgung mit der gleichen Wirkung und in der gleichen Weise gestellt werden wie bei der Staatsanwaltschaft und den Amtsgerichten.

Darüber hinaus führt die Kriminalpolizei Anordnungen der Staatsanwaltschaft und Gerichte, wie Vernehmungen, Festnahmen, Beschlagnahmen, Durchsuchungen usw. durch. Die Staatsanwaltschaft könnte bei dem gegenwärtigen in Deutschland seit jeher üblichen Aufbau ohne die Kriminalpolizei ihre Tätigkeit nicht ausüben.

10. Verwaltungspolizei

a) Entwicklung.

Eine selbständige Verwaltungspolizeiorganisation hat es bisher in Deutschland nie gegeben. Vielmehr überwog bei der Festlegung von Begriff und Tätigkeit der Verwaltungspolizei stets der Gegenstand. Man betrachtete also die polizeiliche Tätigkeit und erklärte die eine oder die andere Art als zur Verwaltungspolizei gehörend. Dabei war es meist eine Folge einer mehr oder weniger von örtlichen Zufälligkeiten abhängigen Entwicklung, ob für die Erledigung der betreffenden Aufgabe eine besondere Dienststelle oder Behörde vorhanden war oder ob sie durch Dienststellen, die auch sicherheitspolizeiliche Angelegenheiten erledigten, mit bearbeitet wurde.

---

[1]) Pr. OVG. 83, 208 ff.; 89, 220.

b) Begriff.

Im Mittelpunkt des polizeilichen Denkens und Handelns steht der Mensch. Die Sicherheitspolizei im engeren Sinn befaßt sich vorwiegend mit dem Publikum als ganzem. Sie tritt im allgemeinen nur bei außerordentlichen Begebenheiten in Erscheinung, wenn irgendeine Gefahr droht, wenn die normalerweise herrschende Ordnung, Ruhe oder Sicherheit bedroht ist. Die Kriminalpolizei beschäftigt sich ebenfalls mit Ausnahmefällen, nämlich den Rechtsbrüchen, die von der Norm des täglichen Lebens der Menschen, die normalerweise ja keine Verbrecher sind, abweichen.

Die Ordnung, Ruhe und Sicherheit der Allgemeinheit kann indessen durch Handlungen gestört werden, ohne daß besonders außergewöhnliche Umstände vorhanden sind und ohne daß auf irgendeiner Seite böser Wille vorliegt. Stets sieht sich die Gemeinschaft veranlaßt, das Vorgehen des einzelnen zu beobachten und möglicherweise zu korrigieren. Ein solches Korrigieren und Erziehen bis ins einzelne führt der Polizeistaat durch. Auch der moderne Rechtsstaat glaubt darauf nicht verzichten zu können.

Die Polizei kümmert sich um das körperliche Wohlbefinden, um die Sitten und sonstige geistige Güter und schließlich um die normalen menschlichen Betätigungsformen, also das nicht kriminelle und nicht in ganz außergewöhnlich erheblichen Ausmaßen die menschliche im Staat zusammen lebende Gemeinschaft störende Verhalten. Diese Aufgaben zu erfüllen ist die Sache der Verwaltungspolizei. Der Name sagt wenig und ist nur verständlich in Gegenüberstellung zu dem neueren Begriff der Sicherheitspolizei. Er ist aber besser als der früher gebräuchliche Ausdruck Wohlfahrtspolizei.

Im einzelnen hat die Verwaltungspolizei folgende Sachgebiete zu bearbeiten: Gesundheitswesen einschließlich des Veterinärwesens, Unfallwesen, Bau- und Wohnungswesen, Naturschutz, Aufrechterhaltung der guten Sitten, Schutz geistiger Güter vor Vernichtung oder Verunstaltung, Überwachung des menschlichen Berufslebens durch Kontrolle der Ausweispapiere, der Presse, des Vereins- und Versammlungswesens und vor allem des Gewerbes und sonstiger Berufe.

c) Organisation.

Diese Gegenstandsverteilung ist nicht für alle Gebiete und Zeiten die gleiche. Es kann also vorkommen, daß manche der genannten Gegenstände durch die Sicherheitspolizei erledigt werden.

Organisatorisch ist die Verwaltungspolizei entweder eine Abteilung der allgemeinen Polizei. Dann untersteht sie dem Leiter der Polizei und ist von der Qualität der Polizei abhängig. Sie ist also Gemeindepolizei oder Staatspolizei genau wie die Polizei überhaupt. Oder aber die Verwaltungspolizei ist eine selbständige Behörde oder in einer anderen, nicht polizeilichen Behörde eingebaut. Die erstere Lösung ist die bisher in Deutschland übliche. Die zweite entspricht den Zuständen in der britischen Zone nach 1945, wo die Aufgaben der Verwaltungspolizei auf die Kommunalbehörden übertragen wurden (Tit. 9—235 br. Instr. §§ 1 Ig. 10)[1]).

d) Mittel.

Die Verwaltungspolizei arbeitet mit Verwaltungsakten. Angelegenheiten der Verwaltungspolizei können genau so gut Gegenstand von Polizeiverordnungen oder Polizeiverfügungen sein wie Angelegenheiten der Sicherheitspolizei. Der Zahl und dem Umfang nach behandeln die meisten derartiger Akte verwaltungspolizeiliche Angelegenheiten. Eine Polizeierlaubnis ist sogar nur auf diesem Gebiet denkbar.

Die Verwaltungspolizei gebraucht die gleichen Zwangsmittel wie die übrigen Polizeiarten. Ausgenommen sind selbstverständlich die besonderen der Kriminalpolizei in ihrer Eigenschaft als Hilfsorgan der Staatsanwaltschaft zustehenden Mittel. Die nach 1945 eingetretene Beschränkung in den Mitteln trifft daher auch die Verwaltungspolizei. Eine Sonderstellung hat die Verwaltungspolizei seit 1945 in der britischen Zone. Dort können die Bestimmungen des PVG. von 1931 zum Erlaß von Anordnungen und zu ihrer Durchsetzung nicht mehr angewandt werden. Zweck der Übertragung der verwaltungspolizeilichen Aufgaben auf die Gemeinden ist, ihnen das polizeiliche Aussehen zu nehmen. Sie gehören zu den Aufgaben, die die Gemeinden mit Hilfe des § 132 pr. LVG. durchführen können. Als Zwangsmittel für die Durchsetzung verwaltungspolizeilicher Anordnungen in der britischen Zone stehen den Kommunalverwaltungen also die Möglichkeiten des pr. LVO. § 132 offen. Sollten die Vollstreckungsbeamten sich nicht durchsetzen können, so können sie zu ihrer eigenen Sicherheit polizeilichen Schutz herbeiholen, ähnlich wie das der Gerichtsvollzieher kann[2]).

---

[1]) Daß auch dieser sog. Ordnungsdienst Polizei im materiellen Sinn ist, ergibt sich aus: Bekm. d. nieders. MdI. vom 12. 3. 1948 — Nds. Rpfl. 57 — und 18. 8. 1949 — nds. ABL. 390 — RErl. d. schlesw.-h. MDI. vom 8. 3. 1949 — ABL. S. 130 ff; — vgl. auch Pioch in: DV. 1949 S. 129; Wormit in: DV. 1949 S. 343; Hoffmann, Die Gemeinde 1949, S. 116; Wolff in: MDR. 1950, S. 12.

[2]) So z. B. Erl. des ndrh.-w. Wiederaufbaumin. vom 14. 4. 1947 — III C 1268 — A. A. Wolff-Archoff R. 1949, S. 473 — der §§ 14, 40 ff, 55 pr. PVG. usw. anwenden will,

e) Einige Verwaltungspolizeiarten[1]).

aa) Gesundheitspolizei

I. Lebensmittel

A. Gesetzliche Grundlage

Das Lebensmittelgesetz vom 5. 7. 1927 (RGBl. I S. 134) gilt heute in der Fassung der Bekanntmachung vom 17. 1. 1936 (RGBl. I S. 18). Auf Grund des § 5 des Lebensmittelgesetzes wurde die „Verordnung über die äußere Kennzeichnung von Lebensmitteln (Lebensmittel-Kennzeichnungsverordnung)" vom 8. 5. 1935 (RGBl. I S. 590) erlassen. Sie wurde durch zwei Verordnungen — vom 16. 4. 1937 (RGBl. I S. 456) und vom 20. 12. 1937 (RGBl. I S. 1391) — abgeändert (§ 2 Abs. 2 Nr. 3 und Nr. 4 geändert, § 3 aufgehoben). Unter diese VO. fallen Lebensmittel, die in Packungen oder Behältnissen an den Verbraucher abgegeben werden. Da bei dieser Art der Abgabe der Verbraucher die Ware nicht sehen oder beurteilen kann, sind die im § 1 der VO. im einzelnen angegebenen Lebensmittel nach näherer Bestimmung zu kennzeichnen. Auf Grund des Lebensmittelgesetzes sind ergangen: die VO. über Honig vom 21. 3. 1930 (RGBl. I S. 101); die VO. über Obsterzeugnisse vom 15. 7. 1933 (RGBl. I S. 495); die VO. über Kakao und Kakaoerzeugnisse vom 15. 7. 1933 (RGBl. I S. 504); die VO. über Speiseeis vom 15. 7. 1933 (RGBl. I S. 510); die VO. über Teigwaren vom 12. 11. 1934 (RGBl. I S. 1181); die VO. über Tafelwässer vom 12. 11. 1934 (RGBl. I S. 1183); die VO. über Knochenfett vom 8. 7. 1936 (RGBl. I S. 565); die Hackfleischverordnung vom 24. 7. 1936 (RGBl. I S. 630); die VO. über Enteneier vom 24. 7. 1936 (RGBl. I S. 630); die VO. über Wurstwaren vom 14. 1. 1937 (RGBl. I S. 13). Diese Verordnungen bestimmen zunächst, was unter Honig, Kakao, Kakaoerzeugnissen usw. zu verstehen ist. Dann ordnen sie an, unter welchen Voraussetzungen die Waren als verdorben, nachgemacht, verfälscht anzusehen und damit auch bei Kenntlichmachung vom Verkehr ausgeschlossen sind und wann eine irreführende Bezeichnung, Angabe oder Aufmachung vorliegt.

Das Lebensmittelgesetz verbietet unter anderem die Herstellung und Abgabe gesundheitsschädlicher Lebensmittel (§ 3), das Nachmachen und Verfälschen von Lebensmitteln, das Inverkehrbringen verdorbener, nachgemachter oder verfälschter Lebensmittel ohne ausreichende Kennzeichnung, das Anbieten, Feilhalten oder sonstiges Inverkehrbringen von

[1]) Eine übersichtliche Darstellung bringt Jellinek, Verwaltungsrecht, S. 432 ff. Sie zeigt aber auch, daß eine erschöpfende Schilderung im Rahmen eines Lehrbuchs nicht möglich ist. Das gilt insbesondere bei der derzeitigen Zersplitterung.

Lebensmitteln unter irreführender Bezeichnung, Angabe oder Aufmachung (§ 4). Die Durchführung des Lebensmittelgesetzes ist im einzelnen geregelt in den „Vorschriften für die einheitliche Durchführung des Lebensmittelgesetzes" vom 21. 6. 1934 (s. Erlaß vom 10. 8. 1934 — MBliV. S. 1085). Zuständig für die Nahrungsmittelkontrolle ist die Ortspolizeibehörde, zu deren Unterstützung chemische, tierärztliche und ärztliche Sachverständige zu bestellen sind (Art. 1 der Richtlinien).

Im § 10 LMG. ist bestimmt, daß der Vollzug des Gesetzes den Landesregierungen obliegt und daß die Zuständigkeit der Behörden und Beamten für die im § 6 LMG. bezeichneten Maßnahmen sich nach Landesrecht richtet. Im § 6 LMG. ist aber vorausgesetzt, daß Polizeibeamte mit der Überwachung des Verkehrs mit Lebensmitteln und Bedarfsgegenständen beauftragt sind. Es ist also reichsgesetzlich bestimmt, daß diese Aufgaben zur Zuständigkeit der Polizei gehörten. Die im nachfolgenden aufgezählten einzelnen Aufgaben der Polizeibehörden sind also staatliche Auftragsangelegenheiten, und zwar von Reichs wegen übertragen. Soweit die Militärregierung diese Aufgaben den Gemeindebehörden übertragen und sie des polizeilichen Charakters entkleidet hat, sind die von den Gemeinden auf dem Gebiete des Lebensmittelverkehrs getroffenen Anordnungen als im Sinne des § 132 LVG. „in Ausübung der obrigkeitlichen Gewalt" ergangen anzusehen.

B. Die einzelnen Aufgaben

1. Kontrolle von Geschäften und Entnahme von Lebensmittelproben. Gemäß § 6 LMG. sind die Ortspolizeibehörden[1]) und die Sachverständigen befugt, in die Lebensmittelgeschäfte und in die Geschäfte, die Bedarfsgegenstände (z. B. Trink- und Kochgeschirre) verkaufen, während der Arbeits- oder Geschäftszeit einzutreten, dort Besichtigungen vorzunehmen und gegen Empfangsbescheinigungen Proben nach ihrer Auswahl zum Zwecke der Untersuchung zu fordern oder zu entnehmen (§ 6 LMG., Artikel 7 bis 9 der Richtlinien). Die allgemeine Überwachung des Lebensmittelverkehrs soll grundsätzlich allein von den Polizeivollzugsbeamten vorgenommen werden, während zu den Probeentnahmen die Sachverständigen tunlichst zuzuziehen sind. Die Untersuchung der Proben dieser Lebensmittel sowie der Milch ist den Veterinär-Untersuchungsanstalten übertragen worden. Die Proben hat die Ortspolizeibehörde einzusenden, die auch die Portokosten zu tragen hat.

---

[1]) In der britischen Zone werden die Aufgaben der in den Gesetzen als Ortspolizeibehörden bezeichneten Dienststellen durch Kommunalbehörden wahrgenommen. Das gilt für die gesamte folgende Darstellung.

2. Beschlagnahme beanstandeter Lebensmittel. Die Polizeibeamten und die von der Polizeibehörde gemäß § 7 LMG. hierzu ermächtigten Sachverständigen sind befugt, zum Schutze der Lebensmittel gegen Verunreinigung oder Übertragung von Krankheitserregern unaufschiebbare Anordnungen zu treffen und beanstandete Lebensmittel zu beschlagnahmen. Die Sachverständigen dürfen diese Anordnungen nur vorläufig treffen und müssen sie der Ortspolizeibehörde mitteilen. Die Ortspolizeibehörde hat die von den Sachverständigen getroffenen Anordnungen unverzüglich entweder durch polizeiliche Verfügung zu bestätigen oder aufzuheben.

II. Fleischbeschau

A. Gesetzliche Grundlage

Fleischbeschaugesetz in der Fassung vom 29. 10. 1940 (RGBl. I S. 1463); DurchfVO. hierzu vom 1. 11. 1940 (RMBl. S. 289); AusfBest. A., AusfBest. D. und RMBl. S. 373).

Nach § 30 der DurchfVO. werden, soweit in den Ausführungsbestimmungen nichts anderes bestimmt ist, die im Fleischbeschaugesetz den Polizeibehörden überwiesenen Aufgaben von den Ortspolizeibehörden wahrgenommen. Es handelt sich hier also um staatliche Auftragsangelegenheiten, die von Reichs wegen den Ortspolizeibehörden übertragen worden sind. Soweit dieses Aufgabengebiet entpolizeilicht worden ist, sind die nunmehr von den Gemeinden zu erlassenden Anordnungen solche, die im Sinne des § 132 LVG. „in Ausübung der obrigkeitlichen Gewalt" ergangen sind.

B. Die einzelnen Aufgaben

1. Beschlagnahme von zum menschlichen Genusse untauglichen Fleisches. Beanstandetes Fleisch ist vom Beschauer vorläufig zu beschlagnahmen. Hiervon hat er u. a. auch der Ortspolizeibehörde Mitteilung zu machen, die über die weitere Behandlung des beanstandeten Fleisches zu entscheiden hat. Die Polizeibehörde hat vor allem dafür zu sorgen, daß Fleisch, welches zum Genusse für Menschen untauglich ist, als Nahrungs- und Genußmittel nicht in Verkehr gebracht wird.

2. Beseitigung untauglichen Fleisches. Die Verwendung des untauglichen Fleisches zu anderen Zwecken als zum menschlichen Genusse kann die Ortspolizeibehörde zulassen, soweit gesundheitliche Bedenken nicht entgegenstehen. Kann diese Verwendung nicht gestattet werden, so hat die Ortspolizeibehörde das Fleisch in unschädlicher Weise zu beseitigen.

3. Bedingt taugliches sowie minderwertiges Fleisch darf von dem Orte, wo es beanstandet wurde, nur mit Erlaubnis der Ortspolizeibehörde nach Orten verbracht werden, wo es auf der Freibank oder nach Freibankart abgesetzt werden kann.

III. Gifte

A. Gesetzliche Grundlage

Preuß. Ministerial-Polizeiverordnung über den Handel mit Giften vom 11. 1. 1938 (GS. S. 1).

B. Aufgaben der Behörden

Für die Ausstellung des Erlaubnisscheines zum Erwerb von Gift ist die Ortspolizeibehörde zuständig (amtliche Muster s. GS. 1938 S. 9, Anl. III).

IV. Gemeingefährliche Krankheiten

A. Gesetzliche Grundlage

Reichsgesetz, betr. die Bekämpfung gemeingefährlicher Krankheiten vom 30. 6. 1900 (RGBl. S. 306).

B. Die einzelnen polizeilichen Aufgaben

1. Anzeigepflicht. Der Ortspolizeibehörde ist jede Erkrankung und jeder Todesfall an Aussatz, Cholera, Fleckfieber, Gelbfieber, Pest, Pocken sowie jeder Verdachtsfall unverzüglich anzuzeigen. Die Ortspolizeibehörde muß hiervon sofort den Amtsarzt benachrichtigen.

2. Schutzmaßregeln. Zur Verhütung der Verbreitung der gemeingefährlichen Krankheiten hat die Polizeibehörde Absperrungs- und Aufsichtsmaßregeln anzuordnen, z. B.: Beobachtung und Absonderung von Personen, Fernhaltung jugendlicher Personen vom Schul- und Unterrichtsbesuche.

V. Übertragbare Krankheiten

A. Gesetzliche Grundlage

VO. zur Bekämpfung übertragbarer Krankheiten vom 1. 12. 1938 (RGBl. I S. 1721), Schulseuchenerlaß vom 30. 4. 1942 (MinBliV. S. 951 u. 1163).

B. Die einzelnen polizeilichen Aufgaben

1. Schutzmaßnahmen. Das Gesundheitsamt hat der Ortspolizeibehörde Vorschläge über die erforderlichen Schutzmaßnahmen zu machen: Absonderung von Personen, Verbot der Ausübung bestimmter

Berufe und Tätigkeiten, Desinfektion, Verkehrsbeschränkungen, Kenntlichmachung von Wohnungen und Häusern, Schließung von Schulen, Verbot oder Beschränkung der Abhaltung von Märkten und Messen und des Hausierhandels, der Benutzung von Brunnen, Teichen usw., von Bade- und Waschanstalten, Vertilgung von tierischen Schädlingen, Anordnung der ärztlichen Behandlung.

2. Vollzug der Schutzmaßnahmen. In der Regel liegt der Vollzug obengenannter Schutzmaßnahmen der Ortspolizeibehörde ob. Sie hat bei Widerstand ihre Anordnungen mit den Zwangsmitteln des PVG. durchzusetzen.

VI. Geschlechtskrankheiten

A. Gesetzliche Grundlage

Gesetz zur Bekämpfung der Geschlechtskrankheiten vom 18. 2. 1927 (RGBl. I S. 61) und 21. 10. 1940 (RGBl. I S. 1459), VO. vom 27. 2. 1940 (RGBl. I S. 456), Preuß. Ausf.Vo. vom 24. 8. 1927 (GS. S. 171) sowie Verordnungen der neuen Länder.

B. Schutzmaßnahmen

Die Gesundheitsämter haben die erforderlichen Schutzmaßnahmen anzuordnen: Personen, die verdächtig sind, geschlechtskrank zu sein, können angehalten werden, ein ärztliches Attest über ihren Gesundheitsstand vorzulegen, oder sich einer ärztlichen Untersuchung zu unterziehen; sie können einem Heilverfahren unterworfen, auch in einem Krankenhaus untergebracht werden.

VII. Papageienkrankheit

A. Gesetzliche Grundlage

Gesetz zur Bekämpfung der Papageienkrankheit (Psittacosis) und anderer übertragbarer Krankheiten vom 3. 7. 1934 (RGBl. I S. 532), VO. vom 13. 12. 1937 (RGBl. I S. 1383), VO. vom 14. 8. 1934 (RGBl. I S. 774), Runderlaß vom 8. 1. 1935 (MBliV. S. 61) 26. 2. 1936 (RMBliV. S. 309), 18. 11. 1939 (RMBliV. S. 1913).

B. Schutzmaßnahmen

Treten Erkrankungs- oder Todesfälle von Papageien oder Sittichen in einem Bestand oder in einer Zucht mehrfach auf, oder erkrankt oder stirbt ein Mensch an einer Papageienkrankheit, so ist unverzüglich Anzeige an die Polizeibehörde zu erstatten. Die Polizeibehörde kann die Vernichtung und unschädliche Beseitigung ansteckungsverdächtiger Tiere sowie die nötigen Desinfektionen anordnen. Im übrigen sind die Vorschriften des Gesetzes betr. die Bekämpfung gemeingefährlicher Krankheiten (s. vorst. u. IV) entsprechend anzuwenden.

VIII. Impfgesetz

Reichsimpfgesetz vom 8. 4. 1874 (RGBl. I S. 31), AusfBest. in Fassung vom 22. 3. 1917 (RMBl. S. 291), Preuß. AusfGes. vom 12. 4. 1875 (GS. S. 191).

bb) Veterinärwesen

I. Viehseuchenbekämpfung

A. Gesetzliche Grundlage

Viehseuchengesetz vom 26. 6. 1909 (RGBl. S. 519), 18. 7. 1928 RGBl. I S. 289), 13. 11. 1933 (RGBl. I S. 969) und 2. 4. 1940 (RGBl. I S. 606). Viehseuchenpolizeiliche Anordnung — zugleich preuß. Ausf.-Anordnung zum Viehseuchengesetz vom 1. 5. 1912 (Staatsanz. Nr. 105), 3. 4. 1918, 26. 2. 1926 und 24. 3. 1934 (LMBl. 1918 S. 132, 1926 S. 155 RMinBl. 1934 S. 300), Preuß. AusfGes. v. 25. 7. 1911 (GS. S. 149) und die AusfBest. dazu vom 12. 4. 1912 (LwMinBl. 165).

B. Die einzelnen Aufgaben der Polizeibehörde

Im § 2 des Reichsviehseuchengesetzes ist bestimmt, daß die Anordnung und die Durchführung der Bekämpfungsmaßregeln den Landesregierungen und deren Organen obliegt. Dasselbe gilt von dem Verfahren und der Zuständigkeit der Behörden und Beamten. Im Gebiet des ehemaligen Landes Preußen haben die Ortspolizeibehörden, unter Umständen die Kreispolizeibehörden folgende Anordnungen zu treffen:

1. Einsperrung und Absonderung der erkrankten und verdächtigen Tiere.

2. Tötung und Zerlegung verdächtigen Viehes.

3. Beschränkung oder Ausschluß des Personenverkehrs im Sperrgebiet und in der Schutzzone bei Maul- und Klauenseuche.

II. Tierkörperbeseitigung

A. Gesetzliche Grundlage

Tierkörperbeseitigungsgesetz vom 1. 2. 1939 (RGBl. I S. 187), Durchf.-VO. vom 23. 2. 1939 (RGBl. I S. 332).

B. Aufgaben der Polizei

1. Unschädliche Beseitigung von Tierkörpern. In Stadtkreisen kann die Ortspolizeibehörde im Einvernehmen mit dem Oberbürgermeister anordnen, gefallene, nicht zum Zweck des Genusses für Menschen getötete sowie totgeborene Tiere auch anderer als in § 1 des Gesetzes genannten Art zu beseitigen.

2. Verbringung der Tierkörper in Sammelstellen. In Stadtkreisen kann die Ortspolizeibehörde anordnen, daß die Körper von Hunden sowie unter 6 Wochen alten Ferkeln, Schaflämmer und Ziegenlämmer in Sammelstellen zu verbringen sind.

cc) Bauwesen

I. Gebäudeunterhaltung

A. Gesetzliche Grundlage

§§ 36—41 ALR., § 14 PVG.

B. Aufgaben der Polizei

Kommt in den Städten der Eigentümer von Gebäuden, die an Straßen oder öffentliche Plätze stoßen, seiner Verpflichtung, die Gebäude im baulichen Zustande zu halten nicht nach, so daß „der Einsturz des ganzen Gebäudes oder eine Gefahr für das Publikum zu besorgen ist", so muß die Polizeibehörde „ihn zur Veranstaltung der notwendigen Reparatur innerhalb einer nach den Umständen zu bestimmenden billigen Frist allenfalls durch Zwangsmittel anhalten".

II. Beseitigung baufälliger Bauten

A. Gesetzliche Grundlage

§ 71 ALR. § 14 PVG.

B. Aufgaben der Polizei

Bildet ein Gebäude eine Gefahr für das Publikum, so kann die Polizeibehörde die Niederlegung des Gebäudes und die Räumung der Wohnungen verlangen und ihre Anordnungen bei Widerstand mit den Zwangsmitteln des PVG. durchsetzen.

III. Bauen ohne baupolizeiliche Genehmigung

A. Gesetzliche Grundlage

§§ 66, 67 und 71 ALR. auf Grund der Bestimmungen des PVG. erlassene lokale Baupolizeiverordnungen. Baufluchtliniengesetz vom 2. 7 1875 (GS. S. 515), Art. 4 des Wohnungsgesetzes vom 28. 3. 1918 (GS. S. 23). Ansiedelungsgesetz vom 25. 8. 1876, 10. 8. 1904 (GS. S. 227), § 43 des Feld- und Forstpolizeigesetzes (Pass. v. 21. 1. 1926 — GS. S. 83 —), Veranstaltungsgesetz vom 15. 7. 1907 (GS. S. 507). 31. DurchführungsVO. zum Baugesetz, die in der neuen Rechtsprechung noch in Kraft ist.

B. Polizeiliche Aufgaben

1. Verbot des Weiterbauens. Baut jemand ohne vorherige Erteilung des Bauscheins, so kann die Polizeibehörde ihm das Weiter-

bauen verbieten und, sofern der Bauherr dieses Verbot nicht beachtet, ihn durch unmittelbaren oder mittelbaren Zwang zur Einstellung der Bauarbeiten zwingen.

Die Beseitigung, Änderung oder Räumung von Bauten, die ohne Baugenehmigung erstellt sind, kann indessen nur verlangt und durchgesetzt werden, wenn die Bauten eine Gefahr für das Publikum darstellen.

dd) Gewerbepolizei[1]

I. Gewerbeordnung
vom 21. 6. 1869, Neufassung 26. 7. 1900 (RGBl. S. 871)
mit zahlreichen Änderungen.

A. Polizeiliche Verhinderung eines nichtgenehmigten Betriebes

Gemäß § 15 GewO. kann die Fortsetzung des Betriebes polizeilich verhindert werden, wenn ein Gewerbe, zu dessen Beginn eine besondere Genehmigung erforderlich ist, ohne diese Genehmigung begonnen wird. Das gilt nicht von den freien Gewerben, deren Beginn lediglich anzuzeigen ist. Die Vorschrift gilt aber auch im Falle unerlaubter Wiederaufnahme eines gemäß §§ 35, 35b, 53 GewO. untersagten Gewerbebetriebes. Die Ortspolizeibehörde kann die Schließung eines unerlaubten Gewerbebetriebes erzwingen durch Androhung und Festsetzung von Zwangsgeld und Zwangshaft, durch Ausführung durch einen Dritten auf Kosten des Gewerbetreibenden und schießlich durch Anwendung unmittelbaren Zwanges (Besetzung des Betriebes, Sperrung oder Versiegelung der Gewerberäume, Wegnahme der Geräte).

B. Abzahlungsgeschäft im Umherziehen

Abzahlungsgeschäfte im Umherziehen sind verboten (§ 56a Abs. 1 Nr. 4 und 5 Gewerbeordnung). Die Ortspolizeibehörden haben ihr Augenmerk darauf zu richten, daß dieses Verbot innegehalten wird. Das Verbot besteht aber nur für die Fälle, in denen Waren feilgehalten oder Warenbestellungen aufgesucht werden bei Vereinbarung von Teilzahlungen unter dem Vorbehalt, daß der Veräußerer wegen Nichterfüllung der dem Erwerber obliegenden Verpflichtung von dem Vertrage zurücktreten kann (§§ 1, 6 des Gesetzes betr. die Abzahlungsgeschäfte vom 16. 5. 1894).

C. Legitimationskarten

Gemäß § 44 der Gewerbeordnung ist, wer ein bestehendes Gewerbe betreibt, befugt, auch außerhalb des Gemeindebezirks seiner gewerblichen Niederlassung unter bestimmten Voraussetzungen persönlich oder

---

[1] Vgl. unten 17. Kapitel.

durch in seinem Dienste stehende Reisende für die Zwecke seines Gewerbebetriebes Waren aufzukaufen und Bestellungen auf Waren aufzusuchen (s. „Landgemeinde") 1938 S. 221. Dasselbe gilt für Handlungsagenten, die ein stehendes Gewerbe betreiben. Ein stehendes Gewerbe liegt vor, wenn das Gewerbe weder zum Wochenmarktverkehr noch zum Wandergewerbe zu rechnen ist. Die Gewerbehandlungen müssen den Zwecken des stehenden Gewerbes dienen. Deshalb muß die Ortspolizeibehörde, bevor sie die Legitimationskarte ausstellt, prüfen, ob die Firma, für die Waren aufgekauft oder Bestellungen auf Waren gesucht werden sollen, solche Waren auch tatsächlich herstellt oder vertreibt. Antragsberechtigt ist nur der Inhaber des stehenden Gewerbebetriebes, nicht der Reisende. Für die Ausstellung der Legitimationskarte ist nur die Ortspolizeibehörde zuständig, in deren Bezirk sich der Geschäftssitz der Firma befindet.

Der Inhaber der Legitimationskarte muß diese bei der Ausübung des Gewerbebetriebes bei sich führen und auf Verlangen der zuständigen Behörde oder Beamten vorzeigen. Kann er das nicht, so hat er auf deren Geheiß den Betrieb bis zur Herbeischaffung der Legitimationskarte einzustellen. Strafbarkeit nach §§ 44a, 148 Abs. 1 Ziff. 5 Gewerbeordnung (Geldstrafe bis zu 150 DM, ersatzweise Haft bis zu 4 Wochen).

D. Straßengewerbe

Nach § 37 Gewerbeordnung alter Fassung konnte die Ortspolizeibehörde regeln die Unterhaltung des öffentlichen Verkehrs innerhalb der Orte durch Wagen aller Art, Gondeln, Sänften, Pferden und andere Transportmittel sowie das Gewerbe derjenigen Personen, die auf öffentlichen Straßen oder Plätzen ihre Dienste anbieten. Gemäß § 76 GewO. alter Fassung war die Ortspolizeibehörde ferner ganz allgemein befugt, in Übereinstimmung mit der Gemeinde „für Lohnbedienstete und andere Personen, welche auf öffentlichen Straßen und Plätzen oder in Wirtshäusern ihre Dienste anbieten (§ 37 GO.), sowie für die Benutzung von Wagen, Pferden, Sänften, Gondeln und andern Transportmitteln, welche öffentlich zum Gebrauche aufgestellt sind, Taxen festzusetzen". Diese Bestimmungen sind heute nurmehr zum Teil gültig. Denn § 45 des Gesetzes über die Beförderung von Personen zu Lande vom 4. 12. 1934 (RGBl. I S. 1217) in der Fassung des Gesetzes vom 6. 12. 1937 (RGBl. I S. 1320) bestimmt, daß am 1. 4. 1935 die §§ 37, 40 und 76 der Gewerbeordnung, soweit sie den öffentlichen Personenverkehr innerhalb der Orte mit Kraftfahrzeugen und Fuhrwerk regeln, außer Kraft treten. Nach diesem Gesetz bedarf einer Genehmigung, wer gewerbsmäßig Personen mit Straßenbahnen befördern will (Unternehmer von Straßenbahnen) mit

Landfahrzeugen linienmäßig befördern will (Unternehmer von Linienverkehr) und mit Landfahrzeugen nicht linienmäßig befördern will (Unternehmer von Gelegenheitsverkehr). Das Gesetz gilt also nicht für die Beförderung von Personen zu Wasser und nicht für den gewerbsmäßigen öffentlichen Güterverkehr. Insoweit sind demgemäß die §§ 37, 40 und 76 GewO. aufrecht erhalten geblieben.

E. Offene Verkaufsstellen — Beseitigung gesetzwidriger Zustände

Die Ortspolizeibehörden sind befugt, die Inhaber offener Verkaufsstellen zur Beachtung der Vorschrift des § 62 Abs. 1 des Handelsgesetzbuches durch Polizeiverfügungen anzuhalten. Grundsätzlich sollen sie für die Befolgung ihrer Verfügungen eine angemessene Frist setzen. Sind aber die Geschäftsräume und die für den Geschäftsbetrieb bestimmten Vorrichtungen und Gerätschaften in einem solchen Zustande, daß eine dringende, das Leben oder die Gesundheit bedrohende Gefahr vorhanden ist, so soll die Ortspolizeibehörde die erforderliche Verfügung ohne Aufschub ausführen (§§ 139g, 147 Abs. 4 GewO.).

F. Arbeitsräume gewerblicher Arbeiter

Gemäß § 120d Gewerbeordnung sind die Ortspolizeibehörden befugt, im Wege der Polizeiverfügung für einzelne Anlagen die Ausführung derjenigen Maßnahmen anzuordnen, die zur Durchführung der in den §§ 120a bis 120c enthaltenen Grundsätze über den Zustand der Arbeitsräume, Betriebseinrichtungen usw. erforderlich und nach der Beschaffenheit der Anlage ausführbar erscheinen. Die Ortspolizeibehörden sollen vor Erlaß ihrer Verfügungen die Gewerbeaufsichtsbeamten anhören, es sei denn, daß dringende Gefahr die Anhörung unmöglich macht. Auch soll polizeilicher Zwang in der Regel erst nach Erledigung des gerichtlichen Verfahrens angewendet werden. Die Ortspolizeibehörden können anordnen, daß den Arbeitern zur Einnahme von Mahlzeiten außerhalb der Arbeitsräume angemessene, in der kalten Jahreszeit geheizte Räume unentgeltlich zur Verfügung gestellt werden.

G. Gewerbeaufsichtsämter und Ortspolizeibehörden

§ 139b GewO.; „Dienstanweisung für Gewerbe-Aufsichtsbeamte" vom 23. 3. 1892 (MinBliV. S. 170) — geändert durch VO. vom 17. 6. 1904) MBliV. S. 343) und vom 7. 1. 1913 (HMinBl. 1914 S. 9), Erlaß vom 24. 5. 1919 (HMBl. S. 181), AusfAnw. zum GO. vom 1. 5. 1904 (MinBliV. S. 201).

Die Ortspolizeibehörden können, wenn sie Verstöße gegen die Bestimmungen der §§ 105a, 105b Abs. 1, 105c—105h, 120a—120f, 133g, 139a Gewerbeordnung feststellen, notfalls die Übelstände mit polizeilichen Zwangsmitteln beseitigen.

Dieselbe Befugnis steht dem Gewerbeaufsichtsbeamten zu. In der Praxis des Gewerbeaufsichtsdienstes hat sich aber eine Arbeitsteilung herausgebildet, die den Polizeiorganen besonders die Überwachung der äußerlich leicht erkennbaren formellen Schutzvorschriften überließ, den Gewerbeaufsichtsbeamten dagegen vornehmlich die Überwachung derjenigen Vorschriften, die besondere Kenntnisse auf technisch-wissenschaftlichem gewerbehygienischen, arbeitsrechtlichen, sozial- und wirtschaftspolitischen Gebieten erfordern.

H. Überwachung der Heimarbeit

Gesetz über die Heimarbeit vom 23. 3. 1934 — RGBl. I S. 214 —, Durchf.-VO. vom 23. 3. 1934 — RGBl. I S. 225. Auch hier können die Ortspolizeibehörden Übelstände notfalls mit polizeilichen Zwangsmitteln beseitigen.

II. Überwachung der Lichtspieltheater und Theater

Lichtspielgesetz vom 16. 2. 1934 — RGBl. I S. 95 — Änderungsgesetz vom 13. 12. 1934 — RGBl. I S. 1236 — und vom 28. 6. 1935 — RGBl. I S. 811; 1. DurchfVO. vom 20. 2. 1934 (RMinBl. von 83); 2. DurchfVO. vom 8. 3. 1934 (RMinBliV. S. 116); 3. DurchfVO. vom 8. 3. 1934 (RMinBliV. S. 118); DurchfVO. vom 27. 3. 1934 (RMinBl. V. S. 273); 5. Durchf.-VO. vom 5. 11. 1934 (RGBl. I S. 1105); 6. DurchfVO. vom 3. 7. 1935 (RGBl. I S. 906); Erlaß vom 11. 8. 1931 (MinBliV. S. 808); Erlaß vom 28. 11. 1936 — MBliV. S. 1158 —; Erlaß vom 1. 6. 1938 (RMinBliV. S. 943). — Reichstheatergesetz vom 15. 5. 1934 — RGBl. I S. 411 —. Die Überwachung der künstlerischen Arbeiten von Theater und Film liegen in der Hand besonderer Behörden, nicht der Polizei oder Ordnungsämter. Die Polizeiverordnung über Anlage und Einrichtung von Lichtspieltheatern usw. vom 18. 3. 1937 (GS. S. 41) und Erlaß vom 23. 4. 1937 (RMinBliV. S. 657). Die Polizeibehörden haben die Lichtspieltheater nur daraufhin zu überwachen, ob die Vorschriften zum Schutze von Kleinkindern und Jugendlichen eingehalten werden. Kinder unter 6 Jahren, die ohne Begleitung der Erziehungsberechtigten im Lichtspieltheater erscheinen, sind in jedem Falle, Jugendliche bei Vorführung nicht jugendfreier Filme aus dem Theater zu entfernen. Notfalls sind die polizeilichen Zwangsmittel anzuwenden. Die Ortspolizeibehörden haben auch zu überprüfen, ob die vorgeführten Filme zugelassen sind. Die unbefugte Vorführung von Filmen kann ebenfalls mit polizeilichen Zwangsmitteln verhindert werden.

Die Polizeibehörden haben ferner folgende Aufgaben: Überwachung des Verhaltens des Publikums, Einschreiten gegen Duldung nicht genehmigter Stehplätze, gegen das Aufstellen loser Stühle und gegen Übertretungen des Rauchverbotes, Überwachung der Notbeleuchtung, das Freihalten der Gänge und Ausgänge, Überwachung der Betriebsvorschriften sowie der Filmaufbewahrung und des Filmschutzes, schließlich die Überwachung der Vorschriften über den Bildwerfer und die sicherheitstechnischen Einrichtungen des Bildwerferraumes. Wird dem Polizeibeamten bei der Erfüllung dieser Aufgaben Widerstand geleistet, so kann er seine Anordnungen mit polizeilichen Zwangsmitteln durchsetzen. Kleinkunstbühnen, Varietés usw. werden weiterhin nach §§ 33a, 33b GewO. überwacht.

III. Gaststättengesetz

vom 28. 4. 1930 (RGBl. I S. 146); VO. vom 18. 6. 1930 (GS. S. 117) in Fassung der Verordnung vom 30. 3. 1933 (GS. S. 106) und der VO. vom 6. 2. 1934 (GS. S. 59).

A. Verhinderung der Fortsetzung eines unerlaubten Betriebes

Nach § 22 Abs. 1 GastGes. kann die Ortspolizeibehörde die Fortsetzung des Betriebes einer Gast- oder Schankwirtschaft und des Kleinhandels mit Branntwein durch unmittelbaren oder mittelbaren Zwang verhindern, wenn der Betrieb ohne Erlaubnis begonnen oder die Erlaubnis erloschen, widerrufen oder zurückgenommen ist. Dasselbe gilt, wenn der Kleinhandel mit Bier oder Wein oder der Ausschank von Milch untersagt worden ist. Als unmittelbares Zwangsmittel kommt die Schließung des Betriebes oder die Wegnahme der Schankgefäße oder die Versiegelung des Bierdruckapparates in Betracht.

B. Vorläufige Schließung

Gemäß § 22 Abs. 2 GaststGes. kann die Ortspolizeibehörde den Betrieb einer Gast- oder Schankwirtschaft oder einer Brantweinkleinhandlung vorläufig schließen, wenn hinreichender Verdacht besteht, daß einer der in § 12 GaststGes. aufgeführten Gründe für die Zurücknahme der Erlaubnis vorliegt.

ee) Wasserpolizei, Wegepolizei, Jagdpolizei, Fischereipolizei

I. Wasserpolizei

A. Gesetzliche Grundlage

Preuß. Wassergesetz vom 7. 4. 1913 (GS. S. 53), 25. 7. 1923 (GS. S. 349), 14. 3. 1924 (GS. S. 137) u. 25. 7. 1933 (GS. S. 274). §§ 378, 374, 375, 308 Abs. 1, 329 Abs. 2 WG. sowie weitere Landesgesetze.

B. Aufgabe der Behörden

Gemäß § 378 WG. können die Polizeibehörden nach § 132 LVG. (später des PVG.) „Geldstrafen" zur Erzwingung einer Handlung oder Unterlassung androhen und festsetzen bei folgenden Zuwiderhandlungen:

1. Zuwiderhandlungen gegen die Vorschriften über die Reinhaltung der Gewässer und über den Betrieb von Stauanlagen;
2. Zuwiderhandlungen gegen die Vorschriften über Verhütung von Hochwassergefahr;
3. Anwendung der Zwangsmittel des § 227 LVG. durch die Beamten der örtlichen Deichpolizei.

II. Wegepolizei

A. Gesetzliche Grundlage

Die verschiedenen Provinzial-Wegeordnungen; Gesetz über die Reinigung öffentlicher Wege vom 1. 7. 1912 (GS. S. 187). § 55 des preuß. Zuständigkeitsgesetzes.

B. Aufgaben der Wegebehörde

Gemäß § 55 des Zuständigkeitsgesetzes hat die Wegepolizeibehörde, soweit Leistungen für die Sicherheit des Verkehrs auf den Wegen und für die Herstellung und Unterhaltung der Wege erforderlich sind, den Pflichtigen zur Erfüllung seiner Verbindlichkeit binnen einer angemessenen Frist aufzufordern und, wenn die Verbindlichkeit nicht bestritten wird, erforderlichenfalls mit den gesetzlichen Zwangsmitteln anzuhalten.

III. Jagdpolizei

A. Gesetzliche Grundlage

Reichsjagdgesetz vom 3. 7. 1934 (RGBl. I S. 549) und 23. 4. 1938 (RGBl. I S. 410); AusfVO. vom 27. 3. 1935 (RGBl. I S. 431), 5. 2. 1937 (RGBl. I S. 179), 25. 4., 10. 5. und 23. 11. 1938 (RGBl. I S. 419, 589 und 1664), vom 29. 3. 1939 (RGBl. I S. 643) und vom 30. 3. 1940 (RGBl. I S. 566).

B. Aufgaben der Polizei

1. Zwangsmaßnahmen gegen Wilderer; Anhalten der Wilderer, Wegnahme von ihnen gefangenen und erlegten Wildes, von Schuß- und sonstigen Waffen, Jagd- und Fanggeräte, Hunden und Frettchen, Feststellung der Person.
2. Wildernde Katzen usw. zu töten.

IV. Fischereipolizei

A. Gesetzliche Grundlage

Fischereigesetz vom 11. 5. 1916 (GS. S. 55), 25. 7. 1933 (GS. S. 284) und 18. 1. 1934 (GS. S. 13), sowie weitere Landesgesetze.

B. Aufgaben der Behörden

Nach § 130 FG. werden die Fischereibehörden nicht gehindert, nach § 132 Nr. 2 LVG. Geldstrafen zur Erzwingung einer Handlung oder Unterlassung anzudrohen und festzusetzen. Gemäß § 119 Abs. 2 FG. führen die Aufsicht über die Fischerei in den Binnengewässern die Ortspolizeibehörden. Insoweit ist an die Stelle des § 132 LVG. nach Erlaß des PVG. der § 55 PVG. getreten. Bei folgenden Zuwiderhandlungen können die Ortspolizeibehörden also die Zwangsmittel des § 55 PVG. anwenden;

1. Nichtmitführen des Fischereischeins oder Erlaubnisscheins;
2. Verbotswidrige Ausstellung von Erlaubnisscheinen;
3. Auslegen von Fischerzeugen ohne die vorgeschriebenen Kennzeichen;
4. Ausübung des Fischfangs ohne Besitz des vorgeschriebenen Fischereischeins oder Erlaubnisscheins;
5. Maßnahmen, die den Zweck haben, die Rückkehr der Fische in ein über sein Ufer getretenes Gewässer oder das Fischen auf den überfluteten Grundstücken zu hindern;
6. Anwendung von verbotenen Stoffen beim Fischen;
7. Verbotswidriges Mitführen von Fischereigeräten auf Wasserfahrzeugen;
8. Verbotswidrige Ausübung der Fischerei in Schonbezirken;
9. Zuwiderhandeln gegen die besonderen Schutzvorschriften für Laichschonbezirke;
10. Zuwiderhandlungen gegen die Bestimmungen, die auf Grund der §§ 102 Abs. 3, 103, 106 und 107 FG. erlassen worden sind.

ff) Obdachlosenpolizei

Auf Grund der §§ 14, 21 pr. PVG. sind die Ortspolizeibehörden verpflichtet und berechtigt, wenn sie nicht auf andere Art und Weise die Obdachlosen unterbringen können, diese zwangsweise in leerstehende Räume Dritter einzuweisen. Nach der Rechtsprechung durfte die Einweisung nur im Falle des Notstandes und nur für einen bestimmt angegebenen, angemessen kurz bemessenen Zeitraum erfolgen. Reichte diese Frist nicht aus, so durfte die Einweisung nach Bedarf auf weitere kurze Fristen verlängert werden.

gg) Schulpflicht

A. Gesetzliche Grundlage

Reichsschulpflichtgesetz vom 6. 7. 1938 (RGBl. I S. 799) und 16. 5. 1941 (RGBl. I S. 282); DurchfVO. vom 7. 3. 1939 (RGBl. I S. 438), 2. DurchfVO. vom 16. 5. 1941 (RGBl. I S. 283).

B. Aufgaben der Behörden

Gemäß § 12 des Reichsschulpflichtgesetzes werden Kinder und Jugendliche, welche die Pflicht zum Besuch der Volks-, Haupt- oder Berufsschule nicht erfüllen, der Schule zwangsweise zugeführt. Hierbei kann die Hilfe der Polizei in Anspruch genommen werden.

Schrifttum

Böttcher, Karl W. — Schäfer, Rudolf, Die Polizei in Deutschland. In: Frankfurter Hefte 1949, S. 132.
Drews, Preußisches Polizeirecht. Berlin 1931 (3. Aufl.), 1936 (5. Aufl.).
Hagemann, Max, Was wird aus der deutschen Kriminalpolizei? Lübeck 1948.
Hütten, H. J., Leitfaden für den Polizeibeamten. Köln 1947.
Retzlaff, F. — Echterhoff, Th., Polizei-Handbuch. Lübeck 1929 ff.
Thoma, Richard, Der Polizeibefehl im badischen Recht. Tübingen 1906.

Siebzehntes Kapitel

Berufsrecht

1. Bedeutung des Berufs

Wer als Rentner oder ohne berufliche Tätigkeit lebt, wird im allgemeinen wenig mit Verwaltungsbehörden in Berührung kommen. Nur in Zeiten staatlichen Notstandes mag auch sein Leben für die Verwaltung von Interesse werden. Anders derjenige, der tätig im beruflichen Leben steht. Bei ihm hängt es nicht nur von seinem freien Willen ab, ob er mit Rechtsnormen in Berührung kommt, sondern sein Beruf zwingt ihn zu ständiger Fühlungnahme mit öffentlichen Dienststellen. Das öffentliche Recht mit seinen Zwangsbestimmungen ist für ihn zum mindesten ebenso wichtig wie das Privatrecht mit der grundsätzlichen Freiwilligkeit seiner Inanspruchnahme.

So ist der Beruf einer der wichtigsten Anknüpfungspunkte für das Verwaltungsrecht. Je schwieriger die Lebensverhältnisse werden, je geringer die Wirkungsmöglichkeit des einzelnen Menschen ist, desto stärker werden die von der Gemeinschaft errichteten Schranken des einen gegen den anderen. Die Vervielfältigung der Berufe infolge der Verfeinerung der Technik auf allen Lebensgebieten hat sowohl einen Ausbau privatrechtlicher sich mit dem Beruf befassenden Bestimmungen zur Folge, wie sie etwa im modernen Arbeitsrecht in Erscheinung treten, als auch einen Ausbau der sich mit dem menschlichen Beruf befassenden öffentlichrechtlichen Sätze. Der Ausbau geht hier nicht nur in die Weite, sondern auch in die Tiefe. Das öffentliche Recht ist gezwungen, will es seine Aufgabe erfüllen, zu substanziieren. Jeder Berufszweig lebt sein eigenes Leben, er verlangt daher auch eine gesonderte rechtliche Behandlung.

Eine erschöpfende Einteilung der sich auf die einzelnen Berufe beziehenden rechtlichen Bestimmungen ist nur schwer möglich. Die Praxis der Verwaltung, die ihren Niederschlag in der Rechtsetzung gefunden hat, hat im Laufe der Zeit aber doch verschiedene Gattungsbegriffe herausgebildet, unter denen, ohne dem Einzelfall allzu großen Zwang anzutun, die meisten Berufe eingeordnet werden können. Dies sind die Berufe der gewerblichen Wirtschaft, der Urprodukten und die sogenannten freien Berufe.

2. Entwicklung des Berufsrechts

a) Verwaltungsrecht und Wirtschaftsrecht.

Die politische Entwicklung der letzten Jahrzehnte hat dazu geführt, daß sich der Staat in zunehmendem Maße in das wirtschaftliche Leben der einzelnen Bürger einschaltet. Dieser Vorgang ist nicht eine Wiederholung polizeistaatlicher Zustände, sondern originär aus den Gegebenheiten der modernen Wirtschaft zu verstehen. Es ist gar nicht zu bestreiten, daß sich neuerdings ein Wirtschaftsrecht gebildet hat, das sich im wesentlichen mit dem Gegenstand der hier als vierter Staatsfunktion bezeichneten staatlichen Tätigkeit befaßt. Das Wirtschaftsrecht ist aber nicht an die Stelle älteren, den Gewerbeberuf behandelnden Rechtes getreten. Es besteht vielmehr neben diesem älteren Rechtszweig. Eine genauere Abgrenzung ist nur möglich durch eine Betrachtung der Entwicklung des Gewerberechtes.

b) Ursprung der Gewerbefreiheit.

Der Auffassung des Manchestertums des liberalen Staates entsprach es, daß der Staat sich um den Ablauf des wirtschaftlichen Geschehens möglichst wenig kümmern sollte. Zu einer Gesetzgebung, aus welcher sich die Wirtschaftsmaßnahmen inhaltlich berührende Sätze hätten entwicklen können, kam es daher nicht. Eine Beeinflussung oder gar Lenkung des wirtschaftlichen Lebens oder der wirtschaftlichen Entwicklung lag außerhalb der staatlichen Aufgaben. Ein Postulat dieser Auffassung war die Gewerbefreiheit.

Sie war gemeint negativ als Überwindung der alten Bindungen der Wirtschaft an öffentliche Gemeinwesen, meist nicht den Staat, sondern vor allem Genossenschaften. So wurde im Zuge der Stein-Hardenbergschen Reformen die Gewerbefreiheit zunächst in Preußen und im Anschluß daran in den meisten übrigen deutschen Staaten eingeführt. Ihre Bedeutung für die damalige Zeit lag in der Befreiung der Bauern, der Aufhebung der feudalen Gebundenheit und der Aufhebung der Zunftrechte.

Positiv ging mit dieser rechtlichen Entwicklung ein wirtschaftlicher Fortschritt einher. Die Gewerbefreiheit ermöglichte zweifellos einen erheblichen Aufschwung des wirtschaftlichen Lebens. Das kapitalistische Zeitalter konnte beginnen, von dem man sich zu seinem Beginn so viel für den Fortschritt der Menschheit in physischer und psychischer Hinsicht versprach. Die Gesetzgebung ist ein getreues Abbild solcher politischen und weltanschaulichen Gedankengänge.

aa) Gesetzgebung der deutschen Staaten.

Bis zum Anfang des 19. Jahrhunderts beschränkte sich die Gesetzgebung der Territorialstaaten darauf, Mißbräuche, die sich in den Zünften und durch die Beschränkung des Gewerbebetriebes auf die Städte herausgebildet hatten, zu bekämpfen. In Preußen zum Beispiel erfolgte im Anschluß an den Reichsbeschluß über Abstellung von Innungsmißbräuchen vom 4. September 1731 eine vollständige Revision aller Zunft- und Innungsstatuten. Die erste grundlegende Reform wurde durch das Edikt über die allgemeine Einführung einer Gewerbesteuer vom 2. November 1810 (GS. S. 79) eingeleitet. Das Edikt stellte den Grundsatz der Gewerbefreiheit auf und ließ eine Beschränkung des Betriebes einzelner Gewerbe nur aus gesundheitlichen oder sicherheitspolizeilichen Gründen zu (z. B. preuß. Gesetz über polizeiliche Verhältnisse vom 7. September 1811). Die preußische Gewerbeordnung vom 17. Januar 1815 dehnte die Grundsätze des Ediktes und eines Ergänzungsgesetzes vom 7. September 1811 auf das ganze Staatsgebiet aus und beseitigte zugleich die ausschließlichen Gewerbeberechtigungen.

bb) Reichsgesetzgebung.

Dem Vorbild der deutschen Einzelstaaten schloß sich das Reich an. Die Gewerbeordnung vom 21. Juni 1869, zunächst nur für den Norddeutschen Bund bestimmt, trat nach und nach für das ganze Reichsgebiet in Kraft. Durch dieses Gesetz und durch weitere gesetzliche Bestimmungen machte das Reich von der ihm nach der Reichsverfassung zustehenden

Gesetzgebungsbefugnis Gebrauch, so daß sich die Landesgesetzgebung auf den Erlaß von Einzelbestimmungen beschränken mußte.

Gewerbefreiheit im Sinne der GewO. besteht insbesondere darin, daß die Zulassung zum Gewerbe niemanden anders verwehrt werden darf als gemäß den durch das Gesetz vorgesehenen Ausnahmen. Die Ausübung kann weiterhin beschränkt bleiben (vgl. unten c).

c) Gewerbefreiheit.

Die Einführung der Gewerbefreiheit brachte eine Veränderung der bis dahin vorhandenen Lage, wobei sie teils Beschränkungen, teils Vorrechte beseitigte.

An Beschränkungen hob sie auf den Unterschied zwischen Stadt und Land, der bis dahin eine große Rolle gespielt hatte und die Landbevölkerung weitgehend von dem Betrieb eines Gewerbes ausgeschlossen hatte. Sie ließ zu, daß Handwerker auch andere als nur von ihnen selbst hergestellte Waren vertreiben durften oder daß eine Person mehrere Gewerbe gleichzeitig betrieb. Sie milderte den Zwang der Zünfte und Gilden, die Nichtmitglieder von jeder gewerblichen oder kaufmännischen Tätigkeit ausgeschlossen hatten.

An Vorrechten beseitigte sie die privaten Monopole, das sind ausschließliche Gewerbeberechtigungen, die den Inhaber berechtigen, anderen den Betrieb eines gleichen Gewerbes, sei es im allgemeinen, sei es hinsichtlich der Benutzung eines bestimmten Betriebsmittels zu untersagen oder zu beschränken (§ 7 Ziff. 1 GewO.).

Beispiel:

Eine Verwaltungsanordnung, die nicht nur eine regelmäßige und sachgemäße Reinigung der Bierdruckapparate den Wirten auferlegen und dafür gewisse Kontrollmaßnahmen einführen will, sondern die Reinigung gegen Bezahlung durch die Wirte einer bestimmten Firma überträgt, ist ungültig. Sie würde nämlich für diese Firma eine ausschließliche Gewerbeberechtigung auf Reinigung der Bierdruckapparate schaffen. — Kammergericht, in: DJZ. 1902, Sp. 534.

Als Ausnahme blieb das Monopol im Schornsteinfegergewerbe. Weitere Ausnahmen entstehen seit jeher dadurch, daß an vielen Orten bestimmte Arten von Gewerbeunternehmungen durch Kommunalbehörden betrieben werden, wodurch sie tatsächlich aus dem freien Gewerbebetrieb ausscheiden und Gemeindeangelegenheiten werden. Ein solches Monopol der öffentlichen Hand wird für zulässig gehalten. Es nähert sich den ursprünglich öffentlichen Monopolen, wie z. B. dem vielfach gesetzlich festgelegten staatlichen Streichholzmonopol, ist juristisch aber doch den privaten Monopolen zuzurechnen, weil die Gemeinden in der Regel nicht mit obrigkeitlichen, sondern nur mit kaufmännischen, fiskalischen Mitteln arbeiten. Die ehedem bestehenden Zwangsrechte (Untersagungsrechte) und Bannrechte (Bedarfsdeckungspflichten), die oft mit ausschließlichen Gewerbeberechtigungen verbunden sind, z. B. Brauzwang, Branntweinzwang, Mahlzwang, mit einem Grundstück subjektiv-dinglich verbundene Realgewerberechte, wurden mit einigen in der Gewerbeordnung festgelegten Ausnahmen aufgehoben (§§ 7 Ziff. 2, 4, 8, 10 GewO.). Unter Zwang- und Bannrechten versteht man die Befugnis eines Gewerbeberechtigten, im Interesse seines Gewerbebetriebes von den Einwohnern eines Bezirks in bezug auf den Gewerbebetrieb ein bestimmtes Tun oder Unterlassen zu fordern.

Die von den Gewerbeordnungen verwirklichte Gewerbefreiheit ist der Ausdruck der liberalen Wirtschaftsauffassung. Ihre Hauptaufgabe ist die Abgrenzung der Tätigkeiten von Staat und Wirtschaft, was — eben wegen der liberalen Wirtschaftsauffassung — einer Abgrenzung zwischen Staat und Individuum gleichkommt. So ist es eigentlich selbstverständlich, daß der Staat sich beschränkte auf die Tätigkeit, die er auch bei anderen Äußerungen des menschlichen Lebens ausübte, nämlich der Aufrechterhaltung der öffentlichten Ruhe, Ordnung und Sicherheit in der Wirtschaft. Eine derartige Tätigkeit hat rein polizeilichen Charakter.

Die Gewerbeordnung ist infolgedessen ein Gewerbepolizeigesetz und auch als solches gedacht und erlassen worden. Das Gewerberecht, das sich teilweise im Anschluß, teilweise außerhalb der Gewerbeordnung entwickelte, blieb zunächst Polizeirecht. Es beschäftigte sich mit der Ausübung des Gewerbes, die im Gegensatz zur Zulassung weitgehend beschränkt ist.

Eine Ausnahme machen lediglich §§ 2—13 GewO., die materiellwirtschaftliche Sätze enthalten, indem sie die alten Vorzugsrechte des Ständestaats beseitigen, und Titel VI, der auf dem Gebiet des Handwerksrechts in Anlehnung an die frühere Zunftverfassung auch unter der Herrschaft der Gewerbefreiheit sich einen gewissen ständischen Einschlag erhalten hat. Sein Inhalt ist als eine verwaltungstechnische Organisationsbestimmung aufzufassen.

d) Zurückdrängung der Gewerbefreiheit.

Die Zurückhaltung des Staates in wirtschaftlichen Angelegenheiten wurde im ersten Weltkrieg und in der Nachkriegszeit aufgegeben. Zunächst blieb es bei zusammenhanglosen Versuchen der Einführung planwirtschaftlicher Gesetze, wie etwa des Kohlenwirtschaftsgesetzes vom 23. März 1919, des Gesetzes über die Regelung der Kaliwirtschaft vom 24. April 1919, der Verordnung zur Regelung der Eisenwirtschaft vom 1. April 1920, der Kartellordnung vom 2. November 1923. Diese Regelungen bedeuteten einen erheblichen Eingriff in die berufliche Tätigkeit der mit den genannten Wirtschaftszweigen in Verbindung stehenden Menschen. Die verschiedenen Ansatzpunkte wurden jedoch damals nicht zu einem umfassenden System zusammengefügt. Auch in der Folgezeit blieb es bei Einzeleinbrüchen in die individuelle Wirtschafts- und Gewerbefreiheit.

So greift die bis zur Gegenwart geltende Verordnung über Handelsbeschränkungen vom 13. Juli 1923 — RGBl. I, S. 706 —, zuletzt in der Fassung vom 19. Dezember 1935 — RGBl. I, S. 15, 16 —, weitgehend in die persönliche Freiheit des einzelnen ein, indem sie die Möglichkeit der Untersagung des Handelns mit Gegenständen des täglichen Bedarfs schafft, wenn die Tatsachen die Annahme rechtfertigen, daß der Handeltreibende die für den Handelsbetrieb erforderliche Zuverlässigkeit nicht besitzt (§ 20). Das Gaststättengesetz vom 28. April 1930 beispielsweise hat einen wichtigen gesamtwirtschaftlichen Einschlag in der Vorschrift des § 21 Abs. 2 mit seinen weitgehenden Ausnahmen von dem Grundsatz der Gewerbefreiheit. Zu nennen ist hier ferner Abs. V des Milchgesetzes vom 31. Juli 1930. Diese Beschränkungen können mit den schon in der Gewerbeordnung selbst enthaltenen Durchbrechungen der Gewerbefreiheit nicht verglichen werden, denn sie bedeuten praktisch für weite Gebiete des wirtschaftlichen Lebens eine Aufhebung der Gewerbefreiheit schlechthin. Betroffen davon werden — und das ist eine praktische aus dem Gesetzestext nicht ohne weiteres zu ersehende Folge — die mittleren und kleineren Betriebe, nicht die Großindustrie[1]).

Die nationalsozialistische Staatsführung trieb die Reglementierung weiter. Der Theorie und Propaganda nach wurde die Schaffung eines das ganze Leben der Nation regelnden Wirtschaftsrechts erstrebt. Aus der uneingeschränkten Überordnung des im Staat zusammengefaßten Volksganzen über sämtliche Wirtschaftskräfte sollte sich der Anspruch der Staatsführung auf die Führung der Wirtschaft in ihrer Gesamtheit ergeben. „Unter Führung der Gesamtwirtschaft ist dabei nicht eine wohlfahrtspolizeiliche Reglementierung der Wirtschaft und ihrer einzelnen Glieder im Sinne des alten Polizeistaates zu verstehen, sondern die Ausrichtung der Wirtschaft in allen ihren Teilen auf die unmittelbaren

---

[1]) RGZ. 101, 289.

Lebensnotwendigkeiten von Staat und Volk"[1]). Die Durchführung dieses Planes begann mit Maßnahmen, die den vor 1933 erlassenen Gesetzen durchaus glichen und den Weg der Einschränkung der Gewerbefreiheit weiterschritten, so z. B. das Gesetz zum Schutze des Einzelhandels vom 12. Mai 1933, das die in § 1 Satz 1 des 3. Teils der Notverordnung[2]) zum Schutze der Wirtschaft vom 9. März 1932 — RGBl. I S. 121, 571 — befristet angeordnete Zulassungsbeschränkung von Einzelhandelsgeschäften perpetuierte, oder einige einzelne Handelsgebiete behandelnde Gesetze (z. B. Reichsgesetz vom 3. Juli 1934 — RGBl. I S. 566; 16. Oktober 1934 — RGBl. S. 974 — 13. April 1935, RGBl. I S. 508; 9. September 1937 — RGBl. I S. 970 —). Sie endete mit einer völligen staatlichen Zwangswirtschaft, die ihren endgültigen Ausdruck fand in Bestimmungen wie die Kriegswirtschaftsverordnung, Preisstrafrechtsverordnung, Gebrauchregelungsstrafverordnung usw.

Nach dem Zusammenbruch verfolgte die gesetzliche Entwicklung zunächst die bisherigen Bahnen.

Die Verfassungen der Länder versprechen nur selten Gewerbefreiheit in dem Sinn, wie das die Weimarer Reichsverfassung in Art. 151 tat. Das ist z. B. in Art. 52 der rheinisch-pfälzischen Verfassung der Fall, die Gewerbefreiheit als primäres Grundrecht bezeichnet. Häufiger ist ein Zurücktritt der Gewerbefreiheit hinter die primäre Gemeinschaftsgebundenheit jeder wirtschaftlichen Betätigung, wie das z. B. Art. 38 der hessischen Verfassung ausdrückt: „Die Wirtschaft des Landes hat die Aufgabe, dem Wohle des ganzen Volkes und der Befriedigung seines Bedarfs zu dienen. Zu diesem Zweck hat das Gesetz die Maßnahmen anzuordnen, die erforderlich sind, um die Erzeugung, Herstellung und Verteilung sinnvoll zu lenken und jedermann einen gerechten Anteil an dem wirtschaftlichen Ergebnis der Arbeit zu sichern und vor Ausbeutung zu schützen." Ähnliche Bestimmungen enthalten Art. 25 der württemberg-badischen Verfassung, Art. 92 der württemberg-hohenzollernschen Verfassung, Art. 43 der badischen Verfassung mit dem Zusatz: „Die grundsätzliche Freiheit von Landwirtschaft, Industrie, Handel, Handwerk und Gewerbe wird gewährleistet." Auch der Wortlaut der Verfassungen der Länder der Ostzone weicht nicht wesentlich von diesen Regeln ab. Insgesamt ist gar nicht zu verkennen, daß diese Landesverfassungen von dem Grundsatz der Gewerbefreiheit abrücken.

Zurückhaltung erlegt sich auch das Grundgesetz für die westdeutsche Bundesrepublik auf, dessen Art. 12 bestimmt: „Alle Deutschen haben

---

[1]) So Elmar Michel in: Homann-Brisch, Gewerbe und Handwerk, Berlin 1937, S. XVIII.

[2]) Siehe Seite 227 Anm. 1.

das Recht, Beruf, Arbeitsplatz und Ausbildungsstätte frei zu wählen. Die Berufsausübung kann durch Gesetz geregelt werden. Unter Berufsausübung in diesem Sinne ist auch die Zulassung zum Beruf zu verstehen"[1]).

Mit den für das Vorhandensein der Gewerbefreiheit und ihren Umfang maßgeblichen Umständen befassen sich zahlreiche nach 1945 ergangene Einzelgesetze. Sie verfolgten zunächst allenthalben das Ziel, den Ansturm der Menschen auf die wenigen noch vorhandenen oder wieder neugeschaffenen aber nicht in ausreichender Menge herstellbaren wirtschaftlichen Güter abzustoppen. Der Andrang zu den selbständigen gewerblichen Berufen war so gestiegen, daß nicht darauf verzichtet werden konnte, zur Aufrechterhaltung eines geordneten und wenigstens einigermaßen gesunden Wirtschaftslebens die fachliche und persönliche Eignung der Bewerber und die Frage, ob für das beantragte Gewerbe wirtschaftliche Möglichkeiten und ein wirtschaftliches Bedürfnis bestanden, weiterhin zu prüfen. Alle sich hiermit befassenden Bestimmungen wollten dem egoistischen Streben einzelner Menschen, unbedingt in unmittelbare Verbindung mit der Ware zu kommen, um gut leben zu können, entgegentreten mit dem Ziel, die Allgemeinheit vor Schäden durch zu viele „Verteiler" an einem viel zu geringen Warenbestand zu schützen. Vorbildlich für die grundsätzliche Planung der Zulassung zu jedem mit irgendwelchen Waren in Zusammenhang stehenden wirtschaftlichen Beruf waren die eine allgemeine, weit über die Bestimmungen der Gewerbeordnung hinausgehende Genehmigungspflicht für alle gewerblichen Unternehmungen einführenden Gesetze der Länder der amerikanischen Zone. Die Gesetze zur Errichtung gewerblicher Unternehmen — das bayrische vom 23. September 1946 — GVBl. S. 279 —, das württemberg-badische vom 5. November 1946 — Reg.Bl. S. 239 —, das hessische vom 24. Juni 1947 — GVBl. S. 217 haben nach der Übereinkunft der drei Länder im Wirtschaftsrat fast den gleichen Text. Der Magistrat von Berlin fand eine nahezu gleiche Regelung (— Verordnung über die Erteilung und Versagung der Gerbeerlaubnis vom 16. Januar 1947 — Verordnungsblatt vom 18. Februar 1947 —). (Lizenzgesetze!)

Die Bestimmungen betrafen gewerbliche Unternehmungen, die sich mit der Erzeugung, der Bearbeitung und Verarbeitung, Verwertung, Verteilung, Beförderung und Vermittlung von Waren oder mit der Ausführung oder Vermittlung von Waren oder mit der Ausführung oder

[1]) Über die Bedeutung des Art. 12 vgl. Prass, in: DV. 1950, S. 10, der ihn für die Festlegung voller Gewerbefreiheit hält, was unzutreffend sein dürfte; Thoma, in: Archöff R. 1949, S. 364, der darin — zutreffend — nur eine Erklärung gegen den Arbeitszwang sieht; ebenso: Sieg, in: DV. 1950, S. 193.

Vermittlung gewerblicher Leistungen befaßten. Die Aufzählung der erfaßten Tätigkeiten war vollständig, so daß weitere gewerbliche Handlungen nicht erfaßt wurden. Die Gesetze kannten fünf genehmigungspflichtige Tatbestände für die von ihnen betroffenen Unternehmungen, nämlich: 1. die Errichtung eines Gewerbeunternehmens, 2. die Übernahme eines bestehenden Unternehmens, wenn sie der Errichtung wirtschaftlich gleichkam, 3. die Errichtung einer selbständigen oder unselbständigen Niederlassung, die Ausbildung auf eine neue Tätigkeit oder einen neuen Geschäftszweig, 5. die Wiedereröffnung eines im Kriege stillgelegten Unternehmens.

In den übrigen Zonen kam es nicht so schnell zu umfassenden Neuregelungen, so daß noch einige Zeit hindurch in weitem Umfang die vor 1945 geltenden Rechtssätze angewandt wurden. Dabei waren Meinungsverschiedenheiten über Umfang und Art und Weise der Anwendung unvermeidlich. Ein besonderes Maß von Unsicherheit wurde dadurch hineingetragen, daß man das Bedürfnis der Nachprüfung der persönlichen Zuverlässigkeit empfand, andrerseits jedoch nicht recht wußte, nach welchen Richtlinien eine derartige Beschränkung erfolgen sollte. Die Länder und Provinzen der russischen Zone kamen hier am ehesten zur Klarheit, indem sie die Nachprüfung der persönlichen, also auch der politischen Zuverlässigkeit weitgehend den Dienststellen überließen, die über den Bestand oder die Zulassung eines Unternehmens zu wachen und zu befinden hatten[1]). Eine ähnliche Entwicklung war in der französischen Zone zu beobachten. Auch hier wurden politisch belastete Mitglieder der Berufe der gewerblichen Wirtschaft weitgehend ausgeschaltet, ohne daß man zunächst ein formelles Entnazisierungsverfahren durchführte. Zu derartig durchgreifenden Maßnahmen kam es in der britischen Zone nicht. Allerdings vielen kleinen Unternehmern wurde die Fortführung ihres Betriebes oder die Eröffnung eines neuen untersagt. Demgegenüber standen aber ganze Industriezweige, wie z. B. die Bauwirtschaft, in denen die Frage nach der persönlichen und damit der politischen Zuverlässigkeit, teilweise auf ausdrückliche Anweisung der Militärregierung niemals gestellt wurde. Das im Jahre 1946 langsam anlaufende Entnazisierungsverfahren mit seinen häufigen Änderungen konnte hier ebenfalls keine Klarheit schaffen. Für die erste Zeit nach der Besetzung wurden die von der Militärregierung und später den wieder errichteten Industrie- und Handelskammern ausgegebenen Permits von Bedeutung. Ohne ein solches Permit durfte kein Geschäftsbetrieb der gewerblichen Wirtschaft betrieben werden. Es gab aber eine Reihe

[1]) Europa-Archiv 1949.

von Geschäftszweigen, die generell zugelassen wurden. Wo ein Permit verlangt wurde, trat es neben die übrigen für die Zulassung und Ausübung eines Betriebes erforderlichen Unterlagen, so daß es die Prüfung der persönlichen Zuverlässigkeit nicht überflüssig machte.

Das Jahr 1948 mit der Umstellung der Währung brachte eine entscheidende Wendung. In erster Linie wird nun ein tiefgehender Unterschied zwischen der Ostzone und den Westzonen sichtbar.

In der Ostzone bleibt die Beschränkung der Wirtschaft durch staatliche Maßnahmen erhalten. Sie wird sogar noch ausgebaut[1]). Dabei sind zu unterscheiden die in irgendeiner Form sozialisierten Betriebe von den im Privateigentum stehenden, einer ständig kleiner werdenden Zahl. Die auf der Landesebene erfolgende Regelung ist nicht ganz einheitlich hinsichtlich der einzelnen Bestimmungen. Die Tendenz, die Wirtschaftsfreiheit und ungebundene Wirtschaft weitgehend auszuschalten, ist jedoch überall dieselbe. Die schon 1945 eingeführte oder beibehaltene weitgehende Regelung über die genehmigungspflichtigen Tatbestände bei der Eröffnung, Stillegung usw. von Gewerbebetrieben wurde im wesentlichen beibehalten oder übertroffen. So geht z. B. eine Verordnung des Präsidenten der Provinz Sachsen, jetzt Land Sachsen-Anhalt, vom 3. November 1945 — VOBl. S. 26 — und ein — unveröffentlichter — Zusatzerlaß vom Dezember 1945 noch insoweit über die Regelung der Länder in der amerikanischen Besatzungszone hinaus, als er die dort bewußt gelassenen Lücken der genehmigungspflichtigen Tatbestände, z. B. Eintritt als Gesellschafter in eine offene Handelsgesellschaft, Übernahme eines Unternehmens in jedem Fall, vermeidet. Dieselbe Grundtendenz wird bis in die Gegenwart fortgeführt. Die Absicht der Gesetzgebung in der russischen Besatzungszone ist von vornherein darauf gerichtet, der Schaffung einer lückenlosen Planwirtschaft zu dienen. Unter diesem Gesichtspunkt erklärt sich die spätere Entwicklung, auch diejenige nach der Währungsreform. In der Ostzone hatte der Währungsschnitt also keinen Einfluß auf die bisherigen Grundsätze und Maßnahmen der Gewerbelenkung. Die Länder der sowjetischen Besatzungszone haben seit längerer Zeit eine völlige, nur durch geringfügige Ausnahmen durchbrochene Gewerbesperre normiert in der Erwartung, daß die deutsche Wirtschaftskommission ein zoneneinheitliches Gewerbelenkungsgesetz erlassen werde. Nebenher laufen einzelne weitere Beschränkungen, z. B. des Großhandels.

---

[1]) Z. B. meckl. Gesetz vom 21. 2. 1947 über die Einführung der Genehmigungspflicht zur Ausübung des Großhandels.

Die Länder der W e s t z o n e n haben seit 1948 die der gewerblichen Wirtschaft auferlegten Beschränkungen weitgehend abgebaut. Insoweit verlief die Entwicklung anders, als es zur Zeit des Erlasses der süddeutschen Länderverfassungen voraussehbar war. Die zur Zeit noch bestehenden Verschiedenheiten können überwunden werden, nachdem vom westdeutschen Grundgesetz das Recht der Wirtschaft (Bergbau, Industrie, Energiewirtschaft, Handwerk, Gewerbe, Handel, Bank- und Börsenwesen, privatrechtliches Versicherungswesen) als zur konkurrierenden Gesetzgebung gehörig bezeichnet wurde (Art. 74 Ziff. 11). Wenn der Bund eine gesetzliche Regelung trifft, haben die Landesgesetze zurückzutreten.

Vorerst jedoch sind noch ganz erhebliche Unterschiede vorhanden. In der b r i t i s c h e n und f r a n z ö s i s c h e n Z o n e gehen die Länderanordnungen grundsätzlich nach wie vor von dem Fortbestand der Beschränkungen aus, wie sie sich in dem gesetzlichen Zustand des Jahres 1945 darstellten. Lockerungen sind jeweils besonders in den Landesgesetzen oder auf ihnen beruhenden Verwaltungsanordnungen festgelegt[1]). Die Länder der a m e r i k a n i s c h e n Z o n e müssen auf ausdrücklichen Befehl der amerikanischen Militärregierung genau den umgekehrten Weg gehen. In ihren Direktiven vom 2., 20. und 23. Dezember 1948 und 28. März 1949 hat die Militärregierung angeordnet, daß grundsätzlich sämtliche bisherigen Beschränkungen der der gewerblichen Wirtschaft angehörenden Berufe aufzuheben sind. Die Direktiven schaffen, wie nach längeren Erörterungen zwischen amerikanischen und deutschen Stellen festgestellt wurde, nicht unmittelbar Recht für den einzelnen Deutschen, sondern sind Anweisungen an die Landesregierungen. Sie müssen seit Anfang 1949 von der deutschen Verwaltung nun durchgeführt werden ohne entsprechende deutsche Gesetze, ja zum Teil gegen bestehende Gesetze, wie in Bayern und Nordwürttemberg-Baden, wo die Geltungsdauer der Lizensierungsgesetze bis zum 31. Dezember 1949 festgelegt war. Versuche deutscher Stellen, zu einer an die bisherige Entwicklung sich organisch anschließenden Regelung zu kommen, wie sie z. B. in dem mit großer Einmütigkeit und Schnelle hergestellten hessischen Gewerbezulassungsgesetz vom 8. Dezember 1948 zum Ausdruck kamen, sind gescheitert. Das Gesetz wurde von der Militärregierung nicht genehmigt.

---

[1]) Nordrhein-westf. Gesetz über die vorläufige Regelung gewerblicher Genehmigungen und Schließungen vom 7. 12. 1948 — GVBl. S. 302 —. Nieders. Gesetz über die Zulassung und Schließung von Gewerbebetrieben (Gewerbezulassungsgesetz) vom 29. 12. 1948 — GVBl. S. 188 —. Schlesw.-holst. Gesetz über die Geltungsdauer gewerberechtlicher Bestimmungen vom 15. 1. 1948 — GVBl. S. 17 —. Hamb. VO. zur Offenhaltung von Betrieben des Großhandels vom 15. 6. 1948 — GVBl. S. 33 —. Rheinl.-pfälz. Landesverordnung zur Änderung der Verfassung zum Schutze des Großhandels vom 29. 12. 1948 — GVBl. 1949, S. 75 —.

Ebenso scheiterten die Versuche, wenigstens für die Bizone schon jetzt eine einheitliche Lösung zu finden, an dem Widerspruch der amerikanischen Dienststellen. Im Ergebnis gestattete die amerikanische Militärregierung eine Zulassungsgenehmigung (Lizensierung) nur für einige Berufe und Unternehmungen, die für die gewerbliche Wirtschaft von geringer Bedeutung sind[1]).

3. Wirtschaftsrecht, Berufspolizeirecht, Organisationsrecht

Alle solche Regelungen haben sich von der bloßen polizeilichen Überwachung, wie sie zu Beginn der Gewerbeordnung gedacht war, weit entfernt. Die gesetzlichen Äußerungen sind abhängig von politischen und wirtschaftspolitischen Ansichten. Diese sind die Unterlage der inhaltlich sich mit der Wirtschaft befassenden rechtlichen Bestimmungen. Wegen ihres Inhaltes können die Bestimmungen nicht als dem Verwaltungsrecht zugehörig angesehen werden. Andererseits ist aber für viele Berufstätigkeiten, gleichgültig, ob sie im Rahmen einer freien Wirtschaft oder einer Planwirtschaft liegen, eine verwaltungsmäßige Überwachung oder wenigstens Erfassung unumgänglich. Diese Aufgabe hat die staatliche Verwaltung zu erfüllen. Die von ihr ausgeübten Verwaltungsmaßnahmen sind andere als die von der Wirtschaft selbst durchgeführte interne Verwaltung. Auch die innere Betriebsorganisation der Wirtschaft und der Wirtschaftsunternehmungen in jeder Sparte und in jeder Lage ist Verwaltung. Aber diese Verwaltung unterscheidet sich qualitativ von der staatlichen allgemeinen Verwaltung. Sie gehört dem Wirtschaftsrecht an. Die von der öffentlichen Verwaltung durchgeführte Überwachung und Erfassung beruflicher Tätigkeiten indessen gehört dem Verwaltungsrecht an.

So hat die öffentliche staatliche Verwaltung und mit ihr das Verwaltungsrecht auch noch neben dem materiellen und formellen Wirtschaftsrecht einen eigenen Aufgabenbereich. Er umfaßt im wesentlichen dasjenige Gebiet, was seit jeher für das Gewerbe als Gewerbepolizei bezeichnet wird und dem für alle Berufe insgesamt eine allgemeine Berufspolizei entspricht.

Neben die beiden sich zwar mit dem gleichen Gegenstand, nämlich den Berufen, befassenden, aber doch qualitativ voneinander völlig verschiedenen Tatsachenkomplexen und Rechtszweigen tritt ein dritter sich mit den Berufen befassender Gesichtspunkt von ebenfalls recht-

---

[1]) Vgl. unten S. 444.

licher Bedeutung, nämlich die Organisation. Auch die rechtliche Erfassung der Organisation der Berufe ist Aufgabe des Verwaltungsrechts.

Für das Verwaltungsrecht ist es also nicht entscheidend, welches Wirtschaftssystem vorhanden ist und wie das Wirtschaftsrecht beschaffen ist. Unabhängig hiervon hat es sich mit zwei Gegenständen zu befassen, der Berufspolizei im weitesten Sinne und der Organisation. Selbstverständlich können diese beiden Rechtszweige des Verwaltungsrechtes nur der Wirtschaft und dem Wirtschaftsrecht dienen, nicht sie inhaltlich beherrschen. Infolgedessen wirkt der Inhalt des Wirtschaftsrechtes auf die Ausgestaltung der genannten Zweige des Verwaltungsrechtes weitgehend ein.

4. Verwaltungsrechtlich bedeutsame Berufsgruppen

Die rechtliche Betrachtung, die nicht die wirtschaftliche Qualität der Berufe, sondern ihre formelle soziale Stellung innerhalb der Gemeinschaft, also vorwiegend ihre polizeiliche Stellung zum Gegenstand hat, benötigt eine genaue Abgrenzung der einzelnen menschlichen Berufe. Sie ist nur zu gewinnen im Vergleich der Berufe untereinander. Das ist insbesondere der Fall bei einem der für die Wirtschaft wichtigsten Berufe, dem Gewerbe.

Gewerbe ist jede auf Erwerb gerichtete berufsmäßig ausgeübte Tätigkeit, die nicht zu den freien Berufen und zu der Urproduktion gehört. Diese klassische Begriffsbestimmung enthält zwei Schwierigkeiten:

a) Verschiedene Gewerbebegriffe.

Der Begriff Gewerbe ist nicht für die ganze Rechtsordnung der gleiche. In keinem Gesetz wird eine endgültige Abgrenzung des jeweils in ihm gemeinten Gewerbebegriffs von denjenigen anderer Gesetze vorgenommen. Vielmehr setzen die einzelnen Bestimmungen einen bestimmten Gewerbebegriff voraus und entwickeln ihn selbständig. Hierbei haben sich im wesentlichen drei Möglichkeiten ergeben:

aa) Es gibt einen Begriff des Gewerbes, der maßgeblich für das Verwaltungsrecht ist und der vorwiegend von der Gewerbeordnung benutzt wird.

bb) Es gibt einen Begriff des Gewerbes für das Handelsrecht, den das Handelsgesetzbuch selbständig entwickelt und der für die wichtige Einrichtung des Handelsgewerbes von Bedeutung ist[1]).

---

1) Staub-Bondi, Handelsgesetzbuch, Berlin-Leipzig 1932, § 1 Anm. 6.

cc) Es gibt einen Begriff des Gewerbes für die Steuergesetzgebung und der damit im Zusammenhang stehenden Bestimmungen.

Die einzelnen Begriffe stehen nicht in einem Über- und Unterordnungsverhältnis. Wohl jedoch sind die Handelsgewerbe eine genau umschriebene Größe: nur derjenige Betrieb ist ein Handelsgewerbe, der im Handelsgesetzbuch selbst ausdrücklich als solcher gekennzeichnet ist [1]). Das gleiche gilt von dem Gewerbe im steuerrechtlichen Sinne. Die Steuergesetze sind gezwungen, jeweils genau anzugeben, welchen Beruf sie im einzelnen als Gewerbe ansehen. Demgegenüber kennt das Verwaltungsrecht keine Aufzählung. Das nämlich gerade würde dem Grundsatz der Gewerbefreiheit widersprechen. Gesetze mit verwaltungsrechtlichen Normen, so insbesondere die GewO. selbst beschränken sich auf einige Berufs- und Gewerbearten, die sie ausdrücklich erwähnen. Im übrigen ergreift das Verwaltungsrecht die Gewerbe durch den Grundsatz der Gewerbefreiheit [2]).

Eine gewerberechtliche Darstellung muß die Handelsgewerbe und die Gewerbe im steuerrechtlichen Sinne ausscheiden, weil Handels- und Steuerrecht zwei völlig selbständige Rechtszweige sind. Es darf aber nicht außer acht gelassen werden, daß auch die Handelsgewerbe zu den Berufen der Wirtschaft gehören.

b) Drei Berufsgruppen.

Für die Gewerbe im engeren verwaltungsrechtlichen Sinne ergibt sich als zweite Schwierigkeit, daß sie nur im Vergleich mit anderen Berufen umschrieben werden können, nämlich den freien Berufen und den

---

[1]) Als Handelsgewerbe gilt gemäß § 1 Abs. 2 HGB. jeder Gewerbebetrieb, der eine der nachstehend bezeichneten Arten von Geschäften zum Gegenstand hat: 1. die Anschaffung und Weiterveräußerung von beweglichen Sachen (Waren) oder Wertpapieren, ohne Unterschied, ob die Waren unverändert oder nach einer Bearbeitung oder Verarbeitung weiter veräußert werden; 2. die Übernahme der Bearbeitung und Verarbeitung von Waren für andere, sofern der Betrieb über den Umfang des Handwerks hinausgeht; 3. die Übernahme von Versicherungen gegen Prämien; 4. die Bankier- und Geldwechslergeschäfte; 5 die Übernahme der Beförderung von Gütern oder Reisenden zur See, die Geschäfte der Frachtführer oder der zur Beförderung von Personen zu Lande und auf Binnengewässern bestimmten Anstalten sowie die Geschäfte der Schleppschiffahrtsunternehmer; 6. die Geschäfte der Kommissionäre, der Spediteure oder der Lagerhalter; 7. die Geschäfte der Handelsagenten und Handelsmakler, 8. die Verlagsgeschäfte sowie sonstigen Geschäfte des Buch- und Kunsthandels; 9. die Geschäfte der Druckereien, sofern ihr Betrieb über den Umfang des Handwerks hinausgeht.

[2]) Staub-Bondi, § 1 Anm. 14: Darüber, wann das betriebene Gewerbe ein Handelsgewerbe ist, enthält das HGB. genaue Bestimmungen, die für den Begriff „Gewerbe" fehlen.

Berufen der Urproduktion. Für alle drei Berufsgruppen gelten verschiedene Bestimmungen. Die Gesetze enthalten manche Fingerzeige, aus denen zu entnehmen ist, was unter der einen oder anderen Berufsgruppe verstanden werden soll. Lückenlos ist diese Regelung nicht und ist es nie gewesen. Die Gewerbeordnung selbst zählt unter den freien oder von ihr sogenannten liberalen Berufen auf: die Erziehung von Kindern gegen Entgelt, das Unterrichtswesen, die Rechtsanwalts- und Notariatspraxis (§ 6). Es treten aber weitere Berufe hinzu, wie z. B. die Ärzte, Tierärzte, Zahnärzte, die entweder ehedem in der Gewerbeordnung abgehandelt, später aber herausgenommen oder die von ihr niemals erwähnt wurden.

Von den Berufen der Urproduktion nennt die Gewerbeordnung selbst als von ihren Bestimmungen ausgenommen nur die Fischerei und die Bergwerke (§ 6). Ebenso wichtig ist aber der landwirtschaftliche Beruf, der ebenfalls der Urproduktion zuzurechnen ist.

Der Überblick wird noch dadurch erschwert, daß die zu einer bestimmten Gruppe gehörenden Berufe nicht immer in den gleichen Gesetzen behandelt werden. So sind einige Berufe, die Gewerbe sind, ausdrücklich von den Vorschriften der Gewerbeordnung ausgenommen, wie die Auswanderungsunternehmer, Auswanderungsagenten, Versicherungsunternehmer, Eisenbahnunternehmer, öffentliche Führbetriebe und die Schiffsmannschaften auf Seeschiffen (§ 6). Auf das Bergwesen, die Ausübung der Heilkunde, der Verkauf von Arzneimitteln (vgl. VO. vom 22. Oktober 1901, in der Fassung vom 13. März 1941 — RGBl. I S. 136), den Vertrieb von Lotterielosen und die Viehzucht findet die Gewerbeordnung nur soweit Anwendung, als sie das ausdrücklich bestimmt. Umgekehrt wird die Gärtnerei, sofern sie nicht als Teil der Landwirtschaft betrieben wird, den Vorschriften der Gewerbeordnung unterstellt (§ 154 Ziff. 4 GewO.).

Beispiele:

Die Berlitz School ist kein Gewerbebetrieb. — Pr. OVG., in: DJZ. 1910, Sp. 770.

Der Angeklagte verkaufte in seiner Drogerie Liebesgabenpäckchen, in denen sich u. a. ein Fläschchen mit Rumverschnitt befand, ohne die Erlaubnis zum Handel mit Branntwein zu besitzen. Er vertritt den Standpunkt, daß eine solche geringe Menge Branntwein nicht als Genußmittel, sondern für den Soldaten als Medizin zu betrachten sei, weshalb § 6 GewO. eingreife, wonach der Verkehr mit Arzneimitteln nur insoweit der GewO. unterfalle, als sie darüber ausdrückliche Bestimmung enthalte, was bei § 33 jedoch nicht der Fall sei. Das Gericht bestrafte dennoch gemäß §§ 33, 147 Abs. GewO. — Kammergericht, in: DJZ. 1915, Sp. 1238.

5. Berufspolizei

a) Gewerbliche Wirtschaft.

aa) Gewerbe.

Mit den genannten Ausnahmen ist Gewerbe also jede auf Erwerb gerichtete berufsmäßig ausgeübte Tätigkeit.

(1) Erwerb.

Erwerb bedeutet hier soviel wie die Erzielung von Gewinn. Das gilt gleichfalls für das Handelsgewerbe. Gewerbsmäßigkeit ist auch dann vorhanden, wenn die erhofften Gewinne anderen als gewinnsüchtigen, etwa wissenschaftlichen, religiösen oder politischen Zwecken oder — wie bei einer Sparkasse — gemeinnützigen Zwecken dienen[1]). Selbst ein nur mittelbarer Gewinn kann Erwerb sein.

Beispiel:

Auf dem Gebiet des Zugabewesens werden oft Gewinne erzielt, die höher sind als die zur Verfügung des Publikums gestellten Reklameartikel. Verboten wurde so der ohne Konzession vorgenommene unentgeltliche Ausschank alkoholfreier Getränke durch Kolonialwarengeschäfte. —, Pr. Kammergericht, in: DJZ. 1899, Sp. 450.

Wenn bei gemeinnützigen Unternehmen und Vereinen die Erzielung von Gewinnen nicht nur eine gelegentliche, zufällige oder nebensächliche Folge ihrer Tätigkeit darstellt, ist auch ihre Tätigkeit als Erwerb anzusehen[2]).

Beispiel:

Ein dem Genossenschaftsgesetz nicht unterstehender Konsumverein, z. B. ein Beamtenverein, der nur an Mitglieder für ihren eigenen Bedarf gute Ware zu möglichst billigen Preisen abgibt, betreibt kein Gewerbe; er bezweckt Verminderung der Ausgaben seiner Mitglieder, nicht Vermehrung der Einnahmen, daher keinen Gewinn. — KG., in: JW. 1928, 238.

Ähnliche Maßstäbe sind an die vom Staat und öffentlich-rechtlichen Körperschaften betriebenen Unternehmungen anzulegen. Gemeinden werden durch einen von ihnen ohne Gewinnabsicht betriebenen Ein- und Verkauf von Lebensmitteln für die Einwohner nicht zu Kaufleuten[3]). Hinzu tritt hier noch die Frage, ob öffentliche Aufgaben zu erfüllen sind. Alle Tätigkeit, die der Erfüllung öffentlich-rechtlicher Aufgaben dient, kann niemals Erwerb sein, auch wenn sie Gewinne abwirft. Wenn die Unternehmen zwar nicht der Erfüllung öffentlicher Aufgaben dienen, aber doch im öffentlichen Interesse betrieben werden, entscheidet der

---

1) Staub-Bondi, § 1 Anm. 10.

2) Pr. OVG. 44, 22.

3) OLG. Dresden in: LZ. 1917, 556.

überwiegende Zweck. Geht die öffentliche Hand lediglich auf Gewinn aus, so handelt sie nicht mehr als Hoheitsträger, sondern als Fiskus, so daß eine derartige Tätigkeit als Erwerb anzusehen ist und entsprechend behandelt wird.

Beispiele:

Staatliche Lotterien, der Betrieb des Branntweinmonopols usw. sind keine Gewerbebetriebe, weil sie in erster Linie dem staatlichen Finanz- und Steuerinteresse dienen. — Pr. OVG. 78, 114.

Eine Gemeinde muß kraft gesetzlicher Bestimmung das Bett eines ihr Gebiet durchfließenden Flusses von Kies frei halten. Sie verkauft diesen Kies. Die Anwohner des Flusses beschweren sich über den Lärm der Baggermaschine. Wenn es sich um eine hoheitliche Tätigkeit zur Erfüllung der gesetzlichen Anordnung handelt, müssen sie den Lärm erdulden. Wenn das wirtschaftliche Gewinnstreben vorherrscht, muß das Baggern, soweit der gesetzmäßige Zustand auch auf andere Art und Weise erreicht werden kann, unterbleiben (§ 27 GewO.).

Konsumvereine, Rabattsparvereine sind ihrem Wesen nach keine Gewerbebetriebe. Eine Ausnahme liegt nur dann vor, wenn ihre Tätigkeit nur einem geringen Teil des Publikums, also einem ganz beschränkten Personenkreis zugute kommt. Wenn solche Vereine jedoch nicht nur den Einkauf und Wiederverkauf von Lebens- und Wirtschaftsbedürfnissen erledigen, sondern z. B. auch eine Schankwirtschaft betreiben, geht das über ihre eigentliche Zweckbestimmung hinaus mit der Folge, daß die entsprechende Erlaubnis erforderlich ist (§ 23 Gastst.Ges.)

(2) Berufsmäßigkeit.

Berufsmäßigkeit setzt keine Dauer voraus. Auch die gelegentliche Vornahme beruflicher Handlungen ist berufsmäßig. Diese Regelung entspricht der für strafrechtliche Tatbestände maßgeblichen Auffassung.

Beispiele:

Ein Metzgermeister, der, ohne ein ständiges Geschäft zu betreiben, hin und wieder ein Stück Vieh schlachtet oder schwarz schlachtet, handelt in Ausübung seines Berufs.

Auch ein Saisongewerbe kann berufsmäßig betrieben werden. Es wird behandelt wie jedes andere Gewerbe auch. Ob eine sich aus der Natur der Sache ergebende zeitliche Beschränkung bei der Erteilung von Konzessionen usw. auszusprechen ist, hängt von den Umständen des Einzelfalls ab. Es wird im allgemeinen für möglich gehalten.

Zur Berufsmäßigkeit im Handelsrecht gehört, daß die Absicht nicht auf einzelne Geschäfte, sondern einheitlich auf eine zusammenhängende Gesamtheit von Geschäften in fortgesetzter gleichartiger Tätigkeit, also mit dem Willen der Wiederholung gerichtet ist und daß ferner die Absicht dahin geht, aus dieser Tätigkeit eine dauernde Einnahmequelle zu machen[1]).

---

1) Staub-Bondi, § 1 Anm. 6.

(3) Selbständigkeit.

Manche Tätigkeiten sind nur dann Gewerbe, wenn sie selbständig betrieben werden (z. B. §§ 14, 41, 42, 100 ff. GewO.). Unter selbständig ist zu verstehen der Betrieb für eigene Rechnung und unter eigener Verantwortung.

Beispiele:

Ein Ziegelmeister, der sich einer Ziegelei gegenüber verpflichtet, mit von ihm zu beschaffenden Arbeitern eine gewisse Anzahl von Ziegeln zu einem bestimmten Preis herzustellen, arbeitet nicht für eigene Rechnung. — Pr. OVG., in: DJZ. 1902, S. 80.

Eine von den Angestellten eines Betriebes mit eigenen Mitteln betriebene Kantine, deren Überschüsse bedürftigen Betriebsmitgliedern gegeben werden, steht unter der Verantwortung der Betriebsmitglieder. Sie sind daher als selbständige Gewerbetreibende anzusehen. — Kammergericht, in: DJZ. 1902, Sp. 581.

bb) Gewerbearten.

Es bestehen erhebliche verwaltungsrechtliche Unterschiede nicht nur hinsichtlich der verschiedenen Berufsgruppen, sondern auch der verschiedenen Formen, unter denen ein Gewerbe betrieben wird. Zu unterscheiden ist das stehende Gewerbe, das Gewerbe im Umherziehen (Wandergewerbe), das ambulante Gewerbe und der Marktverkehr.

Ein Gewerbe im Umherziehen betreibt derjenige, der außerhalb der Gemeinde seines Wohnsitzes ohne Begründung einer gewerblichen Niederlassung und ohne vorgängige Bestellung gewerbsmäßige Handlungen vornimmt (§ 55 GewO.).

Ein Gewerbe, das diese Kennzeichen nicht aufweist, gehört zum stehenden Gewerbe.

Das ambulante Gewerbe ist ein Mischtyp zwischen stehendem und Wandergewerbe. Es liegt vor, wenn der Gewerbetreibende in dem Gemeindebezirk einen Wohnzitz oder eine gewerbliche Niederlassung hat, aber innerhalb des Gemeindebezirks an öffentlichen Straßen usw. oder von Haus zu Haus ziehend sich gewerblich betätigt (§ 42 GewO.).

Der Markt ist eine öffentliche Einrichtung, die von der Behörde veranstaltet oder genehmigt ist mit dem Zweck, den Verkäufern gewisser Waren Gelegenheit zu geben, zu einer bestimmten Zeit (Marktzeit) und an einem bestimmten Ort (Marktort) die Waren unter dem Schutz der Marktfreiheit und gemäß der Marktordnung feilzubieten (§ 64 GewO.). Auch in dieser Gewerbeart finden sich Merkmale sowohl des stehenden als des Wandergewerbes.

cc) Stehendes Gewerbe.

(1) Anzeigepflicht.

Jeder, der einen stehenden Gewerbebetrieb beginnt, hat ihn für den Ort, an welchem er ihn betreiben will, bei der hierfür nach Landesrecht zuständigen Behörde, meist der Polizei oder der Kommunalverwaltung, anzuzeigen (§ 14 Abs. 1 GewO.). Eine derartige Anzeige ist für jedes Gewerbe erforderlich, gleichgültig ob sein Betrieb von weiteren behördlichen Maßnahmen abhängig ist oder nicht. Die Anzeige muß für jeden Ort, an dem das Gewerbe betrieben werden soll, gesondert erstattet werden. Eine für einen anderen Ort erstattete Anzeige genügt nicht, ebensowenig eine bereits vorhandene Wandergewerbegenehmigung. Ein einmal abgemeldeter Gewerbebetrieb muß erneut angemeldet werden, wenn er trotz der Abmeldung weiter betrieben werden soll.

(2) Behördliche Genehmigung.

Es gibt drei Arten von gewerblichen Berechtigungen:

Manche Gewerbe können frei betrieben werden ohne irgendwelche Verleihungen oder behördliche Genehmigungen. Die Berechtigung zum Betrieb folgt dann unmittelbar aus § 1 GewO.

Andere Gewerbe bedürfen zu ihrem Betrieb einer Konzession im vollsten Sinne des Wortes, deren Erteilung von vielen und schwer zu erfüllenden Voraussetzungen abhängt und die sich auf bestimmte im Gesetz vollzählig erwähnte Betriebe bezieht.

Den Betrieb einer dritten Gruppe von Gewerben macht das Gesetz abhängig von der Erfüllung gewisser Voraussetzungen in der Person des Betreibenden oder in der Betriebsanlage. Sie bilden das Arbeitsgebiet vorwiegend für die Erteilung von Polizeierlaubnissen[1]).

Welcher Gewerbebetrieb zu der einen oder anderen Gruppe gehört, richtet sich nach dem Umfang der tatsächlich durchgeführten Gewerbefreiheit. Rechtsquelle ist hier nicht die Gewerbeordnung allein, sondern zahlreiche Gesetze, die im Laufe der letzten Jahrzehnte einander abgelöst haben. Diese verschiedenen Regelungen haben aber nicht neue Typen von Gewerben aufgestellt, sondern nur die verschiedenen Gewerbe einmal in diese, ein andermal in jene Gruppe eingeordnet, je nachdem, ob der Staat der Wirtschaft größere oder geringere Freiheit ließ oder läßt.

(3) Konzessionen.

Der Staat oder eine öffentlich-rechtliche Körperschaft kann einem Gewerbebetrieb ein Stück öffentlicher Gewalt übertragen. Dies ist mög-

---

[1]) Vgl. oben S. 372.

lich in gesetzlich vorgesehenen Fällen, insbesondere bei dem Betrieb von Eisenbahnen und der Errichtung von Gas-, Wasser- und Elektrizitätswerken durch private Gesellschaften. Manchmal erhalten derartige Betriebe auch Monopolrechte. Durch die Zuteilung einer solchen Konzession erhält der Bedachte ein subjektiv-öffentliches Recht auf den Betrieb[1]). Besonders hervorzuheben ist seine Stellung gegenüber dritten. Hier wirken sich die mit der Konzession möglicherweise verbundenen Hoheitsrechte aus.

(4) Erlaubnisse.

Die Erteilung der Erlaubnis ist von drei Gesichtspunkten abhängig. In erster Linie wird der Gewerbetreibende oder der Betrieb daraufhin geprüft, ob er die öffentliche Ruhe, Ordnung und Sicherheit nicht stört. Hierbei handelt es sich um eine polizeiliche Tätigkeit, das eigentliche Gebiet der gewerbepolizeilichen Überwachung. Sodann wird die Bedürfnisfrage geprüft. Art und Umfang dieser Prüfung schwanken je nach dem Einfluß des Staates auf die Wirtschaftsgestaltung. Schließlich sind die persönliche Zuverlässigkeit des Gewerbetreibenden in manchen Fällen und die ihm zur Verfügung stehenden sachlichen Grundlagen von Bedeutung.

(a) Bestimmungen über eine gewerbepolizeiliche Überwachung finden sich in der Gewerbeordnung und in Sonderbestimmungen für einzelne Berufszweige wie das Preßgewerbe, das Schaustellungsgewerbe, das Gast- und Schankwirtschaftsgewerbe, das Straßengewerbe, die Stellenvermittlung.

Die Überwachung ergreift zum Teil die Anlage, zum Teil die das Gewerbe betreibende Persönlichkeit. Anlagen, zu deren gewerblichen Betrieb eine vorher zu erteilende gewerbepolizeiliche Erlaubnis[2]) erforderlich ist, zählen z. B. §§ 16 ff. GewO. auf. Auch die Erlaubnis zum Betrieb von Theatern und Filmtheatern oder sonstigen der Schaustellung dienenden Unternehmen ist in weitem Umfang an die jeweilige Anlage gebunden.

---

[1]) Das ist seit den eingehenden Ausführungen von Otto Mayer, Verwaltungsrecht II, § 50, nicht mehr zweifelhaft. Mayer weist mit Recht darauf hin, daß stillschweigende Voraussetzung einer solchen Konzession ist, daß diese Betriebe eigentlich vom Staat oder der sonstigen öffentlich-rechtlichen Körperschaft selbst geführt werden sollten. Es sind eben die Nachkommen der Steuerpächter früherer Zeiten!

[2]) Die Terminologie der Gesetze ist uneinheitlich. Allein die Gewerbeordnung spricht manchmal von „Genehmigung" (§§ 16, 25—27), von „Erlaubnis" (§§ 32, 33b) oder von „Konzession" (§ 30). Gemeint ist stets das gleiche. Leider ist die Bezeichnung Konzession das übliche, obwohl es konkreter wäre, dieses Wort den hier unter (3) behandelten Betrieben vorzubehalten. Vgl. Landmann-Rohmer, Kommentar zur GewO. S. 182 ff., 361 ff., 1088 ff.

Das gleiche gilt für das Gast- und Schankwirtschaftsgewerbe nach dem Gaststättengesetz vom 28. April 1930 — RGBl. I, S. 146 —. Die Erlaubnis zum Betrieb einer Schank- oder Gastwirtschaft muß stets für bestimmte Räume erteilt werden[1]). Sie ist u. a. zu versagen, wenn das zum Betriebe des Gewerbes bestimmte Lokal oder die für die Angestellten und Arbeiter des Betriebes bestimmten Räume wegen ihrer Beschaffenheit oder Lage den polizeilichen Anforderungen nicht genügen. Die Regelung in der amerikanischen Zone beschränkt die Zahl der lizenzpflichtigen Unternehmungen[2]). Die Regelung in der russischen Zone umgekehrt verlangt nun eine Erlaubnis auch für Unternehmen, für die das bisher nicht üblich war.

(b) Für manche stehende Gewerbe ist eine persönliche Konzession erforderlich.

Sie kann als bloße Titelführung auftreten. Insoweit sind die sich insbesondere mit Ärzten und Apothekern beschäftigenden Bestimmungen der Gewerbeordnung (z. B. § 29) weitgehend ersetzt durch Sonderbestimmungen über die betreffenden freien Berufe[3]).

Sie kann sodann als Konzession zum Betrieb auftreten. Zu nennen sind hier Apotheken (also Konzession zum Betrieb außer der Titelführung, § 29 GewO.!), Privatkranken-, Privatentbindungs- und Privatirrenanstalten (§ 30 GewO.), Hufschmiede (§ 30a GewO. mit vorbehaltenen landesrechtlichen Ergänzungen), Seeschiffspersonal (§ 31 GewO.), Hebammen (§ 50 GewO., jedoch weitgehend durch Landesgesetze ergänzt, z. B. preuß. Gesetz über Hebammenwesen in der Fassung vom 15. März 1923 — GS. S. 2 und 63 —)[4]). Schauspielunternehmer (§ 32 GewO.), Gast- und Schankwirte (§ 1 Gastst.Ges.), gewerbsmäßige Veranstalter von Schaustellungen ohne höheres Interesse der Kunst und Wissenschaft (§ 33a GewO.), Pfandleiher und Pfandvermittler (§ 34 GewO. mit landesrechtlichen Ergänzungen, z. B. preuß. VO. vom 5. August 1926 — GS. S. 250 —), das Bewachungsgewerbe betreibende Personen (§ 34a GewO.), Händler mit unedlen Metallen (Reichsgesetz vom 23. Juli 1926 — RGBl. I S. 415), Schornsteinfeger (§ 39 GewO. mit landesrechtlichen

1) Pr. OVG. 77, S. 385.

2) Insgesamt 20 Arten von Unternehmungen, darunter Bank- und Kreditinstitute, Maklerfirmen, Pfandleiher, Börsenmakler, Güter- und Personentransporte, Waschanstalten, Wett- und Lotteriebüros, Krankenhäuser, Heilanstalten, Hotels, Versicherungsgesellschaften, Detekteien, private Unterrichtsinstitute, Rechnungs- u. Wirtschaftsprüfer, öffentliche Versorgungsbetriebe, Bestattungsinstitute.

3) Vgl. unten S. 450.

4) Das Gesetz hat zu Meinungsverschiedenheiten über den Umfang der Gewerbefreiheit geführt. Vgl. pr. OVG. 80, 337 ff.

Ergänzungen), Straßengewerbe (§ 37 GewO.), Handel mit Milch (Milchgesetz vom 31. Juli 1930 — RGBl. I S. 421), Herstellung von Zündhölzern (§ 5 Zündwarenmonopolgesetz vom 29. Januar 1930 — RGBl. I S. 11 und 176), Betrieb von Kraftfahrlinien (Kraftlinienvo. vom 20. Oktober 1928 — RGBl. I S. 380), Herstellung und Handel mit Schußwaffen (ursprünglich Gesetz vom 12. April 1928 — RGBl. I S. 143, verschiedentlich abgeändert; nun sind noch die Bestimmungen der Militärregierungen zu beachten[1] [2]).

(c) Die Erteilung einer Erlaubnis verschafft dem Berechtigten — mit Ausnahme der durch die Ortspolizeibehörde gegebenen Lizenzen[3]) — ein subjektiv-öffentliches Recht. Das Recht fließt aus der Erlaubnis[4]). Ein Recht auf die Erteilung der Erlaubnis kann nur bei Vorliegen gebundenen Ermessens entstehen, also dann, wenn die Behörde bei objektiv festliegenden, dem Gesetz entsprechenden Voraussetzungen die Erlaubnis erteilen muß.

Das dem Berechtigten nach der Zuteilung zustehende Recht äußert sich in zwei Richtungen. Privatrechtliche Forderungen können gegen ihn allein aus der Tatsache des Betriebes nicht erhoben werden. Die Nachbarn müssen sich also den Betrieb, so wie er genehmigt ist, gefallen lassen[5]). Allerdings kann sich während des Betriebes herausstellen, daß durch ihn die Nachbarn Schäden erleiden, die das Maß des

---

[1]) Eine vollständige Aufzählung müßte nahezu sämtliche sich mit gewerbe- oder wirtschaftsrechtlichen Gegenständen befassenden Gesetze berücksichtigen. Die Sache wird noch durch Zweifel über den Fortbestand dieser Gesetze nach 1945 erschwert. Eine Darstellung des Standes von 1930 gibt kasuistisch Hatschek, Deutsche und preußische Verwaltung, S. 225—231.

[2]) Die Regelung in der amerikanischen Zone beschränkt die Zahl der lizenzpflichtigen Berufe und Berufsgruppen auf 24, darunter Amateurfunker, Architekten, Rechtsanwälte, Dentisten, Installateure, Marine-Ingenieure, Lotsen, Hebammen, Notare, Krankenschwestern, Optiker, Pharmazeuten, Ärzte, Tierärzte, Apotheker. Zu den lizenzpflichtigen Berufen gehören also auch eine Reihe freier Berufe.

[3]) Das war bestritten, solange der Bestand subjektiver-öffentlicher Rechte überhaupt bestritten war. Vgl. vor allem Otto Mayer, Verwaltungsrecht II, S. 244: „Die Tätigkeit, zu welcher die (gewöhnliche) gewerbepolizeiliche Erlaubnis erteilt wird, liegt ihrer Natur nach in der Freiheit des einzelnen. Der Polizeirechtssatz erst hat sie davon ausgenommen, indem er sie unter Verbot stellt mit Erlaubnisvorbehalt; die erteilte Erlaubnis, indem sie für den Einzelfall dieses Verbot beseitigt, stellt für den Empfänger in diesem Punk die natürliche Freiheit wieder her.“ Demgegenüber weist die nunmehr herrschende Lehre mit Recht darauf hin, daß das grundsätzliche Verbot des Betriebes eines bestimmten Gewerbes gesetzlich begründet ist und daß infolgedessen derjenige, für den eine Ausnahme von diesem gesetzl'chen Verbot gemacht wird, ein subjektives Recht erwirbt. Vgl. z. B. Bühler, Zur Theorie des subjektiven öffentlichen Rechts, S. 44 ff.

[4]) Otto Mayer, Verwaltungsrecht I, S. 243.

[5]) So Landmann-Rohmer, Gewerbeordnung I, S. 61 ff. Eingehende Schilderung der Literatur bei Bühler, a. a. O. S. 38 ff.

Erträglichen überschreiten. Dann können sie auf Herstellung von Einrichtungen klagen, die die benachteiligenden Einwirkungen ausschließen, oder, wo solche Einrichtungen untunlich oder mit dem gehörigen Betrieb des Gewerbes unvereinbar sind, auf Schadloshaltung (§ 26 GewO.).

P o l i z e i l i c h e F o r d e r u n g e n sind, solange nicht eine konzessionspflichtige Änderung der Anlage stattfindet (§ 25 GewO.), unzulässig. Insbesondere die bau-, feuer- und gesundheitspolizeilichen Bedenken müssen vor der Lizenzerteilung geklärt werden. Ist die Erlaubnis einmal erteilt, so kann sich der Berechtigte darauf verlassen, daß irgendwelche nachträglichen Auflagen nicht mehr erfolgen. Lediglich zur Abstellung vorübergehender dringender Notstände kann die Polizei die Genehmigungsbedingungen erweitern oder einschränken. Die endgültige Regelung liegt aber auch hier bei der Genehmigungsbehörde. Wenn die Untersagung der Ausübung eines Gewerbes auf Grund gesetzlicher Vorschriften nur im verwaltungsgerichtlichen Verfahren ausgesprochen werden kann, ist es unzulässig, dieser Entscheidung durch Rücknahme des Gewerbeerlaubnisscheins vorzugreifen (Bezirksverwaltungsgericht Berlin-Zehlendorf 3. September 1948 — Verwaltungsrechtsprechung I S. 68).

(5) Genehmigungsfreie Gewerbe.

Ohne besondere Genehmigung können alle nicht in irgendeiner gesetzlichen Bestimmung als genehmigungspflichtig bezeichneten Gewerbe betrieben werden. Dabei ist es möglich, daß das Gewerbe s t e t s u n d s t ä n d i g betrieben werden kann und irgendwelchen verwaltungsrechtlichen, insbesondere polizeilichen Beschränkungen nur so weit unterliegt wie jede andere natürliche oder juristische Person. Eine Anmeldung bei der öffentlichen Verwaltung muß immer erfolgen. Das ist der Zustand, der gegenwärtig in besonders weitem Umfang in der amerikanischen Zone besteht oder erstrebt wird. Aber auch in den Ländern der übrigen Zonen ist er vorhanden, wenn nicht reichs- oder landesgesetzliche Vorschriften eine Genehmigung verlangen. Insoweit macht sich der trotz aller Durchlöcherungen bestehende Grundsatz der Gewerbefreiheit bemerkbar.

Es ist fernerhin möglich, daß das Gesetz auf eine Genehmigung des Gewerbebetriebes nur v o r l ä u f i g verzichtet, nämlich solange der Gewerbebetrieb speziell für ihn im Gesetz festgelegte Grenzen nicht überschreitet. Wenn die Grenzen überschritten werden, kann die zuständige Verwaltungsbehörde den Betrieb untersagen. Nach den meisten diesen Sachverhalt behandelnden gesetzlichen Bestimmungen kann der Betrieb untersagt werden, wenn Tatsachen vorliegen, die die Unzuverlässigkeit des Gewerbetreibenden in bezug auf den Gewerbebetrieb dartun oder wenn die Handhabung des Betriebes durch ihn Leben und Gesundheit der Menschen gefährdet. Alles das sind Fälle der polizeilichen Duldung. In solcher Form geregelt sind insbesondere Tanz-, Turn- und Schwimmunterricht, Trödelhandel, Kleinhandel mit Garnabfällen usw., Handel mit Dynamit, Handel mit Lotterielosen usw., Viehhandel, Vermittlungsagenturen, Geschäft des Auktionators usw. (§ 35 GewO.; vgl. ferner die oben angeführten neuen Landesgesetze).

Auch dem Inhaber eines nicht erlaubnispflichtigen Gewerbes ist ein subjektiv-öffentliches Recht auf den Betrieb zuzubilligen. Das war lange zweifelhaft, folgt aber mit Notwendigkeit aus der dem Gewerbeinhaber nach dem Gesetz zukommenden Stellung.

(6) Folgen der Gewerbeerlaubnis.

Der Inhaber eines stehenden Gewerbes darf es auch außerhalb des Gemeindebezirks seiner Niederlassung ausüben (§ 42 GewO.). Allerdings beschränkt sich diese Erlaubnis auf eine Tätigkeit, die nicht als Wandergewerbe zu qualifizieren ist.

Beispiel:

Ein Versicherungsagent, dessen Gewerbe kein Wandergewerbe ist, darf seinen Beruf an allen Orten ausüben.

Der Inhaber eines stehenden Gewerbes darf bestimmte Tätigkeiten, die eigentlich unter das Wandergewerbe fallen, ausüben, ohne für sich und seine Vertreter einen Wandergewerbeschein besorgen zu müssen (§ 44a GewO.).

Die Tätigkeit des Gewerbetreibenden besteht im allgemeinen in der Herstellung von Gegenständen mit Material, das er entweder selbst produziert oder sich von anderen Stellen beschafft hat. Außerdem darf er aber Waren aufkaufen und die Gelegenheit zu Warenbestellungen aufsuchen. Alles dies wird durch die Erlaubnis zum Betrieb eines stehenden Gewerbes gedeckt (§ 44 Abs. 1 GewO.). Das Gesetz macht allerdings den Aufkauf abhängig davon, daß er nur bei Kaufleuten oder solchen Personen geschieht, welche die Ware produzieren (§ 44 Abs. 3 GewO.). Auch das Aufsuchen von Warenbestellungen darf in der Regel ohne vorgängige ausdrückliche Aufforderung nur bei Kaufleuten in deren Geschäftsräumen oder bei solchen Personen vorgenommen werden, in deren Geschäftsbetriebe Waren der angebotenen Art Verwendung finden (§ 44 Abs. 3 GewO.).

Der Inhaber eines stehenden Gewerbebetriebes darf einen öffentlich-rechtlichen Vertreter bestellen (§ 45 GewO.). Der Vertreter gilt, sofern er die für das betreffende Gewerbe vorgeschriebenen persönlichen Erfordernisse erfüllt, als Stellvertreter nicht nur in privatrechtlicher, sondern auch in öffentlich-rechtlicher Beziehung. Der Stellvertreter benötigt also grundsätzlich keine Erlaubnis zum Gewerbebetrieb für seine eigene Person. Um aber Umgehungen für die Erlaubniserteilung zu vermeiden, kann die Verwaltungsbehörde die Verwendung des Stellvertreters untersagen und nötigenfalls mit Zwangsmitteln durchsetzen, sofern er den gewerbepolizeilich an ihn zu stellenden Voraussetzungen nicht entspricht.

Nach dem Tode des Gewerbetreibenden kann das Gewerbe für Rechnung der Witwe während des Witwenstandes oder, falls nur minderjährige Kinder vorhanden sind, für deren Rechnung oder für die Rechnung beider Personengruppen ohne eine neue Erlaubnis weiterbetrieben werden. Es steht den Erben frei, das Geschäft oder das Gewerbe in eigener Person zu betreiben oder einen qualifizierten Stellvertreter einzusetzen (§ 45 GewO). Die Wahl der Entscheidung ist deswegen von Bedeutung, weil bei strafrechtlichen Delikten und der Außerachtlassung verwaltungsrechtlicher Bestimmungen durch den Stellvertreter sich keine Folgen für das Gewerbe und die Erlaubnis ergeben. Ist kein Vertreter vorhanden, so werden durch derartige Verstöße die Witwe oder die anderen Erben unmittelbar betroffen.

Gerät der Gewerbetreibende unter Vormundschaft oder Pflegschaft, so kann das Gewerbe durch einen qualifizierten Vertreter fortgeführt werden, ohne daß es einer erneuten Erlaubnis bedarf (§ 46 GewO.).

Das gleiche gilt, wenn nach seinem Tode eine Nachlaßregulierung erforderlich wird, für die Zeit der Liquidation.

dd) Gewerbe im Umherziehen (Wandergewerbe).

Für den Betrieb eines Wandergewerbes ist es gleichgültig, ob der Gewerbetreibende die gewerblichen Handlungen für eigene oder für fremde Rechnung vornimmt. Das Gesetz verlangt nur, daß es in eigener Person geschieht.

Die als Wandergewerbe in Betracht kommenden gewerblichen Leistungen sind das Feilbieten von Waren, das Aufsuchen von Warenbestellungen oder das Ankaufen von Waren bei anderen Personen als bei Kaufleuten oder an anderen Orten als in offenen Verkaufsstellen zum Wiederverkauf, das Anbieten gewerblicher Leistungen und das Darbieten von Musikaufführungen, Schaustellungen, theatralischen Vorstellungen ohne höheres Interesse der Kunst oder Wissenschaft.

Für jeden Wandergewerbetreibenden ist entweder die Lösung eines Wandergewerbescheines (§ 55 Abs. 1 GewO.) oder einer Legitimationskarte (§ 44a GewO.) erforderlich. Für diese Tätigkeit sind in den einzelnen Ländern zahlreiche polizeiliche Anordnungen ergangen, die im wesentlichen eine scharfe Kontrolle der Gewerbeart bezwecken. Sie knüpfen an an die in der Gewerbeordnung ausgesprochene Beschränkung hinsichtlich der Formen (§ 56a GewO.), der Warenart (§ 56 ff. GewO.) und der Personen (§ 57 bis 57b GewO., § 62 GewO.).

ee) Ambulantes Gewerbe.

Die Tätigkeitsformen des ambulanten Gewerbes bestehen in dem Feilbieten von Waren, dem Ankauf von Waren bei anderen Personen als bei Kaufleuten oder Produzenten oder an anderen Orten als in offenen Verkaufsstellen zum Wiederverkauf, dem Aufsuchen von Warenbestellungen bei Personen, in deren Gewerbebetriebe Waren der angebotenen Art keine Verwendung finden, dem Anbieten von gewerblichen Leistungen, hinsichtlich welcher dies nicht Landesgebrauch ist, innerhalb des Gemeindebezirks des Wohnortes oder der gewerblichen Niederlassung von Haus zu Haus oder auf öffentlichen Wegen, Straßen usw. (§ 42a GewO.). In Betracht kommen nur eine beschränkte Art von Waren (§ 42b).

ff) Marktverkehr.

Der Marktverkehr ist eine Einrichtung öffentlicher Natur. Gleichgültig ist, auf welchem Grundstück er stattfindet. Vielmehr kommt es lediglich darauf an, daß die zuständige Verwaltungsbehörde die Zahl, Zeit und Dauer der Märkte festgesetzt hat (§ 65 Abs. 1 GewO.). Es liegt also dann zum mindesten für die Marktzeit eine Widmung des betreffenden Geländes für den Marktzweck vor. Welche Behörde zuständig ist, ergibt sich aus den einzelnen Gesetzen. Im allgemeinen ist es die örtliche Kommunalbehörde.

Die Tätigkeit der den Markt beschickenden Gewerbetreibenden besteht darin, daß sie Waren feilhalten und zur sofortigen Übergabe bereithalten. Die Waren müssen also sofort greifbar sein, wodurch sich Märkte von Börsen unterscheiden, bei denen mit Waren gehandelt wird, die nicht zur Stelle sind.

Gegenstand des Marktverkehrs sind bestimmte Warenarten, die dem Rahmen nach im Gesetz festgelegt sind (§§ 66 ff. GewO.).

Der Schutz der M a r k t f r e i h e i t erstreckt sich nur auf den Kauf und Verkauf dieser näher bezeichneten Waren, nicht auf andere gewerbliche Handlungen.

gg) Heimarbeit.

Heimarbeit kann ausgegeben werden von Betrieben, Unternehmungen, Personen, Personenvereinigungen oder Körperschaften des öffentlichen Rechts. Die rechtlichen Grundlagen der Ordnung dieser Art von Betrieben sind die nun durch neue Landesgesetze teilweise ersetzt, teilweise abgeändert worden[1]).

In vielen Gegenden Deutschlands hat nach dem Zusammenbruch die Heimarbeit große Bedeutung gewonnen, weil zahlreiche Flüchtlinge darauf angewiesen sind.

Die Heimarbeit setzt sich aus drei von verschiedenen Personen getragenen Arbeitsgängen zusammen. Sie wird von einem der genannten Betriebe oder Unternehmungen zunächst an Z w i s c h e n m e i s t e r übergeben, das sind Personen, deren Aufgabe es ist, die Arbeit an Heimarbeiter oder Heimgewerbetreibende weiterzuleiten. Unter H e i m - a r b e i t e r n versteht man hierbei Personen, die, ohne Gewerbetreibende zu sein, in eigener Wohnung oder Betriebsstätte allein oder unter Mithilfe von Familienangehörigen im Auftrage und für Rechnung anderer arbeiten. H e i m g e w e r b e t r e i b e n d e sind Personen, die als Gewerbetreibende in eigener Wohnung oder Betriebsstätte im Auftrage und für Rechnung anderer allein oder mit Familienangehörigen und mit nicht mehr als zwei fremden Hilfskräften Waren herstellen oder bearbeiten, wobei sie selbst am Stück mitarbeiten. Ob die Roh- oder Hilfsstoffe dabei vom Gewerbetreibenden selbst beschafft oder vom Auftraggeber geliefert werden, ist unerheblich.

hh) Handwerk und Fabrik.

Die Vielfältigkeit der für jeden Betrieb zu beachtenden gesetzlichen Bestimmungen macht seine genaue tatsächliche und rechtliche Einordnung sehr wichtig. Einer der bedeutendsten Unterschiede innerhalb der Gewerbebetriebe, der weitgehend Verschiedenheiten der anzuwendenden Bestimmungen zur Folge haben kann, ist der Unterschied zwischen Handwerk und Fabrik.

Die Unterscheidung wurde erstmalig von Bedeutung nach dem Erlaß der Novelle zur Gewerbeordnung vom 1. Juni 1891, dem sogenannten

---

[1]) Für die Bizone: Verordnung über die Heimarbeit vom 2. 6. 1948 — Zentralverordnungsblatt, S. 379 —.

Arbeiterschutzgesetz. Danach wurden den Fabrikbetrieben besondere Schutz- und Sicherheitsmaßnahmen zugunsten der Arbeiter auferlegt, deren Einhaltung durch Kontrollen und Strafvorschriften gesichert war. Handwerksbetriebe unterlagen den Beschränkungen nicht. Infolgedessen versuchte jeder Unternehmer, als Handwerker und nicht als Fabrikant angesehen zu werden. Dieses Bestreben verstärkte sich noch nach der Novelle zur Gewerbeordnung vom 26. Juli 1897, die dem Handwerk Berufsvertretungen in fakultativen Zwangsinnungen und Handwerkskammern brachte. Wie jede Personenvereinigung waren die Handwerkskammern bestrebt, ihren Mitgliederbestand auszudehnen.

Das stieß indessen bald auf den Widerstand der Handelskammern, denen viele Fabrikbesitzer, die gleichzeitig ein Handelsunternehmen betrieben, angehörten. Es begann ein Kampf, um möglichst viele Mitglieder für die eine oder die andere Organisation zu gewinnen. Außerdem ließ sich die soziale Ungerechtigkeit, daß ein Teil der Arbeiter durch besondere gesetzliche Bestimmungen geschützt war, ein anderer Teil aber nicht, auf die Dauer nicht aufrechterhalten. So umschrieb die Novelle zur Gewerbeordnung vom 28. Dezember 1908 den Anwendungsbereich des Arbeiterschutzgesetzes neu. Der rechtliche Unterschied zwischen Fabrik und Handwerksbetrieb verminderte sich hierdurch erheblich. Die Schutzbestimmungen richten sich nun nach der Anzahl der im Betrieb beschäftigten Arbeiter (Teil IV GewO.).

Seitdem überwiegt die Bedeutung der wirtschaftlichen Unterschiede zwischen Handwerk und Fabrik. Sie sind am klarsten durch verschiedene Entscheidungen des Reichswirtschaftsgerichts herausgearbeitet worden. Danach muß bei der Fabrik die Betriebsgrundlage in theoretisch-konstruktiver Tätigkeit oder wissenschaftlicher Planung bestehen. Der Arbeitsvorgang ist nicht von mit besonderen Fachkenntnissen versehenen Arbeitern abhängig. Er kann auch durch ungelernte oder schnell anlernbare Kräfte durchgeführt werden, da er durch reichhaltige Maschinenverwendung derart aufgespalten ist, daß im wesentlichen keine besonderen Fachkenntnisse erfordernden einfachen Handgriffe nötig sind. Eine gemeinsame Antriebsquelle für den Betrieb der Maschinen und die Produktion von wenigen Warenarten in Massen sprechen im Zweifel für das Vorliegen eines Fabrikbetriebes[1]).

Das Handwerk umfaßt alle in der Handwerkerrolle (§114 o GewO.)[2]) eingetragenen Betriebe. Eingetragen werden können nur ganz

[1]) Vgl. Ernst Weinbrenner, Die Abgrenzung des Handwerks und Nichthandwerks, Münster 1934, S. 128 ff.

[2]) An die Stelle von § 114 o GewO. tritt die dritte Verordnung über den vorläufigen Aufbau des deutschen Handwerks, zuletzt in der Fassung vom 22. 1. 1936

bestimmte Gewerbe[1]). Eingetragen werden konnten bisher außerdem nur diejenigen Personen, die die Meisterprüfung für das von ihnen betriebene oder für ein diesem verwandtes Handwerk bestanden hatten oder denen durch besonderen Verwaltungsakt die Befugnis zur Anleitung von Lehrlingen in einem dieser Handwerke erteilt worden war. Dieser Grundsatz ist seit 1949 in der amerikanischen Zone durchbrochen, da dort die Ablegung der Meisterprüfung für die Übertragung einer Lizenz an einen Handwerker nicht mehr nötig ist (Direktive vom 28. März 1949).

ii) Gewerbe und Handel.

Gewerbebetriebe und Handelsbetriebe können zwei ganz verschiedene Größen sein. Es ist aber auch möglich, daß ein Gewerbebetrieb zugleich Handelsbetrieb ist. Das Gesetz verbietet das nicht, ist jedoch bestrebt, derartige doppelten Betriebsformen zu vermeiden. Die Frage, zu welchem Bereich ein Betrieb gehört, wird meist geklärt im Zusammenhang mit der Zuordnung zu einer Berufsorganisation oder der Eintragung in ein öffentliches Register.

Viele gesetzlichen Bestimmungen unterscheiden scharf zwischen Gewerbebetrieben und Handelsbetrieben. Dementsprechend ist eine solche Unterscheidung auch von den einzelnen Verwaltungsakten zu verlangen. Die Schwierigkeit der Unterscheidung liegt weniger im Rechtlichen als im Tatsächlichen. Seit langem herrscht Einigkeit darüber, daß der Umfang eines Betriebes keine zweckmäßige Abgrenzung ermöglicht, obwohl das Handelsgesetzbuch an verschiedenen Stellen darauf mehrfach Bezug nimmt. Eine gewisse Klarheit ist geschaffen worden durch §§ 104 o ff. GewO., der sogenannten Handwerksnovelle, durch die der Eintragungszwang der Handwerksbetriebe in ein bestimmtes Verzeichnis, die Handwerksrolle, eingeführt wurde. Die in der **Handwerksrolle** eingetragenen Betriebe gelten als Handwerksbetriebe. Eine entsprechende Bestimmung enthält § 2 HGB. Danach gilt ein gewerbliches Unternehmen, das nach Art und Umfang einen in kaufmännischer Weise eingerichteten Geschäftsbetrieb erfordert, auch wenn die Voraussetzungen

—RGBl. I, S. 42 — in Verbindung mit dem Gesetz vom 29. 11. 1933 — RGBl. I, S. 1015 —. Diese Grundlagen sind nun ergänzt durch landesrechtliche Anordnungen oder Anordnungen von Zonenämtern, z. B. Verordnung des Zentralamtes für Wirtschaft in der britischen Zone vom 6. 12. 1946 — z. B. GVBl. Nordrhein-Westf. 1947, S. 21 —.

[1]) Einigermaßen Klarheit hat hier die 1. Verordnung über den vorläufigen Aufbau des deutschen Handwerks vom 15. 6. 1934 — RGBl. I, S. 493 — in Verbindung mit der Bekanntmachung des Reichswirtschaftsministers vom 6. 12. 1934 — Deutscher Reichsanzeiger Nr. 287 vom 8. 12. 1934 — geschaffen. — Die damals aufgestellten Regeln sind nach 1945 im wesentlichen beibehalten worden. Sie gelten fort, sofern die Länder nicht ausdrücklich etwas anderes anordnen. Oft beziehen sich die neuen Gesetze ausdrücklich darauf, z. B. niedersächs. Gewerbezulassungsgesetz vom 28. 12. 1948.

des § 1 Abs. 2 HGB. nicht vorliegen, als Handelsgewerbe, wenn die Firma in das Handelsregister eingetragen worden ist. Für die Abgrenzung im einzelnen, worauf es ja für die Beantwortung der Frage, ob in das eine oder andere Register eingetragen werden soll, ankommt, ist auch hier die Rechtsprechung des Reichswirtschaftsgerichts von Bedeutung. Danach wird der Betriebscharakter eines Gewerbeunternehmens nicht dadurch geändert, daß es neben seinen eigenen Erzeugnissen anderweitig fertig bezogene Waren verkauft oder daß mehrere einzelne Handwerksbetriebe oder überhaupt Gewerbebetriebe in einem kaufmännischen Unternehmen zur besseren Ausnützung der Einkaufs- und Werbemöglichkeiten zusammengefaßt sind. Werden neben den eigenen Erzeugnissen auch anderweit fertig bezogene Waren verkauft, so bestimmt sich der Geschäftscharakter nach der vorwiegenden Tätigkeit, also derjenigen, die dem Betrieb das wirtschaftliche Gepräge gibt. Maßgeblich ist der Umsatz. Aber selbst bei großem Umsatz kann ein Handwerksbetrieb und kein Handelsbetrieb vorliegen, wenn der Inhaber selbst Handwerker ist und das ganze Unternehmen wesentlich auf seine Person abgestellt ist, wenn Laden und Werkstatt unmittelbar zusammenliegen, wenn handwerksmäßige Lehrlingsausbildung stattfindet oder wenn nur für einzelne Kunden gearbeitet wird und nicht für den freien Markt[1]).

Weit häufiger als ein Handwerksbetrieb ist eine Fabrik zugleich Handelsbetrieb.

Die Unterscheidung ist von Bedeutung für den Umfang der Anwendung des Einzelhandelsschutzgesetzes und entsprechender Bestimmungen, denen reine Handwerksbetriebe häufig nicht unterfallen. Sie ist weiterhin bedeutungsvoll mit Rücksicht auf § 4 HGB., da Handwerker Minderkaufleute sind. Die Vorschriften der §§ 17 bis 37 HGB. über das Firmenrecht, §§ 8 bis 16 über das Handelsregister und §§ 38 bis 58 über Handelsbücher und Prokura können auf sie nicht angewandt werden. Nach § 351 HGB. finden die durch §§ 348 bis 350 HGB. festgelegten Ausnahmen von Schriftform und Vertragsstrafen auf sie keine Anwendung. Sie können sich nicht in der Form einer OHG. konstituieren.

kk) Materielle Voraussetzungen der Erlaubniserteilung.

Die liberale Wirtschaftsauffassung stellt es jedermann frei, innerhalb der polizeilichen Schranken ein Gewerbe auszuüben. Jede Art von Wirtschaftsplanung jedoch beschränkt die Möglichkeit in mehr oder weniger großem Umfange. Ein wichtiger Eingriff in dieser Hinsicht auch für das Gewerbe ist enthalten in dem Gesetz zum Schutze des Einzelhandels

---

[1]) Weinbrenner, a. a. O. S. 2110.

vom 12. Mai 1933 — RGBl. I S. 262, in der Fassung vom 9. Mai 1935; RGBl. I S. 589 —. Das Gesetz bezieht sich grundsätzlich auf Einzelhandelsgeschäfte, ergreift wegen der tatsächlich nahen Verbindung solcher Geschäfte mit dem Gewerbe aber in weitem Umfange auch das Gewerbe selbst. Allerdings bringt die nationalsozialistische Regelung einer echten Planung fremde politische und rassische Diskriminierungen.

Beschränkungen ähnlicher Art sind außerdem gegeben worden für den Großhandel. In früherer Zeit waren derartige Beschränkungen geringfügige Ausnahmen, wie z. B. die VO. betreffend den Verkehr mit Arzneimitteln vom 22. Oktober 1901 — RGBl. S. 308 —. Die wichtigsten Bestimmungen datieren aus der Zeit nach 1933. Der Form nach sind es meist auf den Einzelfall zugeschnittene Erlasse des Reichswirtschaftsministeriums, wie z. B. der Erlaß vom 19. Oktober 1936 — V 22391/36 — betreffend Großhandels- und Einkaufsgenossenschaften. Die gleiche Tendenz ist zu beobachten bei den Versuchen der Steuerung der Großindustrie (z. B. Kartellverordnung vom 2. November 1923 — RGBl. I S. 1067 in der Fassung vom 9. September 1934; RGBl. I S. 823 oder Gesetz über Errichtung von Zwangskartellen vom 15. Juli 1933 — RGBl. I S. 488). Die Beschränkungen waren zunächst zeitlich beschränkt, wurden dann aber für die Dauer übernommen.

Im Laufe der Zeit verschob sich das Schwergewicht von objektiven auf subjektive Voraussetzungen für die Erteilung einer Betriebserlaubnis. War zunächst maßgeblich das objektive Vorliegen oder Nichtvorliegen eines Bedürfnisses für die Errichtung eines bestimmten Betriebes, so trat diese Voraussetzung allmählich in den Hintergrund. Die Durchführungsverordnung des Gesetzes zum Schutze des Einzelhandels vom 23. Juli 1934 — RGBl. I S. 726 — stellt im wesentlichen ab auf die persönliche Zuverlässigkeit und das Vorhandensein von Sachkunde bei dem eine Erlaubnis Beantragenden.

Die Sachkunde muß entweder für die Person des Unternehmers selbst oder für die von ihm für die Vertretung des Betriebes in Aussicht genommene Person nachgewiesen werden. Der Nachweis liegt dem Antragsteller ob. Demgegenüber ist es Sache der zuständigen Behörde, den Nachweis eines etwaigen Mangels der Zuverlässigkeit zu erbringen. Unter Unzuverlässigkeit wird derjenige Mangel verstanden, der auch nach den Grundsätzen der Gewerbeordnung und anderer gewerberechtlicher Gesetze zur Versagung der Erlaubnis zum Betriebe eines erlaubnispflichtigen Unternehmens führt. Die Richtlinien und Grundsätze, die jene Gesetze aus ursprünglich polizeilichen Gründen aufgestellt haben, werden so praktisch auf alle Betriebe des Handels und Gewerbes ausgedehnt. Dabei ist nicht zu verkennen, daß es letztlich wieder polizeiliche Gesichtspunkte sind, die eine solche Ausdehnung herbeiführen.

Unabhängig von den Bestimmungen, die ihrer Herkunft oder ihrem Wesen nach sich mit der Bedürfnisfrage befassen, ist die Nachprüfung der persönlichen Zuverlässigkeit durch eigens hierfür geschaffene Rechtssätze möglich. Gemeint ist damit nicht die fachliche Zuverlässigkeit, die für eine betriebssichere Durchführung des Unternehmens unerläßlich ist, sondern gefragt ist nach dem Vorhandensein bestimmter Charaktereigenschaften oder ethischer Werte. Die wichtigste derartiger Bestimmungen ist die Verordnung über Handelsbeschränkungen vom 13. Juli 1923 in der Fassung vom 19. Dezember 1935 — RGBl. I S. 1516 —, wonach der Handel mit Gegenständen des täglichen Bedarfs von der zuständigen Behörde zu untersagen ist, wenn Tatsachen die Annahme rechtfertigen, daß der Handeltreibende die für den Handelsbetrieb erforderliche Zuverlässigkeit nicht besitzt (§ 20). Die Untersagung wirkt für das gesamte Reichsgebiet (§ 21).

Das waren im wesentlichen die im Zeitpunkt des Zusammenbruchs vorhandenen Grundlagen für die Zulassung und den Betrieb eines Unternehmens der gewerblichen Wirtschaft. Zu Beginn der Besatzungszeit haben die Militärregierungen grundsätzlich sämtliche Betriebe untersagt und Ausnahmen nur durch besondere Genehmigungen für jeden Fall zugelassen. In der britischen und amerikanischen Zone führte das zu der Erteilung der sogenannten Permits oder Produktionsgenehmigungen. Sie wurden zunächst von den Dienststellen der Militärregierungen selbst ausgeteilt, dann sehr bald jedoch durch von ihnen bevollmächtigte deutsche Stellen, meist die Industrie- und Handelskammern. Die Erteilung erfolgte gemäß dem auftretenden Bedarf. Man bemühte sich anfänglich, politisch nicht belastete Personen und Unternehmen zu bevorzugen. Die Permits gaben den Berechtigten die Möglichkeit, das ihnen genehmigte Unternehmen zu betreiben, falls sämtliche sonstigen nach den verschiedenen rechtlichen Bestimmungen zu verlangenden Voraussetzungen erfüllt waren. Sie waren daher nur zusätzliche Genehmigungen, die zu den bisher genannten hinzutreten mußten, damit der Betrieb überhaupt in Gang gesetzt werden konnte. Im allgemeinen wurden sie jeweils nur für ein einzelnes Unternehmen erteilt. Es gab aber auch Generalzulassungen für ganze Wirtschaftszweige, z. B. in der britischen Zone für Baumaterialfirmen. Insoweit entfiel dann jede Auswahl. Seitdem die Verwaltung wieder ausschließlich in deutschen Händen liegt und die Militärregierung sich nur die Überwachung der deutschen Maßnahmen vorbehalten hat, sind die Permits und damit ihre Wirkungen entfallen.

Die Entwicklung seit 1945 baute in vielen Punkten auf den vorhandenen Unterlagen auf.

a. Persönliche Zuverlässigkeit wurde zunächst durch alle Neuregelungen verlangt. Viele zuständigen Stellen hielten § 20 Handelsbeschr.VO. für weiter anwendbar. Das führte zu einer Nachprüfung nicht nur der fachlichen, sondern auch der charakterlichen Zuverlässigkeit als Voraussetzung für die Erteilung einer gewerblichen Genehmigung. Ehe Klarheit über Umfang und Anwendung des Entnazifizierungsverfahrens herrschte, ein Zustand, der insbesondere in der britischen und französischen Zone bis in das Jahr 1947 hineinreichte, suchte man weitgehend mit Hilfe dieser Verordnung auch die politische Haltung zu berücksichtigen.

Seit der Währungsreform ist in der britischen und der französischen Zone das Bestreben zu bemerken, die persönliche Zuverlässigkeit auf diejenige Zuverlässigkeit zu beschränken, die in bezug auf den Gewerbebetrieb erforderlich ist. „Die Behörde kann ein Unternehmen oder eine seiner Betriebsstätten auf Zeit oder Dauer ganz oder teilweise schließen, wenn Tatsachen dartun, daß eine für die Leitung des Unternehmens oder eine seiner Betriebsstätten verantwortliche Person die in bezug auf den Gewerbebetrieb erforderliche persönliche Zuverlässigkeit nicht besitzt." (§ 4 nordrh.-westf. Gesetz vom 7. Dezember 1948.) Selbstverständlich bei einer solchen Regelung ist es, daß die Genehmigung an die gleichen Voraussetzungen geknüpft ist. Durch solche landesrechtliche Bestimmungen ist die Handelsbeschr.Vo. aufgehoben, was manchmal ausdrücklich bemerkt wird.

Die Möglichkeiten des StGB. (§ 42 Abs. 1) und der Verwaltung laufen selbständig nebeneinander her. Die Aberkennung der Zuverlässigkeit durch die Verwaltung ist auch dann noch möglich, wenn der Strafrichter hiervon keinen Gebrauch gemacht hat[1]).

In den Ländern der amerikanischen Zone dürfen nach ausdrücklicher Weisung der Militärregierung die in den Lizenzgesetzen von 1946 und 1947 enthaltenen Bestimmungen über die Nachprüfung der persönlichen Zuverlässigkeit nicht mehr angewandt werden. Das gilt nicht nur für Hessen, dessen Lizenzgesetz von vornherein mit dem Ende des Jahres 1948 außer Kraft trat, sondern auch für Bayern und Nordwürttemberg-Baden, wo die Gesetze dem Wortlaut nach noch bis Ende 1949 galten (Direktiven der Militärregierung vom 2., 20., 23. Dezember 1948 und 28. März 1949). — Auch die älteren Bestimmungen über die persönliche Zuverlässigkeit dürfen nach Ansicht der Militärregierung nicht mehr

1) Bezirksverwaltungsgericht Berlin-Zehlendorf 3. 9. 1948 — Verwaltungsrechtsprechung I, S. 63 —.

angewandt werden. Das Ergebnis langwieriger Verhandlungen zwischen amerikanischen und deutschen Stellen ist vielmehr: Aus Gründen fehlender persönlicher Zuverlässigkeit darf ein Gewerbebetrieb nur dann nicht zugelassen oder untersagt werden, wenn dem Gewerbetreibenden eine gerichtliche Berufsbeschränkung gerade für diesen Betrieb auferlegt worden ist. Eine solche gerichtliche Berufsbeschränkung ist nur in einem Strafverfahren denkbar (§ 42 Abs. 1 StGB.), wird also nur in einem verschwindend kleinen Prozentsatz aller Fälle praktisch. Selbst dann noch soll sich nach amerikanischer Auffassung die Beschränkung nur auf gerade den vom Gericht benannten Beruf erstrecken, während alle anderen Berufe den Verurteilten nach wie vor offen stehen.

Die Länder der russischen Zone beschreiten den entgegengesetzten Weg. Sie verlangen nach wie vor eine von der fachlichen Zuverlässigkeit für den Gewerbebetrieb verschiedene persönliche und politische Zuverlässigkeit (z. B. meckl. Handwerksgesetz vom 27. Juni 1947 — RegBl. S. 133 —; brand. Gesetz vom 28. Juni 1947 — GVBl. S. 19 —).

b. Hinsichtlich der fachlichen Zuverlässigkeit und des Nachweises der Sachkunde gelten in der britischen, französischen und russischen Zone inhaltlich im großen und ganzen die bisherigen Bestimmungen, wie sie schon in der Gewerbeordnung und ihren Nebengesetzen enthalten sind. Die Erlaubnis darf versagt oder eine einmal erteilte Erlaubnis darf entzogen werden, wenn der Inhaber oder der Antragsteller die für den Gewerbebetrieb erforderliche Sachkunde nicht nachweist (z. B. § 4 nieders. Gesetz vom 29. Dezember 1948). Für das Handwerk wird der Nachweis durch die Ablegung der Meister- oder Gesellenprüfung in der bisherigen Form erbracht, wobei in den einzelnen Regelungen häufig auf die 3. Verordnung über den vorläufigen Aufbau des deutschen Handwerks vom 18. Januar 1935 — RGBl. I S. 15 — Bezug genommen wird (z. B. § 3 nieders. Gesetz vom 29. Dezember 1948).

In der amerikanischen Zone haben die Direktiven vom 2., 20. und 23. Dezember 1948 und 28. März 1949 einen völligen Wandel gebracht. Danach sind alle Lizensierungen ausgeschlossen, „mit Ausnahme bei denjenigen Berufen, die die öffentliche Gesundheit, Sicherheit und Wohlfahrt berühren“. . . Der Wortlaut: Tätigkeiten, die die öffentliche Gesundheit, Sicherheit und Wohlfahrt betreffen, kann nicht genau definiert werden. Es ist beabsichtigt, diejenigen Geschäfte und Berufe mit einzubeziehen, „bei denen ein besonderes öffentliches Interesse insofern besteht, als die persönliche oder finanzielle Sicherheit oder Gesundheit der Personen, denen die Betreffenden dienen, geschädigt werden könnte, wenn die Betreffenden nicht die erforderlichen besonderen Fähigkeiten besitzen oder — im Falle von Bank- und Kreditinstituten, Versicherungsgesellschaften und ähnlichen Unternehmen — finanziell nicht zuverlässig sind". Die Ernährungs- und Bauwirtschaft soll ausdrücklich nicht zu den Ausnahmen gehören (Direktive vom 28. März 1949). Nur bei 44 Unternehmen und Berufen darf die Ausübung von einer vorherigen Erlaubnis abhängig gemacht werden. Darunter befinden sich fast keine Berufe der gewerblichen Wirtschaft[1]).

Außer bei den Ausnahmen wird eine berufliche Vorbildung nicht verlangt. Insbesondere hat die Meisterprüfung für eine gewerbliche Zulassung keine Bedeutung mehr. Der Meistertitel ist nur noch als solcher geschützt, so daß sich nicht jedermann Meister nennen darf.

Diese Richtlinien werden nun von den deutschen Behörden eingehalten, ohne daß in den Ländern entsprechende Gesetze erlassen worden wären.

c. Nachweis und Vorliegen eines B e d ü r f n i s s e s wird durch die seit 1948 in den Ländern der Westzonen ergangenen Regelungen kaum noch verlangt. Besonders beanstandet wurde, daß die bisherigen Geschäftsinhaber durch ihre Organisationen einen zu großen Einfluß erlangt hatten. Das gab ihnen die Möglichkeit, unter dem Deckmantel für die Allgemeinheit wichtiger Regelungen sich jede neue und unliebsame Konkurrenz fernzuhalten. Es ist nicht zu verkennen, daß gerade dieser Gedanke für das strikte Verbot der amerikanischen Militärregierung, das Bedürfnis heranzuziehen, maßgeblich war. Aber auch die neuen Gesetze in der britischen oder französischen Zone kommen zu den gleichen Ergebnissen (z. B. nordrh.-westf. Gesetz vom 7. Dezember 1948 — mit Ausnahme der Betriebe der Ernährungswirtschaft, die nur bei Vorliegen eines Bedürfnisses errichtet werden dürfen —). Das Einzelhandelsschutzgesetz und § 42b GewO. sind meist aufgehoben. Insoweit war die Entwicklung seit 1948 eine andere, als sie nach den Zuständen der vorhergehenden Jahre erwartet werden konnte.

Die Länder der russischen Zone haben die Bedürfnisprüfung beibehalten (z. B. meckl. Handwerkgesetz vom 27. Juni 1947 — RegBl. S. 133, brandb. Gesetz vom 28. Juni 1947 — GVBl. S. 19 —).

d. Die nicht gewerberechtlichen Bestimmungen sind in allen Zonen im wesentlichen nach den bisherigen Vorbildern ausgebaut worden. Das gilt insbesondere für die amerikanische Zone, wo also z. B. alle gesundheitspolizeilichen, baupolizeilichen Sätze auch für Berufe, wie z. B. das

[1]) Die Berufe sind alphabetisch nach ihren englischen Bezeichnungen aufgeführt. Daher die im deutschen seltsame Reihenfolge.

Gastwirtschaftsgewerbe weiter gelten, für die gewerberechtliche Schranken nicht mehr bestehen.

ll) Verfahren.

Wenn für den Betrieb eines Unternehmens der gewerblichen Wirtschaft eine besondere Berechtigung verlangt wird, enthält das verordnende Gesetz regelmäßig Verfahrensvorschriften. Bei dieser Art der Behandlung ist ein einheitliches für alle Zwecke gleiches Verfahren nicht zu erwarten.

Die Lösungsmöglichkeiten schwanken zwischen einem formlosen Verfahren vor der Verwaltungsbehörde, insbesondere der Verwaltungspolizei, die durch Verfügung, eben die Erteilung oder Ablehnung der Erlaubnis, entscheidet und dem formellen Beschlußverfahren.

In der britischen Zone geht die gegenwärtige Regelung aus von dem Beschlußverfahren[1]). Im übrigen muß gegenwärtig jedes Land darüber Klarheit schaffen, für welche Verwaltungsangelegenheiten der gewerblichen Wirtschaft andere Stellen als die genannten Ausschüsse zuständig sind[2]).

Vor der Entscheidung sind stets die interessierten Berufsorganisationen zu hören, nämlich die Industrie- und Handelskammer, die Handwerkskammer und bei Schließung von Unternehmen mit mehr als 20 Beschäftigten die Gewerkschaften (z. B. § 9 nordrh.-westf. VO. vom 10. Februar 1949).

Das Verfahren zerfällt in das Bekanntmachungs- und das Erörterungsverfahren (§ 17 GewO.). In dem Erörterungsverfahren müssen alle Einwendungen an der Erteilung der Erlaubnis irgendwie beteiligter oder von ihr betroffener Personen vorgebracht werden. Wer das versäumt, kann später nicht mehr gehört werden. Nur die Einwendungen, die auf privatrechtlichen Titeln (Vertrag, Dienstbarkeiten, Verjährung) beruhen, unterliegen nicht dem Ausschluß wegen nicht rechtzeitiger Geltendmachung im Verwaltungsverfahren. Wenn sie hier geltend gemacht werden, erfolgt ihre Verweisung auf den ordentlichen Rechtsweg, ohne daß die Ver-

---

1) Vgl. oben 12. Kapitel.

2) Für Nordrhein-Westfalen ist z. B. eine Durchführungsverordnung zu dem Gesetz über die vorläufige Regelung gewerberechtlicher Genehmigungen und Schließungen vom 10. 2. 1949 — GVBl., S. 41 — ergangen. Danach ist der Regierungspräsident zuständig für Genehmigungen und Zurücknahmen auf Grund der verlängerten Schutzanordnungen des genannten Gesetzes, wenn die Sachkunde fehlt oder persönliche Unzuverlässigkeit in bezug auf die Ausübung des Gewerbes vorhanden ist, mit Ausnahme der Betriebe des Einzelhandels und des Handwerks, wofür die Ausschüsse zuständig sind; für Genehmigungen forst- und holzwirtschaftlicher Betriebe.

waltungsstelle darauf Rücksicht nimmt. Der nach privatrechtlichen Titeln Berechtigte kann also auf jeden Fall auch noch nach der Lizenzerteilung vor dem Zivilgericht gegen den ihm Verpflichteten klagen.

Gegen die Bescheide, betreffend Anlagen (§ 20 GewP.) oder persönliche Konzessionen (§§ 40, 39) ist Rekurs möglich. Rekursbehörden sind im allgemeinen die Verwaltungsgerichte.

Eine die öffentliche Ordnung gewährleistende Verwaltungsführung muß indessen auch eingreifen können, wenn der Betroffene einer erteilten oder nicht erteilten Erlaubnis zuwiderhandelt. Dem dient das Ordnungsstrafverfahren. Die meisten Behörden, die in Angelegenheiten der gewerblichen Wirtschaft Entscheidungen fällen können, sind auch befugt zum Erlaß von Ordnungsstrafbescheiden. Jeder Bescheid ist zu begründen und dem Betroffenen zuzustellen. Der Betroffene kann binnen einer Woche nach Zustellung Antrag auf gerichtliche Entscheidung stellen. Über Bescheide bis zu 1000 DM entscheidet das Amtsgericht, über höhere Entscheide das Landgericht. Eine Verschlechterung des Bescheides zum Nachteil des Betroffenen ist durch das Gericht nicht möglich. Wenn der Bescheid einmal rechtskräftig ist, kann wegen der gleichen Tat keine neue Verfolgung einsetzen. Die Strafe wird wie eine Geldforderung, also durch Pfändung in das Vermögen des Betroffenen, vollstreckt. Kann die Strafsumme nicht beigetrieben werden, so setzt das zuständige Gericht auf Verlangen der den Bescheid erlassenen Behörde eine Ersatzfreiheitsstrafe fest. Vor der Entscheidung ist der Betroffene zu hören. Gegen den Beschluß findet die sofortige Beschwerde statt. Räumt der Betroffene die Zuwiderhandlung ein, so kann er sich in einer die wesentlichen Tatumstände und verletzten Vorschriften enthaltenden Niederschrift einer zugleich festzusetzenden Ordnungsstrafe unterwerfen. (Zu dieser in allen Ländern nahezu gleichen Regelung, vgl. § 5 nordrhein.-westf. Gesetz vom 7. Dezember 1949 in Verbindung mit §§ 17 ff. Bewirtschaftungsnotgesetz des Wirtschaftsrates vom 30. November 1947 — GVBl. 1948 S. 3 ff. —)[1]).

Wenn sich nachträglich, also nachdem alle Formalitäten im Sinne des Antragstellers erledigt sind, herausstellt, daß der Betrieb polizeiwidrig ist, so kann er wegen überwiegender Nachteile und Gefahren für das Gemeinwohl untersagt werden. Zuständig ist in allem die Dienststelle, die auch für die Erlaubniserteilung zuständig ist. Da der Besitzer eines einmal genehmigten Betriebes ein subjektiv-öffentliches Recht erlangt hat, muß ihm für den durch die nachträgliche Untersagung nachweislich erlittenen Schaden Ersatz geleistet werden.

---

[1]) Vgl. oben S. 281 ff.

In den Ländern der französischen Zone ist es im wesentlichen bei den Regelungen, die vor 1933 bestanden, geblieben. Auf ehemals preußischem Gebiet, also im südlichen Rheinland und Hessen-Nassau sind die wiedererrichteten Stadt- und Kreisausschüsse und Bezirksausschüsse auch Beschlußbehörden. Sie erteilen die nach den einzelnen Gesetzen, insbesondere §§ 16 ff. GewO. erforderlichen Lizenzen, wobei in leichteren Fällen die Stadt- und Kreisausschüsse und in schwereren Fällen die Bezirksausschüsse zuständig sind. Das Bekanntmachungs- und Erörterungsverfahren (§ 17 GewO.) ist das gleiche wie bei den Ausschüssen der Länder der britischen Zone. Die Ortspolizeibehörde ist zuständig zur Konzessionierung von Schaustellungen ohne höheres Interesse der Kunst oder Wissenschaft (§ 33b GewO.) und für das sogenannte Straßenverkehrsgewerbe (§ 37 GewO.).

Im Anschluß an die früher herrschende Ansicht wird man davon auszugehen haben, daß nur die zunächst genannten Genehmigungen den Berechtigten ein subjektiv-öffentliches Recht verschaffen, während bei den letzteren lediglich ein öffentlich-rechtlicher Besitzstand erlangt wird (§ 53 GewO.).

In Württemberg, Baden und der Pfalz gelten nun wieder die Bestimmungen aus der Zeit vor 1933. Für die ehemals hessischen Gebiete, jetzt Rheinhessen, ist zu beachten, daß es dort nie besondere Beschlußbehörden gab und heute nicht gibt. Als Beschwerdebehörde wird das Bezirksverwaltungsgericht tätig. Für die Konzessions-, Erlaubnis- oder Zulassungserteilung in erster Instanz sind auf dem Lande die Landräte und in den kreisfreien Städten die staatliche Polizei oder die Oberbürgermeister zuständig[1]).

In der amerikanischen Zone werden die wenigen Zulassungen und Genehmigungen durch die Verwaltungsbehörden erteilt. Alle Bestimmungen, wie z. B. § 14 GewO., die nicht ausdrücklich aufgehoben sind, bleiben bestehen.

Für die russische Zone wird das zonale Gewerbelenkungsrecht der DWK. eine einheitliche Regelung bringen. Vorerst gelten noch landesrechtliche Vorschriften, die, wie z. B. das brandenb. Gesetz vom 26. Juni 1947 — GVBl. S. 17 —, in mehreren Instanzen arbeitende Ausschüsse als Zulassungsbehörden kennen.

[1]) Z. B. für die Lizensierung von Gast- und Schankstätten ist der Landrat oder in kreisfreien Städten die staatliche Polizeibehörde zuständig (Gastst.-Ges. und hess. Durchführungsverordnung hierzu vom 30. 6. 1930). Die Zulassung zum Einzelhandelsgeschäft nach dem Einzelhandelsschutzgesetz erfolgt durch den Landrat oder den Oberbürgermeister. Das gleiche gilt für die Zulassung zum Milchgewerbe.

b) Urproduktion.

aa) Landwirtschaft.

Polizeiliche Sonderbestimmungen für die Zulassung zum landwirtschaftlichen Beruf sind nicht vorhanden. Sie ist frei. Für die Überwachung seiner Ausführung gelten die allgemeinen polizeilichen Regeln. Einige Länder haben Tierzuchtgesetze erlassen (vgl. aber auch § 6 GewO.). Das Forstwesen wurde zusammen mit dem Jagdwesen durch Reichsgesetz vom 3. Juli 1934 — RGBl. S. 534 — auf das Reich übertragen.

Die Aufgaben des Reichsnährstandes auf dem Gebiet der Landwirtschaft und die forsthoheitlichen Aufgaben, soweit sie in der gemeinsamen Organisation der bisherigen Reichsforstverwaltung und des Reichsnährstandes bearbeitet wurden, gehen auf die obersten Landesbehörden für Ernährung und Landwirtschaft und die staatlichen Forstverwaltungen der Länder und, soweit sie über den Bereich eines Landes hinausgehen, auf etwa vorhandene zentralere Verwaltungsstellen über (z. B. §§ 4, 5 Gesetz des Wirtschaftsrates vom 21. Januar 1948).

bb) Fischerei und Jagd.

Einige polizeiliche Sonderbestimmungen bestehen für die Fischerei. Sie sind zu finden in den reichs- und landesrechtlichen Fischereigesetzen, wie z. B. dem Reichsgesetz über den Fischereischein mit DVO. vom 21. April 1939 — RGBl. I S. 816 — oder dem preußischen vom 11. Mai 1916. Die Fischerei in den Küstengewässern, an denen kein Eigentum besteht, ist für jeden Deutschen frei. In den übrigen Küstengewässern und in den Binnengewässern steht das Fischereirecht dem Eigentümer zu. Meist wird verlangt, daß der Fischer einen behördlichen Fischereischein und, wenn er nicht Eigentümer ist, einen Erlaubnisschein des Eigentümers oder sonstigen privatrechtlich Berechtigten bei sich trägt (z. B. §§ 92 ff. pr. Fischereigesetz). Alles dies wird in einem Zulassungsverfahren vor der Verwaltungsbehörde geklärt. Der Gebrauch schädlicher oder explodierender Stoffe ist in der Regel verboten, die Verunreinigung von Fischgewässern kann verboten, ihre Ableitung beschränkt werden. Durch gesetzlich bestimmte Verwaltungsbehörden, meist die Polizei, können Schonzeiten festgesetzt und Fischschonbezirke sowie Laichschonbezirke eingerichtet werden. Manchmal sind besondere Behörden eingerichtet, wie z. B. an der Küste die Oberfischmeister, deren Anordnungen als Verfügungen gelten.

Die Jagd unterliegt ebenfalls polizeilichen Beschränkungen. Sie darf nur von demjenigen ausgeübt werden, dem ein behördlicher Jagdschein ausgestellt ist (Reichsjagdgesetz vom 2. Juli 1934 — RGBl. I S. 549 — aber neue Landesgesetze)[1]).

Ferner enthält das Gesetz Schonvorschriften, z. B. das Verbot des Aufstellens von Schlingen, und Bestimmungen über Schonzeiten.

Das Zubehör von Fischerei und Jagd, wie z. B. das Räuchern der gefangenen Fische, wird von der Gewerbeordnung nicht erfaßt[2]).

cc) Bergbau.

Zahlreiche landesrechtliche Vorschriften beschäftigen sich mit dem Bergbau. Einiges insbesondere hinsichtlich der Zulassung findet sich in der Gewerbeordnung, die jedoch nur soweit Anwendung findet, wie sie das ausdrücklich bestimmt (§ 6). Entsprechend der Gefährlichkeit des Berufes kümmert sich die Verwaltung, insbesondere die Polizei, um zahlreiche Einzelheiten (z. B. pr. Gesetz vom 24. Juni 1865).

c) Freie Berufe.

Es gibt freie Berufe, wie z. B. Künstler oder Schriftsteller, hinsichtlich welcher keine die Zulassung zum Beruf oder die Art und Weise seiner Ausübung betreffenden besonderen Verwaltungsbestimmungen vorhanden sind. Allenfalls sind einige zivilrechtliche oder strafrechtliche Grenzen gezogen (z. B. Pressegesetz).

Andere, z. B. Lehrer oder Theaterpersonal, bedürfen zur Berufsausübung eines bestimmten Apparates. Das Gesetz befaßt sich hier mit der Frage der Zulassung des Betriebes und leitet auf diesem Umweg die Berufsausübenden in ganz bestimmte Bahnen[3]).

Endlich gibt es freie Berufe, und zwar vorwiegend auf dem Gebiet der Justiz, der Wirtschaftswissenschaft und der Medizin, für die seit langem besondere Verwaltungsbestimmungen vorhanden sind. Alle älteren zerstreuten Rechtssätze wurden in den Jahren 1936 und 1937 abgelöst durch die Reichsordnungen, die für das ganze Reichsgebiet einheitliche Regeln aufstellten. Sie gelten jetzt nur noch, soweit keine neueren Bestimmungen ergangen sind.

aa) Zulassung.

Erste Voraussetzung für die Zulassung ist eine abgeschlossene wissenschaftliche Ausbildung einschließlich eines Universitätsstudiums. Für den Rechtsanwaltsberuf wird verlangt die Ablegung der großen zum Richteramt befähigenden Staatsprüfung oder die Bekleidung des Amts

[1]) Zusammenstellung z. B. für franz. Zone in: DRZ. 1950, S. 108.

[2]) Landmann-Rohmer, Gewerbeordnung I, S. 113.

[3]) Für Lehrer z. B. bei Peters, Verwaltung, S. 409 ff.

eines ordentlichen Lehrers des Rechts an einer deutschen Universität (z. B. § 3 RAO. für die brit. Zone vom 19. März 1949). Für den Arztberuf wird eine deutsche Bestallung (Approbation), für den Dentisten die staatliche Anerkennung als Dentist im Sinne des § 123 RVO. (z. B. nordrh.-westf. Gesetz zur Niederlassung von Ärzten, Zahnärzten und Dentisten vom 27. März 1949 — GVBl. S. 83 —) usw.[1]).

Eine weitere Voraussetzung ist ein gesetzlich genau umschriebener Anwärterdienst, eine Assistententätigkeit oder dgl. Über die Zulassung zu dem Anwärterdienst entscheidet eine staatliche Stelle, meist das dem betreffenden Berufszweig nahestehende Landesministerium. Die Berufsorganisationen werden gehört. Sie werden bei der Überbesetzung der akademischen Berufe häufig mangelndes Bedürfnis geltend machen. Die Frage regelt sich weitgehend praktisch. Die Ableistung des Anwärterdienstes ist nur bei bestimmten Stellen möglich, also bei bereits im Beruf befindlichen Mitgliedern des betreffenden freien Berufs. Wer niemand findet, der ihn ausbilden will, kann den Nachweis einer erfolgreichen Ausbildungszeit nicht erbringen.

Entsprechend der überall theoretisch als richtig bezeichneten Regelung sollte jeder nach Erfüllung der genannten Voraussetzungen grundsätzlich zu dem betreffenden freien Beruf zugelassen werden. Ausnahmsweise muß die Zulassung aus einigen in der Persönlichkeit des Bewerbers liegenden Gründen (z. B. strafgerichtliche Aberkennung der Fähigkeit zur Bekleidung öffentlicher Ämter, Verhalten, das die Ausschließung aus dem betreffenden Beruf bedingen würde, körperliche oder geistige Schwäche usw.) versagt werden.

---

[1]) Derartige Bestimmungen sind ergangen für die

britische Zone: Rechtsanwaltsordnung vom 10. 3. 1949 — VBl., S. 80 —, wodurch die RAO. vom 21. 2. 1936 nebst Nebengesetzen ausdrücklich außer Kraft gesetzt ist; für Mediziner und Apotheker besteht keine zoneneinheitliche Regelung, z. B. niedersächs. Prüfungs- und Approbationsordnung für Ärzte vom 16. 11. 1947 — GVB. Nr. 6 —, niedersächs. Zulassungsordnung für Ärzte vom 7. 8. 1945 i. d. F. vom 20. 3. 1948 — GVB. Nr. 7 —, Gesetz über die Wiederherstellung der Niederlassungsfreiheit für Ärzte usw. vom 22. 2. 1949 — GVBl. Nr. 9 —; hamburg. Bekanntmachung betr. Vorschriften über Einrichtung von Apotheken vom 17. 8. 1948; nordrh.-westf. Gesetz zur Regelung der Niederlassung von Ärzten, Zahnärzten und Dentisten vom 17. 3. 1949 — GVBl., S. 83 —;

amerikanische Zone: Landesrechtsanwaltsordnungen von Ende 1948; brem. Gesetz über Wirtschaftsprüfer usw. vom 26. 2. 1948 — GVBl., S. 237 —, Ärzteordnung vom 13. 12. 1948 — GVB., S. 85; württ.-bad. Gesetz über Wirtschaftsprüfer vom 30. 11. 1948 — Reg.Bl. 1949, S. 3 —;

französische Zone: württ.-hohenz. VO. über die Beziehungen zwischen Krankenkassen, Ärzten, Zahnärzten usw. — Reg.Bl. 1949, S. 4 —;

russische Zone: Approbationsordnungen für Ärzte und Apotheker vom 16. 2. 1949 — Zentralvo.Bl. S. 120, 122 —, pr. VO. über die Niederlassung von Ärzten vom 23. 2. 1949, S. 125, 159 —; provisorische Landeszulassungsordnungen für Rechtsanwälte, z. B. Reg.Bl. Thüringen 1948, S. 51 —.

Diese theoretisch klare Linie kann jedoch nicht überall durchgeführt werden. Vielmehr wird in weitem Umfang die Zulassung noch abhängig von dem Vorliegen eines Bedürfnisses gemacht. Auch hierüber entscheidet nicht etwa die Standesorganisation, die meist zwar gefragt wird, sondern eine Behörde (z. B. Art. VII VO. zur Einf. der RAO. f. d. brit. Zone vom 10. März 1949 — VBl. S. 80 —: „Bis zum 31. Dezember 1950 ist die Zulassung zur Rechtsanwaltschaft auch dann zu versagen, wenn nach dem Ermessen der Justizverwaltung die Zulassung weiterer Rechtsanwälte bei dem im Antrag bezeichneten Gericht einer geordneten Rechtspflege nicht dienlich ist." Die Regelung für die Ostzone bestimmt zeitlich unbeschränkt: „Die Erlaubnis ist zu versagen, wenn in dem Bezirk, in dem der Antragsteller sich niederlassen will, eine ausreichende ärztliche Versorgung der Bevölkerung gesichert ist." — § 3 Anordnung über die Niederlassung der Ärzte —). Nur für die amerikanische Zone ist die Nachprüfung des Bedürfnisses durch eine Anweisung der Militärregierung verboten (Direktive vom 28. März 1949 Ziff. 2).

bb) Berufsausübung.

Eingriffe des Staates in die Ausübung der freien Berufe hängen von Staatsform und politischen Gesichtspunkten ab. Jede Art autoritärer Staatsführung hat ein Interesse daran, die Menschen möglichst in jeder Lage, also auch im Berufsleben, zu beaufsichtigen. Daran wird sie, wie die unter der nationalsozialistischen Herrschaft gesammelten Erfahrungen zeigen, selbst nicht durch die gesetzlich festgelegte Bezeichnung der Berufe als freie gehindert.

Die demokratische Staatsauffassung lehnt grundsätzlich Eingriffe der staatlichen Verwaltung in der Berufsausübung ab. Weder gab es vor 1933 in Deutschland, noch gibt es seit 1945 für die freien Berufe Beschränkungen, wie sie z. B. in der GewO. dem Handwerk auferlegt sind. Das Ergebnis wird erreicht einerseits durch die gesetzliche Festlegung, daß die freien Berufe keine Gewerbe sind und daß jeder Mensch frei in der Wahl desjenigen ist, dessen berufliche Dienste er in Anspruch nehmen will. Es wird weiterhin dadurch erreicht, daß sich die Berufsorganisation einschaltet. Gerade die Ausübung der freien Berufe ist weitgehend auf Vertrauen aufgebaut, das zwischen dem Berufsausübenden und seinem Mandanten, Klienten oder Patienten besteht. Es sprechen hier rechtlich oft nicht faßbare Imponderabilien mit. Derartige Fragen müssen in erster Linie vom ethischen oder berufsethischen Standpunkt aus betrachtet werden. Hierüber wacht am zweckmäßigsten die Selbstverwaltung des Berufsstandes. Was standesgemäß ist, was mit der Ehre des Berufsstandes vereinbar ist oder ihr nicht mehr entspricht, weiß der Berufsstand selbst besser als die Polizei. So ersetzt bei den freien Berufen die Überwachung der Berufsausübung durch den Berufsstand und seine Organisation selbst die staatliche, insbesondere die polizeiliche Überwachung. Diese Regelung hat sich seit langem bewährt.

Nicht ausgeschlossen hierdurch ist, daß in Fällen öffentlicher Not Angehörige der Berufsstände zu bestimmten mit dem Beruf zusammenhängenden Maßnahmen gezwungen werden. Manchmal ist das gesetzlich besonders festgelegt (z. B. § 11 Abs. 3 Approbationsordnung für Ärzte für die Ostzone); wo es nicht ausdrücklich ausgesprochen ist, folgt diese Berufspflicht aus den allgemeinen polizeilichen Machtbefugnissen.

6. Berufsorganisation

a) Gewerbliche Wirtschaft.

Die bedeutendsten Organisationen befassen sich mit dem Handwerk, der Industrie und dem Handel. Die gesetzlichen Grundlagen befinden sich zum Teil in Reichsgesetzen, wie beispielsweise für das Handwerk in der Gewerbeordnung, oder in Landesgesetzen, wie insbesondere für Handel und Industrie. Der Gedanke, den einzelnen wirtschaftlichen Berufen eine Interessenvertretung zu geben, ist alt. Die Regelung ist jedoch nicht zu allen Zeiten die gleiche. Ebensowenig haben die die Interessenvertretungen durchführende Stellen immer die gleiche rechtliche Qualifikation.

Die Interessen des Handwerks werden nach der Grundlage der Gewerbeordnung (§ 104 o ff.) durch Handwerkskammern wahrgenommen. Dieses Gesetz qualifiziert sie als Körperschaften des öffentlichen Rechts. Die Interessen der einzelnen Handwerkszweige werden vertreten durch Innungen, die rechtlich juristische Personen des Privatrechts sind (§§ 81 ff. GewO.). Die Aufsicht über die Innungen führt die Gemeindebehörde. Innungsausschüsse werden durch den Zusammenschluß mehrerer Innungen ein und derselben Art (§ 101 GewO.), Innungsverbände durch den Zusammenschluß verwandter Innungen eines größeren Bezirks gebildet (§ 104 GewO.).

Die durch die Gewerbeordnung näher geregelten Aufgaben der Innungen sind teils zwingender Natur, wie die Förderung der gemeinsamen gewerblichen Interessen, oder die Förderung des Verhältnisses zwischen Meister und Gesellen, das Lehrlingswesen usw. (§ 81a), teils freiwillig übernommene, wie die Gesellen- und Meisterprüfungen, die Errichtung von Kranken-, Sterbe- und Unterstützungskassen (§ 81b).

Für Fabriken und Handelsbetriebe bestehen als Berufsorganisation die Industrie- und Handelskammern. Sie wurden durch das Landesrecht errichtet, erhielten jedoch nur selten die Qualifikation als juristische Personen des öffentlichen Rechts. Für Preußen von Bedeutung z. B. ist das Gesetz über die Industrie- und Handelskammer vom 24. Februar 1870, zuletzt in der Fassung der Verordnung vom 1. April 1924. Ähnliche Gesetze ergingen in den übrigen Ländern.

Im Jahre 1933 gab es in Deutschland 74 Handwerkskammern, deren Zentrale der Handwerks- und Gewerbekammertag war. In den Handwerkskammern waren 52 Innungen für die einzelnen Handwerksberufe organisiert. Die Zentrale der 111 Industrie- und Handelskammern war der Industrie- und Handelskammertag in Berlin. Die Bezirke der einzelnen Kammern waren verschieden in ihrer Größe und Wichtigkeit. Sie umfaßten in der Regel den Bereich einer höheren Verwaltungsbehörde.

Die gesamte Organisation war auf dem Grundsatz der Selbstverwaltung aufgebaut.

Die nationalsozialistische Herrschaft ersetzte dieses System durch eine Organisation, die nach dem Führerprinzip ausgerichtet war und einer vollständigen Staatsaufsicht unterlag. Der Aufbau der Organisation der gewerblichen Wirtschaft erfolgte in doppelter Form, nämlich horizontal und regional durch die Kammern, vertikal und zentral durch die Reichs-, Fach- und Fachuntergruppen. Durch die Zugehörigkeit einzelner Betriebe zu mehreren Fachgruppen und durch mangelhafte Zuständigkeitsabgrenzungen ergaben sich viele Unklarheiten und Schwierigkeiten. Nach verschiedenen Anordnungen wurden bereits 1937 die Kammern zusammengefaßt, indem man sowohl die Industrie- und Handelskammern als auch die Handwerkskammern jeweils in weitem Umfange zusammenlegte. Das Reich wurde in 14 Wirtschaftsgebiete eingeteilt, in denen im allgemeinen eine Wirtschaftskammer für die beiden bisher getrennten Aufgabenbereiche gebildet wurden. In die Wirtschaftskammern wurden außerdem die Organisationen des Vertretergewerbes einbezogen. (Gesetz vom 31. März 1939 — RGBl. I S. 649 mit Durchführungsvo. vom 8. September 1939 — RGBl. I S. 1738 und 18. April 1940 — RGBl. I. S. 6 bis 84.)

Die zentrale vertikale Gliederung bestand seit 1934 aus 6 Reichsgruppen, nämlich der Industrie, der Energiewirtschaft, dem Handel, den Versicherungen, den Banken und dem Fremdenverkehr. Hinzu kamen die Reichsgruppe Handwerk, die sich auf Grund der bisher bestehenden Einteilung in 52 Reichsinnungsverbände aufgliederte. Die Reichsgruppe Handwerk zusammen mit dem Deutschen Handwerks- und Gewerbekammertag bildeten den Reichsstand des Deutschen Handwerks. Die übrigen Reichsgruppen wurden fachlich in 52 Wirtschaftsgruppen untergegliedert.

Diese komplizierte Organisation wurde vereinfacht durch die letzten Organisationsmaßnahmen der nationalsozialistischen Herrschaft, der Verordnung über die Vereinfachung und Vereinheitlichung der Organisation der gewerblichen Wirtschaft vom 20. April 1942 — RGBl. I S. 189 — die durch drei Durchführungsverordnungen des gleichen Jahres ergänzt wurden.

Nach der ersten dieser Durchführungsverordnungen erfolgte eine bezirkliche Zusammenfassung der gewerblichen Wirtschaft in Gauwirtschaftskammern, deren Grenzen grundsätzlich mit den Grenzen der Reichsgaue zusammenfielen. Innerhalb des Bereichs einer Gauwirtschaftskammer konnten nach Bedarf Wirtschaftskammern und Zweigstelle 1 errichtet werden. Die Industrie- und Handelskammern und die Handwerkskammern wurden damals in die Gauwirtschaftskammern überführt. Das gleiche gilt für die in den vorhergehenden Jahren begründeten Wirtschaftskammern. Die Gauwirtschaftskammern wurden Körperschaften des öffentlichen Rechts. Sie unterstanden der unmittelbaren Aufsicht des Reichswirtschaftsministers. Neben ihm blieb die Reichswirtschaftskammer als das oberste Organ der formell selbständigen wirtschaftlichen Selbstverwaltung bestehen. Infolge der unmittelbaren Aufsicht des Reichswirtschaftsministeriums und infolge des inneren Organisationsaufbaus nach dem Führerprinzip lag jedoch eine ständige Einwirkung der Staatsleitung vor.

Diese Organisationsform war im Augenblick des Zusammenbruchs vorhanden. Sie war viel zu jung und viel zu wenig durchgebildet, als daß sie ihn hätte überleben können. Das und nicht die von der Vergangenheit abweichende Form der Vereinigung sämtlicher Berufszweige der gewerblichen Wirtschaft in einer Organisation besiegelte ihren Untergang. Andererseits forderte die Notwendigkeit gemeinsamer Interessenvertretung neue Zusammenschlüsse. Sachlich ging man hierbei von den vor 1933 herrschenden Zuständen aus, indem man die einzelnen Berufszweige getrennt betrachtete. Örtlich beschränkte man sich zunächst auf kleinere Territorien. So kam es zunächst zur Bildung wirtschaftlicher Berufsverbände auf Kreis- und Provinzebene, worauf später größere Zusammenschlüsse aufbauten.

Am frühesten begann die Arbeit der Industrie- und Handelskammern wieder. Sie wurden durch einzelne Erlasse der Militärregierungen, die sich jeweils meist nur auf eine Kammer erstreckten, wieder errichtet; wie z. B. die Industrie- und Handelskammer Köln durch ein von der amerikanischen Militärregierung genehmigtes Statut vom 25. Mai 1945. Die Kammern wurden von der Militärregierung als wichtige wirtschaftliche Verwaltungsstellen angesehen und weitgehend in die Wirtschaftsverwaltung eingeschaltet, wie z. B. ihre Zuständigkeit für die Erteilung von sogenannten Permits[1]) zeigt. Kurze Zeit später entstanden auch wieder Handwerkskammern.

Die weitere Entwicklung nun verlief in den Westzonen und der Ostzone in verschiedener Weise.

Der Ausbau in den Westzonen richtete sich weiterhin nach der vor 1933 vorhandenen Organisation. Dabei wurden kurz nach dem Zusammenbruch und werden noch heute zum Teil Bestimmungen angewandt, deren rechtliche Fortexistenz oder deren rechtliches Wiederaufleben durchaus zweifelhaft ist, wie z. B. das preußische Gesetz über die Industrie- und Handelskammern, nach dem in der britischen Zone weitgehend gearbeitet wird. Hinzu treten eine Reihe neuer bedauerlicherweise in den Zonen und Ländern verschiedener Organisationsanweisungen.

Für die Länder der amerikanischen Zone überwiegen die alten Regeln. Das bedeutet insbesondere, daß die Industrie- und Handelskammern nach Landesrecht leben, während für die Handwerkskammern die Bestimmungen der Gewerbeordnung maßgebend sind. Die Zusammenschlüsse erfolgen nun grundsätzlich auf freiwilliger Basis, auch dort, wo früher Korporationszwang bestand[2]). Die Kammern sind keine öffentlich-rechtliche Körperschaften. — Vgl. z. B. Anordnung des bayr. Staatsministeriums für Wirtschaft über die Auflösung von Wirtschaftsverbänden und die Errichtung von Handwerkskammern vom 25. Oktober 1945 — GVBl. S. 4 —, Bekanntmachung desselben vom 22. April 1947 — Staatsanzeiger vom 3. Mai 1947 — Art. 179 mit Art. 34 und 154 bayr. Verfassung.

Für die britische Zone sind neue Anordnungen ergangen. Für die Industrie- und Handelskammern von Bedeutung ist die Anordnung der britischen Militärregierung vom 27. November 1946. Danach besteht die Aufgabe der Kammern darin, Behörden und Firmen in Wirtschaftsfragen, in Fragen der Lehrlingsausbildung und der Beteiligung in den Prüfungsausschüssen und in Fragen der Zulassung von Firmen zu beraten. Es werden sodann nähere Bestimmungen über den inneren Aufbau der Kammern gegeben. Hinsichtlich der äußeren Organisation bleibt es bei den nach 1945 geschaffenen Grundlagen. Das heißt,

1) Vgl. oben S. 419, 442.

2) Vgl. NJW. 1948, S. 210.

die bisher gegründeten Kammern bleiben bestehen. Sie sind private Vereinigungen, gebildet auf der Grundlage der Freiwilligkeit.

Für die Handwerkskammern maßgeblich ist die Verordnung des Zentralamtes für Wirtschaft in der britischen Zone vom 6. Dezember 1946 — z. B. GVBl. Nordrhein-Westfalen 1947 S. 21 —. Ergänzungen finden sich in einer Verordnung der gleichen Stelle vom 7. Februar 1947. Durch die Verordnung ist Klarheit geschaffen über die Abgrenzung der Befugnisse der Innungen, der Innungsverbände, der Kreishandwerkerschaften, der Handwerkskammern und des Handwerkskammertages in der britischen Zone. Eine Handwerksinnung ist danach der Zusammenschluß selbständiger Handwerker des gleichen Handwerks oder verwandter Handwerke zur Förderung ihres gemeinsamen Gewerkschaftsinteresses innerhalb eines bestimmten Bezirks. Der Beitritt ist freiwillig. Die Handwerksinnungen sind Körperschaften des öffentlichen Rechts.

Handwerksinnungen des gleichen Handwerks oder verwandter Handwerke im Bezirk einer Landeswirtschaftsverwaltung können sich zu einem Landesinnungsverband zusammenschließen. Die Landesinnungsverbände erlangen Rechtsfähigkeit mit der Genehmigung ihrer Satzung durch die Aufsichtsbehörde.

Handwerksinnungen, die innerhalb eines von der Handwerkskammer bestimmten Bezirks ihren Sitz haben, bilden die Kreishandwerkerschaft. Ihr Bezirk soll nach Möglichkeit sich mit denjenigen von Stadt- und Landkreisen decken.

Die Handwerkskammern vertreten die Interessen des Handwerks in ihrem Bezirk. Sie sind Körperschaften des öffentlichen Rechts. Aufsichtsbehörde ist das Zentralamt für Wirtschaft in der britischen Zone, das die Aufsicht auf andere Behörden weiter übertragen kann (§ 17).

Aufgabe der Handwerkskammern ist: 1. die Interessen des Handwerks im ganzen zu fördern und für einen gerechten Ausgleich widerstreitender Interessen innerhalb des Handwerks zu sorgen. 2. Auskünfte und Gutachten zu erteilen, 3. Einrichtungen zur Förderung handwerklicher Ziele zu unterstützen, 4. die Weiterbildung sämtlicher Handwerker zu fördern, wozu insbesondere die Abnahme von Prüfungen gehört, 5. die Aufsicht über die Handwerksinnungen und Kreishandwerkerschaften zu führen. 6. Sachverständige zu bestellen und zu vereidigen (§ 18).

Die Handwerkerrolle wird in der bisherigen Weise von den Handwerkskammern geführt. In sie darf nur eingetragen werden, wer nachgewiesen hat, daß er befähigt ist, ein Handwerk als stehendes Gewerbe selbständig zu betreiben (§ 19).

Sämtliche Handwerkskammern in der britischen Zone bilden eine Körperschaft des öffentlichen Rechts unter dem Namen Handwerkskammertag in der britischen Zone (§ 25). Diese Zusammenfassung ist nur als Übergangslösung gedacht.

In manchen Ländern, so z. B. in Nordrhein-Westfalen, ist die Errichtung von bezirklichen Wirtschaftskammern als Organe der Selbstverwaltung der Wirtschaft geplant. Die Vollversammlung der Kammer soll je zur Hälfte aus Vertretern der Unternehmungen und Vertretern der Belegschaften bestehen. Die Vertreter der Unternehmungen der Industrie und des Handels, der Banken, der Versicherungen und des Verkehrs sollen von den Industrie- und Handelskammern, die Vertreter des Handwerks von den Handwerkskammern und die Vertreter der Arbeitnehmer von den Gewerkschaften ernannt werden. Die Kammern sind als Körperschaften des öffentlichen Rechts geplant. Die sozialistischen Parteien fordern, daß die Wirtschaftskammern auch die Aufgaben der Industrie- und Handelskammern erledigen, so daß diese als selbständige Berufsorganisationen verschwinden.

Die Industrie- und Handelskammern in den einzelnen Ländern sind zu losen Vereinigungen, die Industrie- und Handelskammern in der britischen und der amerikanischen Zone sind zu je einer Arbeitsgemeinschaft zusammengefaßt.

In der französischen Zone sind landesrechtliche Vorschriften maßgeblich. Für Württemberg-Hohenzollern regelt eine Handwerksordnung vom 5. November 1946 — Amtsblatt 1947 S. 11 — das Handwerksrecht umfassend. Im wesentlichen werden hierbei die Berufsvertretungen, wie sie durch die Gewerbeordnung begründet sind, beibehalten. Die berufliche Vertretung der Unternehmer liegt in der Hand der Industrie- und Handelskammern gemäß der Anordnung vom 12. August 1946 — Amtsblatt S. 166 —. Die Leitung befindet sich bei der Landesdirektion der Wirtschaft und dem Landeswirtschaftsrat, bei dem alle Wirtschaftszweige vertreten sind.

In Rheinland-Pfalz schließen sich Unternehmer und Unternehmungen zu 21 Landesverbänden zusammen, die die Stellung rechtsfähiger Vereine haben — Landesverfügung vom 3. Oktober 1947 — VOBl. S. 438 —.

In der sowjetischen Zone erfolgte die Organisation der gewerblichen Wirtschaft zunächst auf der Basis von Landesregelungen und daher nicht ganz einheitlich. Die vor 1945 bestehenden Wirtschaftskammern, Fach- und Wirtschaftsgruppen wurden aufgelöst. An ihre Stelle traten wieder die Industrie- und Handelskammern für die Industrie- und

Handelsbetriebe und die Handwerkskammern für die Handwerksbetriebe. Es gab je eine Landeskammer und nach Bedarf Bezirks- und Kreiskammern als Untergliederungen. Allmählich wurde durch Zusammenarbeit und Erfahrungsaustausch eine einheitliche Grundlinie des inneren Aufbaus, des Beitragswesens usw. erreicht. Die Mitgliedschaft war obligatorisch und erstreckte sich auf alle Betriebe. Späterhin regelten Landesgesetze aus Anlaß des Befehls Nr. 161 der SMAD. vom 27. Mai 1946 die Organisation der Landeshandwerkskammern einheitlich. Eine entsprechende zoneneinheitliche Regelung für die Industrie- und Handelskammern steht zur Zeit noch aus. Durch Erlaß der DWK. ist jedoch mit Wirkung vom 1. April 1949 festgelegt worden, daß Industrie- und Handelskammern und Handwerkskammern nur noch den privaten Sektor der gewerblichen Wirtschaft, nicht mehr SAG., volkseigene Betriebe, Kommunalbetriebe, Konsumgenossenschaften usw. zu betreuen haben.

b) Urproduktion.

Nach der tatsächlichen und rechtlichen Auflösung des Reichsnährstandes (für die Bizone z. B. durch Gesetz des Wirtschaftsrates vom 21. Januar 1948 — GVBl. S. 21 —) ergab sich das Bedürfnis zur Einrichtung einer neuen Standesvertretung der Landwirtschaft und der Forstwirtschaft. In den einzelnen Ländern werden daher Landwirtschaftskammern und Forstwirtschaftskammern gebildet. Ihre Aufgabe ist die Vertretung der Gesamtinteressen der Landwirtschaft und Forstwirtschaft und der in ihr Berufstätigen. Diesen Kammern werden meist keine Hoheitsrechte übertragen. Sie können bei Behörden vielmehr nur als Antragsteller auftreten wie jeder andere Staatsbürger auch (z. B. nordrhein.-westf. VO. vom 7. Juni 1948 — GVBl. S. 157 —). Die Mitglieder werden von den Berufsangehörigen gewählt oder vom Ministerium ernannt. Meist sind die Kammern rechtsfähig. Sie können in Unterabteilungen gegliedert sein.

Die als Berufsvertretungen vorhandenen Landwirtschaftskammern sind nicht zu verwechseln mit für die Bearbeitung landwirtschaftlicher Angelegenheiten zuständige Behörden, die manchmal den gleichen Namen tragen (so z. B. in der britischen Zone: § 4 Verfahrensordnung für Landwirtschaftssachen vom 2. Dezember 1947). Derartige Behörden, meist als Abteilungen in die allgemeine Kreis- und Landesverwaltung eingebaut, bearbeiten insbesondere die mit dem Höferecht in Zusammenhang stehenden Fragen. Das Höferecht, das nun oder nun wieder an die Stelle des Erbhofrechts tritt, bewegt sich vorwiegend auf zivilrechtlichem Gebiet. Sein Grundgedanke besteht darin, daß der Hof auf einen einzigen Erben übergeht, während die übrigen Miterben abgefunden werden.

Es ist also nicht eine Parallelerscheinung zu den über das Gewerbe in der Gewerbeordnung usw. enthaltenen Bestimmungen (z. B. Höfeordnung für die britische Zone vom 24. April 1947).

Die Standesinteressen der Fischerei werden durch Fischereigenossenschaften wahrgenommen. Das preuß. Fischereigesetz vom 11. Mai 1916 z. B. kennt Genossenschaften zur geregelten Aufsichtführung und gemeinschaftlichen Maßnahmen zum Schutze des Fischbestandes (Schutzgenossenschaften) und Genossenschaften zur gemeinschaftlichen Bewirtschaftung und Nutzung der Gewässer (Wirtschaftsgenossenschaften). Alle beide können als Genossenschaften mit Beitrittszwang oder als freie Genossenschaften gebildet werden (§§ 36 ff.).

Die Standesvertretung der Jäger war nach dem Reichsjagdgesetz vom 2. Juli 1934 — RGBl. I S. 549 — die deutsche Jägerschaft, eine Körperschaft des öffentlichen Rechts, die allerdings auch Personen umfaßte, die nur im Nebenberuf Jäger waren oder die Jagd als Sport oder Liebhaberei betrieben. Nun haben sich allenthalben wieder Zusammenschlüsse der Jäger gebildet, jedoch auf privatrechtlicher Grundlage.

Ungeklärt ist die Frage, welche Instanz die bis zum Zusammenbruch von den Standesorganisationen ausgeübten Hoheitsrechte wahrnimmt. Die gegebenenfalls an die Stelle der einst mit Hoheitsrechten begabten Organisationen getretenen Privatvereinigungen können das nicht tun. Andererseits müssen die Verwaltungsmaßnahmen erledigt werden, wenn keine Unordnung entstehen soll. Infolgedessen muß die allgemeine Verwaltung tätig werden, regelmäßig diejenige Behörde, die örtlich für den in Betracht kommenden Sachverhalt zuständig ist.

Beispiel:

Das Landratsamt hat eine Jagdkarte unter Berufung auf § 24, Ziffer 8, Reichsjagdgesetz wegen Unzuverlässigkeit des Bewerbers verweigert. Es sind Bedenken dagegen erhoben, weil es keine deutsche Jägerschaft mehr gäbe, die nach § 56 Reichsjagdgesetz für die Erteilung eines solchen Scheines zuständig gewesen wäre, — so das Verwaltungsgericht Würzburg vom 28. Oktober 1947. — Diese Bedenken sind ungerechtfertigt, da durch sie völlig unnötigerweise objektiv schutzwürdige Interessen nicht geschützt werden. — So auch Hufnagl, in: NJW. 1948, S. 400.

Ein Zusammenschluß der im Bergbau tätigen Personen erfolgt auf arbeitsrechtlicher Grundlage, also z. B. in Gewerkschaften oder Arbeitgeberverbänden.

c) Freie Berufe.

Berufsorganisationen gibt es, solange es freie Berufe gibt. Die rechtlichen Grundlagen waren früher in vielen Gesetzen verstreut. Die nationalsozialistische Gesetzgebung bemühte sich, alle Bestimmungen in jeweils für einen bestimmten Beruf geltenden Gesetzen zusammenzufassen. Das führte zum Erlaß der verschiedenen „Ordnungen"[1]), die sich mit Aufbau und Bestand der Standesorganisationen befaßten. Die Ordnungen gingen vom „Führerprinzip" aus, so daß sie zwar formell alle in Betracht kommenden Fragen berührten, inhaltlich aber doch eine Regelung schufen. die der langen demokratischen Entwicklung der Selbstverwaltung der Berufsstände nicht Rechnung trug. Die oberste Instanz der Selbstverwaltung waren Reichskammern mit der Eigenschaft von Körperschaften des öffentlichen Rechts. Als Untergliederungen bestanden Bezirkskammern, für Rechtsanwälte z. B. für die einzelnen Oberlandesgerichtsbezirke oder Bezirksvereinigungen, die keine Rechtsfähigkeit besaßen. Einer solchen Bezirkskammer oder Bezirksvereinigung gehörte als Mitglied jeder an, der dem entsprechenden Beruf nach ordnungsgemäß vollzogener Zulassung angehörte. Die Mitgliedschaft war obligatorisch. Aufgabe der Berufsorganisation war es, für die wissenschaftliche und sittliche Entwicklung des Standes Sorge zu tragen und die Weiterbildung zu fördern. Ihr oblag die Berufsaufsicht. Außerdem war sie eingeschaltet in die Ausbildung des Berufsnachwuchses. Sie hatte bei der Zulassung zur Berufsausbildung und zum Beruf selbst mitzuwirken durch die Erstattung von Gutachten. Ihr standen die Verhängung ehrengerichtlicher Strafen nach Durchführung eines ehrengerichtlichen Verfahrens zu.

Mit Ausnahme der Organisation nach dem Führerprinzip beruhte diese Regelung auf älteren Vorbildern, wie sie für Rechtsanwälte z. B. die Rechtsanwaltsordnung vom 18. Juli 1878 darstellte.

Außer der Organisation hauptberuflich ausgeübter Tätigkeiten kam es auch zur Zusammenfassung von Personen unter dem Gesichtspunkt der nebenamtlichen Tätigkeit. So waren beispielsweise alle Jagdscheininhaber in der deutschen Jägerschaft zusammengefaßt. Die Mitgliedschaft war hier ebenfalls obligatorisch[2]).

Alle diese Berufsverbände oder Standesorganisationen sind durch den Zusammenbruch aufgelöst worden. Die reichseinheitliche Regelung wird nun durch verschiedene neue Grundlagen ersetzt. Sie beseitigen alle das Führerprinzip und ersetzen es durch demokratische Einrichtungen. Vor allem werden sämtliche F u n k t i o n e n in den Berufsorganisationen nur durch Personen ausgeübt, die durch Wahlen auf ihre Posten berufen oder in ihnen bestätigt werden. Während die Reichsordnungen die Organisation auf die Reichskammern abstellte, gehen die neuen Ordnungen

[1]) Vgl. oben S. 451.

[2]) § 56 Reichsjagdgesetz vom 3. 7. 1934 — RGBl. I S. 549 —.

grundsätzlich von der Selbständigkeit der einzelnen Bezirkskammern aus. Sie sind die normalen Träger der Selbstverwaltung. Zunächst erfolgte der Zusammenschluß in der Form rechtsfähiger Vereine. Aber auch die Rechtsfigur der Körperschaft öffentlichen Rechts taucht wieder auf, wie z. B. für die Rechtsanwaltskammern in der britischen Zone (§ 50 RAO. für die brit. Zone, VO. des Zentraljustizamts vom 25. Februar 1948 — VOBl. S. 45 —). Auf zivilrechtlicher Ebene aufgebaut sind u.a. die Zusammenschlüsse von Personen, die auch Nebenberufe aufnehmen, wie z. B. der deutsche Jagdschutzverband (DJV.), zu dem sich im Jahre 1949 die 11 Landesjagdverbände der Länder des Bundesgebietes zusammengeschlossen haben. Lediglich die amerikanische Militärregierung verbietet diese Rechtsform. In der französischen Zone gibt es neue Landesgesetze[1]).

Die Aufgabe der Kammern besteht darin, die Standesinteressen zu vertreten. Dazu gehört insbesondere die Aufsicht über die Erfüllung der den Mitgliedern der Kammer obliegenden Pflichten, die Vermittlung von Streitigkeiten unter den Mitgliedern und zwischen Mitgliedern und von ihnen berufsmäßig betreuten Personen, die Erstattung von Gutachten in Standesangelegenheiten, die Mitwirkung bei der Ausbildung des Nachwuchses, die Stellungnahme zu neuen Zulassungen.

Verletzt ein Mitglied der Berufsorganisation seine ihm obliegenden Pflichten und erscheint dem Vorstand eine von ihm ausgesprochene Mißbilligung nicht ausreichend, so kann die Kammer nach den meisten Regelungen ein ehrengerichtliches Verfahren einleiten. Unmittelbare Folgen kann ein solches Verfahren für den Betroffenen nur dann haben, wenn die Kammer öffentlich-rechtliche Körperschaft ist und wenn gesetzlich Zwangsmitgliedschaft besteht. Andernfalls tritt der Betroffene aus dem Berufsverein aus, der dann nur die Möglichkeit hat, bei Behörden Anträge hinsichtlich des Berufsgebarens des Betroffenen zu stellen. Ehrengerichtliche Strafen, die von Kammern mit öffentlichrechtlichem Charakter verhängt werden können, sind Warnung, Verweis, Geldstrafe und als schwerste die Ausschließung aus dem Beruf. Auf das Verfahren finden meist die Vorschriften der StPO. entsprechende Anwendung (z. B. § 84 brit. RAO.). Sehr umstritten ist die Frage, ob der Kammer die Befugnis zur Verhängung eines vorläufigen Vertretungsverbots gewährt werden soll, nachdem das ehrengerichtliche Verfahren eingeleitet ist (so z. B. im Nachgang an RAO. 1936 § 111 brit. RAO.).

Hinsichtlich der Staatsaufsicht über die Kammern tauchen

[1]) Z. B. bad. Gesetze vom 27. 5. 1949 und 1. 12. 1949 — GVBl. S. 267, 508 —, rh.-pf. Gesetz vom 12. 10. 1949 — GVBl. S. 517 —, württ.-hol. Gesetz vom 22. 7. 1949 — Reg. Bl. S. 291.

die gleichen Zweifelsfragen auf wie bei der Staatsaufsicht über Gebietskörperschaften. Die Aufsicht beschränkt sich in der Demokratie auf die Nachprüfung von Rechtswidrigkeiten. Nur gesetzwidrige Beschlüsse und Wahlen können von einer gesetzlich bestimmten Staatsstelle aufgehoben werden (z. B. nach § 76 brit. RAO. durch einen Senat des Oberlandesgerichts des Kammerbezirks), während nach den autoritär ausgerichteten Reichsordnungen die Staatsaufsicht sich auch auf die Nachprüfung der Zweckmäßigkeit von Maßnahmen der Kammern erstreckte (z. B. § 59 Abs. 1 RAO. 1936).

In der Vergangenheit war staatliche Verwaltung und Selbstverwaltung der freien Berufe so aufeinander abgestimmt, daß jeder Tatbestand behandelt und geklärt werden konnte. Wenn nun durch den Zusammenbruch für manche Angelegenheiten keine beruflichen Selbstverwaltungskörperschaften vorhanden sind, muß die staatliche allgemeine Verwaltung oder die von ihr beauftragte Kommunalverwaltung die ehedem der Berufskörperschaft obliegenden Aufgaben erfüllen. Lehnt die allgemeine Verwaltung in derartigen Fällen eine Entscheidung ab und läßt sie es zu einem non liquet kommen, so handelt sie gesetzwidrig[1]).

Schrifttum

Barth, Arno, Probleme des neuen Wirtschaftsrechts. In: Neue Justiz 1948, S. 144.

Boldt, Gerhard, Das allgemeine preußische Berggesetz vom 24. Juni 1865. Münster 1948.

— Gewerbeordnung und gewerbliche Nebengesetze insbesondere für die britische Zone. Münster 1949.

Hartmann, Karl, Neues Handwerksrecht. Berlin 1938.

Holzweissig, W., Gewerbeordnung. Iserlohn 1948.

Homann, Fritz, Brisch, Walter, Gewerbe, Handel, Handwerk. Berlin 1937.

Koch, Ekhard, Die neue Rechtsanwaltsordnung für die britische Zone. In: Zentraljustizblatt 1949, S. 41.

Landmann, Robert v., Rohmer, G., Kommentar zur Gewerbeordnung. München 1928—1931 (2. Aufl.)

Lange, Rudolf, Wulff, Hans, Die Höfeordnung vom 24. April 1947. Celle 1948.

Reuss, Wilhelm, Die Gewerbefreiheit. Stuttgart 1949 (amerikanische Zone).

Reuter-Jansen, Das Standesrecht des Handwerkers. Paderborn 1935.

Weinbrenner, Ernst, Die Abgrenzung des Handwerks und Nichthandwerks. Münster 1934.

[1]) Vgl. das Beispiel oben S. 460, NJW. 1948, S. 400.

Achtzehntes Kapitel

Öffentliches Dienstrecht

1. Grundlagen

Wohl kaum ein Beruf ist in bezug auf seine rechtliche Qualifikation derart abhängig von wirtschaftlichen und politischen Ansichten wie der Beamtenberuf. Das ist der Grund, weshalb es eine feststehende Begriffsbestimmung des Beamten nicht gibt und nie gegeben hat.

Im allgemeinsten Sinn sind als Beamte Personen anzusehen, die ihre gesamte Arbeitskraft einer bestimmten juristischen Person widmen und die von ihr eine Versorgung auch über die Zeit ihrer Arbeitsfähigkeit hinaus verlangen können. Alle weiteren etwa vorhandenen Tatbestandsmerkmale beruhen auf jeweils verschiedenen positiv-rechtlichen Regelungen. Je mehr die Staatsleitung Gewicht darauf legen muß, in das Leben der Bürger einzudringen oder sich gegen ihr nachträgliche oder gar feindliche Bestrebungen zu behaupten, desto eher ist sie bestrebt, eine Gruppe von Menschen besonders nahe an sich zu ziehen, sie zu ihr ergebenen Dienern zu machen. So sind alle absoluten oder totalitären Regierungsformen bestrebt, eine Gruppe von Menschen als „Staatsdiener" zu verpflichten, die zur Regierung in einem besonders engen Treuverhältnis stehen, mit ihr durch dick und dünn, gegebenenfalls auch gegen das eigene Volk gehen und die andrerseits wirtschaftlich völlig von ihr abhängig sind. Der Aufbau des absoluten Staates war nur möglich mit Hilfe eines dem absoluten Monarchen treu ergebenen Berufsbeamtentums. Einen Ersatz für die Ablehnung, auf die diese Fürstendiener weitgehend bei der Bevölkerung trafen, fanden sie in immer engerer Bindung an ihren Herrn. Er konnte zwar derart treue Dienste oft nicht mit klingender Münze zurückzahlen. Aber er konnte Ehren verteilen und er konnte seinen engeren Dienern etwas von dem Nimbus abgeben, der ihn selbst umstrahlte.

Auch nach dem Ende des absoluten Systems blieb der bisherige Fürstendiener in dieser Lage. Teils legte er selbst Wert auf den Fortbestand eines Berufs, der ihn vor anderen Staatsbürgern heraushob. Teils aber unterstützte jede Staatsleitung, die sich ähnlichen Verhältnissen gegenübersah wie der absolute Monarch, solche Bestrebungen. Das wurde ganz besonders deutlich wieder unter der nationalsozialistischen Herrschaft, die sich weitgehend auf das ihr treu ergebene oder doch ihr seine Fachkenntnisse bedingungslos zur Verfügung stellende Berufsbeamtentum stützte. Die wenigen Ausnahmen fielen für den Gang der

Entwicklung nicht ins Gewicht[1]). Alle diese Regelungen weisen auf die Verdienste hin, die sich das Berufsbeamtentum, wie es zur Zeit des Absolutismus entstand, um die Entwicklung der Nation erworben hat. In der Tat können zahlreiche derartige Verdienste aufgezählt werden.

Seit langem läuft neben der Ansicht, die den Berufsbeamten von allen übrigen Staatsbürgern trennen zu müssen glaubt, die entgegengesetzte Auffassung einher. Sie beruhte ursprünglich weniger auf politischen Erwägungen, sondern war das natürliche Ergebnis der wirtschaftlichen Entwicklung. Auf dem Höhepunkt des Kapitalismus gewannen private wirtschaftliche Unternehmungen für Volk und Staat eine Bedeutung, die bisher nur die öffentlichen Behörden hatten. Die für solche Unternehmen in gehobener Stelle tätigen Personen schlossen sich um die Jahrhundertwende zu einem besonderen Berufsstand der Privatbeamten zusammen. „Sie stehen zu der privaten wirtschaftlichen Unternehmung, der sie ihre Dienste widmen, in einem ähnlichen Verhältnis wie der öffentliche Berufsbeamte zum Staat und zu den ihm untergeordneten oder von ihm geschützten Korporationen des öffentlichen Rechts. Gleichwie diese fingierten Rechtspersonen nur mit Hilfe des „Beamten", d. i. der physischen Personen, die deren Zwecke zu fördern sich berufsmäßig verpflichtet haben, Leben gewinnen und sich betätigen können, so kann auch die gewissermaßen als eine selbständige, von der Person ihres Eigentümers losgelöste, Persönlichkeit zu denkende private Unternehmung nur prosperieren, wenn sie Arbeiter findet, die nicht bestimmte ihnen zugemessene Leistungen verrichten, sondern die innerhalb eines bestimmten Wirkungskreises ihre ganze Kraft für das Gedeihen der Unternehmung einsetzen. Dieses persönliche Interesse an der Unternehmung, diese berufsmäßige Pflicht, die Entwicklung der Unternehmung nach besten Kräften zu fördern, hebt die hier erwähnten Angestellten aus der Masse der übrigen Lohnarbeiter, deren Pflichtgrenze über die Erledigung des täglichen Arbeitspensums nicht hinausgeht, heraus und macht sie zu Beamten, deren „Amt" in der Lösung der wirtschaftlichen Aufgaben besteht, die der Unternehmung obliegen."[2]) Derartigen Privatbeamten pflegt die Existenz in ähnlicher Weise sichergestellt zu werden wie staatlichen Berufsbeamten. Die wirtschaftliche und politische Bedeutung der Privatbeamten ist um so größer,

[1]) Vorspruch zum DBG. von 1937: Ein im deutschen Volk wurzelndes, von nationalsozialistischer Weltanschauung durchdrungenes Berufsbeamtentum, das dem Führer des Deutschen Reichs und Volkes, Adolf Hitler, in Treue verbunden ist, bildet einen Grundpfeiler des national-sozialistischen Staates.

[2]) V. Rheinbaben, Artikel: Beamte. In: Wörterbuch des deutschen Staats- und Verwaltungsrechts, Tübingen 1911. Mit gleicher Ausführlichkeit wird die Rechtslage der Privatbeamten in späteren Darstellungen kaum noch behandelt.

je mehr sich im kapitalistischen System der Staat von der Wirtschaft zurückhält. Sie verliert zugunsten des öffentlichen Beamten an Bedeutung, je mehr der Staat, sei es durch Wirtschaftsplanung, sei es in anderer Weise, in das Wirtschaftsleben eingreift.

Ein anderer Gesichtspunkt, der sich gegen eine Sonderbehandlung und Sonderstellung von öffentlichen Berufsbeamten wendet, weist darauf hin, daß seit langem die Personen, die in Behörden Hoheitsfunktionen ausüben, nicht mehr alle Beamte sind. Vielmehr werden Hoheitsbefugnisse, und zwar auch an hervorragender Stelle häufig von Nichtbeamten, insbesondere Angestellten ausgeübt. Schon lange gab es technisches Büropersonal im Angestelltenverhältnis. Seit dem ersten Weltkrieg gingen die Behörden dann dazu über, für zusätzlich anfallende Arbeiten, die von dem vorhandenen Beamtenstand nicht bewältigt werden konnte, Angestellte einzustellen. Es blieb aber nicht bei einer vorübergehenden Regelung, vielmehr behielt man die Einrichtung bei, wenn längst zu übersehen war, daß auf lange Zukunft hinaus die Arbeit sich nicht vermindern würde. Eine der wichtigsten Grundlagen des Berufsbeamtentums, die völlige Hingabe an die Dienststelle und die Treue gegenüber dem „Dienstherrn", muß auch von den in öffentlichen Diensten stehenden Angestellten erwartet werden, wenn nicht Staatsdienst betrieben werden soll wie jedes andere Metier. Was aber unterscheidet dann den Berufsbeamten von anderen beruflich tätigen Personen noch anderes als die wirtschaftliche Sicherstellung in einer Weise, wie sie andere Berufe kaum kennen?[1])

In neuerer Zeit werden nun auch schwerwiegende politische Bedenken gegen die Einrichtung des Berufsbeamtentums geltend gemacht. Schon für die Regelung der WRV., insbesondere Art. 129, wurde darauf hingewiesen, daß in der Beibehaltung des Berufsbeamtentums eine bedeutende und politisch sehr fühlbare Einschränkung des Parlaments und der parlamentarischen Regierungen liege. Die Weimarer Republik sei demokratisiert an der Basis und an der Spitze in der Kommunalverwaltung und der Verfassung, jedoch nur in beschränktem Maße in der Staatsverwaltung und im Verwaltungsstab[2]). Sonderrechte der Beamten werden als Widerspruch einer konsequenten Demokratie be-

---

1) Zur Begründung dieser Ansicht wird oft auf ausländische Vorbilder hingewiesen, so insb. die amerikanischen Verhältnisse. Die englische Militärregierung hat im Jahre 1946 einmal einen Entwurf eines Gesetzes für den öffentlichen Dienst zur Inkraftsetzung durch den Kontrollrat ausarbeiten lassen, der ähnliche Ansichten vertrat.

2) Thoma, Richard, Das Reich als Demokratie. In: Hdb. d. StR. II, S. 198.

zeichnet[1]). Unter völliger Durchführung solcher Gedanken haben sich die Verfassungen der sowjetischen Besatzungszone vom Berufsbeamtentum abgewandt und auch Art. 127 hess. Verf. liegt in der gleichen Richtung. Die Kehrseite ist eine Ausdehnung der Sozialversicherung[2]).

2. Arten des Begriffs

Wo gemäß positiv-rechtlicher Regelung von anderen Berufsgruppen gesonderte Beamte vorhanden sind, knüpfen die verschiedenen Rechtszweige verschiedene Rechtsfolgen an diesen Zustand.

a) Beamte im staatsrechtlichen Sinn.

Das Beamtenrecht befaßt sich vorwiegend mit Beamten im Sinne des Staatsrechts. Man versteht darunter Personen, die in einem öffentlich-rechtlichen Dienstverhältnis, das manchmal als Treueverhältnis charakterisiert wird, stehen.

Nicht zu Beamten in diesem Sinne gehören folgende Personen:

Die Verhältnisse der Kirchenbeamten werden in besonderen Gesetzen geregelt. Indessen sind die Universitätsprofessoren der theologischen Fakultäten Staatsbeamte und als solche nicht Kirchenbeamte[3]). Sie unterliegen allerdings neben der staatlichen auch der kirchlichen Aufsicht, die katholischen zunächst der des Bischofs (Schlußprotokoll zu Art. 12 des pr. Vertrages mit dem Heiligen Stuhl vom 14. Juni 1929 — GS. S. 1511).

Falls eine Wehrmacht vorhanden ist, sind die im aktiven Wehrdienst stehenden Offiziere, Unteroffiziere und Mannschaften keine Beamten. Die Bestimmungen der deutschen Wehrgesetze waren allerdings weitgehend denjenigen der Beamtengesetze nachgebildet. Sodann gab es für langgediente Soldaten nach der militärischen Dienstzeit die Anstellung im Zivildienst als Versorgungsanwärter, vor 1933 Militäranwärter (Bekanntmachung vom 16. Juli 1930 — RGBl. I S. 245 in der Fassung vom 4. November 1932 — RGBl. I S. 521). Die Versorgungsanwärter hatten kein Recht auf Anstellung in eine bestimmte Stelle, sondern nur eine Anwartschaft, die es ihnen möglich machte, zu den Prüfungen und dem Vorbereitungsdienst zugelassen zu werden. Seit 1945 entfallen diese Bestimmungen. Militärdienst gibt seither keinen Anspruch auf bevorzugte Behandlung.

---

1) Schmitt, Carl, Verfassungslehre, Berlin 1928, S. 258.

2) Vgl. unten S. 512.

3) Pr. OVG. 82, 246.

Notare sind nicht Beamte, wohl aber Träger eines öffentlichen Amtes (§ 2 Reichsnotarordnung), wobei jedoch eine andere landesrechtliche Regelung möglich ist[1]). Rechtsanwälte sind nicht Beamte, sondern üben einen freien Beruf aus.

Referendare sind nach den meisten Regelungen, so z. B. für Gerichtsreferendare die Justizausbildungsverordnung vom 29. März 1935 — RGBl. I S. 485 — Beamte. Gerichtsreferendare, die auf Grund der Justizausbildungsverordnung die große Staatsprüfung bestanden haben, scheiden aus dem Beamtenverhältnis aus. Sie werden erst wieder Beamte nach Ableistung des Justizprobedienstes und Ernennung zum Gerichtsassessor als Anwärter auf die Laufbahn des Richters oder Staatsanwalts. Die im anwaltlichen Probedienst tätigen Assessoren oder im Anwärterdienst tätige Anwaltsassessoren sind keine Beamten. Die Notariatsassessoren stehen während des Probe- und Anwärterdienstes in einem öffentlich-rechtlichen Dienstverhältnis zum Staat[2]).

b) Beamte im Sinne der Haftungsbestimmungen.

Der Beamtenbegriff des Artikels 131 WRV., entsprechend des Art. 34 westd. GG., und der Staatshaftungsgesetze, insbesondere des Reichsgesetzes über die Haftung des Reichs für seine Beamten vom 22. Mai 1910 — RGBl. I S. 789 —, ist weiter als der staatsrechtliche Beamtenbegriff. Unter ihn fallen auch im Dienste des Staates oder einer öffentlichrechtlichen Körperschaft stehende Angestellte oder Arbeiter. Entscheidend ist, daß die betreffende Person nicht in einem bloßen Angestellten- oder Arbeitsverhältnis steht, wie es innerhalb eines jeden Privatbetriebes möglich ist, sondern daß sie einem öffentlich-rechtlichen Gewaltverhältnis unterworfen ist. So ist insbesondere Beamter im Sinne der Haftpflichtgesetzgebung jeder, der öffentliche Aufgaben erledigt, gleichgültig, ob er Beamter im staatsrechtlichen Sinne ist oder nicht.

c) Beamte im Sinne des Strafrechts.

Für die Beamteneigenschaft im Sinne des Strafrechts gilt ähnliches. Gemäß § 359 StGB. sind unter Beamten im Sinne des Strafrechts zu verstehen alle im unmittelbaren oder mittelbaren

[1]) Notare in Baden und Bezirksnotare in Württemberg, die eine feste Besoldung aus der Staatskasse erhalten, wurden stets als Beamte angesehen. — Durchf.-VO. zu § 171 DBG. und § 19 Ausf.VO. vom 26. 6. 1937 —. Auch für die Notare in Bayern galt DBG. und RDStO.

[2]) Zusammenstellung für die Gegenwart: DRZ. 1949, S. 176, 205. Übernahme eines Assessors (K) nach dem Kriege bedeutet die Fortsetzung des außerplanmäßigen Beamtenverhältnisses. (DVBL. 1950, S. 374, 378 f.)

Dienst des Reichs, eines Landes oder der kommunalen Selbstverwaltung auf Lebenszeit, auf Zeit oder nur vorläufig angestellte Personen ohne Unterschied, ob sie einen Treueid geleistet haben oder nicht. Die Beamteneigenschaft im Sinne des Strafrechts wird demnach durch die Anstellung für ein öffentliches Amt erworben. Deshalb ist auch jeder Behördenangestellte, der Dienstverrichtungen öffentlich-rechtlicher Art vornimmt, Beamter im Sinne des Strafrechts.

3. Gesetzliche Grundlagen

Für das Beamtenrecht waren bis 1937 vorwiegend Landesgesetze maßgebend, die untereinander erhebliche Verschiedenheiten aufwiesen. Für Reichsbeamte galt das Reichsbeamtengesetz vom 31. März 1873 in der Fassung vom 17. Mai 1907, das durch einige Sonderbestimmungen, wie das Hinterbliebenengesetz für Reichsbeamte vom 18. Juni 1901 oder das Gesetz über die Pflichten der Beamten zum Schutze der Republik vom 21. Juli 1922 ergänzt wurde. Auch für die Kommunalbeamten waren zahlreiche verschiedene Regelungen vorhanden. Alle diese Bestimmungen wurden aufgehoben und ersetzt durch das Deutsche Beamtengesetz vom 26. Januar 1937 — RGBl. I S. 39, in der Fassung vom 25. März 1939 — RGBl. I S. 577 (DGB.) —, das einheitliche, für alle deutschen Beamten geltende Vorschriften enthielt. Mit dem Zusammenbruch verlor das Gesetz seine volle Wirksamkeit[1]).

In der russischen Zone gibt es infolge des Fortfalls des Berufsbeamtentums gemäß den einzelnen Verfassungsbestimmungen keine Beamtengesetze mehr.

In der französischen Zone sind einzelne neue landesrechtliche Bestimmungen erlassen. Soweit nichts anderes angeordnet, gilt noch das DBG. von 1937.

Ähnlich ist der Zustand in der britischen Zone. Auch hier gilt noch weitgehend dieses Gesetz. Die Länder haben inzwischen einen Katalog der aufgehobenen Sätze zusammengestellt[2]).

---

[1]) Ebenso das Polizeibeamtengesetz vom 24. 6. 1937.

[2]) Erlaß des nordrh.-westf. Innenministers vom 27. 4. 1947 — II A—1/1098/47. In Kraft geblieben sind: §§ 5, 6 Abs. 1, 7 Abs. 1—3, 10 (ausg. Abs. 2 Ziff. 4), 11 Abs. 1, 12—15, 21, 23, 30 Abs. 1, 35 Abs. 1, 38, 39, 40, 42 Abs. 1, 43, 45—49, 52—54, 55 Abs. 1, 2, 3 u. 7, 56, 57, 58, 61—63, 64 Abs. 1—3, 65, 66 (ausg. Abs. 2 letzter Satz), 67, 68 Abs. 1 u. 2, 69, 73, 74, 75—78, 79—81 Abs 1, Satz 2 Abs. 3—4, 86—91, 92—106 (ausg. 98a), 107—125, 126, 127 Abs. 1—4, 128—131, 133 Abs. 1 Satz 1, Abs. 3—4, 134, 135 Abs. 1, 2, Abs. 3 Satz 1, 137—140, 141 Abs. 1, Abs. 2 teilweise, Abs. 3—4. — Inzwischen sind jedoch Bedenken aufgetaucht, ob nicht auf Grund der brit. VO. Nr. 57, die den Landesregierungen

Die Länder der amerikanischen Zone haben im Jahre 1946 neue Beamtengesetze erlassen (bayr. Gesetz vom 18. Oktober 1946 — GVBl. S. 349; nordwürtt.-bad. Gesetz vom 19. November 1946 — Reg.Bl. S. 249; hess. Gesetz vom 12. November 1946 — GVBl. S. 205 —).

Die Rechtsstellung der Beamten der Wirtschaftsverwaltung des Vereinigten Wirtschaftsgebietes ergab sich zunächst aus einem inzwischen außer Kraft getretenen Übergangsgesetz des Wirtschaftsrates vom 23. Juni 1946 — GVBl. S. 54 —. Für die Bizone sollte ein einheitliches Beamtengesetz die bisherigen Zwischenregelungen ablösen (Entwurf eines Gesetzes über den öffentlichen Dienst der Verwaltung des Vereinigten Wirtschaftsgebietes vom 4. November 1948 — Drucksachen 1948 Nr. 681). Bevor es erlassen wurde, verkündete die amerikanische und die britische Militärregierung am 15. Februar 1949 ein Beamtengesetz für die Bizone, das am 15. März 1949 in Kraft trat (Gesetz Nr. 15). Das Gesetz galt im wesentlichen für die an die Stelle der ursprünglichen unmittelbaren Reichsbeamten getretenen Personen, insbesondere der Bahn, der Post, des Seeverkehrs, der Binnenschiffahrt, des Straßenbaus und aller Personen, die im Dienst der bizonalen Verwaltung tätig sind, insgesamt etwa 780 000 Menschen. Das Gesetz behandelte die Rechtsverhältnisse sämtlicher im öffentlichen Dienst stehenden Verwaltungsangehörigen, also nicht nur der Beamten. Es ist nun für das Gebiet der Bundesrepublik abgelöst durch das Gesetz zur vorläufigen Regelung der Rechtsverhältnisse der im Dienst des Bundes stehenden Personen vom 17. Mai 1950 — RGBl. S. 207 —, das für alle im Dienst des Bundes und der bundesunmittelbaren Körperschaften, Anstalten und Stiftungen des öffentlichen Rechts stehende Personen gilt. Das nur aus 9 Paragraphen bestehende Gesetz läßt weitgehend die Bestimmungen des DBG. in Kraft[1]). Es ist eine Übergangslösung, die spätestens bis zum 31. Dezember 1950 durch eine endgültige Regelung abgelöst werden soll. Es gilt nicht für die Länder, Gemeinden usw.

4. Begründung des Beamtenverhältnisses

Es sind drei Möglichkeiten vorhanden, die seit langem in der Theorie erörtert werden:

---

in der britischen Zone u. a. die freie Bearbeitung der Personalangelegenheiten übertrug, die Beschränkungen, die die Militärregierung über das Kontrollratsgesetz Nr. 1 hinaus zum Zwecke der Demokratisierung anordnete, noch gültig sind. Im Ergebnis führt das wieder zu einer Ausdehnung des DBG.

1) Insb. durch die Ablehnung der Angestellten und die Beschränkung der politischen Tätigkeit; vgl. unten S. 491 ff.

Die **Vertragstheorie** läßt die Anstellung durch Willensübereinstimmung der Behörde und des Anzustellenden zustande kommen[1]). Gegen sie wenden sich diejenigen, die wegen der übergeordneten Stellung des Staates einen Vertrag zwischen zwei rechtlich nicht gleichberechtigten Stellen nicht für möglich halten.

Die **Lehre vom zweiseitigen Verwaltungsakt** betrachtet den öffentlichen Dienst als Hauptanwendungsfall solcher Akte[2]). Sie wird fast mit den gleichen Bedenken bekämpft wie die Vertragstheorie.

Die Lehre vom **einseitigen Verwaltungsakt auf Unterwerfung** hält zwar die Bereitwilligkeit des Anzustellenden, sich anstellen zu lassen, für unentbehrlich, rückt aber die rechtliche Überlegenheit des Staates stark in den Vordergrund[3]). Sie wird von autoritären Staatsformen bevorzugt.

In der Vergangenheit konnte angesichts bewußt oder unbewußt ungenauer Formulierungen in den Gesetzen Zweifel darüber herrschen, welche rechtliche Form dem Beamtenverhältnis zukommt, so daß der Rechtslehre ein weiter Spielraum überlassen war. Alle diese Erörterungen haben dazu geführt, daß die neueren Gesetze selbst die für den Geltungsbereich maßgebliche Struktur des Beamtenverhältnisses angeben müssen. Die Beantwortung der Frage ist politisch bedingt. Wer ein Aufgehen der Beamtenschaft in die Volksgemeinschaft erstrebt und ihre Absonderung von der übrigen Bevölkerung vermeiden will, wird das Anstellungsverhältnis durch einen Vertrag zustande kommen lassen. Das ist z. B. klar der Standpunkt des hess. Gesetzes über die Rechtsstellung der Beamten und Angestellten im öffentlichen Dienst vom 12. November 1946 (§ 4). Auch der Entwurf für ein bizonales Gesetz über den öffentlichen Dienst kennt die Begründung des Beamtenverhältnisses „durch schriftlichen Abschluß eines öffentlich-rechtlichen Vertrages im Rahmen des Beamtenrechts" (§ 10). Dem schließt sich biz. BG. an. Danach entsteht das Beamtenverhältnis durch Vertrag. Der Form nach unterscheidet es sich also nicht von der Begründung öffentlicher Dienstverhältnisse für Personen, die keine Beamten sind. Die Aushändigung einer Ernennungsurkunde hat nur deklaratorische und keine konstitutive Bedeutung. Wem nicht an einer abgeschlossenen Beamtenkaste gelegen ist, der muß diese Entwicklung begrüßen.

---

1) Laband, Staatsrecht I, S. 447: „Kein Akt der Gesetzgebung, sondern ein Rechtsgeschäft." RGZ. 95, 144.

2) Jellinik, Verwaltungsrecht, S. 241, 352; RGZ. 101, S. 296.

3) Otto Mayer, Verwaltungsrecht I S. 189; RGZ. 110, 192.

5. Voraussetzung der Anstellung

Alle Regelungen verlangen bestimmte Voraussetzungen in dem zu besetzenden Amt und in der Persönlichkeit des Anzustellenden.

Für jede Einstellung ist eine Stelle erforderlich, die in einem Haushaltplan gesetzlich entweder für die Dauer festgelegt ist (Planstelle) oder nur für eine bestimmte Zeit geschaffen wird (Geschäftsandrangstelle). Nur ausnahmsweise kann kraft gesetzlicher Ermächtigung ein Amt durch Verwaltungsakt errichtet werden. Eine Doppelbesetzung ist nur möglich, wenn ausnahmsweise der Inhaber das Amt nicht ausüben kann. Nur freie Stellen dürfen neu besetzt werden. Manchmal sind bestimmte Formalitäten vorgeschrieben, wie z. B. die Ausschreibung jeder freien Stelle in Mitteilungsblättern, Presse usw. (§ 13 biz. GB.)[1]).

Seit jeher werden entsprechend der jeweiligen politischen Grundlage des Staatswesens nur Persönlichkeiten zu Beamten ernannt, die bestimmte Voraussetzungen erfüllen. Daß sie fachliche Qualitäten haben müssen, ist selbstverständlich und unterscheidet die Beamten nicht von sonstigen Personen, die Dienste und Arbeiten verrichten. Erforderlich ist weiter eine oft gesetzlich genau festgelegte Vorbildung. Nach Beendigung der Vorbildung und nach Ablauf etwa erforderlicher Prüfungen (§ 14 biz. GB.)[2]) beginnt der Beamte seine Laufbahn. Meist sind vier Laufbahnen vorhanden: Höherer Dienst (z. B. Assistent = Assessor, Rat, Direktor, Präsident), Gehobener mittlerer Dienst (z. B. Inspektor, Oberinspektor, Amtmann), Einfacher mittlerer Dienst (z. B. Sekretär, Obersekretär), Amtsgehilfendienst (z. B. Wachtmeister). Für das Aufrücken von einer niedrigeren in eine höhere Stelle oder Laufbahn werden im allgemeinen wissenschaftliche Prüfungen nicht verlangt. Entscheidend soll die praktische Bewährung sein (§ 15 biz. BG.). Das ist aber nur möglich bei soliden Kenntnissen. Ob es sich dabei um wissenschaftliche Kenntnisse handelt, entscheidet das Arbeitsgebiet des Beamten. Abweichend hiervon ist die derzeitige Regelung in der französischen Zone, wo unter französischem Einfluß zum Aufrücken in weitem Umfange Prüfungen erforderlich sind. Seit langem wird darüber Klage geführt, daß bei der Besetzung der höheren Stellen Juristen bevorzugt werden („Juristenmonopol"). § 15 Abs. 2 biz. BG. bestimmt, daß juristische Vorbildung nur für rein juristische Stellen verlangt werden

[1]) Von vielen Seiten wird gerade das als eine besonders begrüßenswerte demokratische Einrichtung gepriesen. Wie überall kommt es aber auch hier nicht auf die Form, sondern auf die Anwendung an.

[2]) Die bayrische Verfassung sieht Prüfungen im Wege des Wettbewerbes zur Feststellung der geeigneten Kräfte vor.

dürfe. § 18 biz. BG. bemüht sich, der Beamtenschaft frisches Blut zuzuführen, indem es die Berücksichtigung von im Ausleseverfahren zu ermittelnder Bewerber empfiehlt, welche die für die vorgesehene Verwendung erforderliche Eignung durch ihre Lebens- und Berufserfahrung außerhalb des öffentlichen Dienstes erworben haben.

Beamter kann nur werden, wer ein bestimmtes Alter erreicht hat. Das war in der Regel bisher das Alter von 27 Jahren. Doch sind Bestrebungen im Gange, die Grenze wesentlich herabzusetzen. Erforderlich ist weiter, daß der Beamte die deutsche Staatsangehörigkeit hat, nicht entmündigt ist und nicht wegen Geisteskrankheit unter Vormundschaft steht, sowie nicht die Befähigung zur Bekleidung eines öffentlichen Amtes durch Urteilsspruch verloren hat. Oft wird noch die Einschränkung gemacht, daß Personen, die wegen Vergehen oder Verbrechen vorbestraft sind, ausgeschlossen werden (z. B. § 6 hess. BG. 1946). In der Demokratie entfallen alle Bevorzugungen und Benachteiligungen auf Grund von Rasse, Geschlecht, Glaubensbekenntnis oder Herkunft[1]). So spielt insbesondere die „arische Abstammung", auf die die nationalsozialistische Herrschaft so großen Wert legte, keine Rolle. In jedem Staatswesen allerdings wird verlangt, daß der Beamte sich zur geltenden Staatsauffassung, in der Demokratie also zur demokratischen Staatsauffassung, bekennt.

6. Anstellungsbehörde

Anstellungsbehörde ist die zur Anstellung des Beamten zuständige Dienststelle. Sie ist meist gesetzlich bestimmt.

Häufig haben noch andere Dienststellen bei der Einstellung des Beamten mitzuwirken. Die Mitwirkung erfolgt durch Einweisung in das Amt, Bestätigung oder Ersatzbestellung. Hierbei handelt es sich aber nur um zusätzliche Voraussetzungen für das Zustandekommen eines Beamtenverhältnisses. Sie allein begründen es nicht[2]). Die Mitwirkung ist besonders oft anzutreffen in bundesstaatlichen Verhältnissen oder innerhalb der Kommunalverwaltung, wenn Kommunalbeamte durch staatliche Stellen bestätigt werden müssen. Von Bedeutung ist sodann die gesetzlich festgelegte Mitwirkung der Betriebsräte.

---

[1]) Nach sämtlichen Landesverfassungen sind alle Staatsbürger gleichmäßig in den öffentlichen Ämtern zuzulassen.

[2]) Pr. OVG. 90, 429.

7. Dauer des Anstellungsverhältnisses

Es gibt Beamte auf Lebenszeit, auf Probe, auf Widerruf oder auf Zeit.

Die Einstellung des Beamten auf Lebenszeit war in der Vergangenheit die Regel. So bestimmt z. B. Art. 129 WRV., daß Ausnahmen von ihr einer gesetzlichen Grundlage bedürfen. Meist wird ein bestimmtes Mindestalter verlangt[1]). Sodann darf nach den meisten Regelungen ein bestimmtes Höchstalter nicht überschritten sein. Mit dem Begriff der lebenslänglichen Anstellung ist also nicht unvereinbar, daß dienstunfähige Beamte in den Ruhestand versetzt werden und daß der Eintritt eines bestimmten Alters, meist 65 Jahre, die aktive Dienstzeit beendigt. Die früher bestehenden Unterschiede in der Behandlung der Geschlechter, wonach Frauen erst mit einem höheren Alter Beamte auf Lebenszeit werden können wie Männer (z. B. § 28 DBG.), sind nicht mehr vorhanden. Nach den meisten Regelungen der neueren Zeit ist nur derjenige Beamte auf Lebenszeit, für dessen Anstellungsverhältnis das ausdrücklich vermerkt ist (z. B. § 27 Abs. 1 DGB., § 11 biz. BG.).

Beamter auf Probe ist, wer eine bestimmte Zeit hindurch Dienst tut und während dieser Zeit daraufhin geprüft wird, ob er zum Beamten auf Lebenszeit befähigt ist. Die Probezeit ist gesetzlich beschränkt (z. B. § 20 biz. BG. zunächst auf ein Jahr, auf deutschen Antrag auf zwei Jahre erhöht, Rheinland-Pfalz sieht z. B. eine fünf- bis zehnjährige Probezeit vor der lebenslänglichen Anstellung vor). Manche Regelungen betrachten den Beamten auf Probe als eine Unterart des Beamten auf Widerruf (z. B. § 21 biz. Entwurf).

Beamte auf Widerruf sind solche, deren Beamtenverhältnis jederzeit von der Behörde auf Widerruf beendigt werden kann[2]). Außer bei

[1]) Die Heruntersetzung des Alters ist grundsätzlich richtig. Nur darf eine solche Regelung keine falschen Hoffnungen erwecken. Der deutsche Beamtenapparat ist aus den verschiedensten Gründen übersetzt. Er muß, wie von keiner Seite bestritten wird, reduziert werden. Das ist wegen der grundsätzlich wohlerworbenen Rechte der Beamten durch Entlassungen nicht möglich. Man wird, will man nicht zu unwirtschaftlichen Pensionierungen schreiten, die vorhandenen Beamten weiterbeschäftigen müssen. Kürzungen sind normalerweise also nur so möglich, daß die Stelleninhaber durch Tod oder Erreichung der Altersgrenze ausscheiden und man ihnen keine Nachfolger gibt. Das führt zwar zu einer Überalterung der Beamtenschaft, die jedoch als Übergangslösung in Kauf genommen werden muß.

[2]) Nach § 30 DBG. galten alle Beamten, die nicht ausdrücklich auf Lebenszeit oder auf Zeit ernannt waren, als auf Widerruf ernannt. Wer eine Ernennungsurkunde nur mit den Worten „Unter Berufung in das Beamtenverhältnis" oder ohne die Worte „auf Lebenszeit" oder Bezeichnung einer bestimmten Zeit erhielt, wurde Beamter auf Widerruf. Das haben viele nach 1945 eingestellte Beamte, auch Kommunalbeamte, nicht gewußt mit der Folge, daß ein meist wegen der Rückkehr älterer entnazisierter Beamter notwendig gewordener Widerruf sie völlig unvorbereitet traf.

mangelnder Bewährung kann das Beamtenverhältnis auch aus außerhalb der Persönlichkeit des Beamten liegenden Gründen widerrufen werden.

Die Stellung der Beamten auf Kündigung ist insofern die gleiche wie diejenige der Beamten auf Widerruf, als auch sie jederzeit möglicherweise mit einer gesetzlich oder vertraglich festgelegten Kündigungsfrist entlassen werden können. Die Einrichtung der Beamten auf Widerruf und auf Kündigung führt zu Unbilligkeiten und Ungerechtigkeiten. Wie die Erfahrung lehrt, ist es oft dem Zufall oder der mehr oder weniger glücklichen Personalpolitik der Behörden und Behördenleiter überlassen, ob jemand Beamter auf Lebenszeit oder Beamter auf Widerruf oder Kündigung wird. Es kommt vor, daß jemand sein Leben lang Beamter auf Widerruf ist und während dieser Zeit eine Geschäftsandrangstelle verwaltet, obwohl bei ehrlicher Planung die Stelle längst in eine Planstelle hätte umgewandelt werden müssen. Wenn schon die Einrichtung des Berufsbeamtentums besteht, führen derartige Unterscheidungen innerhalb der Beamtenschaft zu Spannungen. Das bizonale Beamtengesetz sucht diese Nachteile durch eine klare Regelung zu vermeiden. Es stellt den Grundsatz auf, daß für dauernde Aufgaben, die eine volle Arbeitskraft beanspruchen, Dauerstellen geschaffen werden und daß Beamter auf Lebenszeit ist, wer für die Verwaltung einer Dauerstelle erforderlich ist (§ 20). Ein Beamter auf Kündigung dagegen kann nur für die Dauer von nicht mehr als zwei Jahren für eine Dauerstelle eingestellt werden (§ 21 Abs. 1). Damit ist die Möglichkeit ausgeschlossen, daß jahrelang hindurch eine Planstelle durch einen Beamten verwaltet wird, der nicht Stelleninhaber ist. Wenn es das Gesetz hierbei bewenden ließe, wäre eine klare Linie hergestellt. Genau wie die bisherigen Regelungen kennt das Gesetz aber auch „für eine zeitlich beschränkte Tätigkeit geschaffene Stellen". Diese Geschäftsandrangstellen werden für die Dauer ihres Bestehens durch Beamte auf Kündigung verwaltet (§ 21 Abs. 2). Auf dem Wege über die Schaffung von Geschäftsandrangstellen ist es also immer noch möglich, daß jemand lange Zeit Beamter auf Kündigung ist.

Beamte auf Zeit treten nur für eine bestimmte, von vornherein feststehende Zeit in das Beamtenverhältnis. Nach Ablauf der Zeit scheiden sie aus. Von dieser Möglichkeit macht weitgehend die kommunale Selbstverwaltung für die leitenden Gemeindebeamten Gebrauch. Die in den Gemeinde- oder Städteordnungen festgesetzten Amtsfristen betragen meist 6 oder 12 Jahre. Häufig kommt ein derartiger Beamter durch eine Wahl in das Amt, so daß Beamte auf Zeit oft Wahlbeamte sind. Notwendig ist das aber nicht. Es gibt auch Beamte auf Zeit, die ernannt sind.

Auf dem Gebiet des Besoldungsrechts liegt der Unterschied zwischen planmäßigen und außerplanmäßigen Beamten. Auch nichtplanmäßige Beamte können auf Lebenszeit eingestellt sein und planmäßige auf Widerruf.

8. Nicht wesentliche Merkmale des Beamtenverhältnisses

Auch dort, wo grundsätzlich an der Einrichtung des Berufsbeamtentums festgehalten wird, ist eine Angleichung an andere Berufe zu beobachten. So sind eine Reihe von Merkmalen zu nennen, die nicht oder nicht mehr für ein Beamtenverhältnis erforderlich sind.

Lebenslänglichkeit der Anstellung ist nicht nötig, da auch Widerrufsbeamte und Beamte auf Zeit volle Beamtenqualifikation haben.

Eine Besoldung ist nicht nötig, denn es gibt Personen, die die volle Qualifikation von Beamten im staatsrechtlichen Sinne haben, aber kein Entgelt für ihre Tätigkeit beziehen. Meist handelt es sich um Ehrenbeamte, die eine ehrenamtliche Tätigkeit ausüben. Für sie gelten nicht die die finanziellen Belange der Beamten regelnden Bestimmungen.

Eine Beeidigung wird zwar oft gesetzlich vorgeschrieben (z. B. § 3 Abs. 2 BundesBG., der § 4 DBG. umformt). Auch ohne sie kann aber ein Beamtenverhältnis entstehen. Neue Regelungen begnügen sich mit „Versicherungen", die jedoch nicht konstitutiv auf die Begründung des Beamtenverhältnisses wirken (§ 29 biz. BG.).

Nicht jeder Beamte übt ständig obrigkeitliche Funktionen aus. Vielmehr bearbeiten Beamte vorübergehend oder sogar ständig auch Verwaltungsangelegenheiten nichthoheitlicher Natur. Insbesondere ist die Art der Tätigkeit kein Unterscheidungsmerkmal zwischen Beamten und behördlichen Angestellten.

Nicht erforderlich ist die tatsächliche Verwaltung eines Amtes. Auch vorläufig vom Dienst enthobene oder in den Wartestand versetzte Beamte behalten ihre Beamteneigenschaft[1]).

Nur richterliche Beamte haben einen Anspruch auf Verwaltung eines bestimmten Amtes als Hauptamt. Unter Hauptamt ist ein Amt zu verstehen, dessen Führung als wesentlicher oder ausschließlicher Lebensberuf gedacht, mit Daueraufgaben verbunden und mit dem Ziele begründet ist, den Beamten lebenslänglich mit der öffentlichen Körperschaft zu verbinden, für die er arbeitet. Die alleinige Ausübung von Nebenämtern verhindert nicht, daß der Ausübende Beamter ist.

---

[1]) RGZ. 127, 332.

Nicht erforderlich ist die freiwillige Übernahme des Amtes. Zwar kommt das Beamtenverhältnis nun nach den meisten Regelungen nicht mehr durch einen Verwaltungsakt auf Unterwerfung zustande, doch ist, wenn es einmal besteht, die zwangsweise Übernahme eines Amtes gegen den Willen des Ausübenden denkbar. Eine zwangsweise Übernahme selbst ist vor allem vorgesehen für kommunale Ehrenämter. Die meisten Gemeinde- oder Städteordnungen bestimmen, daß ein Ehrenamt nur bei Vorliegen gewisser im Gesetz genau umschriebener Voraussetzungen abgelehnt werden darf. Wer das Vorliegen solcher Voraussetzungen nicht nachweisen kann, muß das ihm übertragene Amt gegen seinen Willen ausüben, wenn er die gesetzlich vorgesehenen Nachteile vermeiden will.

9. Arten der Beamten

Seitdem es Körperschaften des öffentlichen Rechts gibt, die einerseits nicht selbst der Staat sind, andererseits aber Hoheitsfunktionen ausüben, besteht ein Unterschied zwischen den Staatsbeamten und den Beamten dieser Körperschaften, insbesondere den Kommunalbeamten. Für einen Staat, der nicht Einheitsstaat ist, kompliziert sich die Stellung der Staatsbeamten noch durch das Ineinandergreifen der den verschiedenen Bereichen des öffentlichen Lebens angehörenden Aufgaben.

Den besten Überblick verschafft eine Einteilung nach der Verschiedenheit des Dienstherrn und des Dienstverpflichteten.

a) Dienstherren.

Dienstherr ist immer eine juristische Person des öffentlichen Rechts.

Dienstvorgesetzter ist, wer für beamten- und arbeitsrechtliche Entscheidungen gegenüber dem Beamten zuständig ist. Das wird im allgemeinen der Behördenleiter sein, also entweder eine einzelne physische Person oder ein Personenkollegium.

Vorgesetzter ist, wer dem Beamten für seine dienstliche Tätigkeit Weisungen erteilen kann (vgl. § 2 DBG, § 8 biz. BG.).

In Deutschland waren seit langem als verschiedene Dienstherren vorhanden das Reich, die Länder und sonstige juristische Personen des öffentlichen Rechts. So unterscheidet man Reichsbeamte, Landesbeamte und Körperschaftsbeamte, insbesondere Kommunalbeamte. Die Unterscheidung ist nicht immer dieselbe. Das Reichsbeamtengesetz vom 31. März 1873, zuletzt in der Fassung vom 18. Mai 1907, faßte den Begriff des Reichsbeamten dahin, daß der von Landes wegen eingestellte Beamte dann Reichsbeamter wurde, wenn er den Anordnungen des Reichspräsidenten, früher des Kaisers, Folge zu leisten verpflichtet war. Das Gesetz bestimmte aber nicht, daß diese Beamten damit aufhörten, Landesbeamte zu sein. So nahm die herrschende Meinung an, daß derartige Beamte außer ihrer Reichsbeamteneigenschaft auch noch diejenige eines Landesbeamten besäßen. Das führte zu dem Begriff des mittelbaren Reichsbeamten. Hatte nämlich der Beamte außer dem Reich noch einen anderen Dienstherrn, insbesondere ein Land, so war er mittelbarer Reichsbeamter.

Nur derjenige war unmittelbarer Reichsbeamter, für den als einziger Dienstherr das Reich vorhanden war. Auch die unmittelbaren Reichsbeamten sollten nach Möglichkeit dem Lande entstammen, in dem sich ihre Dienststelle befand. Eine Ausnahme bestand für die Reichshauptstadt (Art. 16 WRV.). Die Zahl der unmittelbaren Reichsbeamten wuchs allmählich entsprechend der Vergrößerung der unmittelbaren Reichsbehörden. So konnte das Deutsche Beamtengesetz vom 26. Januar 1937 weitgehend von dem Vorhandensein unmittelbarer Reichsbeamter ausgehen. Wenn ein Verwaltungszweig von den Ländern auf das Reich überführt wurde, wurden die bis dahin mittelbaren Reichsbeamten automatisch zu unmittelbaren Reichsbeamten (z. B. Justizbeamte durch Gesetz vom 1. April 1935 — RGBl. I S. 68).

Die Entwicklung fand ihren Abschluß durch das Gesetz über die Vereinheitlichung im Behördenaufbau vom 5. Juli 1939 — RGBl. I S. 1179. Nach diesen Grundlagen gab es zur Zeit des Zusammenbruchs folgende Beamtenarten:

a) unmittelbare Reichsbeamte, die diese Stellung bereits vor 1939 hatten, weil sie Behörden angehörten, die entweder seit jeher vom Reich verwaltet waren, wie z. B. das Auswärtige Amt, oder im Laufe der Zeit vom Reich übernommen waren, wie z. B. die Reichsfinanzverwaltung seit 1919 oder die Reichsjustizverwaltung seit 1935;
b) unmittelbare Reichsbeamte, die in Landesbehörden beschäftigt wurden und die durch das Gesetz vom 5. Juli 1939 in diese Rechtsstellung eingerückt waren;
c) mittelbare Reichsbeamte, die gleichzeitig unmittelbare Provinzialbeamte waren, was es in einigen Gebieten, insbesondere in Preußen, gab;
d) mittelbare Reichsbeamte, die gleichzeitig unmittelbare Körperschaftsbeamte waren, wozu unter anderem alle Kommunalbeamten gehörten.

Die Rechtsstellung der ersten und zweiten Gruppe war die gleiche. Unmittelbare Landesbeamte gab es nicht mehr. Die dritte Gruppe umfaßte nur einen kleinen Personenkreis.

Der **Zusammenbruch** stellte das Beamtenrecht vor einen Wust von Fragen. Erst allmählich bildeten sich Rechtsgrundlagen für die einzelnen Beamten heraus. Es sind zu unterscheiden:

a) Die nach dem Zusammenbruch in das Beamtenverhältnis übernommenen Personen. Dienstherr kann ein neues Land sein. Der Beamte ist dann unmittelbarer **Landesbeamter**. Irgendwelchen Weisungen einer Dienststelle außerhalb des Landes, die etwa dem Reichspräsidenten entspräche, hat er nicht zu folgen. Die Einrichtung des mittelbaren Reichsbeamten oder einer an ihre Stelle tretenden Einrichtung ist z. Z. nicht vorhanden. Dienstherr kann sodann eine territorial oder sachlich über den Ländern stehende Verwaltungseinrichtung sein, wie z. B. die bizonale Wirtschaftsverwaltung oder ein Zonenamt oder der westdeutsche Bund. Der Beamte ist dann **Beamter der jeweiligen Einrichtung**. Dienstherr kann schließlich eine öffentlich-rechtliche Körperschaft sein. Der Beamte ist dann **Körperschaftsbeamter**, wozu insbesondere die **Kommunalbeamten** gehören. In Abweichung von früheren Regelungen sind diese Beamte nicht mittelbare Landesbeamte, obwohl sie gemäß der über die Körperschaften ausgeübten Staatsaufsicht Anordnungen des Landes Folge zu leisten haben.

b) Für die Stellung der sich aus der Zeit vor dem Zusammenbruch im Beamtenverhältnis befindenden Personen ist ausschlaggebend, ob ihr Dienstherr noch vorhanden ist. Seit 1939 war Dienstherr sämtlicher **staatlicher Beamten** das Reich, gleichgültig, ob sie bei einer Reichsbehörde oder Landesbehörde Dienst taten[1]). Das Reich hat als Staat durch die Ereignisse vom Mai 1945 nicht sein Ende gefunden[2]). Es besteht weiter. Auch der Weiterbestand des Gesetzes vom 5. Juli 1939 wird nicht zu bestreiten sein. Das Gesetz diente nicht nationalsozialistischen Zwecken. Vielmehr lief die Entwicklung bereits seit 1919 auf eine Stärkung der Reichsverwaltung gegenüber der Länderverwaltung hin und infolgedessen auf eine Vermehrung der Reichsbeamten gegenüber den Landesbeamten. Nicht geklärt jedoch ist die Frage, welche Stellen heute an die Stelle des Reichs als Dienstherr getreten sind. Die neuen Länder sind es bestimmt nicht, mögen sie auch noch soviel Aufgaben erledigen, die bisher das Reich erledigt hatte. Auch Zonen- oder Mehrzonenbehörden können ohne ausdrückliche gesetzliche Bestimmungen nicht in die Funktionen des Reichs als Dienstherr einrücken. Wenn Verwaltung oder Rechtsprechung

---

1) Pfundner-Neubert I b 48 § 5 Anm. 1.

2) Turegg, Deutschland und das Völkerrecht, I Staatsgewalt.

Schlüsse in dieser Richtung ziehen zu können glauben, so überschreiten sie ihren Machtbereich. Denn die Regelung derart schwieriger und grundlegender Verhältnisse muß der Gesetzgebung überlassen bleiben. Das ist, wie Art. 131 deutlich zeigt, auch die Ansicht des westd. GG.

Was für das Reich gilt, gilt für die öffentlich-rechtlichen Körperschaften. Sofern sie nicht ausdrücklich aufgehoben sind, wie manche Personenkörperschaften, oder tatsächlich verschwunden sind, wie z. B. die deutschen Kommunen östlich der Oder-Neiße-Linie, sind sie nach wie vor Dienstherren der von ihnen vor dem 8. Mai 1945 als Beamten eingestellten Menschen.

Die rechtliche Qualität der vorgesetzten Dienststelle läßt nicht immer die Art des Beamten erkennen. Es ist möglich, daß Dienstherr eines Beamten eine Gemeinde und sein Dienstvorgesetzter ein Gemeindebeamter ist, während er dem Dienstbetrieb und seinen Dienstobliegenheiten nach einer staatlichen Stelle untersteht. Das trifft häufig zu bei Auftragsangelegenheiten der Gemeinden, wenn sie nämlich kraft gesetzlicher Regelung staatliche Angelegenheiten verwalten und die nächsthöhere Instanz eine staatliche Stelle ist.

b) Dienstverpflichtete.

Nach der Person des Dienstverpflichteten sind zu unterscheiden berufsmäßige und nichtberufsmäßige Beamte. Die letzteren zerfallen in Personen, die ständig Beamtendienst tun, die Ehrenbeamten, und solche, die nur einzelne ehrenamtliche Tätigkeiten von Fall zu Fall ausüben.

Die Rechtsstellung der Berufsbeamten ist der eigentliche Gegenstand des Beamtenrechts.

Die Ehrenbeamten werden im allgemeinen ähnlich wie Berufsbeamte behandelt. Auch sie sind stets, insbesondere während ihrer dienstfreien Zeit Beamte mit all den Pflichten, die sich aus dem Beamtenverhältnis ergeben. Von den hauptberuflichen Beamten unterscheiden sich die Ehrenbeamten durch das Fehlen einer Besoldung und dadurch, daß ihre Beamteneigenschaft an ein bestimmtes Amt gebunden ist. Wenn das Amt verschwindet, verliert der Ehrenbeamte seine Beamteneigenschaft. Einen Ehrenbeamten zur Disposition gibt es nicht (z. B. §§ 107 ff. GVG.). Ehrenbeamte werden meist auf Zeit bestellt.

Bei der Ausübung einzelner ehrenamtlicher Tätigkeiten fällt das Dienstverhältnis mit der Diensttätigkeit zusammen. Nach Beendigung der Tätigkeit ist der Betreffende nicht mehr Beamter, wie z. B. Schöffen, Geschworene.

10. Bestand des Beamtenverhältnisses

Unter unveränderten äußeren Verhältnissen können nur sich aus dem Beamtenverhältnis selbst ergebende Gründe seinen Bestand beeinflussen. Sie liegen in den Vertragsbedingungen, die eine solche Änderung vorsehen, im allgemeinen Behördenaufbau, der gewissen entwicklungsmäßigen Veränderungen unterworfen ist[1]), oder in der Person des Beamten, dessen Verhalten eine Änderung oder Auflösung des Verhältnisses zur Folge hat.

Durch den Zusammenbruch sind jedoch sämtliche Beamtenverhältnisse[2]), die am 8. Mai 1945 bestanden, durch von außenkommende Umstände berührt. Es ist nicht selbstverständlich, daß ein vor diesem Datum bestehendes Beamtenverhältnis fortbesteht. Vielmehr ist Bestand oder Nichtbestand von zahlreichen Umständen abhängig.

a) Änderungen im Staatsaufbau.

Änderungen im Staatsaufbau und Änderungen der Staatsgewalt oder der Ausübung der Staatsgewalt haben für sich allein keine Beendigung der vorher begründeten Beamtenverhältnisse zur Folge. Eine normative Kraft des Faktischen insoweit wurde z. B. weder 1919 noch 1933 anerkannt. So haben der Zusammenbruch vom Mai 1945 und die Tatsache der Besetzung des deutschen Reichsgebiet als solche nicht die bis dahin bestehenden Beamtenverhältnisse aufgelöst.

b) Änderungsmaßnahmen.

Wohl aber können sie durch positive Maßnahmen der Kräfte aufgelöst werden, die nach dem Ende der bis dahin bestehenden tatsächlichen und rechtlichen Lage zur Macht kommen. Etwas Derartiges stellt z. B. das Gesetz zur Wiederherstellung des Berufsbeamtentums vom 7. April 1933 dar, das u. a. die Entfernung aller aus politischen Gründen nicht genehmen Beamten zum Ziele hatte. Seit 1945 sind in ganz Deutschland derartige Maßnahmen festzustellen. Sie gehen von der alliierten Militärregierung als der derzeitigen Trägerin der deutschen Staatsgewalt[3]) aus und finden sich teils in Anordnungen der Militärregierung selbst, teils in Anordnungen deutscher von der Militärregierung zur Ausübung öffentlicher Gewalt eingesetzter Stellen[4]).

---

[1]) Vgl. unten S. 498

[2]) Vgl. unten S. 484

[3]) Vgl. Turegg, Deutschland und das Völkerrecht, I. Staatsgewalt, Köln 1947.

[4]) Selbstverständlich ist der allgemeine völkerrechtliche Vorbehalt zu machen, daß Maßnahmen einer Besatzungsmacht immer nur so lange gelten, bis der einheimische Träger der Staatsgewalt eine andere Regelung trifft.

In der Ostzone ist durch Landesverfassungsbestimmungen das Berufsbeamtentum abgeschafft. Damit enden auf diesem Gebiet alle Beamtenverhältnisse. Es ist weder eine örtliche noch eine sachliche Stelle vorhanden, die als jeweiliger Partner der bisherigen Beamten in den Beamtenverhältnissen in Betracht kommen könnte. Möglicherweise wird durch die Gesetzgebung eine Übergangslösung für die betroffenen Personen geschaffen.

In der amerikanischen Zone hat die Militärregierung im Jahre 1945 sämtliche Beamtenverhältnisse aufgelöst. Das wird von keiner Seite bezweifelt. Eine andere Frage ist es, ob eine das Ende überdauernde Fürsorgepflicht des Staates dem bisherigen Beamten gegenüber angenommen wird, aus der sich unter Umständen eine Verpflichtung zur Wiederherstellung, also zur Neubegründung des Beamtenverhältnisses ergeben kann. Hier ohne ganz konkrete gesetzliche Grundlagen die Grenzen zu finden, ist nahezu unmöglich. Deshalb kann die Frage nicht von der Rechtsprechung oder Verwaltung gelöst werden[1]). Eine gesetzliche Grundlage findet sich in den süddeutschen Beamtengesetzen von 1946 (§ 22 Abs. 1), wonach die Beamten der ehemaligen Landesbehörden mit dem Dienstsitz in den neuen Ländern „in ihrer bisherigen Eigenschaft als lebenslänglich, auf Widerruf oder auf Kündigung ... zu übernehmen" sind. Das ist der Sinn der sog. Gebietsnachfolgeschaft. In welcher Form und mit welchen Aufgaben und gegen welches Entgelt die Länder solche Beamte beschäftigen, ist ihre Sache.

In der französischen Zone hat die Militärregierung, genau wie das in der amerikanischen Zone geschah, im Jahre 1945 sämtliche Beamtenverhältnisse aufgelöst. Gesetzliche Bestimmungen über die Gebietsnachfolgeschaft gibt es nicht, doch erkennt z. B. das Land Rheinland-Pfalz Beamten, die vor 1945 bei auf dem Gebiet des Landes liegenden Behörden beschäftigt waren, unter bestimmten Voraussetzungen einen Anspruch auf Wartegeld, also nicht auf Wiederherstellung des Beamtenverhältnisses zu (Gesetz vom 23. Mai 1949 — GVBl. S. 91).

In der britischen Zone erfolgte durch die Militärregierung keine allgemeine Entlassung sämtlicher Staatsbeamten, vielmehr wurden durch sie nur Entlassungen einzelner Beamtengruppen oder Personen ausgesprochen. Die Militärregierung hat nie erklärt, ob sie diese Entlassungen als endgültige oder als nur vorübergehende Maßnahme, also als bloße Suspensionen ansieht. Die deutsche Auffassung ist uneinheitlich.

---

1) Das Urteil des hess. VGH. — Hess. Staatsanz. 1949 S. 211 —, das diese Frage durch Maßnahmen der Rechtsprechung zu klären sucht, überzeugt nicht. Im Gegenteil macht es deutlich, daß nur eine gesetzliche Regelung weiterhelfen kann.

Im Interesse der Rechtseinheit und wegen der Notwendigkeit der gleichen Behandlung aller ehemaligen deutschen Beamten scheint es erforderlich, den Maßnahmen der englischen Militärregierung die gleichen Folgen zuzubilligen wie denjenigen der übrigen Militärregierungen[1]). Aber die Regelung in der britischen Zone hat zur Folge, daß zahlreiche von der Militärregierung nicht entlassene Beamte vorhanden sind, deren Dienstsitz vor 1945 sich an einem nunmehr zu einem Land innerhalb der britischen Zone gehörenden Ort befindet. Es ist also zu klären, welche Folgen sich aus der G e b i e t s n a c h f o l g e s c h a f t ergeben. Im allgemeinen wird eine Verpflichtung des Landes zur Fortsetzung derartiger Beamtenverhältnisse bejaht. Es fehlt im Gegensatz zu der Regelung in den Ländern der amerikanischen Zone jedoch an einer gesetzlichen Regelung über die Art und Weise, in der solche Verhältnisse fortzusetzen sind. Es ist also nicht geklärt, ob die Beamten in den gleichen Rängen und gegen die gleichen Bezüge wie bis zum Mai 1945 beschäftigt werden können oder müssen. Die Länder haben sich durch Einzelmaßnahmen geholfen, wobei verschiedenen rechtlichen Auffassungen und sich daraus ergebenden Rechtsstreitigkeiten Tür und Tor geöffnet sind[2]). Die nicht durch Ent-

---

[1]) Ekhard Koch, Zentraljustizblatt für die brit. Zone 1949, S. 1, meint, die Frage sei noch offen, wobei er insb. auf die VO. über die Behandlung der von der Entnazisierung betroffenen Richter vom 4. 1. 1949 — brit. VOBl. S. 15 — verweist. — Das Urteil des Dienststrafhofs für das Vereinigte Wirtschaftsgebiet vom 24. 5. 1949, mitgeteilt z. B. in: Öffentl. Verw. 1949, S. 336, versucht aus den Entnazisierungsbestimmungen, die für die britische Zone gelten, die nur vorübergehende Wirkung der durch die britische Militärregierung vorgenommenen Entlassungen zu beweisen. Diese Methode ist bedenklich, denn beide Gegenstände — Entnazisierung und Entlassungen durch die Militärregierung — haben rechtlich nichts miteinander zu tun. An keiner Stelle nehmen insb. die Entnazisierungsbestimmungen der britischen Militärregierung zu den von ihr selbst vorgenommenen Entlassungen Stellung. Das entgeht auch dem Dienststrafhof nicht. Er glaubt aber aus dem Geist der Entnazisierungsbestimmungen schließen zu sollen, daß die Vorschriften der Militärregierung allein dem Spruch der Entnazisierungsausschüsse rechtgestaltende Wirkung beilegen. Daraus schließt er dann, die Militärregierung ginge „ohne weiteres davon aus, daß das Beamtenverhältnis des Betroffenen bis zur endgültigen Entscheidung im Entnazisierungsverfahren fortbesteht". Solche Schlüsse argumento e contrario sind stets äußerst gefährlich. Hier scheint der Schluß geradezu falsch, weil der ihm zugrunde gelegte Gesetzestext nicht den geringsten Anhalt bietet. Gegen ihn spricht die Überlegung, was die Militärregierung wohl veranlaßt haben sollte, Entlassungen vorzunehmen, die keine Entlassungen sind, und weiterhin, was die britische Militärregierung wohl veranlaßt haben sollte, sich so ganz anders zu verhalten wie die amerikanische oder französische, wenn sie schon einmal zu Entlassungen schritt, die mit den sich aus Entnazisierungsbestimmungen ergebenden Entlassungen formell nichts zu tun haben.

[2]) Eine solche Maßnahme ist z. B. die nordrh.-westf. VO. vom 19. 3. 1949 — GVBl. S. 25 —. Danach behält sich das Land vor, nur diejenigen Ansprüche der Beamten zu erfüllen, die ihnen am 31. 1. 1933 zustanden. Beförderungen nach dem 31. 1. 1933 sollen nach Ermessen der zuständigen Behörde bei der Wiederein-

lassungsmaßnahmen der Militärregierung betroffenen Selbstverwaltungsbeamten in der britischen Zone haben gegenüber den Staatsbeamten den Vorteil, daß sie sich nicht auf Gebietsnachfolgeschaft zu berufen brauchen, sondern die fortbestehende Körperschaft des öffentlichen Rechts, bei der sie bis zum Mai 1945 beschäftigt waren, unmittelbar in Anspruch nehmen können. Voraussetzung ist der Fortbestand des Beamtenverhältnisses, was insbesondere bei der kommunalen Selbstverwaltung mit ihrer häufigen Verwendung von Zeitbeamten besonders sorgfältig zu prüfen ist.

c) Entnazisierungsverfahren.

Außer von den bisher genannten Voraussetzungen ist der Fortbestand eines jeden vor dem 8. Mai 1945 bestehenden Beamtenverhältnisses abhängig von dem Ergebnis des Entnazisierungsverfahrens. Soweit das Beamtenverhältnis nicht aus anderen Gründen erloschen ist, vernichtet der Spruch der Entnazisierungsstelle das Verhältnis oder läßt es fortbestehen, beides mit rechtsgestaltender Wirkung. Das sind die Zustände in der britischen Zone. Soweit das Beamtenverhältnis aus anderen Gründen bereits erloschen ist, schafft der Spruch der Entnazisierungsstellen die unabdingbare Voraussetzung für seine neue Begründung. Das sind die Zustände in der amerikanischen und französischen Zone.

Zu den bisher genannten Gründen der Beendigung des Beamtenverhältnisses durch Maßnahmen der Militärregierung lassen die Entnazisierungsbestimmungen also weitere Gründe hinzutreten. Gemäß Kontrollratsdirektive Nr. 24, nachträglich modifiziert durch Kontrollratsbeschluß vom 16. November 1946, gibt es automatisch aus jedem Beamtenverhältnis zwangsweise zu entfernende Personen. Das sind insbesondere die Hauptschuldigen (Gruppe I oder Kategorie I) und die Hauptbelasteten (Gruppe II oder Kategorie II). Irgendein Verfahren, insbesondere ein solches vor einer deutschen Entnazisierungsstelle ist zu ihrer Entlassung nicht nötig. Kontrollratsdirektive Nr. 38 vom 12. Oktober 1946 führt dann die Entlassung als Sühnemaßnahme durch besonderen Ausspruch der Entnazisierungsstelle ein. Nach der endgültigen Regelung

stellung berücksichtigt werden, wenn sie erkennbar nicht aus politischen Rücksichten im Zuge der regelmäßigen Dienstlaufbahn erlangt sind. Die Regelung erfolgt auf Grund von § 27 Umstellungsgesetz — GVBl. 1949, S. 25. Sie dürfte nicht zu beanstanden sein, denn bei Anlegung objektiver Maßstäbe können weder die Etats der Länder noch der Gemeinden die finanzielle Belastung, die sich aus einer doppelten Bezahlung für eine Stelle, nämlich an den neuen seit 1945 tätigen Stelleninhaber und den entnazisierten alten Stelleninhaber ergeben, nicht tragen. Wenn schon eine Person weichen muß, sollte es nicht die für den demokratischen Aufbau wertvollere sein.

bewirken die Eingruppierung in Gruppe I oder II, Gefängnisstrafen von einem Jahr und mehr und die Unfähigkeit zur Bekleidung öffentlicher Ämter (Art. VIII Ziff. IIa und c, Art. IX Ziff. I und II Kontr.R.Dir. Nr. 38) automatisch das Ausscheiden aus dem Beamtenverhältnis gemäß § 53 DBG. Bei Eingruppierung als Minderbelasteter oder Mitläufer (Gruppe II oder IV) kann die Entnazisierungsstelle auf Erlöschen des Beamtenverhältnisses erkennen. Es kann aber auch auf die Versetzung in den Ruhestand mit vollem oder herabgesetztem Ruhegehalt oder in ein Amt mit geringerem Rang oder in eine andere Dienststellung unter Kürzung der Bezüge, Rückgängigmachung einer Beförderung, Überführung aus einem Beamtenverhältnis in ein Angestelltenverhältnis erkannt werden (Art. X Ziff. 5b, Art. IX Ziff, 4, 5b Kontr.R.Dir. Nr. 38). Die Eingruppierung in Gruppe III schließt das Verbot einer neuen Verwendung als Beamter ein. Bei der Eingruppierung in Gruppe IV steht es im Ermessen der Entnazisierungsstelle, das Verbot auszusprechen oder nicht. Alle genannten Beschränkungen sind von der gleichen Art, die bereits § 67 Abs. 1 DBG. kennt [1]).

d) Feststellung des Dienstherren.

Wenn alle bisher erwähnten Voraussetzungen für den Fortbestand des Beamtenverhältnisses oder für die Möglichkeit seiner Wiederbegründung vorliegen, steht damit noch nicht fest, welche öffentlichrechtliche Stelle von dem Beamten als die Dienststelle, an die er sich zu wenden hat, anzusehen ist. Wenn man das Gesetz über die Vereinheitlichung im Behördenaufbau vom 5. Juli 1939 noch für gültig hält, käme als Dienstherr nur das Reich in Betracht. Reichsbehörden sind aber seit 1945 nicht mehr vorhanden. Ob Landesbehörden, zonale Dienststellen oder die westdeutsche Bundesverwaltung als Rechtsnachfolger der Reichsverwaltung anzusehen sind, kann im Hinblick auf die Beamtenverhältnisse mit Rücksicht auf Art. 131 westd. GG. dahingestellt bleiben. Danach können beamtenrechtliche Ansprüche gegen die genannten Zentralstellen nur im Rahmen dieser Bestimmung geltend gemacht werden (vgl. BGBl. 1950 S. 34, 38). Geltend gemacht werden können ferner Ansprüche nach landesrechtlichen Regelungen, also z. B. Ansprüche auf Grund der Gebietsnachfolgeschaft, wo solche Landesgesetze bestehen.

---

[1]) Daß nur solche Sonderregelungen eine Rechtsgrundlage darstellen und daß die Eigenschaft als ehemaliger Reichsbeamter schlechthin nicht ein Land zur Übernahme in das Beamtenverhältnis verpflichtet, ist nie verkannt worden. — Vgl. hess. VGH. vom 12. 2. 1948 in: Arch. öff. R. 1948, S. 351, und rhein.-pfälz. Verwaltungsblatt 1948, S. 236.

Für Selbstverwaltungsbeamte ist die Lage einfacher. Wenn die öffentlich-rechtliche Körperschaft, mit der sie ein noch geltender Dienstvertrag verbindet, der also nicht etwa durch Zeitablauf beendet sein darf — was bei der Häufigkeit der Einstellung von Kommunalbeamten auf Zeit oft der Fall sein wird —, noch besteht und wenn sie noch die Einrichtung des Berufsbeamtentums kennt, existiert das Beamtenverhältnis weiter.

11. Pflichten des Beamten

a) Persönliche Pflichten.

Alle Regelungen für das Berufsbeamtentum verlangen vom Beamten die völlige Hingabe seiner Persönlichkeit an seinen Dienstherrn. Dieses Verlangen geht über dasjenige, welches der Dienstherr eines privatrechtlichen Arbeits- oder Dienstvertrages an den Verpflichteten richtet, weit hinaus. Es wird meist ethisch unterbaut, indem eine besondere Treue in den Vordergrund geschoben wird. Hier liegt der eigentliche Kern des Wesens des Berufsbeamtentums. Er wird auch von der Demokratie, sofern sie Berufsbeamte kennt, betont. „Der Beamte, als Diener des Volkes, hat die volle Arbeitskraft seinem Beruf zu widmen. Er hat sein Amt nach den Gesetzen, furchtlos und uneigennützig, nach bestem Gewissen zu verwalten. Er hat in und außer Dienst die Würde seines Amtes zu wahren“ (§ 25 biz. BG.). Der schon in WRV. enthaltene Satz, daß der Beamte Diener des ganzen Volkes, nicht einer Partei sei, wird in einigen Landesverfassungen (Bayern, Rheinland-Pfalz, Sachsen-Anhalt) wieder ausgesprochen.

Daß von der Treue gegenüber dem Dienstherrn bis zum kritiklosen Kadavergehorsam kein weiter Schritt ist, hat die Vergangenheit immer wieder gelehrt. Deshalb versuchen moderne Gesetze den Beamten nahe an das Gesetz zu binden und legen ihm die Pflicht auf, die erhaltenen Befehle seiner Vorgesetzten auf ihre Gesetzmäßigkeit hin nachzuprüfen. Der Beamte hat dienstliche Weisungen nur so weit zu befolgen, als „sie nicht für ihn erkennbar einem Gesetz, insbesondere einem Strafgesetz zuwiderlaufen. Gibt der Inhalt einer dienstlichen Anweisung dem Beamten Anlaß zu Bedenken, so hat er diese unverzüglich geltend zu machen und die Entscheidung des Vorgesetzten, der die Weisung erteilt hat, einzuholen“ (§ 26 biz. Entw.). „Bei für ihn erkennbarer Strafbarkeit und Sittenwidrigkeit der Anordnung wird der Beamte niemals von einer eigenen Verantwortung befreit. In solchen Fällen hat er seine Mitwirkung zu verweigern“ (§ 25 biz. BG.). Es hat jedoch keinen Zweck, sich in diesem Punkt Illusionen hinzugeben: Noch niemals ist die Verwaltung und damit die Beamtenschaft der Gesetzgebung in die Ungesetzlichkeit davongelaufen. Die „Nachprüfung der Gesetzmäßigkeit" der Anweisungen des Vorgesetzten durch nachgeordnete Dienststellen hat daher praktisch keine große Bedeutung. (Auch § 7 DBG. bestimmt, daß ein Beamter eine Anordnung nicht befolgen dürfe, deren Ausführung für ihn erkennbar den Strafgesetzen zuwiderlaufen würde.) Vor allem ist sie nicht geeignet, die demokratische Staatsform gegenüber autoritären Angriffen zu schützen. Von größerer Wichtigkeit wäre es, dem Beamten auch die Möglichkeit der Nachprüfung der Rechtmäßigkeit von Gesetzen zu geben. Das aber wird keine Staatsform für erträglich halten, weil sie sich dadurch selbst aufheben müßte. Es ist also nach wie vor eine Frage des Charakters, ob der einzelne Beamte trotz seiner grundsätzlichen Gehorsamspflicht eine Persönlichkeit bleibt oder ob seine Person im Dienstbetrieb untergeht und er mehr oder weniger williges und geschicktes Werkzeug in der Hand seiner Vorgesetzten wird.

Jede *Staatsform* verlangt von ihren Beamten ihre grundsätzliche *Bejahung*. Wo es aber innerhalb des Staates mehrere innerpolitische Ansichten, vertreten durch mehrere Parteien, gibt, wird jede Partei Wert auf möglichst starke Vertretung in der Beamtenschaft legen. Eines der Hauptargumente der Verteidiger des Berufsbeamtentums ist der Hinweis darauf, daß bei der freien Kündbarkeit aller Staatsdienstverhältnisse nach jeder durch eine Wahl herbeigeführten Änderung der innerpolitischen Kräfte ein Wettlauf um die wichtigen Staatsposten einsetzen würde. Der Beamte ist jedoch auch dann, wenn er durch eine politische Partei sein Amt erhalten hat, *Diener des gesamten Volkes*. Jedenfalls soll er es sein, und wenn er sich anders verhält, ist das eine Pflichtwidrigkeit mit all ihren Folgen.

Neuere Gesetze weisen sodann darauf hin, daß der *Beamte ein Teil des Volksganzen* ist und nicht eine der Gesamtheit feindlich oder doch fremd gegenüberstehende Macht. Volksfeindliche Bürokratie läßt sich wohl kaum durch Gesetzesbestimmungen bekämpfen. Auch ihre Beseitigung ist eine Frage des Charakters und der Erziehung[1]).

---

1) Der Kampf für und gegen die Bürokratie ist alt und nicht nur auf Deutschland beschränkt. Theodor Fontane schrieb 1875 an seine Freundin Mathilde von Rohr: „Immer die unsinnige Vorstellung, daß das Mitwirtschaften in der großen langweiligen und, soweit ich sie kennengelernt habe, total konfusen Maschinerie, die sich Staat nennt, eine ungeheure Ehre sei. Das „Frühlingslied" von Uhland oder eine Strophe von Paul Gerhard ist mehr wert als dreitausend Ministerialreskripte. Nur die ungeheure Eitelkeit der Menschen, der kindische Hang nach Glanz und falscher Ehre, nur die ganze Summe dieser Miserabilitäten verschließt die modernen Herzen gegen die einfachen Wahrheiten und macht sie gleichgültig gegen das, was allein ein echtes Glück verleiht: Friede und Freiheit."

Der Schweizer Bundespräsident Ernst Nobs äußerte Anfang 1949: „Möge es

Der Beamte muß sich eine strenge Kontrolle seiner Vermögensverhältnisse gefallen lassen. Die Gerichte haben von einer gegen ihn eingereichten Zivilklage sowie von einem gegen ihn angestrengten Strafverfahren der vorgesetzten Dienststelle Mitteilung zu machen. Ähnliches gilt für das Konkursverfahren (§ 112 KO.) und die Zwangsvollstreckung (§ 910 ZPO.).

b) Amtspflichten.

Der Beamte hat die Pflicht, das ihm übertragene Amt der Verfassung und den Gesetzen nach wahrzunehmen.

aa) Hinsichtlich der Form der Amtsausübung ist zu unterscheiden zwischen der tatsächlichen Dienstleistung, die auch in Bereitschaftsdienst bestehen kann, und der Pflicht zur Dienstbereitschaft. Der Beamte muß auch außerhalb der regelmäßigen Dienstzeit erreichbar sein, um nötigenfalls eingreifen zu können (Residenzpflicht, dienstlicher Wohnsitz (§§ 18, 19 DBG.). Dem Beamten können bestimmte Dienststunden vorgeschrieben werden. Für die Nichtinnehaltung können ihm Nachteile entstehen (z. B. §§ 34 ff. biz. Entw. und biz. BG.).

Der Beamte ist verpflichtet, für seine fachliche und allgemeine Fortbildung Sorge zu tragen. Neben privaten Studien und von einzelnen Behörden eingerichteten Kursen sind die Verwaltungsakademien ein wichtiges Mittel beamtlicher Fortbildung. Wenn auch der Besuch der Verwaltungsakademie nicht Voraussetzung für eine Beförderung ist, so wird doch immer mehr Wert auf die durch die Akademien ermöglichte Weiterbildung des Beamten gelegt, so daß tatsächlich nur der Besucher befördert wird. Die nach französischem Vorbild in der französischen Zone geschaffene Regelung, wonach Beamtenbeförderungen von dem Akademiebesuch und damit verbundenen Prüfungen abhängig ist, war deutschen Verhältnissen bisher fremd. Der Beamte, der mit seinen Leistungen hinter dem von ihm zu fordernden Maß zurückbleibt, hat Nachteile zu gewärtigen (§§ 40, 66 biz. BG.; sogenannter „Trottelparagraph").

bb) Der Inhalt der Amtsausübung im Rechtsstaat ist bestimmt durch die Bindung eines jeden Beamten an das Gesetz (so schon § 13 RBG. 1878/1907).

---

gelingen, keinen Gegensatz aufkommen zu lassen zwischen den Bürgern außerhalb der Verwaltung und den Bürgern innerhalb der Verwaltung." (Pressemeldung.) — In Frankreich ist z. B. das Aufgeben eines eingeschriebenen Briefes an einem, selbst an einem großstädtischen Postamt ein sakraler Akt, bei dem derjenige, der den Ritus nicht genau beherrscht, die ganze Verachtung des Postbeamten zu spüren bekommt.

Immer von Bedeutung sein wird die Pflicht zur A m t s v e r s c h w i e g e n h e i t (z. B. §§ 30 ff. biz. Entw. und biz. BG.). Neuere Regelungen bemühen sich, die Amtsverschwiegenheit nicht in Geheimniskrämerei ausarten zu lassen. Dem Beamten, der für die „Festigung und Vertiefung demokratischer Grundsätze und Einrichtungen" eintreten soll, darf es nicht verwehrt sein, Dienstangelegenheiten offen zur Sprache zu bringen, die den gedeihlichen Aufbau eines demokratischen Staatswesens gefährden. Es muß ihm sogar als Pflichtverletzung angerechnet werden können, wenn er über Vorgänge innerhalb der Verwaltung schweigt, die den Frieden, die Voraussetzung für jeden Staatsaufbau, gefährden. Das biz. BG. bestimmt zwar: „Bei für ihn erkennbarer Strafbarkeit oder Sittenwidrigkeit der Anordnung wird der Beamte niemals von einer eigenen Verantwortung befreit." Bei Bedenken gegen die Rechtmäßigkeit dienstlicher Anordnungen verweist es ihn jedoch nur an seinen Vorgesetzten (§ 25 Abs. 4), sieht den Weg in die Öffentlichkeit also nicht vor. Bisher war es üblich, Z e u g e n a u s s a g e n von Beamten vor Gericht von der Aussagegenehmigung der vorgesetzten Dienstbehörde abhängig zu machen. Das stellt ein Mißtrauensvotum gegen die Justiz dar und wird deshalb bekämpft. Der Richter kann durch Ausschluß der Öffentlichkeit jede Gefährdung neutralisieren, auch in grundsätzlich geheim zu haltenden Angelegenheiten (§ 30 biz. Entw.). Der Bedeutung der P r e s s e und ihrer wichtigen Aufgabe entspricht es, daß ihr für die Allgemeinheit wichtige Vorgänge innerhalb der Verwaltung nicht verschwiegen werden. Allerdings wäre es verfehlt, diese Mitteilungspflicht auf Geheimsachen zu erstrecken (so auch § 30 biz. Entw.). Keine mißverstandene Durchführung der Amtsverschwiegenheit ist es, wenn im inneren Behördenbetrieb nur bestimmten Beamten die Fühlungnahme mit der Presse übertragen ist (z. B. Justizpressestellen), da dies nur der Vermeidung allzuleicht entstehender Irrtümer dient.

Der Beamte darf grundsätzlich keine Amtshandlungen vornehmen, durch die er sich selbst oder nahen Familienangehörigen einen V o r t e i l v e r s c h a f f e n würde (so z. B. § 31 biz. Entw. und biz. BG.). Das entspricht einer alten Regel, die sich z. B. auch für die Mitglieder der Selbstverwaltungskörperschaften eingebürgert hat. Umgekehrt können dem Beamten keine Amtshandlungen zugemutet werden, die sich gegen ihn selbst oder nahe Familienangehörige richten würden (vgl. hierzu z. B. § 5 DBG.).

Jeder Beamte ist verpflichtet, auf Anordnung einer gesetzlich bestimmten Stelle jede N e b e n t ä t i g k e i t im öffentlichen Dienst auch ohne Vergütung zu übernehmen, sofern die auszuübende Tätigkeit seiner Berufsbildung und Vorbildung entspricht (so im Anschluß an ältere

Bestimmungen, z. B. § 33 biz. Entw. und biz. BG., § 14 hess. Gesetz vom 12. November 1946). Liegt die Initiative bei dem Beamten, so bedarf er grundsätzlich zur Übernahme eines Nebenamtes, d. i. der Eintritt in ein anderes, neben seinem Hauptamt auszuübendes Amt, oder einer Nebenbeschäftigung, das ist eine ihm vergütete Arbeitsleistung, der Genehmigung seiner vorgesetzten Dienststelle. Zuungunsten des Beamten erweitert wird die Regel hinsichtlich der gewerblichen oder beruflichen Tätigkeit der Ehefrau; manche Vorschriften verlangen auch ihre Meldung, um etwaigen Mißbräuchen vorbeugen zu können. Zugunsten des Beamten wird seit jeher eine Ausnahme von der Genehmigungspflicht gemacht für schriftstellerische, wissenschaftliche, künstlerische oder Vortragstätigkeit des Beamten sowie die mit der Lehr- und Forschungstätigkeit zusammenhängende Gutachtertätigkeit von Lehrern an öffentlichen Hochschulen und von Beamten an wissenschaftlichen Instituten und Anstalten (z. B. § 11 DBG., § 34 biz. Entw. und biz. BG.).

12. Rechte des Beamten

Es handelt sich um subjektiv-öffentliche Rechte, die manchmal als „wohlerworbene Rechte" unter besonderen verfassungsrechtlichen Schutz gestellt sind (Art. 129 WRV.).

a) Persönliche Rechte.

Es ist eine Folge der durch das Berufsbeamtentum mitbestimmten sozialen Struktur, daß an erster Stelle der Beamtenrechte meist das Recht auf Amtsbezeichnung steht (§ 57 DBG.). Diese zerfällt in Titel, die lediglich der persönlichen Auszeichnung dienen, Funktionsbezeichnungen, die die jederzeit veränderlichen Aufgaben des Beamten kennzeichnen, und Amtsbezeichnungen im engeren Sinne. Die die Art des verwalteten Amtes kennzeichnenden Titel, verboten z. B. durch Art. 109 WRV., wieder zugelassen durch Gesetz vom 7. April 1933 — RGBl. I S. 431 — sind abhängig von politischen Erwägungen. Sie fördern übertriebenen Standesdünkel. Funktionsbezeichnungen treten vor allem in Übergangsregelungen in Erscheinung, wenn sich eine Verwaltung im Aufbau befindet. Die Amtsbezeichnung i. e. S. haftet i. a. an der Person des Beamten. Sie wird verdrängt durch eine neue Amtsbezeichnung, die ein höheres Amt bezeichnet. Wer auf Grund der allgemeinen politischen Entwicklung ein niedrigeres Amt übertragen erhält, behält — meist infolge besonderer gesetzlicher Regelungen — seine bisherige Amtsbezeichnung bei. Möglich ist auch, daß die neue Amtsbezeichnung neben die alte tritt (z. B. § 23 Reichsgesetz zur Änderung von Vorschriften auf dem Gebiet des allgemeinen Beamtenrechts usw. vom 30. Juni 1933).

Über die Weiterführung der Amtsbezeichnung nach tatsächlicher Beendigung des Dienstes mit dem Zusatz „a. D.“ (außer Dienst), „i. e. R.“ (im einstweiligen Ruhestand), „i. R.“ (im Ruhestand), „z. D.“ (zur Dienstverwendung) bestehen besondere Regeln.

Der Rang des einzelnen Beamten bestimmt sich nach seiner Stellung innerhalb des Behörden- und Beamtenaufbaus. Die Rechtsprechung, insbesondere diejenige des Reichsgerichts, hat das Recht auf den einmal erreichten Rang anerkannt. Ausnahmen sind nur durch Gesetz möglich.

Auf Antrag wird den Beamten nach Eintritt in den Wartestand oder nach Beendigung des Beamtenverhältnisses ein Dienstzeugnis über Art und Dauer der bekleideten Ämter erteilt (§ 41 DBG.).

Ein Recht auf Amtsausübung wird nicht anerkannt werden können, da der Beamte das Amt nicht im eigenen Interesse, sondern für die Allgemeinheit ausübt. Jedoch empfiehlt es sich, die einzelnen Fälle der Versagung der Amtsausübung gesetzlich zu regeln (Suspension vom Amt, vorläufige Untersagung der Amtsausübung, § 6 DBG.). Ein Amtsverlust durch Untergang des Amtes kommt in normalen Zeiten nur infolge organisatorischer Änderungen vor. Es war und ist völlig unbestritten, daß die übrigen Rechte und Pflichten des Beamten hierdurch unberührt bleiben. So behielten insbesondere die nach 1919 aus abgetretenen Gebieten verdrängten Beamten ihre Eigenschaft als solche[1]). Zwar ist es richtig, daß sowohl 1918 als auch 1933 die Beamtenverhältnisse infolge der politischen Umgestaltung nicht grundsätzlich als erloschen angesehen wurden[2]). Aber der Unterschied gegenüber den Ereignissen von 1945 besteht gerade darin, daß damals die Ämter als solche nicht untergingen, während das 1945 der Fall war. Die Vorgänge von 1918 und 1933 können mithin zum Vergleich derjenigen von 1945 nicht herangezogen werden. Tatsächlich sind infolge des Zusammenbruches sämtliche Ämter untergegangen. Es erfolgte ein völliger Neuaufbau. Hiervon gehen alle seither erlassenen beamtenrechtlichen Bestimmungen aus.

Politische Betätigung in der Öffentlichkeit ist für Beamte verboten (vgl. § 26 biz. BG.). Nicht verboten ist — mit Ausnahme für Richter, Staatsanwälte und Polizeibeamte in der britischen Zone — Beitritt und Zugehörigkeit zu einer politischen Partei. In der Parteiorganisation darf sich der Beamte betätigen, sofern er innerhalb seines Amtsbezirks nicht als Politiker in Erscheinung tritt. Für Kommunalbeamte bedeutet das meist nur eine verhältnismäßig kleine örtliche

---

1) Pr. OVG. 93, 242.

2) Vgl. Arch. öff. R. 1948, S. 351.

Beschränkung, während Staatsbeamten durch diese Regelung ein politisches Auftreten sehr erschwert wird[1]).

Was die Zugehörigkeit zu einem Parlament anlangt, so darf ein Beamter nicht Mitglied eines Parlaments sein, welches seine eigene Tätigkeit kontrolliert[2]). Ähnlich wie für Beamte regeln sich alle diese Fragen für Behördenangestellte, die mit Aufgaben betraut sind, welche auch von Beamten erledigt werden können.

Einige gesetzliche Regelungen aus der Zeit vor 1933 kannten die Einrichtung der politischen Beamten, das sind Beamte, bei denen eine fortdauernde Übereinstimmung in prinzipiellen Ansichten mit der leitenden Autorität notwendig ist. So waren z. B. in den meisten Reichs- und Landesministerien die Staatssekretäre und Abteilungsleiter oder in der preußischen inneren Verwaltung die Oberpräsidenten, Regierungspräsidenten und Landräte politische Beamte. Seit 1945 gibt es mit Ausnahme der Länder der amerikanischen Zone nur noch unpolitische Beamte, deren Stellung und Tätigkeit also unabhängig von der jeweils herrschenden politischen Richtung ist. Für die Wiedereinführung des politischen Beamten spricht, daß auch gegenwärtig alle wichtigeren Beamtenposten unter Beachtung der politischen Haltung der Bewerber besetzt werden. Es fördert sicherlich die politische Ehrlichkeit und Offenheit, wenn man solche Gesichtspunkte nicht heimlich, sondern in der Öffentlichkeit behandelt. Was insbesondere die Stellung der Minister anlangt, so ist es für einen Politiker schwer, ein Amt zu übernehmen, wenn er auf einen leitenden Mitarbeiterstab angewiesen ist, der unter Umständen nicht gewillt ist, mit ihm zusammen zu arbeiten. Durch die Aufrichtung bürokratischer Hemmnisse läßt sich ohne Schwierigkeit die ministerielle Arbeit völlig lahm legen. Gegen die Wiedereinführung des politischen Beamtentums läßt die damit verbundene Unsicherheit der Verwaltung, hervorgerufen durch häufigen Wechsel der leitenden Beamten, durch Politisierung und damit fehlende Objektivität des Beamtentums, geltend machen. Außerdem kann eine weitgehende Charakterverbildung des Beamten eintreten, weil jeder, der „weiter kommen will", gezwungen ist, Rücksicht auf seine „politischen Freunde" zu

[1]) Die Regelungen im einzelnen sind nicht ganz einheitlich, verfolgen aber im wesentlichen die oben mitgeteilte Linie; vgl. z. B. Erlaß des Innenministers Nordrhein-Westfalen II A 1/2311/47 vom 3. 9. 1947.

[2]) Die Frage der Zugehörigkeit von Beamten zu den Parlamenten ist in der Öffentlichkeit stark diskutiert. — Vgl. z. B. Die Neue Zeitung 1948, Nr. 108. — Die Militärregierungen stehen der Zugehörigkeit i. a. ablehnender gegenüber als die deutsche Öffentlichkeit. So hat z. B. die britische und amerikanische Militärregierung für Polizeibeamte jede parlamentarische Tätigkeit schlechthin verboten — Ordonnanz Nr. 17 —.

nehmen. Richtig dürfte daher ein Mittelweg sein: Für die Kommunalverwaltung hat sich das politische Beamtentum seit langem bewährt. Auch die leitenden Kommunalbeamten in der britischen Zone, die Oberstadtdirektoren und die Oberkreisdirektoren sind heute politisch gebunden trotz aller anderslaufenden Bestrebungen der britischen Militärregierung. Für die staatliche Verwaltung erscheint an den Zentralstellen zum mindesten ein politischer Staatssekretär unbedingt notwendig, der für die technische Durchführung der Richtlinien des Ministers, der ja selbst meist kein Verwaltungsfachmann ist, sorgen muß. Ob man die Leiter der Mittelbehörden, wo sie noch bestehen, zu politischen Beamten machen will, wird von der Ausgestaltung dieser Behörden abhängen. Wenn sie lediglich Außenstellen der Ministerien sind, wird es nicht nötig sein.

Das Koalitionsrecht der Beamten ist nicht mehr bestritten[1]). Sie können Mitglied der für sie in Betracht kommenden Gewerkschaften werden. Wichtig ist ferner die Neuregelung des Betriebsrätewesens in der öffentlichen Verwaltung. Durch Kontrollratsgesetz Nr. 22 und die von den einzelnen Militärregierungen herausgegebenen Erläuterungen ist angeordnet, daß auch in der öffentlichen Verwaltung Betriebsräte aus Beamten, Angestellten und Arbeitern gemeinschaftlich im Verhältnis zu ihrer Gesamtzahl zu bilden sind. Die Aufgaben der Betriebsräte sind in Betriebsvereinbarungen zwischen den Behördenleitern einerseits und den Betriebsräten andrerseits festzulegen. Es ist also nicht zu billigen, wenn Behördenleiter den Betriebsräten und damit der Belegschaft irgendeine Ordnung „aufoktroyieren". Das widerspricht den einfachsten Grundlagen jeder demokratischen Gestaltung. Der Betriebsrat muß zuständig sein für alle der Dienststelle zugehörigen Bediensteten mit Ausnahme des Dienstellenleiters und seiner unmittelbaren Vertreter. Er hat darüber zu wachen, daß die geltenden Tarif- und weiteren Bestimmungen zur Regelung der Arbeits- und Dienstverhältnisse durchgeführt und eingehalten werden. Er soll mitzubestimmen — also nicht nur beratend tätig zu werden — haben bei der Höhergruppierung, Kündigung und Entlassung von Angestellten und Arbeitern, bei Beförderung und Entlassung oder Versetzung in den Ruhestand von Beamten und bei der Versetzung von öffentlichen Bediensteten in eine andere Dienststelle. Er hat sich um die Ausbildung und Fortbildung sämtlicher Bediensteten, um die Betriebssicherheit, den richtigen Einsatz aller Kräfte, einschließlich der Kriegs- und Unfallbeschädigten und um die soziale Betreuung zu kümmern. Bei unüberbrückbaren Meinungsver-

---

[1]) Dagegen sprach sich noch aus: Köttgen, Das deutsche Berufsbeamtentum, 1928, S. 114.

schiedenheiten zwischen Behördenleitung und Betriebsrat empfiehlt sich die Verabredung eines Schlichtungs- oder Einigungsverfahrens[1]). Als letzte Instanz muß im Interesse der staatlichen Autorität eine Behörde, die der im Streit befindlichen vorgesetzt ist, tätig werden.

Ein unbedingtes Streikrecht ist den Beamten nicht zuzubilligen. Im Rechtsstaat bilden sie zwar keine besondere Klasse mehr, die anders zu behandeln ist als andere Arbeitnehmer. Man könnte deshalb das Streikrecht der Beamten demjenigen sonstiger Arbeitnehmer gleichsetzen. Andrerseits bietet gerade der Rechtsstaat die Möglichkeit, alle Streitigkeiten, auch Tarifstreitigkeiten in gerichtlichen Formen auszutragen. Sodann ist zu berücksichtigen, daß der öffentliche Dienst für die Allgemeinheit von weit größerer Bedeutung ist als jede andere Tätigkeit. Durch einen Streik werden hier nicht nur die unmittelbar Beteiligten betroffen, sondern weite Kreise des Volkes, die möglicherweise mit der Streitfrage, deretwegen der Streik ausbricht, nichts zu tun haben. Infolgedessen ist das Streikrecht der Beamten zu beschränken auf die Fälle, bei denen der Streik der Abwehr eines gewaltsamen Verfassungsbruchs dienen soll, ferner diejenigen, bei denen der Streik zur Abwehr eines allgemeinen Notstandes erforderlich ist. Die erste Möglichkeit ist kein Streik im herkömmlichen Sinn, sondern eine tatsächliche Arbeitsniederlegung. Bei der zweiten Möglichkeit ist die Anordnung durch die Gewerkschaften nötig, die zweckmäßigerweise hierbei die gleichen Formen beachten wie bei jedem anderen Streik. Wenn man schon einen Unterschied zwischen Beamten und Angestellten und zwischen Beamten auf Lebenszeit und nicht auf Lebenszeit angestellten Beamten macht, wird man für alle öffentlichen Bediensteten, die nicht Beamte auf Lebenszeit sind, ein Streikrecht zur Verbesserung der Arbeitsbedingungen bejahen müssen.

Der Staat gewährt dem Beamten Fürsorge und Schutz bei seinen amtlichen Verrichtungen (§ 44 bizonal. Entw.). Unter Fürsorge versteht man Ehrenschutz, insbesondere Schutz gegen Beleidigungen durch Stellen von Strafanträgen (§ 194 StGB.), Sorge für die Gesundheit durch Bereitstellung angemessener Diensträume, Sorge für die finanzielle Lage durch Vergebung von Sonderzuteilungen. In der Zeit nach dem Zusammenbruch litt die Behördenarbeit weitgehend darunter, daß die Behörden

---

1) Die Musterbetriebsvereinbarung für das Land Nordrhein-Westfalen z. B. sieht vor: § 12. Einigen sich Behördenleiter und Betriebsrat nicht, so können beide Teile den Gesamt- und Hauptbetriebsrat, vertreten durch seinen Personalausschuß, anrufen. Der Personalausschuß zieht zu seiner Beratung bevollmächtigte Vertreter des Innen-, Finanz- und Arbeitsministers hinzu. Kommt es in den Verhandlungen vor dem Personalausschuß nicht zu einer Einigung, so erläßt dieser einen schriftlichen und begründeten Vorbescheid. Die Entscheidung obliegt dann endgültig dem Kabinett.

hier mit der freien Wirtschaft nicht Schritt halten konnten. Ein Ausfluß des Fürsorgerechts ist es, daß der Beamte über Beschwerden und Behauptungen tatsächlicher Art, die ihm nachteilig werden könnten, gehört werden muß (§ 46 biz. BG.). Seit langem wird ihm das Recht der Einsichtnahme in seine Personalakte zugebilligt (Art. 129 Abs. 3 WRV.). Bei Verletzung der Fürsorgepflicht entsteht ein unmittelbar sich aus dem Beamtenverhältnis ergebender öffentlich-rechtlicher Schadenersatzanspruch des Beamten.

Dem Beamten steht gegen dienstliche Maßnahmen eines Vorgesetzten, die ihm nachteilig sind oder von denen er annimmt, daß sie ihm nachteilig werden können, Beschwerde an den höheren Dienstvorgesetzten zu. Im übrigen ist die Form der Geltendmachung persönlicher Rechte, z. B. auf Einstellung, die Klage im Verwaltungsstreitverfahren.

b) Vermögensrechte.

Die Berufsbeamten haben in erster Linie Anspruch auf Besoldung. Sie wurde bisher nicht als Bezahlung für geleistete Dienste angesehen, sondern als Gewährung eines Unterhaltes, der dem Beamten die Sorge für alle Lebensbedürfnisse abnimmt und seine ganze Kraft für den öffentlichen Dienst frei hält. Eine solche Erklärung erscheint gekünstelt. Wie jede Arbeit ist auch diejenige des Beamten ihres Lohnes wert. Zwangloser ist es, die Besoldung als Entgelt für geleistete Dienste anzusehen. Es gibt eingehende Besoldungsgesetze, nunmehr in vielen Fällen erlassen durch die neuen Länder. Die Berufsbeamten haben weiterhin einen Anspruch auf Versorgung. Zu unterscheiden ist Wartegeld, Ruhegehalt und Hinterbliebenenbezüge. Ruhegehaltsfähig ist nach allen Regelungen das letzte Diensteinkommen des Beamten. Hierüber, sowie über die ruhegehaltsfähige Dienstzeit, sind ebenfalls eingehende Bestimmungen üblich. Wartegeld steht demjenigen Beamten zu, der sich im einstweiligen Ruhestand befindet. Die Zahlung endet mit dem Ende des Wartestandes durch Wiedereinstellung, Pensionierung, Dienstentlassung oder Tod. Zur Entstehung eines Anspruchs auf Ruhegehalt ist erforderlich, daß der Beamte ruhegehaltsberechtigt ist (Anstellung auf Lebenszeit, Bekleidung einer Planstelle oder Vollendung einer wenigstens zehnjährigen Dienstzeit) und daß der Übertritt in den Ruhestand erfolgt ist. Anspruch auf Hinterbliebenenbezüge haben die Witwe und die ehelichen oder legitimierten Kinder eines ruhegehaltsberechtigten Beamten. Ausgenommen sind meist Hinterbliebene aus einer Ehe, die der Beamte erst nach dem Eintritt in den Ruhestand geschlossen hat, Witwen aus einer Ehe, die erst kurz vor dem

Tode des Beamten mit dem Ziel einer Versorgung für sie geschlossen wurde und geschiedene Frauen. Der Hinterbliebenenanspruch entsteht für die Berechtigten kraft Gesetzes; er ist unabhängig von den erbrechtlichen Verhältnissen. Er erlischt im allgemeinen mit dem Tod oder der Verheiratung des Bezugsberechtigten, bei den Waisen mit der Vollendung des 18. Lebensjahres, nach anderen Regelungen mit der Volljährigkeit (z. B. §§ 101 ff. DBG.).

Für die Versorgung entstehen durch den Zusammenbruch die gleichen Schwierigkeiten, wie sie für den Fortbestand des Beamtenverhältnisses geschildert sind. Die Gebietsnachfolgeschaft der neuen Länder ergreift logischerweise die Versorgungsansprüche (für brit. Zone z. B. finanztechnische Anweisung Nr. 88). Von ihr betroffen werden mithin auch die Beamtenfamilien, deren Erhalter sich in Gefangenschaft befindet oder vermißt ist. Die Folgen der Gebietsnachfolgeschaft erstrecken sich aber nicht auf alle unmittelbaren Reichsbeamten und Beamten anderer Körperschaften, die durch die Auflösung ihrer Behörde oder der Evakuierung ihrer Beschäftigungsorte mit unerfülltem Beschäftigungsanspruch sich in einem Lande aufhalten, auf dessen Territorium sich ihre ehemalige Beschäftigungsbehörde nicht befindet oder befand, die sogenannten verdrängten Ruhestandsbeamten. In der gleichen Lage sind die Hinterbliebenen solcher Beamter und die Familien derjenigen Beamten, die selbst noch in Gefangenschaft oder vermißt sind.

Sofern die Tätigkeit der Verstorbenen, Vermißten oder noch in Gefangenschaft befindlichen Beamten zu einem Aufgabengebiet gehörte, das nun wieder zu einer oberhalb der Landesebene arbeitenden Behörde gehört, wird diese, z. B. die Bundespost oder -bahn, als zahlungspflichtiger Dienstherr „Reich" anzusehen sein. Die Entwicklung geht dahin, daß die Bundesverwaltung für die Erfüllung der Versorgungsansprüche zuständig wird.

Vorerst noch haben sich die Länder eingeschaltet. Rechtsgrundlage sind teils zonale Bestimmungen (z. B. für die brit. Zone finanztechnische Anweisung Nr. 88), teils Landesgesetze. Die meisten Regelungen gewähren den Berechtigten 50% ihrer Versorgungsbezüge. Finanztechnisch wird die Leistung als Vorschußzahlung bezeichnet (z. B. die Zahlungen an die verdrängten Ruhestandsbeamten und Hinterbliebenen, deren Ansprüche sich ausschließlich gegen ihren früheren Dienstherren richten, werden vom Lande Niedersachsen nur vorschußweise und vorbehaltlich der erforderlichen Regelung für das Vereinigte Wirtschaftsgebiet oder durch den Bund und nur in Höhe eines Teils ihrer Versorgungsbezüge geleistet. Der niedersächsische Minister der Finanzen, Abt. I/5 — 105015 vom 3. Mai 1949). Diese Art der Regelung macht ein Abstimmen der

Landesregelungen aufeinander nötig mit dem Ziel für jedes Land, nur dann aus anderen Ländern zuziehende Personen zu berücksichtigen, wenn diese Länder die aus dem eigenen Land abziehenden Personen in der gleichen Weise behandeln.

Nur durch gesetzliche Bestimmungen kann die Frage beantwortet werden, ob und in welchem Umfang Beamten der Schaden zu ersetzen ist, den sie in der Zeit zwischen 1933 und Mai 1945 infolge aus politischen Gründen erfolgter Entlassung, Herabstufung usw. erlitten haben. Die Wiedergutmachung wird zweckmäßigerweise nicht nur durch finanzielle Leistungen, sondern wenn eben möglich durch Wiedereinstellungen vorzunehmen sein.

Gesetzlich ist der Gegenstand nur in den Ländern der amerikanischen Zone geregelt. § 22 Wiedergutmachungsgesetz erkennt den Anspruch auf vorzugsweise Wiedereinstellung an, wobei die Dienststellung zu gewähren ist, die der Beamte voraussichtlich erreicht hätte, wenn er nicht entlassen worden wäre. Unterbliebene regelmäßige Beförderungen sind nachzuholen. Etwaige erforderliche Prüfungen sind in erleichterter Form abzunehmen. Die Entlassungszeit ist auf das Besoldungsdienstalter anzurechnen. Außerdem erhält der Beamte eine geldliche Entschädigung, die den Besoldungsbezügen entspricht, die ihm für die fragliche Zeit bei der Versetzung in den Ruhestand zugestanden hätten, mindestens aber zwei Drittel seiner letzten Dienstbezüge. Die Entschädigung darf 25 000 DM nicht übersteigen. In den übrigen Zonen sind einheitliche Richtlinien nicht festzustellen, so daß viel dem Zufall überlassen bleibt und manches von der persönlichen Auffassung der Behördenleitungen abhängt.

Geregelt werden müssen weiterhin die vermögensrechtlichen Ansprüche derjenigen Personen, die nach dem Mai 1945 ihr Amt und laufendes Gehalt verloren haben. Im einzelnen hängt die Lösung wesentlich von dem Schicksal ihrer Beamtenstellung überhaupt ab.

E h r e n b e a m t e haben keinen Anspruch auf Besoldung und Versorgung. Ihnen können nur Aufwandsentschädigungen als Ersatz ihrer Unkosten und des entgangenen Gewinns gewährt werden. Sie bestehen in Geld- oder Sachleistungen. Manche Ehrenbeamte erhalten außerdem einen Ehrensold, der es ihnen ermöglichen soll, die hauptberufliche Tätigkeit zugunsten des Ehrendienstes zu vermindern. Das gibt es vor allem auf dem Gebiet der kommunalen Selbstverwaltung.

Zur Erledigung von K l a g e n, mit denen Vermögensansprüche von Beamten geltend gemacht werden, sind die Landgerichte zuständig. (§§ 142, 182 DBG. Die in § 13 Abs. 2 Führererlaß vom 3. April 1940 vorgesehene Bestimmung der Zuständigkeit des Reichsverwaltungsgerichts ist niemals erfolgt. Ob Art. 33 westd. GG. den ordentlichen Rechtsweg vorschreibt, ist zweifelhaft. Vgl. Friesenhahn in: DV. 1949 S. 484.)[1])

13. Wartestand

Wird eine Behörde aufgelöst oder wird sie durch gesetzliche Vorschriften mit einer anderen verschmolzen oder in ihrem Aufbau wesentlich verändert, so kann es vorkommen, daß bisher bei dieser Behörde beschäftigte auf Lebenszeit oder auf Zeit ernannte Beamte keine Beschäftigung mehr haben. Für derartige Fälle sehen die Beamtengesetze die Einrichtung eines Wartestandes vor (z. B. § 51 biz. BG.). Meist sind an den Eintritt des Wartestandes bestimmte Bedingungen geknüpft; so bestimmt z. B. § 53 DBG., daß eine Versetzung in den Wartestand nur innerhalb dreier Monate nach Eintritt eines der genannten Ereignisse stattfinden darf. Ohne das Vorliegen der genannten Voraussetzungen können politische Beamte in den Wartestand versetzt werden, wenn das, wie einige ältere Gesetze sich ausdrücken, „aus Rücksicht auf die Verwaltung für angemessen erachtet wird", also wenn — mit anderen Worten — die zur Macht gekommene politische Richtung sie nicht mehr verwenden will. Diese Regelung ist die vermögensrechtliche Folge der Einrichtung des politischen Beamtentums.

Ein Beamter kann weiterhin als Folge einer Begnadigung oder eines mit Erfolg durchgeführten Wiederaufnahmeverfahrens nach einigen Gesetzen in den Wartestand versetzt werden. Schließlich ist das gleiche Ergebnis denkbar als Folge der Zurücknahme der Berufung in ein Amt bei gewissen Zeitbeamten.

Ehrenbeamte können regelmäßig nicht in den Wartestand versetzt werden.

Der Wartestandsbeamte bleibt Beamter. Er verliert jedoch mit dem Beginn des Wartestandes seine Amtsstelle und wenn im Einzelfall nichts anderes bestimmt wird, die Nebenämter und Nebenbeschäftigungen, die ihm im Zusammenhang mit seinem Hauptamt übertragen wurden. Dienstvorgesetzter und Dienstbehörde bleiben die bisherigen Stellen oder bei deren Auflösung die im Augenblick der Auflösung diesen vorgesetzten Stellen. Wartestandsbeamte erhalten im allgemeinen während des Wartestandes die bisherigen Dienstbezüge. Manchmal ist der Bezug des vollen

---

[1]) Die ältere Lehre unterscheidet bei den Rechten der Beamten: Freiheiten, Mitwirkungsrechte und positive Ansprüche — z. B. W. Jellinek, Verwaltungsrecht, Berlin 1929, S. 364 ff. —. Angesichts des nun nicht mehr möglichen Bestreitens des Bestandes von subjektiv-öffentlichen Rechten dürfte diese Einteilung überholt sein. Erheblich ist lediglich, ob dem Beamten ein solches Recht zusteht und in welcher Form er es geltend machen kann.

Diensteinkommens jedoch auf eine bestimmte Zeit befristet. Für richterliche Beamte im Wartestand gibt es keine Gehaltsbeschränkungen (§ 8 GVG.). Die Wartestandsbeamten führen ihre bisherigen Amtsbezeichnungen oder Titel weiter, nach manchen Regelungen mit dem Zusatz: „Zur Dienstverwendung“ (z. D.). Der Wartestandsbeamte muß damit rechnen, wieder im aktiven Dienst eingesetzt zu werden. Im allgemeinen sehen die Gesetze vor, daß er einen Anspruch auf ein Amt in mindestens der gleichen Qualität oder einer gleichwertigen Laufbahn hat.

Der Wartestand endet, wenn dem Beamten ein derartiges neues Amt übertragen wird oder wenn das aktive Beamtenverhältnis überhaupt endet.

14. Beendigung des Beamtenverhältnisses

a) Ausscheiden.

aa) Im allgemeinen dürfen nur Staatsangehörige des betreffenden Staates Beamte sein. Manchmal ist vorgesehen, daß mit der Übertragung eines Amtes an Ausländer diese Staatsangehörige werden. Umgekehrt scheiden Beamte mit dem Verlust der Staatsangehörigkeit aus dem Amt aus. (Biz. Entwurf vermeidet bewußt eine solche Regelung.)

bb) Als weiteren Ausscheidungsgrund sehen viele Regelungen die Verlegung des Wohnsitzes in das Ausland vor. Für Ruhestandsbeamte gelten hier meist besondere Bestimmungen, da ihnen die Verlegung ihres Wohnsitzes ins Ausland nicht nachteilig werden darf.

cc) Das Beamtenverhältnis endet sodann durch eine das Ende aussprechende gerichtliche Verurteilung. Dabei ist eine zweifache Lösung denkbar. Entweder schließt sich das Beamtenrecht an das Strafrecht an oder aber das Beamtenrecht enthält eigene Bestimmungen. Die erstere Lösung führt zur Beendigung des Beamtenverhältnisses nur bei den Fällen, in denen rechtskräftige Strafurteile das aussprechen. Hierzu gehören die Verurteilung zu Zuchthaus (§ 31 StGB.), die Aberkennung der bürgerlichen Ehrenrechte (§ 33 StGB.) und die Aberkennung der Fähigkeit zur Bekleidung öffentlicher Ämter (§ 35 Abs. 2 StGB.). Nach herrschender Ansicht tritt auch mit der Todesstrafe eine Beendigung des Beamtenverhältnisses ein, obwohl das im deutschen Strafgesetzbuch nicht ausdrücklich bestimmt ist.

Von solchen Fällen zu unterscheiden sind diejenigen, bei denen die Beendigung des Beamtenverhältnisses nicht ohne weiteres aus dem Strafurteil folgt, sondern noch ein besonderes Disziplinarverfahren erforderlich ist, welches aus dem rechtskräftigen Strafurteil aufbauen und zum Amtsverlust führen kann. Bei dieser Regelung ist es denkbar, daß die einzelnen

Fälle in besonderen Gesetzen aufgeführt oder daß nur allgemeine gesetzliche Rahmenbestimmungen vorhanden sind und im übrigen jeder Fall besonders behandelt wird. DBG. zählt enumerativ die Fälle auf, bei denen als disziplinäre Folge des Strafurteils der Amtsverlust eintritt (§ 53). § 66 biz. BG. kennt eine Entlassung, wenn der Beamte mit seinen Leistungen anhaltend erheblich hinter dem zu fordernden Maß zurückbleibt und im Gesetz (§ 40) vorgesehene Maßnahmen gegen ihn erfolglos waren. Die Entlassung wird dann nicht von einem Disziplinargericht, sondern von der obersten Dienstbehörde, bei Beamten des Wirtschaftsrates vom Präsidium ausgesprochen.

Wartestandsbeamte werden im allgemeinen behandelt wie aktive Beamte. Für Ruhestandsbeamte gelten meist einige Sondervorschriften (z. B. § 132 DBG.).

Als Folge des Ausscheidens aus dem Amt in den bisher erwähnten Fällen hat der Beamte keinen Anspruch auf Dienstbezüge und Versorgung. Er darf die Amtsbezeichnung und die im Zusammenhang mit dem Amte verliehenen Titel nicht mehr führen und darf keine Uniform mehr tragen.

b) Entlassung.

aa) Wo ein Eid verlangt wird, führt die Verweigerung des Eides meist zur Entlassung (z. B. § 57 DBG., ähnlich wie § 67 biz. Entw.).

bb) Das gleiche Ergebnis tritt ein bei der Weigerung eines auf Zeit bestellten Beamten zur Weiterführung des Amtes nach Zeitablauf.

cc) Manche Regelungen sehen die Möglichkeit einer Entlassung auf den Antrag des Beamten hin vor. Dem Antrag kann erst stattgegeben werden, wenn der Beamte seine laufenden Amtsgeschäfte ordnungsgemäß erledigt hat. Ein derartiger Antrag wird behandelt wie eine Willenserklärung nach bürgerlichem Recht. Das ist von Bedeutung vor allem für eine etwaige Nichtigkeit oder Anfechtbarkeit[1]). Eine Bestätigung oder sonstige Beteiligung der Stelle, an die der Entlassungsantrag gerichtet ist, wird im allgemeinen nicht für erforderlich gehalten[2]).

dd) Häufig wird der Beamte erst dann in eine feste Anstellung auf Lebenszeit übernommen, wenn er vorher eine Zeitlang ohne feste Bindung gearbeitet hat. Während der Zwischenzeit wird er „auf Widerruf" oder „auf Zeit" beschäftigt. Das einzelne Verhältnis muß angeben, ob die Auflösung des Beamtenverhältnisses ohne Einhaltung einer Kündigungsfrist oder nur nach einer Kündigungsfrist möglich ist.

---

1) RGZ. 126, 243; 134, 167.

2) RGZ. 141, 240.

ee) Da alle Ausnahmebestimmungen gegen weibliche Beamte beseitigt sind (Art. 128 WRV., Art. 3 westd. GG., § 3 biz. BG.), führt die Verheiratung einer Beamtin nicht ohne weiteres zur Entlassung aus dem Beamtenverhältnis[1]). Etwa sich aus der Eheschließung ergebende Schwierigkeiten, wie z. B. hinsichtlich des Wohnsitzes, werden durch besondere Bestimmungen geklärt (Grundsätze der Reichsregierung über die Rechte und Pflichten der verheirateten Beamten von 1920)[2]).

Nach der Entlassung hat der Beamte keine Ansprüche auf Dienstbezüge und Versorgung. Auch verliert er meist das Recht auf Amtsbezeichnung und die im Zusammenhang mit dem Amt verliehenen Titel sowie das Recht zum Tragen einer Uniform. Die letzteren Folgen können jedoch für einzelne Fälle kraft ausdrücklicher gesetzlicher Bestimmungen entfallen.

c) Eintritt in den Ruhestand.

Das normale Ende des Beamtenverhältnisses ist der Eintritt in den Ruhestand.

Der Übertritt in den Ruhestand kann erfolgen kraft Gesetzes bei Erreichung der Altersgrenze, meist 65 Jahre, jedoch bei besonderer Wichtigkeit des Beamten durch Anordnung einer gesetzlich bestimmten Verwaltungsstelle auch später (§ 59 bizonal. Entw.), nach Ablauf der Amtszeit für Beamte auf Zeit, durch Eintritt einer Amtsbehinderung.

Er kann erfolgen wegen Dienstunfähigkeit des Beamten, wenn er infolge eines körperlichen Gebrechens oder wegen Schwäche seiner körperlichen oder geistigen Kräfte zur Erfüllung seiner Dienstpflichten dauernd unfähig ist (§§ 60 ff. bizonal. Entw.).

Beamte auf Zeit werden Beamten auf Lebenszeit meist gleichgestellt. Beamte auf Widerruf werden in den Ruhestand versetzt meist nur, wenn sie infolge einer Beschädigung dienstunfähig geworden sind, die sie sich ohne grobes Verschulden bei Ausübung oder aus Veranlassung des Dienstes zugezogen haben (§ 63 bizonal. Entw.). Wartestandsbeamte können auf Antrag jederzeit in den Ruhestand versetzt werden (§ 64 bizonal. Entw.).

Mit dem Eintritt in den Ruhestand entsteht der Versorgungsanspruch auf Zahlung des Ruhegehalts. Die allgemeinen Beamtenpflichten gelten für pensionierte Beamte grundsätzlich nicht. Sie sind keine Beamten mehr. Es besteht insbesondere keine Pflicht zum Wiedereintritt in den Dienst. Wenn sich pensionierte Beamte nach 1945 wieder zur Verfügung stellten, so war das eine freiwillige Handlung.

---

[1]) § 63 DBG. bestimmte, daß ein verheirateter weiblicher Beamter zu entlassen sei, wenn seine wirtschaftliche Versorgung nach der Höhe des Familieneinkommens dauernd gesichert sei.

[2]) Arch. öff. R., Bd. 41, S. 229.

Den gleichen Schwierigkeiten wie hinsichtlich der Fortsetzung des Beamtenverhältnisses nach 1945 sieht sich eine Neuregelung der bereits vor 1945 laufenden Pensionen gegenüber. Auch hier wird man davon auszugehen haben, daß alte Pensionsansprüche nicht automatisch weiter laufen, sondern daß jeweils neue Rechtsgrundlagen geschaffen werden müssen, bei deren Festlegung der Gesetzgeber freie Hand hat.

Zur gerichtlichen Entscheidung über solche Ansprüche sind die Landgerichte zuständig.

15. Zivilrechtliche Verantwortlichkeit

a) Amtshaftung.

aa) Die Verpflichtung des Beamten zum Schadenersatz gegenüber dritten Personen ist nach § 839 BGB. von dem Vorhandensein einer Amtspflicht gegenüber dem Geschädigten und der vorsätzlichen oder fahrlässigen Verletzung dieser Pflicht durch den Beamten abhängig. Fahrlässigkeit begründet hierbei nur dann einen Schadenersatzanspruch, wenn der Geschädigte nicht in anderer Weise Ersatz verlangen kann. Weitere Voraussetzung der Haftung ist schließlich, daß der Geschädigte nicht schuldhaft versäumt hat, alle vorhandenen Rechtsmittel anzuwenden.

bb) Die Amtshaftung ist jedoch regelmäßig auf die Körperschaft übertragen, in deren Dienst sich der Beamte befindet. Im einzelnen:

Ist die Amtspflichtverletzung in Ausübung der öffentlichen Gewalt begangen, so haftet nach außen die Anstellungskörperschaft an Stelle des Beamten (Art. 131 WRV., Art. 34 westd. GG., Reichsgesetz vom 22. Mai 1910, Preuß. Gesetz vom 1. August 1909). Die Körperschaft haftet insbesondere auch dann, wenn der Beamte wegen Unzurechnungsfähigkeit nicht verantwortlich ist.

Ist die Amtspflichtverletzung im Rahmen eines privaten Rechtsverhältnisses begangen, so haftet die Körperschaft neben dem Beamten gemäß § 278 BGB.

Ist die Amtspflichtverletzung weder in Ausübung der öffentlichen Gewalt noch im Rahmen privater Rechtsbeziehungen zu dem Geschädigten begangen, so haftet die Körperschaft nur nach Maßgabe des § 831 BGB. Ist jedoch der Beamte verfassungsmäßiger Vertreter der Körperschaft, so bestimmt sich die Haftung nach §§ 31, 89 BGB., nicht nach § 831 BGB.

cc) Die Verpflichtung des Beamten zum Schadenersatz gegenüber seinem Dienstherrn kann auf einem Rückgriff wegen der Inanspruchnahme aus einem der oben genannten Fälle beruhen. Die sogenannte mittelbare Haftung des Beamten beschränkt sich auf Vorsatz und grobe Fahrlässigkeit. Der Beamte haftet außerdem unmittelbar wegen jedes sonstigen schädigenden Verhaltens bei Vorsatz und jeder Fahrlässigkeit (§ 23 DBG.). Für manche Beamtenarten gibt es besondere gesetzliche Regelungen (z. B. Pr. AG. zur Grundbuchordnung Art. 8, § 33 Reichshaushaltsordnung vom 14. April 1930).

b) Verfahren.

aa) Schadenersatzansprüche einer öffentlich-rechtlichen Körperschaft gegen ihren Beamten sind im ordentlichen Rechtsweg geltend zu machen. Zur beschleunigten Befriedigung der Körperschaft kann mit der Schadenersatzforderung gegen die Besoldungsansprüche des Beamten aufgerechnet werden (§ 387 BGB.). Bei vorsätzlicher Schädigung kann sie auch den unpfändbaren Teil des Diensteinkommens in Anspruch nehmen (§ 394 BGB.)[1]. Da den Hinterbliebenen ihre Bezüge nicht als Erbe, sondern kraft eigenen Rechtes zustehen, ist eine Aufrechnung gegen sie mit einer Schadenersatzforderung gegen den verstorbenen Beamten nicht möglich.

bb) Die Beanspruchung des Staates wegen einer Amtspflichtverletzung eines Beamten erfolgt meist im ordentlichen Rechtsweg. (So sämtliche neue Länderverfassungen, auch Art. 34 westd. GG. Nur Süd-Baden sieht den Verwaltungsrechtsweg vor[2])).

cc) Das zunächst nur landesrechtlich, dann auch reichsrechtlich geordnete Defektenverfahren dient der erleichterten Beschaffung eines vollstreckbaren Titels und seiner Vollstreckung gegen den Beamten (Pr. Verordnung vom 24. Januar 1844, ihr nachgebildet §§ 134 ff. RBG. von 1907, neu geregelt durch Gesetz vom 18. April 1937 — RGBl. I, S. 461.) Voraussetzung für das Verfahren ist, daß durch ein schuldhaftes Verhalten eines Beamten im strafrechtlichen Sinn ein Fehlbestand am öffentlichen Vermögen seiner Verwaltung eingetreten ist. Die betroffene Verwaltungsstelle oder die vorgesetzte Stelle kann dann einen Erstattungsbeschluß erlassen, der den herauszugebenden Gegenstand oder die zu

---

[1] RGZ. 85, 116.

[2] Die entsprechende Bestimmung, Art. 108 bad. Verf. dürfte durch Art. 34 westd. GG. nicht automatisch geändert sein. Jedoch ist Baden verpflichtet, eine Änderung vorzunehmen. Vgl. Friesenhahn in: DV. 1949, S. 483. Art. 34 eröffnet nicht unmittelbar den ordentlichen Rechtsweg, sondern enthält ein Verbot für die Gesetzgebung, ihn auszuschließen.

erstattende Geldsumme festsetzt. Dem Betroffenen steht binnen drei Monaten hiergegen Klage im Verwaltungsstreitverfahren zu.

16. Dienststrafrecht

a) Gesetzliche Grundlage.

Ältere Regelungen, z. B. Pr. ALR. (Titel 20, Teil II), kannten keinen Unterschied zwischen Strafrecht und Dienststrafrecht (Disziplinarrecht). Insbesondere wurden Amtsverbrechen, „Verbrechen der Diener des Staates", die die Täter nur in ihrer Eigenschaft als Beamte begehen können, und Verfehlungen rein disziplinärer Art in den gleichen Gesetzen behandelt. Die Grenze zwischen den beiden Gruppen war nicht immer die gleiche. Viele Pflichtverletzungen, die die Gegenwart nur disziplinarisch ahndet, wurden in früherer Zeit mit kriminellen Strafen belegt. Auch die die Strafen verhängenden Stellen haben sich im Laufe der Zeit geändert. Nach früherer Regelung waren häufig die Strafgerichte nicht nur für kriminelle Strafen, sondern auch für Disziplinarstrafen zuständig. Infolgedessen gab es lange keine Scheidung zwischen Straf- und Dienststrafgerichten.

In Preußen z. B. wurde eine Trennung beider Gebiete erstmalig durch Gesetz vom 29. März 1844 — GS. S. 77 — durchgeführt. Das Gesetz unterschied grundsätzlich zwischen gemeinen Verbrechen, zu denen auch die Amtsverbrechen gezählt wurden, und den eigentlichen Disziplinarverfehlungen. Die ersteren wurden wie bisher von den ordentlichen Gerichten behandelt, während für die letzteren in einem besonderen Dienststrafverfahren besondere Dienststrafbehörden in Tätigkeit traten. Eine ähnliche Entwicklung zeigte sich in den übrigen deutschen Ländern.

Das immer stärker hervortretende Verlangen nach einer Sicherung der richterlichen Unabhängigkeit führte zu einer Sonderbehandlung der Richter gegenüber den übrigen Beamten. So ergingen in Preußen am 7. Mai 1851 ein Gesetz betreffend die Dienstvergehen der Richter, und am 21. Juli 1852 ein Gesetz betreffend die Dienstvergehen der nichtrichterlichen Beamten. Beide Gesetze galten mit einigen Abänderungen bis zum Jahre 1932. Andere Länder übernahmen zum Teil die Disziplinarbestimmungen in die Beamtengesetze, z. B. das bayrische Beamtengesetz vom 15. Juli 1908.

Dieser letzteren Regelung schloß sich das Reichsbeamtengesetz vom 31. März 1873 an, das das Dienststrafrecht in §§ 72 bis 133 behandelt. Unter Berücksichtigung demokratischer Grundsätze wurden am 27. Januar 1932 in Preußen eine Beamtendienststrafordnung und eine Dienststrafordnung für richterliche Beamte — GS. S. 59 ff und S. 79 ff. — erlassen.

Sie waren nur kurze Zeit in Kraft und wurden zunächst umgestaltet, dann aber überholt durch die Einführung der Reichsdienststrafordnung (RDStO.) vom 26. Januar 1937. Die RDStO. beseitigte alle bis dahin geltenden landesrechtlichen und reichsrechtlichen Bestimmungen und trat für Reich und Länder an ihre Stelle. Sie schuf mithin ein einheitliches Dienststrafgesetz für alle deutschen Beamten, die unter das DBG. fielen. Von dem DBG. war sie zwar formell getrennt, jedoch wurde sie gleichzeitig mit ihm erlassen und stand so mit ihm in organischem Zusammenhang. Die RDStO. ist seit 1945 aufgehoben.

An ihre Stelle ist in Ländern der amerikanischen und der französischen Zone eine neue gesetzliche Regelung getreten. § 42 biz. Entw. zählt einige Dienstvergehen auf. Brit. VO. Nr. 154 ermächtigt die Länder zum Erlaß von Dienststrafordnungen: z. B. Schleswig-Holstein vom 4. Mai 1948 mit DVO. — GVBl. 1948 S. 129, 1949 S. 156 — Nordrhein-Westfalen vom 20. März 1950 — GVBl. S. 52 —. Nicht betroffen hiervon werden Richter[1]).

b) Begriff.

Zu unterscheiden ist materielles und formelles Dienststrafrecht.

Das materielle Dienststrafrecht befaßt sich mit den Dienstvergehen und den für sie bestimmten Dienststrafen. Es gibt an, welche Handlungen eines Beamten als Dienstvergehen zu werten sind und welche Strafe sie zur Folge haben. Es entspricht mithin dem materiellen Strafrecht, wie es im Strafgesetzbuch und anderen strafrechtlichen Bestimmungen niedergelegt ist.

Das formelle Dienststrafrecht umfaßt das Verfahren, in welchem die Dienstvergehen behandelt werden. Die bisherigen Gesetze unterscheiden hierbei ein Verfahren für leichtere Verfehlungen, wofür im allgemeinen die Dienstvorgesetzten zuständig sind, und das sogenannte förmliche Dienststrafverfahren, in dem schwerere Verstöße geahndet werden. Das geschieht durch besondere Gerichte, die auch bei Angliederung an andere Gerichte selbständig bleiben.

c) Wesen.

Eine einheitliche Meinung ist hierüber bisher nicht herzustellen. Es wurde früher betrachtet als Standesgerichtsbarkeit oder als soziale Ehrengerichtsbarkeit. Diese Ansicht sah es oft nur als einen Zweig des allgemeinen Strafrechts an, der sich mit Staatsbürgern besonderer Art, nämlich den Beamten, befaßte. Dementsprechend wurde auch das Dienststrafverfahren nur als eine Unterart des allgemeinen Strafverfahrens angesehen. So ist z. B. die Regelung des Pr. ALR.

[1]) Zusammenstellung der Gesetze in: DRZ. 1949, S. 529 ff.

Nach neuerer Auffassung ist das Dienststrafrecht nicht ein Zweig des allgemeinen Strafrechts, sondern von diesem grundsätzlich verschieden. Es bezweckt neben der Bestrafung die Reinhaltung und Leistungsfähigkeit des Beamtentums und der Erhaltung seiner Pflichttreue und Unbescholtenheit. Andererseits dient es dem Schutz des Beamten selbst[1]). Als Dienstordnungsrecht — das nordrh.-w. Gesetz heißt Dienstordnungsgesetz — gehört es zum Verwaltungsrecht.

d) Besonderheiten.

Das Dienststraf- oder Ordnungsrecht ist nicht vom Legalitätsprinzip, sondern vom Opportunitätsprinzip beherrscht. Es gilt nicht der Grundsatz des ne bis in idem. Daher ist es möglich, wegen der gleichen Tat sowohl im ordentlichen Strafverfahren als auch im Disziplinarverfahren zu bestrafen. Wenn ein Verfahren vor dem ordentlichen Gericht mit einem solchen vor einem Disziplinargericht kollidiert, so hat gemäß § 13 GVG. das ordentliche Gericht den Vorrang. Oft ist das außerdem schon deshalb nötig, weil sich infolge des mit dem Strafurteil verbundenen Verlustes des Amtes ein Dienststrafverfahren erübrigt.

e) Dienststrafverfahren (Dienstordnungsverfahren).

Das Verfahren beginnt mit Vorermittlungen, wobei festgelegt werden muß, wer sie anstellt. Meist liegen sie in der Hand des Dienstvorgesetzten.

Das Ergebnis der Vorermittlungen führt zu einer vorläufigen Erkenntnis, welche Strafe zu erwarten ist. Ergeben die Vorermittlungen Vorgänge, bei denen nach der Ansicht des Dienstvorgesetzten eine geringere Strafe ausreicht, so geben die Gesetze im allgemeinen ihm die Möglichkeit, diese Strafe selbst zu verhängen. Dieses Verfahren wird manchmal als Ordnungsstrafverfahren bezeichnet.

Ergeben die Vorermittlungen, daß eine geringere Strafe nicht am Platze ist, so beginnt das förmliche Disziplinarverfahren. Die Gesetze müssen festlegen, wer als Einleitungsbehörde des Verfahrens in Betracht kommt. Meist sind es die für die Ernennung des betreffenden Beamten zuständigen Behörden. Die Einleitungsbehörde hat weitere Untersuchungen vorzunehmen, wenn sie das trotz der Vorermittlungen noch für erforderlich hält. Manche Regelungen sehen vor, daß die Einleitungsbehörde zu diesem Zweck einen besonderen Untersuchungsführer bestellt. Er hat in etwa die gleichen Befugnisse wie ein Untersuchungsrichter nach StPO.

---

[1]) Pr. OVG. 98, 26.

Die Einleitungsbehörde stellt nach der Untersuchung entweder das Verfahren ein, nämlich dann, wenn das Untersuchungsergebnis zur Weiterführung des Verfahrens keinen Anlaß bietet. Dabei muß geregelt werden, welche Stelle gegebenenfalls eine solche Strafe verhängt, die ohne Einleitung der Untersuchung der Dienstvorgesetzte hätte verhängen können. Oder aber die Einleitungsbehörde verfaßt eine Anschuldigungsschrift und legt die Sache dem Dienststrafgericht vor. Dienststrafkammern wurden in der Vergangenheit aus Zweckmäßigkeitsgründen im allgemeinen bei den Verwaltungsgerichten gebildet, woraus sich dann auch die sachliche und örtliche Zuständigkeit ergab. Nach der RDStO. sollte beim Reichsverwaltungsgericht ein Reichsdienststrafhof gebildet werden.

Das Dienststrafgericht führt das Verfahren durch, endend mit einem auf Grund einer Hauptverhandlung ergehenden Urteil. Die Verfahrensbestimmungen sind weitgehend der StPO. nachgebildet. Das gleiche gilt für die Rechtsmittel und die Vorschriften über die Wiederaufnahme des Verfahrens.

Neuerdings sind Bestrebungen im Gange, die Machtstellung des Vorgesetzten zu stärken und ihn weitgehend an die Stelle der Disziplinargerichte treten zu lassen. Das ist nur dort möglich, wo als „Vorgesetzter" eine andere Behörde in Betracht kommt als die Behörde des betroffenen Beamten. Ein solcher Fall war gegeben z. B. bei der bizonalen Verwaltung mit dem von den übrigen Ämtern getrennten Personalamt. Doch sind auch hiergegen schwerwiegende Bedenken geltend zu machen. Ein Gericht arbeitet nun einmal anders als eine Verwaltungsbehörde. Und wenn es sich um Menschenschicksale handelt, um das Sein oder Nichtsein eines Menschen, sollten hierüber im Rechtsstaat nur Gerichte entscheiden.

f) Dienststrafen (Dienstordnungsmittel).

Dem deutschen Recht sind bekannt:

Warnung, das ist die Mißbilligung eines bestimmten Verhaltens des Beamten mit der Aufforderung, den Fehler künftig zu vermeiden;

Verweis, das ist der Tadel eines bestimmten Verhaltens des Beamten;

Geldbuße, das ist die Zahlung einer Geldsumme, die nach den bisherigen Bestimmungen die einmonatlichen Bezüge des Beamten nicht übersteigen dürfen;

Gehaltkürzung, das ist die bruchteilmäßige Verminderung der jeweiligen Dienstbezüge um einen bestimmten Prozentsatz für eine bestimmte Zeit;

Entfernung aus dem Dienst. Sie bewirkt auch den Verlust des Anspruchs auf Dienstbezüge und Versorgung und die Befugnis, die Amtsbezeichnung und die im Zusammenhang mit dem Amt verliehenen Titel zu führen und Uniform zu tragen. Die Entfernung aus dem Dienst erstreckt sich im allgemeinen auf alle Ehren- und Nebenämter.

Kürzung oder Aberkennung des Ruhegehalts. Hiervon betroffen werden i. a. nur Ruhestandsbeamte. Die Aberkennung des Ruhegehalts setzt voraus, daß die Entfernung aus dem Dienst gerechtfertigt wäre, falls der Beschuldigte sich noch im Dienst befände.

17. Behördenangestellte

a) Rechtsgrundlagen.

Die Rechtsbeziehungen des Behördenangestellten zu dem öffentlich-rechtlichen Hoheitsträger sind im Gegensatz zum Beamtenverhältnis ausschließlich privatrechtlich geregelt. Die zwischen der Behörde und dem Angestellten abgeschlossenen Verträge richten sich nach arbeitsrechtlichen und bürgerlich-rechtlichen Gesichtspunkten.

In der Ausgestaltung der Arbeitsbedingungen sind die Vertragsparteien jedoch nicht völlig frei, sondern sie sind an Tarifbestimmungen gebunden. Diese Bestimmungen waren zunächst für das ganze Reichsgebiet einheitlich zusammengefaßt in der Allgemeinen Tarifordnung für Gefolgschaftsmitglieder im öffentlichen Dienst (ATO.), Tarifordnung A für Angestellte (TOA.) und Tarifordnung B für Lohnempfänger (TOB.), alle vom 1. April 1938 — Reichsarbeitsblatt S. IV, 471 —. Sie werden ergänzt durch je eine Allgemeine Dienstordnung (ADO.) vom 17. Februar 1938 — RGBl. I S. 206 —, 30. April 1938 — RGBl. I S. 206 —, erlassen vom Reichsfinanzminister. An ihre Stelle sind seit 1945 zum Teil landesrechtliche Neuregelungen getreten[1]). Außerdem werden manche rechtliche Beziehungen der Angestellten in neueren Beamtengesetzen geregelt, so z. B. die Besoldung, das Ruhegehalt, die Hinterbliebenenversorgung, der Urlaub, oder in noch allgemeinerer Art. Das hess. BG. vom 12. November 1946 wählt z. B. die Form, zunächst die Rechtslage sämtlicher Behördenbediensteten festzulegen und hieran mehr oder weniger als Ausnahmen Sonderbestimmungen für Dauerangestellte und für Beamte anzuschließen. Auch der biz. Entwurf wollte die für Beamte geltenden Bestimmungen in weitem Umfang auf Behördenangestellte anwenden (§ 82).

Wie jeder privatrechtliche Dienstvertrag endet der Angestelltenvertrag durch Kündigung, wenn nicht tatsächliche Umstände ihn beenden.

---

[1]) L. Ambrosius.

Seit langem gibt es eine besondere Art von Behördenangestellten, deren Kündigung sehr erschwert ist, die Dauerangestellten (vgl. z. B. hess. BG. §§ 49 ff.).

b) Nachteil der Einrichtung.

Nach wie vor wird die Zweiteilung der Behördenbediensteten in Beamte und Angestellte von vielen Seiten für eine schlechte Lösung gehalten, da hierdurch sachlich ungerechtfertigte und persönlich nachträgliche Verschiedenheiten in den Behördenapparat getragen werden. In Auswirkung dieser Ansicht hat das biz. BG. den Behördenangestellten abgeschafft. In der Tat ist nicht einzusehen, warum ein Sekretär oder eine Sekretärin, die sich in langer Arbeit bewährt haben, als Angestellte hinsichtlich ihrer Versorgung schlechter gestellt werden sollen wie ihr Chef. Sie können — bei Beibehaltung des Berufsbeamtentums überhaupt — genau so gut Beamte sein, wie diejenigen Personengruppen, die es bisher schon waren[1]).

c) Notwendige Neuregelung.

Wenn man den Unterschied beibehalten zu müssen glaubt, muß eine Gleichstellung sämtlicher Behördenbediensteten gefordert werden. Die Rechtsverhältnisse der Beamten und Behördenangestellten müssen in dem gleichen Gesetz geregelt werden. Die Einschaltung der Gewerkschaften für alle tarifvertraglichen Vereinbarungen ist erforderlich. Die Eingruppierung der Beamten und Angestellten muß sich ausschließlich nach der tatsächlichen Leistung und Verantwortung richten. Jede andere Regelung trägt die Gefahr mehr denn je unzeitgemäßer Kastenbildung in sich.

18. Behördenarbeiter

Stellen innerhalb der Behörden für Arbeiter sind solche, bei denen es sich um die unmittelbare Überwachung oder Leistung gelernter oder ungelernter Arbeit in einem anerkannten Gewerbe oder Handwerk oder um eine sonstige hauswirtschaftliche, körperliche oder mechanische Arbeit handelt (§ 72 biz. BG.). Die Rechtsstellung des Behördenarbeiters richtet

---

[1]) Jede derartige Regelung muß Übergangslösungen schaffen für diejenigen Personen, die sich bis zu ihrem Inkrafttreten in Angestelltenverhältnissen befanden. Man wird den Angestellten weitgehend die Möglichkeit des Übertritts in das Beamtenverhältnis schaffen müssen. Eine schlechte Kritik haben aber alle Versuche, das grundsätzlich richtige und zu fordernde Leistungsprinzip hier in der Form von Prüfungen zu stark in den Vordergrund zu stellen. Nicht mit Unrecht wird darauf hingewiesen, daß gerade ältere Menschen, die sich als gute Arbeitskräfte längst bewährt haben, oft recht schlechte Prüflinge sind. Schematisches und bürokratisches Vorgehen kann dabei viel schaden.

sich ausschließlich nach Arbeitsrecht, wobei im einzelnen Tarifverträge von Bedeutung sind.

Ein äußeres Zeichen für den Unterschied zwischen Angestellten und Arbeitern ist, daß jene angestelltenversicherungspflichtig, diese invalidenversicherungspflichtig sind.

Behördenarbeiter sind in den meisten Betrieben notwendig. Es gibt immer Arbeiten, deren Verrichtung durch Beamte unzweckmäßig ist. So kennt auch biz. BG. außer den Beamten die Behördenarbeiter. Dabei herrscht Einigkeit darüber, daß Bürotätigkeit als Beamtentätigkeit zu qualifizieren ist.

Bezüglich der Rechtsstellung des Arbeiters im Behördenganzen ist das gleiche zu sagen wie hinsichtlich der Stellung des Angestellten. Auch die ihn betreffenden Bestimmungen gehören in die allgemeine Regelung des Rechts der Behördenbediensteten. Die Gewerkschaften sind bei der Festlegung der Tarifbestimmungen zu beteiligen. Die Eingruppierung hat sich ausschließlich nach Verantwortung und Leistung zu richten.

Schrifttum

Ambrosius, L., Das Besoldungsrecht der Beamten; Das Reisekostenrecht der Beamten; Das Versorgungsrecht der Beamten. Düsseldorf 1948 ff.
Bahnke, Die Reichsdienststrafordnung. Berlin 1940.
Brand, Artur, Das deutsche Beamtengesetz. Berlin 1940 (3. Aufl.).
— Die Reichsdienststrafordnung. Berlin 1941.
Breithaupt, Reichsdienststrafordnung. Berlin 1937.
Daniels, Hans, Die wohlerworbenen Rechte der Beamten in Theorie und Praxis. Berlin 1932.
Eckhardt, Neues Beamtenrecht mit der neuen Dienststrafordnung. Leipzig 1938.
Grundsätze. Bestimmungen für die Bearbeitung der Beamten- und Personalangelegenheiten. Herausgegeben vom Innenministerium der Landesregierung Nordrhein-Westfalen, 1948.
Grunewald, Walter, Das deutsche Polizeibeamtengesetz. Berlin 1937 ff.
Heyland, Carl, Deutsches Beamtenrecht. Berlin 1948.
Kayser Alfred, Die Amtshaftung. München—Berlin 1939.
Köchling, Grundriß des neuen Beamtenrechts. 1937.
Koenig, Einführung in das neue Dienststrafrecht. Halle 1937.
Köttgen, Arnold, Das deutsche Berufsbeamtentum und die parlamentarische Demokratie. Berlin—Leipzig 1928.
Krüger-Bottke, Deutsches Beamtenrecht. Berlin 1941.
Nadler-Wittland, Deutsches Beamtenrecht. Berlin 1937 ff.
— Reichsdienststrafordnung. Berlin 1937.
Reuß, Hermann, Erstattungsgesetz. Berlin 1939.

Schilling, Emil, Beihilfegrundsätze. Berlin 1943.
Schultes, Karl, Rechtsstaat und Gerichtsbarkeit im Verfassungssystem der realen Demokratie. In: Neue Justiz 1948, S. 5.
Schneider, Richard, Die Laufbahnen der deutschen Beamten. Berlin 1939.
Sievers, R., Das Beamtenrecht der Reichsverfassung in der Rechtsprechung des Reichsgerichts. Berlin 1932.
Sölch, Woothke, Rackow, Reichsbesoldungsgesetze. Berlin 1939.
Vogels, Handbuch des Umzugsrechts. Berlin 1935.
— Handbuch des Reisekostenrechts. Berlin 1936.
Wenzel, Max, Rechtsstellung der entnazifizierten Beamten. Nürnberg 1949.
Wichert, Ernst, Beamtenreichsrecht. Berlin 1934.
Wittland, Hermann, Reichsdienststrafordnung. Berlin 1941.

Neunzehntes Kapitel

Fürsorgerecht

1. Begriff der Fürsorge

Jede menschliche Gemeinschaft pflegt für ihre Hilfsbedürftigen zu sorgen. Innerhalb der Familie gibt es die verschiedenen gesetzlichen Bestimmungen der Unterhaltpflichten und -rechte (§§ 1360 ff. 1578 ff., 1601 ff., 1708 ff. BGB.). Dem entspricht auf dem Gebiet des öffentlichen Rechts die Fürsorge im weitesten Sinne. Nicht für jeden Hilfsbedürftigen gelten die gleichen Regeln. Vielmehr ist der Gegenstand je nach der in Betracht kommenden Person oder dem zu behandelnden Fall in verschiedener Weise geordnet.

Der Grundgedanke stimmt mit demjenigen der caritativen Armenpflege überein: Niemand, der zur Gemeinschaft gehört, soll verhungern, jeder soll wenigstens das Notwendigste zum Leben haben. Die Entwicklung hat jedoch zu einer erheblichen Differenzierung der Behandlung hilfsbedürftiger Personen geführt. Die Verschiedenheit der Behandlung findet ihren Grund nicht immer in der Natur des Gegenstandes. Vielmehr sind oft zeitlich und örtlich bedingte Zweckmäßigkeitserwägungen maßgebend, auf denen aufbauend sich dann später ein ganzes System entwickelt hat.

2. Arten der Fürsorge

So hat sich aus dem weiten Gebiet jeder nur denkbaren Fürsorge der Öffentlichkeit für einzelne eine Fürsorge und damit ein Fürsorgerecht im engeren Sinne herausgehoben.

Von diesem Fürsorgerecht im engeren Sinn und der allgemeinen Fürsorge werden nicht erfaßt:

a) Der Person nach:

aa) Die Sozialversicherten. Eine umfangreiche gesetzliche Regelung sieht vor, daß jeder arbeitende Mensch selbst die Mittel schaffen kann, die für ihn, wenn er zu seiner und der Unterhaltung seiner Familie nicht mehr in der Lage ist, nötig sind. Das geschieht durch die Maßnahmen der Sozialversicherung. Von ihr werden im wesentlichen alle in wirtschaftlich abhängiger Stellung arbeitenden Personen erfaßt. Sie hat so den gleichen Zweck wie Privatversicherungen, die von Personen in gehobener wirtschaftlicher Lage abgeschlossen werden können. Die Sozialversicherten haben einen Rechtsanspruch auf gesetzlich genau umschriebene Unterstützung und scheiden daher als Gegenstand der allgemeinen öffentlichen Fürsorge aus. Dabei handelt es sich um Krankenversicherung, Unfallversicherung und Invalidenversicherung nach der Reichsversicherungsordnung vom 19. Juli 1911, jetzt nach vielerlei Änderungen gültig in der Fassung vom 9. Januar 1926, um die Angestelltenversicherung nach dem Angestelltenversicherungsgesetz vom 20. Dezember 1911, in der Fassung vom 28. Mai 1924 — RGBl. I, S. 562 —, um die Knappschaftsversicherung nach dem Reichsknappschaftsgesetz vom 1. Juli 1926 — RGBl. I, S. 369 — und um Handwerkeraltersversicherung nach dem Reichsgesetz über die Altersversorgung für das deutsche Handwerk vom 31. Dezember 1938 — RGBl. I, S. 1018[1]).

---

[1]) Die deutsche Sozialversicherung ist eine der bedeutendsten Taten der modernen Staaten auf dem Gebiet der Sozialfürsorge. Sie wurde nach schweren Kämpfen zwischen Sozialisten und Arbeiterschaft einerseits und kaiserlicher Regierung andererseits eingeleitet durch die von Bismarck am 17. 11. 1881 im Reichstag verlesene kaiserliche Botschaft. Es folgten einige Einzelgesetze, die die unselbständigen Arbeitnehmer gegen Unfall, Krankheit und Invalidität sicherten. Das Ergebnis war die heute im wesentlichen noch bestehende gesetzliche Regelung.

Träger der Versicherung sind Körperschaften und Anstalten des öffentlichen Rechts (§ 4 RVO.). Nach der Regelung der RVO. waren für das ganze Reichsgebiet vorhanden: Als Träger der Krankenversicherung die Orts-, Land-, Betriebs- und Innungskrankenkassen (§ 225 RVO.), für die Unfallversicherung einzelne Genossenschaften, und zwar für die Gewerbeunfallversicherung die Berufsgenossenschaften, bestehend aus den Unternehmern der versicherten Betriebe (§§ 623 ff. RVO.), für die landwirtschaftliche Unfallversicherung (§ 956 RVO.) und für die Seeunfallversicherung (§ 1118 RVO.) ebenfalls aus den in Betracht kommenden Unternehmern zusammengesetzte Genossenschaften, sodann für die Invalidenversicherung Versicherungsanstalten, die alle in dem Bezirk der jeweiligen Anstalt Beschäftigten umfaßten, soweit sie nicht in Sonderanstalten ihrer Versicherungspflicht genügten (§§ 1326 ff. RVO.).

Der Zusammenbruch bedeutete eine außerordentliche finanzielle Belastung der einzelnen Versicherungen. Deshalb gewannen seit langem diskutierte Reformvorschläge erhöhte Bedeutung. Vor allem ist die Frage zu entscheiden, ob man die verschiedenen Träger für die einzelnen Versicherungszweige beibehalten will oder ob man eine Zusammenlegung der Zweige auf einen Träger, der für ein bestimmtes Gebiet zuständig ist, vorzieht. Gegen die Zusammenlegung spricht, daß die einzelnen Zweige nicht alle gleich krisenfest sind. Die Kranken- und Unfallversicherung konnte nach dem Zusammenbruch am ehesten wieder arbeiten und verfügte am ehesten wieder über eigene Mittel. Die Invalidenversicherung dagegen kann nicht selbständig bestehen. Die Zusammenlegung bringt die Gefahr der Bildung viel zu großer Unternehmen, in denen von Selbstverwaltung nicht mehr die Rede sein kann. Für die Zusammenlegung spricht die Möglichkeit der Vereinfachung der Verwaltung und der Gedanke, daß nicht einzusehen ist, weshalb ein Versicherungszweig bei außergewöhnlichen Krisen besser abschneiden soll als ein anderer. Der Invalide hat den gleichen Anspruch auf seine Rente wie ein Kranker. (Vgl. Eikert, Zur Neugestaltung der deutschen Sozialversicherung, 1946; Wissel, Zur Gestaltung der Sozialversicherung, 1946; Cahn, Reform der deutschen Sozialversicherung, in: Die Aktuelle, 1947, S. 157, 235). In den Westzonen hat man die einzelnen Zweige im wesentlichen nebeneinander bestehen lassen. Wo eigene Mittel fehlen, werden sie von der öffentlichen Hand gegeben.

Als bundesunmittelbare Körperschaften des öffentlichen Rechts werden diejenigen sozialen Versicherungsträger geführt, deren Zuständigkeitsbereich sich über das Gebiet eines Landes hinaus erstreckt (Art. 87 Abs. 2 westd. GG.). Wichtig ist das biz. Gesetz über die Anpassung von Leistungen der Sozialversicherung an das veränderte Lohn- und Preisgefüge und über die finanzielle Sicherstellung — Sozialversicherungsanpassungsgesetz vom 17. 6. 1949 GBl. S. 99 —.

Für Berlin wurde unter gleichzeitiger Stillegung der meist für größere Gebiete zuständigen Versicherungsträger vom Magistrat der Stadt Berlin mit Wirkung vom 1. 7. 1945 die Versicherungsanstalt Berlin als Gesamtträger der Berliner Sozialversicherung ins Leben gerufen. Durch diese organisatorische Zusammenfassung wurde eine einheitliche Sozialversicherung geschaffen, der nunmehr alle Werktätigen einschließlich der Selbständigen, sofern sie nicht mehr als fünf Personen bei sich beschäftigen, unterliegen. Die Leistungen der Versicherungsanstalt umfassen Sach- und Geldleistungen im Krankheitsfall, Berufsfürsorge, Schwangeren- und Wohnungshilfe, Sterbegeld, sowie Rente bei Erwerbsunfähigkeit, Verletzten- und Hinterbliebenenrente. In der Ostzone wurde gemäß Befehl Nr. 28 der SMA. vom 28. 1. 1947 mit Wirkung vom 1. 2. 1947 für jedes der fünf Länder eine Sozialversicherungsanstalt mit Nebenstellen errichtet. Aufbau und Sachleistungen sind ähnlich wie in Berlin. (Vgl. Materialien zur deutschen Sozialversicherung, in: Europa-Archiv 1948, S. 1287 ff.)

Gemeinsam ist allen Versicherungsarten, daß sie eine Regelung nach den Prinzipien genossenschaftlicher Selbsthilfe und demokratischer Selbstverwaltung erstreben.

Streitigkeiten zwischen Versicherungsträgern und Versicherten über Versicherungsansprüche werden in einem besonderen Verfahren ausgetragen. Über Leistungen aus der Krankenversicherung entscheidet im ersten Rechtszug der Spruchausschuß des Versicherungsamtes eine bei Stadt- und Landkreisen bestehende Behörde (§ 1636 RVO.). Bei Leistungen aus der Invaliden- und Angestelltenversicherung übt dieser Spruchausschuß nur eine begutachtende Tätigkeit aus (§§ 1617 ff. RVO, §§ 214 ff. AVG), während in erster Instanz der Vorstand der Landesversicherungsanstalt (§ 1630 RVO.) und das Direktorium der Reichsversicherungsanstalt (§ 248 AVG) entscheidet, an dessen Stelle nun die oberste Landesstelle tritt, die nach Zonen und Länder verschieden ist.

Bei der Unfallversicherung entscheidet zunächst der Sektionsvorstand oder der Genossenschaftsvorstand der Berufsgenossenschaft. Alle diese Stellen arbeiten wieder.

In zweiter Instanz entscheiden die Spruchkammern der auf Bezirksebene gebildeten Oberversicherungsämter (§§ 1675 ff. RVO.) auf die gegen die Entscheidungen der ersten Instanz eingelegte Berufung. Auch diese Stellen sind wieder eingerichtet worden, und zwar als staatliche Dienststellen wie bisher. Als Revisionsinstanz war vorhanden übereinstimmend für alle Versicherungs-

bb) Die arbeitsfähigen und arbeitswilligen aber erwerbslosen Personen nebst ihren Familien.

Nach der Verordnung vom 16. Februar 1924 mußten die Gemeinden solche Personen bis zu 26 Wochen innerhalb eines Jahres unterstützen, wobei sie die Kosten teils selbst zu tragen hatten, teils vom Reich oder Land ersetzt erhielten. Für die Erwerbslosen gilt nunmehr das Reichsgesetz über Arbeitsvermittlung und Arbeitslosenversicherung vom 16. Juli 1927 in der Fassung vom 12. Oktober 1929 — RGBl. I, S. 162 —. Sie werden hierdurch in ihrer Rechtslage grundsätzlich den Sozialversicherten gleichgestellt[1]).

cc) Die Flüchtlinge, das sind Personen, die unfreiwillig ihren bisherigen Wohnsitz infolge des Krieges oder der Ereignisse nach dem Ende der Feindseligkeiten verlassen mußten und sich nun eine neue Lebensgrundlage in den Grenzen der nach 1945 neu gebildeten Länder schaffen müssen. Ihre Rechtslage ist in Landesgesetzen geregelt[2]), soweit das bisher überhaupt geschehen ist.

---

zweige das Reichsversicherungsamt, unter Umständen das Landesversicherungsamt (§§ 1694, 1708, 1699 RVO.).

Die oberste Instanz bestimmt sich nach dem Träger der Versicherung. Nach dem Wegfall der für jede Versicherungsart zentralen Versicherungsträger ist der Wiederaufbau in den Zonen und Ländern verschieden. Fast überall sind Landesversicherungsanstalten geschaffen worden — vgl. z. B. für die amerikanische Zone: DRZ. 1947, S. 219, für die russische Zone: DRZ. 1947, S. 337 —, die meist sämtliche Versicherungszweige in sich vereinigen (so z. B. deutlich Berliner Verordnung vom 2. 7. 1945). Als neuer Zweig der Sozialversicherung ist in manchen Ländern die Sorge für die Opfer des Faschismus und ihre Hinterbliebenen hinzugetreten (rhein.-pfälz. RA. vom 24. 10. 1946 — Amtl. Mitt. S. 635; meckl. Gesetz vom 15. 1. 1947 — RBl. S. 16 —). Darüber hinaus wird eine Versicherungspflicht für alle schaffenden Menschen erstrebt, ähnlich wie er durch Befehl Nr. 28 der sowjetischen Militärregierung vom 28. 1. 1947 bereits für die russisch besetzte Zone durchgeführt ist (Verordnung über Sozialversicherung, Verordnung über die freiwillige und zusätzliche Versicherung, Verordnung über die Versicherung bei Arbeitslosigkeit, abgedruckt in den Gesetzesblättern der sowjetischen Zone, z. B. Sachsen-Anhalt 1947, S. 25 ff.). — Näheres bei Schieckel, Die Neuordnung der deutschen Sozialversicherung, in: DRZ. 1947, S. 218; ferner Wirtschaftszeitung vom 15. 1. 1949.

[1]) Die Arbeitslosenversicherung hat ein etwas anderes Verfahren. Hier entscheidet zunächst der Vorsitzende des Arbeitsamtes (§ 172 AVAVG.), auf Einspruch der beim Arbeitsamt gebildete, unter seinem Vorsitz tagende Spruchausschuß (§ 178). Beides sind keine staatlichen Behörden, sondern Dienststellen der Reichsanstalt für Arbeitsvermittlung und Arbeitslosenversicherung. Gegen die Entscheidung des Spruchausschusses ist die Berufung an das Landesarbeitsamt möglich. Hier entscheidet die Spruchkammer, die mit dem Vorsitzenden des Oberversicherungsamtes und zwei ebenfalls dieser staatlichen Dienststelle angehörenden Beisitzern besetzt ist (§§ 180, 30).

[2]) Wenn auch der früheren Regelung die Fürsorge für „Deutsche, staatlose ehemalige Deutsche oder staatlose Personen deutscher Abkunft beim freiwilligen oder erzwungenen Übertritt aus dem Ausland" (§ 12 FPflVO.; vgl. ferner Bekanntmachung vom 18. 5. 1918 — RGBl. S. 409 —; VO. vom 17. 12. 1923 — RGBl. I, S. 1202 —)

b) Der Sache nach alle Maßnahmen, die nicht der Unterstützung der Hilfsbedürftigen selbst, sondern anderen Zwecken dienen, insbesondere:

aa) Polizeikosten, das sind Maßnahmen, die bei Hilfsbedürftigen aus polizeilichen Gründen, also im Interesse der öffentlichen Ruhe, Ordnung und Sicherheit nötig werden, wie z. B. Heilungskosten von Geschlechtskranken nach dem Geschlechtskrankheitengesetz[1]), die Unterbringung eines Bazillenträgers in einem Krankenhaus, die Unterbringung obdachloser Personen, die im übrigen nicht hilfsbedürftig sind[2]). Wie sehr für die Abgrenzung positiv-rechtliche Regelungen maßgeblich sind und wie wenig allgemeine Gesichtspunkte weiterhelfen, zeigt die Entwicklung der Behandlung von Geisteskranken. Die Unterbringung von Geisteskranken in einer Irrenanstalt wurde in ständiger Rechtsprechung als Polizeimaßnahme angesehen[3]), bis die Neufassung von § 21b FPflVO. durch Gesetz vom 29. April 1935 — RGBl. I, S. 565 — sie als der Fürsorge angehörend bezeichnete.

bb) Justizkosten, wie z. B. Krankenkosten für kranke Straf- und Untersuchungsgefangene[4]). Die Unterbringung von Gewohnheitsverbrechern in einer Heil- oder Pflegeanstalt, einer Trinkerheilanstalt oder Entziehungsanstalt (§ 42a StGB.) ist nach manchen Landesgesetzen Fürsorgesache (z. B. Pr. Gesetz vom 16. Oktober 1934 — GS. S. 403).

cc) Kosten der Fürsorgeerziehung gemäß § 70 Abs. 2 Jugendwohlfahrtsgesetz vom 9. Juli 1922[5]).

---

nicht fremd war, so hat die Frage gegenwärtig doch eine ungleich größere Bedeutung. Versuche einer landesrechtlichen Regelung sind in fast allen Ländern gemacht worden, die Flüchtlinge aufgenommen haben (z. B. schlesw.-holst. Gesetz zur Behebung der Flüchtlingsnot vom 27. 11. 1947 — GVBl. 1948, S. 1, nieders. Gesetz über Flüchtlingsbetreuung vom 11. 6. 1947 — GVBl. S. 65 —).

Gemeinsam ist allen Vorschriften, daß sie bei der Flüchtlingsbetreuung von einem nur vorübergehenden Zustand ausgehen. Es wird erwartet, daß sich die Flüchtlinge assimilieren, so daß entweder öffentliche Fürsorgemaßnahmen entbehrlich werden oder die Anwendung der allgemeinen Bestimmungen ausreicht. Das Flüchtlingswesen wird überall als Landessache angesehen. Den Kommunalstellen obliegt die Aufnahme und Betreuung der Flüchtlinge, die Zuweisung von Wohnraum, wobei zugunsten der Flüchtlinge ausnahmsweise ein vereinfachtes Zuweisungsverfahren Anwendung finden kann (z. B. nordrh.-westf. VO. über die Einschränkung von Rechtsmitteln zur Vermeidung von Notständen bei der Unterbringung von Flüchtlingen vom 27. 9. 1948 — GVBl. S. 257 —), und die Versorgung mit Wirtschaftsgütern. Bei den verschiedenen Stufen der Verwaltung werden Flüchtlingsämter mit beratenden Flüchtlingsräten oder Flüchtlingsausschüssen gebildet. Wichtig ist, daß die Flüchtlinge Vertreter aus den eigenen Reihen in derartige Einrichtungen entsenden können. — Ein Ausgleich der Leistungen auf Bundesebene ist für Westdeutschland unbedingt nötig.

1) BHW. 75, 1.

2) BHW. 77, 213.

3) BHW. 61, 18.

4) BHW. 62, 44; 72, 186; 74, 53; 86, 93.

5) BHW. 72, 1; 77, 64.

3. Rechtsgrundlagen der allgemeinen Fürsorge

Für sämtliche Fürsorgefälle, die nicht so aus persönlichen oder sachlichen Gründen einer rechtlichen Sonderregelung unterliegen, gelten nach Reichsrecht einheitliche gesetzliche Grundlagen, und zwar:

Die Verordnung über die Fürsorgepflicht vom 13. Februar 1924 — RGBl I, S. 100, in der Fassung des Gesetzes vom 8. Juni 1926 — RGBl. I, S. 255, zuletzt in der Fassung des Gesetzes vom 29. April 1935 — RGBl. I, S. 565 — die sogenannte Fürsorgepflichtverordnung FPflVO. Sie beruht auf dem Ermächtigungsgesetz vom 8. Dezember 1923 — RGBl. I, S. 1179 —, das der Reichsregierung die Befugnis gab, die Maßnahmen zu treffen, die sie im Hinblick auf die Not von Volk und Reich für erforderlich und dringend erachtete. Auf Grund dieses Gesetzes erging die dritte Steuernotverordnung vom 14. Februar 1924 — RGBl. I, S. 74 —. Nach § 42 dieser Verordnung übertrug das Reich verschiedene Fürsorgezweige, für die es bisher größere Zuschüsse gewährt hatte, unter Einstellung der Zuschüsse den Ländern. Diesen wurde im Wege des Finanzausgleichs eine Anzahl von Steuern ganz oder zum Teil überwiesen. Die FPflVO. nun regelt die Art und Weise, wie die Länder die Lasten der Aufgabe der Wohlfahrtspflege aufzubringen haben. In ihr werden eine Anzahl von Zweigen der sozialen Fürsorge, die ursprünglich einmal von der Armenpflege ausgegangen oder abgezweigt worden waren, wieder mit ihr vereinigt und gleichzeitig das Unterstützungswohnsitzgesetz entsprechend schon lange geäußerten Wünschen weiter Kreise reformiert. Die Verordnung ist dann späterhin verschiedentlich geändert worden. Sie gilt nun, und zwar auch nach dem Zusammenbruch noch in der Fassung vom 29. April 1934.

Die Reichsgrundsätze über Voraussetzung, Art und Maß der öffentlichen Fürsorge vom 1. August 1931 — RGBl. I, S. 439 —. Sie beruhen auf § 6 FPflVO., wonach die Reichsregierung mit Zustimmung des Reichsrats Vorschriften über Voraussetzung, Art und Maß der zu gewährenden Fürsorge erlassen sollte. Diese beiden Grundlagen, ergänzt durch Sonderbestimmungen, sind im wesentlichen noch in Kraft[1]).

4. Gegenstand der Fürsorge im engeren Sinn

a) Allgemeine Armenfürsorge.

Die Unterstützung bei Hilfsbedürftigkeit war bis zum 19. Jahrhundert Sache nichtstaatlicher Gemeinschaften, so insbesondere der Kirchen und

[1]) Z. B. Zusammenstellung für die Länder der französischen Zone in: DRZ. 1950, S. 132.

caritativer Vereinigungen. Sie wurden sodann in Deutschland Aufgabe öffentlich-rechtlicher Verbände, zuletzt der Orts- und Landarmenverbände auf Grund des Unterstützungswohnsitzgesetzes vom 30. Mai 1908 — RGBl. I, S. 381 —, das seit dem am 1. Januar 1916 erfolgten Beitritt Bayerns für das ganze Reich galt. Unterstützungswohnsitz ist der Wohnsitz, den jemand durch mindestens einjähriges ununterbrochenes Wohnen in der gleichen Gemeinde begründet. Die Regelung stellte entschieden einen Fortschritt gegenüber dem bis dahin geltenden Heimatprinzip dar, wonach jemand Unterstützung nur in seiner Heimat, also praktisch seinem Geburtsort, erhielt, gleichgültig wo er gelebt hatte und gleichgültig wo der Unterstützungsfall eingetreten war. Beide Arten der Regelung sind überholt. Nach der FPflVO. ist der gewöhnliche Aufenthaltsort des Hilfsbedürftigen für die Bearbeitung des Falles maßgebend.

Eine besondere Art der allgemeinen Fürsorge ist die Fürsorge für hilfsbedürftige Minderjährige (§ 1 Abs. 1 Ziff. e FPflVO. in Verbindung mit §§ 49 ff. Reichsgesetz für Jugendwohlfahrt vom 9. Juli 1922 — RGBl. I, S. 633) und die Wochenfürsorge (§ 1 Abs. 1 Ziff. f FPflVO. im Verein mit Gesetz über Wochenfürsorge vom 9. Juni 1922 — RGBl. I, S. 502 — und Verordnung vom 18. August 1923 — RGBl. I, S. 816—).

b) Kriegsbeschädigte und Kriegsversehrte nebst Hinterbliebenen.

Der erste Weltkrieg und seine Folgeerscheinungen zwang zur Schaffung von Hilfsmaßnahmen für Kriegsverletzte und ihre Angehörigen. Man wollte sie von vornherein aus vaterländischen, politischen und sozialen Gründen nicht der Armenpflege überlassen. Rechtsprechung und Gesetzgebung suchten diesen Gedanken in verschiedener Form in die Tat umzusetzen. Das führte zu einer großen Zersplitterung und einem entsprechend teuren Verwaltungsapparat. Hier brachte die FPflVO. eine erhebliche Vereinfachung. (§ 1 Abs. 1 Ziff. a im Verein mit §§ 21, 22 Reichsversorgungsgesetz in der Fassung vom 22. Dezember 1927 — RGBl. I, S. 515 —, Notverordnung vom 26. Juli 1930 — RGBl. I, S. 327 und einige weitere Bestimmungen.) Für die Kriegsversehrten des zweiten Weltkrieges galten zunächst Sonderbestimmungen. Nach ausdrücklicher Anweisung der Militärregierung sind auf sie jetzt seit 1945 die allgemeinen Fürsorgebestimmungen anzuwenden.

c) Kleinrentner.

Alte oder erwerbsunfähige Personen, die hilfsbedürftig sind, erhalten eine Kleinrentnerhilfe, wenn sie nachweisen, daß sie am 1. Januar 1918 ein Kapitalvermögen von mindestens 12000 Mark hatten oder einen Rechtsanspruch auf eine gleichwertige Rente. Auch diese Kleinrentnerhilfe ist von der öffentlichen Fürsorge nach den Vorschriften der FPflVO. und der Reichsgrundsätze durchzuführen, allerdings mit besonderen Vergünstigungen, die sich aus dem Gesetz über Kleinrentnerhilfe vom 5. Juli 1934 — RGBl. I, S. 580 —, welches ein älteres Gesetz vom 4. Februar 1923 abgelöst hat, ergeben.

d) Schwerbeschädigte und Schwererwerbsbeschränkte.

Die Rechtsgrundlage für ihre Behandlung findet sich ebenfalls in den beiden Grundvorschriften in Zusammenhang mit dem Gesetz über die Beschäftigung Schwerbeschädigter in der Fassung vom 12. Januar 1923 — RGBl. I, S. 57 — mit Ergänzung durch § 33 FPflVO. sowie der Novelle vom 8. Juli 1926 und der 4. Notverordnung vom 8. Dezember 1931 — RGBl. I, S. 725 —.

5. Rechtsgrundlage der Hilfsbedürftigkeit

Die verschiedenen Gründe, die die Hilfsbedürftigkeit herbeiführten, hatten eine verschiedenartige Behandlung zur Folge, wie sie in den einzelnen Sonderbestimmungen zum Ausdruck gebracht ist. Trotz aller Angriffe wurde aber doch die gemeinsame Art und Weise der Durchführung, wie sie in FPflVO. und Reichsgrundsätzen zum Ausdruck kommt, beibehalten.

Darüber hinaus sind nach 1945 in einigen Gebieten alle Sonderbehandlungen verschwunden. So ist z. B. in der britischen Zone eine Aufteilung der Hilfsbedürftigen in verschiedene Gruppen nicht mehr möglich. Das gilt ganz allgemein sowohl gegenüber den nach FPflVO. und Reichsgrundsätzen bisher herausgestellten Personen und Gruppen, als auch gegenüber dem Kreis der Hilfsbedürftigen, die im Rahmen der Kriegsfolgenfürsorge zu betreuen sind. Alle diese Hilfsbedürftigen werden nunmehr nach den gleichen Richtlinien und den gleichen Richtsätzen betreut. Es liegt auf der Hand, daß hierdurch Schwierigkeiten entstehen, die die wohl abgewogene und durchdachte Differenzierung der älteren gesetzlichen Bestimmungen vermieden[1]).

Seit jeher gilt für alle Hilfsbedürftigen: Sie haben keinen subjektiv-öffentlichen Anspruch auf Unterstützung, den sie im ordentlichen Rechtsweg oder Verwaltungsstreitverfahren

[1]) Finanztechnische Anweisung Nr. 54 der Finanzleitstelle der brit. Zone vom 5. 11. 1945.

geltend machen könnten. In einem Zahlungsversprechen an den Bedürftigen liegt auch kein Schuldversprechen durch die versprechende Behörde im Sinne des § 780 BGB. und in einer etwaigen Zahlung an einen Gläubiger des Bedürftigen keine Geschäftsführung ohne Auftrag nach § 677 BGB.[1]). Häufig allerdings hat der Bedürftige ein Beschwerderecht.

6. Art der Hilfeleistung

Die öffentliche Fürsorge unterstützt nur solche Personen, die nicht mehr für den Arbeitseinsatz in Frage kommen. Solange die Unterstützten noch leichte Arbeit verrichten können oder ihre Beschäftigung aus arbeitserzieherischen Gründen erwünscht ist, kann die Unterstützung durch Anweisung angemessener Arbeit gemeinnütziger Art gewährt oder von der Leistung solcher Arbeit abhängig gemacht werden (§ 19 FPflVO.). Im übrigen besteht die Unterstützung meist in G e l d l e i s t u n g e n. Die Höhe der Unterstützung war verschieden nach den für die einzelnen Gruppen geltenden Gesetzen. So bekamen z. B. Kriegsversehrte und Kleinrentner mehr als Arme. Die Unterschiede sind nun auf weiten Gebieten, so z. B. in der britischen Zone, fortgefallen. Hier gelten einheitliche Richtsätze für den gesamten Unterhalt der Bedürftigen. Eine Differenzierung ist nur noch aus persönlichen Gründen möglich. Insbesondere kann bei Arbeitsscheu oder unwirtschaftlichem Verhalten der Richtsatz gemäß § 13 Reichsgrundsätze gekürzt werden. Ebenso wird der Bedarf geringer bemessen werden dürfen, wenn Grund zu der Annahme vorliegt, daß die volle Richtsatzunterstützung nicht benötigt wird, insbesondere weil der Hilfsbedürftige über irgendwelche Einkünfte verfügt, die im einzelnen nicht feststellbar sind.

Fürsorgeunterstützung können aber auch s o n s t i g e L e i s t u n g e n sein, wie z. B. die kostenfreie Behandlung Minderbemittelter in einer städtischen ärztlichen Beratungsstelle[2]) oder die Gewährung freier Wohnung oder Naturalien[3]).

Die Hilfeleistung für Schwerbeschädigte und Schwererwerbsbeschränkte besteht in der B e s c h a f f u n g v o n A r b e i t s p l ä t z e n. Alle Arbeitgeber sind verpflichtet, einen bestimmten Prozentsatz von schwerbeschädigten Personen zu beschäftigen. Arbeitgeber im Sinne dieser Regelung sind auch die Körperschaften, Stiftungen und Anstalten des öffentlichen Rechts, Arbeitsplätze auch Beamtenstellen. Schwerbeschä-

1) Pr. Kompetenzkonfliktsgerichtshof vom 20. 6. 1931 in: Zeitschr. f. d. Heimatwesen 1934, S. 63.

2) BHW. 85, 139.

3) BHW. 69, 151.

digte sind Deutsche, die infolge einer Dienstbeschädigung oder durch Unfall oder infolge beider Ereignisse um mindestens 50% in ihrer Erwerbsfähigkeit beschränkt sind und die auf Grund von gesetzlichen Vorschriften Anspruch auf eine Pension oder auf eine der Minderung ihrer Erwerbsfähigkeit entsprechende Rente haben (§§ 1, 3 Gesetz über die Beschäftigung Schwerbeschädigter). Diese Bestimmungen sind weiterhin in Kraft.

7. Träger der Fürsorgepflicht

Der bedeutendste Fortschritt der durch die FPflVO. geschaffenen Neuregelung bestand darin, daß sie einheitliche Träger der Fürsorgepflicht schuf. Mit der durch die Verordnung bewirkten Übernahme der Aufgaben der Wohlfahrtspflege durch die Länder gingen ihre Lasten auf besondere Verbände, die Bezirksfürsorgeverbände und Landesfürsorgeverbände, über. Die Fürsorgeverbände sind Körperschaften des öffentlichen Rechts. Das Land kann bestimmten Zwecken dienenden Teilen ihres Vermögens gesonderte Rechtsfähigkeit verleihen (§ 4 FPflVO.).

Landesfürsorgeverbände wurden früher meist für die einzelnen Provinzen errichtet. Sie erledigten vorwiegend die außerordentliche Armenpflege, wie die Fürsorge für Geisteskranke, Taubstumme, Sieche, Krüppel, Blinde, also meist Aufgaben, für die ein größerer Apparat nötig ist und die den Interessenkreis eines einzelnen Bezirks überschreiten.

Die Bezirksfürsorgeverbände, errichtet auf der Ebene der Stadt- und Landkreise, erledigen die normalen Fürsorgeaufgaben.

Seit 1945 sind die Landesfürsorgeverbände in weitem Umfang verschwunden. Ihre Aufgaben werden durch das Land (Sozialministerium) unmittelbar wahrgenommen. Erhalten oder wieder neu errichtet sind die Bezirksfürsorgeverbände in der gleichen Weise wie bisher und mit dem gleichen Aufgabenbereich, sofern nicht eine Aufhebung unterschiedlicher Behandlung der einzelnen Gruppen der Hilfsbedürftigen die Arbeitsweise ändert.

Eingeschaltet werden können auch die Verbände der freien Wohlfahrtspflege[1]). Dabei ist darauf zu achten, daß einerseits keine Doppelarbeit geleistet wird, aber auch keine Lücken entstehen. Die Fürsorgeverbände sollen darauf hinwirken, daß öffentliche und freie Wohlfahrtspflege sich zweckmäßig ergänzen und in Formen zusammenarbeiten, die der Selbständigkeit beider gerecht wird (§ 5 FPflVO).

---

1) Die Spitzenverbände der freien Wohlfahrtspflege haben im Laufe der Zeit sich verändert. Es sind vorhanden: Der Deutsche Caritasverband, Freiburg i. Br., der Zentralausschuß für Innere Mission der deutschen evangelischen Kirche, Berlin-Dahlem, die Arbeiterwohlfahrt, das Deutsche Rote Kreuz.

8. Vorläufige Fürsorge

Die Fürsorgeverbände, meist ein Bezirksfürsorgeverband, müssen eingreifen, wenn ein Fall der Hilfsbedürftigkeit eintritt. Jeder hilfsbedürftige Deutsche muß vorläufig von demjenigen Bezirksfürsorgeverband unterstützt werden, in dessen Bezirk er sich bei Eintritt der Hilfsbedürftigkeit befindet (§ 7 FPflVO.). Die Fürsorge hat die Aufgabe, dem Hilfsbedürftigen den notwendigen Lebensbedarf zu gewähren. Dieser Verband muß alles tun, was nach den gesetzlichen Bestimmungen überhaupt an fürsorgerischen Maßnahmen zu tun ist. Nur an ihn kann sich der Hilfsbedürftige halten.

Kommt der Verband seiner Pflicht nicht nach, so kann er durch die Staatsaufsichtsbehörde dazu angehalten werden. Außerdem wird er jedem anderen Verband, der an seiner Stelle handelt und dadurch Auslagen hat, ersatzpflichtig. Die Fälle glatten Versagens der Unterstützung sind selten. Aber es können sonstige Umstände vorhanden sein, welche die Maßnahmen des für die vorläufige Fürsorge zuständigen Verbandes unrichtig erscheinen lassen. Für alle diese Fälle hat die Rechtpsrechung den Begriff der Abschiebung geprägt, der dann später in das Gesetz aufgenommen wurde (§ 17 FPflVO.). Unter Abschiebung versteht die herrschende Meinung sowohl die Nichterfüllung vorläufiger Fürsorgepflicht in rechtswidriger (doloser) Weise als auch ohne Bewußtsein von der Rechtswidrigkeit unter Vernachlässigung der erforderlichen Sorgfalt[1]).

9. Erstattung und Ausgleich

In erster Linie ist der Unterstützte selbst verpflichtet, dem Fürsorgeverband die aufgewendeten Kosten zu ersetzen, sobald er hinreichendes Vermögen oder Einkommen hat. Die Haftung der Erben des Unterstützten beschränkt sich auf den Nachlaß (§ 25 FPflVO.). Auf diesem Wege erhält der Fürsorgeverband erfahrungsgemäß nur selten etwas.

Der Fürsorgeverband, der den Hilfsbedürftigen unterstützt hat, kann sodann Ersatz seiner Aufwendungen von denjenigen verlangen, gegen die der Hilfsbedürftige zur Zeit der Unterstützung Rechtsansprüche auf Leistung zur Deckung seines Lebensbedarfs hat (§ 21a FPflVO.). Hierbei handelt es sich um gesetzliche Unterhaltsansprüche, um vertragliche Unterhaltsansprüche aus Versicherungen, Leibrenten, Altenteilsverträgen, Pensionsansprüche, Ansprüche aus dem

[1]) Es war lange Zeit bestritten, ob auch Fahrlässigkeit für die Abschiebung genügt; so Wölz-Ruppert-Richter, Leitfaden zur FPflVO., S. 40. Wie hier: BHW. 72, 92, ferner Baarth, Verordnung über die Fürsorgepflicht, Berlin 1935 (10. Aufl.), S. 209.

Reichsversorgungsgesetz. Ansprüche aus der Sozialversicherung sind in § 1531 RVO., § 80 Angestelltenversicherungsgesetz, § 111a Gesetz über Arbeitsvermittlung und Arbeitslosenversicherung besonders behandelt. In Betracht kommen auch Ansprüche, die nicht von der Voraussetzung der Bedürftigkeit abhängen, andrerseits nicht alle vermögensrechtlichen Ansprüche des Unterstützten gegen Dritte, sondern eben nur „Leistungen zur Deckung des Lebensbedarfs". Der Übergang der Ansprüche auf den Fürsorgeverband erfolgt nicht mehr, wie früher häufig, durch cessio legis, sondern erst durch die schriftliche Anzeige des Fürsorgeverbandes an den Dritten. Noch weitergehende Ansprüche hat der Fürsorgeverband gegen den zahlungsfähigen Ehegatten des Unterstützten oder gegen die Eltern unterstützter Kinder im Alter von weniger als 18 Jahren. Sie haften ihm im gleichen Umfang wie der Unterstützte selbst (§ 25a FPflVO., sogenannte resolutorische Verpflichtung).

Die Geltendmachung aller dieser Ansprüche erfolgt im ordentlichen Rechtsweg, sofern die Länder nicht den Verwaltungsrechtsweg vorschreiben, was in Preußen z. B. für die resolutorischen Verpflichtungen einschließlich der Pflichten des unehelichen Vaters (§§ 20, 20 Ausführungsverordnung vom 30. Mai 1932), in Bayern für sämtliche genannten Ersatzansprüche (Art. 41 Fürsorgegesetz vom 14. März 1930) der Fall ist. Wo das Beschlußverfahren eingerichtet ist, wie z. B. in der britischen Zone, ist es anzuwenden.

Kann der für die vorläufige Fürsorge zuständige Verband von den bisher genannten Personen oder Stellen keinen Ersatz seiner Aufwendungen für den Hilfsbedürftigen erhalten, so erfolgt ein Ausgleich zwischen ihm und dem Verband, dem die endgültige Fürsorgepflicht obliegt.

10. Endgültige Fürsorgepflicht

Sie liegt demjenigen Verband ob, in dessen Bezirk der Hilfsbedürftige bei Eintritt der Hilfsbedürftigkeit seinen gewöhnlichen Aufenthalt hat. Ist ein solcher nicht vorhanden oder zu ermitteln, so ist derjenige Landesfürsorgeverband endgültig verpflichtet, dem der vorläufig verpflichtete Bezirksfürsorgeverband angehört (§ 7 FPflVO.), also nun meist das Land unmittelbar.

Der gewöhnliche Aufenthalt ist rein tatsächlicher Art und kann nicht gleichzeitig an verschiedenen Orten bestehen wie der Wohnsitz des bürgerlichen Rechts oder des Steuerrechts (§§ 7 ff. BGB.). Er setzt den Willen voraus, die Lebensbeziehungen mit einem Ort zu verbinden und die Ausführung des Willens durch tatsächliche Verknüpfung der Lebensbeziehungen mit dem Ort. Das Erlöschen des Aufenthaltes ist sowohl von der

Aufgabe als auch von dem Willen zur Aufgabe als Lebensmittelpunkt abhängig. Mehr als in früheren Zeiten halten sich infolge der Wohnungsschwierigkeiten Personen an zwei verschiedenen Orten auf, ohne selbst zu wissen, welchen sie als Mittelpunkt ihres Lebens anzusehen haben. In solchen Fällen entscheidet meist die objektive Feststellung, wo die Existenzmöglichkeit besteht.

Beispiel:

Eine Person arbeitet an einem anderen Ort als dort, wo sie wohnt. Gewöhnlicher Aufenthaltsort ist der Ort des Arbeitsplatzes — so schon BHW. 22, 2; 23, 5. — Eine Familie hat in der Stadt eine Wohnung und in einem anderen Bezirk eine Sommerlaube. Gewöhnlicher Aufenthaltsort ist die Stadt, wo die Familie verwurzelt ist und eine Existenzmöglichkeit hat. — BHW. 85, 116 —.

Von der Grundregel bestehen Ausnahmen für uneheliche Kinder (§ 8 FPflVO.), für den Aufenthalt in Anstalten (§ 9), bei Erkrankung an einem Ort, in dem der Hilfsbedürftige in einem Dienst- oder Arbeitsverhältnis gestanden hat (§ 11)[1]).

Die endgültige Fürsorgepflicht besteht in einer öffentlich-rechtlichen Vorteilsausgleichung zwischen dem vorläufig und dem endgültig verpflichteten Fürsorgeverband und in der Übernahmepflicht des letzteren. Die Vorteilsausgleichung erstreckt sich auf dasjenige, was zur Fürsorge im Sinne des Gesetzes nötig war und gegeben werden durfte. Die Auseinandersetzung der verschiedenen Verbände geht den Hilfsbedürftigen nichts an. Er wird hierdurch nicht betroffen, vor allem: er braucht nicht zu warten, bis die endgültige Ausgleichung stattgefunden hat. Vielmehr bekommt er seine Unterstützung unabhängig vom Ausgleichsverfahren von dem zur vorläufigen Hilfe verpflichteten Verband.

Die Höhe der dem vorläufig tätig werdenden Verband von dem endgültig zuständigen Verband zu ersetzenden Kosten im einzelnen richtet sich nach den Grundsätzen und Richtsätzen, die am Unterstützungsort für die Unterstützung Hilfsbedürftiger gleicher Art gelten (§ 16 FPflVO.). Von besonderer Bedeutung für den Ausgleich ist die Klärung der Fälle, in denen eine Abschiebung vorliegt oder behauptet wird. Ist nämlich die Unterstützungspflicht eines Fürsorgeverbandes durch eine pflichtwidrige oder gegen Treu und Glauben verstoßende Handlung entstanden, die ein Fürsorgeverband zu vertreten hat, so kann der dadurch belastete Fürsorgeverband von dem sich so Verhaltenden außer der Übernahme Ersatz der Fürsorgekosten und Vergütung für seinen Verwaltungs-

[1]) Vgl. auch §§ 12, 36 Abs. 3 FPflVO.

mehraufwand verlangen, außerdem einen Zuschlag von 25%. Das gleiche gilt, wenn ein Fürsorgeverband die verlangte Übernahme des Hilfsbedürftigen schuldhaft verzögert (§ 17 FPflVO.). Infolge von Abschiebungen können also so Ausgleichsansprüche von verschiedenen Verbänden gegen den abschiebenden Verband geltend gemacht werden.

Beispiele:

Gewährung von Reisegeld, um den Hilfsbedürftigen zur Abreise aus dem Bezirk zu veranlassen. — BHW. 68, 221; 71, 45; 74, 15; 82, 142; 85, 69; 87, 137. — Vermittlung der Reise kranker und pflegebedürftiger Personen an andere Orte, wenn keine sachlichen Gründe dafür vorhanden sind, daß dort eine bessere Pflege möglich ist. — BHW. 69, 44; 72, 184; 74, 101; 78, 89; 79, 140. — Abschiebung liegt vor, wenn ein Gemeindevorsteher einen Landstreicher, der nicht weiter wandern will, weil er den Beschwerlichkeiten seiner bisherigen Lebensführung wegen Alters und Krankheit nicht mehr gewachsen ist, zum Weiterziehen veranlaßt, anstatt ihm durch Fürsorgemaßnahmen dem Leben auf der Landstraße zu entziehen. — BHW. 75, 72. — Die Überweisung von Kindern in die Familie der Eltern, die offensichtlich zur Unterhaltung außerstande ist, kann Abschiebung sein. — BHW. 60, 165; 73, 62; 75, 188; 81, 177; 83, 129. — Abschiebung kann erfolgen durch die Gewährung anderer Mittel, etwa eines Darlehns, um den Bedachten zu veranlassen, anderweit sein Glück zu versuchen. — BHW. 69, 195; 75, 107. — Abschiebung liegt auch vor, wenn die Fürsorgebehörde unnötige formelle oder bürokratische Schwierigkeiten macht, um dem Hilfsbedürftigen weitere Anträge zu verekeln in der Hoffnung, er werde sich an einen anderen Ort wenden, wo er besser behandelt wird. — BHW. 69, 199; 73, 37; 80, 17.

Nicht erstattungsfähig sind Kosten, die ein Fürsorgeverband aufwenden muß, um Personen, die an ihn abgeschoben worden sind, in den Bezirk des Verbandes, der abgeschoben hat, zurückzubefördern.

Zur Zeit findet, soweit ersichtlich, ein Ausgleich nur zwischen Fürsorgeverbänden der gleichen Zone statt.

Die Verfahrensformen, in denen Meinungsverschiedenheiten über den Ausgleich zwischen verschiedenen Fürsorgeverbänden ausgetragen werden, ist hinsichtlich der ersten Instanz seit jeher landesrechtlich verschieden geregelt. Meist waren die mittleren Verwaltungsgerichte für die Erledigung der Streitigkeiten zuständig (§ 37 Reichsgesetz über den Unterstützungswohnsitz vom 30. Mai 1908), gegen deren Entscheidung das den Landesgesetzen entsprechende Rechtsmittel an das höchste Landesverwaltungsgericht gegeben war. Soweit die Organisation oder örtliche Abgrenzung der einzelnen Fürsorgeverbände Gegenstand des Streites war, bewendete es bei der Entscheidung dieser Gerichte. Im übrigen, also in allen sachlichen Fragen, fand gegen ihre Entscheidung die Berufung an das Bundesamt für Heimatwesen statt. Das Bundesamt, noch begründet zur Zeit des Norddeutschen Bundes, bestand aus einem Vorsitzenden und vier Beisitzern. Vorsitzender und zwei Beisitzer mußten die Befähigung zum höheren Richteramt haben (§ 42 UWG.). Seine Rechtsprechung garantierte eine einheitliche Behandlung des Fürsorgewesens im gesamten Reichsgebiet.

Eine derartige oberste Instanz fehlt seit dem Zusammenbruch. Auseinandersetzungen zwischen Fürsorgeverbänden finden vor den Verwaltungsgerichten statt. Ihre Zuständigkeit ergibt sich, wo andere Regelungen fehlen, aus der Generalklausel.

Schrifttum

Baath, P. A., Kneip, G. W., Fürsorgepflichtverordnung. Berlin 1940 (13. Aufl.).

Brackmann, Handbuch der Sozialversicherung. Hannover 1949 ff.

Eckert, J.-Sauerborn, M., Die Sozialversicherungsgesetze in der Bundesrepublik. München—Berlin 1950.

Schieckel, Die Neuordnung der deutschen Sozialversicherung. In: DRZ. 1947. S. 218.

Wittmann, Wolfgang, Wegweiser durch das K.-Leistungsgesetz und die Heimkehrerfürsorge. München 1949.

SACHVERZEICHNIS

(Die Zahlen bedeuten die Seiten)

B

C

D

H

I

J

K

L

P

R

Kolibri 360 GmbH
Ferdinand-Jühlke-Straße 7
99095 Erfurt, Deutschland
produktsicherheit@kolibri360.de